KB111771

역사 속의 독도와 울릉도

유미림柳美林
_____

이화여자대학교 정치외교학과 졸업
　　　　　　동대학원 졸업(정치학 박사)
한국고전번역원 국역연수원 수료
일본 도쿄대학교 법학정치학연구과 수학
한국해양수산개발원 독도연구센터 부연구위원
현재 한아문화연구소韓亞文化研究所 소장

《조선 후기의 정치사상》(지식산업사, 2002), 《한국정치사상사》(공저, 백산서당, 2005), 《우리 사료 속의 독도와 울릉도》(지식산업사, 2013), 《일본 사료 속의 독도와 울릉도》(지식산업사, 2015), 《팩트체크 독도》(역사공간, 2018), 《독도는 환상의 섬인가》(이기봉 공저, 지식산업사, 2020) 외 다수

역사 속의 독도와 울릉도
_____

제1판 1쇄 인쇄　2021. 10. 7.
제1판 1쇄 발행　2021. 10. 15.

지은이　유미림
펴낸이　김경희
펴낸곳　(주) 지식산업사
　　　　본사 • 10881, 경기도 파주시 광인사길 53
　　　　전화 (031)955-4226~7　팩스 (031)955-4228
　　　　서울사무소 • 03044, 서울특별시 종로구 자하문로6길 18-7
　　　　전화 (02)734-1978　팩스 (02)720-7900
　　　　한글문패 지식산업사
　　　　영문문패 www.jisik.co.kr
　　　　전자우편 jsp@jisik.co.kr
　　　　등록번호 1-363
　　　　등록날짜 1969. 5. 8.

책값은 뒤표지에 있습니다.
_____

이 책을 읽고 저자에게 문의하고자 하는 이는
지식산업사 전자우편으로 연락 바랍니다.

독도연구의 진전을 위한 새로운 접근

역사 속의 독도와 울릉도

유미림

※ 일러두기

1. 인용문에서 ( ) 안은 원주임을 의미하는데 경우에 따라 원주임을 부기했다.
　　예 다케시마(울릉도-원주)
　　　'阿陸沙(섬 안의 지명-원주)'

2. 인용문에서 [ ] 안은 필자의 주이다.
　　예 "본조[예조]"

3. 외국인명과 지명은 통칭되는 현지발음을 따르되 국립국어원의 표기 원칙을 따랐다. 단 일본문헌에 나온 지명 가운데 원문대로 표기한 경우가 있다.
　　예1 다케시마(竹島), 마쓰시마(松島), 에도(江戸), 오키(隱岐), 쓰시마(對馬)
　　예2 竹島, 竹嶼, 卵島, リヤンコ, レェインコート

4. 일본 혹은 서양이 옮긴 지명은 원문을 따랐다.
　　예 부솔 락(Boussole Rk), Boussole Rx, 리앙쿠르 락스(Liancourt Rocks), 리엥코루토 로크, 리앙코루도 락스, 량코 도, 양코 도, 다카시마(Takasima), 마쓰시마(Matsusima)

책 머리에

1.

2006년에 독도 연구를 시작할 때만 해도 이렇게 여러 권의 책을 낼 줄 몰랐다. '독도'는 한일 양국의 학자들이 동원되어 60년 넘게 다투어 온 주제이므로 더 이상 나올 사료도, 연구할 주제도 없다는 말을 늘 들어왔기 때문이다. 그런데 연구해보니 실상은 그렇지 않았다. 서고에는 손대지 않은 사료가 여전히 쌓여 있고, 한 번도 다루지 않은 주제들도 많다. 우리가 접하는 대부분의 사료는 독도와 직접 관련된 것이기보다는 울릉도와 관련된 사료이다. 그러나 독도는 울릉도에 딸린 섬이기 때문에 울릉도와 관련된 사료가 중요하다. 독도 연구는 울릉도 연구를 제대로 할 때 진전된다.

최근에 나오는 연구 성과를 보면, 주제의 범위를 울릉도에까지 확장시키고 있다는 점에서는 고무적인 일이지만, 일부에서는 잘못된 시각에서 접근하고 있어 염려가 되기도 한다. 독도 영유권 강화에 이바지하려는 의욕이 앞서 무리한 논지를 펴는 일이 있기 때문이다. 1877년 일본의 태정관 지령이 조약에 해당된다는 설, 일본은 에도시대에 울릉도를 마쓰시마松島로도 인식하고 있었으므로 현재 일본 외무성이 명칭 혼란을 빌미로 독도 영유권을 주장하는 것은 의도된 조작이라는 설, 안용복은 조선 정부가 파견한 밀사라는 설, 일본이 부르는 竹島는 본디 우리말 큰 섬(대섬)에서 온 것이라는 설 등이 그러하다. 이런 식의 연구를 우려하는 이유는 그것이 사료를 제대로 해석하는 한 성립하기 어려운 논리이기 때문이다. 사료를 일부 잘못 해석하거나 글자를 잘못 읽어 오류가 생기는 일은 충분히 있을 수 있다. 필자 역시 지금까지도 이런 오류를 범한다. 그러나 한 두 글자를 잘못 읽는 것과 기본 시각을 완전히 바꾸어 새로운 논리를 펴는 것은 차원이 다른 문제다. 통설을 바꿀 정도로 결정적인 새 사료가 발굴되었다면 몰라도 기존 사료를 달리 해석하여 새 시각을 정립하려는 것이라면 거기에는 매우 엄밀한 고증이 뒤따라야 한다.

이에 저자는 새로운 시각들을 검증할 수밖에 없었다. 일본의 논리에 반박하는 것도 중요하지만 우리 자신의 논리적 취약함을 노출하지 않는 것도 중요하다고 생각하기 때문이다. 이 책은 그런 차원에서 쓴 글들을 모아 엮은 것이다. 그밖에 용어의 어원이나 사료의 계보를 추적하는 글, 그리고 새로 찾게 된 사료를 소개하는 글도 수록했다. 모든 연구가 그러하듯이 독도 연구도 기본이 중요하다는 걸 절감한다. 원문 확인, 용어의 유래, 학설의 계보를 파악하고 있는 것은 연구의 기본이다. 그럼에도 독도 연구는 그 역사가 길지 않아 이들을 소홀히 해온 측면이 없지 않다. 지금껏 무심코 써왔던 용어의 어원을 추적하다 보면 아직도 밝혀진 사실이 없다는 데 놀라게 된다. 1900년 대한제국 칙령 제41호는 독도문제에서 빠지지 않고 거론되는 사료지만, 이를 누가 언제 세상에 처음 알렸는지조차 밝혀진 적이 없었다. 칙령 제41호의 존재가 세상에 알려진 것과 관계없이 1940년대와 1950년대에 우리 선조들은 독도를 돌섬·독섬·석도로 불렀고 그런 사실은 당시의 문헌과 증언으로 입증할 수 있다. 석도와 독섬, 독도와의 연관성이 저절로 증명된다면 굳이 칙령을 거론하여 석도가 독도임을 입증하지 않아도 된다. 그럼에도 지금까지 이를 논증한 적이 없기에 칙령의 석도가 독도임을 직접적으로 입증하라는 일본 측의 공세에 시달려야 했다. 칙령의 존재를 모르던 때에도 독도를 석도로 불러 왔다는 사실이 입증되고, 칙령으로 이를 명기한 사실까지 더해져 있으니 독도가 우리 땅임은 더 자명해졌다.

저자는 가능하면 연구가 미진한 주제를 찾아 새로이 연구하려 하지만, 오래도록 천착하고 있는 하나의 주제가 있다. 그것은 1905년 이전 한국의 독도 실효지배實效支配를 입증하는 일이다. 일본이 독도를 무주지無主地라며 편입한 시기가 1905년 2월이므로 그 전에 독도가 한국 영토였음이 입증된다면 더 이상 논란이 없을 것으로 여겨서이다. 이 주제에 천착하도록 계기를 마련해준 것은 2010년 처음 공개된 「울도군 절목欝島郡節目」이다. 이 사료는 1902년 대한제국의 내부(지금의 행정안전부)가 울도군에 내린 행정지침이다. 잘 알려져 있듯이, 대한제국은 1900년에 칙령을 내어 석도石島(독도)를 울도군의 관할 구역에 포함시킨 바가 있으므로 1905년 이전 독도가 대한제국의 영토였음은 분명하다. 그럼에도 일본은 칙령에 명기된 석도는 독도가 아니라는 억지 주장을 하며 1905년 자국의 독도 편입은 합법적이고 유효하다고 주장한다. 나아가 일본은 설령 칙령의 석도가 독도라 하더라도 1900년부터 1905년에 이르는 동안 한국이 이 섬을 실질적으로 경영한 증거가 없다고 주장한다. 반면에 자국은 이 섬을 실제로 경영하고 있었고 그에 의거하여 무주지를 선점·편입한 것인데 이는 에도시대에 확립한 영유권을 재확인한 것이라고 주장한다. 이에 저자는 석도가 독도임을 입증하고, 일본의 편입 이전 우리나라가 독도를 실효적으로 지배해왔음을 입증하는 데 주력해 왔다. 특히 후자에 대해서는 울릉도에 거주하던 일본인들이 독도 산물에 대한 세금을 군수에게 납부한 사실이 독도를 대한제국의 영토로 인정했음을 의미한다는, 이른바 수세收稅 사실로써 독도 영유권을 입증하는 데 주력했다. 이러한 입증과정에 근거를 제공한 것이 바로 「울도군 절목」이다.

2012년에 〈수세 관행과 독도에 대한 실효지배—1902년 「울도군 절목」을 중심으로〉를 발표함으로써 입증 작업이 시작되었지만 그것은 새로운 탐구의 시작이었다. 대내외에서 반론—제대로 된 반론도 아니었지만—이 계속 제기되었기 때문이다. 이 주제가 간단히 끝날 사안이 아닌 만큼 저자는 반론이 있을 때마다 사료와 논리를 보완하여 글을 발표했다. 6년 넘게 계속되어온 논란을 마무리 지으려 발표한 글이 〈대한제국기 관세제도와 「울도군 절목」의 세금, 그리고 독도 실효지배〉(2017)이다. 이제 한국의 독도 실효지배 논쟁이 그치기를 바라는 마음이다.

학문은 비판이 있어야 발전한다. 저자 역시 비판이 있음으로 해서 더 발전할수 있었다. 다만 비판을 하려면 비판받는 자가 수긍할 수 있을 정도로 정치하게 논리를 갖추어야 한다. 비판의 근거를 제대로 대지 못하고, "아무튼 그건 아니다, 논리적이지 못하다"는 식의 무책임한 비판은 연구에 아무 도움이 안 된다. 저자의 글이 비판받을 때 수긍하기 어려울 때가 있다. 비판인지 비난인지 아니면 단순한 지적인지 구분이 어려웠기 때문이다. 비판은 질정質正을 위한 것이므로 필요한 과정이지만 비난은 그렇지 않다. 저자는 남의 글을 비판할 때 질정해 준다는 생각으로 성심성의껏 했다. 일본이라는 상대국에 약점을 잡히지 않도록 우리 자신의 논리적 완결성을 구비했으면 하는 생각에서 문제를 지적하는 것이지 결코 연구자에 대한 비난이 아님을 이해해주었으면 한다.

독도와 관련하여 한 해에 수 십 편의 논문과 저서들이 쏟아져 나오는데 굳이 더 보태야 할까? 이런 질문을 수도 없이 자문했다. 그럼에도 결국 쓸 수밖에 없었다. 지적 호기심이 아직 더 남아서인지, 아니면 연구자들의 공명심과 실적 쌓기의 일환으로 나오는 무분별한 연구, 출판시장을 겨냥한 불량상품의 방출을 방조해서는 안 된다는 소명의식이 있어서인지는 잘 모르겠다. 한국에서 독도 영유권 강화를 저해하는 요소들에 대해서는 앞서 낸 책들에서 여러 번 피력했다. 그러나 아직도 크게 개선된 것은 없다.

2.

독도 연구를 시작하면서부터 지금까지 가장 도움을 많이 받고 있는 분은 일본에 계신 박병섭 선생이시다. 자료에 관해 도움을 청할 때면 바로바로 회답해 주셨다. 역설적이게도 자료에서 가장 협조 받기 어려운 곳은 독도 영유권 강화를 위한 역할을 해야 하는 정부 부처와 국책연구소이다. 박병섭 선생이 아니었다면 진작 연구 의욕을 접었을 것이다.

한국해양수산개발원에 재직할 때 《독도 사전》을 담당했기에 그 뒤 개정판을 내고 영문판을 준비하는 지금까지도 함께 작업하고 있다. 《독도 사전》을 검토하다 보면 여전히 불확실한 사실이 많고, 원문 확인 없이 쓴 글들이 많다는 사실에 놀라게 된다. 검토 작업을 함께 하는 동안 여러 선생님들로부터 배우며 성장할 수 있음에 감사드린다. 아울러 개인 연구자의 고충을 이해하고 여러 가지로 배려

해 준 한국해양수산개발원에도 감사드린다.

그동안 쑥스러워 한 번도 가족에게 고마움을 전한 적이 없었다. 연구원을 그만 두고 방구석 연구자의 길을 가겠다고 했을 때 결정을 존중해주고 지지해 준 형제 들에게 감사의 말을 전하고 싶다. 어머니와 형제들의 격려와 후원이 있어 한 길 로 매진할 수 있었다.

요즘같이 어려운 시국에 흔쾌히 출판을 허락해주신 지식산업사 사장님께 감사 드리고 편집진의 노고에도 깊이 감사드린다.

2021년 9월
유미림

차례

1부

근대기 일본의 울릉도·독도 침탈과
한국의 독도 실효지배

1. 초대 울도군수 배계주의 행적

Ⅰ. 머리말

울릉도는 오랫동안 입도가 금지된 섬이었다가 1882년에 비로소 해금海禁이 풀렸다. 그러나 이 섬은 정부가 입도를 허용하기 전부터 조·일 양국 사람들이 이용하고 있었다. 개척령이 내려진 뒤 육지에서 오는 이주민이 증가하자 정부는 도민島民 가운데 오래 거주한 자를 택하여 도장島長에 임명했다. 평해군수를 도와 개척사업을 꾀하게 하기 위해서였다. 그러나 도장 전석규가 비리로 인해 파면되자 정부는 삼척영장이나 평해군수로 하여금 도장을 겸직하게 했다. 그 뒤에는 월송포 만호로 하여금 도장을 겸직하게 하되 현지에는 가도장을 두어 관리하게 하는 등 현지상황에 맞게 조율했다. 1894년 말에는 수토제를 폐지했다. 1895년 초에는 전임 도장을 두었으나 다시 도감제로 바꾸었는데, 초대 도감에 임명된 자가 바로 배계주裵季周이다. 배계주는 녹봉이나 부하 직원이 없는 열악한 상황에서 울릉도를 개척하고 일본인의 자원 침탈을 저지하고자 노력했고, 그 공적으로 말미암아 1900년대 초대 군수에 임명되었다.

그러나 배계주에 대한 평가는 당대나 지금이나 엇갈리고 있다. 1902년 4월 울릉도 일본경찰관 주재소로 부임한 경부警部 니시무라 게이조[西村鉎象]는 부임하자마자 섬의 상황을 조사하여 부산영사관에 보고한 바 있는데,[1] 배계주가 일본인의 교역에 과세했고 약간의 덕망이 있다고 평가했다. 니시무라는 배계주가 궁내부 조사위원 최병린崔秉麟과 공모하여 일본인의 화물을 압수한 행동을 비판했다. 하지만, 최병린은 주어진 임무를 수행했을 뿐이고 배계주의 행동도 정당한 것이었다. 배계주의 행위가 불법이었다면 최병린이 정부에 이 사실을 보고했을

---

1) 《通商彙纂》 제234호(1902.10.16. 발행) 〈한국 울릉도 사정(韓國欝陵島事情)〉(1902.5.23.)

것이다. 그러나 그런 사실은 기록에 보이지 않는다.

《황성신문》은 배계주가 내부(지금의 행정안전부)에 보고한 내용을 자주 보도했다.[2] 그를 일러 "국권을 잃지 않는 관리이니 목재처럼 꼭 필요한 사람"[3]이라고 평가했다. 일본 《산인신문[山陰新聞]》도 배계주의 일본 행적을 자세히 보도했다. 배계주가 고소한 후쿠마에 대해서는 '장물贓物 매매'라고 한 검사의 말을 인용하기도 했다. 《산인신문》은 "피고는 다만 몰랐다고만 하며 버티고 있어 결국 변론까지 종결하여 폐정했다"[4]는 사실도 보도했다. 개척민 손순섭은 《도지島誌》(1950)[5]에서 배계주가 도감이 된 뒤 일본인의 횡포에 맞서 싸웠으나 선박 구입 과정에서 배 값을 도민에게 부담시켜 원망을 샀다고 기술했다.

현재 학계의 평가도 엇갈린다. 송병기는 일본에서 있었던 소송을 처음 언급하여 배계주가 1898년 말에 오키, 도쿄 등지에서 재판하여 승소했고 1899년 초에도 마쓰에로 건너가 소송을 제기했다고 기술했다.[6] 그 뒤로 연구자들은 이를 답습했다.[7] 학계에서 배계주의 행적을 집중적으로 다루게 된 것은 최근의 일이다. 김호동은[8] 초대 군수 배계주에서부터 강영우, 심흥택, 구연수, 심능익, 1910년 전태흥, 1912~1913년의 홍종욱에 이르기까지 역대 군수들을 언급했지만 "대한제국이 무능했으므로 군수들도 무능했다"[9]고 평가했다. 그는 이들이 관할 구역인 독도에 가지 않았다는 사실을 비판했다. 특히 배계주에 대해서는 일본인과 도민 모두에게서 신망을 잃은 무능한 인물"[10]이라고 평가했고, 일본에서 있었던 행적은 거의 언급하지 않았다.

이상태는 '일본에서의 배계주 활동'을 따로 다루었으므로 일본에서 있었던 행적

---

2) 《皇城新聞》 1899.6.15.; 1900.3.10.; 1901.1.18.; 1901.1.25.

3) 《皇城新聞》 〈可任一隅〉 1899.5.16.

4) 《山陰新聞》 〈贓物估買事件〉 1899.4.22.

5) 손순섭 저·유미림 번역, 《島誌》, 울릉문화원, 2016.

6) 송병기, 《울릉도와 독도 그 역사적 검증》, 역사공간, 2010, 195쪽.

7) 김호동, 「울도군 절목」을 통해 본 1902년대의 울릉도 사회상〉 《장서각》 30, 한국학중앙연구원, 2013, 120쪽.

8) 김호동, 2013, 앞의 글; 〈개항기 울도군수의 행적〉 《독도연구》 제19호, 영남대학교 독도연구소, 2015.

9) 김호동, 2015, 앞의 글, 14쪽.

10) 김호동, 2015, 앞의 글, 14쪽. 김호동이 배계주가 도감직에서 면직당한 이유와 그에 대한 부정적 평가를 보여주기 위해 제시한 세 가지 문서는 모두 일본 측 기록이다. 일본인의 불법 행위에 맞서 싸운 사람에 대한 평가를 불법 행위 당사자의 평가에 근거하고 있는 것이다.

을 처음 본격적으로 다룬 연구자라고 할 수 있다. 그는 배계주를 일러 "고군분투하여 많은 업적을 남겼으며 대한의 요충지 울릉도를 지키려고 노력하였다"[11]고 평가했다. 다만 배계주의 일본 송사를 3차로 구분하여 다루었는데 그 기준이 모호하며 사실관계가 맞지 않는 대목이 있다. 이를 좀 더 부연하면, 이상태는 배계주가 1차 송사에서 요시오 만타로[吉尾滿太郞]의 규목槻木[12] 밀반출을 사카이[境]지방재판소에 제소하여 목재의 반액을 받아냈으므로 승소했다고 보았다. 하지만 배계주가 고발한 곳은 사카이경찰서이고 사건이 다뤄진 재판소는 마쓰에지방재판소이다. 또한 그는 "1899년 1월 28일 시마네현 지사 고노 주조[河野忠三]의 보고"의 "1898년 11월 26일의 송제送第 584호와 12월 21일의 송제 634호"[13]에 의거하여 "배계주가 요시오 만타로를 고소한 건은 사실이었지만 요시오 만타로가 거짓으로 진술하고 있는 것이다"[14]라고 했다. 하지만 이 역시 사실관계가 분명하지 않다.

이상태가 말한 제2차 송사는 1898년 8월 배계주가 이시바시 유자부로[石橋勇三郞]와 규목 판매 계약을 약속했는데 배계주가 없는 틈에 다나카 미치노리[田中道德]와 요시오 만타로가 몰래 규목을 다마가와 기요와카[玉川淸若]의 선박에 싣고 가버려서 배계주가 소송한 사건을 가리킨다. 그런데 그 결과에 대하여 이상태는 "그 결과 증거 불충분으로 이 사건은 면소免訴가 결정되었다. 그러나 재판 비용은 피고가 부담하라고 판결했다"[15]라고 했다. 이어 1898년 12월 하순 배계주가 미호노세키[美保關]경찰분서에 은닉한 규목의 수색을 청원했다가 사건이 기쓰키[杵築]경찰분서로 이관되는 바람에 "즉시 마츠에지방재판소 검사에게 송치하였다"[16]라고 했다. 그는 한편 "마츠에지방재판소는 두 사람의 주장이 어긋나기 때문에 정사곡직正邪曲直이 과연 어디에 있는지, 배계주의 단편적인 진술을 꼭 믿기는 어렵다는 입장을 취하고 있다. 중앙정부의 외부에서는 배계주가 일본에서 승소하자 크게 기뻐하여 서울로 올라오라는 전보를 일본에 있는 배계주에게 보냈

---

11) 이상태, 〈울도군 초대 군수 배계주에 관한 연구〉《영토해양연구》 제11호, 동북아역사재단, 2016, 109쪽.
12) 문헌에는 주로 槻木으로 보이고 간혹 欅木으로 보이는데 느티나무를 가리키는 듯하다.
13) 이상태, 2016, 앞의 글, 100쪽. 634호는 684호가 맞다.
14) 위의 글, 101쪽.
15) 위의 글.
16) 위의 글, 102쪽.

다"17)고 기술했다. 이는 앞뒤가 서로 맞지 않는다. 마쓰에재판소가 배계주의 진술을 믿기 어렵다고 보았다면 일본 측에 유리한 판결이 나왔어야 하지만, 배계주가 승소했다고 기술했기 때문이다.

이상태는 제3차 송사란 1898년 12월 배계주가 후쿠마 효노스케[福間兵之助]를 피고로 사카이지방재판소에 제기한 소송으로 배계주가 1차 송사에서는 승소했지만 항소심에서 패소했다고 했다. 그러나 그 과정이 생략되어 재판의 경위와 판결 내용을 정확히 알기가 어렵다. 배계주의 행적을 기술한 연대가 섞여 있어 언제의 일을 가리키는지, 사건의 인과관계가 어떠한지도 분명하지 않다.18) 게다가 소송을 3차로 구분했으되 1898년 8월과 12월의 사건이 1차와 2차, 3차에 걸쳐 있어서 혼동을 주고 있다. 따라서 소송과 관련된 배계주의 행적을 따로 자세히 검증할 필요가 있다.

이 글은 양국의 공식 자료 및 재판 기록을 검토하여 배계주의 소송 관련 행적을 검토하는 것을 목적으로 한다. 그의 소송 행적을 검토해야 하는 이유는 배계주가 울릉도 행정을 맡았던 1898년에서 1899년에 이르는 동안의 행적이 연구의 공백으로 남아 있어 이 시기 일본인의 자원 침탈 상황을 알 수 없고, 그에 따라 배계주의 행적도 제대로 평가받고 있지 못하기 때문이다. 배계주가 일본인을 상대로 제소한 소송 및 결과는 그에 대한 평가는 물론이고 일본인의 침탈현황을 규명하는 것과도 관계된다. 인물에 대한 평가가 평가자의 시각에 따라 달라질 수 있음을 감안하더라도, 그 행적을 기록한 문서가 한일 양국에 남아 있다면, 이들을 교차 검토할 필요가 있다.19) 배계주가 전개한 소송의 전개과정과 일본 및 대한제국의 대응 양태를 다각적으로 검토할 때 그에 대한 객관적인 평가가 가능해질 것이다.

---

17) 위의 글.
18) 일본 측 조회문에는 별지로 첨부된 문서가 많은데 수 년 전의 문서도 있으므로 내용을 보고 앞뒤 관계를 파악하는 것이 중요하다.
19) 이 글에서 이용한 사료관과 문헌명은 다음과 같다. 규장각(《江原道關草》, 《江原道來去案》, 《內部來去文》, 《日案》, 《外衙門日記》, 《交涉局日記》, 《관보》, 《東萊港報牒》, 《司法稟報》, 《獨立新聞》, 《皇城新聞》, 《日省錄》, 《承政院日記》, 국사편찬위원회(《駐韓日本公使館記錄》, 《韓國近代史資料集成》), 외교사료관(《要視察外國人擧動關係雜纂-韓國人ノ部》 1~10 가운데 1~3을 수록한 《要視察韓國人擧動》), 외교사료관(《欝陵島における伐木關係雜件(明治16~32)》 가운데 〈本邦人ノ渡航並在留取締ノ件〉)이다.

Ⅱ. 1890년대의 울릉도 상황과 도일渡日의 계기

1. 인적 사항과 생애

배계주가 울릉도에 입도한 시기와 출신지를 보면, 그 자신은 1881년에 입도했다고 하고, 1902년에 조사한 니시무라도 21년 전에 강원도에서 처음으로 배계주 등 4명이 입도했다고 했다. 그렇다면 그 시기는 1881년경이 되므로 일치한다. 다만 배계주가 강원도에서 입도한 자인지는 검증이 필요하다. 1901년 12월, 하야시 곤스케[林權助] 공사는 고무라 주타로[小村壽太郎] 외무대신에게 보고할 때 "배계주는 인천 건너편에 있는 영종도 주민으로 지금부터 20년 전 울릉도에 이주하여 개척할 것을 계획하고 솔선해서 이 섬에 도항하여 그 개척에 종사했습니다"[20]라고 했다. 이 기록은 1901년 배계주가 소환되어 경성에 있을 때 외무성 관리가 직접 들은 사실에 근거한 것이다. 이런 정황을 종합하면 배계주는 개척령 이전에 입도했다는 사실이 성립한다.[21] 1883년에 작성된 〈강원도 울릉도에 새로 들어온 민호 인구의 성명과 나이 및 개간한 전토의 수효에 관한 성책[江原道鬱陵島 新入民戶 人口姓名年歲及田土起墾 數爻成冊]〉을 보면, 울릉도 곡포에 사는 배경민은 33세이고 경기도 출신으로 되어 있다. 이 때문에 배경민을 배계주로 보는 경우가 있다.[22] 1905년 9월 27일자 《황성신문》[23]은 배계주가 '당저 20년當宁二十年' 즉 1883년에 최병린[24] 등 16가구와 함께 들어왔다고 보도했다. 신문 기사를 따른

---

20) 《駐韓日本公使館記錄》 16권 〈鬱陵島在留民 단속을 위한 警察官 派遣의 件〉 (機密第133號)

21) 김호동, 2013, 앞의 글, 19쪽; 이상태, 2016, 앞의 글.

22) 이상태는 〈江原道鬱陵島 新入民戶人口姓名年歲及田土起墾 數爻成冊〉 및 여러 기록에 근거하여 배계주가 1883년에 단신으로 입도했으며, "배경민이 나이도 맞고 배계주의 다른 이름일 것이다"(위의 글, 76쪽)라고 보았다. 김호동은 이상태가 배경민을 배계주로 본 것에 대해 "배계주가 '김해 배씨'가 틀림없다면 배계주의 건의로 배경민으로 울릉도로 왔을 것이다"(2015, 앞의 글, 44쪽)라고 했다. 그러나 "배계주의 건의로 배경민으로 울릉도로 왔다"는 것이 무슨 의미인지 통하지 않는다. 당시 배씨 성을 지닌 인물로는 배경민, 배상삼, 배성준, 배정준, 배충은, 배치겸 등 여럿이다. 배치겸은 선박을 구입한 후 선박에 울릉도 나무를 일본으로 싣고 가 판매해서 배계주가 내부에 고발한 인물이다(《帝國新聞》 1901.1.24.). 배성준, 배정준, 배상삼은 동일인으로 보인다(《獨立新聞》 1897.4.8.; 《訓指起案》 1900.8.21.).

23) 《皇城新聞》 〈鬱陵島 嘔心生〉 1905.9.27. 《皇城新聞》에는 崔秉麟으로 보인다. 그런데 '최성린(崔秉麟)'으로 적은 경우(김영수, 〈대한제국 칙령 제41호 전후 석도와 독도 등의 명칭 관련 한국의 인식〉 《역사학보》 242집, 역사학회, 2019, 120쪽)가 있다.

24) 《訓指起案》(1900.3.20.)에 따르면, 최병린은 울릉도민이다. 최병린은 사검관으로 파견된 김용

다면 배경민을 배계주와 동일 인물로 볼 수 있겠지만, 일본 외무성 기록은[25] 배경민이 1886년에 도장이었다고 했으므로 이 문제는 좀 더 고증이 필요하다. 나이를 보면, 일본 측은 1898년 당시 43세[26] 또는 46세로 기록했다.[27] 한국 측은 호적에 따라 "개국 459년(嘉永 4) 2월 24일 생"으로 보기도 하는데, 가에이 [嘉永] 4년은 1851년이다. 호적에 따르면, 사망일은 1918년 2월 15일이다.[28]

배계주가 울릉도 행정에 관여한 시기는 도감이 된 1895(6)[29]년부터 1902년 사이이다. 그는 도감으로 재직하는 동안 상경[30]하거나 도일했다. 도일은 1898년 8월부터 1899년 5월 사이 세 차례 이상 있었다.[31] 도일의 1차적인 목적은 일본인 고발이었고, 산업 시찰도 겸했다. 그는 일본에 있는 동안 이하영 주일 공사, 의화군(의친왕) 이강李堈, 박영효를 만났으며, 외무성도 방문했다. 지방에 서는 지역신문 기자들을 만났고, 망명 중인 안경수[32]와도 만났다. 일개 도감의 행적이라고 믿기 어려울 정도로 폭 넓은 행보를 보이고 있는데, 일본에서의 그의 행적은 그 지역의 현縣 지사가 수시로 외무성에 보고했고, 주일 이하영 공사 역시

원이 일본인과 짜고 도민에 폐를 끼친 행동에 맞서 내부에 소장을 제시한 인물이다. 송병기는 《皇城新聞》(1901.1.18.) 기사에 의거, 내부에서 파견한 최성린으로 보았다(송병기, 《울릉도와 독도, 그 역사적 검증》, 역사공간, 2010, 220쪽). 같은 해 3월 11일자 《皇城新聞》에 따르면, 울진사람 최병린을 조사위원으로 파견한 사실이 보인다. 《訓指起案》(1900.6.4.)에 따르면, 내부에서 울릉도 시찰을 위해 내부 관원을 파견할 때 최병린을 동행시켰다는 것이다. 1902년 니 시무라는 최병린을 궁내부 조사위원이라고 했다. 1905년 9월 27일자 《皇城新聞》은 정부가 배계주를 도감으로 삼을 때 최병린으로 하여금 울릉도를 시찰하게 한 사실을 보도했다. 이렇듯 최병린인지, 최성린인지, 최병린이 울릉도사람인지 울진사람인지 내부 관리인지에 대해 분명하지 않은 점이 있다. 여러 정황상 이름은 최병린이 맞는 듯하다.

25) 일본 외교사료관, 《朝鮮國蔚陵島ヘ犯禁渡航ノ日本人ヲ引戻處分一件》.

26) 《韓國近代史資料集成》 1권, 〈鬱陵島 島監 裵季周의 去就에 관한 京都府知事 內報寫本 回送〉 (秘京第一一七號ノ內), '警保局長 小倉久의 보고'(1898).

27) 《韓國近代史資料集成》 1권, 〈鬱陵島 島監 裵季周·崔敬鵬 등의 言動 報告〉(秘第二九七號), '야 마구치현 지사의 보고'(1898), 김호동은 1896년에 46세로 보았으므로 1898년 당시 48세라는 말이 된다.

28) 이상태, 2016, 앞의 글, 74쪽.

29) 임명된 시기는 1895년이지만 도임한 시기는 1896년이다. 울릉도민이 울릉도로 도임했다는 것은 맞지 않다. 다른 지역에 있다가 임명 후 입도한 것을 이렇게 표현한 듯하다.

30) 그는 학부에 학교 설립 인가를 받기 위해 1901년 2월 상경한 적이 있다(《皇城新聞》 1901.2. 27.), 1901년 12월에도 경성에 체재 중이었다는 기록이 있다(《駐韓日本公使館記錄》 16권, 1901.12.10.). 1902년 5월에 법부에 구금당한 적이 있으므로 이때도 경성에 체재 중이었던 듯하다.

31) 1898년 12월 말 귀국하던 중이라는 기록이 있는가 하면, 1898년 말 호키국 사카이미나토에 왔다는 기록(《산인신문》 1899.4.2.)이 있다. 1898년 9월 말에 귀국했다가 12월 말에 다시 왔으며, 그 뒤에 귀국했다가 2월 15일에 다시 왔다는 것인지가 명확하지 않다.

32) 군부대신을 역임한 안경수는 당시 황제양위 음모가 발각되어 일본에 망명해 있었다.

본국에 보고했다.

배계주는 도감직을 수행하는 동안 일본인에게서 벌목료와 수출 화물에 대한 수수료를 징수했는데, 1898년 울릉도에 없을 때는 오성일(오상일)이 일본인의 벌목을 허용했다. 이는 1900년 내부 시찰관 우용정禹用鼎이 조사할 때 배계주와 일본인을 대질 심문해서 밝혀낸 사실이다. 이때 일본인들은 1896년과 1897년에 납부했던 납세 책자를 조사단에게 제출하기도 했다. 도감이 일본인에게서 관행적으로 수세하던 정황은 1900년 칙령 제41호에서 합법적으로 인정받기에 이르렀다.[33]

1899년 6월 재판에서 패소한 배계주가 돌아와 부산에 머물러 있는 사이, 울릉도에 있던 황종해黃鍾海는 거재欅材[34] 1만 5천 재才를 화선和船에 싣고 시마네현 사람 가타오카 헤이이치로[片岡平一郞][35]와 함께 쓰루가[敦賀]에 매각하러 갔다.[36] 황종해가 도감직을 대리하고 있었으므로 배계주의 내락 하에 도일했던 것으로 보인다. 다만 배계주가 "일본인들이 벌금표만 바치고 끝내 벌금은 납부하지 않은 채 도주한 증거 문적文蹟이 있습니다"[37]라고 했듯이 일본인들은 벌목료를 제대로 치르지 않은 채 탈취한 일이 많았다. 배계주가 도일하여 소송을 제기한 이유도 절취된 목재를 되찾기 위해서였다.

1899년에 배계주가 후쿠마의 항소에서 패소하자 후쿠마는 재판 비용을 청구했고, 배계주는 그 비용을 도민에게 부담시켰다. 후쿠마는 이 뒤에도 손해 배상을 더 청구했고, 이로 말미암아 배계주는 더 이상 일본인을 고발하기 어려워졌다. 이런 상황에서도 배계주는 섬의 개발과 정비에 힘썼고, 정부는 이런 그의 노력을 인정하여 1900년 11월 울도군수에 임명했다.[38] 배계주는 학교 인가를 받기 위해 학부를 찾아가기도 했다. 하지만 그는 우용정이 구입해준 선박 비용을 도민에게 징수하는 바람에 원성을 사서 피소被訴되었으므로 1901년 말 군수가

---

33) 유미림, 《우리 사료 속의 독도와 울릉도》, 지식산업사, 2013; 《일본 사료 속의 독도와 울릉도》, 지식산업사, 2015 참조.

34) 문헌에 따라 거목(欅木), 규목(槻木)으로 보인다. 규목은 물푸레나무로 번역하는데 둘 다 느티나무를 가리킨다.

35) 片岡廣親, 片岡吉兵衛로도 보이는데 片岡吉兵衛를 가리키는 듯하다.

36) 《韓國近代史資料集成》 1권 〈黃鍾海의 渡日 報告〉(特甲第二八二號)(1899.6.26.).

37) 위의 글.

38) 배계주는 1900년 11월 26일 울도군수에 임명되었다. 11월 29일자 관보(제1744호)에 게재되어 있다.

강영우로 교체되었다.39) 하지만 강영우는 부임하지 않은 상태에서 이직했고,40) 1902년 3월 정부는 배계주를 다시 군수에 임명했다.41)

1902년에는 자살한 자의 검시를 제대로 하지 않았다고 해서 태형을 받았고,42) 계속해서 피소되었다. 그는 목재를 함부로 일본인에게 매매했다는 죄로 평리원에 이송되었는데,43) 최고사법기관 평리원은 배계주의 행적과 재임 시의 비리를 조사한 뒤 "울도군이 설치된 이후 봉급과 경비가 마련되지 않았으니 모두 공용에 보태 이렇게 된 상황을 참작"44)하여 석방했다. 정부가 울릉도에 재정적 지원을 전혀 해주지 못해 군수가 산물을 팔아 경비를 충당해야 했고 일본인에게 벌목을 허용한 것도 그 일환이었으며 목재에 대해 10에 2를 세금으로 받은 것도 정부가 양해한 사항임을 알게 되었기 때문이다.45) 평리원 재판장도 배계주가 금산禁山에서 나무를 베어 경비를 마련한 것은 사실이지만 "공용을 보충하기 위해 부득이했던 것일 뿐 사사로이 이익을 취하려던 것이 아니었"46)다며 법부대신에게 선처를 호소했다. 그러나 법부대신은 "배계주에게 조사받아야 할 문서와 장부를 가지고 오게 하여 아주 상세하게 조사하고 문안을 갖춰 보고"47)하도록 훈령했다. 평리원 재판장은 울릉도가 멀리 떨어진 섬이어서 문서를 가져올 수 있는 상황이 아니라고 보고했다.48) 이런 과정을 거쳐 배계주에 대한 심리는 "애초에 돈을 받은 것이 없으니 깊이 조사해서 죄를 찾아낸 것이 별로 없다"49)고 판단, 미결수로서 1903년 8월50) 석방하였다. 배계주가 군수 직에서 면직된 것

---

39) 강영우는 1901년 10월 9일 군수에 임명된 사실이 10월 15일자 관보(제2018호)에 실려 있다. 배계주는 중추원 의관에 임명된(10월 11일) 사실이 같은 관보에 실려 있다.

40) 강영우가 1901년 12월 30일에 울릉도에 도착했다는 사실이 관보(1902년 1월 29일, 제2109호)에 실렸으나, 다섯 달이 지나도록 부임하지 않아 면직한다는 사실이 다시 관보(1902년 2월 21일, 제2129호)에 실렸다.

41) 배계주는 1902년 3월 7일 울도군수에 임명되었다. 3월 8일자 《관보》(제2142호)에 게재되어 있다.

42) 《관보》1902.5.27(제2210호)

43) 배계주는 김찬수가 고소한 일로 구금 중이었다. 《司法稟報》(乙)(1902.5.10.).

44) 《司法稟報》(乙) 1902.7.7.

45) 《司法稟報》(乙) 36, 1902.7.7.

46) 《司法稟報》(乙) 1902.8.25.

47) 《司法稟報》(乙) 1903.1.5.;《訓指起案》1903.1.8.

48) 위의 문서.

49) 《司法稟報》(乙) 1903.3.14.

50) 《관보》1903년 8월 5일(제2422호).

은 그 전인 1903년 1월 26일(음력 1902년 12월 28일)이다.[51] 정부는 배계주의
뒤를 이어 심흥택을 군수에 임명했고, 4월 20일 심흥택이 부임했다. 배계주는
면직된 뒤에도 당분간 섬에서 영향력을 행사하며 살았던 것으로 보인다.[52]

2. 도일의 계기가 된 일본인의 자원 침탈

배계주가 도감이 되기 전의 울릉도 상황을 보면, 개척 당시 도장에 임명된
전석규가 독직 사건에 걸리자 정부는 그를 파면하고 삼척영장으로 하여금 울릉
도 첨사를 겸하게 했다가, 다시 평해군수로 하여금 울릉도 첨사를 겸하게 했다.
이는 다시 월송포 만호가 울릉도장을 겸하는 겸임 도장제로 바뀌었다. 도장제가
유지되는 한편 평해군수가 울릉도 사검관의 직책을 띠고 특별감찰을 하거나, 중
앙 정부가 선전관을 파견하여 직접 개입하기도 해서 이 시기 울릉도에서 행정체
계는 복잡하다. 다만 중앙 정부가 울릉도 행정에 본격적으로 개입하기 시작한
것은 분명하며, 이는 그만큼 이 섬의 문제가 현안으로 부각되고 있었음을 의미한
다. 정부가 개입하게 된 이유는 비개항장인 울릉도에서 도민과 외국인(일본인)과
의 불법 교역이 성행하고 있음을 인지했기 때문이다. 1889년에 체결한 「조일통
어장정」으로 말미암아 일본 선박의 울릉도 연안 출입이 빈번해지고 선박 숫자도
크게 늘어났다. 일본인들이 연안에서 어로하는 것은 합법이지만 울릉도에 집을
짓거나 해산물을 가공하여 수출하는 것은 불법이다. 그러나 청일전쟁 뒤 일본인
의 입도와 거주는 크게 증가했고, 그에 따라 자원 침탈도 심해졌다. 도민들이
일본인과 결탁하는 일도 빚어졌다.

1894년 말 정부는 수토제를 폐지하는 대신 전임 도장을 두었다. 그러나 이
제도는 바로 도감제로 바뀌었다. 1895년 8월 정부는 배계주를 초대 도감에 임명

하고 판임관判任官[53] 대우를 해주기로 했다. 하지만 도감은 명목상의 직책일 뿐 실질적인 보수나 권한은 주어지지 않았다. 이 때문에 도감은 일본인에게 벌목을 허락하고 목재를 팔아 도정島政을 운영할 수밖에 없었다. 그러나 일본인들은 벌 목료를 납부하지 않고 몰래 반출하는 일이 잦았다. 배계주는 이런 상황을 내부에 수시로 보고했고, 내부는 그의 보고에 근거하여 외부(현재의 외교부)에 조회했 다. 그러면 외부는 다시 일본 공사관에 조회하여 일본인의 불법 행위를 근절하고 일본인을 철수시킬 것을 요청한 뒤 다시 내부에 조회하는 방식으로 처리했다.

1896년 가을 사이고[西鄉]경찰서는 현 주소지가 다케시마(울릉도)로 되어 있 으며 무면허로 도항한 일본인 13명을 조사한 바 있다. 주소지가 울릉도로 되어 있다는 것은 1896년 이전부터 일본인들이 울릉도에 정착하고 있었음을 의미한 다. 사이고경찰서는 도항자의 거동뿐만 아니라 대두 등의 밀무역 정황을 파악하 고[54] 관세법 위반자로 처리하려 했다. 「조일통상장정」(1883)에 따르면, 울릉도 에서 무역은 위법이기 때문이다. 양국 정부는 이 문제를 외교적으로 해결하고자 했으므로 배계주가 소송하기 전까지는 크게 문제가 되지 않았다.

Ⅲ. 배계주의 소송 관련 행적

1. 일본인의 불법 도항 증가와 관세법 위반 문제

대한제국은 1895년 9월, "鬱陵島人 裵季周로 島監을 정하고 判任官 대우로 함"을 관보에 게재(1895.9.20. 제166호)하여 배계주를 도감에 임명했음을 고 지했다. 그런데 배계주는 "본 도감이 병신년(1896) 5월에 본도에 부임해 보니 이미 일본인 수백 명이 와 있었는데 도민들이 일본인의 폐가 많다고 호소하기에, 제가 일본인에게 본도는 통상을 하는 항구가 아닌데 너희들은 어찌하여 이곳에

---

53) 1894년 개편된 직제의 하나로 정부 관직 중 최하위 직제이다.
54) 《欝陵島における伐木關係雜件(明治16-32)》(西坤 第619호) (1896.9.21.). 발신자는 사이고
   경찰서장 경부 久保庸臣, 수신자는 검사 別府惠人이다.

왔느냐고 물었습니다"55)라고 하여 마치 새로 부임한 자인 듯 말하고 있다.《독립신문》(1897.4.8.)도 "배편 때문에 올해56) 도임한 배계주가 없는 사이 배성준57)이 함부로 세금을 거두고 일본인에게 목재를 팔아먹다 도민에게 죽임을 당했다"58)라고 보도하여 새로 부임한 듯 보도했다. 그러나 배계주가 초기 개척민이었다면 위의 기록이나 보도는 이해하기 어렵다. 1892년 기록59)에는 검찰관이 미역을 싣고 육지로 운송하는 일에 가담한 자의 이름에 배계주가 보이며, 1894년 기록60)에는 배상삼과 배치겸 등이 일본인과 함께 곡물을 반출하던 정황이 보인다. 이는 도감제가 시행되기 전부터 일본인과 한국인 사이에 밀무역 및 징세가 행해지고 있었음을 의미하는데, 배계주도 이에 가담했다면 미역이나 곡물 수송을 위해 본토에 나가 있었을 경우를 상정할 수 있다. 그러던 사이 도감에 임명되었지만 본토에 있어 바로 울릉도에 부임하지 못했으므로 이를 일러 '부임' '도임'을 운운한 듯하다. 배계주는 도감에 임명되었으나 월급이 없었으므로 미역세61)를 받아 경비로 보충할 것을 정부로부터 허락받았다. 그런데 그의 징세는 미역세에 머물지 않고 목재와 화물에까지 확대되었다.

배계주는 1896년 후반부터 도감직을 적극 수행한 듯하다. 섬의 상황을 정부에 보고하는 행태가 지속되고 있던 사실이 이를 말해준다. 일본인들의 불법 행위에 대해서는 대한제국 정부가 공식적으로 문제를 제기하기도 했지만, 비개항장에서 무역은 관세법 위반이므로 일본 국내에서도 문제가 되었다. 사이고경찰서의 경부 구보 야스오미[久保庸臣]는 1896년에 울릉도 도항자를 취조한 내용과 밀무역 정황

---

55) 위의 글.
56) '올해'라면 1897년이 되는데 이는 정황상 맞지 않으므로 작년(1896)으로 보아야 한다. 1897년 10월 12일자 《獨立新聞》도 "을미년(1895) 가을에 도감을 내부에서 배계주로 정해 들여보냈지만…"이라고 보도했으므로 1895년 가을에 부임하려 했음을 뒷받침한다.
57) 《江原道關草》 1894년 1월 7일자 문서로 보건대, 裵尙三을 가리키는 것으로 보인다. 《島誌》(손순섭, 1950)에 따르면 평해군수 조종성이 보통 3월에서 8월까지만 울릉도에 머물렀으므로 자신의 부재 시 도수라는 직책을 주어 대리하게 했는데 1894년경 배상삼(裵祥三)을 도수로 임명했다는 기록이 보인다.
58) 《獨立新聞》(외방통신, 1897.4.8.). 《島誌》는 배상삼이 평해군수 조종성이 없는 시기에 도수 역할을 했고, 배계주는 1896년에 군수(도감의 착오임)로 오게 되었다고 했다. 이어 배계주는 1896년 가을에 일이 있어 상경했다고 기술하고 있다.
59) 《江原道關草》 1892.12.9.
60) 《江原道關草》 1894.1.7.
61) 이전에는 정부로 상납했다. 1892년 기록에는 검찰관의 미역 운반 선박에 배계주가 참여한 것으로 되어 있다(《江原道關草》 1892.12.9.).

을 사이고구재판소의 검사 벳푸 게이코[別府惠人]에게 보고한 바 있다(9월 21일자). 구보 경부는 사이고 지역민 가운데 울릉도(원문은 竹島) 도항자를 취조하여 현 주소지가 울릉도인 와키타 쇼타로를 비롯한 무면허 도항자 13명, 기타 20명, 50명 등을 조사 중이라고 재판소에 보고했다. 이어 그는 일본인들이 울릉도에 도항한 뒤 종사하고 있던 상황을 조사하여 후속 보고했다. 벳푸 검사는 이를 마쓰에지방재판소 검사정檢事正 기타가와 세이이치[北川精一]에게 자세히 보고했다(10월 12일자). 그 내용은 울릉도에 밀항하여 끈끈이 재료를 채취하고 잡곡과 목재 등을 밀무역하여 세관법을 위반하는 자가 속출하여 고발당하는 자가 있지만, 밀항자를 처분하려 해도 증거 및 범인을 잡을 방법이 없으니 관할 영사가 이들을 취조하고 귀국시켜 처벌하라는 것이었다.[62] 그러자 기타가와 검사는 히로시마공소원 검사장 노자키 게이조[野崎啓造]에게 "조선국 다케시마로 밀항하는 자를 단속하는 방법 때문에 사이고재판소의 검사가 자세히 보고해 왔으나, 이 일은 외교상 관계되는 일이므로 그대로 진정進呈한다"[63]고 보고했다(10월 21일자).

이들 문서는 1896년 9월에서 10월에 걸쳐 사이고경찰서와 사이고구재판소, 마쓰에지방재판소, 히로시마공소원 사이에 왕래한 것들이다. 1899년 2월 2일자 문서에 별지로 첨부된 것이지만, 1896년 당시의 상황을 보여준다. 사이고경찰서가 조사하게 된 계기가 관세법 위반과 관련된 고발이 일본 국내에서 발생했기 때문이지 배계주의 고발 때문이 아님을 위 문서로 알 수 있다.

배계주가 일본인을 고발하기 위해 처음 도일한 해는 1898년 8월이다. 그는 도일 전부터 울릉도 개발을 구상하고 있었으므로 그 구체적 방법을 일본에서 찾으려 했다. 그가 구상한 울릉도 개발 및 현안은 학교 설립, 양잠과 제염사업, 선박의 구입 문제였다.[64] 그런데 1890년대 후반에는 일본인들이 규목을 남벌했을 뿐만 아니라 도민에게 칼을 휘두르는 등 작폐를 서슴지 않고 있었으므로[65] 정부도 울릉도에 관심을 기울이지 않을 수 없었다. 이로 말미암아 정부 안에서

---

62)《欝陵島における伐木關係雜件(明治16-32)》〈朝鮮國 竹島密航者 團束方法에 관한 具申의 件〉(1896.10.12.)

63)《欝陵島における伐木關係雜件(明治16-32)》〈檢秘 42號〉(乙號)(1896.10.21.)

64)《欝陵島における伐木關係雜件(明治16-32)》〈韓國 鬱陵島 島監 裵季周〉(秘第228號)(1898.9.16.)

65)《內部來去案》1898.2.10.

울릉도의 행정체계를 정비하는 문제를 논의하기 시작했고, 내부대신이 〈울릉도 구역을 지방제도 안에 첨입하는 것에 관한 청의서[欝陵島區域을 地方制度中 添入에 關훈 請議書]〉(1898년 5월)를 제출하기에 이르렀다. 이 청의서는 1898년 5월 26일 칙령 제12호 「지방제도 중 개정 첨입하는 일[地方制度中改正添入훈는 事]」로 제정되었다. 울릉도 도감을 판임관으로 대우하고 내부대신이 그에 맞게 시행할 규칙을 제정해 주라는 규정으로 이어진 것이다. 배계주의 도일과 소송은 이즈음 시작되었다.

2. 1898년 9월 배계주의 고발과 현縣 지사들의 보고

배계주가 일본에서 소송을 처음 제기한 시기는 언제인가?《산인신문》(1898. 8.7.)에 따르면, "조선국 울릉도 도감 배계주가 상업을 시찰하기 위해 그저께(8월 5일) 와서 (시마네현 마쓰에시) 시라가타우오정[白瀉魚町]의 가쓰베가타[勝部方]에 투숙하고 있다"66)고 했다. 배계주가 1898년 8월 5일 마쓰에에 도착했다는 것이다. 돗토리현 지사 아라카와 요시타로[荒川義太郎]가 내무대신과 외무대신에게 보낸 서한(1898년 9월 16일자)에도 배계주의 행적과 소송 관련 내용이 보이는데,67) 지사는 배계주가 사카이미나토[境港]에서 오키국으로 갔다가 다시 사카이로 돌아와 12일 도쿄로 향했다고 보고했다. 배계주가 도쿄로 간 목적은 한국 공사를 만나 울릉도 개발 문제를 논의하기 위해서라는 사실도 보고했다. 배계주가 마쓰에에 도착한 뒤의 경로는 사카이—오키—사카이—도쿄—조선이 된다. 그렇다면 그가 사카이경찰서장68)에게 요시오 만타로 등 3인을 고발한 것은 9월 12일 도쿄로 향하기 전이다.

배계주는 9월 12일 도쿄로 가기에 앞서 사카이경찰서에 고발장을 직접 제출했다. 작성 일자가 7월 23일임은 울릉도를 떠날 때 미리 지참하고 왔음을 의미한

---

66)《山陰新聞》1898.8.7.
67)《欝陵島における伐木關係雜件(明治16-32)》〈韓國 欝陵島 島監 裵季周〉(秘第228號)(1898. 9.16.)
68) 당시 경찰서장은 田子台辨이었다(《境港沿革史》, 1914, 86쪽).

다. 수신자는 사카이경찰서 관리이다.[69] 〈報告 書〉라고 쓰여 있지만, 내용은 고발장[70]에 가깝다. 울릉도감의 직인職印이 찍혀 있다. 배계주는 고발장에서 일본인의 불법 벌목과 행패를 지적하고 단속 및 처분을 강력히 요청했다. 특히 처분 대상으로 세 사람을 적시했는데, 시마네현 마쓰에시에 사는 다나카 미치노리[田中道德, 一名多造], 오이타현 분고노구니[豊後國]에 사는 간다 겐키치[神田健吉], 돗토리현 요나고에 사는 요시오 만타로이다. 배계주는 이들이 불법 행위를 함은 물론이고 도민을 구타하거나 칼을 빼서 위협하는 등 행패를 일삼고 있으니 경찰관이 직접 와서 잡아가길 바란다고 적었다. 덧붙여 배계주는 이들이 무단으로 벌목한 목재를 선박 6척에 싣고 밤에 몰래 일본으로 가져간 사실도 폭로했다.

사카이경찰서장은 배계주로부터 3명의 범법행위를 들은 뒤 두 대신에게 보고하되, 향후의 사실도 조사하여 보고하겠다고 덧붙였다.[71] 돗토리현 지사가 내무·외무대신에게 보고(1898년 10월 16일자)한 문서에는 요시오 만타로를 소환하여 심문한 사실이 실려 있다.[72] 그런데 요시오는 사카이경찰서장의 심문에서 도감의 보고가 근거 없는 날조라고 진술했다.

이에 대하여 돗토리현 지사는 "요시오는 지난날 돗토리현 사이하쿠군[西伯郡] 사카이의 상인과 배계주 사이에 매매된 목재를 울릉도 해안에서 몰래 오키국에 은닉한 사실이 있어 마쓰에지방재판소에서 심문한 바가 있으므로 도감의 보고는 사실인 듯 생각되지만"[73]이라고 보고했다. 요시오는 배계주가 이시바시 유자부로에게 목재를 매매하기로 계약한 사실을 알면서도 오키로 가져와 숨겼던 것이다. 돗토리현 지사가 말한 (9월 13일부터 10월 16일 사이) 마쓰에지방재판소에서의 심문은 1898년 9월 배계주의 고발로 인한 심문을 말한다. 《산인신문》(1899.1.8.)은 "(배계주가) 그 무법상태에 화가 나서 이들을 추적하여 지난번에 사카이미나토에 와서 심문한 끝에, 도벌자가 하쿠슈[伯州] 사람과 기타 지역 사람임을 알고 마쓰에지방재판소 사이고지청[西鄕支廳]에 고소했다"고 보도했다. 배

---

69) 《欝陵島における伐木關係雜件(明治16-32)》(1898.7.23.)
70) 이 책 4부에서 원문을 소개했다.
71) 《欝陵島における伐木關係雜件(明治16-32)》〈韓國 欝陵島 島監 裵季周〉(秘第228號)(1898.9.16.)
72) 《欝陵島における伐木關係雜件(明治16-32)》(秘第261號)(1898.10.16.)
73) 위의 글.

계주가 사카이에서 오키로 갔다가 다시 사카이로 왔다는 돗토리현 지사의 보고에 의거하건대, 요시오가 오키에 목재를 숨겼다는 사실을 알게 된 배계주가 이를 추적하기 위해 다시 사카이로 간 것임을 알 수 있다.

배계주가 경유하는 지역마다 그곳의 지사들은 배계주의 행적을 상부에 속속 보고했다. 돗토리현에 이어 교토부, 효고현, 야마구치현 등지에서도 배계주의 행적은 내무·외무대신에게 보고되었다. 교토부 지사[京都府知事]는 9월 14일(별지 高甲 402호) 내무대신에게 보고했는데, 경보국장[警保局長]은 외무성 정무국장 나카다 이에모치[中田家茂]에게 9월 17일자 문서로 보고했다.[74] 이에 따르면, 43세인[75] 배계주가 9월 13일에 오카야마현에서 교토에 도착하여 1박한 뒤 오후에 기차로 도쿄 주재 공사 이하영을 만나기 위해 출발했다는 것이다. 배계주가 공사를 만나려는 목적은 박영효 내각이 조직되었을 때 울릉도에 의사와 선박을 공급할 방법을 강구해달라고 상주했지만 소용이 없어서 이하영 공사가 외무대신에게 호소하여 선박을 빌려주도록 힘써 줄 것을 요청하기 위해서라는 것이다. 배계주는 울릉도민과 일본 어업자가 자주 충돌하여 분요를 일으키므로, 단속방법을 서로 타협하여 뒷날의 갈등을 피하려는 것도 도일 목적의 하나였음을 밝혔다. 교토의 경보국장은 이런 사실도 상부에 보고했다.

배계주는 9월 20일 12시에 효고현의 산노미야역[三宮驛]에 도착하여 여관에 머문 뒤 저녁에 출발하는 도네가와호[利根川丸]를 타고 바칸[馬關]으로 떠났다(9월 21일). 이때 그는 이하영 공사가 본국의 외부대신 서리 외부협판 박제순에게 보내는 서한을 지니고 있었다. 이에 대하여 효고현 지사 오모리 쇼이치[大森鍾一]는 외무대신 오쿠마 시게노부[大隈重信]에게 제출한 보고서에서, 배계주의 도일이 일본의 상공업 시찰을 위한 것으로 보인다고 기술했다. 따라서 배계주가 도쿄에서 이하영 주일 공사를 만난 시기는 1898년 9월 15일에서 19일 사이로 추정된다.

배계주가 산노미야역을 거쳐 바칸을 지나 향한 곳은 후쿠오카현이다. 야마구치현 지사 아키야마 지카노리[秋山恕卿]가 외무대신에게 제출한 9월 26일자 보고서

74) 《韓國近代史資料集成》 1권, 〈要視察韓國人舉動 1〉, 「陵島 島監 裵季周의 去就에 관한 京都府知事 內報寫本 回送」(秘京第117號).
75) 이 보고대로 1898년 당시 배계주가 43세였다면, 그는 1854년이나 1855년생이라야 한다.

를 보면, "배 도감(46세)이 9월 22일 후쿠오카현에 도착하여 아카마가세키[赤間關市]에서 투숙하고 있으며 한국인 김명원金明遠과 바칸의 마이니치신문사 기자, 오사카 아사히[大阪朝日]신문사 기자가 와서 배계주를 만났다"[76]고 했다. 배계주의 나이가 앞의 기록과는 차이가 있다. 아키야마 지사도 배계주의 도일 목적이 울릉도의 산업을 위한 자료를 얻기 위한 시찰이라고 보았다. 아키야마는 배계주가 이하영 공사가 한국 정부에 보내는 밀서를 휴대하고 귀국하는 중이라는 사실도 보고했다. 주일 공사관이 대한제국 정부에 조회한 날짜가 10월 8일로 되어 있으므로 배계주의 귀국은 1898년 9월 25일부터 10월 7일 사이로 추정된다.

한편 이하영 공사는 배계주를 만난 뒤 일본인의 무단 벌목 및 무단 반출 등의 불법행위를 알게 되었다. 이에 두 현縣의 지사에게 전칙轉飭하고 따로 인민에게 신칙해 주기를 요청하는 서한을 외무대신에게 보냈다(1898년 11월 17일).[77] 외무대신은 바로 다음날, 두 현의 인민이 무단 벌목한 사실이 있는지를 조사하여 보고하도록 지시했고,[78] 돗토리현 지사는 과거 돗토리현과 사카이경찰서의 조사에 의거하여, 두 사람이 난폭한 행동을 하거나 수목을 벌채한 사실은 없었다고 보고했다. 아울러 돗토리현 지사는 이번에도 두 사람에게 울릉도에 건너가지 않도록 유고諭告했다는 내용을 대신에게 보고했다(12월 25일자).[79] 돗토리현 지사는 앞에서는 도감의 보고를 사실로 인정했다가 외무대신에게 보고할 때는 말을 바꾼 것이다. 또한 돗토리현 지사는 도쿄 주재 한국 공사의 요청에 따라 조사해 보니, 돗토리지방재판소와 관내 각 구역의 재판소에서도 일찍이 이 사건을 취급한 적이 없었음을 알게 되었다고 보고했다(1월 14일자).[80]

배계주의 도쿄 행적을 재판으로 보는 견해가 있는데, 송병기는 그 근거 사료로 《외아문 일기外衙門日記》(1898.10.11.)를 제시했다. 《외아문 일기》에 "(배계주가) 격분을 이기지 못해 동경東京으로 들어가 재판했다. 비록 공결公決이 있었지만, 해당 관리의 말이 '귀 정부의 진짜 공문을 본 뒤 목료木料를 내줄 것이다'고

---

76) 《韓國近代史資料集成》 1권, 〈要視察韓國人擧動 1〉'鬱陵島 島監 裵季周·崔敬鵬 등의 言動 報告'(秘第297號).
77) 《欝陵島における伐木關係雜件(明治16-32)》 (第45號) (1898.11.17.)
78) 《欝陵島における伐木關係雜件(明治16-32)》 (送第584號) (1898.11.18.)
79) 《欝陵島における伐木關係雜件(明治16-32)》 (受丙官 第87號) (1898.12.25.)
80) 《欝陵島における伐木關係雜件(明治16-32)》 (1899.1.14.)

하니, 일본 정부에 조회하여 해당 목료를 가지고 오게 해주십시오"라고 기록되어
있기 때문이다. 그러나 배계주는 도쿄에서 재판을 제기한 것이 아니라 이하영
공사를 면담한 것이다. 문서에 보인 '재판'과 '공결公決'이라는 용어 때문에 재판
으로 오해한 것이다. 앞에서 언급했듯이, 배계주가 도쿄로 오기 전에 제소한 곳
은 마쓰에지방재판소 사이고지청이었다.

3. 마쓰에지방재판소로의 송치

　마쓰에지방재판소가 요시오 만타로 등 3인을 조사한 시기는 배계주가 1898년
9월 12일 사카이경찰서장에게 3인을 고발한 뒤 사카이경찰서가 다시 조사하게
되는 1898년 10월 16일 이전인 듯하다.[81] 그런데 배계주가 사카이경찰서뿐만
아니라 우라고경찰분서에도 고소장을 제출한 사실이 돗토리현 지사의 보고서에
보인다(1899.1.28.). 배계주는 사카이에 체재하는 동안 도감을 대리하던 황종해
의 서신을 받았는데, 그 내용은 "다나카 미치노리와 요시오 만타로 두 명이 사적
으로 와서 밤에 규목 판재 32매를 절취하여 오키국 지부군知夫郡 우가촌宇賀村
쓰루야 지로[鶴谷次郎]의 배에 싣고 가버렸다"는 것이었다. 이에 배계주는 규목
판매를 약속했던 사카이 상인 이시바시 유자부로와 함께 오키로 가서 요시오
만타로와 쓰루야 지로를 상대로 하는 고소장을 작성하여 우라고경찰분서에 제출
했다. 고소인의 명의는 이시바시 유자부로였다. 그렇다면 이 시기는 배계주가
사카이경찰서에 고소하는 9월 12일 이전이다. 왜냐하면 배계주가 8월 5일 일본
에 도착한 뒤 사카이에 있다가 황종해의 서신을 받았고 이후 오키로 갔으며, 사
카이를 출발하여 도쿄로 떠난 시기가 9월 12일이기 때문이다. 따라서 배계주가
우라고경찰분서에 고소장을 제출했다면 그 시기는 9월 12일 이전이 된다.
　우라고경찰분서는 사건을 조사한 뒤 해당 사건을 마쓰에지방재판소 사이고지
청 검사에게 송치했다. 검사 구리야 사네노리[栗谷實則]는 우라고촌[浦鄉村]으로

---

81)《欝陵島における伐木關係雜件(明治16-32)》(秘第261號) (1898.10.16.)

출장, 수사한 끝에 그곳에 정박하고 있던 지부군 우가촌의 다마가와 소유의 선박에 해당 규목 판재가 적재되어 있음을 알아내고는 이를 영치領置한 뒤 예심豫審에 부쳤다. 이 사건을 형사사건으로 다룰 것인지를 심사한 것이다. 마쓰에지방재판소 사이고지청은 다마가와 기요와카 선박에 적재되어 있던 규목은 영치했지만, 사건은 '증거 불충분'을 이유로 면소 결정을 내렸다.

이 사건에 대하여 일본 외무대신은 한국 임시대리공사 박종화朴鏞和에게 "두현(鳥取縣·島根縣)의 백성이 울릉도의 수목을 남벌한 건에 대해 도감 배계주가 사카이경찰서에 신고했지만, 우라고경찰분서에서 조사해 보니 그런 사실이 없다고 말했다"82)고 회답했다. 이 사건의 처리에 대해 드는 의문은, 목재 절취자는 요시오와 다나카인데, 하나는 적재한 선박 소유자가 쓰루야 지로이고, 다른 하나는 다마가와 기요와카로 되어 있는 점, 그럼에도 하나의 사건으로 처리되고 있다는 점이다. 다마가와를 피고로 한 사건의 소송 대리인은 쓰루야지만 피소자는 둘 다 다마가와이다. 일본 측은 배계주가 고발한 두 사건 즉 우라고경찰분서에 접수된 사건과 사카이경찰서에 접수된 사건을 처리해야 하는 상황에서 우라고경찰분서에 접수된 사건을 사카이경찰서로 이관하여 일괄 처리한 것으로 보인다.

이 사건에 대하여 1902년 울릉도의 경부 니시무라는 "1898년 8월 시마네현 평민 요시오 만타로가 나무꾼을 고용하고 느티나무를 제재하여 도동 해안으로 나르는 것을 (배계주가) 인정하여 자기 도장을 찍고 본방에 수출한 뒤 사카이지방재판소에서 되찾는 소송을 제기한 다음 도쿄에 가서 박영효에게 의뢰하여 …"83)라고 본국에 보고했다. 니시무라는 배계주가 요시오 만타로의 목재 수출을 용인했다가 되찾는 소송을 전개한 것처럼 보고했지만, 배계주가 매매 계약을 한 상대는 이시바시 유자부로이지 요시오 만타로가 아니었다. 또한 배계주가 제소한 곳도 사카이지방재판소가 아니라 마쓰에지방재판소였다.

니시무라의 말대로 배계주가 요시오에게 매매를 용인했다면, 1898년 9월 사카이경찰서장에게 세 사람을 고발한다는 것은 성립하기 어렵다. 그러므로 니시무라의 보고는 사실로 보기 어렵다. 배계주가 다마가와를 피고로 해서 요시오

---

82) 《欝陵島における伐木關係雜件(明治16-32)》 (1899.2.13.)

83) 《通商彙纂》 제234호(1902.10.16. 발행) 〈한국 울릉도 사정(韓國欝陵島事情)〉(1902.5.23.).

등을 고발한 1898년 9월의 재판은 예심 결과 면소로 결정되었다. 형사사건으로는 받아들여지지 않은 것이다. 그러나 민사사건으로는 받아들여져서 관련 판결문이 2월 13일과 2월 16일, 3월 8일에 걸쳐 나왔다. 시마네현 지사는 이를 외무대신에게 보고했다(4월 13일자). 이 문서에는 원고 배계주가 마쓰에지방재판소 관내 변호사 와타나베 데루야[渡邊輝彌]를 대리인으로 해서 시마네현 지부군 우가촌 71번지에 사는 다이코쿠호[大黑丸] 선장 다마가와 기요와카를 피고로 제소했고, 다마가와의 소송대리인을 쓰루야 지로로 삼은 경위가 적혀 있다.

1899년 2월 13일 사이고구재판소에 출두한 배계주의 공술에 따르면, 규목 32매(4500재)를 다나카 등의 침해로부터 예방하기 위해 1898년 5월 5일 나리동 근처에 쌓아두고 나뭇잎으로 덮어둔 뒤 동임洞任 박인수에게 보관해두었는데, 다나카 다조[田中多藏][84]와 요시오 만타로가 8월 22일 이를 침탈하여 피고(玉川淸若)에게 위탁했고, 피고는 이를 8월 30일 우가촌으로 싣고 갔기에 우라고경찰서에 고발하고 제소했다는 것이다. 피고 다마가와는 호출을 받았음에도 출두하지 않았으므로 궐석 재판으로 언도되었다. 1899년 2월 11일 사이고구재판소는 원고의 공술을 피고 -□(원문 미상)에 대한 사실로 간주하여 원고의 청구를 사실로 인정했다. 이에 민사소송법 제246조 및 248조에 의거, 다음과 같이 판결했다.[85]

피고는 원고가 청구한 규목 판재 32매를 원고에게 반환할 것
소송 비용은 피고가 부담할 것

피고가 출두하지 않은 궐석 재판이[86] 사이고구재판소에서 개정되었고, 그 판결 내용이 《산인신문》에도 실렸다.[87] 그런데 피고(玉川淸若)는 이의를 신청한 듯하다. 피고의 소송대리인(鶴谷次郎)은 2월 25일 위임장을 작성하여 이의를 신청했다. 하지만 피고가 소재 불명이었으므로 원고 측 소송대리인은 피고 대리

---

84) 다나카 미치노리[田中道德]와 동일인을 의미한다. 기록에 따라 田中多造(1898년 7월 23일 배계주 고발장)로도 보인다.

85) 《欝陵島における伐木關係雜件(明治16-32)》 (1899.2.13.)

86) '明治 32년 제4호 占有權 回收 청구사건'으로 칭하고 있다.

87) 《山陰新聞》 〈贓物估買事件〉 1899.4.26.

인이 제출한 위임장을 인정하지 않고 이의를 기각·판결할 것을 주장했다.[88] 3월 8일 사이고구재판소는 "이의는 부적법하므로 민사소송법 제70조 규정에 따라 위임 흠결로 인정하므로 그 대리인은 없는 것으로 하고, 주문主文과 같이 판결한다"[89]고 하고, "본건의 이의는 이를 기각한다. 소송 비용은 피고 부담으로 한다"[90]고 판결했다. 피고가 제기한 이의를 기각함과 동시에 소송 비용도 피고가 부담하도록 판결했으므로 원고 배계주가 승소한 것이다.

4. 1898년 12월의 소송: 후쿠마 효노스케에 대한 소송

1898년 말 배계주는 또 한번 일본인을 고소했다. 12월 하순[91] 배계주는 도쿄에서 귀국하는 길에 이시바시 유자부로와 함께 미호노세키경찰서에 출두하여, 피해 규목의 일부가 우류우라[宇龍浦]와 사기우라[鷺浦]에 숨겨져 있으니 수색하게 해달라는 원서를 제출했다. 12월 13일 오후 마쓰에 출신의 후쿠마 효노스케가 울릉도에서 밀반출한 규목 95매를 시마네현의 두 항구에 입항해 두었다는 사실을 알게 되자 수사를 의뢰한 것이다. 그러나 미호노세키경찰서는 두 항구가 기쓰키경찰분서 관할이라며 그곳으로 이관했다. 기쓰키경찰분서는 후쿠마가 규목 판재를 선박에 적재한 것임을 알고는 목재를 영치했다. 사건은 마쓰에지방재판소 검사에게 송치되었고, 예심이 진행되었다. 이때 피고 다나카 미치노리는 전임 도수 이수신李樹信에게 정당한 수속을 밟아 규목을 매수한 것이라고 주장하고 증빙서류도 제공했다고 진술했다.[92] 시마네현 지사 고노 주조[河野忠三]도 배계주의 진술을 믿을 수 없다는 내용으로 외무대신 아오키 슈조[靑木周藏]와 돗토리현 지사에게 보고했다. 하지만, 돗토리현 지사는 "근래에 여권 없이 도항하는

88) 《欝陵島における伐木關係雜件(明治16-32)》(1899.3.8.)
89) 위의 글.
90) 위의 글.
91) 도일인지 귀국인지 애매한 측면이 있다. 《산인신문》(1899.4.2.)을 보면, "우리나라 유지의 원조를 얻어 목적을 달성하고자 다시 작년 말 호키국 사카이미나토에 왔다"고 했다. 그렇다면 배계주는 1898년 12월 일본에 다시 왔다는 말이 된다.
92) 《欝陵島における伐木關係雜件(明治16-32)》(乾警第21號)(1899.1.28.)

자가 간간이 있다고 들었다. 관하의 일반인에게는 여권 없이 도항하지 않도록 고유告論하고…"라며 자국민이 불법 도항자임을 인정했다.

1899년 2월 2일 마쓰에지방재판소 검사정 다나카 히데오[田中秀夫]는 히로시마공소원 검사장 이치노세 유자부로[一瀨勇三郎]에게 사건이 예심 중이라고 보고했다. 덧붙여 그는 도감의 무력함과 일본인의 횡포도 언급했다.93) 그는 과거 1896년 10월 21일 마쓰에지방재판소 검사정 기타가와 세이이치가 이 일을 외교상의 문제로 다루도록 한 내용을 별지로 첨부했다. 히로시마공소원 검사장도 사법대신 기요우라 게이고[淸浦奎吾]에게 제출하는 보고(1899년 2월 9일자)에서 "쌍방 사이에 어려운 일이 야기될지도 모르니 한층 더 단속을 엄중히 하도록 외교관 등에게 주의를 주는 것이 어떤지"94) 등의 의견을 개진했다. 사법성의 민형국장民刑局長 구라토미 유자부로[倉富勇三郎]도 같은 의견을 외무성 정무국장 우치다 고사이[內田康哉]에게 보고했다(1899년 3월 3일자).95) 일본 측은 여전히 외교적 해결을 바라고 있었던 것이다.

시마네현 지사는 예심이 결정되는 대로 결정서 사본을 외무대신에게 제출하겠다고 보고했는데, 후쿠마 효노스케 피고 사건(送第110號, 1899-2-10)에 대한 예심은 1899년 4월 5일에 나왔다. 앞서 《산인신문》(1899.2.17.)은 "조선국 울릉도감 배계주 씨는 그저께 (2월 15일) 와서 마쓰시라가타우오정[松白瀉魚町]의 가쓰베가타에서 투숙하고 오후 4시 넘어 우치나카하라[內中原]의 자택에 있는 아오키[靑木] 경부장을 방문하여 잠시 담화한 뒤 돌아왔"96)다고 보도했다. 그렇다면 배계주는 이 재판에 참여했다는 말이 된다. 후쿠마가 2월 15일에 와서 마쓰에 재판소에서 취조를 받았는데 그에 대한 예심이 4월 5일에 있었던 것이다. 《산인신문》(1899.4.2.)도97) 후쿠마가 (1898년 겨울에 규목 95매를) 사기우라에 은닉한 건이 마쓰에지방재판소에서 형사소송으로 이관되었음을 보도했다.

1899년 4월 5일의 예심에서 마쓰에지방재판소는 후쿠마98)의 무단 벌목을 인

---

93) 《欝陵島における伐木關係雜件(明治16-32)》(檢庶第64號)(甲號)(1899.2.2.). 검사장 一瀨勇三郎은 같은 내용을 사법대신과 검사총장에게도 별도로 보고했다.
94) 《欝陵島における伐木關係雜件(明治16-32)》(秘第13號)(1899.2.9.)
95) 《欝陵島における伐木關係雜件(明治16-32)》(司法省刑[民]函第212號)(1899.3.3.)
96) 《山陰新聞》〈蔚陵島監來談〉1899.2.17.
97) 《山陰新聞》〈裵季周氏의 談〉1899.4.2.

정하여 형법 제399조, 형소 제157조를 위반했음을 적시했다.[99] 그리하여 사건
이 형사소송으로 넘어갔다. 1899년 4월 21일, 구류 중이던 후쿠마에 대한 공판
이 마쓰에지방재판소에서 있었다. 데라다[寺田] 검사는 도벌한 목재임을 알고도
매수한 것은 장물贓物 매매라고 논고했고, 스기에[杉江] 재판장도 사실 심문을 했
다. 그러나 후쿠마는 "몰랐다고만 하며 버티고 있어 결국 변론까지 종결하여 폐
정했다."[100] 4월 25일에 열린 2차 공판에서 스기에 재판장은 피고 후쿠마를 중
금고重禁錮 석 달, 벌금 10엔[圓], 감시 6개월에 처할 것을 판결[101]했다.

이 사건에 대한 판결은《황성신문》이 다음 날 바로 보도했다.[102] 외부가 배계
주에게 귀경하도록 전보한 사실도 인용 보도했다. 이 일로 말미암아 내부와 외부
는 일본에서 배계주의 활동을 서로 조회했고, 후쿠마사건의 1차 공판 때도 배계
주에게 전보를 보냈다. 그러나 전보의 내용은 알려져 있지 않다.[103]

5. 후쿠마의 항소와 배계주의 패소

형사소송 재판에서 중금고 석 달, 벌금 10엔, 감시 6개월을 권고 받은 후쿠마
는 항소했다.《산인신문》(1899.4.2.)에 따르면, 배계주는 쓰루가를 거쳐 도쿄로
가서 한국 공사를 만난 뒤 외무성에 와서 일본인의 불법 행위를 단속해 주기를
요청했다고 한다. 이는 1899년 3월에 있었던 일을 가리키는 듯하다. 항소 사건은
히로시마공소원에서 다루도록 되어 있었으나 후쿠마가 항소에 필요한 절차를 밟
지 않아 시일이 지연되자 배계주는 일단 귀국했다. 배계주는 부재 시 연락할 방법
을 히로시마의 모 변호사에게 부탁한 뒤 구마모토에 있는 안경수에게 진정하기
위해 들렀다가 귀국했다.[104] 이런 동향도 야마구치현 지사 요시자와 시게루[古澤

---

98) 이 문서에 따르면, 후쿠마는 1858년 6월생으로 되어 있다.
99)《欝陵島における伐木關係雜件(明治16~32)》(1899.4.5.)
100)《山陰新聞》〈贓物估買事件〉1899.4.22.
101) 원문은 '권고'로 되어 있다.
102)《皇城新聞》〈島監嘉尙〉1899.4.26.(음력 3월 17일)
103)《內部來去文》1899.4.25.
104)《韓國近代史資料集成》1권,〈韓人動靜 鬱陵島 伐木 提訴에 관한 島監 裵季周 등의 動靜〉(秘

滋]가 외무대신에게 보고한 데서 드러났다. 배계주가 히로시마와 야마구치의 여러 현을 경유하여 지난달(4월) 29일 구마모토의 안경수 집에 왔다는 구마모토현 지사 도쿠히사 쓰네노리[德久恒範]의 보고에 따르면,105) 배계주는 1899년 4월 25일 2차 공판 뒤 히로시마와 야마구치, 구마모토로 왔다는 사실이 성립한다.

히로시마현 지사 에기 가즈유키[江木千之]는 외무대신에게 보고하기를, "마쓰에지방재판소에서 원고가 승소했지만 피고인 후쿠마가 항소하였기에 이달(5월) 2일 도감 배계주가 이곳으로 와서 변호사 다카다 이류[高田似瀧]에게 소송 대리를 위임했으므로 공경복孔服敬이 상황을 알아보기 위해 왔다"106)고 했다. 배계주가 다카다 이류에게 소송을 대리하려 하자, 통역을 맡은 공경복은 이보다 앞서 4월 28일 히로시마에 와서 체재하면서 "후쿠마 효노스케와 관계된 공소부대사송公訴附帶私訟 공소사건控訴事件"을 알아보고 있었다. 배계주와 변호인은 형사사건 공소를 계류하던 가운데 민사소송을 부가하려 했던 것이다. 배계주가 5월 2일 히로시마에 도착하자, 공경복은 배계주와 함께 구마모토로 가서 전보를 쳤다. 히로시마현 지사는 배계주가 박영효에게 전보를 보냈을 것으로 짐작했다.107) 이런 내용은 외무성에 보고되었을 뿐만 아니라 내무대신·경시청·구마모토·후쿠오카·야마구치·나가사키·에히메·오카야마·효고·오사카·교토·가나가와의 부현지사府縣知事에게도 함께 통보되었다.

배계주는 1899년 5월 중순 뒤에 귀국하여 부산에 머물고 있었다. 그는 자신의 행적을 내부에 보고했는데 그 내용이 《황성신문》108)에 실려 있다. 배계주는 1898년에 요시오 만타로가 일본으로 몰래 가져간 목재 32판을 되찾기 위해 오키로 쫓아가 재판해서 찾아왔으며, 1898년 10월109)에 다시 일본으로 들어가 후쿠마가 훔쳐간 무늬목 95립立을 마쓰에재판소에 소송하여 승소했으므로 붙잡아

제594호), 1899.5.1.
105) 《韓國近代史資料集成》 1권, 〈裵季周·孔服敬·尹孝定·趙蘭石·俞鎭良 등의 動靜 報告〉(高秘제153호), 1899.5.15.
106) 《韓國近代史資料集成》 1권, 〈韓人ニ關スル件 鬱陵島 盜伐 訴訟事件 關聯 孔服敬의 渡日〉(秘乾제66호), 1899.5.29.
107) 위의 글.
108) 《皇城新聞》 〈可任一隅〉 1899.5.16.(음력 4월 7일).
109) 12월의 착오로 보인다.

두고 있는 상태라는 것이다. 그가 1898년에 되찾은 목재 32판은 300원元에 팔아 두 차례에 걸쳐 들어간 소송비용에 충당했고, 나머지 95판은 나라의 물건을 마음대로 하지 못하겠기에 보고하니 정부에서 다시 처분하라는 조치가 있었다는 사실도 보도되었다. 《황성신문》은 이런 배계주의 행적을 일러 "가히 국권을 잃지 않는 관리이니 나라에 필요함이 목재와 같다"고 평가했다. 이 기사는 배계주가 후쿠마가 훔쳐간 목재 95판을 되찾았다고 보도하는 데 머물렀다. 하지만, 1902년 경부 니시무라는 후쿠마가 항소하여 배계주가 패소한 사실까지를 상부에 보고했다. 즉 니시무라는 《황성신문》의 보도 뒤에 후쿠마가 항소하여 배계주가 패소한 정황까지를110) 추가·보고한 것이다. 니시무라는 후쿠마가 훔친 목재임에도 '수출 재목'으로 부르며 합법을 가장했다.

후쿠마는 1898년의 재판비용 수 만 원元을 1900년에 배계주에게 청구하고 협박했다.111) 1900년 초에 배계주는 이런 정황을 경성에 가서 직접 정부에 알리려 했지만, 일본인들의 방해로 실패했다.112) 배계주는 서면으로 보고했고, 이에 정부는 일본인의 철수를 요청하고 아울러 배계주를 협박해서 청구한 돈을 되돌려 줄 것을 일본 공사관에 요청했다.113) 그러나 일본인은 철수하지 않았고 도리어 날이 갈수록 횡포가 심해졌다. 하야시 공사는 배계주의 패소 사실을 내세워, "재판비용은 패소자가 부담하는 것이 도리에 맞다. 도감이 승소자라면 재판비용을 부담할 이유가 없음에도 도리어 패자인 본방인이 재판비용을 요구하는 것은 모순으로 사실이 어떤지 의심스럽다"114)고 했다. 나아가 하야시는 "종래 본방인이 벌목에 종사해온 것은 도감의 허가를 얻어 그에 상응하는 벌목료를 납부했다고 한다. 본방인이 도감의 묵인 아래 차츰 왕래하고 거류하는 관례를 이루게 된 것, 이는 결국 양국 신민臣民이 화친하게 될 것이다"115)라고 하며 도감의 묵인을 내세웠다. 하야시는 1898년에는 무단 벌목으로 일본인이 피소되던 상황을 인정

---

110) 패소와 관련된 판결문이 외무성 문서에는 보이지 않는다.
111) 《皇城新聞》〈鬱陵島監의 公報〉 1900.3.10.;《內部來去文》 13. 1900.3.14.;《日案》 4. 1900.3.16.;《交涉局日記》 1900.3.16.
112) 《內部來去文》 13. 1900.3.14.;《交涉局日記》 1900.3.16.
113) 《日案》 4. 조회 제16호. 1900.3.16.
114) 《日案》 4. 1900.3.23.
115) 위의 문서.

했었으나 1900년 즈음에는 도감의 묵인을 들어 책임을 한국 측에 전가하는 방향
으로 선회하고 있다.

1899년 6월 초까지 부산에 머물고 있던 배계주는 일본에서의 활동을 인정받
아 도감에 재임명되었다. 정부는 배계주에게 부산 세관의 라포르트[116]와 함께
들어가 섬의 상황을 조사하라고 지시했다.[117] 라포르트는 조사 내용을 세관 총
세무사 브라운[柏卓安]에게 보고했고, 브라운은 라포르트가 배계주와 함께 울릉
도 거주민의 산물과 영업 및 일본인 과세의 정형을 일체 조사하여 파악했음을
외부대신에게도 보고했다.[118] 두 사람의 조사 내용은 내부대신에게도 보고되어
내부대신은 일본인의 불법 벌목, 화물의 밀무역 현황을 일본 공사관에 알려 근절
을 요청했다. 내부는 또한 잠입한 일본인을 쇄환하고 비개항장에서 몰래 매매한
것에 대한 벌금을 조약에 따라 징수하여 폐단을 막아주기 바란다는 내용도 일본
공사관에 조회하도록 외부에 요청했다.[119]

1899년 배계주와 라포르트의 조사가 있은 뒤, 외부대신 박제순은 하야시 공사
에게 울릉도 일본인의 철수를 요구했고, 하야시는 1899년 11월말까지 철수를
약속했다. 그러다가 하야시는 일본인의 철수와 주거권은 관계가 없다는 식으로
태도를 바꾸었다. 앞서 배계주가 1899년 6월부터 9월 사이에 울릉도 상황을
자주 상부에 보고한 사실이 있었던 데다 일본인이 철수하지 않고 버티고 있는지
라, 대한제국 정부는 1900년 양국 조사단을 파견하기에 이르렀다. 그런데 공동
조사 뒤에도 일본 정부는 일본인의 벌목을 금지시키지 말고 "수목 벌채에 관한
마땅한 방법을 세워 현재의 상황을 유지하는 것이 서로에게 편리할 것"[120]임을
한국 측에 내세웠다. 그것은 앞에서 말한, 수목 벌채는 도감이 의뢰한 것이거나
적어도 합의하여 매매한 결과라는 인식에서의 제안 또는 협박이었다. 게다가 일
본 정부는 "재도在島 본방인과 도민 사이에 행해지는 상업은 수요 공급 상 긴요하

---

116) 필자는 전에 라포르트를 프랑스계 영국인이라고 했는데(《우리 사료 속의 독도와 울릉도》, 지
　　식산업사, 2013, 133쪽 각주 10), 프랑스인이 맞으므로 바로잡는다.
117) 조사는 1899년 6월 29일과 30일에 걸쳐 이뤄졌다.
118) 《舊韓國外交關係附屬文書》《海關案》 2, 〈鬱陵島 調査報告書 送呈의 件〉(제1819호), 1899.
　　7.30.
119) 《內部來去文》 12, 조회 제13호, 1899.9.15.
120) 《日案》 5, 1900.9.5.

며 도민이 바라던 바로서 도감은 수출입 화물에 대하여 수출입세 같은 징세를 해왔다"는 사실을 강조했다. 그러니 "귀 정부는 차제에 퇴거를 고집하기보다 오히려 수출입 화물에 대한 관세의 징수 및 수목 벌채에 관한 마땅한 방법을 세워 현재의 상황을 유지하는 것이 서로에게 편리할 것"[121]이라는 것이다.

이렇듯 일본인의 무단 벌목에 저항하여 소송도 불사했던 배계주의 노력은 그 의도와는 달리 수포로 돌아갔다. 그 뒤로 일본인의 자원 침탈은 목재뿐만 아니라 곡물, 해산물에까지 확대되었다. 배계주도 일본인 퇴거가 불가능하다는 현실을 인정할 수밖에 없었다. 다행히 정부는 울릉도에서 징세가 관행이 되어 있었다는 사실을 확인했으므로 이를 합법화하여 울릉도의 세원稅源으로 이용하도록 했다. 1900년 칙령 제41호에서 '수세' 조항을 두기에 이른 것은 그 결과이다.

Ⅳ. 맺음말

배계주가 일본에서 제소한 소송은 두 가지로 분류된다. 첫 번째는 1898년 가을, 요시오 만타로 등이 절취한 목재 32매를 선박에 적재한 다마가와 기요와카를 피고로 해서 이시바시 유자부로가 배계주를 대신하여 고소한 사건이다. 이 사건은 우라고경찰분서에 접수된 다른 사건과 함께 이관되어 마쓰에지방재판소 사이고지청에서 민사사건으로 다뤄졌다. 판결은 1899년 2월에 나왔는데, 피고로 하여금 배계주에게 절취한 목재 32매를 반환하고 소송 비용도 부담하도록 했다. 통상 배계주가 승소했다는 소송은 이를 가리킨다.

두 번째는 1898년 겨울, 후쿠마 효노스케가 규목 95매를 시마네현의 항구에 숨겨 놓은 것을 알게 된 배계주가 미호세키경찰서에 이를 고발했는데 기쓰키경찰서로 이관되었고, 마쓰에지방재판소에서 접수한 형사사건이다. 예심에서 후쿠마는 형법 제399조 위반을 지적받았고, 두 번에 걸친 공판에서 후쿠마는 1899년 4월 중금고 석 달, 벌금 10엔, 감시 6개월에 처하라는 판결을 받았다. 그러나 후쿠마는

히로시마공소원에 항소했고, 배계주는 결국 패소했다. 그런데 이전 소송에 견주어 후쿠마의 항소 관련 문서나 판결문이 외무성 기록에는 보이지 않는다.[122]

배계주가 제소한 소송에 대하여 선행연구에서는 재판소를 오키, 도쿄, 사이고 등지로 잘못 기술한 경우가 있었는데, 재판은 마쓰에지방재판소 사이고지청과 히로시마재판소 두 군데서 있었다. "도쿄에서 재판하여 공결公決이 있었다"고 한 것은 재판이 아니었다. 또한 선행연구는 배계주가 두 번에 걸쳐 승소했다고 하지만, 실은 민사소송에서 한 번 승소했다. 두 번 이겼다고 한 것은 배계주가 "兩次 得訟ᄒ옵고"[123]를 운운한 데서 비롯된 듯하지만, 이는 그가 항소심에서 패소하기 전의 일을 보도한 데 연유한다.

배계주가 일본에 가서 제소한 것은 일본인들이 불법으로 벌목해서 일본으로 빼돌렸기 때문이다. 배계주가 이시바시와 매매계약을 하고 계약금까지 받았다는 사실로 보건대, 배계주가 목재를 매매한 것은 사실로 보인다. 기록으로 보면, 배계주가 일본인에게 징수한 것은 벌목료와 벌금, 두 가지 형태가 있었던 듯하다. 배계주가 벌목료를 받고 허락했지만 일본인들이 벌목료를 치르지 않고 몰래 빼돌리다가 적발되면 벌금을 물렸던 것이다. 그러나 벌목 자체가 불법인 상태에서는 벌목료 징수도 불법이고, 벌금 부과도 불법이다. 따라서 배계주가 일본에 가서 고발한 것도 그 자체로 보면 합법적이라고 보기 어렵다. 그럼에도 배계주는 당당하게 일본인을 일본 재판소에 고발했고, 일본 재판소는 그의 제소에 응했다. 이는 일본 재판소가 자국민의 행위가 불법임을 인정한 것이나 다름없다. 하지만 일본 재판소는 종국에는 후쿠마 편을 들어주었다. 배계주가 패소하자 일본 외무성은 자국민의 벌목 행위가 도감의 묵인 때문임을 내세우면서 적반하장의 태도를 보이기 시작했다.

대한제국 정부도 공식적으로는 일본인의 울릉도 거주와 벌목을 항의하고 배계

---

122) 《鬱島記》에 함께 실린 〈鬱島 在留 日本人 調査要領 - 韓日人 分日査問〉을 보면, 1900년 6월 2일 배계주가 양국 조사위원이 보는 앞에서 후쿠마에게 "'재판하는 법의(法意)는 양쪽을 대질한 뒤 승부를 가르는 것이 당연하거늘, 너는 어찌 혼자 가서 재판하고는 송사에 이겼으니 비용을 내라고 하느냐. 이 무슨 근거 없는 말이냐?"고 따진 사실이 기록되어 있다. 후쿠마의 항소와 재판이 배계주가 없는 상태에서 일방적으로 이루어졌음을 의미한다. 관련 문서의 발굴이 필요하다.
123) 《皇城新聞》〈可任一隅〉 1899.5.16.

주의 벌금 부과를 인정하지 않았지만, 비공식적으로는 묵인하고 있었다. 그러다가 1900년 칙령 제41호에서 배계주의 과세권을 합법화해 주기에 이르렀고, 1902년에는 「울도군 절목欝島郡節目」(이하 「절목」으로 약칭)을 내어 세칙을 규정하기에 이르렀다. 그런데 일각에서는 「절목」의 진위 여부를 의심하거나[124] 배계주의 부임 시기를 들어 「절목」의 효력을 의심하는 경우가 있다.[125] 이는 법령의 제정 경위와 법적 효력을 무시하는 것이며, 무엇보다도 지금까지 고찰한, 배계주의 행적이 사리사욕을 위한 것이 아니었음을 인정한 대한제국 정부의 결정을 부정하는 것이다. 배계주의 과세 행위와 행정활동은 도정을 원활히 하려는 것이었지만 도민에게 선박 대금을 징수하거나 재판 비용을 전가하는 과정에서 도민의 원성을 살 수밖에 없었다. 도민 가운데는 일본인과 결탁하여 이익을 취한 자도 있었고, 배계주가 없는 사이 도감을 대리한다며 벌목료를 가로챈 경우도 있었다. 이들의 행위는 공익을 위한 것이 아니었다. 그러므로 배계주가 목재 매매를 한 행위와 대리인 및 사인의 매매 행위, 일본인의 밀반출 행위를 동일한 잣대로 평가할 수는 없다. 개인에 대한 평가는 그와 이해관계를 달리하는 상대방의 의도를 포함해서 평가해야 하는데, 배계주의 상대는 일본(인)이었다. 배계주는 울릉도 상황을 시시각각 내부에 보고했고, 내부의 조회를 받은 외부는 그때마다 일본 공사관에 항의했다. 배계주의 행적에 대해서는 한국 신문은 물론이고 일본 신문도 수시로 보도했다. 1900년 6월 내부의 시찰위원 우용정은 울릉도에서 배계주와 일본인을 대질 심문하여 과거의 재판사건을 조사, 배계주의 행적과 보고가 대체로 사실이라는 사실도 확인했다.

일본에서의 소송에서 배계주의 행적과 보고가 허위였다면 정부 부처 간, 그리고 한일 양국이 문서를 조회하는 과정에서 분명히 드러났을 것이다.[126] 그가

---

124) 鮮于榮俊, 〈울도군수 배계주의 경력 및 가짜 행정지침 "울도군절목"으로 인한 혼란에 대하여〉, 한일관계사학회 제146회 발표자료(2013.5.11.).

125) 김호동, 2013, 앞의 글. 이에 대한 반론은 이 책의 1부 4편 참조.

126) 배계주가 울릉도 상황을 조사할 때는 일본영사관 관리와 세관의 관리가 참여했고, 관리들은 각각 자국의 상관에게 보고했다. 부산세관의 관리는 외부대신에게 보고했다. 이렇듯 보고와 조회가 상호 긴밀하게 이뤄지고 있었으므로 한쪽이 허위로 보고했다면 그 진상은 드러나게 마련이다. 다만 이 시기의 문서는 교통이 불편해서 문서 왕복에 시간이 많이 걸렸고, 이로 말미암아 보고일과 언론 보도에서 날짜가 서로 맞지 않을 수 있음을 감안하고 볼 필요가 있다.

군수 재임 시에 횡령한 것이 사실이었다면 이 역시 국내에서 피소되어 재판받는 과정에서 밝혀졌을 것이다. 그러나 결과적으로 그는 도감과 군수로서의 행동에서 사적으로 이익을 취한 사실이 없었다는 점을 정부로부터 인정받았다. 이렇듯 당시 상황을 기록한 문서가 한일 양국에 풍부하게 남아 있는 한, 배계주에 대한 평가는 이를 종합적으로 검토한 뒤에 이뤄져야 할 것이다.

〈참고〉 배계주 소송 관련 일지 및 도일 행로[127]

1. 소송 관련 일지

소송 건(1)[128]

연도	일자	소송 관련 내용	비고
1898.	7.23.	고발장 작성	사카이경찰서 지참
1898.	8.5. 이후	도일 뒤 매매 계약	배계주, 사카이 상인[石橋勇三郎]과 계약
1898.	8.22.	田中道德와 吉尾滿太郎, 규목 32매 절취, 玉川淸若에게 위탁	32매(枚)는 4500재(才)
1898.	8.30.	玉川淸若, 宇賀村으로 가져감	
1898.	9.1.~9.12. 이전	오키 도젠의 우라고경찰분서에 鶴谷次郎(선박 소유주)을 고소	고소인은 石橋勇三郎
1898.	9.12. 이전	우라고경찰분서, 마쓰에지방재판소 사이고지청으로 이관	목재를 영치, 예심 뒤 면소로 결정(형사)
1898.	9.12. 이전	마쓰에지방재판소 사이고지청 접수	
1898.	9.12.	吉尾滿太郎 등을 사카이경찰서에 고발	田中道德, 吉尾滿太郎, 神田健吉(7월 23일자 고발장 첨부), 玉川淸若 선박
1898.	미상(9.12. 이후)	사카이경찰서장, 조사 지시	
1898.	미상(9.12. 이후)	사카이경찰서, 요시오를 소환	요시오, 날조라고 진술
1898.	미상(9.12. 이후)	마쓰에지방재판소, 요시오 조사	

127) 이 표는 외무성 자료 등을 참고하여 작성한 것인데, 보고서 등에 날짜가 명시되지 않은 경우가 많다. 문서에도 일련번호가 매겨진 것이 아닌데다 현 지사의 보고에 따른 것이 많으므로 날짜에 오기가 있을 수 있다.

1899.	2.11.	원고 공술, 피고 궐석	궐석 재판
1899.	2.13.	사이고구재판소, 판결	"원고에게 32매 반환, 소송 비용은 피고 부담"(민사)
1899.	2.25.	피고 대리인, 이의 신청, 위임장 작성	피고 대리인[鶴谷次郎]은 이의 신청, 원고 대리인은 기각을 주장
1899.	3.8.	이의는 기각, 소송비용은 피고 부담	마쓰에지방재판소(민사 판결)

소송 건(2)[129]

연도	일자	소송 관련 내용	비고
1898.	12.13.	福間兵之助를 고발	규목 95매를 宇龍浦와 鷺浦에 입항
1898.	12월 하순	美保關경찰서 출두, 목재 수색을 청원	
1898.	미상	기쓰키경찰분서로 이관	福間兵之助의 목재 마쓰에에 영치, 예심
1898.	미상	마쓰에지방재판소로 송치	
1899.	2.2.	마쓰에지방재판소	사건이 예심 중임을 히로시마 공소원에 보고
1899.	2.9.	히로시마공소원 검사장, 외교적 해결을 제언	사법대신 淸浦奎吾에게 보고
1899.	2.15.	마쓰에지방재판소, 福間兵之助 조사	배계주, 마쓰에 도착
1899.	4.5.	예심	형법 399조, 형소 157조 위반 지적
1899.	4.21.	마쓰에지방재판소, 1차 공판	福間兵之助, 몰랐다며 버팀
1899.	4.25.	마쓰에지방재판소, 2차 공판	재판장, 중금고(重禁錮) 석 달, 벌금 10엔(圓), 감시 6개월 판결
1899.	미상(4월 중)	후쿠마, 히로시마공소원에 항소	판결문 미상, 패소

---

128) 이 소송을 편의상 '요시오 사건'(1)이라 한다.
129) 이 소송을 편의상 '후쿠마 사건'(2)이라 한다.

2. 도일渡日 행로

연도	일자	행선지 및 활동	비고
1898	8.5.	일본 도착	
	8.6.	白瀉魚町의 勝部方 투숙	山陰新聞(1898.8.7.) 보도
	미상	사카이	도감 대리 황종해 서신
	9.1~11.	오키 도젠, 우라고	은닉한 규목 적발
	미상	사카이	
	9.12.	사카이 출발 → 도쿄로 향발	
	9.13.	오카야마현 → 교토 도착 후 1박	京都府知事 외의 보고들
	9.14.	도쿄로 향발	
	미상	도쿄	이하영 면담(9.15.~19. 추정) 박영효 면담(서신 요청)
	9.20.	(효고현)三宮驛 도착	
	9.20.	저녁에 바칸으로 향발	이하영 공사의 서신 (외부대신 앞)
	9.21.	바칸	山口縣知事 秋山恕卿 보고 (9.26.)
	9.22.	후쿠오카현 도착, 赤間關市 투숙	신문기자 면담
	미상	귀국(9.25.~10.7. 추정)	
	11.18.	외무대신, 두 현 지사에게 조사를 지시	이하영 공사의 요청
	12.13.	일본 도착−도쿄행	후쿠마 고발
	12월 하순	미호노세키경찰서 출두	
	12월 하순	귀국(추정)	

1899	2.15.	일본 도착, 松白瀉魚町 勝部方 투숙	
	2.15~16. 추정	오후에 시마네현 경부장과 마쓰에경찰서장, 배계주 방문	
	미상	쓰루가 경유	
	3월 추정	도쿄	이하영 공사 면담
	3월 추정	도쿄(외무성) 방문(추정)	
	4월 21일	(2)사건, 마쓰에 공판	재판에 참석

	4월 25일	(2)사건, 2차 공판	체재 중
	미상	히로시마, 야마구치 경유	히로시마 변호사에게 의뢰
	4월 29일	구마모토 도착	안경수 면담
	5월 2일	히로시마	후쿠마 항소 건, 소송 대리 위임
	미상	구마모토	전보(박영효에게—추정)
	5월 중순	귀국	

2. 울도군수의 과세권 행사와 독도 실효지배

Ⅰ. 머리말

일본은 1905년 1월 28일, 독도를 일본 시마네현 소속 오키 도사島司의 소관으로 해도 지장이 없다고 각의에서 결정했다. 이때 일본이 내세운 명분은 "타국이 이 섬을 점유했다고 인정할 만한 형적이 없고… 자국민이 이 섬에 이주하여 어업에 종사한 것이 관계서류에 의해 명백하므로 국제법상 점령의 사실이 있다고 인정되기" 때문이라는 것이다. 이어 일본은 각의결정에 따른 편입 사실을 2월 22일 시마네현 고시 제40호로 공표했다.

그러나 독도는 타국이 점유했던 형적이 없는 무주지가 아니었다. 대한제국은 일본이 편입하기 5년 전인 1900년 10월 25일 "군청 위치는 태하동台霞洞으로 정하고, 구역은 울릉전도欝陵全島와 죽도竹島, 석도石島를 관할할 것"[1]을 선포한 바 있다. 우리는 칙령에서 명기한 '石島'를 독도로 보기 때문에 1900년 당시 독도는 무주지가 아니었고, 따라서 1905년 일본의 각의결정에 따른 편입 조치는 유효하지 않다고 주장한다. 이와 달리 일본은 칙령 제41호의 '석도'가 독도임을 부인한다. 게다가 일본은 칙령의 석도가 독도라 하더라도 대한제국이 1900년 뒤로 실제로 이 섬을 경영한, 이른바 '실효지배'의 사실이 없는 반면 일본의 '실효지배' 사실은 분명하므로 자국의 '편입' 조치가 유효하다고 주장한다.

한국은 거의 50년 동안[2] 칙령 제41호의 '석도'가 독도임을 입증하려고 애써왔

---

1) 欝은 鬱의 속자이다. 그런데 대부분의 문서 원문은 欝로 표기된 경우가 많다. 가능하면 원문대로 입력하려 했으나, 대표자인 鬱로도 표기된 경우가 있음을 밝힌다.
2) 칙령 제41호의 내용이 언제 공개되었는가에 대해서는 단언하기 어렵다. 신석호(1948)와 최남선(1953)이 칙령의 단서나 칙령을 직접 거론했지만 제41호라고 명기한 것은 아니었다. 칙령과 그 안의 석도를 직접적으로 언급하고 이를 영토 주권과 연계지은 것은 1968년 이한기에 와서이다. 하지만 그 전인 1966년에 이종복이 관보에 실린 칙령 제41호를 언급했음을 1977년에 홍종인이 밝힌 적이 있다. 이종복이 관보의 칙령을 어떤 형태로 언급했는지는 자료가 없어 더 이상 알 수 없다. 칙령의 석도가 독도임을 언어학적으로 입증하려는 연구는 1978년 역사학자

다. 이 작업은 현재도 진행 중이다. 그러는 가운데 2010년 10월 울릉군이 초대 군수 배계주의 외후손에게서 「울도군 절목爵島郡節目」(이하 「절목」으로 약칭)을 입수하여 연구자들에게 사본을 제공한 적이 있다. 필자도 이를 뒤늦게 입수했다. 이 사료를 분석한 초기에는 대한제국이 칙령을 낸 뒤로도 독도를 포함한 울도군을 지속적으로 관리해 왔음을 보여주는 사료 정도로 판단했다.3) 「절목」에 과세 조항이 규정되어 있는데 이것이 울릉도 거주 일본인의 수출화물에까지 적용된다는 데까지는 생각이 미쳤으나 수출화물에 독도산품이 포함되어 있다는 사실에까지는 미치지 못했다. 그러다가 1905년 부산영사관보 스즈키 에이사쿠[鈴木榮作]가 외무성에 보고한 문서에 독도강치(원문은 랑코도 강치)를 1904~1905년 울릉도 수출품목으로 분류한 사실이 눈에 들어왔다. 이는 일본인들이 독도강치를 일본으로 수출하고 있었음을 의미하는데 「절목」의 세금 규정은 여기에도 적용되는 것이기 때문이다. 당시 강치 수출업자는 일본인이었다. 대한제국 관리가 「절목」에 의거하여 독도강치에 대한 세금을 일본인에게 징수했다면 이는 독도 실효지배를 입증하는 결정적 증거가 된다고 여겼다. 이에 그런 내용을 발표하기 시작했다.4) 그러자 대내외에서 비판이 제기되었다. 비판과 응수는 오랜 기간에 걸쳐 전개되었다. 그동안 있었던 한국 학계의 비판은 다음과 같다. 「절목」은 허위문서며, 「절목」은 '독도'에 관해 언급한 바가 없다, 「절목」에서 말한 '출입하는 화물'에 포함된 강치는 독도강치가 아니라 울릉도강치다, 「절목」은 군수인 배계주가 작성했다, 군수가 일본인에게서 수출세를 받았다는 증거가 없을 뿐만 아니라 1902년에는 울릉도에 부임하지 못했으므로 「절목」 자체가 시행되지 못했다는 것이다. 일본에서도 다케시마문제연구회의 쓰카모토 다카시[塚本孝]가 비판했다. 대내외에서 비판을 제기할 때마다 필자는 반론했다.5)

송병기가 시작했다. 이에 필자는 이한기가 칙령 원문을 공개한 시기를 기준으로 해서 50년이라고 한 것이다. 이에 대해서는 이 책의 1부 3편에서 자세히 다룬다.

3) 유미림, 〈울도군 절목: 대한제국의 독도 경영입증 기록물〉《기록인(IN)》, 국가기록원, 2011년 봄.

4) 유미림, 〈수세관행과 독도에 대한 실효지배〉《영토해양연구》제4호, 동북아역사재단, 2012; 유미림, 〈1900년 칙령 제41호의 제정 전후 울릉도 '수출세'의 성격〉《영토해양연구》제7호, 동북아역사재단, 2014.

5) 이에 대해서는 유미림, 〈1900년 칙령 제41호의 제정 전후 울릉도 '수출세'의 성격〉《영토해양연구》제7호, 동북아역사재단, 2014;《일본 사료 속의 독도와 울릉도》, 지식산업사, 2015;

이번에는 국제법 학자들과 공동 연구를 진행하는 가운데 평가와 문제가 제기되었다.6) 평가는, 분쟁 대상인 영토에서 과세는 그 영토에 대한 실효적 지배의 증거로서 당사자들이 주장하고 국제법정에서 인정되어 왔으므로, 「울도군 절목」과 같은 징세에 관한 행정 시행세칙에 따라 독도에서 산출된 물품에 대하여 징세되었다면, 그것은 한국이 독도에 대하여 국가주권을 행사한 증거이며, 따라서 독도에 대한 한국의 실효적 지배의 증거가 된다는 것이다. 동시에 제기된 문제는 다음과 같다. 울릉도에서 나가는 모든 산물에 군수가 과세(통항세)한 것이라면 그것은 독도 영유권과 직접적인 관계가 없을 수 있다. 그러므로 「절목」에 근거한 과세가 관세(화물의 국경통과세)에 해당하는 것인지 통항세(화물의 항만통과세)에 해당하는 것인지를 구명할 필요가 있다. 즉 당시 관세와 통항세가 어떻게 개념적으로 구별되고 있었으며 실제로 어떻게 다르게 시행되었는지를 밝힐 필요가 있다는 것이다.

이런 문제 제기는 일본 쓰카모토 다카시의 주장7)과 일부 비슷하다. 쓰카모토는 울도군의 과세행위가 울릉도에서 수출할 때 과금課金한, 즉 울릉도 산품의 수출에 대한 과금이므로 독도 영유권과는 직접적으로 관계가 없다고 했기 때문이다. 즉 독도산품이라 하더라도 울릉도를 통과하는 데 대한 과세이므로 독도와는 직접적인 관계가 없다는 논리인 점에서 위에서 한국 국제법 학자가 지적한 '통항세'와 맥락이 같다. 쓰카모토의 주장에 대하여 다음과 같이 반론한 한국 국제법 학자도 있었다. 그 내용은 "국가권능의 행사라는 관점에서 볼 때, 독도에서 수렵된 가공되지 않은 강치 자체에 수출세가 부과되고 징수된 것과 울릉도로 가져와서 가죽과 기름으로 가공된 물품에 수출세가 부과되고 징수된 것 사이에

〈공문서 작성 절차로 본 독도 관련 법령의 의미〉《영토해양연구》 제11호, 동북아역사재단, 2016; 《《竹島問題100問100答》에 대한 비판》, 경상북도 독도사료연구회, 2014; 〈1905년 전후 일본 지방세와 강치어업, 그리고 독도〉《영토해양연구》 제9호, 동북아역사재단, 2015; 《竹島問題100問100答 비판2》, 경상북도 독도사료연구회, 2016.
6) 2016년 가을, 필자는 국제법 학자들 앞에서 관련 내용을 발표한 바 있다. 이 글에 제시된 평가와 문제는 그때 나온 것이다.
7) 쓰카모토는 《竹島問題100問100答》(2014)에서 대한제국의 실효지배에 관하여 비판하기를, "울도군 절목'의 이야기는 다케시마에서 포획한 강치를 울릉도에서 가공한, 이들을 섬 밖으로 '수출'할 때 과금(課金)한, 즉 울릉도 산품에 대한 과금이므로 다케시마에 대한 주권 행위라고는 말할 수 없다(일본의 경우는 다케시마에 대한 직접적인 주권 행위의 예가 있다. 이를테면, 1905년의 편입 이후 시마네현의 어업규칙을 개정하여 다케시마 어업을 허가제로 한 뒤에 감찰(鑑札)을 교부하여 국유지 사용료를 매년 징수했다(Q18 참조)"라고 했다.

는 차이가 없다. 두 경우 모두 독도 산품에 대한 과세와 징세로서 독도에 대한 대한제국의 국가권능의 행사가 된다"는 것이다. 즉 강치가 독도 산물이고[8] 그에 대한 대한제국의 과세이므로 울릉도 통항 여부와는 관련이 없다는 것이다.

그럼에도 불구하고 한편에서 '통항세'를 운운하는 한 이를 제대로 밝힐 필요가 있다. 쓰카모토의 논리와 한국 국제법 학자의 논리가 맥락은 같다 하더라도 약간의 차이가 있다. 우선 쓰카모토의 논리는 다소 애매한 점이 있다는 점을 지적하지 않을 수 없다. 그가 말하는 과금의 대상이 울릉도에서 가공되었다는 사실, 즉 '가공'에 방점이 있는 것인지, 아니면 울릉도 수출품이라는 사실, 즉 '수출'에 방점이 있는 것인지가 애매하다. 그는 세금의 명목을 통항세와 수출관세 가운데 어느 것으로도 규정하지 않았지만, 전자를 가리킨 것으로 이해된다. 그는 산품의 목적지가 일본이든 조선 내지든 울릉도 산품이 울릉도를 떠나 운송된 것에 대한 통항세(화물의 항만통과세) 부과를 주장한 것으로 보이기 때문이다. 그러므로 쓰카모토와 한국 학자의 견해에서 공통적인 것은 울릉도 수출화물에 부과된 세금을 '관세'가 아닌 '항만통과세'로 보고 있다는 점이다. 그렇게 볼 수밖에 없는 이유는 울도군수가 부과한 세금을 관세로 보았다면 이를 영토주권[9] 행사와 분리시켜 논하기가 어렵기 때문이다. '통항세'로 본다 할지라도 쓰카모토나 한국 학자 모두 화물에 대한 과세인지, 선박에 대한 과세인지를 분명히 하지 않았지만, 전자를 의미해야 논리적으로 맞다. 선박에 대한 과세는 톤세, 항세 등 선박 자체에 착안한 여러 명칭의 선박등록세가 따로 있었기 때문이다.

그렇다면 결국 비판자들의 논점은 필자가 「절목」의 세금을 '수출세'(수출관세)와 연결시켰다는 사실에 있다. 따라서 이런 논란을 불식시키려면 당시의 관세제도를 고찰할 필요가 있다. 필자가 전에 울릉도에서 이뤄진 수세관행이 「조일통상장정」을 준용한 것임을 언급한 바 있지만, 관세제도를 구체적으로 다루지는 않았

---

8) 강치가 독도만의 산물인지에 대해 의문을 표시한 경우가 있는데, 이에 대해서는 유미림, 2015, 앞의 책, 213~216쪽 참조.
9) 그동안 학계에서는 '영유권'이라는 용어를 주로 써왔는데, 이는 territoriality 또는 territorial ownership의 의미를 지닌다. 일본 정부는 주로 '영유권'으로 표현하는데, 이는 영토의 소유적 측면(dominium)을 가리킨다는 측면에서 그 의미가 한정적이다. 따라서 이 글에서는 소유적 측면과 통치적(imperium) 측면을 포괄하는 의미로서 territorial sovereignty 즉 영토주권(영토권)이라는 용어를 가능하면 사용하고자 한다.

으므로 이 글에서는 이 부분을 구체적으로 다루고자 한다.

「절목」과 관련해서 필자에 대한 비판이 끊이지 않는 이유는 무엇일까? 「절목」은 1902년에 나왔지만, 그것은 1883년 개척민이 입도 뒤 한국인들이 목격한 일본인의 침탈에 대한 대한제국 정부의 정책적 산물이다. 따라서 「절목」의 의미를 정확히 이해하려면 개항 전후 전개된 일본의 침탈 역사는 물론이고 「조일수호조규」와 관세제도, 그리고 관련 자료에 대한 정확한 해석과 이해가 필요하다. 그런데 당시의 관세제도가 지금과 다른 데다 번역된 용어가 지금과 다르다. 그러므로 「절목」을 둘러싼 논란을 불식하려면 역사학, 무역학, 경제학, 국제법적 지식이 필요함은 물론 역사적 상황과 사료의 맥락을 제대로 이해할 필요가 있다.[10] 비판이 잇따르고 있다는 것은 그 책임이 일차적으로는 이를 제대로 논증하지 못한 필자에게 있다고 할 수 있다. 그러나 관련 제도에 대한 지식과 올바른 이해가 필자에게만 요구되는 것은 아니라고 생각된다.[11]

이 글에서는 개항기 통상조약 및 관세제도를 검토하여 「절목」에서 말한 '출입하는 화물에 대한 세금'의 의미가 관세인지 아니면 '통항세'인지를 밝히고자 한다.[12]

Ⅱ. 통상조약의 체결과 관세제도

1. 「조일수호조규」(1876.2.26.)와 무관세 무역규정(1876.8.24.)

「울도군 절목」의 세금의 의미를 밝히려면 관세제도와 상관성을 검토해야 하는

---

10) 필자는 이 부분에서 많은 어려움을 겪었다. 통상장정 해석이나 수산정책 관련 용어를 이해하는 데 방기혁 선생(이하 존칭 생략)의 도움을 많이 받았다. 방기혁은 경제학을 전공했고 해양수산부의 수산정책 분야에 오래 종사해 왔다. 《울릉도독도 사수 실록》(2007, 비봉)을 집필하고 《송사》 등을 번역했다.

11) 사료나 역사적 사실에 대한 몰이해 속에서 비판을 하는 경우가 있다. 필자는 이 주제에 관해 많은 선행연구를 조사하고 관련 연구기관(한국조세재정연구원 등)에도 문의했지만 별로 도움을 받지 못했다. 비개항장에 대한 학계의 관심이 크지 않았던 데다 울릉도 상황이 매우 특수한 사례에 해당되기에 전공자가 거의 없기 때문이다.

12) 통상장정과 관세제도에 대해 구체적으로 기술한 이유는 국제법 학자들이 이 문제를 제기했기 때문이다.

데, 우리나라에 도입된 관세제도는 개국 당시의 수호조약 및 통상조약 체결과 밀접히 연관되어 있다. 개국 이전 조일 간의 통상은, 공무역은 공작미와 공목을 지급하는 왜관무역이 원칙이었고 사무역은 왜관 주변에서 일어나는 물물교환 정도에 머물렀다. 따라서 「조일수호조규」를 체결할 당시까지 조선에서는 관세제도 자체가 생소했다. 조선에 관세제도가 이식된 것은 조선과 마찬가지로 관세제도에 생소했던 일본을 통해서다. 하지만, 일본은 구미 열강이 이식한 제도를 조선에 재이식했다. 초기에 관세 자주권 개념이 없던 일본은 미국과 맺은 불평등조약을 조선에 그대로 강제했다. 조선은 1875년 9월 이른바 '운요호사건'을 구실로 개국을 강요당했고, 그 뒤 「조일수호조규」를 체결했다. 이 조규의 제11관에 의거하여 1876년 8월 「조일수호조규 부록」(1876.8.24.)과 함께 「조일무역규칙」도 체결했다.

「조일수호조규」는 제1관에서 "조선국은 자주국이며 일본국과 평등한 권리를 보유한다"[13]고 규정했지만, 제10관에서는 일본에 재류한 조선인에 대한 재판권을 인정하지 않으면서 일본인의 치외법권만 일방적으로 보장하고 있다는 점에서 편무적이었다.[14] 특히 경제통상 관계에서 불평등 조항은 부속문서인 「조일수호조규 부록」과 통상잠정협약인 「조일무역규칙」(일본명은 〈조선국이 의정한 제 항구에서의 일본인민 무역규칙[朝鮮國議定諸港二於テ日本國人民貿易規則]〉)에 기술되어 있다.

「조일무역규칙」의 주요 골자는 ① 일본 상선의 출입과 화물 출항(수출) 및 입항(수입) 수속에 관한 세칙 ② 양곡의 수출입에 관한 것 ③ 항세港稅 규정에 관한 것 ④ 아편 금수禁輸에 관한 것 등이다. 이는 1858년에 조인된 「미일무역장정」을 모방한 것이기도 하다.[15] 「조일무역규칙」은 일본 상선과 관련된 부분으로 제1칙에서는 입항절차를, 제4칙에서는 출항절차를, 제7칙에서는 항세를 규정했다. 군함과 관선官船, 통신선을 제외한 모든 상선은 조선에 입항할 때 증서를 제출해야하며 수출할 때는 수출허가증을 받아야 한다는 사실을 적시했다. 항세 부과 역시 상선[16]에 한정했다. 관선에 대한 항세 면제 규정은 그 뒤 다른 나라와의 통상장

---

13) 이 글에서 조약 번역문은 《高宗實錄》《舊韓末條約彙纂》(1876~1945)(상권, 중권)과 《조약으로 본 한국 근대사》(최덕수 외, 2011, 열린책들) 등을 참조하고 필요한 경우 필자가 윤문했다.
14) 한일 수호조규의 불평등성 조약관계에 대해서는 김경태-b, 〈對日不平等條約 改正問題發生의 一前提 -開港前期의 米穀問題에서 본 外壓의 實態〉《梨大史苑》 제10집 참조, 1972.
15) 미일무역장정과의 차이에 대해서는 최태호, 〈개항 이후 해관지배를 둘러싼 열강의 각축〉《東洋學》 9, 단국대학교부설 동양학연구소, 23쪽, 1979 참조.

정에서도 그대로 보인다.

일본은 「조일무역규칙」을 체결할 때 의정서도 함께 조인했다. 강수관 의정부 당상 조인희와 일본 이사관 외무대승[外務大丞] 미야모토 쇼이치[宮本小一] 간에 교환된 〈韓日 貿易의 革弊에 관한 趙寅熙 宮本小一간의 議定書〉(1876.8.24.) 에서 "일본 인민이 귀국에 수송하는 각 물건은 일본 해관에서 수출세를 부과하지 않고, 귀국으로부터 일본 내지로 수입하는 물산도 수년간 일본 해관에서 수입세를 부과하지 않기로 일본 정부가 내각회의에서 결정하였다"[17]고 했다. '무관세' 원칙을 관철시킨 것이다. 이에 대하여 조인희는 (귀국이 의도하는 바의 하나는) "화물 출입에 대하여 수년간 면세를 특허하자는 것임"[18]을 알았고 이를 따르겠다고 동의했다. 조인희는 관세제도에 대한 인식이 없기 때문에 무관세 조약에 동의한 것이다.

무역규칙은 국가 사이의 교역 범위와 관세 문제가 중심을 이룬다. 관세권은 국내시장과 산업의 보호를 위해 필요할 뿐만 아니라 국가 및 국민주권의 독립을 위해서도 필요불가결하다.[19] 1876년 시점에서 조선이 무관세 규정을 두게 된 배경에는 위정자들의 국제법적 지식의 결여와 외교적 실무능력의 결핍이 작용했다. 「조일무역규칙」을 체결하기 전 1876년 6월 28일 태정대신 산조 사네토미[三條實美]는 훈령을 내려 "양국 모두 수출입세를 징수하지 않는다. 이것이 통상장정 중의 요지이다. 그러나 조선 정부가 기어이 징세법을 강행하려 하면 담판하되, 용이하게 되지 않으면 조선국에 수출입세를 종가從價 5분分으로 규정하고 징세법의 일관一款을 통상장정에 삽입할 것"[20]을 지시했다. 그는 조선이 수출입세를 요구할 것으로 예상하고 그 대응책을 제시해준 것인데 의외로 조선 측이 〈의정서〉에 대하여 아무런 항의도 하지 않은 채 무관세를 수용했던 것이다.

---

16) 상선의 세금은 선박의 돛대 수에 따라 1엔 50전에서 5엔까지다.
17) 최덕수 외, 《조약으로 본 한국근대사》, 열린책들, 2011, 54쪽.
18) 7월 6일(양력은 8월 24일)로 되어 있다.
19) 김경태-a, 〈開港直後의 關稅權 回復問題〉《韓國史研究》8, 한국사연구회, 1972, 84쪽.
20) 위의 글, 83쪽; 최태호, 《近代韓國經濟史 研究序說》, 국민대학교출판부, 1991, 21쪽.

2. 무관세 타파를 위한 시도와 관세 자주권

조선과 일본의 교역량은 증가하기 시작했지만 일본과 무관세 조약 때문에 조선 정부는 일본인에게 관세를 거둘 수 없었다. 그러나 조선도 무관세 규정의 부당성과 관세의 기능을 인식하게 됨에 따라 관세권을 회복하려는 시도를 하게 된다. 그 일단이 1878년 9월 이른바 부산 두모진 수세사건이다. 동래부사가 부산 두모진에 해관을 설치하여 1878년 9월부터 부산을 거치는 수입상품에 대해 15~20%의 통과세를 징수하기 시작한 것이다.[21] 이는 일본인 대신 대일 무역에 종사하는 본국 상인에게 소정의 세금을 부과하는 것을 골자로 했으므로 엄밀한 의미의 관세라기보다는 내국 통과세나 일종의 무역거래세였다.[22] 이 조치로 말미암아 조선 상인의 왕래가 줄어들어 부산의 상업이 쇠퇴하고 일본 상인이 타격을 받게 되자, 일본은 정세停稅를 요구했고, 결국 조선은 일본 측의 무력시위[23]에 굴복하여 12월 정세를 결정했다. 일본은 이때 손해배상 7개조까지 작성했지만 결국에는 배상금을 요구하지 않았다.

일본은 조선에는 무관세 원칙을 강요했으나 자국이 서구 열강과 조약을 체결할 때는 저율 관세이긴 하지만 '무관세'는 아니었다.[24] 일본은 1858년 「미일수호통상조약」 체결 이래 관세를 구속받았지만 수입품에 대해서는 차등 관세를 규정하는 한편, 수출품에 대해서는 종가 5% 세율로 일괄 규정했다. 일본은 영국과 프랑스, 네덜란드, 러시아와도 같은 조약을 맺었으나 이들과 문제가 생길 때는 미국 정부가 중재 역할을 하도록 조약에서 규정[25]했다. 일본이 1866년에 영불미란英佛美蘭 4개국과 체결한 「에도개세약서[江戶改稅約書]」도 수출입 모두 5분分의 종량세從量稅로 개악되었지만, 관세권을 전면 부정하지는 않았다.[26] 청국도 남경조약(1842)

---

21) 김경태-a, 1972, 앞의 글, 99~100쪽.
22) 최태호, 1991, 앞의 책, 27쪽
23) 이에 대해서는 다보하시 기요시 저, 김종학 옮김, 《근대 일선관계의 연구》(상), 일조각, 2013, 609~612쪽; 김경태-a, 1972, 앞의 글, 100~103쪽; 송규진, 〈조선의 '관세문제'와 식민지 관세법의 형성〉《사학연구》 99호, 한국사학회, 2010, 194쪽; 최태호, 1991, 위의 책, 25~31쪽 참조.
24) 송규진, 2010, 위의 글, 192쪽
25) 제2조에 "일본과 유럽국 사이에 문제가 생겼을 때는 미국 대통령이 중재한다…"고 규정했다.
26) 김경태-a, 1972, 앞의 글, 84쪽.

에서 관세자주권이 제한당했고, 다음 해 추가조약에서 종가 5분의 종량세가 규정되어 관세 자주권을 박탈당했지만, 수입관세는 유지되었다. 이렇게 볼 때 관세의 전면적 부인에 이른 국가는 조선을 제외하면 어느 국가도 없었다.[27]

조선 정부도 점차 무관세의 부당함을 인지했고, 이를 시정하고자 1880년 수신사 김홍집을 파견하여 교섭했다. 김홍집은 하여장·황준헌과 접견하면서 관세 자주권 및 보호관세의 중요성을 인식하고 조언을 받았다.[28] 조선은 1881년 10월에도 일본과 관세교섭을 했으나 결실을 맺지 못하다가 1882년 5월 중국의 권유로 미국과 통교하게 되었다. 그 결과「조미수호통상조약」이 체결되었다. 이 조약은 최혜국 대우와 치외법권 등을 규정한 불평등조약이긴 하지만, 수입 관세율의 상한선을 청국과 일본에 적용되던 7.5%(수입관세 5%+내지통행세 2.5%), 5%의 단일 세율보다 높은 10%와 30%로 규정한 것이었다.[29]

1882년 9월에는「조청상민수륙무역장정」이 체결되었다. 두 나라는 관세문제는 개항장 무역과 육로무역을 별도로 규정했으나 개항장 무역은 "두 나라에서 이미 체결된 규정"에 따라 처리한다고 애매하게 규정했다. 육로무역에 대한 관세율은 15%의 종가세를 규정한 홍삼을 제외하고 종가 5%로 결정했고, 교역 장소는 조선의 의주와 회령, 중국의 도문圖們과 훈춘琿春으로 정했다.[30]

한편「조미수호통상조약」이 체결되자, 서구 열강들도 잇달아 조선과 통상조약을 체결하려 하여 1882년 6월「조영수호통상조약」이 체결되었다. 그러나 영국은 자국에 유리하게 개정하기 위해 비준을 보류하고 있다가 조선이 일본과 1883년 7월 25일「조일통상장정」을 체결하자, 태도를 바꾸어 1883년 전문 13개조로 된 조약 및「부속통상장정」,「세칙」,「세칙장정」,「선후속약」등을 함께 11월 26일 조인을 완료했다(비준서 교환은 1884년 4월 28일).「조영수호통상조약」은 조문은「조미수호통상조약」의 체재를 모방한 것이지만,「조일통상장정」과 대조해 보면 영국의 실질적인 권익을 보장하는 데 주력한 차이가 있다.[31] 그 사이인 10월

27) 김경태-a, 1972, 위의 글, 85쪽.
28) 송규진, 2010, 앞의 글, 195쪽.
29) 위의 글, 196쪽.
30) 위의 글, 198쪽.
31) 국회도서관 입법조사국 발행, 《舊韓末條約彙纂》(1876~1945) (중권) 〈입법참고자료 제 26 호〉, 1964, 311쪽.

에 「조독수호통상조약」이 체결되었다. 이렇듯 「조영수호통상조약」의 특징은 저율 관세를 규정한 것인데, 수입품에 대한 관세는 품목에 따라 다르지만 수출품은 종가 5%로 일괄 과세하기로 했다.[32] 따라서 「조영수호통상조약」도 불평등조약 이긴 하지만 그 뒤로 다른 조약의 원형이 되었다.

조영조약의 조인을 자극한 「조일통상장정」은 전문 42관으로 된 조약이다. 1881년 11월 수신사 조병호가 지참하고 간 원안은 35관이었다. 거류지 지대地代 와 톤세를 증액하고 벌칙을 엄중히 한 것이 특징이다. 조선은 「해관세칙」에서 수입되는 일반상품에 대해서는 10%의 종가세, 수출품에 대해서는 5%의 종가세 를 부과하기로 했다. 일본은 조선 측이 제시한 원안이 양국 무역의 실정을 무시 한 것이라며 수정을 요구했고,[33] 그 사이에 조선은 이홍장의 중개로 미국과 수 호통상조약을 체결했다. 그 뒤에 조선이 영국 및 독일과 체결한 조약은 이 「조미 수호통상조약」을 기준으로 한 것이었다.

조선이 열강과 조약을 체결하는 과정을 보게 된 일본은 관세협정에 적극성을 보여 결국 1883년 7월 「조일통상장정」을 체결했다. 일본은 수출입세 5%의 종가 세 주장을 거두는 대신 수입세를 세 종류로 구분하여 부과하기로 했고, 수출세는 5% 종가세로 하기로 결정했다. 나아가 일본 상민에게 최혜국 대우를 부여하는 한편 조선 근해에서 어업권까지 보장하는 것으로 조선 정부와 타협했다.

이렇듯 조선이 일본 및 열강과 체결한 통상조약은 대부분 1882년에서 1883년 에 걸쳐 성립되었다. 조선은 1882년 5~6월 사이에 미국·영국·독일과 차례로 조약을 체결했고, 청국과는 10월에 체결했다. 그러자 영국과 독일은 청국이 획 득한 조약상의 특권을 균점均霑해야 한다며 비준을 거부했다. 미국도 최혜국 대 우 규정을 균점하려 했다. 이렇게 해서 열강은 각각 균점을 내세워 자국에 유리 한 통상환경을 구축하려 했고, 일본 역시 통상장정 제42관에서 최혜국 대우 규정 을 명문화했다.[34] 이런 과정을 거쳐 조일관계는 1876년 8월의 조일통상잠정협 약의 무관세 규정으로부터 8년이 지나서야 비로소 협정관세체제로 전환, 관세권

---

32) 최덕수 외, 2010, 앞의 책, 868~898. 송규진, 2010, 앞의 글, 201쪽에서 재인용.
33) 다보하시 저·김종학 옮김, 2013, 앞의 책, 616~617쪽.
34) 최덕수 외, 2011, 앞의 책, 153쪽.

을 회복할 수 있었다.[35] 조선이 일본 및 서구 열강과 체결한 통상조약은 불평등
조약이긴 하지만, 관세법규가 체계화되기 시작했다는 데 그 의미가 있다.

  그렇다면 이들 통상장정[36]은 관세를 어떻게 규정하고 있을까? 「조미수호통상
조약」(1882.5.)과 「조일통상장정」(1883.7.), 「조독수호통상조약」(1883.10.27.),
「조영수호통상조약」(1883.11.) 등에서 관련 내용을 고찰하기로 한다. 「조영수호
통상조약」 이후 독일, 이탈리아, 러시아, 프랑스, 오스트리아, 벨기에, 덴마크와
조선이 체결한 조약은 「조영수호통상조약」의 복사판에 가깝다.[37] 당시 조선과
수호조약을 체결하려던 열강은 타국이 조선과 어떤 조약을 맺는가를 지켜보며
서로 영향을 주고받았다. 1881년에서 1884년 사이에 조선이 열강과 맺은 조약
의 내용이 거의 비슷하다는 사실이 이를 방증한다. 우선 각 조약의 통칭과 원문
상의 호칭을 표로 나타내면 다음과 같다. 소장의 '규奎'는 규장각 청구기호를 의
미한다.

〈표-1〉 조약명

통칭(전문)	원문상의 호칭	조인(비준)	언어(소장)
조일수호조규 (12관)	修好條規	1876.2.27.	한문 · 일문 (규 23001)
조일수호조규 부록(11관)	修好條規附錄	1876.8.24.	(규 23002)
조일무역규칙 (11칙) (韓日通商暫定協約)	한: 通商章程於朝鮮國議定 諸港日本人民貿易規則 일: 朝鮮國議定諸港ニ於テ 日本國人民貿易規則(修好 條規附錄ニ附屬 スル通商 章程)	1876.8.24.	한문 · 일문 (규 23021)
	修好條規 續約	1882.8.30. (10.31.)	한문 · 일본 어
조미수호통상조약 (14관)	한: 朝美條約 (TREATY OF AMITY AND COMMERCE BETWEEN THE UNITED STATES OF AMERICA AND COREA)	1882.5.22. 1883.5.19. 비준서 교환	한문 · 영문 (규 23166)

---

35) 다보하시 저 · 김종학 옮김, 2013, 앞의 책, 621쪽; 송규진, 2010, 앞의 글, 189쪽.
36) 이 글에서는 「조일통상장정」 뿐만 아니라 「수호통상조약」도 '통상장정'으로 통칭했다.
37) 최덕수 외, 2011, 앞의 책, 231쪽.

조영수호통상조약 (12관 2항)	朝英通商條約 (Treaty of Friendship and Commerce between Great Britain and Korea)	1882.6.6. (1883.11.26. 조인)	한문·영문 (규 23364)
조청상민수륙무역장정 (8조)	朝淸商民水陸貿易章程	1882.8.23. (10.27.)	한문·영문 (규 23400)
조일통상장정(42관)	在朝鮮國日本人民通商章程 (朝鮮國ニ於テ日本人民貿易ノ規則)	1883.7.25. 한성 조인. 9.27. 비준 10.15. 태정관 포고	한문·일문 (규 23024)
조일통상장정 부록 海關稅則	朝鮮國海關稅則	1883.7.25.(8.27.)	(규 03023)
조독수호통상조약	朝獨修好通商條約	1882.6.30. (1883.11.26.)	한문·독문 ·불문 (규 23523)
조독수호통상조약 부록 통상장정(3관)	朝獨修好通商條約附屬通商章程	1883.11.26.	

※ 조선 측 조약의 원문 용어는 규장각 소장 문서에 의거하고, 영문은 《舊韓末條約彙纂》에 의거함.

3. 관세 관련 용어와 통과세

관세 관련 용어의 개념을 올바로 알아야 당시의 관세제도를 이해할 수 있다. 통상적으로 관세는 광의와 협의 개념으로 구분된다.[38] 관세는 보통 국경(관세선)을 통과하는 화물에 부과하는 조세, 즉 국경조세(국경관세)를 의미하지만, 과거에는 국내지방의 경계구역을 통과하는 화물에 부과하기도 했다. 국경관세는 수입관세와 수출관세가 있는데, 오늘날 수출관세는 대부분 폐지되었다. 그러나 개항 당시는 수출관세가 있었다. 다만 내국관세 즉 국내지방에서 부과되는 관세인 일종의 통과세는 우리나라에서는 역사적으로 사례가 없다.[39]

---

38) 정원훈 등, 《(최신)貿易外換辭典》 삼익문화사, 1966. 개항기에 가까운 용어를 조사하기 위해 일부러 오래된 사전을 조사했다.

39) 일본은 17~19세기에 지방영주가 주요 도로망에 관소(關所)라는 검문소를 설치하고 이곳을 통행하는 상인과 짐꾼에게서 소액의 통행료를 징수한 바가 있다. 관소가 이를 징수한다고 해서

관세 용어를 포함한 조약문을 보면 원문이 중국어, 일본어, 영어 등으로 각각 다르게 작성되어 있는 데다 이를 번역한 용어도 다르다. 현재 사용하는 용어와도 다르기 때문에 개념에서 혼돈을 겪는 경우가 있다. 이를 정리해 보면, 〈표-2〉와 같다.[40]

〈표-2〉 통상장정에 나오는 용어들

현대 용어	한문 원문*	일본어 원문(조일)	영어	번역**
관세	關稅	(海)關稅	duties of the Tariff(조영)	관세
화주	貨主	貨主	owner	화주
수출허가증	准單 報明(조영)	准單	application	신청서
적하목록	報單(進口報單)	積荷目錄		
수출입 화물	進出口貨物			
입항	進口	入港	Entrance of Vessels	입항
출항	出口	出港	Clearance of Vessels	출항
수입관세	進口稅	輸入稅, 進口稅		입항세
수출관세	出口稅	輸出稅, 出口稅		출항세
화물 양륙	上下貨物 (조독, 조영)		landing and shipping of cargo	화물의 양륙 적재
항만입항료	船鈔	港稅(규칙) 噸稅(조일)	tonnage dues(조영)	
선박료	船鈔(조독, 조영)	船鈔		
톤세	噸稅(조미)	船鈔	tonnage dues(조영)	톤세
선박세	船稅(조독)		tonnage dues(조영)	선세
통과세	通過稅 規費(조영)	運送稅, 內地通關稅	transit duty(조영)	통과세 (조영)

'관세'라고 불렀는데, 이는 국제무역에 따른 국경관세와는 전혀 별개인 인두세 또는 통과세에 불과하다(방기혁 자문).
40) 이하에서 '규칙'은 「조일무역규칙」, '조일'은 「조일통상장정」, '조영'은 「조영수호통상조약」, '조미'는 「조미수호통상조약」, '조독'은 「조독수호통상조약」을 약칭해서 기재한 것이다.

운반세, 통과세	運稅, 內地關稅	運送稅, 內地通關稅	transit duty(조영)	
수수료	規費(조영)		fees(조영)	수수료
현지 산물	土産 土貨(조독)	土宜(규칙)	native produce exported(조미) place of production(조영)	토산물, 본산지
부가세	부가세, 抽收稅(조영)		additional tax(조영)	부가세
소비세	厘(조영)		excise(조영)	소비세
종가세	從價稅	從價稅	ad ralorem duty of ten per centum(조미)	종가세

*는 각 통상장정에 기재된 용어를 가리킴.
**는 번역문을 일컬음. 이를테면 국사편찬위원회 사이트에 있는《고종실록》,《구한말 조약휘찬》(1964)에 실린 것들임.

〈표-2〉에서 보듯이 당시 용어는 오늘날의 용어와 다른 것이 많다. 수출세 관련 용어만 보더라도 당시는 수출세, 출구세로 일컬었지만, 1964년에 번역할 때는41) '출항세'로 불렀다. 이 때문에 '출항세'와 '통항세'를 혼동하기가 쉽다. 오늘날 '출항세'의 의미는 선박 출입에 관련하여 어떤 서비스가 제공된 경우 그 서비스의 비용 징구, 즉 선박 입출항료를 가리키므로 수출세와는 다르지만 당시는 '수출세'를 의미했다. 당시 무역에서 과세는 크게 화물에 대한 과세와 선박에 대한 과세로 구분된다. 상선에 실린 화물이 항만을 통과할 때 부과되는 것이 관세關稅이다. 각국은 모든 화물은 관세를 일단 납부한 뒤 들여오도록 했고, 그렇게 해서 들여온 상품이 국내의 다른 지역으로 수송될 때는 다시 관세를 부과할 수 없도록 규정했다. 나라에 따라 이를 통과세, 내지內地 관세, 내국 통행세 등으로 불렀다. 그러므로 수출입 관세가 국경선에서 부과되는 것이라면, 내지 관세는 국경 안에서 부과되는 세금을 가리킨다.

선박에 대한 과세는 외국 무역선이 개항장을 이용하는 데 따른 입출항 수수료이다. 일종의 선박 등록세인데, 오늘날의 선박 입출항료 · 항만료(port charge)

---

41) 국회도서관 입법조사국 발행,《舊韓末條約彙纂》(1876~1945) (상권) 〈입법참고자료 제18호〉 (중권), 1964; 〈입법참고자료 제26호〉

이다.[42] 요금은 세관이 징세하며 정액 또는 톤수·톤급·수송화물 등에 따라 부과된다. 명칭은 항세港稅·선세船稅·선초船鈔·톤세[噸稅]·'tonnage dues' 등으로 나라에 따라 다르다. 그런데 선박에 대한 과세는 선주가 부담하는 수수료 (시설이나 용역을 이용한 댓가)의 성격을 지니므로 항만 당국이 징수하더라도 그 자체가 영토 주권 행사의 근거로서 인정되는 것은 아니다. 또한 관세 외에 수수료, 부가세 등이 있지만, 이는 일단 관세를 완납한 뒤에 국내에서 부과되는 세목이다. 이렇듯 용어는 비슷하지만 화물에 대한 세금과 선박에 대한 세금은 전혀 별개다. 「절목」에서 말한 "출입하는 화물에 대한 과세"는 선박의 통항에 따른 세금과는 아무런 관련이 없다는 점을 지적하고 다음으로 넘어간다.

1) 관세와 상선

각국의 통상장정은 일차적으로는 상선이 수출입하는 물품에 대한 관세 규정과 밀무역 금지 조항을 두고 있다. 조선에 입항하는 각국의 선박은 모두 개항장을 통해야 하며 그렇지 않은 경우 밀무역으로 규정되므로 개항장을 통하지 않은 밀무역 화물은 모두 몰수된다. 그런데 울릉도는 비개항장이므로 원칙적으로는 모든 교역이 불법이다. 그럼에도 울릉도에서는 교역이 공공연히 이루어졌고, 양국 정부는 이를 묵인했다. 교역에 대한 댓가는 세금 징수 형태로 이루어졌는데, 그 기준은 통상장정 규정을 그대로 적용한 것은 아니었지만 통상장정을 준용한 것이었다. 조선이 개국한 뒤 외국과 처음으로 통상하게 되었을 때 참고할 수 있는 것은 통상장정 외에는 달리 기준이 없었기 때문이다. 1887년에 외교·통상 문제가 발생했을 때 통리교섭통상사무아문은 조약과 장정, 세칙 등을 묶어 놓은 《각국 약장 합편各國約章合編》을 간행하여 지방관서에 배포하였다.[43] 정부 차원에서 지방 관리들로 하여금 실무에 활용하도록 제공한 것이다.[44] 이 책은 간행

---

42) 오늘날에는 화물 입항료(cost for entrance of cargo)도 있다. 화주(貨主)가 부담하는 것으로 화물이 항만을 통과하는 대가로 지급하는 항만시설 사용료의 하나지만, 화물 출항료는 없었다.

43) 이 책은 각 조항과 절을 정리하여 1890년에 다시 간행되었으며 갑오개혁 이후 새로 외교업무를 당한 외부에 의해 1898년에 《약장합편》으로 간행되었다. 《各國約章合編》의 판본은 모두 4종류이다(유미영,〈19세기 말《各國約章合編》의 간행과 지방반포에 대한 고찰〉《서지학연구》제66집, 한국서지학회, 2016, 289쪽).

44) 위의 글, 282쪽.

된 뒤 1888년 1월경 바로 반포되었다. 이와 관련된 기록이 각 도의 관초關草에 보이는데, 수취자는 각 도의 관찰사였다.[45] 이 책은 갑오개혁 이후에는 감영뿐만 아니라 군청에도 내려졌다. 한 질은 군청에서 보관하고 나머지 3질은 향청, 서기청, 순교청巡校廳 등 실무자에게 보냈다.[46]

통상장정을 준용하기는 일본 측도 마찬가지였다. 일례로 1896년 가을, 일본 사이고경찰서는 현 주소지를 울릉도로 하고 무면허로 일본에서 울릉도로 도항한 자 13명을 조사한 뒤 이들의 밀무역 정황을 알아내고 관세법 위반자로 처리하려 했다.[47] 이는 일본인들이 1896년 이전에 울릉도에서 정착하고 있었음을 보여주는 한편, 일본 정부가 밀무역 위반의 기준을 통상장정에 두고 있었음을 보여준다.[48] 1899년 9월, 해군 선박이 철수하는 일본인을 태우기 위해 울릉도에 왔는데 해군성 중위 후루카와 신자부로[古川鈊三郞]는 일본인을 심문한 바 있다. 이때 일본인들은 세금이 "작년까지는 100분의 5였다"[49]라고 진술했다. 이 역시 일본인들이 관세제도를 의식한 발언임을 시사한다. 당시 수출세는 대부분 종가 5분 즉 5%의 세율이었기 때문이다. 일본 및 조선과 체결한 각국의 해관세칙海關稅則도 마찬가지였다. 다만 울릉도의 일본인들이 100분의 5를 세금으로 냈다고 진술한 것은 거짓말이다. 1900년에 부산영사관보 아카쓰카 쇼스케[赤塚正助]는 울릉도에서의 수세 정황을 파악한 뒤 〈수출세 건〉[50]으로 상부에 보고했다. 〈수출세 건〉의 첫 문장은 "수출품에 대해서는 전 도감 오상일과 섬에 있는 일본인 사이에 별지와 같은 조약문이 있어, 수출액의 2분을 콩으로, 수출할 때마다 수출세로서 도감에게

45) 위의 글, 290쪽.
46) 위의 글, 293쪽.
47) 《欝陵島における伐木關係雜件(明治16~32)》(西坤 第619號) (1896.9.21.). 발신자는 사이고 경찰서장 경부 久保庸臣, 수신자는 검사 別府惠人이다.
48) 양국에서 통상장정이 적용되었음은 1902년 문서로도 알 수 있다. 4월 12일 하야시 공사는 1901년 부산해관의 관리가 울릉도를 조사한 뒤 제출한 복명서를 입수했음을 외무대신에게 보고하면서, 별지로 사본을 하나 더 첨부했다. 그것은 원산해관의 세무사 웨이크필드가 밀수를 하다 적발된 일본인의 화물을 몰수하고 처벌하겠다는 내용을 원산영사관에 알리는 서한이다. 이때 웨이크필드(C. E. S. Wakefield)는 "Regulation 35 of Trade Regulation of 1883"라고 했으므로 (조일)통상장정 제35관에 의거하고 있음을 알 수 있다(외무성, 《稅関事務関係雜件》 第二巻 〈欝陵島ニ入スル稅関報告書写在韓国公使ヨリ送付ノ件〉 (1902.4.12.).
49) 방위성 방위연구소, 《海軍省公文備考》, 《公文備考》, 함선3(9), 1899 (아시아역사자료센터 소장. 레퍼런스 코드 C06091211000).
50) 《欝陵島ニ於ケル伐木關係雜件》 〈수명(受命)조사사항 보고서〉 중 〈수출세 건〉.

냈고, 현 도감 배계주도 오늘날까지 이 조약에 따라 징세하고 있다"는 내용이다. 이는 일본인들이 종가 5%보다 낮은 2%의 세율로 납세하고 있었음을 증명하는 한편, 일본 정부가 자국민의 납세를 '수출세'로 일컫고 있었음을 보여준다.

도감과 일상日商들은 "본도의 무역은 대두태大豆太를 [일본과 한국] 100분의 2종從으로 일상이 납세하기로 허락한다"51)고 약속했다. 즉 2%의 종가세를 적용하기로 합의한 것이다. 약조문에 등장한 사람에는52) 개척 초기 입도자 가타오카 기치베[片岡吉兵衛], 와키타 쇼타로[脇田庄太郎], 하타모토 기치조[畑本吉藏], 아마노 겐조[天野源藏], 가도 만타로[門萬太郎] 등이 포함되어 있다.53) 이들은 그 뒤로 1900년대까지 벌목과 어업 종사자, 중개상, 수출입 업자로서 이름이 계속 등장한다.

1900년에 일본 정부는 "수목 벌채에 관한 마땅한 방법을 세워 현재의 상황을 유지하는 것이 서로에게 편리할 것"54)임을 내세웠다. 수세 관행을 지속하기를 한국 정부에 권한 것이다. 일본 정부는 "재도在島 본방인과 도민 사이에 행해지는 상업은 수요 공급을 위해 긴요하며 도민이 바라던 바로서 도감은 수출입 화물에 대하여 수출입세 같은 징세를 해왔다"고 주장했다. 그러니 한국 정부는 관세를 징수함으로써 현 상황을 유지하는 것이 서로에게 편리할 것이라는 제안까지 했다.55) 이는 일본 정부가 도감이 화물에 징세했음을 기정사실화하는 것일 뿐만 아니라 세금의 명목을 "수출입 화물에 대한 관세"로 인정하고 있었음을 의미한다.

그렇다면 통상장정에서 관세 규정은 어떻게 되어 있는가? 통상장정의 해당 규정을 정리하면 〈표-3〉과 같다.

---

51) 약조문은 1899년 음력 4월 1일 도감 오상일이 일본인 상인 24명과 맺은 약조문이다.

52) 片岡吉兵衛, 脇田庄太郎, 古木新作, 畑本吉藏, 佐々木初太郎, 濱岡休五郎, 吉村伊三七, 天野源藏, 島田爲太郎, 神田健吉, 宇野友太郎, 安部典市, 由波乙次郎(由良乙次郎), 安達新右衛門, 汲榮爲次郎, 古木竹松, 吾妻吉太郎, 元角恭造, 三村新兵衛, 石井和三郎, 乙賀□次, 松本弁次郎, 門萬太郎, 中村庄六이다.

53) 이 가운데 하타모토 기치조와 아마노 겐조는 1899년 일본 외무성이 일본인을 퇴거시키기 위해 군함을 타고 왔을 때 11월 말까지 철수하겠다는 각서에 서명하고 관리 다카오 겐조와 면담한 자이기도 하다.

54) 《日案》 5, 1900.9.5.

55) 위의 문서.

〈표-3〉통상장정의 관세 규정(필요한 부분에 한하여 필자가 한문 및 영어를
덧붙여 적음)

조약명(조)	내　용
조미(5조)	무역을 목적으로 미합중국에 가는 조선국 상인 및 상선은 합중국 세관 규칙(customs regulations of U.S)에 따라 관세, 톤세[噸稅] 및 일체 수수료(duties and tonnage dues and all fees)를 지불해야 하며 (Merchants and merchant vessels of Chosen visiting the United States for purposes of traffic shall pay duties and tonnage dues and all fees) 미합중국 공민이나 최혜국공민 및 신민에게 부과되는 것보다 높거나 다른 세율의 관세나 톤세를 강요받지 않는다. 무역을 목적으로 조선국에 오는 미국 상인 및 상선은 모든 수출입 상품에 대하여 관세를 지불해야 한다. 관세 부과권은 응당 조선국 정부에 속한다.
조일(9관)	입항하거나 출항하는 각 화물이 해관을 통과할 때는 응당 본 조약에 첨부된 세칙(稅則)에 따라 관세를 납부해야 한다. 배 안에서 자체로 사용하는 각종 물건을 육지에 내다 팔 때에는 세칙에 따라 세금을 납부한다. 다만 종가세(從價稅)는 그 화물의 산지나 제조한 지방의 실제 가격과 그 지방으로부터 운반해온 비용, 보험비 및 배당금 등 각종 비용을 합산하여 원가를 정하고 그 정칙(定則)의 세금을 징수한다. (凡進出口各貨過關 應按照本約所附稅則 交納關稅 至於船上自用各物 如起岸發賣 仍照稅則納稅 惟從價稅 則將其貨物所産或所製造地方實價與由該地運到之費用 保險費及抽分錢等各費 合筭爲之原價 徵其定則之稅)
조일(32관)	선박에서 사용하지 않는 물건을 부려놓고 파는 경우에는 매주(買主)가 해관에 보고하고 세금을 납부해야 한다.
조영(5조)	① 외국 무역을 하는 각 항구나 장소에서 영국 신민이 본 조약에서 금지하지 않는 각종 상품에 관세(duties of the Tariff)를 지불하고, 어떤 조선국 신민에게 또는 외국인민에게 매매하기 위해서는 어떤 외국 항구에서나 어떤 조선 개항장에서나 자유롭게 이를 수입하며, 또한 조선국 갑의 개항장에서 상품을 구매하여 다시 이를 조선국 을의 개항장 혹은 외국에 수출할 수 있다.
조영(5조)	② 관세를 납부하고 외국항으로부터 수입하는 모든 상품의 화주나 위탁자는 수입일로부터 조선 역법으로 13개월 이내는 언제든지 어떤 외국항으로 해당 상품을 재수출할 때 그 수입세액에 대한 반환지불 관세증명서를 받을 권리가 있다.

이렇듯 각국의 통상장정은 모두 상선으로 입출항하는 화물에 대한 관세 납부
의무를 규정하고 있다. 「일미수호통상조약」은 제4조에서 "수출입품은 모두 일본
의 관세를 통할 것"을 규정하고, 이어 일단 관세를 지불한 수입품은 일본 국내

어디로 운송되더라도 추가로 과세하지 않을 것을 규정한 바 있다. 이런 규정은 일본이 조선과 맺은 조약에서 뿐만 아니라 구미 열강과 맺은 조약에도 그대로 적용되었다.

「조미수호통상조약」은 수출과 수입을 구분하고, 관세는 물론 톤세 및 일체의 수수료를 포함하는 경우와 관세만 납부하는 경우로 구분해서 규정했다. 「조일통상장정」은 이에 견주어 종가세로서 관세를 규정했고, 「조영수호통상조약」은 관세(duties of the Tariff) 납부를 규정했다. 나라에 따라 조문은 약간씩 다르지만, 선박에 화물을 적재한 화주貨主를 납세자로 한 점은 공통된다. 미국은 "관세 부과권은 응당 조선국 정부에 속한다"고 기술했다. 일본이 「조일무역규칙」(1876)에서 '무관세'를 주장했던 것과는 달리 조선의 관세 자주권을 인정한 것이다.

비판자 가운데는 관세가 영유권과 관계없다고 말한 학자도 있었다. 그러나 미국이 언명했듯이 관세란 국가의 자주권에 속하는 것이다. 관세를 부과할 것인지 면세할 것인지를 결정하는 주체는 국가이다. 이를 독도강치에 적용해 보자. 국가가 독도강치에 대한 면세를 결정했다면 그 결정권은 국가의 고유권한이다. 국가가 강치에 대한 면세를 결정했다고 하자. 그렇다 하더라도 그것이 원산지 개념과 분리되지는 않는다. 이때의 면세는 강치가 그 국가(한국)의 산물이라는 사실을 전제한 뒤 결정된 것이기 때문이다. 「조일통상장정」은 입출항 화물에 대하여 관세 납부를 규정했는데, 배 안에서 사용하는 물품(예컨대 선원용 술·담배)이라 하여 관세를 면제하여 통관한 뒤라도 그 일부를 유출하여 판매했다면 면제해준 수입관세를 납부하도록 규정했다. 이는 관세가 단순히 물리적 국경 통과에 부과된 세금임을 의미하는 것이 아니라, 경제적 단위로서 국경통과에 부과된 세금임을 의미한다. 「조영수호통상조약」은 관세 규정을 더 세분화하여, 관세를 납부하고 입항한 수입상품의 경우 13개월 이내에는 언제든지 다시 수출관세를 납부하지 않고 재수출할 수 있도록 규정했다.

2) 관세율과 종가세

통상장정 및 해관세칙은 관세율을 규정하고 있는데, "출구화: 5분=별항에 기재하지 않은 일체의 수출품[出口貨]"이라고 했듯이, 기본적으로 수출 관세는 사치품을 제외하면 종가 5%였다. 수출품이란 「조미수호통상조약」에 '토화土貨' 즉 'native goods or productions'[56]라고 했듯이 현지 산물을 가리킨다. 「조일통상장정」은 상품의 원가를 "그 화물의 산지나 제조한 지방의 실제 가격과 그 지방에서 운반해온 비용, 보험비 및 배당금 등 각종 비용을 합산하여 정한다"고 했고, 수출품은 원가에 따라 종가 5%의 세율을 규정했다.

조약에서 '토화' 또는 'native goods or productions'라고 한 것으로 알 수 있듯이 수출품은 산지와 제조가공지가 다를 수 있다. 하지만 그것이 동일한 국가 영역 안에서 생산된 상품임을 가리킨다. 상품의 원가는 산지가격과 가공에 따른 제반 비용을 포함하여 결정된다. 이를 강치제품에 적용하면, 산지는 독도지만 제조가공지는 울릉도이다. 강치제품의 원가는 산지(독도)에서 제조가공지(울릉도)로 운반하는 데 드는 비용에 제반 비용이 합쳐져 매겨진다. 그리고 이 제품(강치가죽, 강치기름 등)을 일본으로 수출할 때는 통상장정의 규정대로라면 종가 5%의 수출관세를 매겼어야 한다. 그러나 울릉도에서는 1902년 이전까지는 2%의 종가였다. 그리고 1902년 「절목」이 나온 뒤로는 1%로 줄었다. 줄어들긴 했지만 없앤 것은 아니었다. 개항장인 부산항에서는 통상장정의 규정대로 시행되었다. 이를테면, 1890년의 《부산항 출입구세 실수 성책釜山港出入口收稅實數成冊》[57]을 보면, 월별 수세 현황이 기록되어 있는데, 수출입 품목의 원가와 세액이 나와 있다. 1889년의 수출품은 주로 김과 잡화, 건어乾魚, 호피, 우피牛皮, 해채海菜, 해삼 등인데, 원가 40원元인 품목에 대한 세항稅項은 2원이다. 즉 종가 5%의 수출관세가 매겨졌던 것이다. 이 성책에서도 수입세와 수출세에 관한 기록만 보일 뿐, 통과세로 볼 만한 것은 찾을 수 없다.

3) 선박 입출항에 대한 세금 규정
통상장정에서 선박 입출항에 대한 해당 규정을 정리하면 〈표-4〉와 같다.

---

56) 조영세칙은 "All other native goods or productions not enumerated in Class I will pay an *ad varolem* duty of five per cent…"라고 규정했다.
57) 동래감리서가 편찬한 사료(奎18129, 1883~1899)이다.

〈표-4〉 통상장정의 선박등록세 규정

조약명(조)	내 용
조미(5조)	조선에 들어오는 합중국 상선은 매톤 5전의 세율(five mace per ton)로 톤세(tonnage dues)를 지불하되, 청나라 역법에 따라 3개월에 한 번씩 선박마다 지불한다.
조일(31조)	조선 정부는 앞으로 각 통상항구의 구내를 수축하고, 등탑燈塔과 부표浮標를 건설해야 하되, 통상항구에 오는 일본 상선은 톤세[船鈔]58)로 톤당 225문을 납부하여 유지비로서 충당하게 해야 한다. [단, 몇 석石을 실은 선박인가는 일본의 6석 5말 5되를 1톤으로 환산한다.] 일본 상선이 톤세를 바쳤을 때는 즉시 해관에서 전조專照(이중 과세 면제 증서)를 발급하여 4개월을 한도로 해서 그 기간 안에는 조선의 어느 통상 항구에 가더라도 다시 톤세를 납부하지 않는다.
조영 (5조 ⑦)	모든 영국 상선은 등록 톤 수 1톤에 대하여 멕시코화 30선율仙率(cents)로 톤세(tonnage dues)를 지불한다. 한번 톤세를 지불한 선박은 더 이상의 부담 없이 4개월을 한도로 일부 혹은 전체 조선 개항장을 통항할 수 있다(entitle a vessel to visit). … 개항장에서 화물을 양륙(landing)하든가 적선積船(shipping cargo)하는 데 고용하는 소형 선박은 톤세를 지불하지 않는다.
조독 (5관 ⑦)	독일 상선이 조선의 각 통상 항구로 들어갈 때 지불하는 선세船稅는 톤당 멕시코 은으로 30센트이다. … 배마다 납부하는 세금은 4개월마다 일시 납부하며, 이미 세금을 낸 배는 4개월 이내에 조선의 각 통상항구에 갈 수 있고 다시 세금을 낼 필요가 없다. 조선은 받아들인 선세船稅로 모두 등대, 뱃길의 표식물, 망루 등을 세우며, 조선의 각 통상항구의 입구와 연해 각처에 배가 정박할 장소를 마련하기 위해 바닥을 파내고 정리하는 각종 공사비로 써야 한다. 통상항구에서 화물을 정리하는 배로부터는 선세를 받을 수 없다.

이들 규정은 모두 상선의 입출항에 대한 세금 즉 선박의 통과에 부과되는 것이다. 선주가 납부한다. '선초船鈔'라고 말했듯이 선박의 크기에 따라 톤당 부과된다. 이를 톤세·항세·선세로 번역하지만, 오늘날의 선박등록세를 일컫는다. 세액은 나라마다 달라 미국 선박에는 톤당 5전, 일본 선박에는 225문, 영국과 독일 선박에는 멕시코화 30센트를 부과하기로 규정했다. 각국 선박이 조선의 개항장으로 입항하여 톤세를 납부하면 미국은 3개월, 일본과 영국은 4개월에 한하여 조선의 개항장을 마음대로 왕래하며 교역할 수 있도록 선박의 '내지 통상권'을

---

58) 톤세로 번역했지만 선박료가 더 적절한 번역이다. 船稅도 마찬가지다.

보장했다.[59)]

다만 통상장정은 선박이 톤세를 납부하지 않아도 되는 예외 규정을 두고 있다. 즉 관선이나 군함에게는 톤세를 면제해 주고 조선의 어느 항구든 제한 없이 자유롭게 왕래할 수 있으며 편의시설을 자유롭게 이용할 수 있도록 한 것이다. 「조일통상장정」 제32관은 "화물을 싣지 않은 군함과 일본국 관선이 조선국의 통상 항구에 왔을 때에는 입항 및 출항[進口及出口] 절차를 밟지 않아도 된다"[60)]고 규정했다. 이는 입출항 절차를 필요로 하는 선박이 상선에 한정된다는 것을 의미한다. 그런데 「절목」은 '출입하는 화물'에 대한 과세임을 규정했다. 그러므로 절목이 규정한 세금은 상선의 화물에 부과하는 세금이다.[61)]

4) 통과세

통상장정에서 '통과세'로 볼 수 있을 법한 규정을 정리하면, 〈표-5〉와 같다.

〈표-5〉 통상장정의 '통과세' 규정

조약명(조)	내 용
조미(5관)	외국 수입품(원문은 進口貨)에 대한 관세(duty upon foreign imports)는 통관항구에서 한 번만 지불하면 되며, 그 외의 기타 요금, 관세, 수수료, 세금 또는 어떤 종류의 부과금(dues, duties, fees, taxes, charge of any sort)도 전국 내지에서나 어떤 항구에서도 제 수입품에 대하여 부과하지 않는다.
조미(6관)	미합중국 공민들이 외국 수입품을 판매하기 위해 내지로 수송하거나 토산품을 구매하기 위해 내지로 가는 것을 불허한다. 또한 그들이 토산품을 한 개항구로부터 다른 개항구로 수송함을 불허한다.
조일(18관)	조선국 통상항구에 들어와 관세를 완납한 각 화물을 조선국 각처로 운송하는 경우, 운반세와 내지 관세 및 기타 일체의 세금을 징수하지 않는다. 또 조선 각처에서 통상항구로 운송하는 화물도 운반세, 내지 관세 및 기타 일체의 세금을 징수하지 않는다.

59) 김태명, 〈開港期 朝日·朝淸通商條約에 관한 比較硏究〉 《韓國傳統商學硏究》 제14집 제1호, 한국전통상학회, 2000.
60) "凡兵艦及日本國官船不載商貨者 到朝鮮國通商口 無庸遵辦進口及出口應行各事…"
61) 「절목」의 '출입하는 화물'은 당시 울릉도에서 이뤄지고 있던 수세 관행의 연장선 위에서 나온 것이다. 당시 한인과 일본인 모두 납세했는데 한인은 미역에 대한 세금을, 일본인은 화물에 대한 세금을 납부했다. '출입하는 화물'의 당사자가 한인이라는 비판이 있어 일본인임을 반론한 바 있다. 자세한 내용은 유미림, 2015, 앞의 책, 참조.

조일(19관)	입항[進口]한 각 화물을 관세를 완납하고 다시 다른 항구로 운반하려고 할 때는 해관에서 조사하여 뜯어보았거나 바꿔치기 했거나 더 집어넣은 흔적이 없이 원래대로 있으면 관세를 완납했다는 증서를 발급해 주어야 한다. 다른 항구의 해관에서 증서와 대조하여 화물이 맞으면 입항세[進口稅]를 다시 징수하지 않는다. 조사하여 화물을 바꿔치기 했거나 더 집어넣은 폐단이 있을 경우, 바꿔치기 하고 더 집어넣은 화물에 따라 세금을 징수하되 그 세금의 5배에 해당하는 액수를 벌금으로 물린다.
조일(20관)	입항한 각 화물을 화주貨主가 영수한 뒤 되돌려 보내겠다고 하는 경우에는 해관에서 검사하여 입항 화물이라는 근거가 있으면 출항세[出口稅]를 납부하지 않고 되돌려 보내는 것을 허가한다.
조영 (5조 ②)	관세를 납부하고 어떤 외국항에서 수입하는 일체 상품의 화주(owners)나 위탁자(consignees)는 수입일에서 조선 역법으로 13개월 이내 언제든지 외국항에 해당 상품을 재수출할 때는 그 수입세액에 대한 반환지불 관세 증명서(drawback certificate)를 받을 권리가 있다.
조영 (5조 ③)	조선의 개항장(open port)에서 다른 개항장으로 운송할 때 부과한 관세(duty)는 목적항구에 도달했음을 명시하는 세관 증명서(Customs certificate) 혹은 중도 파선破船으로 상품의 손실을 야기한 증거에 따라 적화積貨항구에서 반환한다.
조영 (5조 ④)	영국신민이 조선에 수입한 일체 상품은 본조약에 의해 부과되는 관세(duty of the Tariff)를 완납해야 하며, 면세(free of duty)로 어떤 조선 개항장에도 운송할 수 있다. 또한 해당 상품을 조선 내지(interior)로 운송할 때는 조선 어느 지방에서든 어떤 부가세(additional tax), 소비세(excise), 혹은 통과세(transit duty)를 지불하지 않는다. 마찬가지 방식으로 수출을 위한 제 상품을 모든 조선 개항장에서 자유롭게 수출함을 허용한다. 그리고 이런 상품은 본산지本産地(place of production)에서 혹은 조선의 어떤 지역에서 어떤 개항장으로 운송할 때는 어떤 세(稅) 즉 소비세나 통과세 지불도 면제한다.
조독 (5관 ③)	조선의 현지 산물[土貨]을 조선의 어떤 통상항구로부터 조선의 다른 통상항구로 실어갈 경우는 이미 납부한 출항세는 처음에 출항한 통상 항구에서 전부 되돌려준다. 다만 화물을 실어간 사람이 입항한 해관에서 발급한 입항 증명서를 제출해야만 세금을 반환받을 수 있다. 만일 해당 화물을 중도에 분실하면 이때도 분실의 명확한 증거를 제출해야 세금을 반환받는다.

위에서 규정한 '통과세'의 성격을 명확히 하기 위해 그 내용을 요약하면, 〈표 -6〉과 같다.

〈표-6〉통상장정에서 '통과세'의 특징

조약명	내용 요약	과세 대상
조미(5관)	관세 완납 뒤 수입품에 부과하지 않음	화물
조미(6관)	내지 간 현지산물의 수송은 불허함	화물
조일(18관)	관세 완납 뒤 내지 관세 및 일체 세금을 부과하지 않음	화물
조일(19관)	관세 완납 뒤 국내 항구 간 이동 시 수입세를 부과하지 않음	화물
조일(20관)	화주 영수 뒤 되돌려 보낼 경우 수출세를 부과하지 않음	화물
조영(5조 ②)	관세 완납 뒤 수입품을 재수출 시 수입세를 반환받음	화물
조영(5조 ③)	내지 간 수송시에 부과된 관세는 반환받음	화물
조영(5조 ④)	관세 완납 뒤 내지 간 수송 시 통과세(transit duty) 지불하지 않음	화물
조독(5관 ③)	현지산물을 내지 간 수송 시 납부한 수출세를 반환받음	화물

이로써 각 통상장정에서 규정한 '통과세'는 모두 화물에 대한 세금을 의미한다는 점, 그리고 모든 국가는 화물을 적재한 상선이 일단 관세를 납부했다면, 국내의 어디로 운송하든 이중으로 관세가 부과되지 않을 권리를 보장하고 있었음을 알 수 있다. 이를 「조미수호통상조약」은 '관세'로, 「조일통상장정」은 '내지 관세'로, 「조영수호통상조약」은 '통과세(transit duty)'로 각각 다르게 불렀다. 그러나 어느 경우라도 일단 관세를 완납하고 수입된 상품에 대해서는 국내 통항의 자유를 보장하고, 재수출할 경우 다시 수출세를 부과하지 못하도록 규정한 점에서는 같다. 결국 화주를 납세자로 하는 '통과세'와 선박의 통과에 부과하는 '통항세'는 다른 것임을 알 수 있다. 그렇다면 독도강치를 울릉도로 들여와 가공한 뒤 일본으로 수출할 때 세금을 부과했다면 이 경우의 세금은 관세 완납 뒤의 통과세(내지 관세, 내국 통과세)에 해당하는가, 아니면 국경 통과에 대한 통과세(국경관세)인가?

5) 산지 규정과 통과세

관세를 납부한 뒤에 운송하는 화물에 부과된 세금을 '내국 통과세'로 칭했듯이 이는 국내 이동에 부과되는 세금이다. 이와 관련된 각 통상장정의 규정을 보면 다음과 같다.

〈표-7〉 통상장정의 현지 산물과 면세 규정

조약문(조)	내 용
조미(6)	미합중국 공민들이 외국 수입품을 판매하기 위해 비개항지로 수송하거나 현지생산품을 구매하기 위해 비개항지로 가는 것을 불허한다. 또한 그들이 현지생산품의 한 개항구에서 다른 개항구로 수송함을 불허한다.
조일(21)	일본 상선이 조선국 통상 항구로 다시 실어온 조선국 토산물에 대해서는 처음에 출항하던 때와 비교해서 성질과 양식이 바뀌지 않았고 출항한 날로부터 3년이 경과하지 않았을 경우, 또 출항 때 받은 선적 서류가 화주貨主에게 있어 그것이 조선국 토산물임을 증명할 때는 면세로 통관하는 것을 승인한다.
조영 (5조 ④)	영국신민이 조선에 수입한 일체 상품은 본조약에 의해 부과하는 관세(duty of the Tariff)를 완납해야 하며, 면세로 어떤 조선 개항장이든 운송할 수 있다. 또한 해당 상품을 조선 내지(interior)로 운송할 때는 조선 어느 지방에서든 어떤 부가세(additional tax), 소비세(excise), 혹은 통과세(transit duty)를 지불하지 않는다. 마찬가지 방식으로 수출을 위한 제 상품을 모든 조선 개항장에서 자유롭게 수출함을 허용한다. 그리고 이런 상품은 생산지(place of production)에서 혹은 조선의 어떤 지역에서부터 어떤 개항장으로 운송할 때는 어떤 세금(any tax) 즉 소비세나 통과세 지불도 면제한다.
조독 (5관 ③항)	조선의 현지 산물[土貨]을 조선의 어떤 통상항구에서 조선의 다른 통상항구로 실어갈 경우는 이미 납부한 출항세는 처음에 출항한 통상 항구에서 전부 되돌려준다. 다만 화물을 실어간 사람은 입항한 해관에서 발급한 입항 증명서를 제출해야만 세금을 반환받을 수 있다. 만일 해당 화물을 중도에 분실하면 이때도 분실의 명확한 증거를 제출해야 세금을 반환받는다.

〈표-7〉에서 언급한 「조미수호통상조약」 제6조는 이른바 오늘날의 연안무역 특례권[62]과 관련된 규정이다. 「조영수호통상조약」은 관세를 납부한 뒤 수입한 상품의 국내 통과세를 면제하도록 규정하고 있다. 「조일통상장정」은 일본 상선이 수출세를 납부하고 조선 상품을 일본으로 수출했던 상품을 3년 이내 수입하는 경우 수입관세를 부과하지 않도록 규정했다. 즉 일본으로 수출된 물품이 반송된 경우를 말한다. 「조독수호통상조약」 역시 수출세를 납부한 선박이 다른 통상항구로 옮겨갈 경우 반환받을 수 있도록 규정했다. 위 규정들이 울릉도 수출품과 직접적으로 관련되지는 않지만, 이로부터 '원산지' 개념을 추출하여 독도강치에 적

---

62) 오늘날의 '취항권(cabotage)'에 해당되는데, 동일국 안 A지점에서 화물과 여객을 싣고 B지점에서 하역하는 운송업무를 가리키지만, 보통 외국선박에는 인정되지 않는다(방기혁 자문).

용할 수 있다.

즉 〈표-7〉에서 규정한 각국의 통상장정은 조선국 상품을 뜻하는 용어로서 토산土産 · 토의土宜 · 토화土貨 · native produce exported · place of production 등으로 불렀다. 조선의 토산이라고 할 때는 조선 국내와 지리적 연관성63)의 의미가 내포되어 있다. 'place of production'이라는 용어에도 생산지와 가공지를 동일한 국가 영역으로 인식하고 그 안에서 생산된 물품을 과세 대상으로 간주한다는 의미가 내포되어 있다. 이를 뒤집어 생각해 보면, 수출품의 생산지와 가공지가 다르다 할지라도 관세가 부과되었다면 그 수출품은 동일한 국가 영역의 산품임을 의미한다. 이를 수출품 강치에 적용해 보면, 강치의 생산지는 독도이고 가공지는 울릉도이다. 그런데 수출관세는 울릉도에서 부과하였다. 그렇다면 이는 강치의 생산지(독도)와 가공지(울릉도)를 동일한 국가 영역으로 인식했음을 의미한다. 당시 외무성도 울릉도 수출품에 대한 세목을 '수출세'라고 불렀다. 따라서 독도강치에 대한 세금은 국경을 통과하는 화물에 대해 부과된 조세, 즉 국경관세라는 사실이 성립한다.

Ⅲ. 통상장정과 「울도군 절목」의 세금, 그리고 독도강치

1. 관세와 통항세의 차이

지금까지 검토한 통상장정의 규정을 통해 머리말에서 제기했던 의문, 즉 「절목」에서 말한 '출입하는 화물에 대한 세금'이 관세(화물의 국경통과세)인지, 통항세(화물의 항만통과세, 통행세)인지를 종합적으로 판단해 보자. 통상장정에서 말한 '관세'는 상선의 화물을 대상으로 하며, 화물을 수입한 뒤 정해진 기한 안에 동일 화물을 재수출한다면 수출관세를 납부할 필요가 없다는 사실은 이미 언급

---

63) 현대의 원산지 규정 혹은 규칙(Rules of Origin)은 "일 상품이 생산되었다고 간주되는 국가와 동 상품을 결합시키는 지리적 관련성" 즉 그 상품이 생산된 국가를 말하며, 원산지 판정 기준, 원산지 증명 서류, 원산지 표시대상과 방법 및 그 확인절차 등으로 구성된다(서현제, 《국제경제법》, 율곡출판사, 1996, 296쪽).

했다.[64] 통상장정은 수입품에 대한 관세를 납부한 뒤 국내를 통항하는 데 따른 세금을 '통과세' 또는 '내지 관세'라고 불렀고 그에 대한 면제를 규정했다는 사실도 이미 언급했다. 그런데 일각에서 제기하는 '통항세'나 '통행세'는 화물의 국경 통과에 대한 세금이 아니라 화물의 항만통과에 대한 세금을 의미한다. 즉 위에서 말한 '내지 관세'에 가까운 개념이다. 이는 국경선[65]의 의미를 내포하는 협의의 '관세'와는 다른 개념이다.

일반적으로 화물이 항만을 통과할 때 부과되는 세금은 두 가지다. 하나는 항만이 속한 국가를 원산지로 하는 상품을 수출하는 경우이고, 다른 하나는 수입관세를 납부하고 수입했다가 재수출하는 경우이다. 국경통과가 아닌 항만통과의 경우라면, 당시 우리나라 내지로 가는 미역에 대해 울릉도의 도감(뒷날 군수)이 부과한 세금이 후자에 해당될 것이다. 그 수산물의 일부가 부산을 거쳐 일본으로 수출되었다면, 이 수산물에 대한 과세를 항만통과에 대한 세금의 사례로 거론할 수 있다. 다만 이 경우도 부산까지의 운송에 대한 통항세를 납부한 뒤 수출에 따른 관세를 납부해야 하고 이미 납부한 통항세는 반환되어야 한다는 것이 통상장정의 규정이다.

그런데 필자가 거론한 것은 울릉도 도동항을 통과하여 부산을 거쳐 일본으로 수출한, 극히 일부의 수산물-그럴 가능성은 거의 없지만-[66]의 경우가 아니다. 울릉도 도동항에서 직접 일본 사카이미나토로 수출한 독도강치의 경우다. 이는 울릉도에서 부산항을 거쳐 수출한 '내지 통과'의 사례가 아니라, 대한제국을 원산지로 하여 수출한 사례에 해당한다. 이때의 '원산지' 개념에는 앞에서 보았듯이, 생산지와 제조가공지를 모두 포함한다.

일각에서는 당시 일본인들이 독도를 무주지로 보았다면, 국경통과가 아닌 항만통과로 볼 여지가 있음을 제기한다. 그러한 가정대로 독도를 무주지로 보았을

---

64) 오늘날에는 특별규정을 두어, 수입할 때 납부했던 관세를 환급해 주는 게 보통이다.

65) 현재는 관세가 이루어지는 법적 규제선이 정치적 국경선과 일치하는 것은 아니지만, 개항 당시는 정치적으로 자국의 영역으로 여기는 곳이었다면 관세제도로도 자국의 영역에 속하는 것으로 여겨 관세가 부과되었다.

66) 1906년 오쿠하라 헤키운은 울릉도 미역을 조선 본토로 가져간 사실을 기술했으나 수출품으로 분류하지 않았다. 이는 부산으로 수출(이출)한 미역을 일본으로 재수출하지 않았음을 의미한다. 부산영사관 관리는 울릉도 해산물은 대부분 일본으로 직접 수출했다고 기록했다.

경우, 즉 독도와 울릉도를 동일한 국가 영역으로 간주하지 않았을 때를 상정해 보자. 이 경우 일본인이 일본선박으로 독도에서 강치를 포획했다면 이 강치는 기국주의旗國主義에 따라 일본산이 된다. 일본산 강치를 울릉도로 반입했다면 당연히 수입관세가 부과되어야 한다. 이를 다시 울릉도에서 가공하여 일본으로 수출했다면, 이는 '재수출' 또는 '반출'에 해당한다. 재수출이나 반출하는 산품에 대해 울도군수는 '수출세'를 부과할 수 없다.

그런데 실제는 어떠한가? 울릉도의 일본인들이 조선 측에 수입관세를 납부하고 독도강치를 울릉도로 수입했다가 다시 가공하여 재수출했다는 사실은 어디에도 기록되어 있지 않다. 반면에 이들이 강치를 울릉도 수출품에 포함시켜 일본으로 수출했고, 그 세금의 명목을 '수출세'라고 주장했다는 사실은 기록으로 남아있다. 일본인들은 독도강치에 대한 세금을 수출세라고 강변했다. 그렇다면 이때의 세금이 내국 통과세가 아님은 분명하다. 그러므로 일본인들이 독도강치에 대해 '수출세'를 운운했다는 것은 독도를 울릉도의 속도屬島로 보았음을 의미한다.

관세제도에 따르면, 국내에서 운송된 화물은 관세 부과의 대상이 아니다. 통상장정 번역본에 '출항세'라는 용어가 보이므로 이를 '통항세'와 혼동할 여지는 있다. 그러나 통상장정의 원문은 진구세·출구세·수출세·수입세로 칭하고 있다. 따라서 '출항세'는 통항세가 아니라 관세를 의미한다. 오늘날 일각에서 칭하는 '통항세'에 준하는 용어를 당시의 관세제도에서 찾는다면, 선박에 대한 통행세 또는 화물에 대한 내지 통과세(내국 통행세)가 해당될 것이다. 전자는 과세대상이 선박이라는 점에서, 후자는 내국세라는 점에서 「절목」에서 말한 '화물에 대한 수출입세'와는 거리가 있다.

앞에서 기술했듯이, 선박의 통항과 관련된 세목은 톤세[船鈔]·선세·항세이다. 「조일통상장정」 제32관에 규정된, 톤세를 납부한 선박은 조선 어디든 통항할 수 있는 권리를 지닌다고 했을 때의 납세자는 화주가 아니라 선주이다. 통상장정은 톤세가 상선에만 부과되는 것임을 명시했으므로 이 역시 넓은 범주에서는 관세에 속한다. 그런데 관세는 국경선의 개념과 불가분의 관계에 있다. 그러므로 울릉도 수출품에 관세가 매겨졌다면 여기에는 국경선 즉 영토 주권의 개념이 포함되어 있음을 의미한다. 울릉도 수출품의 원산지가 독도라면 이는 영토 주권의 개념과 불가분의 관계에 있음을 의미한다.

　일각에서 주장하는, 항만을 통과하는 모든 화물에 통항세가 부과된 것이므로 독도 영유권과 연계시키기 어렵다는 논리가 성립하려면, 부산해관에 관세를 납부하고 울릉도로 들여온 수입화물이 울릉도에서 다시 이출移出되는 경우 통항세에 준하는 세금이 부과되었어야 한다. 그러나 그런 일은 없었다.[67] 「절목」대로라면, 수출 품목인 땔감·규목·강치 등에도 당연히 과세되었어야 한다. 그런데 이들 수출 품목은 관세를 납부하고 울릉도로 들여왔다가 재수출된 것이 아니라 울릉도에서 일본으로 직수출된 품목이었다. 강치제품 역시 '재수출'이 아닌 '직수출'제품이었다. 이는 외무성 기록이 입증하고 있다. 그러므로 울릉도 수출품에 부과된 세목 가운데 '통항세'에 준하는 것으로 볼 만한 것은 없다.

　「조일통상장정」은 관세가 수출입 화물에 부과되는 것임을 명기했고, 「절목」도 '출입하는 화물'에 부과되는 것임을 명기했다. 따라서 「절목」의 세금은 (수출입) 관세와 관련된다. '출입하는 화물'이라고 했지만, 주로 '수출하는 화물'[68]을 가리킨다. 일본인들은 사카이 등지에서 직접 일용품을 울릉도로 수입했지만 수입세를 납부한 적도 없었다. 1900년에 대한제국 관리[69]도 일본인들이 수입세를 납부하지 않았음을 언급한 바가 있다.

　「조일통상장정」 제41관[70]에 따르면, 일본은 조선 근해에서 어로와 매매는 허락받았지만 화물의 수출입까지 허락받지는 않았다. 그러므로 일본인들이 독도를 한국령으로 보았을 경우라도 어획물 매매는 가능하지만 독도에 상륙해서 강치를

---

67) 1900년 부산영사관의 아카쓰카는 수출화물의 하역지 및 목적지가 울릉도에서는 도동, 일본에서는 사카이[境], 바칸[馬關], 쓰루가[鶴賀], 하마다[濱田] 등이며, 사카이가 그 70%를 차지한다고 밝힌 바 있다. 부산항을 통해 가져가는 물품은 하카타로 나가는 것이 많았다.

68) 조선 본토로 내가는 것을 포함한다면 절목에서 규정한 10%의 해채세가 이에 해당된다. 조선인의 납세는 당연한 일이므로 문제가 되지 않는다. 문제가 되는 것은 일본인의 납세로서 이것이 국가 주권과 관계된다.

69) 1900년 9월 7일 외부대신 박제순의 조복 64호(《舊韓國外交文書》 제5권 《日案》 5, 문서번호 5905).

70) 일본국 어선은 조선국의 전라도, 경상도, 강원도, 함경도 4도(道)의 연해에서, 조선국 어선은 일본국의 히젠[肥前]·치쿠젠[筑前]·이와미[石見]·나가도[長門]【조선해에 면한 곳】, 이즈모[出雲]·쓰시마[對馬島]의 연해에 오가면서 고기를 잡는 것을 허가한다. 단, 사사로이 화물을 무역할 수 없으며, 위반한 자에 대해서는 그 화물을 몰수한다. 그러나 잡은 물고기를 사고 팔 경우에는 이 규정에 구애되지 않는다. 피차 납부해야 할 어세(魚稅)와 기타 세목(細目)은 2년 동안 시행한 뒤 그 정황을 조사하여 다시 협의하여 결정한다.

가공하거나 강치제품을 교역해서는 안 된다. 「조일통상장정」 규정대로라면, 울릉
도민이 일본산 강치를 수입하는 것이었다면 수입절차를 밟아야 하고[71] 수입관
세가 부과되었어야 한다. 이렇게 수입한 강치를 일본으로 재수출한다면,[72] 수출
관세를 면제받아야 한다. 일본산 강치를 다시 일본으로 수출할 경우, 한국산 물
품이 나가는 것이 아니므로 수출관세를 면제받아야 한다는 것이 통상장정의 규
정이기 때문이다. 그런데 일본인들은 독도강치를 수출품으로 취급하고 '수출세'
납부를 주장했다. 그들은 수출관세 면제를 주장한 적이 없다.

2. 수출세 납부의 증거

일본인들은 1906년에도 울도군에 '수출세'를 납부하고 있었다. 이런 사실은
1906년의 일상조합규약日商組合規約[73]이 증명하고 있다. 1905년까지도 일본 외
무성은 일본인의 납세를 '수출세'라고 강하게 주장했다. 한국 정부는 조세 징수권
을 군수에게 일임하고 있었으므로 '수출세' 부과와 수납은 군수의 소임이었다.
「조일통상장정」의 규정을 준용한다면, 독도강치가 울릉도 수출 품목이었다는 사
실은 그 원산지가 대한제국 영토임을 의미한다. 더구나 당시는 타국의 재료를
국내로 가져와 고차高次가공을 해서 수출하던 시대가 아니었다. 「조일통상장정」
에도 원산지와 가공지를 분리하여 과세하도록 하는 규정이 없었다. 당시의 울릉
도 수출 품목은 대부분 고차가공이 필요 없는 자연자원이었다.[74] 「조일통상장
정」 제9관에서 상품의 원가를 매기는 방법을 제시했기 때문에 독도강치가 울릉
도에서 수출품으로 가공되었다면 그 원가는 제반 비용, 즉 독도에서 울릉도까지
운반비용 및 가공비용을 합쳐 매기되 수출세는 종가세로 매겨졌을 것이다. 만일

---

71) 1906년 울릉도 수입 품목에는 말린 방어가 있다. 이는 일본산 방어를 일본에서 가공해서 울릉
   도로 수입한 것을 의미하므로, 강치도 말린 방어와 마찬가지로 수입품이 될 수 있다.
72) 「조영조약」은 13개월을 한도로 정했지만 「조일조약」에는 그런 규정이 없다. 그러나 강치 포획
   시기와 수출 시기가 같은 해의 문서 안에 들어가 있으므로 1년 이내에 이뤄졌음을 알 수 있다.
73) 규약 가운데 "貨主에게서 수출세의 1000분의 5를 조합유지비로 징수한다"는 규정이 있다.
74) 1906년 오쿠하라 기록에 따르면, 수출 품목은 콩, 보리 등의 곡물, 규목 등의 목재, 끈끈이,
   김, 미역 외 어류, 강치제품 등이다.

일본인들이 독도를 울릉도의 속도로 인정하지 않았다면 독도 산물을 배제하고 울릉도 산물에 대해서만 종가 1%의 수출세를 납부할 것을 주장했을 것이다. 그런데 일본인들이 독도 산물을 배제하고 수출했다는 사실은 어떤 기록에도 보이지 않는다. 「조일통상장정」의 규정대로라면 종가 5%의 수출세가 부과되었어야 한다. 하지만 울릉도에서는 2%였다가 1902년에는 1%로 줄었다. 양국인 모두 비개항장에서 교역이 불법임을 자각하고 있었기 때문에 2%로 감하는 선으로 절충했던 것이다. 그러다가 일본의 세력이 강해지면서 1%로 줄어들었다.

1905년 일본에서 울릉도로 수입한 소비재 물자 수입 총액은 1905년에 25,480엔이었지만, 수출 총액은 71,685엔이었다.[75] 그런데 이해의 강치 수출고는, 가죽이 1275엔, 기름이 538엔, 찌꺼기가 160엔, 모두 1973엔이므로 전체 수출고의 2.75%를 차지한다. 울릉도 수출품은 땔감(36,632엔), 대두(20,723엔)와 규목재(6,886엔), 강치(1,973엔) 순이었다. 강치 수출고는 땔감과 대두 및 목재에 견주면 적은 액수지만, 보리(1,284엔)와 마른 오징어(1,499엔)보다 앞선 4위를 차지했다.

반면 울릉도에서 조선 본토로 반출된 대두와 미역 등의 액수는 1만 엔 이상이었다. 1906년 울릉도를 시찰한 오쿠하라는 울릉도와 일본 사이의 수출입 품목을 '수출부輸出部'와 '수입부輸入部'로 구분했지만, 조선 본토로 반출된 대두와 미역은 이 범주에 넣지 않았다.[76] 이는 그가 수출입의 기준을 국가 사이의 교역에 두고 있었음을 의미한다. 1905년 6월 기준, 일본인 366명 가운데 수입상은 8명, 수출상이 7명, 중매상이 21명이었다. 선원이 31명, 어부가 31명, 벌목꾼이 52명인데 비하면 적은 숫자지만, 전체 직업군에서 볼 때 교역 종사자가 상대적으로 많은 것이다.[77]

울릉도 체류자 가운데 1905년에 독도에서 강치 어로를 주도했던 3명 즉 이와사키와 와키타 쇼타로, 우라고(가도 만타로 또는 요시오 만타로)는 오랜 거주자로서 교역도 주도했다. 와키타는 1899년 도감에게 세금을 납부하겠다고 약조문

---

75) 奧原碧雲, 《竹島及欝陵島》, 報光社, 1907.
76) 오쿠하라가 울릉도에서는 관세가 없다고 한 것은 수세관행을 인지하지 못한 채 관세 정율에 의거한 수출관세만 염두에 두고 있었기 때문으로 보인다.
77) 《通商彙纂》 제50호(1905.9.3. 발행) 〈울릉도 현황(欝陵島現況)〉(1905.7.31.)

을 제출할 때의 명단에 보일 뿐만 아니라 1900년 우용정의 조사 때도 보인 인물이다. 그는 1901년 일상조합[78]의 의원 명단[79]에서도 가도 만타로와 함께 보인다. 또한 그는 1906년 시마네현 조사단이 왔을 때 자신의 집을 휴식처로 제공하기도 했다. 이렇듯 울릉도에 오래 거주하면서 교역에 종사해온 이들이 '수출세' 납부 관행을 몰랐을 리는 없다. 그러므로 이들이 독도가 대한제국 영토임을 몰랐을 리는 더욱 만무하다.

그러나 해관(세관)에서 보면 울릉도에서 교역은 모두 불법이다. 세관 관리들이 조사 보고서에서 '관세'가 없었다고 기록한 것은 이 때문이다. 1906년에 오쿠하라도 관세가 없다고 보았다. 단기간에 조사한 그로서는 수세관행을 몰랐을 가능성이 있다. 그렇다면 한일 양국이 공식적으로 관세를 내세운 적은 없었다고 봐야 한다. 규정대로라면, 일본인들은 수출품을 부산항으로 운송하여 관세를 납부한 뒤 일본으로 수출했어야 하지만 그렇게 하지 않았다. 그들은 울릉도에서 일본으로 직수출했으며 이때의 납세행위를 '수출세'로 포장했다. 일본인들이 '수출세'를 언급한 것은 1890년대 후반부터이다. 이들은 1904~1905년에 이뤄진 독도강치에 대해 '수출세' 면세를 주장한 적이 없다. 1905년 7월 부산영사관보 스즈키 에이사쿠[鈴木榮作]는 본국에 보고하는 문서에서 독도(원문은 랑코 도)강치를 울릉도 수출품목의 하나로 거론했다. 그런데 이때는 일본이 독도를 편입하면서 '다케시마'로 명명한 뒤이다. 그럼에도 외무성 관리가 '랑코 도'라 칭하고 그 수출품으로서 강치를 언급한 것이다. 이는 그가 울릉도와 독도를 분리 · 인식하지 않았음을 의미하고, 다른 한편으로는 편입 사실이 부산과 울릉도의 일본인 관리에게까지 알려져 있지 않았음을 의미한다.[80] 울도군수의 입장에서 본다면, 그가 독도강치에 과세할 수 있었던 것은 울릉도 항만을 통과해서가 아니라 자신의 관할

---

78) 울릉도민은 사상의소를, 일본인은 일상조합을 만들어 상거래를 협의하고 있었으므로 와키타를 포함한 재류자들은 직접 어로를 하기 보다는 조합원이나 중개인 역할을 했던 것으로 보인다.
79) 《通商彙纂》 제234호(1902.10.16. 발행) 〈한국 울릉도 사정(韓國鬱陵島事情)〉(1902.5.23.)
80) 어떤 이는 독도 편입 사실을 알고 있었을 일본인들이 과연 수출세를 납부했을까 하는 의문을 제기했다. 그러나 시마네현이 울릉도 일본인의 독도 어로를 금지한 시기는 1905년 6월 이후이다. 따라서 1905년 초반까지는 일본인들의 강치 포획이 가능했다. 일본이 시마네현민에게 과세의 법적 근거를 마련하는 시기는 1906년 3월이다. 그러므로 일본이 그 이전에 울릉도의 일본인에게 편입 사실을 고지하고 군수에게 납세를 거부하도록 했다고 보기는 어렵다. 일본이 편입 사실을 울릉도에 와서 통보한 시기도 1906년 3월 말이다.

구역인 독도의 산물이기 때문이다.

울릉도에서 일본인에 대한 수세收税는 1890년대 초반부터 행해지고 있었고 납세를 자원한 측은 일본인들이었다. 훗날 일본 정부는 납세 사실을 근거로 울릉도 거주권을 요구했다. 그만큼 일본인의 납세가 공공연한 사실이었음을 방증한다. 강치는 1905년 전후가 되어서야 울릉도 수출품에 포함되었으므로 늦게 세원이 된 셈이다. 독도강치는 울릉도 전체 수출품 가운데는 4위, 해산[81]으로는 1위를 차지할 정도의 수출품이었다.[82] 일본인에게 거두는 세수가 도정에서 차지하는 비중이 점차 증대해 가는 상황에서 군수가 독도강치로 말미암은 세원을 방기했다고 보기는 어렵다.

Ⅳ. 맺음말

조선은 일본 및 서구 열강과 통상조약을 체결하는 과정에서 관세제도에 대한 인식을 넓혀갔다. 그리하여 점차 관세권이 국가의 자주권임을 인식하여 초기의 무관세 규정에서 관세 규정을 넣기에 이르렀다. 나아가 상선이 선적한 수출입 물품에 대해 수출입세를 부과하도록 규정을 개정해갔다. 조선이 각국과 체결한 통상조약에서 공통적인 것은 화물의 적재 선박에 대해서는 선세를, 상선의 화물에 대해서는 관세를 부과했다는 점이다. 나아가 조선은 통상조약에서 관세를 납부하고 들여온 화물은 국내 어디서든 정해진 기간 동안 통항권을 지니는, 이른바 내지 관세(통과세)를 면제받도록 규정했다. '내지 관세'를 영어로는 'transit duty'라고 했듯이 국가 안을 통과하는 데 따른 세금을 의미한다. 그런데 강치는

---

81) 1905년 마른오징어 수출액은 1499엔, 말린 전복은 582엔이었다(오쿠하라 헤키운, 1907, 앞의 책, 76쪽).

82) 1905년 독도에 망루를 가설하기 위해 시찰한 해군 기수가 독도에서 어로하던 일본인에게 들은 바에 따르면, 일본인들은 매년 강치잡이로 4천에서 5천 엔의 금액을 획득했다고 한다. 이 금액은 울릉도 일본인이 획득한 금액의 배에 가깝다(해군성, 《公文備考》《第8戰隊司令部戰時日誌》(2), 〈竹島視察報告〉 제1호, 1905.6.15.). 그런데 시마네현 자료에 따르면, 자본금이 많이 들어가 도리어 1500엔 정도의 손실을 본 것으로 되어 있다(시마네현 총무과, 《竹島貸下·海驢漁業書類》(明治 38–41年), 자료번호 2 〈메이지 38년도 계산서〉; 〈메이지 39년도 업무 집행 전말〉).

내지를 '통과'한 상품이 아니라 국경 밖으로 '수출'한 상품이었다. 통상장정은 국가 사이의 영역을 넘는 물품에 대하여 '관세' 개념을 부여하고 있으므로 일각에서 말하는 '통항세'를 관세에 비정하기는 어렵다.

일본의 주장대로 독도를 무주지로 보았다면 독도강치는 일본산이 되어야 하고, 이를 울릉도로 수입했다가 다시 일본으로 수출했다면 이는 재수출이 된다. 재수출 제품에는 '수출세'를 부과할 수가 없다. 그런데 오히려 1905년 전부터 외무성은 자국인들이 '수출세'를 납부했다고 주장했다. 그렇다면 일본인의 납세를 '통항세'로는 설명할 수 없는 괴리가 생긴다. 일본인들의 납세 행위에 '통항세' 개념을 적용하려면 당시 그들이 통항세를 운운하거나 면세를 운운한 정황이 보였어야 하는데 그런 정황도 보이지 않는다. 반대로 일본인이 독도를 한국령으로 보았다고 가정하여 '관세' 개념을 적용한다면, 일본인의 '수출세' 운운은 '내지 관세(통과세)'와 전혀 괴리되지 않는다.

머리말에서 제기했던 '통항세(화물의 항만통과세)'로 돌아가 마무리를 해보자. 지금까지 고찰했듯이 통상장정에 의거하는 한, '통항세'는 외국인인 일본인이 자국으로 가져가는 수출화물에는 적용할 수 없는 개념이다. 「절목」을 독도강치에 적용할 경우, 이에 대한 세금 규정은 「조일통상장정」 제9관에 규정된 종가세 규정에도 부합하므로 독도강치에 대한 과세는 '관세'의 범주에 속한다. 실제로도 일본인들은 '수출세'를 운운했다. 따라서 독도를 울릉도의 속도屬島 즉 대한제국 영토로 상정했다면, 통상장정에 의거한 관세 개념과 「절목」에 의거한 '화물에 대한 세금'은 전혀 상충하지 않는다.

어떤 이는 비개항장 울릉도에서 대한제국 정부가 과연 세금을 징수했는지 의문을 제기한다. 이는 대한제국 칙령 제정의 추이로써 설명할 수 있다. 1900년 9월까지만 해도 외부대신 박제순은 울릉도에서의 수출세와 수입세를 거론할 때, 엄연한 불법이라고 했다. 그러나 10월에 오면 대한제국은 칙령 제41호에서 군수의 징세권을 합법화하기에 이른다. 이는 외부대신을 비롯하여 관료들의 인식이 급변했음을 의미한다. 칙령 제41호로 군수의 과세권을 명기한 것이 그 증거이다.

그럼에도 한국의 일각에서는 객관적 증거를 운운하고 있다. 일본인의 납세 사실을 직접적으로 증명하는 영수증과 같은 문서가 있어야 '실효지배'의 증거가 되

기에 충분하다는 것이다. 1890년대 후반부터 일본인들이 울릉도 수장에게 '납세'
했음을 기록한 일본 측 문서가 남아 있다. 1905년 부산영사관 관리는 독도강치를
울릉도 수출품으로 분류하여 상부에 보고했다. 1906년에 울릉도를 시찰한 시마
네현 조사단은 자국민이 수출세를 납부하고 있다고 기록했다. 그렇다면 이는 일
본인들의 수출품인 독도강치에도 적용되어, 「울도군 절목」에 따라 수출세를 납세
하고 있었음을 의미한다. 일본인들은 독도를 대한제국 영토로 인정하지 않았다면
수출세 납부를 거부했을 것이다. 그런데 일본인들이 수출세를 납부했다는 사실
또한 일본 측 기록으로 입증된다. 더 이상 어떤 증거가 더 필요한가.[83] 이런
역사적 사실과 기록을 무시하고 '객관적 증거'를 운운하는 것은 과도한 실증주의
신봉의 폐단이다. 현재 일본 외무성은 이전에 집요하게 요구해 왔던, "한국은
1905년 이전 자국의 '실효지배'를 입증하라"는 공세적 요구에서 물러나 있다.[84]

---

83) 필자는 과세 관련 논문을 쓸 때마다 전문가를 찾아 의견을 구했고, 이 논문을 발표한 뒤에도
마무리 차원에서 관련 전문가를 수소문했다. 아래는 국제통상법 전문가인 서울대학교 국제대
학원 안덕근 교수로부터 받은 이 메일 회신(2018.1.)이다.
"관세제도 관련해 설명하신 내용은 모두 정확하고 특히 영유권 관련한 함의도 전적으로 동감입
니다. 수출세가 원래 최초 체결된 조일통상조약에는 없었다가 그 뒤 조선에서 그 필요성을 인
식하고 보완해둔 부분인데 기본적으로 수출세 납부는 독자적인 관세주권을 인정한다는 의미이
므로 독도강치에 대한 수출세 납부 사례는 일본인의 독도에 대한 영유권 인식을 보여주는 좋은
근거가 될 수 있습니다."
84) 일본 외무성의 논조 변화에 대해서는 유미림, 2015, 앞의 책, 326~364쪽 참조.

3. 1900년 칙령 제41호의 발굴 계보와 '石島=獨島'설

I. 머리말

2020년은 칙령 제41호(1900.10.25.) 제정 120주년이 되는 해였다. 독도에 대한 한국의 영토 주권을 입증해 주는 사료는 많지만 가장 많이 거론되는 사료는 《세종실록》〈지리지〉[1]와 대한제국 칙령 제41호(이하 칙령 제41호 또는 칙령으로 약칭)일 것이다. 《세종실록》〈지리지〉는 날씨가 맑은 날 울릉도에서 우산도(독도)가 보인다고 했으므로 독도가 우리 땅임을 보여주는 확실한 사료로서 거론되어 왔다. 칙령勅令 제41호는 울도군鬱島郡 관할 구역으로 석도石島를 명기했는데 석도는 독도를 가리키므로 독도가 우리 땅임을 근대법적으로 분명히 한 사료로서 거론되어 왔다.

그러나 일본이라는 상대국의 주장을 고려할 때 가장 강력한 근거로 내세울 수 있는 것은 칙령 제41호일 것이다. 일본은 《세종실록》〈지리지〉를 비롯한 관찬 사료에 기록된 우산도가 독도임을 부정하고, 칙령의 석도가 독도임도 부정한다. 일본은 1877년에 태정관 지령을 내어 다케시마(울릉도)와 그 밖의 '일도'(마쓰시마, 독도)가 자국령이 아님을 인정한 사실이 있다. 그럼에도 일본은 1905년 이전 한국이 독도를 실효지배했음을 스스로 입증할 것을 요구하고 있다. 이런 상황에서는 일본의 편입 시기와 가까운 시대에 제정된 대한제국의 칙령 제41호를 들어 독도 실효지배를 입증하는 것이 더 설득력이 있을 것이기 때문이다.

우리는 칙령 제41호를 거론할 때면 그 안에 石島[2]가 명기되어 있음을 늘 함께

---

1) 《세종실록》〈지리지〉 내용이 가장 먼저 언급된 경우는 〈독도[竹島]에 관한 1953년 7월 13일부 일본정부견해에 대한 한국정부의 논박〉(1953.9.9.)이다. "《세종실록》 울진현의 조에 [우산 및 무릉은 울진현의 정동 방향의 해중에 위치하며 두 섬 간의 거리는 그렇게 멀지 않으며, 맑은 날은 서로를 볼 수 있다.]라고 되어 있다"라고 했다.

2) 호칭의 문제를 다루므로 필요한 경우 한자로만 표기한다.

언급했고, 이를 당연시해 왔다. 이 사료가 처음 세상에 알려진 시기가 언제인지 연구자로서 거의 생각해 보지 않은 채 처음부터 칙령 제41호와 '석도=독도'를 동일시해 왔다. 그런데 최근 1966년에 이종복이라는 자가 관보에 실린 칙령을 처음으로 세상에 공개했다는 사실을 연구자가 언급하였다.[3] 이는 1966년 이전에는 칙령이 세상에 공개되지 않았음을 의미한다. 그렇다면 1953년에 최남선이 '1900년의 칙령'이라고 분명히 언급한 것은 무엇을 의미하는가? 또한 1968년에 이한기도 칙령 제41호를 언급했는데 어떤 차이가 있는가? 이런 의문이 들게 마련이다.

이렇듯 칙령과 거기 명기된 석도=독도를 동일시해 왔기 때문에 선행연구는 '석도=독도'의 연관관계를 밝히는 데만 관심을 집중해 왔다.[4] 그리하여 칙령의 石島를 풀면 돌섬이 되는데 돌섬은 방언으로 독섬으로도 불렸으므로 그 음을 빌려 표기한 것이 獨島라는 논리로 설명해 왔다. 이런 설명은 칙령을 인지한 상태에서의 입증과정이므로 칙령을 언제 처음 인지했는지에 대해서는 언급하지 않고 있다.

1947년에 국어학자 방종현은 칙령 제41호의 존재를 모르던 상태에서 독도를 石島와 연관지어 어원을 설명했다. 즉 칙령의 석도에서 독도를 끄집어내 설명한 것이 아니라 반대로 독도에서 석도를 끄집어내 설명하고 있는 것이다. 그렇다면 이는 우리말 안에 '독도=석도'와 연결고리가 내재해 있음을 의미한다. 그런데 이런 논리를 펼친 자가 방종현뿐만이 아니었다. 독도를 보고 어원으로 석도를 생각해냈다면 이는 한국인의 언어 방식과 관계있다고 생각해볼 수 있다. 1947년 방종현의 논리가 처음 알려진 시기는 1985년이다. 이렇듯 1947년에 이미 칙령 제41호에 석도가 명기된 사실과 관계없이 독도를 석도의 뜻으로 해석하고 있었

3) 홍종인의 《주간조선》(1977) 인터뷰 기사에 나온 이종복과 칙령을 처음 언급한 자는 홍정원이다 (홍정원, 《조선의 울릉도독도 인식과 관함》, 한국학중앙연구원 박사학위논문, 2017, 191쪽).
4) 송병기가 석도를 돌섬·독섬으로 설명하려는 시도를 한 이래 후학들은 같은 논증방식으로 연구를 진행해 왔다. 다만 연구자에 따라 지명의 용례를 얼마나 더 풍부하게 제공하는가의 차이가 있다. 선행연구는 다음과 같다. 서종학, 〈獨島·石島'의 地名 表記에 관한 研究〉《어문연구》 36-3, 한국어문교육연구회, 2008; 유미림, 〈일본의 '석도=독도'설 부정에 대한 비판적 고찰〉《해양정책연구》 23-1, 한국해양수산개발원, 2008; 유미림, 〈차자(借字) 표기 방식에 의한 '석도=독도'설 입증〉《한국정치외교사논총》 34집 1호, 한국정치외교사학회, 2012; 이기봉, 〈순한국말 지명과 한자 표기의 관계를 통해 본 石島·獨島 고찰〉《문화역사지리》 24권 3호, 한국문화역사지리학회, 2012; 김영수, 〈대한제국 칙령 제41호 전후 석도와 독도 등의 명칭 관련 한국의 인식〉《역사학보》 242, 역사학회, 2019.

음은 도리어 석도가 독도임을 의미하는 방증이 될 수 있다. 따라서 칙령 제41호의 발굴과정과 '독도=석도'설의 계보를 밝히는 것도 의미가 있을 것이다. 이에 이 글은 칙령 제41호 발굴의 계보와 '석도=독도'설의 전개과정을 추적하는 것을 목적으로 한다. 이 글의 인용문에서 기호 및 ( ) 안은 원문대로이다.

Ⅱ. 칙령 제41호의 제정 배경

1. 제정 배경

울릉도는 1883년부터 이주민의 입도가 정식으로 허용되었지만 그 전부터 사람들이 왕래·거주하고 있었으며 일본인의 왕래도 빈번했다. 이에 정부는 섬을 개척하기로 결정했을 때부터 섬을 관리할 사람의 필요성을 염두에 두고 있었다. 초대 도장으로는 1882년에 울릉도 개척 가능성을 타진하기 위해 특별히 파견되었던 이규원이 섬에서 만난 바 있는 전석규를 천거했으므로 그가 도장에 임명되었다. 도장은 강원도 관찰사 발령이었으나 수하手下나 녹봉이 없었으므로 필요한 경비를 일본인에게 목재를 불법으로 판매해서 충당해야 했다. 전석규는 그 과정에서 독직瀆職하여 파면 당했다. 그뒤 정부는 삼척영장으로 하여금 울릉도 첨사를 겸하게 했다가 다시 평해군수로 하여금 울릉도 첨사를 겸하게 하는 겸임첨사제로 바꾸었다. 이 제도는 다시 월송포 만호가 울릉도장을 겸하는 겸임도장제로 바뀌었다. 겸임도장은 자신이 섬을 비우고 육지에 가 있는 동안 가도장 또는 도수를 두어 섬을 관리하게 했다. 그러다가 울릉도에 전임 도장을 두게 되는데 그 시기는 1894년 말 수토제를 폐지하고부터다. 1895년 1월 전임 도장을 두었지만 이 제도는 얼마 안 돼 도감제로 바뀌었다. 고종은 1895년 8월 도감을 두는 건을 재가했고, 9월 배계주가 초대 도감에 임명되었다. 울릉도는 강원도 울진군에 속해 있었다. 전임 도장제를 도감제로 변경한 배경에는 도감의 권한을 높여 일본인의 침탈로부터 도민을 보호하려는 목적이 있었지만 크게 나아지지 않았다.

울릉도를 지방제도 안에 편입하는 문제를 정부가 논의하기 시작한 것은 1897

년 대한제국이 수립되고 나서다. 1898년 5월 내부는 〈울릉도 구역을 지방제도 안에 첨입하는 것에 관한 청의서[鬱陵島區域을 地方制度中 添入에 關한 請議書]〉[5]를 제출했다. 내부는 도감을 임명하게 된 경위를 청의서에 기술했는데, 도감의 조사에 따르면 울릉도의 가호는 277호이고 인구는 모두 1137명이며 개간한 전토는 4774두락이 되므로 이런 정도의 규모를 지닌 섬은 지방제도 안에 넣는 것이 타당하다는 것이다. 이는 칙령 제12호「지방제도 중 개정 첨입하는 일[地方制度中改正添入하는 事]」[6](5.26.)로 귀결되었다. 주요 내용은 "울릉도에 도감 1인을 두되 본토인을 택하여 차정하며 판임관으로 대우하고 응행應行 규칙은 내부대신이 헤아려 정"하도록 했다. 기존의 도감을 판임관[7]으로 대우하되 필요한 규칙은 내부에서 정해 주라는 것이다.

이런 상황에서도 울릉도에서 일본인의 무단 벌목과 폐단은 심해졌고, 도감 배계주는 이런 사실을 관찰사와 내부에 속속 보고했다. 그는 일본인에게 빼앗긴 목재를 찾고자 도일하여 소송을 제기하기도 했다. 그는 1898년과 1899년에 걸친 소송에서 승소한 적도 있지만 일본인의 항소로 패소하고 재판비용까지 물어야 했고 일본인들의 퇴거를 실현시킬 수 없었다. 그럼에도 배계주는 일본인의 불법행위를 매번 상부에 보고했다. 정부는 1899년 6월 말 부산세관의 라포르트로 하여금 배계주의 도움을 받아 울릉도를 조사하게 했다. 라포르트의 조사 뒤 일본인의 벌목 사실을 알게 된 러시아는 이를 대한제국 정부에 항의했고, 주일 러시아 공사는 일본인의 도벌을 금지시킬 것을 일본 정부에 공식 요청했다. 이에 일본 정부는 자국민을 철수시키고 벌목을 금지시키라는 훈령을 하야시 곤스케[林權助] 주한 공사에게 내렸다. 일본은 철수하는 일본인의 운송을 위해 마야함을 울릉도에 보냈으나 함대가 많은 인원을 수용하기 힘든 데다 오래 정박할 수 없어 상륙 뒤 7시간 만에 돌아갔다. 1899년 11월 30일을 시한으로 철수하겠다던 일본인들은 끝내 철수하지 않았다.[8] 그 사이인 1899년 10월 1일 러시아 전함 한

---

5) 《各部請議書存案》 5책.
6) "開國五百五年度 勅令第三十六號 第六條之次에 第七條를 添入하되 第七條는 鬱陵島에 島監一人을 寘하되 本土人을 擇差하며 判任官으로 待遇하고 應行規則은 內部大臣이 參量하야 定홈 四十九字를 添入하고 附則下第七條에 七字는 八字로 改正하는 事"
7) 1895년 3월 이후 개정된 제도에 따르면, 칙임관과 주임관 다음의 직급인 판임관은 1등에서 8등으로 구분되는 하급관료를 말한다.

척이 남양동 포구에 와서 정박한 뒤 8일 동안 머물다 돌아갔다. 울릉도의 도형도 그려 갔다. 배계주는 일본인의 침탈상황과 러시아군함의 내박來泊, 재판 비용의 요구 등에 관해서도 일일이 내부에 보고했다.

1900년 4월경[9] 대한제국 정부는 도감을 감무監務로 개칭한 듯하다. 임기 5년의 주임관奏任官에 해당되는 감무는 내부의 지휘를 받게 하되 수하 직원을 두도록 했다.[10] 수하 직원의 봉급은 호구와 전결을 조사하여 도민이 결정하여 지급하도록 했다. 그러나 감무제는 워낙 짧게 있었던 제도인지라 직제 변경의 배경이나 감무로서의 행적에 대해서는 기록이 많지 않다.[11] 1900년 5월 말 정부는 내부의 시찰위원 우용정을 파견하여 울릉도 상황을 조사하게 했다. 우용정을 울릉도로 보낼 계획은 앞서 1899년 9월 내부대신 이건하가 건의한 바 있다.[12] 우용정은 1900년 6월 1일부터 5일에 걸쳐 배계주와 주민, 일본인을 상대로 심문 조사를 실시하고 섬의 상황 및 일본인의 침탈현황을 돌아보았다.[13] 조사 후 우용정은 울릉도에 한인의 선박이 없고 도감[14]의 권한이 미비하여 도민과 일본인의 불법 행위를 근절시키기 어렵다고 판단했다.

2. 성립 과정

내부대신 이건하가 1900년 10월 22일 의정 윤용선에게 〈欝陵島를 欝島로

---

8) 유미림, 〈현지조사로 밝혀진 대한제국기 울릉도 현황과 일본의 자원 침탈〉 《해양정책연구》 33권 1호, 한국해양수산개발원, 2018.
9) 규장각 자료 《조회》 제24호(규 17754)에 따르면, 의정부는 1900년 4월 12일자로 6건의 안건을 중추원에 조회하고 있는데 그 가운데 하나가 '울릉도를 울도로 개칭하고 감무를 설치하는 건'이다. 이 조회가 언제 승인되었는지 알 수 없으나 대략 감무제는 4월말 적어도 5월에는 시행된 것으로 보인다.
10) 《皇城新聞》 〈鬱島官制의 改定〉 1900.3.1.
11) 《내부래거문》 1900년 7월 5일자 문서를 보면, 배계주가 감무로서 일본인의 불법 행위를 내부에 보고한 사실이 보인다. 《皇城新聞》 1900년 7월 7일과 10월 8일, 《帝國新聞》 10월 9일자 기사에 감무로 보인다. 《帝國新聞》 1900년 7월 7일자 기사는 도무로 칭했다.
12) 《관보》 1899년 12월 19일.
13) 우용정, 《鬱島記》.
14) 우용정은 도감과 감무를 섞어서 썼다. 6월에 배계주를 조사할 때는 도감이라 칭했으나 배계주의 보고서에 대해서는 감무의 보고라고 일컬었다(《내부래거문》 1900년 7월 5일).

改稱ㅎ고 島監을 郡守로 改正에 關ㅎ 請議書〉15)를 제출하게 된 데는 우용정의
보고가 영향을 미쳤을 것으로 보인다. 내부는 청의서를 작성하기에 앞서 외부와
주고받은 조회 및 배계주의 보첩, 우용정의 보고서, 동래 세무사 라포르트의 시
찰록16) 등 관련된 모든 문건을 검토했다. 이때 파악된 내용은 울릉도의 면적과
거리, 정박할 만한 곳, 가호, 전지, 농산물 생산액 등이다. 1899년의 울릉도 가
호는 400호 이상이고 개간한 전지는 만여 두락으로 파악되었다. 1898년에 277
호였는데 1년 사이에 100호 이상 증가한 것이다. 내부는 울릉도를 울도군으로
개정해야 하는 이유를 두 가지로 제시했다. 하나는 울릉도가 다른 육지에 견주어
인구나 생산물 측면에서 다른 곳과 차이가 없을 정도의 규모를 지닌 섬이며, 다
른 하나는 외국인들이 왕래하며 교역하는데 현행 도감 체제로는 행정에 장애가
되기 때문이라는 것이다. 외국인이라고 했지만 주로 일본인을 가리킨다.

10월 22일자 청의서는 「內部大臣請議欝陵島改稱欝島島監以郡守改定事」
(1900.10.24.)라는 칙령안으로 이어졌다. 칙령안은 의정 윤용선을 비롯하여 8
명이 참석하고 5명이 불참한 의정회의에서 가可가 8명, 부否는 0명으로 결정되었
다. 이어 의정부 의정 임시서리 찬정 내부대신 이건하와 참찬 성기운은 고종에게
상주하는 문서에 10월 24일자 칙령안을 첨부하여 의정부 회의를 거쳤음을 아뢰
어 재가받았다(奏本 187호, 1900.10.25.). 그런데 칙령안의 표제는 「欝陵島改
稱鬱島島監以郡守改定事」이고, 관명도 감무가 아닌 도감으로 되어 있다. 우용정
은 보고서에 첨부한 문서명을 《감무의 보고》로 하고 있는 데다17) 황성신문도
"울릉도를 울도欝島라 하고 감무監務를 설치하기로 내부에서 제안했는데 의안이
갑자기 변해 청廳을 신설하기로 했다"18)고 보도한 바 있다. 결국 칙령은 「欝陵島
를 欝島로 改稱ㅎ고 島監을 郡守로 改正ㅎ 件」(1900.10.25.)으로 제정되었다.
칙령은 군수의 관할 구역을 명기했다. 본래 10월 22일자 청의서에는 군수의 관
할 구역이 명기되어 있지 않았다가 바뀐 것이다. 어떻게 해서 정책이 급박하게

---

15) 《奏本》; 《各部請議書存案》 17.
16) 동래감리 서리는 김면수이고, 청의서 내용은 라포르트의 보고서와 일치하는 바가 많으므로
    〈시찰록〉은 라포르트의 보고서를 말한다.
17) 《皇城新聞》 1900년 7월 7일자 보도에 따르면, 배계주는 자신을 監務로 칭하고 있다.
18) 《皇城新聞》 〈鬱島設郡〉 1900.10.8.

바뀌었는지는 알 수 없지만, 정부가 울릉도의 상황을 심각하게 인식하고 있었음을 보여주는 단면이기도 하다. 칙령은 관보 제1716호(1900.10.27.)에 게재됨으로써 반포·발효되었다.

울릉도를 울도군으로 개칭하고 도감을 군수로 개정하게 된 배경에는 일본인의 침탈로부터 자원을 보호하고 국민을 구제해야 한다는 인식이 있다. 이로써 울릉도는 강원도 27군의 하나로 편제되었다. 울진군 소속에서 독립한 울도군은 군의 관할 구역으로 울릉전도鬱陵全島, 죽도竹島, 석도石島를 명기했다. 칙령 제2조에 명기된 석도가 독도를 가리킨다는 점에서 영토 주권 관련 중요한 사료로 다뤄져 왔지만, 제4조에서 군수의 과세권을 합법화하고 있다는 점에서 제2조 못지않게 중요하다. 이 조항은 그동안 영토 주권과 관련하여 별로 주목받지 못했다. 이에 대해서는 별도의 논구가 있으므로 이 글에서는 다루지 않겠지만 이런 점에서 1900년 대한제국 칙령 제41호[19]가 지니는 의의는 매우 크다. 칙령 제41호의 성립과정을 정리하면 〈표-1〉과 같다(띄어쓰기는 필자).

〈표-1〉 칙령 제41호의 성립과 게재 문헌

연월일	형식	표제 및 내용	출전
10.22.	請議書	鬱陵島를 鬱島로 改稱ᄒ고 島監을 郡守로 改正에 關ᄒᆫ 請議書	각부청의서존안; 奏議
10.24.	勅令案	奏本年十月二十四日 以內部大臣臣李乾夏請議 鬱陵嶋改以鬱嶋 嶋監以郡守事 (內部大臣請議 鬱陵島改稱鬱島 島監以郡守改定事)	奏本 제187호(奏議 47책)
10.25.	上奏書	…謹奏本年十月二十四日…勅令案已經會議 標題可否	奏本 제187호
		本年十月二十四日 以內部大臣臣李乾夏 請	

---

19) 그 내용은 다음과 같다.
"第1條 鬱陵島를 鬱島로 改稱ᄒ야 江原道에 附屬하고 島監을 郡守로 改正ᄒ야 官制中에 編入ᄒ고 郡等은 五等으로 ᄒᆯ事, 第2條 郡廳 位實ᄂ 台霞洞으로 定ᄒ고 區域은 鬱陵全島와 竹島 石島를 管轄ᄒᆯ事, 第3條 開國五百四年 八月十六日 官報中 官廳事項欄內 鬱陵島 以下 十九字를 刪去ᄒ고 開國五百五年 勅令 第三十六號 第五條 江原道二十六郡의 六字ᄂ 七字로 改正ᄒ 고 安峽郡下에 鬱島郡 三字를 添入ᄒᆯ事, 第4條 經費ᄂ 五等郡으로 磨鍊호되 現今間인즉 吏額이 未備ᄒ고 庶事草創ᄒ기로 該島收稅中으로 姑先 磨鍊ᄒᆯ事, 第5條 未備ᄒᆫ 諸條ᄂ 本島開拓을 隨ᄒ야 次第 磨鍊ᄒᆯ事, 附則 第6條 本令은 頒布日로부터 施行ᄒᆯ 事"

		議欝陵嶋 改以欝嶋嶋監 改以郡守事 勅令案 已經會議標題可否 另具粘附並呈原案伏候聖裁	
10.25.	제정	欝陵島를 欝島로 改稱ㅎ고 島監을 郡守로 改正흔 件	勅令; 奏本
10.27.	반포		관보 제1716호
10.25.		㈜ 開國五百四年에 鬱陵島에 島監을 置ㅎ고 光武二年五月二十六日 勅令 第十二號로 島監 一人을 置ㅎ되 本土人을 擇差하여 判任官으로 待遇하얏더니 四年十月二十五日 勅令 第四十一號로 左갓치 制定ㅎ미라.	法規類編 續貳 (1901)
		第1條 鬱陵島를 鬱島로 改稱ㅎ야 (중략) 本令은 頒布日로부터 施行흘事	

Ⅲ. 칙령 제41호 발굴 이전의 '독도=독섬=석도' 인식

1. 칙령 발굴 이전의 '독도=독섬=석도' 인식

칙령 제41호가 세상에 처음 알려진 시기는 언제이며 누가 공개했는가? 칙령을 처음 세상에 알린 자는 처음부터 거기에 石島가 명기되어 있으며 그것이 독도 주권과 관련 있음을 인지했을까? 이를 알려면 칙령의 발굴 경위부터 고찰할 필요가 있다.

해방 뒤 남조선과도정부가 독도에 처음으로 관심을 보인 시기는 1947년 여름부터다. 그 계기는 7월 11일 미 극동위원회가 일본의 주권을 명기하는 것을 포함한 〈대일 기본정책〉을 발표하자 일본이 독도를 자국영토라며 여론을 조성한 데 있다. 게다가 이즈음은 일본인의 독도 상륙이 재개되던 시기였다. 1947년 4월 일본의 사카이미나토[境港] 사람들이 독도에 오기 시작한 이래 이들의 독도 상륙은 6, 7월 사이 빈번했다. 이런 사실은 당시 한국 언론이 보도했는데 독도 관련 기사를 보면, 그 명칭이 다양하다.

1947년 6월 20일자《대구시보大邱時報》는 '獨島'로 적었고 동도와 서도를 좌도

와 우도로 호칭했다. 1947년 8월 13일자 《한성일보漢城日報》는 "우리국토 독다
[獨島]"20)라고 표현했다. 1947년 8월 28일 《남선경제신문南鮮經濟新聞》의 기사
제목은 '獨島는 이런 곧'이었는데, 기사에서는 독섬, 해자(옷도세이), 可之에 대
해서 언급했다. 1947년 10월 15일자 《한성일보》는 '獨島의 國籍은 朝鮮'이라는
제하에 "독섬[獨島]을 엄연한 조선의 영토임에도 불구하고 이것을 자국영토라하
야…"21)를 운운했다. 1948년 6월 13일자 《한성일보》는 "獨島는 우리의 섬 原名
은 돌섬[石島]"라고 했다. 1948년 《새韓民報》 2-13의 기사 제목은 "돌섬은 우
리의 섬"이다.22) 이렇듯 1940년대에는 독도와 독섬, 돌섬, 석도 호칭을 함께
사용하며 우리 영토로 인식하고 있었다. 언론은 독도, 독섬, 돌섬, 석도 호칭을
혼용했는데 누구도 이들 이칭異稱에 의문을 드러낸 적이 없었다. 이들 이름이
하나의 섬을 가리킨다는 인식을 공유하고 있었기 때문이다. 다만 이때는 독도와
그 이칭을 언급했을 뿐 칙령 제41호의 石島를 언급한 언론은 없었다.

일본인의 독도 침범이 계기가 되어 한국 정부는 1947년 8월 16일부터 약 2주
간의 일정으로 1차 학술조사단을 파견했다.23) 조사단은 공식적으로는 '울릉도학
술조사대'로 일컫고 학계의 중진을 망라하여 80여 명24)으로 구성하였다. 조사단
가운데 일부는 조사 뒤 학계와 언론에 글을 발표했는데 방종현과 송석하, 신석
호, 이숭녕, 홍종인, 이병도가 그들이다. 최남선은 조사단에 참여하지 않았지만
독도 관련 글을 남겼다. 이들 가운데 신석호, 이병도, 최남선은 조선사편수회의
《朝鮮史》(1932~1938년 간행) 편찬에 관계했던 자들이다.25) 《조선사》는 우산도
에 대하여 분주로 '[慶尙北道鬱陵島]'26)를 삽입했다. 우산도가 '경상북도 울릉도'

---

20) 같은 기사 안에서 독도(獨島)라고도 쓰고 있다.
21) 또한 이 기사는 "일본의 침략을 우려하여 당시 울릉도군수로부터 상부에 보고한 증빙자료로
   있는데 이 문헌은 방금 우리□에 보관되어 있다"(필자 윤문)고 했다. □는 '도' 또는 '군'인 듯한
   데 분명하지 않다. 증빙자료란 심흥택보고서를 가리킨다. 현재 심흥택보고서 부본의 행방은 알
   수 없다. 박관숙은 1969년의 박사학위논문(35쪽)에서 심흥택보고서가 울릉군청에 보관되어
   있다고 했으므로 소재 불명은 그 뒤의 일인 듯하다.
22) 박병섭, 《한말 울릉도 독도어업》, 한국해양수산개발원, 2009, 72쪽. 박병섭은 정병준의 논문
   (2008)에서 재인용한 것임을 밝혔다.
23) 신석호, 〈독도의 내력〉 《독도》, 1965, 16쪽.
24) 정병준은 63명으로 보았다(위의 책, 129쪽).
25) 최남선은 편수위원으로, 이병도는 수사관보로, 신석호는 수사관으로 참여했다. 수사관보가 초
   고를 작성하면 수사관이 이를 수정 보완하는 형태로 진행되었고 심의부가 심의했다.
26) 조선사편수회는 원사료에 '于山武陵等處'나 '于山武陵等處安撫使'로 되어 있는 경우도 '[경상북

임을 주를 삽입해서 밝힘으로써 독도임을 부정한 것이다. 이 작업에 관계했던 자들이 해방 뒤 독도가 우리 땅임을 밝히는 데 앞장섰다는 것은 역사의 아이러니지만,[27] 1947년의 조사를 계기로 독도 연구가 활발해진 것은 사실이다.

독도를 실견實見한 뒤 가장 먼저 글을 발표한 자는 국어학자 방종현이다. 그는 1947년 〈獨島의 하루〉라는 글을 지었는데[28] 8월 22일[29] 울릉도 도동에서 네 시간 반 만에 독도 앞바다에 도착한 뒤 이 섬이 두 개의 바위덩어리로 된 것을 보고 섬의 명칭에 대해 생각해 보았음을 다음과 같이 기술했다.

　이 섬은 至今 우리가 부르고 있는 이름이 뜻하는 것처럼 하나만 있는 獨島는 아니고 오히려 兩島 혹은 對島라고 하여야 될 만하다. (중략) 亦是 「독」이란 音 그대로 무슨 뜻을 가진 것으로 解釋하는 것이 第一次로 穩當한 順序일 듯하다.[30]

그는 獨島가 자의字意대로 하나의 섬이 아니라는 사실에서 이름의 유래에 대한 근본적인 의문을 품었던 것이다. 그는 '독'이란 음을 연관시키면 물독에 비할 수 있을 듯하지만, 그렇게 보기 어렵다며[31] 독도라는 이름이 '石島'의 뜻에서 나왔을 것으로 생각했다. 그는 石島는 '돌섬' 또는 '독섬' 두 가지로 부를 수 있으니 獨島의 외형이 전부 돌로 된 것처럼 보인다는 점과 '돌'을 어느 [지역] 방언에서 '독'이라고 하는 문제를 해결하면 이 '石島'라는 명칭이 [독도에] 거의 가까운 해석이라고 보았다. 그는 전라남도 해안에서도 이렇게 부르는 곳이 있는 만큼 '절구'를 '도구통'이라고 하던가, '碁'를 '돌' 또는 '바독'으로, '다드미돌'을 '다드미독'이라고 하는 것에 비춰 보면, 독도의 독은 石島의 뜻인 '독섬'에서 온 것이라고

도 울릉도]'라는 분주를 삽입, 복수의 도서(島嶼)가 마치 하나의 '울릉도'를 가리키는 듯이 기술함으로써 우산도가 독도임을 의도적으로 은폐하려 했다. 이에 대해서는 유미림, 《일제 강점기 《조선사》에 기술된 울릉도·우산도》, 한국해양수산개발원, 2016 참조.
27) 신석호는 오늘날 국사편찬위원회 전신인 국사관 초대 관장을 지냈다.
28) 초고는 답사 중의 일기로 1947년 추석 전날 쓴 것으로 되어 있다.
29) 20일의 오기인 듯하다.
30) 방종현, 〈독도의 하루〉(1947.8.) 《一簑國語學論集》, 1963, 569~570쪽.
31) 그는 일본이 부르던 竹島에 연관시키면 현재의 자음은 '죽도'이므로 독도와는 연관성이 멀다고 보았다.

보았다.[32] 나아가 그는 "이것은 다만 이 獨島 또는 독섬(현재 독섬이라고 부른다)이 「石島」의 意일 것임을 말하는데 不過한 것이니 모두 한 推定이라 그 原作의 本意를 어찌 그대로 밝히기야 쉬우리요"[33]라고 하였다.

언어학자로서 독도-독섬-석도를 연관 지은 그의 해석은 오늘날 연구자들이 답습하고 있다. 그가 독도의 어원을 '독섬[石島]'에서 구할 수 있었던 것은 독섬의 '독'이 돌에 대한 전라도 방언임을 인지하고 있던 언어학자였기 때문이지만, 당시 울릉도 주민들이 독도를 독섬으로 부르고 있었음의 방증이기도 하다. 방종현도 당시 주민들이 실제로 '독섬'으로 부르고 있었다고 했다.[34] 방종현은 칙령 제41호나 거기 명기된 '석도'에 대해 전혀 모르고 있던 상태에서 이렇게 설명했다.

독도를 독섬·석도와 연관 지은 학자는 방종현뿐만이 아니었다. 같은 조사단의 일원이었던 이숭녕도 〈내가 본 독도〉(1953)[35]라는 글을 남겼는데, 독도라는 명칭이 울릉도민이 독섬이라고 石島의 뜻으로 부른 것인데 이는 근세에 島民이 명명한 것이고, 개척 이전에 비밀리에 입주한 주민이 독섬이라는 뜻에서 獨島라고 부른 것이라고 했다.[36] 그는 "독도는 「독섬」[石島]"[37]이라고 불렀다. 이 역시 현재의 독도가 개척 당시 주민이 명명한 '독섬=石島'에서 온 것임을 의미하며, 개척 이전 주민들이 독섬으로 불렀음을 의미한다. 이숭녕도 국어학자였으므로 이런 해석이 가능했던 것인데 그 역시 칙령 제41호를 인지한 상태가 아니었다.

조사단 대장 민속학자 송석하도 "독섬[獨島]"[38]이라 일컬었다. 그는 "東西 독섬으로 되어"라고 하여 독도를 독섬으로 불렀다. 그 역시 칙령을 인지하고 있던 상태가 아니었다. 홍이섭은 〈鬱陵島와 獨島〉(1954)에서 1952년 9월 학술조사단의 일원으로 참가했던 경험을 적었는데, 독도행 결정이 안 돼 이튿날 19일 네 가구가 살고 있는 竹島로 건너가 그곳 주민에게 "여기서도 '독섬'[獨島]이 보입니까?"라고 물었다. 그는 "그날 오후에는 '독섬'쪽으로 멀리 上空에 비단같은

---

32) 방종현, 앞의 글, 1963, 570~571쪽.
33) 위의 글, 571쪽.
34) 1947년 8월 20일 당시 85세의 홍재현이 조사단에게 진술할 때의 호칭도 '독섬'이었다.
35) 《希望》(1953)에 게재된 것을 다시 《독도》(1965)에 수록한 것이다.
36) 《독도》, 1965, 290쪽.
37) 위의 책, 292쪽.
38) 송석하, 〈古色蒼然한 歷史的 遺跡 鬱陵島를 찾어서〉《국제보도》, 1948.8.

구름이 엷게 끼이고 水平線이 흐렸었다"[39]고 기술하고, "東쪽 水平線상에 뚜렷
이 떠오른 山峰 하나, 그것이 독섬(독=돌 돌섬=石島)이다"라고도 기술했다. 또
한 "오랜 옛날부터 이 섬에 살던 사람들은 날이 맑아 水平線까지 개이면, 우뚝
솟아 보이는 아무 것도 없는 돌섬=독섬(독=獨, 섬=島 즉 獨島)인 '獨島'엘 가고
파 했을 것이요"[40]라고도 기술했다. 이로써 그가 독도를 독섬으로 부르되 그것
은 돌섬이란 뜻에서 왔으며, 독도는 독섬의 독을 獨으로 차용한 것임을 알고 있
었음을 드러낸다.

참고를 위해 각 문헌에서 돌섬, 독섬을 언급한 내용을 인용하면 〈표-2〉와
같다(맞춤법과 띄어쓰기는 원문 그대로임).

〈표-2〉 각 문헌에서의 독도 관련 기술

연도[41]	출전(발표 연도)	내 용
1947	방종현	石島는 '돌섬' 또는 '독섬' 두 가지로 부를 수 있으니 獨島의 외형이 전부 돌로 된 것처럼 보인다는 점과 '돌'을 어느 방언에서 '독'이라고 하는 문제를 해결하면 이 '石島'라는 명칭이 거의 가까운 해석이다. … 이것은 다만 이 獨島 또는 독섬(현재 독섬이라고 부른다)이 「石島」의 意일 것임을 말하는데 不過한 것이니 모두 한 推定이라.
1947	이숭녕(1953)	鬱陵島民이 독섬이라고 石島의 뜻으로 부른 것인데 이는 近世에 島民의 命名이라 본다. … [개척] 이전에 秘密裡에 入住한 住民이 독섬이라는 뜻에서 獨島라고 부른 것이라고 본다. …독도는 「독섬」(石島)이라는 島名이 말하여 주는 바와 같이. …
1948	송석하	독섬(獨島)
1947	신석호(1948)	鬱陵島廳에 保管하고 있는 光武十年(西紀 一九0六) 丙午陰三月五日附 鬱陵郡守報告書에 「本郡所屬獨島」라하는 記事가 있는 것으로보아 아마 高宗十八年(西紀 一八八一) 鬱陵島開拓以後 鬱陵島住民이 命名한것같으며 東海 한 복판 孤獨하게 서 있는 까닭에 이와 같이 命名한듯하다.
1948	최남선	鬱陵島에서 좀 떨어져 있는 一屬嶼에 한국인이 「독섬」

39) 홍이섭, 1954, 위의 글, 413쪽.
40) 위의 글, 414쪽.

	(1961.12)	(甕形小嶼의 義)이라고 부르는데다가 海驢의 밀집지임을 알게 되자 1904년에 日本의 島根縣漁民 中井養三郎이라는 者가 先頭에 나서서 「독섬」 暗取의 흉계를 꾸며 가지고 저의 海軍水路部·內務省·外務省·農商務省 등 關係各方面으로 「독섬」 編入의 원서를 들고 狂奔하였다.
1953.9.9.	7월 13일자 일본 정부 견해에 대한 한국 정부 반박서 (1955)	慶尙道의 方言에 依하면 「독」은 돌 또는 岩을 意味한다. 독도는 돌섬(石島) 또는 岩島를 意味한다 독도(돌섬 또는 岩島)의 發言과 合致되는 獨島 卽 「홀로 있는 섬」을 意味하는 現在의 「독도」라는 발언이 나타났다. 그리하야 獨島가 참으로 岩嶼이므로 前記島嶼를 韓國人에 依하여 매우 適切하고 象徵的으로 獨島라고 불리우게 되었다.
1954.7	홍이섭	東쪽 水平線上에 뚜렷이 떠오른 山峰 하나, 그것이 독섬(독=돌 돌섬=石島)이다…오랜 옛날부터 이 섬에 살던 사람들은 날이 맑아 水平線까지 개이면, 우뚝 솟아 보이는 아무 것도 없는 돌섬=독섬(독=獨, 섬=島 즉 獨島)인 '獨島'엘 가고파 했을 것이요.
1955.5	독도문제개론 (1955)	獨島라 하는 稱號의 起源에 關하여는 明確한 記錄이 없으나 鬱陵島廳에 保管하고 있는 光武十年(西紀 1906년) 丙午 陰 三月五日字 鬱陵郡守 報告書에 「本郡所屬 獨島」라 하는 記事가 있는 것으로 보아 高宗 十八年(西紀 1881년) 鬱陵島 開拓 以來 鬱陵島 住民이 命名한 것 같으며, 島形이 독(甕)과 같다하여 「독섬」이라고 부른다는 說과 東海 한복판에 孤獨하게 서 있는 까닭에 命名한 듯하다고도 하고 獨島는 主로 岩石으로 되어 있으므로 慶尙道 方言 「돌섬」(石島) 이라고 오래前부터 呼稱되여 왔다고 推測되는데, 그 發音을 따서 獨島라고 한다는 說이 있다.
1960	신석호	獨島 명칭의 유래에 대해 어떤 사람은 이 섬이 동해 한복판에 외로이 있기 때문에 독도라 했다는 사람도 있고, 어떤 사람은 이 섬 전체가 바위 즉 돌로 성립되어 있고 경상도 방언에 돌을 독이라 하므로 돌섬이라는 뜻에서 독도라 하였다는 사람도 있어 어떤 것이 오른지 알 수 없다.

---

41) 연도는 작성한 연도를 위주로 했다.

2. 1947년 최초로 칙령 제41호의 단서 언급

마찬가지로 1947년 조사대에 참여했던 역사학자 신석호는 〈獨島所屬에 關하여〉(《史海》 창간호, 1948)라는 글을 발표했는데, 그 안에 다음과 같은 내용이 있다.

> 欝陵島廳에 保管하고 있는 光武十年(西紀 一九○六) 丙午陰三月五日附
> 欝陵郡守報告書에 「本郡所屬獨島」라 하는 記事가 있는 것으로 보아 아마
> 高宗十八年(西紀 一八八一) 欝陵島開拓以後 欝陵島住民이 命名한것같으
> 며 東海 한 복판 孤獨하게 서 있는 까닭에 이와 같이 命名 한듯하다.[42]

신석호가 언급한 것은 1900년의 칙령이 아니라 1906년 심흥택의 보고서 내용이다. 신석호가 밝힌 사실은 두 가지이다. 하나는 심흥택 군수가 "本郡所屬獨島"를 언급했다는 것이고, 다른 하나는 獨島 명칭이 동해에 고독하게 서 있는 데서 유래했다는 것이다. 신석호는 독도가 '독섬=석도'에서 왔음을 인지하지 못하고 獨島의 자의에서 그 유래를 구하고 있다. 그가 '독도' 명칭이 개척 후 주민이 명명한 것이라는 인식을 지니고 있었음을 고려하면 이런 설명은 자연스럽다. 신석호는 방종현·이숭녕 등의 국어학자와 함께 조사에 참여했으면서도 명칭에 관해서는 의견을 나누지 않은 듯하다. 다만 그는 칙령 제41호를 인지했다고 볼 만한 내용을 기술하고 있다. 그는 "이듬해 島長을 設置하고 光武五年(西紀 1901)에 島長을 郡守로 陞格하여 島內行政을 맡아보게 하였다"[43]고 하였다. 이어 "이것으로써 獨島는 鬱陵島開拓以後 곧 우리나라의 領土가 된 것이 明白하며 이까닭에 光武十年에 鬱陵郡守가 「我國所屬獨島」라고 記錄하여 中央政府에 報告한 것이다"라고 했다. 이는 그가 1947년 울릉도청에서 획득한 심흥택보고서 부본의 내용을 적어준 것이다. 신석호는 심흥택보고서를 전재하고, 이것이 어떻게 처리되었는지 자세히 알 수 없으나 당시 일본 세력이 이미 한국정부를

---

42) 신석호, 〈獨島所屬에 關하여〉《史海》 창간호, 1948, 91쪽.
43) 위의 글, 95쪽.

지배하여 국가 전체의 운명이 중대 위기에 직면하고 있었으므로 정부는 독도와 같은 조그만 무인고도無人孤島에 대하여 돌아볼 겨를이 없었을 뿐 아니라 항쟁할 능력도 없었다고 보았다.44) 이는 그가 참정대신 박제순의 지령이 나온 사실을 인지하지 못하고 있었음을 의미한다.

신석호가 언급한, 도장을 군수로 승격한 사실은 칙령 제41호의 주요 내용 가운데 하나이다. 그러므로 위 언급은 신석호가 1947년 당시에 1900년의 칙령 제41호를 인지하고 있었을 가능성을 시사한다. 하지만 그는 1900년을 1901년으로 잘못 적었고, '칙령'이나 '칙령 제41호'를 직접적으로 언급한 바도 없다. 신석호는 울릉도 개척 당시 입도한 홍재현 등 몇몇 주민으로부터 울릉도에서 독도가 맑은 날 울릉도에서 독도를 바라볼 수 있었다는 사실과 이들이 독도로 전복이나 가제(강치)를 잡기 위해 출어했다는 사실을 직접 들었다고 기술했다.45) 1960년에 오면 신석호는 전에 주장하던 고독한 섬의 의미에다 외무부가 개진했던 경상도 방언 '독=돌' 운운을 추가하고 어느 것이 옳은지 판단을 유보했지만, 여전히 칙령의 '석도'를 독도와 연계한 정황은 보이지 않는다.

신석호의 1960년 견해는 이전과 달라져, 獨島 명칭의 유래에 대해 이 섬이 동해 한복판에 외로이 있기 때문에 독도라 했다는 사람도 있고, 이 섬 전체가 바위 즉 돌로 되어 있고 경상도 방언에 돌을 독이라 하므로 돌섬이라는 뜻에서 독도라 하였다는 사람도 있어 어떤 것이 옳은지 알 수 없다고 했다.46) 이는 이전에 독도가 고독한 섬의 의미에서 왔다고 해석했던 것과는 달라진 견해다. 그가 경상도 방언에 돌을 독이라 하므로 독섬이라는 뜻에서 독도가 되었다는 설을 인용하고 있지만 누구의 말을 인용한 것인지는 알 수 없다. '경상도 방언'을 운운한 내용은 1953년에 외무부가 언급한 바 있다.

1960년에도 "광무 5년(1901)에 도장을 군수로 승격시켰거니와 울릉도의 개척과 동시에 독도도 우리나라의 소유가 되어 울릉도 사람이 많이 이것을 이용하였다. 울릉군청에 보관되어 있는 광무 10년 병오 음3월 5일자 울릉군수 심흥택

---

44) 위의 글, 96쪽. 이후 송병기가 이명래의 보고서 호외를 규장각에서 찾아보니 거기 참정대신 지령 제3호가 실려 있었으므로 중앙정부가 심흥택보고서를 처리한 과정을 알 수 있다.
45) 위의 글, 95쪽.
46) 신석호, 〈독도의 내력〉《사상계》 8, 1960.8. (《독도》, 1965에 수록), 18쪽.

이 보고서 첫머리에 '本郡所屬獨島'란 말이 있고…"[47]라고 했다. 1948년의 글과 크게 차이가 없다. 그가 도장을 군수로 승격한 사실을 언급한 것은 칙령 제41호와 관계되고, 심흥택보고서는 독도 명칭과 직접 관계되지만, 이를 석도와 연결짓지 않았다. 신석호와 최남선은 조선사편수회 회원이었으므로 최남선이 언급한 칙령 관련 정보를 서로 공유했을 가능성이 있지만, 이 시점에 신석호가 칙령 제41호의 원문을 직접 보았음을 증명할 만한 내용은 보이지 않는다. 이는 최남선도 마찬가지다.

3. 1953년 '칙령'의 언급과 '독섬=항아리섬' 인식

1953년 최남선은 "이 回報에 依하여 是年(1900) 10월에 勅令으로써 鬱陵島를 鬱島郡으로 改稱하고 島監을 郡守로 改定하여 鬱陵島가 처음으로 地方行政의 분명한 一單位를 지었다"[48]라고 했다. 1900년 10월의 칙령을 직접 거론한 것이다. 게다가 "울릉도를 울도군으로 개칭하고 도감을 군수로 개정하여"라고 한 것은 칙령 제41호의 표제 「鬱陵島를 鬱島로 改稱ᄒ고 島監을 郡守로 改正ᄒ는 件」과 거의 일치한다. 그는 회보로 말미암아 칙령이 나오게 되었다고도 했다. 그가 말한 '회보'는 1900년 우용정의 복명서[49]를 말한다. 우용정의 보고는 내부대신에게 수용되어 설군設郡 청의서로 이어졌다. 청의서의 표제가 〈鬱陵島를 鬱島로 改稱ᄒ고 島監을 郡守로 改正에 關ᄒ 請議書〉로 되어 있는데 최남선은 "울도군으로 개칭하고 도감을 군수로 개정"했다고 했으므로 청의서를 인지했을 가능성이 크다. 이는 그가 칙령의 제정 경위를 인지하고 있었음을 의미한다. 그럼에도 그는 '칙령'만 언급하고 '제41호'는 언급하지 않았다. 최남선은 칙령 제2조에 울도군의 관할 구역으로 鬱陵全島와 竹島, 石島를 명기한 사실에 대해서도

---

47) 위의 글, 29쪽.
48) 최남선, 〈鬱陵島와 獨島〉 《육당 최남선 전집 2》, 육당전집편찬위원회, 현암사, 1973, 696쪽. 이상태, 《한국영토사론》, 경인문화사, 2013, 158~159쪽에도 실려 있다.
49) 최남선은 우용정의 보고서를 발굴한 인물이기도 하다. 우용정 보고서는 고려대학교 도서관에 소장되어 있다.

언급한 바가 없다. 그가 독도를 울릉도의 속도로 보고 1900년에 울릉도가 지방
행정의 한 단위가 되었다고 언명했음에도 칙령의 '石島'를 인식하고 있지는 않았
던 것이다.

최남선은 독섬을 언급했는데 그 의미는 무엇인가? 그는 1948년 8월 5일자로
작성된 우국노인회(Patriotic Old Men's Association) 명의로 맥아더에게 탄원
서를 보낼 때 한국 영토로서 'Ullung Do(Utsuryo To), Tsushima, Parang
Islands, Docksum'을 인정해줄 것을 요청했다. 여기서 'Docksum'은 독도를
가리키지만, '옹형소서甕形小嶼'라고 했듯이 돌섬의 의미가 아니었다. 또한 그는
'독도=독섬의 개관'이라고 했지만 이때의 독섬도 돌섬이 아닌 항아리섬의 의미였
다. 그는 울릉도 주변에 대소 10여 개의 속서屬嶼가 있는데, 북쪽에 孔巖, 동북쪽
에 觀音島(獵頂島), 동쪽에 竹嶼50)가 가까이 있는 섬이고, 동남으로 훨씬 떨어
진 해상에는 두 개의 주도主島와 여러 개의 작은 섬이 있다고 했다. 이어 그는
"이것은 우리 古代에 可之島라 하고 近世 附近 居民의 사이에서 島形이 독(甕)
과 같다 하여 보통 「독섬」이라고 부르는 것이다(鬱陵本島의 아주 側近에도 또
別個의 독섬이 있다)"라고 하고, "근래 '독도'라는 字는 '독'의 取音일 뿐이요
'獨'의 자의에는 아무 관계가 없는 것이다"51)라고 했다. 그는 '독'을 항아리의
의미로 풀었고, '獨島'의 '獨'자는 '독'의 음만 취한 것일 뿐 홀로 '獨'의 의미와는
관계가 없다고 본 것이다. 이런 해석은 신석호가 홀로 獨의 의미에서 독도 명칭
의 유래를 설명한 것과도 다르다.

그는 1948년 탄원서에서 '독섬'을 언급했는데 1961년 12월에 쓴 글 〈獨島는
儼然한 韓國領土〉에서도 "鬱陵島에서 좀 떨어져 있는 一屬嶼에 韓國人이 「독
섬」(甕形小嶼의 義)이라고 부르는데다가 海驢의 密集地임을 알게 되자"라고 했
다. 1948년에 칭했던 '독섬'에 대한 인식을 1961년에도 그대로 유지하고 있었음
을 보여주는,52) 따라서 여전히 칙령의 '石島'를 인지하지 못하고 있었음을 보여
준다. 그럼에도 불구하고 최남선은 "울릉도의 一屬嶼, 한국 屬土 독섬"53)이라고

---

50) 괄호 안에 "(일본인의 竹島란 것은 아니다)"가 주기되어 있다.
51) 최남선, 1973, 위의 글, 697쪽.
52) 최남선, 〈독도는 엄연한 한국 영토〉(1961년 12월 28일 작성) 《독도》(1965, 150쪽)에 수록.
    맥아더 연합군 총사령관에게 보내려고 써둔 원고 중의 일부임이 밝혀져 있다.

했다. 그에게 독섬은 울릉도에 딸린 섬으로 인식되고 있었던 것이다. 그는 해군 수로부가 '독섬'을 조선의 것이라고 했고, 1945년 《간이 수로지》에도 제목이 '鬱陵島及竹島'로 하여 두 섬을 일괄하여 기술한 것이 독도를 부속 도서로 본 증거라고 했다. 이렇듯 그가 청의서에 해당되는 내용을 언급한 사실로 미루어보건대, 칙령의 제정까지는 인식했지만 원문을 직접 보지는 않았다고 여겨진다.

4. 1953년 외무부의 경상도 방언 언급과 '독도=돌섬[石島]' 인식

1952년 대한민국의 이른바 '평화선' 선포로 야기된 한일 양국 간 독도 영유권 논쟁은 1953년 7월 13일 일본 정부가 구상서를 보내오면서 시작되었다. 한국 정부는 1953년 9월 9일자 논박 문서를 보내 응수했고, 이는 일본 정부가 1962년 7월 13일자 일본 정부 견해를 보내올 때까지 모두 7차례에 걸쳐 주고받았다.[54] 그러나 이때도 한국 정부는 공식적으로 칙령의 석도를 언급한 적이 없다. 1953년 7월 13일자 일본 정부 견해에 대한 한국 정부 반박서(1953.9.9.)를 보면, 독도 명칭에 대하여 "慶尙道의 方言에 依하면「독」은 돌 또는 岩을 意味한다. 독도는 돌섬[石島] 또는 岩島를 意味한다 독도(돌섬 또는 岩島)의 發言과 合致되는 獨島 卽「홀로 있는 섬」을 意味하는 現在의「독도」라는 발언이 나타났다. 그리하야 獨島가 참으로 岩嶼이므로 前記島嶼를 韓國人에 依하여 매우 適切하고 象徵的으로 獨島라고 불리우게 되었다"라고 했다. 즉 경상도 방언으로 '독'은 돌을 의미하므로 독도는 돌섬·石島·岩島를 의미하는데 독도의 발음에 합치되는 獨島가 홀로 있는 섬을 의미하게 되었다는 것이다. 이때 처음으로 외무부가 경상도 방언으로서의 독섬=돌섬=石島=獨島의 연관성을 언급하고 있는 것이다. 최남선이 앞에서 언급한 바로 보건대 외무부가 위 내용을 최남선으로부터 들었다고 보기는 어렵다. 외무부가 돌섬의 의미로 독섬을 언급하되 경상도 방언을 운운한 배경은 알 수 없다. 국어학자들은 전라도 방언을 운운했으므로 외무부가

53) 최남선, 1973, 위의 글, 702쪽.
54) 외무부, 《독도관계자료집(1)-왕복외교문서》(1952~1973), 1977.

이들에게서 교시를 받은 것도 아닌 듯하다.

외무부는 1953년 9월 9일자 반박서를 포함하여 양국이 응수하는 외교문서를 수록한 《독도문제개론》(1955.5.)을 펴냈는데, '4. 독도의 명칭' 부분에서 다음과 같이 기술하고 있다.

　　獨島라 하는 稱號의 起源에 關하여는 明確한 記錄이 없으나 鬱陵島廳에 保管하고 있는 光武十年(西紀 1906년) 丙午 陰 三月五日字 鬱陵郡守 報告書에 「本郡所屬獨島」라 하는 記事가 있는 것으로 보아 高宗 十八年(西紀 1881년) 鬱陵島 開拓 以來 鬱陵島 住民이 命名한 것 같으며, 島形이 독(甕)과 같다하여 「독섬」이라고 부른다는 說과 東海 한복판에 孤獨하게 서 있는 까닭에 命名한 듯하다고도 하고 獨島는 主로 岩石으로 되어 있으므로 慶尙道 方言 「돌섬」(石島)이라고 오래前부터 呼稱되어 왔다고 推測되는데, 그 發音을 따서 獨島라고 한다는 說이 있다.[55]

이는 독도 명칭의 기원을 세 가지 설로 분류한 것이다. 하나는 개척 이후 주민이 섬의 모양이 독[甕]과 같다 해서 독섬이라 불렀다는 설, 두 번째는 고독하게 서 있다는 의미에서 獨島로 명명했다는 설, 세 번째는 경상도 방언 돌섬[石島]으로 부르던 발음을 따서 獨島라 한다는 설이다. 여기에는 1953년 최남선의 설(독섬=항아리섬), 1947년 신석호의 설(고독한 섬 獨島), 1953년의 설(경상도 방언 돌섬=石島)이 다 들어 있다.

외무부가 칙령을 직접 언급하게 되는 것은 1955년에 간행된 《독도문제개론》에서다. "光武五年(西紀 1901년)에 勅令으로써 郡으로 改稱하고 島長을 郡守로 改定하여 처음으로 地方行政의 一單位를 지었다"라고 했다. '칙령'을 직접 거론했지만 1901년으로, 도감을 도장으로 오기하고 있다. 이는 신석호와 최남선의 언급을 섞어 놓은 것이다. 1901년을 운운한 자는 신석호이다. 외무부는 왜 연도를 오기하게 되었을까? 이에 대하여 외무부가 1952년 6월 《新生公論》에 실린

---

55) 외무부, 《독도문제개론》, 1955, 5~6쪽.

柳56)敎聖57)의 〈對日外交의 史的 考察: 獨島 및 鬱陵島問題를 中心으로〉를 잘못 참조했기 때문이라는 견해가 있다.58) 유교성은 "우리나라에서는 光武五年(1901年)에 從來의 島長制를 승격시켜 郡守를 두어 도행行政을 强化시킨 바 있음을 附記하여둔다"59)라고 기술했다. 이에 1953년 8월 29일 외무부 정무국장은 유교성에게 서한을 보내 증빙 자료를 요청한 적이 있다. 정무국장이 유교성에게 보낸 서한의 내용은 다음과 같다.60)

現在 韓日間에 紛爭中인 獨島領有에 關하여 貴下께서 新生公論 第二卷 第二号 檀紀四二八五年 六月號에 《對日外交의 史的考察−獨島 및 鬱陵島 問題를 中心으로》라는 貴稿를 發表하였음을 參考로 하였으며 前記 雜誌 第七二頁에 記載된 〈高宗十八年(1881)에 鬱陵島에 島長을 設置케되자 獨島는 亦是 島長의 管轄下에 노였으며 光武五年 島長을 郡守로 昇格시킴에 있어서도 獨島는 鬱陵島의 屬島로써 郡廳行政下에 노였든 것이다〉를 檢討한 結果 左記事項에 關한 資料를 早速히 求得코저 하오니 送付하여 주심을 敬望하나이다.

記
一. 鬱陵島島長 設置 및 獨島가 島長 管轄下에 놓였다는 文獻又는 證憑書類
一. 郡守昇格 및 獨島가 郡廳行政下에 놓인 文獻又는 證憑書類

외무부 서한에는 "前記 雜誌 第七二頁에 記載된 「高宗十八年(1881)에 鬱陵島

---

56) 劉를 오기한 듯하다.
57) 조선 시대 상업을 연구한 사학자로서 劉敎聖(1924~1994)이 보이는데 뒤에 劉元東으로 개명했다. 1951년 서울대 사학과를 졸업했다. 1969년에 숙대에서 《이조후기 상공업사 연구》로 박사학위를 취득했다. 《신생공론》 제2권 2호(1952년 6월호)에 따르면, 이병도가 은사이다.
58) 정병준, 2010, 위의 책, 157쪽 각주 152.
59) 《신생공론》 제2권 2호, 1952, 21쪽.
60) 〈獨島領有權 關係資料 送付依賴의 件〉 (外政 第303호) (1953.8.29.). 현재 외교부 외교사료관 소장의 《독도문제》, 1952~1953(분류번호 743.11JA, 등록번호 4565)에 있다. 정병준 교수가 자료를 제공했다.

에 島長을 設置케되자 獨島는 亦是 島長의 管轄下에 노였으며 光武五年 島長을
郡守로 昇格시킴에 있어서도 獨島는 鬱陵島의 屬島로써 郡廳行政下에 노였든
것이다」를 檢討한"으로 되어 있다.[61] 하지만 이는 유교성의 글과는 다르다. 유
교성은 "同도는 當시 江原道所屬으로 울능도 屬도로써 運命을 같이하여 왔든
것이며 高宗十八年(1881)에 울릉도에 島장을 設置케되자 獨도는 亦是 도長의
管轄下에 노였으며 光武五年 도長을 郡守로 昇格시킴에 있어서도 獨도는 울능
도의 屬도로써 郡廳行政下에 노였든 것이다"(17쪽)라고 하고, "우리나라에서는
光武五年(1901年)에 從來의 島長制를 승격시켜 郡守를 두어 도行行政을 强化시
킨 바 있음을 附記하여둔다"(21쪽)라고 했다. 유교성도 칙령의 내용을 언급했지
만 칙령 제41호 및 석도를 직접 언급한 것은 아니었다.

유교성의 기술은 신석호의 기술과 비슷하다. 유교성은 이병도의 논문[62]과 신
석호의 논문[63]을 언급했으며, 〈鬱陵島와 獨島〉를 쓴 홍이섭[64]과는 1952년 당
시 해군 전사편찬실을 함께 쓰고 있었다. 유교성에 따르면, 외무부는 1952년
대일강화조약 회담에 앞서 홍이섭에게 破浪도 및 獨도(원문대로)에 관한 문헌을
위촉하여 (홍이섭이) 한국문헌과 일본문헌을 제공한 바 있다는 것이다. 유교성은
사료취급에 대해서는 홍이섭에게서 지도받았고, '이조실록'[65]은 은사인 이병도
의 후의로 열람할 수 있었다고 했다. 따라서 유교성이 기술한 울릉도와 독도의
역사 및 명칭 변화, 일본의 편입 사실 등은 이병도와 신석호, 홍이섭의 영향을
받았음이 분명한데, 글의 논지로 보아 신석호의 영향을 가장 많이 받은 듯하다.

그런데 여기서 드는 의문은, 외무부가 신석호의 글을 몰라서 유교성에게 새로

---

61) 외무부는 72항이라 했지만, 《신생공론》에는 17쪽에 실려 있다.

62) 이병도는 1951년에 〈韓日交涉史上에 나타난 울능도 및 獨도 問題의 槪要〉(《鐵警》 창간호)를
    쓴 적 있다. 이 글은 아직 원문을 구하지 못했다.

63) 신석호, 〈獨島 所屬에 對하여〉 《史海》 창간호, 1948.

64) 홍이섭, 〈울릉도와 독도〉 《新天地》 9-7, 서울신문사, 1954년 7월호(《홍이섭 전집》 9에 수
    록). 홍이섭은 1952년 9월 조사단에 참여했으며, 1953년 조사단에서는 단장을 맡았다. 그는
    1952년 9월 24일 독도행을 감행했으나 독섬에 接足치 못하고 일주하고 모시개로 돌아왔다고
    기록했다.

65) 조선왕조실록은 일본이 병합한 뒤 조선총독부로 정족산본과 태백산본을 이관했다가 1930년에
    규장각도서와 함께 경성제국대학으로 이장하였다. 1945년 광복 이후에는 서울대학교 규장각
    에 소장되었다. 국사편찬위원회가 1955~1958년까지 4년 동안 태백산본을 8분의 1로 축쇄,
    영인하여 A4판 양장본 48책으로 간행하였으므로 이병도가 소장한 판본도 태백산본으로 추정
    된다. 일본으로 반출된 오대산본 47책은 2006년에 서울대학교 규장각으로 반환되었다.

운 자료의 존재 여부를 문의했을까 하는 점이다. 신석호가 연도를 잘못 기술하고 도감을 도장으로 잘못 기술한 것은 「鬱陵島를 鬱島로 改稱ㅎ고 島監을 郡守로 改正흔 件」이라는 칙령 제41호를 직접 보지 않았음을 말한다. 외무부가 1955년에 "光武五年(西紀 1901년)에 勅令으로써 郡으로 改稱하고 島長을 郡守로 改定하여 처음으로 地方行政의 一單位를 지었다"고 한 것은 신석호와 최남선의 글에 기인한 것일 뿐 칙령의 원문을 직접 거론한 것은 아니다. 외무부가 1901년의 군수 승격을 운운한 부분은 신석호의 영향이고, 지방행정의 한 단위를 운운한 부분은 최남선의 영향으로 보이는데, 이런 내용 역시 청의서와 관계있을 뿐 칙령 자체는 아니다.

최남선이 1953년에 서울신문에 기고한 글은 유교성의 논문이 나온 뒤이지만, 외무부가 유교성에게 서한을 보낸 시기와 가깝다. 《독도문제개론》은 그 뒤인 1955년에 나왔다. 그런데 《독도문제개론》은 "鬱陵島의 行政區劃에 編入된 明示된 公的記錄이 없다고 해서 獨島가 鬱陵島의 郡守의 管轄下에 있었다는 事實을 否認못하는 것이다"[66]라고 했다. 칙령 제41호는 독도를 울도군의 행정구획에 편입시킨 공문서인데 외무부가 위와 같이 기술했다면, 이는 칙령 제41호 원문을 확인하지 못했음을 시사한다. 외무부는 신석호와 최남선, 유교성에게서 '증빙서류' 즉 원문을 제공받지 못했던 것이다.

칙령 관련 내용이 언급되기 시작한 것은 1947년부터지만, 칙령 제41호와 그 안 제2조의 石島를 직접 언급하는 것은 1960년대에 와서다. 1940년대에는 독도 명칭이 독섬-석도에서 왔다는 인식이 널리 퍼져 있었다. 이런 인식은 칙령 제41호와는 상관없이 만연해 있었다. 이런 사실이야말로 칙령의 石島가 독도임을 방증해 준다.

이병도는 1963년에 발표한 글에서 주로 于山과 일본의 磯竹島, 竹島, 松島 명칭을 고찰했다.[67] 1965년에 많은 필진[68]이 참여하여 《독도》가 나왔고 石島

---

66) 외무부, 《독도문제개론》, 1955, 14쪽.
67) 이병도, 〈독도 명칭에 대한 사적 고찰〉《조명기박사화갑기념 불교사학논총》, 1963(《독도》, 1965에 수록).
68) 필자는 신석호, 박관숙, 이병도, 이선근, 최남선, 박경래, 유홍렬, 주효민, 황상기, 박대련, 이숭녕, 한찬석, 최규장이다.

를 언급하긴 했지만 칙령의 '석도'를 언급한 것은 아니었다. 비슷한 시기에 가와카미 겐조[川上健三]가 《竹島の歷史地理學的硏究》(1966)를 펴내 '독섬'에 대한 한국 측 견해를 비판했지만, 그 역시 칙령 및 석도는 언급한 바가 없다. 따라서 1950년대와 1960년대 초반까지 '독도' 명칭의 유래에 관한 한, '독도=독섬=石島' '독섬[獨島]', 심흥택보고서의 독도, 고독한 섬 獨島, 칙령 제41호, 칙령 제41호의 石島, '석도=독도'설이 제각각 운위되고 있었다고 보아야 할 것이다. 이 역시 다른 한편에서는 석도가 독도라는 사실이 칙령과 무관하게 성립한다는 사실을 방증한다. 참고로 신석호와 유교성, 최남선, 외무부의 글을 비교하면 〈표-3〉과 같다.

〈표-3〉 칙령 제41호 관련 기술의 비교

출전(집필 연도)	내 용
신석호(1947)	이듬해 島長을 設置하고 光武五年(西紀1901)에 島長을 郡守로 陞格하여 島內行政을 맡아보게 하였다.(95쪽)
유교성(1952.6.)	高宗十八年(1881)에 울릉도에 島장을 設置케되자 獨島는 亦是 도長의 管轄下에 노였으며 光武五年 도長을 郡守로 昇格시킴에 있어서도 獨島는 울능도의 屬島로써 郡廳行政下에 노였든 것이다.(17쪽)
유교성(1952.6.)	우리나라에서는 光武五年(1901年에 從來의 島長制를 승격시켜 郡守를 두어 도行行政을 强化시킨 바 있음을 附記하여둔다.(21쪽)
외무부의 서한(1953.8.29.)	(1881년에)鬱陵島에 島長을 設置케되자 獨島는 亦是 島長의 管轄下에 노였으며 光武五年 島長을 郡守로 昇格시킴에 있어서도 獨島는 鬱陵島의 屬島로써 郡廳行政下에 노였든 것이다.
최남선(1953.8.~9.)	이 回報에 의하여 이해(1900) 10월에 칙령으로써 울릉도를 울도군으로 개칭하고 도감을 군수로 개정하여 울릉도가 처음으로 지방행정의 분명한 한 단위를 이루었다.
독도문제개론(1955)	光武五年(西紀 1901년)에 勅令으로써 郡으로 改稱하고 島長을 郡守로 改定하여 처음으로 地方行政의 一單位를 지었다.(13쪽)
독도문제개론(1955)	"獨島는 記錄과 實際知識으로 벌서 부터 잘 알려지고 鬱陵島의 一屬嶼로서 封禁期 中에도 往來가 끊이지 아니한 곳임은 前述한 바와 같으니 獨島를 구태여 鬱陵島의 行政區域에 編入하였다고 宣言할 必要도 없었고 또한 새삼스럽게 公的記錄을 남길 理由도 없는 것이다."(13쪽) "그것이 問題된 것은 日本人의 海驢 捕獲地로 利用하고 저의

島根縣令으로 編入함에 始한 것이니, 이렇게 되기 以前에 鬱陵
島의 行政區劃에 編入된 明示된 公的記錄이 없다고 해서 獨島
가 鬱陵島의 郡守의 管轄下에 있었다는 事實을 否認못하는 것
이다. 따라서 獨島를 日本領이라고 通告하여 오자 光武十年
(1906)에 鬱陵島 郡守가 《我國所屬 獨島》라고 記錄하여 中央
政府에 報告하였던 것이다."(14쪽)

Ⅳ. 칙령 제41호의 발굴과 '독섬=석도'설과의 연계

1. 칙령 제41호의 원문 공개와 '독섬=석도=독도' 인식

홍종인은 1977년《주간조선》[69] 인터뷰에서 다음과 같은 사실을 밝혔다.

'獨島'라는 공식 기록은 1906년 울릉군수 沈興澤의 보고서에 '本郡 소
속 獨島'라고 처음 나오는데, 독도라는 일반적 칭호는 돌의 경상도 방언
'독'을 따라 그 훨씬 전부터 '石島'라는 뜻으로 불러온 것 같다(古老들의
증언등이 있다). 1966년(당시 漢陽大) 李宗馥 교수가 공개한 光武 4년
(1900) 10월 27일자 官報에 실린 勅令에는 '石島'라고 기록돼 있다.

홍종인이 언급한 심흥택보고서와 경상도 방언은 이전에 보인 내용이지만,
1966년에 이종복[70]이 칙령 제41호를 공개했다는 것은 새로 밝혀진 사실이다.
홍종인이 "官報에 실린 勅令에는 '石島'라고 기록돼 있다"고 했으므로 이종복이
관보의 원문을 공개했고 홍종인도 이를 보았을 것으로 추정된다. 홍종인의 말대
로라면, 칙령 제41호의 원문을 세상에 처음으로 공개한 사람은 이종복이 되는
데, 이종복은 아무 기록을 남기지 않았다. 당시 언론도 칙령 제41호와 관련된

---

69) 홍종인, 〈독도를 생각한다〉《주간조선》 427호(1977.3.20.). 이선민 전 조선일보 선임기자가
    자료를 제공했다.
70) 이종복은 한양대 사학과에 잠시 재직했다가 언론인과 출판인으로 활동했다고 한다(전 조선일
    보 이선민 선임기자 자문).

내용을 보도한 바가 없다.

칙령 제41호의 내용을 직접 소개하고 이를 영토 주권과 결부지은 사실을 기록으로 확인할 수 있는 것은 1968년 법학자 이한기의 글에서다.[71] 이한기는 칙령 제41호에 대하여 다음과 같이 소개했다. 조금 길지만 인용하기로 한다.

… 〈安龍福 將軍〉이라는 傳記(1967年 1月 刊行)의 出現은 한국의 正義를 表現한 것이다. 文獻으로서 未發表의 資料에 다음과 같은 것이 있는데 日本側은 또 例와 같이 間接證據라고 우길지 모르나 우리는 이것을 重視한다.

鬱陵島를 鬱島로 改稱ᄒ고 島監을 郡守로 改稱ᄒᄂ 件

光武 四年 十月二十五日 勅令 第四十一號

開國五百四年에 鬱陵島에 島監을 置ᄒ고 光武二年五月二十六日 勅令 第十一號로 島監 一人을 置ᄒ되 本土人을 擇差하여 判任官으로 待遇하얏더니 四年十月二十五日 勅令 第四十一號로 左갓치 制定ᄒ미라.

(議政府 總務局이 붓친 註임)

(중략-1)

第六條 本令은 頒布日로부터 施行할 事

光武五年 一月 議政府 總務局編

《法規類編 續貳》 PP.304-305.

鬱陵島에 島監을 置ᄒᄂ 件

五百四年 八月 十六日 裁可

一. 鬱陵島에 島監을 置ᄒᄂ 件의 裁可를 經홈

---

71) 이한기, 〈국제분쟁과 재판-獨島問題의 裁判付託性에 關聯하여-〉《법학》 10권 1호, 서울대학교, 1968. 각주 109에 실려 있다. 필자는 2020년 7월 초 이 정보를 이선민 기자에게 제공했다.

建陽元年 一月 內閣記錄局編《法規類編》P.50.

(중략-2)

上記 條文의 第二條에 「竹島 石島」가 보이는데 石島는 바로 獨島를 가르킨 것이 아닌가 생각된다. 獨島의 獨은 「독」 즉 「石」이라고 풀이되는 것이다.

鬱陵郡守 沈興澤이 1906년 政府에 대한 報告에서 「本部72)에 속한 獨島」라고 한 것을 보면 當時의 官吏가 명확히 上記의 法令에 따라 獨島가 韓國領임을 疑心하지 않고 있었다는 사실을 알 수 있다.73)

위에서 (중략-1)은 칙령 제41호의 조항을 말한다. 이한기는 "(議政府 總務局이 붓친 註임)"이라고 하여 칙령 제41호 이전의 제11호74)(1898.5.26.)를 언급했다. 이어 칙령 제41호를 인용하고 다시 1895년 8월 16일에 재가 받은 도감 설치 건을 기술했다. 1895년 8월 16일 도감 두는 건을 재가 받았다가, 1898년 5월 26일 칙령 제12호로 도감을 판임관으로 대우하기로 변경했다가, 1900년 10월 25일 도감을 군수로 개정하게 된 추이를 기술한 것이다. 이어 칙령 제41호를 인용했는데, 표제를 「鬱陵島를 鬱島로 改稱ᄒ고 島監을 郡守로 改稱ᄒᄂ 件」으로 적었지만, 「欝陵島를 欝島로 改稱ᄒ고 島監을 郡守로 改正흔 件」이 정확한 표제이다. 이어 그는 칙령 제41호 제2조를 해석하기를, "「竹島 石島」가 보이는데 石島는 바로 獨島를 가르킨 것이 아닌가 생각된다. 獨島의 獨은 「독」 즉 「石」이라고 풀이되는 것이다"라고 했다. 나아가 그는 칙령 이후 1906년 울릉군수 심흥택이 "본부에 속한 독도"라고 한 것은 칙령에 따라 독도가 한국령임을 의심하지 않고 있었음을 보여주는 것이라고 해석했다.

---

72) 《한국의 영토》(1969)에서는 '본군 소속 독도'로 바로잡혀 있다(251쪽).
73) 이한기, 1968, 위의 글.
74) 칙령 제12호가 맞는데 오기한 듯하다. 〈지방제도 안에 개정 첨입하는 일(地方制度中 改正添入ᄒᄂ 事)〉(1898.5.26.)을 가리킨다. 《고종실록》(고종 35년 5월 26일)에는 〈지방 제도 중 울릉도 도감 설치 건〉으로 되어 있다.

이한기가 칙령 제41호의 출전으로 제시한 것은 《법규류편 속이法規類編 續貳》다.[75] 《법규류편 속이》는 칙령 제41호의 제3조에 대하여 "勅令第三十六號 第五條 江原道 二十六郡의 (六)字는 (七)字로 改正하고 安峽郡下에 (欝島郡) 三字를 添入할 事"라고 적었다. 괄호로 처리하고 있으므로 관보에 적힌 형식과는 다르다. 이한기는 칙령을 가리켜 "文獻으로서 未發表의 資料에 다음과 같은 것이 있"다고 소개했다. '미발표의 자료'라고 한 것은 처음 공개되는 것임을 의미하는 듯하다.

이한기가 칙령 제41호를 독도 주권과 연결 지어 설명한 것은 1969년에 간행된 《한국의 영토》에서 더 자세하다. 이 책에서는 칙령 제41호 제2조를 일러 "여기에 竹島는 울릉도 근방의 작은 섬 竹嶼를 지칭하는 것 같고 石島는 독도를 가리킨 것이라 생각된다. 獨島의 獨은 독 즉 石이라고 풀이되는 것이다. 이리하여 전기 법령은 명백히 독도를 울릉도의 관할하에 두었으며 독도가 한국 영토라는 신념하에 이 섬에 대한 주권적 활동을 전개한 것은 의심의 여지가 없다"[76]라고 했다. 앞서 독도의 '독'을 石으로 푼 것에서 더 나아가 칙령으로 말미암아 독도가 울릉도의 관할 하에 두어져 대한제국이 독도에 대한 주권적 활동을 해왔음이 입증되었다고 해석한 것이다. 이한기의 연구는 법령의 변천과정을 통한 칙령 제41호의 성립을 보여줌과 동시에 칙령에 명기된 石島를 독도 주권과 연관 지음으로써 칙령 제41호의 의미를 부각시켰다는 데 의미가 있다.

이한기가 제시한 《법규류편》과 《법규류편 속이》는 기존에 칙령 제41호의 출전으로 알려져 있던 것과는 다른 문헌이다. 이한기가 제시한 자료를 포함하여 칙령 제41호 및 관련 문서가 실려 있는 문헌들을 적어보면, 다음과 같다.

① 《各部請議書存案》17책(1900.10.22.) (의정부 편, 奎17715-v.1-28)

② 《奏議》47책(1900.10.24.)[77] (의정부 편, 奎17703-v.1-165,

75) 《法規類編》(1896)은 각 관청과 관리들로 하여금 참고하도록 간행한 법령집이다. 1894년 7월부터 1895년 말 사이에 새로 제정된 여러 법령을 분류·편찬한 책으로 내각 기록국이 간행했다. 이후 속편으로 《法規類編 續壹》(1898)과 《法規類編 續貳》(1901)가 나왔는데 의정부 총무국이 간행했다. 1900년 칙령 제41호는 《法規類編 續貳》(304~305쪽)에 실려 있다.

76) 이한기, 《한국의 영토》, 서울대학교출판부, 1969, 250쪽. 다만 이 책에서는 칙령 제41호 2조의 출전으로서 《法規類編》(건양 원년 1월, 50쪽)을 제시하고 있다. 그러나 이 책에는 관련 내용이 없다.

1896.10.6.~1910.8.28.)
③《勅令》9책(1900.10.25.) (의정부 편, 奎17706 1-26,
1894.11.~1910.8.)[78]
④《官報》제1716호(1900.10.27.) (奎17289-v.1-180, 1895~1910)
⑤《法規類編 續貳》(서울대학교·연세대학교 소장)

이한기가 칙령 제41호의 출전으로《법규류편 속이》를 제시하되 '미발표'의 문헌이라고 한 것은《칙령》이나《관보》에도 실려 있음을 인지하지 못했음을 의미한다. 그는 이종복의 자료도 언급한 바가 없다. 법학자이므로 법령집인《法規類編 續貳》를 발굴하여 칙령 제41호 및 그 내용을 소개한 것으로 보인다.[79] 그러므로 칙령 제41호의 원문을 처음 세상에 소개한 사람은 이한기라고 할 수 있다.

한편 이한기는 1969년의 저서에서 1953년 9월 9일자 대한민국 주일대표부 구상서를 인용하여, 경상도 방언에 〈독〉은 石[80] 또는 岩을 의미한다고 한 사실, 독도(石島—돌섬 또는 岩島)[81]의 발음과 합치되는 獨島 즉 〈홀로 있는 섬〉을 의미하는 현재의 〈독도〉라는 발음 등을 언급했다. 또한 그는 최남선이 〈울릉도와 독도〉에서 개진한 견해와 신석호가 〈독도의 내력〉에서 전개한 견해를 서로 다른 견해로서 소개했다.[82] 그는 울릉도를 개척할 당시부터 독도로 불러 왔는데 독섬이라는 우리말을 한자로 표현하여 獨島 또는 石島라고 한 것 같다고 정리했다. 그는 독도 명칭을 개척 이후 울릉도 주민이 명명한 것으로 추정했다. 이런 내용은 1953년 9월 9일자 대한민국 주일대표부 구상서 및 신석호·최남선의 견해와도 연관 있음을 보여준다. 그럼에도 그는 신석호나 최남선의 견해를 취하기보다는 칙령 제41호의 내용에 입각하여 석도가 독섬에서 왔으며 독도를 가리

---

77)《奏議》47책에는 奏本 제187호(10.25.), 勅令案(10.24.), 請議書(10.22.), 勅令 제41호가 함께 들어 있다.
78) 1894년 11월부터 1910년 8월까지의 칙령을 모아 의정부(내각)에서 모아 만들었다. 칙령 제41호는 9책(1900.9.~12.)(39~40면)에 실려 있다. 내각은《勅令存案》(奎 17707)으로 등사편을 냈다. 1991년 영인본이 만들어졌다.
79) 이들 법령집은 서울대학교에 소장되어 있었고, 이한기는 서울대 교수였다.
80) 1955년과 2012년판 둘 다 '돌'로 되어 있다.
81) 1955년판은 '(돌섬 또는 岩島)'로 되어 있다.
82) 이한기, 1969, 위의 책, 251쪽 각주 49.

킨다고 해석했다.[83] 이후 관보에 실린 칙령 제41호를 언급하게 되는 것은 1978년 역사학자 송병기에 와서다. 송병기도 이종복의 관보를 운운한 적이 없으므로 따로 찾아낸 듯하다.

2. 전라도 방언과 '석도=독섬=독도' 인식

송병기는 1978년의 울릉도독도 학술조사연구에 참여한 뒤 보고서인《울릉도독도 학술조사연구》[84]에서 〈울릉도의 지방관제 편입과 석도〉라는 글을 통해 칙령 제41호를 언급했다. 그는 울도군의 관할 구역으로 鬱陵全島, 竹島와 함께 石島를 규정한 점을 주목했다. 그가 칙령 제41호의 출전으로 제시한 것은《奏議》47책(1900.10.25.),《各部請議書存案》17책 〈울릉도를 울도로 개칭하고 도감을 군수로 개정에 관한 청의서〉,《勅令》9(1900.10.25.),《官報》(1900.10.27.)로 모두 4종의 사료이다.[85] 이한기가 제시한《法規類編 續貳》는 여기에 들어 있지 않다.

송병기는 칙령 제41호의 '石島'에 주목, 석도가 독도임을 입증하는 데 주력했다. 그는 "石島를 訓讀하면 「독섬」 혹 「돌섬」이 된다. 그런데 그것은 鬱島郡守 沈興澤이 1906년(光武 10) 4月경에 江原道觀察使에게 제출한 報告書에서 「本郡所屬 獨島가 在於 外洋 百餘里外 이살 더니…」라고 한 獨島와 일치하는 것이다. 지금도 현지 住民들은 獨島를 「독섬」이라 부르고 있다"[86]라고 했다. 이한기가 '독'은 즉

---

83) 박관숙은 1956년《국제법학회논총》1호에 발표했던 〈독도의 법적 지위〉《독도》, 1965, 45쪽 각주 5)에서 "…慶尙道사람들이 〈돍섬〉(石島)—慶尙道地方에는 돌(石)을 돍이라고 부르는 方言이 있었다고 한다. …이라고 부른 것이 그 音을 따서 獨島라고 부르게 되었다는 說도 있다"고 했고, 박사학위 논문(1969, 41쪽)에서도 같은 내용을 기술하고 있다. 다만 학위논문에서는 "돍섬(石島)"으로 표기했다. 그럼에도 박관숙은 칙령 제41호는 언급하지 않았다. 박관숙은 박사학위 논문의 참고문헌에 이한기의 저술 가운데《법학》10권 1호(1968)를 게재하지 않았다. 박관숙은 이한기가 발굴한 칙령 제41호를 인지하지 못하고 있었던 것으로 보인다.
84) 이 조사의 자문위원은 이병도, 이선근, 신석호, 유홍렬, 이한기였다. 조사와 편집은 임영정, 이근택이 맡았다. 보고서는 1978년 4월부터 기초조사에 착수하여 사료를 수집하고 연구한 결과를 수록한 것이다. 머리말은 1979년 6월로 되어 있으나 보고서 날짜는 1978년으로 되어 있어 이를 따랐다.
85) 한국사학회,《울릉도독도 학술조사연구》, 한국사학회, 1978, 79쪽. 각주 42.
86) 위의 글, 80쪽.

'石'이라고 하여 '독섬'에서 '石島'가 된 것으로 기술했고, 송병기도 石島가 '독섬' 또는 '돌섬'에서 온 것으로 풀어 그 의미가 같다. 송병기가 언급한 1906년 심흥택 보고서의 출전은 규장각 소장의 《各觀察道案》이다. 다만 1978년 시점에서 송병기 는 석도가 독섬-돌섬에서 왔다는 해석을 제시하는 수준에 머물렀다.

그 뒤 송병기가 칙령을 다시 언급한 시기는 1981년 7월 신용하의 사회로 진행 된 백충현·송병기의 학술좌담[87]에서다. 송병기는 독도가 한국의 고유영토인 근거로서 가장 먼저 칙령 제41호를 제시했다. 그는 우리가 예로부터 우산도로 불러오던 독도가 칙령에서 석도에 해당된다고 보고, 칙령 제41호에 어떻게 石島 라는 이름을 붙이게 되었는지를 설명했다. 그것은 이규원이 1882년에 고종에게 보고한 내용으로 시작하고 있다. 즉 당시 울릉도에 있던 140명 가운데 115명이 전라남도 사람인데 독도를 눈으로 봤거나 직접 들어가 본 경우도 있었을 것이니 이들이 그들 방언에 따라 이름붙인 것이 '독섬'일 것이라는 것이다.[88] 송병기는 이때 일본인 고꾸라 신뻬이[小倉進平](오구라 신페이로 통칭함)의 연구를 언급했 다. 오구라에 따르면, 전라도 지방은 돌을 '돌'이라고 하는 법이 없고 거의가 '독' 이라고 한다는 것이다. 따라서 전라도 뱃사람들이 이름한 것이 1883년부터 입도 한 사람들에게 영향을 주어 독섬 혹은 돌섬이라 부르게 되었고, 1900년에 우용 정이 石島라고 한역漢譯한 것이 칙령 제41호에 올라가게 되었다는 것이다.[89] 이어 1906년에 심흥택이 이를 훈독訓讀하여 독도라고 했다는 것이다. 그는 1985 년에 처음으로 방종현을 언급했다.[90]

송병기는 1981년에 처음으로 전라도 방언을 운운했지만 1947년에 방종현이 언급한 전라도 방언을 소개한 것이 아니라 오구라 신페이를 소개했다. 그런데

---

87) 1981년 7월 25일 송병기와 백충현, 신용하 좌담보고서, 〈독도문제 재조명〉《한국학보》 24, 1982).

88) 송병기가 이규원의 기록을 분석한 내용은 1978년 〈울릉도의 지방관제 편입과 석도〉에 실려 있다. 송병기는 이선근의 〈울릉도 및 독도탐험소고〉《대동문화연구》 1집, 1964)와 부록 이규 원의 《계본초》를 인용했다. 다만 이규원의 보고서는 《계초본》이 맞는데 이선근이 원문을 소개 하면서 《계본초》로 오기했고, 송병기도 이를 따랐다. 1964년에 발표된 글이 1978년에 분석된 것이다.

89) 송병기, 위의 글, 1982, 202쪽.

90) 정병준에 따르면, 송병기가 방종현의 글을 처음 소개한 것은 1999년 《울릉도와 독도》(124쪽) 에서라고 했으나(정병준, 위의 책, 156쪽), 1985년 〈고종조의 울릉도독도 경영〉《독도연구》 (한국근대사자료연구협의회, 249~250쪽)에 소개되어 있다.

1955년 《독도문제개론》은 경상도 방언[91]을 운운했고, 이는 1977년에 홍종인에게 답습되었다. 이런 정황이다가 1981년 송병기가 다시 전라도 방언을 말함으로써 원래대로 회복된 것이다. 좌담회에서 신용하는 송병기의 설명에 이어 이런 논리를 일본인이 납득할 수 있도록 증명할 필요가 있다면서 최남선이 밝힌 사실도 일본 사람들이 납득할 수 있도록 증명을 강화할 필요가 있다고 했다.

신용하가 말한 최남선이 밝힌 사실이란, 石島는 독섬을 의역意譯해서 표시한 것이고 獨島는 독도를 음역音譯해서 표기한 것이라고 밝혔다는 것이다.[92] 그러나 최남선은 '독섬'을 의역한 의미로서 石島를 언급한 적이 없다. 최남선은 '독도=독섬'으로 동일시했지만 '독섬'은 항아리 모양의 독섬을 의미하고 거기서 '독'음만 따왔다고 했다.[93] 최남선이 '독'음을 따서 독도가 되었다고 본 것은 사실이지만, 그렇다고 이를 '독섬=석도'로 연결 짓는 것은 맞지 않는다. 최남선이 말한 대로 '독섬'을 의역한다면 甕島가 되지 石島가 되지 않는다.

좌담회에서 송병기는 전라도 방언을 들어 '석도=독도'설을 설명하는 길밖에 다른 길이 없으므로 석도가 독도라는 구체적인 문서를 조사하고 있다고 했다. 송병기는 1985년 한국근대사자료연구협의회가 펴낸 《독도연구》에서 이 문제를 다시 한 번 언급했다.[94] 그는 오구라 신페이가 石을 tol, tok, tuk, tol-ma, tol-me-gi 등으로 불린 지역을 조사한 예를 소개하고, 15세기에 '독'음을 차자하여 獨으로 쓴 예, 그리고 전남 무안에서 '독섬'을 '獨島'로, 제주에서 '독개'를 '獨浦'로 표기한 예를 제시했다. 그는 오구라의 연구에 방종현이 〈獨島의 하루〉에서 쓴 글이 덧붙여져 獨島는 石島에서 온 것임을 입증하고자 했다. 이로써 독도가 석도에서 온 것임을 입증하는 용례가 더 풍부해졌다.

신용하는 1996년부터 《한국지명총람》의 예를 조사하여 '독섬=석도=독도'설을 입증했다. 덧붙여 그는 1904년 9월 군함 니타카[新高]호의 일지에 "한인은 '독도'라고 쓴다"고 한 사실을 소개했다.[95] 그는 '석도=독도'설 입증 논리를 계속 보완

---

91) 1955년판 《독도문제개론》은 '경상도 방언'으로, 2012년판은 '울릉도의 방언'으로 되어 있다.

92) 송병기·백충현·신용하, 1981, 위의 글, 203쪽.

93) 최남선은 "근래 '독도'라는 字는 '독'의 取音일 뿐이요 '獨'의 자의에는 아무 관계가 없는 것이다"(최남선, 1973, 앞의 글, 697쪽)라고 하였다.

94) 송병기, 〈고종조의 울릉도 독도경영〉《독도연구》(한국근대사자료연구협의회, 1985).

95) 신용하, 《독도의 민족영토사 연구》(지식산업사, 1996), 200쪽. 신석호가 〈독도의 내력〉

했고96) 대부분 비슷하지만 '독섬'을 '석도'로 표기한 한자 용례가 좀 더 풍부해졌다. 이후 연구자들은 석도=독도를 입증함에 선학을 계승하되 역사적 사례와 지명 용례를 추가 발굴하는 데 초점을 맞추고 있다. 참고로 독도의 다른 이름과 의미를 연대순으로 정리해 보면 〈표-4〉와 같다. 연도는 실제 조사 또는 집필한 시기를 적었다. 일본 명칭(竹島, 松島)이나 독도와 관련 없는 한국 이칭은 제외했다.

〈표-4〉 독도 관련 이칭과 의미(고딕은 필자)

연도	출전(집필자)	독도 명칭	이칭	의미	비고(키워드)
1900.10.25.	칙령 제41호	石島		돌섬	
1906.3.	심흥택보고서	獨島			독섬
1947.8.28.	南鮮經濟新聞	獨島	독섬		
1947.9.	방종현	獨島	**石島, 독섬, 돌섬**	돌섬	독섬, 石島, **전라도 방언**
1947.11.5.	서울신문	독도 (鵚島)			
1947	이숭녕	獨島	**「독섬」 (石島)**	돌섬	독섬, 石島, 속도
1947	송석하	獨島	**독섬(獨島)**	돌섬	
1947	신석호	獨島	돌섬	**돌섬, 고독한 섬**	**1901, 島長,** 심흥택보고서, 本郡所屬獨島, 울릉도 속도
1948	우국노인회 (최남선)	Docksum	독섬	항아리섬	독섬
1948	맥아더에게 보낸 글의 초고(최남선)	獨島	〈독섬〉 (甕形小嶼 의 義)	항아리섬	독섬, 屬嶼
1952.6.	유교성	獨島			**1901, 島長制,** 군수, 속도

(1960)에서 《조선연안 수로지》에 실린, 1904년 11월 쓰시마함의 울릉도 조사 내용을 언급했으나 니타카함의 9월 25일자 항해일지에 관해서는 언급하지 않았다. 1904년 11월 쓰시마함의 조사를 최초로 언급한 것은 1953.9.9. 〈독도[竹島]에 관한 1953년 7월 13일부 일본정부견해에 대한 한국정부의 논박〉에서다. 9월 25일자 니타카호의 기록은 1987년 호리 가즈오(堀和生)가 밝힌 바 있다(현대송 편, 《한국과 일본의 역사인식》, 나남, 2008, 110쪽).

96) 신용하, 《독도 보배로운 한국영토》, 지식산업사, 1996; 《독도 영유권 자료의 탐구 2권》, 독도 연구보전협회, 1999; 《일본의 한국 침략과 주권침탈》, 경인문화사, 2005.

1952.9.	홍이섭	獨島	'독섬'(獨島) 독섬(독=돌 돌섬=石島)	돌섬	
1953.8.	외무부 (유교성에게 보낸 서한)	獨島			독도는 도장의 관할 아래, **군수**, 속도
1953.8.~9.	서울신문 (최남선)	獨島, 鵫島	독섬, 甕島	항아리섬	**10월 칙령**, 우용정 회보, 지방행정 단위
1953.9.9.	한국측 반박서	獨島	「독」은 돌 또는 岩, 돌섬(石島) 또는 岩島	① 돌섬 ② 홀로 있는 섬	**경상도 방언**, 심흥택보고서
1955	독도문제개론	獨島	독[甕]섬 「돌섬」 (石島)	① 항아리섬 ② 돌섬	**1901년 칙령**, 도장, 군수, 지 방행정 단위 경상도방언
1956	박관숙	獨島	독[甕]섬 「돍섬」 (石島)	① 항아리섬 ② 고독한 섬 〈돍섬〉(石島)	경상도 방언 돌(石)을 돍으 로
1957 (1955)[97]	황상기	獨島	**독(石)섬**		1906, 심흥택보고서, 독(石)섬 또는 고독한 섬
1960	신석호	獨島	독섬	① 고독한 섬 ② 돌섬	경상도 방언 돌을 독, 고독한 섬, 심흥택보고서, 군수 승격
1962	유홍렬	獨島	돌섬(石島) 「독섬」	돌섬	경상도 방언 독섬
1963	이병도	獨島	于山, 松島		
1964	박대련	獨島	독섬(독은 돌의 방언= 石), 石島	돌섬	독섬, 고독한 石島, 1901년 도장을 군수로 승격
1966	이종복	獨島	石島	돌섬	관보, 칙령
1968	이한기	獨島	독섬, 石島	돌섬	법규류편, **칙령 제41호**, 석도, 울릉도 관할, 심흥택 보고

1977	홍종인	獨島	石島, 돌의 경상도 방언 '독'	돌섬	심흥택보고서, 1900년 칙령, 관보
1978	송병기	獨島	「독섬」 혹 「돌섬」	돌섬	심흥택보고서, 독섬
1981	송병기	獨島	石島	돌섬	칙령 제41호, 전라도 방언 독, 오구라 신페이
1985	송병기	獨島	독섬, 石島	돌섬	방종현, 오구라 센페이

3. '돌섬·독섬=石島·獨島'설의 언어학적 입증

송병기와 신용하는 '석도=독도'설을 입증하고자 방언을 이용했다. 그러나 이들이 인용한 방언 자료는 일본인 오구라의 연구나 《한국지명총람》과 같은 2차 자료였다. 2000년대 들어와서 일제강점기의 1차 자료에 의거하여 울릉도 지명을 연구하기 시작했다.[98] 1차 자료는 《조선지지자료朝鮮地誌資料》[99]로 칙령 제41호의 반포 시기로부터 멀지 않은 시대의 자료다. 마찬가지로 칙령 제41호와 멀지 않은 시기인 1899년과 1902년 일본 도쿄제국대학 교수들은 조선 각지의 지명을 현지 조사한 바 있다.[100] 이들의 보고서에는 지명이 '로마자: 한자: 관할도' 형식으로 기재되어 있다. 이 가운데 '돌'과 관련된 지명을 보면, 'Tol-gol: 石洞: 함경', 'Tol-kot: 石串: 경상'의 형식으로 되어 있다. Tol-gol은 '돌골'을

97) 석사학위 논문 《獨島問題研究》(1955)와 동아일보 연재(1957.2.28. 6일간 기사) 및 《독도》(1965)에 실린 내용이 같다.

98) 김기혁·윤용출, 〈조선-일제 강점기 울릉도 지명의 생성과 변화〉 《문화역사지리》 18권 1호, 한국문화역사지리학회, 2006.

99) 국립중앙도서관 소장의 이 자료는 편찬연대와 필사자 미상으로 나와 있다. 김기혁의 연구(김기혁·오상학·이기봉, 《울릉도·독도 고지도첩 발간을 위한 기초연구》, 한국해양수산개발원, 2007, 11쪽)에 따르면, 54책의 필사본으로 1906년 이후 1914년 이전 자료이나 편찬 연도는 1910년 전후로 보고 있다. '울도군' 지명은 경상남도 편에 수록되어 있다.

100) 小藤文次郎·金澤庄三郎, 〈朝鮮地名字彙: 羅馬字 索引〉, 1903(《朝鮮地名研究集成》, 草風館, 1994).

의미하며, 石洞은 '돌골'에 대한 한자 지명이다. 'Tol-kot'은 '돌곳'을 로마자로 쓴 것이고, 石串은 그에 대한 한자 지명이다. 둘 다 '돌'을 石으로 표기했음을 보여주는 예이다. 따라서 '돌섬'을 이 형식대로 표기한다면, 'Tol-seom; 石島'가 된다. 지명 조사가 1899년에 있었으므로 칙령 제41호의 石島 표기가 등장한 시대와 가장 가깝다.

《한국 수산지》(1908~1910)는 경상남도 울도군 부락의 지명을 적을 때 한글과 한자를 병기하고 그 아래에 다시 언문을 덧붙이는 형식을 취했다.[101] 이를테면 '馬巖'은 '말[馬]'과 '바위[巖]'의 뜻을 각각 훈차訓借한 것이고, '朱砂谷'은 '쥬샤'를 음차, '골'을 훈차한 것이며, '卵峰'도 '알[卵]'을 훈차, '峰'을 음차한 것이다. 모시개[苧洞], 감은작지[玄圃][102], 송곳산[錐山], 대방위[竹岩], 안두루봉[內周峰] 등은 우리말의 뜻을 취해 한자로 표기한 지명이다. 이런 예에 비춰 석도를 풀면 '돌섬 · 독섬[石島]' 형식이 된다.

《조선지지자료》(54책)는 종별種別, 지명,[103] 언문, 비고 순으로 적고 있는데, 이 가운데 지명은 산山, 천川, 계溪, 치峙, 동명洞名으로 구분해서 적었다. 한자 지명을 먼저 쓰고 뒤에 언문 지명을 썼다. 언문이 없는 지명도 있지만 언문과 한자가 병기된 경우 지명 유래를 밝히는 데 유용하다. 물론 이 자료의 울도군 부분에 '石島' 또는 '獨島' 지명이 보이는 것은 아니다. 그러나 다른 지역에서 '石'과 '獨'이 들어간 지명을 찾아 언문을 유추해 보면 칙령에 석도가 명기된 배경을 알 수 있다.

《조선지지자료》의 전라북도와 전라남도 지명에서 '石'과 '獨'이 들어간 지명을 찾아 이를 유형화하면 다음과 같다.

    1) '돌'을 '石'으로 훈차한 용례: 선돌 → 立石里 외
    2) '독'을 '石'으로 훈차한 용례: 독골 → 石谷 외
    3) '독'을 음차한 용례: 독산평 → 獨山坪; 독매들 → 犢岩坪

---

101) 《한국 수산지》 2집에는 한글고어로 되어 있는데 이 글에서는 현대어로 표기했다.
102) '작지'의 의미이므로 浦가 되어야 하는데 오기한 것이다.
103) 김기혁의 연구(2007)는 울릉도 지명을 모두 58개로 보고 있으나 실제로는 이보다 더 많다.

　4) '독'을 '瓮'으로 훈차한 용례: 독재 → 瓮峙

　5) '똥'을 '獨'으로 음차한 용례: 똥뫼 → 獨山

　2)는 '독'을 '石'으로 훈차표기한 경우이고, 3)은 '독'을 '獨'으로 음차표기한 경우이다. 여기서 자세히 논할 여유는 없지만[104] 《조선지지자료》는 다음과 같은 사실을 드러낸다. '돌'을 '石'으로 훈차한 지명은 전라도뿐만 아니라 다른 지역에서도 일반적인데 비해, '독'을 '石'으로 훈차한 지명은 전라도 이외에서는 일반적이지 않다. '독'을 '獨'으로 음차한 경우도 '돌'의 의미로써 '독'음을 빌린 경우와 '독'의 음만을 빌린 경우로 나뉜다. '돌'의 의미로써 '獨'으로 음차한 지역은 주로 경상도이다. 그럼에도 이 자료는 일제강점기 초기에 총독부가 조선 지명의 음차 · 훈차 표기의 용례를 파악하고 있었음을 보여준다.

　조선총독부 조사와는 별개로 일본인 학자가 개인적으로 조선 각지를 다니며 20여 년 넘게 방언을 조사한 경우가 있다. 오구라 신페이를 말하는데, 그는 1911년에 한국에 온 이래 조선총독부와 경성제국대학에 근무하는 틈틈이 조선 각지의 방언을 조사했다. 음운, 어휘, 어법상 특색 있다고 생각되는 말을 골라 조사서에 담아 조사했는데 군청 소재지의 보통학교 상급 남녀 학생 약 10명을 뽑아 조사하는 방식을 취했다. 전국 200곳 이상을 조사했고 필요하면 재조사를 했다. 1937년에는 3년 동안 재조사를 했다. 울릉도 도동도 조사했다. 울릉도를 경상남도에 소속시킨 것으로 보아 1914년 이전 조사인 듯하다. 그가 《조선지지자료》를 활용했는지는 그의 문헌 목록에 보이지 않으므로 알 수 없다.

　오구라가 조사한 '자료편'에 따르면, '石'은 (1) tol (2) tok (3) tuk (4) tol-ma 등으로 불린다. 그는 '石'을 'tol'(돌)로 일컫는 지역을 전남, 경남, 경북, 충남, 충북, 강원 순으로 적었다. 石을 'tok'(독)으로 부르는 지역은 전남, 전북, 경남, 경북, 충남, 충북 순으로 적었다. 강원도는 없다.[105] 이로써 전라도 지역

---

104) 자세한 내용은 유미림, 〈차자(借字)표기 방식에 의한 '석도=독도'설 입증〉《한국정치외교사논총》 34집 1호, 한국정치외교사학회, 2012; 이기봉, 〈순한국말 지명과 한자 표기의 관계를 통해 본 石島 · 獨島 고찰〉《근대 이행기의 한일 경계와 인식에 대한 연구》 동북아역사재단, 2012 참조.

105) 오구라 신페이(小倉進平), 《朝鮮語方言の研究》(上), 東京: 岩波書店, 1944, 218~219쪽.

에서는 '돌'과 '독'으로 둘 다 부르되, '독'으로 부르는 지역은 주로 전북 지역임을 알 수 있다.

1938년 조선어사전 간행회가 간행한 《조선어 사전》에는 '독: 돌의 사투리. 石'으로 되어 있다.106) 1940년대에는 조선어학회가 《朝鮮말地名》107)을 간행했는데, 돌골[石山], 샛섬[新島], 돗섬[席島], 곰섬[熊島], 널바위[板岩] 등으로 적었듯이, 언문과 한자를 병기하되 훈차표기한 것이 많다. 특히 이 자료는 '돌'의 시골말이 '독[石]'이라는 점, '독[石]'에 대한 조사를 '전주'에서 했다는 사실을 밝히고 있어, 오구라가 돌을 '독'으로 부른 지역이 주로 전북지역이었다고 한 사실을 뒷받침한다.

1953년 7월 일본 외무성은 일제강점기에 울릉도에 거주했던 오쿠무라 료[奧村亮](당시 43세)의 구술을 채록한 적이 있는데, 그는 "조선인은 랑코島(竹島)를 獨島(トクソン, 독섬)이라고 했는데, 내지인과 대화할 때는 '랑코'島라고 했다"108)고 증언했다. 오쿠무라는 랑코도, 竹島, 독도, 독섬을 전부 일컬었지만 일본인의 호칭을 랑코도로 말하고 다케시마로 표기한 반면, 조선인의 호칭을 독섬으로 말하고 독도로 표기했다. 오쿠무라 료는 1907년경 울릉도로 건너가 통조림공장을 운영했던 오쿠무라 헤이타로[奧村平太郎]의 아들로서 종전까지 울릉도에서 살았으므로 울릉도민의 언어를 잘 이해하고 있었다. 그런 그가 도민들이 '독섬'으로 부른다는 사실을 증언한 것이다.

이렇게 계승된 일제강점기의 언어를 해방 후에 조사하여 집성한 것이 한글학회가 펴낸 《한국지명총람》109)이다. 1960년대와 1970년대에 조사된 남한의 지명을 망라하고 있지만 일제강점기부터 계승되어 온 지명도 수록하고 있다. 총람은 우리말 지명을 적은 뒤 한자를 병기하는 방식으로 표기했는데, 우리말로만 적은 경우도 있다. 《조선지지자료》와 마찬가지로 《한국지명총람》에는 전라북도

---

106) 《조선어 사전》(초판본), 379쪽; 한겨레신문, 2016년 8월 28일자 기사.
107) 국립중앙도서관(http://www.dlibrary.go.kr)에서 원문자료를 제공하지만 정확한 서지사항은 알 수 없다. 1937년부터 보이기 시작하여 1946년까지 나와 있다.
108) 외무성 아시아국 제2과(1953.8), 〈(ㄹ) 오쿠무라 료(奧村亮, 43세) 구술서〉《昭和28年度 涉外關係綴》); 유미림, 《팩트체크 독도》, 역사공간, 2018, 37쪽.
109) 1960년대 중반부터 1984년에 이르기까지 간행된 이 자료에는 《조선지지자료》 및 그 이후의 지명 변화를 반영하여 수록한 것이라는 전제가 깔려 있다.

(11~12권)와 전라남도(13~16권) 지명에서 '石'자와 '독'자가 들어간 지명을 많이 수록하고 있는데 《조선지지자료》보다 훨씬 더 많은 용례를 싣고 있다.

4. 石島에 대한 지형학적 비정

석도가 독도임을 언어학적 방증으로만 증명할 수 있는 것은 아니다. 울릉도 주변에 섬이 많지 않기 때문에 칙령에서 명기한 도서명을 현재의 섬 이름에 대입해서 증명하는 방법도 있다. 1900년의 칙령 제41호에 명기된 울도군 관할 구역은 울릉전도鬱陵全島와 죽도竹島, 석도石島이다. 현재 울릉도와 부속 도서에 대한 명칭은 울릉도와 죽도竹島(대섬)와 도항島項(섬목), 관음도觀音島(깍새섬), 독도獨島(독섬)이 있다. 이 가운데 칙령에서의 명칭과 공통되는 것은 울릉도(울릉전도)와 죽도이다. 남는 것은 칙령에서는 석도가, 현재 이름에서는 도항과 관음도, 독도가 남는다. 그렇다면 이 문제는 칙령의 석도가 현재의 도항과 관음도, 독도 가운데 어디에 해당시킬 수 있는가를 보면 해결될 것이다.

1882년 이규원의 〈울릉도 외도〉에는 도항과 관음도 근처에 섬이 두 개 그려져 있는데, 도항島項 표기는 둘 사이에 있다. 명칭으로만 본다면, 도항보다는 관음도라는 이름이 섬의 이미지가 강한데 이규원은 '도항'으로 명기했다. 이규원은 관음도라는 지명을 몰라서 도항이라고 명기했을까? 이규원보다 한 해 뒤에 들어와 조사한 일본의 내무성 관리 히가키 나오에[檜垣直枝]는 〈울릉도 출장복명서〉에서 울릉도 지도를 첨부했는데, 울릉도 동쪽에 도항島項을, 그 아래 현재의 관음도에 해당되는 곳에 관음기觀音崎라고 그려 넣었고, 죽도竹島도 따로 그려 넣었다. 관음도觀音島와 비슷한 지명이 1883년에 보인 것이다. 히가키는 현재의 사동을 아룩사阿陸沙로 표기하는 한편 그 옆에 관음포觀音浦라는 지명을 따로 기입했다. 그렇다면 히가키가 기재한 '관음기'를 오늘날의 '관음도'에 해당시킬 수 있다.[110]

---

110) 관음기와 관음도 간의 관계는 1902년 문서로도 입증된다. 울릉도에 주재하고 있던 경부 니시무라 게이조는 보고서에서 맷섬과 죽도를 같은 섬이라고 했고, 섬목을 島牧으로 표기했다. 또한 그는 도목을 일본인은 관음도(觀音島)로 불렀고 그 곳은 관음갑(觀音岬)이라 불렸으며 그 사이를 관음의 해협(觀音ノ瀬戸)이라고 부른다고 적었다. 이는 섬목과 관음도의 형세를 나눠

본래 관음도라는 지명은 그 전에는 1786년과 1794년 수토관 기록에 방패도防
牌島로 보였다. 방패도가 어떤 우리말에서 온 것인지 현재로서는 알 수 없다.
다만 현재는 관음도를 '깍새섬'으로 부르기도 한다. 깍새섬은 곽조藿鳥 또는 학조
鶴鳥라는 조류에서 유래한 것이므로 방패와는 연관성이 없어 보인다. 조선시대
문헌에 '방패도'로 보이던 것이 근대에 이규원에 와서 '도항'으로, 히가키에 와서
는 '관음기'로 보인 것이다. 1883년에 히가키가 '관음기'라고 적었다면 한 해 먼
저 입도한 이규원이 이 지명을 몰랐을 리는 없다. 두 사람 모두 현지인에게서
들은 바를 적었을 가능성이 크기 때문이다. 따라서 이규원이 기입한 '도항'은 현
지인이 섬목이라고 부르던 것을 한자로 표기한 듯한데, 그 위치로 보면 관음도를
포함하고 있다. 다만 관음도라는 지명이 한국적인 지명이 아니므로 현지인들은
깍새섬으로 불렀을 가능성이 크다.[111]

1900년에 울릉도를 조사한 부산영사관보 아카쓰카 쇼스케[赤塚正助]는 하야시
곤스케 공사에게 복명서를 제출하며 그림지도를 첨부했는데, '도목島牧', '관음기
觀音崎', '죽도竹島'라는 지명을 기재했다.[112] '島牧'은 '섬'을 훈차하여 島로, '목'
을 음차하여 '牧'으로 표기한 것이지만[113] 도목과 관음기의 위치가 바뀌어 있다.
이 역시 섬목과 관음기 즉 관음도를 하나의 범주로 인식하고 있었음을 방증한다.

이렇듯 도항과 관음도라는 지명은 1880년대 초반부터 성립해 있었다. 그러므
로 대한제국 정부가 칙령을 제정할 당시는 이들 지명이 거의 정착했을 시점이다.
1900년에 정부가 울도군의 관할 구역을 명기할 때 도항이나 관음도라는 지명
가운데 하나를 선택할 수 있었을 것이다. 그런데 정부는 이를 취하지 않고 칙령
에서 '석도'라는 새 지명을 명기했다. 이는 석도가 섬목(도항)이나 관음도에 해당

설명한 것이지만, 관음도, 관음기, 관음갑을 같은 범주에 넣고 있었음을 보여준다.
111) '관음도'는 1883년에 觀音崎와 觀音浦, 觀音島로 보였고, 1900년에는 觀音崎로 보였다가
   1902년 觀音島(觀音崎, 觀音岬)로 보였다. 이어 1906년에 觀音崎로 보였다가 1917년 지형도
   에서는 '觀音島:관음도'로 보였다. 이후 관음도로 정착했다. 주로 일본인의 기록에 보이므로 일
   본식 지명일 가능성이 높다. 울릉도 출신의 문보근이 지은 《동해의 수련화》(1981)에 "觀音窟:
   防牌島에 있는 굴인데 石窟庵 비슷하다 해서 觀音굴이라 한 것이다"라고 했으므로 관음도가
   방패도에서 변천한 것임을 알 수 있다.
112) 《주한 일본공사관 기록》 14권, 〈각 영사관 기밀래신〉 '鬱陵島調査槪況 및 山林調査槪況 報告
   件'
113) 일본이 '섬목'을 '島牧'으로 표기한 것이나, 한국이 '독섬'을 '獨島'로 표기한 것은 같은 방식의
   표기이다.

하지 않음을 분명히 보여준 것이다. '섬목[島項]'은 그 뜻이나 음을 보더라도 '돌'과 연관 지을 만한 것이 없다. 지형상으로도 울릉도 본섬에 붙어 있어 섬이라고 하기 어렵다. '관음도' 역시 나무가 울창한 섬이므로 돌섬이라고 하기 어렵다. 이규원이 도항과 관음도를 같은 범주로 묶고, 일본인도 같은 범주에 넣어 인식했던 것은 이런 지형 상황과도 관계가 있다. 칙령에서 '鬱陵島'라 하지 않고 '鬱陵全島'라 한 것도 울릉도 본섬의 범주 안에 도항과 관음도를 포함한다고 여겨서일 것이다. 그러므로 이를 보더라도 칙령의 '석도'는 현재의 지명인 도항과 관음도 가운데 어느 것에도 비정할 수 없다. 결국 칙령의 '석도'는 오늘날의 '독도'일 수밖에 없다. 이런 상황 때문인지 일본 학자도 최근에는 칙령의 석도를 독도로 볼 수밖에 없음을 인정하고 있다.[114]

Ⅴ. 맺음말

울릉도 개척 전후부터 끊이지 않던 일본인의 침탈을 저지하고자 대한제국 정부는 여러 방안을 강구했고, 칙령 제41호는 그 결과였다. 칙령 제41호는 울도군의 관할 구역에 석도를 명기했으므로 일본이 편입한 1905년보다 먼저 독도가 대한제국 영토임을 법적으로 분명히 했음을 보여주는 사료라는 점에서 중시되어 왔다. 그러나 이 사료의 존재가 알려진 지는 그리 오래지 않아 1950년대에 한일 양국이 독도 주권을 두고 다툴 때도 한국은 [독도가] "울릉도의 행정구획에 편입된 명시된 공적 기록이 없"음을 인정해야 했다. 칙령의 내용을 추정할 만한 언급이 처음 보인 것은 1947년 신석호에 와서이고 1952년에 유교성, 1953년 최남선에 와서 칙령의 단서가 언급되었다. 이에 외무부는 증빙 문헌을 구했지만 1960년대 초반까지 입수하지 못했다.

최남선이 1900년 칙령으로써 울릉도를 울도로 개칭하고, 도감을 군수로 개정했다고 언명했음에도 칙령에 '석도'가 명기되어 있음을 밝히거나 원문을 인용한

---

114) 朴炳涉, 〈【書評】池内敏《竹島─もうひとつの日韓関係史》〉《朝鮮史研究会会報》, 209호, 朝鮮史研究會, 2017, 23~24쪽.

적은 없다. 칙령의 내용을 직접적으로 제시한 건 1968년 이한기에 와서다. 그는
《법규류편 속이》에 실린 칙령 제41호를 인용하고, 제2조에서 언급한 石島가 바
로 독도인데 獨島에서의 獨은 '독' 즉 石을 의미한다고 해석했다. 또한 그는 칙령
제41호가 독도를 울릉도 관할 아래에 두었음을 보여주는 중요한 법령이라고 했
다. 칙령 제41호의 내용이 게재된 사료는 모두 5종이지만, 1966년 이종복이 관
보의 칙령을 언급했고, 1968년 이한기가 《법규류편 속이》를 제시했으며, 1978
년 송병기가 《법규류편 속이》를 제외한 다른 4종의 사료를 소개했다. 이 가운데
칙령의 석도가 독도임을 밝히고 그 법적 효력을 논하는데 근거가 된 최초의 자료
는 《법규류편 속이》다.

　지금까지 고찰했듯이 칙령 제41호가 발굴 · 소개되기까지의 경위가 밝혀진 것
은 이 글이 처음이다. 칙령 제41호가 알려지게 된 계보를 추적해 보니, 칙령의
존재를 인지한 시기와 칙령의 석도를 인지하여 독도라고 주장하게 된 시기가 서로
일치하지 않는다는 사실이 드러났다. 칙령 제41호가 가장 먼저 언급된 시기는
1947년이지만, 칙령의 원문이 공개되고 그 안의 석도가 독섬이며, 독섬이 바로
독도라는 논리적 완결성을 보게 되는 시기는 1968년이라는 사실도 드러났다.

　한편 〈표-4〉에서 보듯이 1968년 이전 독도를 목격하거나 독도 문제를 논구
한 자들에게서 공통적으로 보인 바는 모두 독도를 '독섬'으로 칭하되 '石島'를
병칭하고 있다는 점이다. 즉 독도가 독섬인 석도에서 왔다고 보고 있다는 점이
다. 학자 가운데 유일하게 최남선이 '독섬'을 '항아리섬'의 의미로 인식했지만,
독섬을 일러 울릉도의 속도라고 인식했다. 한국인이라면 독도를 목격하거나 목
격하지 않았거나 상관없이 모두 독섬을 울릉도의 속도라고 인식하고 있었다. 실
제로 불리던 호칭도 '독도'가 아니라 '독섬'이었다. 1940년대에 울릉도를 조사한
학자들은 주민들이 독도를 독섬으로 부르는 것을 목격했고, 1970년대 후반까지
도 현지에서는 독섬으로 부르고 있었으며, 지금도 울릉도 노인들은 독섬으로 부
른다.

　선학들은 칙령을 인지하기 전에는 독도를 주어로 해서 "獨島의 獨은 「독」 즉
「石」이라고 풀이된다"고 해석했다. 獨島가 독섬-석도에서 온 것이라는 인식을
지니고 있었던 것이다. 칙령을 인지한 뒤로는 석도를 주어로 해서 "石島를 訓讀

하면 「독섬」 혹 「돌섬」이 된다"고 해석했다. 칙령을 발굴하기 전에는 獨島를 '石島'로 자연스레 인식하고 있었는데 도리어 칙령을 발굴한 뒤로는 石島가 '獨島'임을 인위적으로 입증해야 하는 상황이 되었다. 오늘날의 한국인에게는 독도가 독섬(석도)에서 온 것이라는 인식이 내재되어 있지 않다. 이 때문에 칙령 제41호의 존재를 알게 된 뒤로는 칙령의 石島가 독섬·독도를 의미한다는 것을 의식적으로 규명해야 하는 상황에 놓인 것이다.

그러나 앞에서 언급했듯이 石島가 獨島라는 인식은 칙령의 인지 여부와 무관하게 독도를 언급할 때부터 동시에 형성되어 있었다. 즉 칙령을 인지하기 전부터 독도가 '독섬'[石島]에서 온 것이라는 인식을 공유하고 있었던 것이다. 이것만으로도 칙령을 거론할 필요도 없이 독도가 독섬-석도에서 온 것임이 저절로 밝혀진다. 그럼에도 오늘날 우리는 칙령의 석도가 독도임을 입증하라는 일본 측의 요구에 직면해 있다. 그러나 독도가 독섬·石島에서 유래한 것임이 저절로 드러난 이상 칙령의 '석도'가 독도임을 입증해야 할 당위성은 없다. 칙령을 모를 때부터 석도를 독도로 인식하고 있었음이 입증되었기 때문이다. 그동안은 이런 '독섬=석도=독도'설의 계보가 제대로 밝혀지지 않아 일본 학자의 비판[115]을 초래했었다. 일본은 한국이 칙령 제41호의 석도를 독도라고 간주하여 문헌을 자의적으로 해석한다고 비판하고[116] 칙령에 쓰여 있는 '석도'를 독도와 연관시킬 만한 직접적인 증거가 없다고 주장해 왔다. 그러나 돌을 '독'으로 불렀으며 石으로 표기했음을 조사하여 밝힌 자는 일본인이고, 그 시기는 칙령의 제정 전후 및 일제강점기였다. 언어에 관한 직접적인 증거는 언어 자체이다. 그런데 이를 인정하지 않고 직접적인 증거가 없다고 비판한다면, 일본은 자국인의 연구 성과를 스스로 부정하는 것이나 다름없다.

---

115) 시모조는 석도를 관음도에 비정했다가 쌍항초(雙項礁)에 비정하는 등 일관성이 없다(下條正男, 《韓国の竹島教育の現状とその問題点》, 第4期島根県竹島問題研究会, 2018, 73~74쪽; 朴炳渉, 〈下條正男の論説を分析する〉《獨島研究》 第4号, 영남대학교 독도연구소, 2008, 81~83쪽).
116) 김병렬, 《독도에 대한 일본 사람들의 주장》, 다다미디어, 2001, 168쪽.

4. 공문서 작성 절차로 본 독도 관련 법령의 의미

Ⅰ. 머리말

공문서가 사문서보다 법적 효력이 있다는 것은 여러 설명이 필요하지 않을 것이다. 독도 주권 관련 문서에 대해서도 마찬가지다. 독도 주권과 관련해서 이를 증명해 주는 가장 대표적인 근대기 공문서는 대한제국 칙령 제41호(1900.10.25.)일 것이다. 이 외에도 더 있다. 영토 편입의 불법성을 상부에 보고한 울도군수 심흥택의 보고서와 강원도관찰사 서리 춘천군수 이명래의 보고서 호외(1906.4.29.), 그리고 이에 대한 참정대신 박제순의 지령(1906.5.10.) 등도 공문서에 속한다. 칙령 제41호의 사후 조치로서 내부가 작성한 「울도군 절목」(1902.4.)(이하 「절목」으로 약칭)도 공문서이다.

이들은 모두 공문서의 범주에 속하지만, 그 형식이 다른 만큼 법적 효력이나 의미도 다르다. 그동안 연구자들은 칙령과 지령, 훈령, 청원서, 고시 등을 영토 주권 관련 법령으로서 거론해 왔지만, 이들 사이의 법적 성격이나 효력 차이를 엄밀히 구분한 적은 없었다.[1] 가장 많이 거론된 칙령 제41호만 보더라도 두 가지 차원에서 거론되었는데, 하나는 칙령의 반포를 국제법적 권원 차원에서 논한 경우이고, 다른 하나는 칙령의 성격을 법제사적으로 논한 경우이다.[2] 칙령의 성격을 법제사적으로 논하게 된 것도 최근의 일이다. 칙령 제41호를 포함하여

---

1) 훈령, 지령, 보고서, 청원서, 고시라는 용어 자체가 근대기의 산물이다. 조선시대의 관자(關子)와 감결(甘結)이 훈령과 지령으로, 보장(報狀)이 질품서, 보고서, 청원서로, 전령(傳令)과 하체(下帖), 게방(揭榜) 등이 고시(告示)로 바뀐 것이다.
2) 전자로는 김명기의 연구가 있다. 김명기는 대한제국 칙령이 독도에 대한 역사적 권원의 대체로 이해하고 이 권원이 그 뒤에 실효되었다는 논지를 편다(〈사법적 재판의 사실상 법원성과 독도 영유권의 역사적 권원의 대체〉《독도연구》제12호, 영남대학교 독도연구소, 2012; 〈국제법적으로 본 한국의 독도 영유권: 중단 권원의 회복을 중심으로〉《이사부와 동해》7호, 한국이사부학회, 2014). 후자로는 최철영의 연구가 있다(〈「대한제국 칙령 제41호」의 법제사적 의미검토〉《독도연구》제19호, 영남대학교 독도연구소, 2015).

공문서 및 「절목」의 법적 성격에 대해서는 여전히 연구가 미진한 편이다. 특히
「절목」과 관련해서는 군수 배계주가 절목을 작성했지만 소송에 연루되어 울릉도
에 부임하지 못했으므로 시행되지 못했음을 주장하는 데 연구의 초점이 놓여
있었다. 이런 연구가 나오게 된 배경에는 대한제국이 「절목」을 내어 일본인의
수출품인 독도강치에 수출세를 부과한 사실이 독도에 대한 관할권 행사를 의미
한다고 주장해온 필자의 연구3)에 대한 비판 의도가 포함되어 있다. 비판자에
따르면, 「절목」에는 독도에 관한 언급이 없으며 독도 전복을 캐낸 일본인에게
수출세를 받아냈다는 증거도 없다는 것이다.4) 그러니 "시행되지 못한 울도군
절목을 두고 독도를 포함한 울릉도 관할 구역을 대한제국이 실효적으로 경영한
증거로서 주목할 만한 가치가 있다고 평가하는 것은 문제가 있다고 생각된다"5)
는 것이다. 이에 대해 필자는 다시 반론했다.6) 그러자 비판자는 다시 배계주의
행적을 집중적으로 조사하여 배계주가 1902년 9월 15일까지 부임한 바 없음을
강조했다.7) 이와는 달리 배계주가 울도군에 부임하지 못했다는 사실은 인정하되
우용정의 《울도기》와 동래감리의 7개 조목 그리고 「절목」을 비교하고 이들이 일
맥상통한다는 점에 주목한 연구가 있다.8)

　배계주가 1902년에 울도군에 부임하지 못했음을 밝히려는 연구자의 의도는
그가 군수로 부임하지 못했으므로 절목도 시행되지 못했다는 것을 주장하려는
데 있다. 과연 중앙정부가 낸 공문서가 군수의 부임 여부에 따라 시행되지 않는
다거나 그 법적 효력까지 소멸하는 것인지를 검토해볼 필요가 있다. 이 글에서는
이런 문제의식을 지니고 대한제국 칙령 제41호를 전후하여 공포된 제반 조령詔勅
의 의미를 고찰하고자 한다. 여기서 말하는 조령의 범주에는 칙령안, 칙령, 보고
서, 지령, 훈령, 고시, 절목 등이 포함된다. 관보의 성격도 함께 고찰하여 칙령의

---

3) 유미림, 〈수세(收稅)관행과 독도에 대한 실효지배 - 1902년 「울도군 절목」을 중심으로-〉《영토
　　해양연구》제4호, 동북아역사재단, 2012.
4) 김호동, 〈울도군 절목을 통해 본 1902년대의 울릉도 사회상〉《장서각》30, 한국학중앙연구원,
　　2013.
5) 김호동, 2013, 위의 글, 139쪽.
6) 유미림, 〈1900년 칙령 제41호의 제정 전후 울릉도'수출세'의 성격〉《영토해양연구》제7호, 동
　　북아역사재단, 2014.
7) 김호동, 〈개항기 울도군수의 행적〉《독도연구》제19호, 영남대학교 독도연구소, 2015.
8) 이상태, 2016년 미발표 논문 "울릉군 초대 군수인 배계주에 관한 연구"(이상태 제공).

관보 게재가 지니는 의미도 살펴보고자 한다. 다만 이 글은 공문서 작성절차에 따른 법령의 의미를 살펴보는 것이 목적이므로 관련 문서를 일일이 분석하지는 않았다.9)

Ⅱ. 근대기 공문서 규정과 칙령의 의미

1. 공문서 취급규정과 작성절차

공문서의 일반적인 성격과 형식을 고찰하기에 앞서10) 그 정의부터 내린다면, 공문서란 중앙정부나 지방관청 또는 관리들이 공무수행 과정에서 작성한 문서를 의미한다. 작성 주체가 사인私人이라 하더라도 국가나 관청에서 인증 또는 증명 절차를 거친 경우 공문서로 분류된다.11) 이 글에서 다루는 공문서는 관문서官文書로서 조령詔令이 이에 해당된다. 공문서의 범주에 속하지만 작성 주체가 사인인 문서는 토지 · 가옥 증명문서와 소송문서가 이에 해당된다.

우리나라에서 공문서의 형식은 갑오개혁을 기점으로 해서 크게 달라진다. 갑오개혁 뒤에 국가 정책이 제도화하는 과정에서 새 법령에 기반한 공문서와 관리 체제가 나오기 시작하는데 이는 기본적으로는 일본 제도를 수용한 것이다. 우선 공문서 관련 서식에서 달라진 점은, 중국 연호를 폐지하고 개국기년을 사용하며, 태양력을 사용하고, 규격용지를 사용하며, 국한문을 사용하도록 한 것이다. 외국어 표기는 국문으로 번역해서 시행하도록 규정했다. 갑오개혁기의 공문식이 일본의 「공문식公文式」을 모방한 것이라 하더라도 국한문 표기는 우리나라에 고유

---

9) 이 시기 관련 문서에 대해서는 유미림 · 조은희, 《개화기 울릉도·독도 관련사료 연구》(한국해양수산개발원, 2008)를 참조.

10) 이 글의 주제와 관련된 근대기 공문서에 관한 연구는 매우 적다. 공문서의 절차를 다룬 논문들은 그 논리가 대부분 비슷하다. 이 글은 공문서의 성격을 비교적 자세하고 구체적으로 다룬 연구(김건우, 《근대 공문서의 탄생》, 소와당, 2008)를 인용했음을 밝힌다.

11) 공문서 가운데 정부나 관청이 작성 주체인 경우, 협의의 개념으로 관문서라고 한다. 관문서는 다시 조령(詔令)문서, 장주(章奏)문서, 일반관부 왕래문서로 구분된다(김건우, 2008, 위의 책, 13쪽).

한 방식이다. 그러므로 이런 형식 체계가 전면적으로 시행되지 않아 양력과 음력을 이중으로 기재한다거나 순한문과 이두를 사용하는 관행은 오래도록 잔존했다. 또 하나 달라진 점은 서명 형식을 서압署押에서 인장印章12)으로 바꾸었다는 것이다. 그럼에도 상주서에는 화압花押 즉 서압署押을 사용하고,13) 내각결정서에는 사인私印을 사용하도록 했다.

이어 공문서의 제도화 과정을 보면, 1894년 7월 14일에 의안으로 「각부 각아문 통행규칙各部各衙門通行規則」을 마련했고, 1894년 11월 21일에는 칙령 제1호로 「공문식」을 마련했다. 이어 1895년 6월 1일에는 〈공문류별 및 식양公文類別及式樣〉(이하 「공문양식」으로 약칭)14)을 마련했다. 1894년 6월 28일, 법규 공포에 앞서 의정부 관제가 먼저 공포되었는데 공문서 보존과 편찬을 담당할 기록국을 설치하였다. 각 아문에는 총무국을 두었고 총무국은 다시 산하에 문서과, 왕복과, 보고과, 기록과를 두었다.15) 문서과는 각국各局의 성안과 기안문을 심사하는 기능을 수행했고, 왕복과는 공문 서류의 접수와 발송을 담당했다. 기록과는 해당 아문의 사무에 관련된 일체의 공문서류를 보존하고 편찬하는 기능을 수행했다.16)

「각부 각아문 통행규칙」은 모든 공문서의 처리절차를 규정하고 있는데, 성안成案으로 성립하기까지 보통 네 단계를 거치도록 했다. 첫 번째는 문서 접수와 배부 단계이다. 총무국은 문서를 접수하여 중요도에 따라 대신에게 보낼 것과 해당 주무국에 보낼 것을 구분하여 각처에 배분한다. 두 번째는 각 국과局課에서의 처리단계로 기안起案·성안成案을 작성하는 단계이다. 보통 문서는 계획 단계의 문권을 사안査案, 문서로 표현된 단계를 문권 기안文券起案 또는 입안立案, 기안문서가 승인 또는 수정을 거쳐 최후 결재를 마친 단계를 성안成案이라고 한다.

---

12) 인장은 관인(官印), 관장(官章), 성명장(私印) 세 종류가 쓰였다. 관인에는 관청명, 관장에는 관직명이 새겨진다.

13) 화압(花押, 畵押)은 일본이 주로 사용하는 용어이고, 우리나라는 서압(署押)이라고 했다.

14) 김건우, 《한국 근대 공문서의 형성과 변화에 관한 연구》, 한국정신문화연구원 박사학위논문, 2006, 부록 5. 이는 조선 시대에 경국대전 등의 법전에 수록된 문서양식에 견주어 간소해진 것이 특징이다.

15) 김건우, 2008, 앞의 책, 55쪽.

16) 김재순, 〈한국 근대 공문서 관리제도의 변천〉《기록보존》5, 총무처 정부기록 보존소, 1992, 38쪽.

성안이 시행되면 그것이 원안原案이 되고, 원안은 편찬과 보존의 대상이 된다. '기안문'이라는 개념이 처음 등장한 것이 근대기 공문서 제도의 중요한 변화인데, 처판안處辨案이라고도 한다. 이는 문서 처리과정에서 실무 담당자가 기안문을 작성하여 중간관리자와 대신에게 이르기까지의 승인과 결재과정을 거친 뒤 '시행문'을 작성하도록 하는 제도이다.17) 기안문은 작성 관청이 존안存案하고, 시행문은 해당 관청이 존안한다. 규격을 지니는 기안문은 해당 부서와 업무 협의를 한 뒤 주무국이 결재하면 왕복과로 보내고, 왕복과는 바로 총무국장에게 올린다. 총무국장은 사열한 뒤 대신에게 결재를 요청한다(「각부 각아문 통행규칙」 44조).18) 이때 총무국이 기초한 문서가 긴급하거나 기밀과 관련될 때는 왕복과를 거치지 않고 대신에게 직접 제출하며, 기밀문서는 따로 '기밀문서건 명부'에 등록한다(「각부 각아문 통행규칙」 제47조, 제48조).19) 세 번째 단계는 결재문서의 발송단계이다. 결재를 받은 문서는 왕복과에서 정사淨寫하여 비서관을 거쳐 대신의 인印을 받고 건명件名 번호를 부책簿冊에 기입한 다음 발송한다. 원본에는 교부한 날짜를 기입하여 주무처로 보낸다. 네 번째 단계는 시행이 완료된 문서를 기록과로 송부하는 단계이다. 각 국과에서 시행한 문서는 기록과로 보낸다. 이런 통행규칙은 관제를 개혁할 때마다 함께 변경되었는데, 주로 담당부서가 바뀌거나 개칭 혹은 업무분장에 관한 것이 바뀌었다.20)

갑오개혁 이후 일본식 공문서 관리 체제인 '원본보존원칙'이 이식되었고, 이것이 대한제국시대와 조선총독부 시기를 거치면서 정착했다. 본래 갑오개혁 이전 문서취급에 대해서는 법전에서 규정하고 있었는데, 이때는 '원본보존원칙'이 아닌 등록謄錄체제였다. 다만 모든 문서가 등록으로 전환된 것은 아니며 문서의 중요도에 따라 영구 보존되거나 등록으로 부본이 만들어졌다.21) 「각부 각아문

---

17) 김건우, 2008, 앞의 책, 56쪽.
18) 김건우, 2008, 위의 책에서 재인용(이하 마찬가지). 본래 이 규칙은 순한문으로 되어 있다. 김건우, 2006, 앞의 논문 부록 4에 실려 있다.
19) 김건우, 2008, 앞의 책, 59쪽.
20) 1895년 3월 25일의 칙령 제41호(各部官制通則)와 4월 1일 시행세칙인 각령(閣令) 제1호(各部處務規程通則)이 제정되어, 문서취급 부서가 총무국에서 대신관방으로 개칭되었고 이곳에서 공문서를 일원적으로 총괄하게 되었다(김건우, 앞의 책, 60~62쪽).
21) 김건우, 앞의 책, 68쪽.

통행규칙」은 중앙 부처의 문서 취급과 관계된 규칙이다. 한편 지방관아에 대한 공문서 관리 규정은 정해지지 않았고, 중요한 공문서는 문서를 생산한 관청이나 접수관청에 보존되었다가 1907년 전후로 4대 사고史庫의 보존문서를 규장각 등지로 이관하면서 함께 이관했다.[22]

갑오개혁 이후 조선 정부는 1894년 7월 '각부 아문에 외국인 고문을 두는 건'을 제정하였다. 공문서 제도와 관련된 고문관 제도는 외국인 가운데서도 주로 일본인 고문관과 관계된다. 조선의 주권을 잠식하고 보호국으로 만들려는 의도를 지니고 배치된 일본인 고문관은 1895년 3월 29일 내각총리대신의 상주로 인해, 내각의 각부와 각 관청의 각령, 부령, 청령 등을 발포할 때 각부 협판이, 내각의 경우는 총서가, 기타 관청에서는 주무 관청 장관이 결재하기에 앞서 제출받아 사열했다. 고문관이 내각회의에 참석하여 진술할 수 있게 하는 건도 제정되었다.[23] 일본인 고문관이 조선 정부의 공문서를 검토하여 결재하고, 필요한 경우 내각회의에 참석하여 발언하도록 허용한 것이다. 이는 일본인 고문관이 한국 공문서의 작성과정뿐만 아니라 집행과정에까지 관여했음을 의미한다.

1905년 11월 22일 서울에는 통감부統監府가, 지방 요충지에는 이사청理事廳이 설치되었다. 12월 20일에는 통감부 및 이사청 관제가 공포되었다(칙령 제267호). 이어 1906년 1월에는 외부外部가 폐지되고, 의정부 외사국外事局이 외교 업무를 담당하도록 대체되었다. 대한제국 정부와 통감부라는 이중적 체제 아래서 통감부와 이사청은 「통감부 공문식」과 「이사청 공문식」을 규정했다. 통감부 법령에는 통감부령과 통감부 훈령, 통감부 고시가 있지만, 「공문식」은 이를 규정하고 있지 않다. 통감부령은 법률에 준하는 행정명령이고, 통감부 훈령은 통감부의 규칙에 해당한다. 통감부 고시는 일반적인 사항이나 한국법률을 적용할 때 활용되었다.[24]

1906년 2월부터 실시된 통감부 체제는 통감이 실질적인 통치권자로 군림하면서 공문서 제도도 장악해갔다. 공문서 보존편찬기구인 문서과는 총무부에 소속되

---

22) 김재순, 1992, 앞의 글, 41쪽.
23) 김건우, 2008, 앞의 책, 71~72쪽.
24) 위의 책, 77쪽.

어 관리되다가 이후 조선총독부 문서과로 확대·개편되었다.25) 1906년 9월의 「통감부 문서 취급규정統監府文書取扱規程」은 대한제국의 문서관리 전체에 적용되었고, 1907년 차관정치가 실시된 뒤부터는 「내부 문서 취급규정內部文書取扱規程」을 만들어 조선의 공문서를 직접 장악해갔다. 1910년 8월 29일 식민지로 전락한 이후, 1910년 10월 1일부터는 조선총독부 관제 아래서 5부와 부속관서제 아래 놓였다가, 1919년에는 다시 국과 체제로 편제되었다. 이로써 문서과는 총독관방 산하로 들어갔다.26) 그렇다면 대한제국 정부와 통감부 체제 아래서 독도 관련 법령27)은 「공문식」 절차에 비춰볼 때 어떤 의미를 지니는지를 검토한다.

2. 대한제국 칙령 제41호

1897년 10월 대한제국으로 국제를 칭제稱帝28)한 뒤 공문서에도 변화가 생겼다. 칙령은 말 그대로 황제의 영슈이다. 칙령은 법률·조칙과 함께 국왕(황제)의 재가 문서에 속한다. '칙령'은 1894년 11월 21일부터 등장했는데, 이때 개국기년의 문서 형식은 여러 가지였다. 하나는 연월일29) 다음에 대군주의 어압御押과 어새御璽를 찍고 나서 봉칙奉勅이라는 용어를 사용한 경우이고(A형), 다른 하나는 어압과 어새 다음에 연월일을 쓰되 봉칙을 쓰지 않은 경우(B형)이다. B형은 잠시 없어졌다가 건양 연간(1896) 다시 나타났다. 군주의 서명방식에 따라 어압 대신 '친서'로 표현이 바뀌기도 했다.30)

---

25) 김재순, 앞의 글, 42~43쪽.
26) 위의 책, 43~44쪽.
27) 법령을 정령과 포달로 구분하여, 정령(政令)은 내각 소관사항으로, 포달(布達)은 궁내부에서 의결 시행하는 법령으로 보는 경우가 있다(정일균, 〈갑오개혁기 정부의 공문서 제도〉《사회와 역사》 101, 2014, 272쪽).
28) 조선 국왕에 대하여 1882년 5월 외국과 국교를 맺을 당시의 국서에는 '대군주'로 칭하다가 1894년 12월 '대군주폐하'로 바뀌었고, 1895년 8월에는 '황제'로 바뀌었다. 정식 칭제는 1897년 10월 대한제국의 선포와 함께 이뤄졌다.
29) 공문서의 연월일은 갑오개혁 이후부터는 조선의 개창연도인 1392년부터 기산하여 '개국 ○○년'으로 쓰도록 바뀌었다. 이는 1895년 11월 17일부터 양력으로 바뀌었고 연호도 建陽으로 바뀌었다가 1897년 8월 15일부터 光武, 1907년 8월 2일부터 隆熙, 1910년 8월 29일 明治로 바뀐다.
30) 김건우, 2008, 앞의 책, 98쪽.

그 뒤 다시 변화가 생겨 어압 위에 있던 '대군주'라는 칭호가 없어지고, 봉칙奉勅의 '奉'자가 날짜 아래에 표기되었으며 '勅'[31]자는 관직명과 성명의 바로 위에 쓰는 것으로 바뀌었다. 어압과 어새는 '奉'자와 '勅'자의 중간 부분에 위치하고 있다. 이는 1897년 1월 14일부터의 양식이다. 어새도 1897년 12월 23일 칙령 제41호부터는 '대군주보大君主寶'가 아니라 '칙명지보勅命之寶'를 찍는 형태로 바뀌었다(C형).[32] 그러므로 1900년 10월 25일의 칙령 제41호는 C형에 속한다고 할 수 있다. 봉칙奉勅이라는 용어는 융희 원년(1907) 11월 9일까지 쓰이다가 12월 4일의 칙령부터는 '어압' 대신 어명御名[33]을 사용하면서 더 이상 사용되지 않았다(D형).

내용에서의 변화를 보면, 이전의 칙령에서는 "모 건件을 반포한다"고 간단히 기술했지만, 건양 연간부터는 칙령 안에 구체적인 내용과 조항을 싣는 형식으로 바뀌었다. 이런 변화는 황제권의 강화와도 연관이 있다.[34] 칙령에 어압 대신 어명을 친서압親署押으로 하다가 융희 원년(1907)부터는 친서명親署名으로 바꾸었다. '어압'은 황제가 직접 재가한 문서임을 의미한다. 고종이 양위한 뒤 이토 히로부미伊藤博文는 어명을 친서親署하는 것으로 바꾸었다. 황제가 직접 어명을 쓰는 친서 제도는 본래 일본의 조서나 칙령에 보이던 서식이다. 통감부 문서과의 기능이 대폭 강화되는 시기는 1907년 11월이며, 순종이 일본식으로 어명을 쓰고 '칙명지보'를 찍게 되는 것도 이 해 11월 18일자 조칙詔勅에서다.

칙령의 법적 개념은 한 국가의 주권자가 통상적으로 국사 사무에 관해 발표하는 명령 또는 강제를 정하는 실정법이다. 법의 형식적인 측면에서는 명령에 속하지만, 법률과 동등한 효력이 인정되는 법규범으로 정의된다.[35] 칙령은 문서로 공포된다는 점에서 황제 사후에도 계속 효력을 지닌다. 칙령의 성립과정은 대한국 국제의 성립과정과도 궤를 같이한다. 1895년 1월 7일(양력) 고종은 홍범 14조를 반포하여 근대법적 원칙을 천명하고, 이어 1897년 8월에 연호를 광무光武,

---

31) 勅자는 건양 연간의 칙령 제3호까지는 勅자로 쓰다가 칙령 제4호부터는 勅으로 바뀌었다.
32) 김건우는 A, B형으로만 분류했다. C와 D형은 필자가 건양 연간의 변화방식을 추가한 것이다.
33) 김건우는 국왕의 이름은 보통 '피휘(避諱)'라고 해야 하는데 '어명'이라고 한 것은 일본식 용어의 영향을 받았기 때문이라고 보았다.
34) 김건우, 2008, 앞의 책, 100쪽.
35) 최철영, 2015, 앞의 글, 122쪽.

국호를 대한大韓이라고 했다. 이어 1899년 8월 17일 「대한국 국제大韓國國制」[36] 가 반포되었다. 이 국제는 제1조에 "대한국은 세계 만국의 공인되온 바 자주독립하온 제국이니다"고 함으로써 자주독립국가임을 선포하고 국왕을 '대황제'로 칭했다. 「대한국 국제」는 대한제국이 성립한 뒤에 제정된 근대적 형식의 헌법이다.[37] "행정상 필요한 각항의 칙령을 발할 수 있"도록 명시함으로써 1900년 대한제국 칙령 제41호의 입법 근거를 마련하고 있었다.

1894년의 「공문식」[38]에 따르면, "법률과 칙령은 의정부에서 의결한 뒤 중추원의 자문을 얻어 상주하여 성재聖裁하는" 것으로 규정했었다. 1895년 5월 8일에 공문식이 개정되었는데, 제1조에서 "법률·칙령은 상유上諭로써 반포함"이라고 규정했다. 즉 법률과 칙령이 동일한 법적 효력을 지니게 된 것이다.

칙령의 성립 절차도 법률의 입법 절차와 같다. 즉 칙령은 의정부의 총리대신이나 각 아문의 대신이 초안을 잡아 내각에 제출하면, 내각회의에서 결정한 뒤에 내각총리대신과 주임대신이 아뢰어 국왕(황제)에게 재가를 청하는 형식을 밟는다. 이어 임금이 "친서한 후 어새를 찍은 뒤 내각총리대신이 연월일을 기입하여 관계되는 대신과 함께 부서副署하는"[39] 절차를 밟는다. 그러나 이런 형식은 앞에서 기술했듯이 시기적으로 달라, 1900년 당시에는 어압(친서)이 들어갔고, 어새는 '대군주보에서 '칙명지보'를 찍는 형태로 바뀌었다.

개정된 「공문식」[40]에 따르면, 법률과 칙령에는 친서한 어새를 찍고, 국서 및 조약 비준서 등 외교관계 문서에는 친서하고 국새를 찍도록 했다.[41] 다만 칙령이 법률과 다른 점은 법률이 의회의 협의를 거쳐야 하는 것이라면, 칙령은 국왕의 말씀에 친서한 뒤 어새를 찍고 내각총리대신이 날짜를 기입한다. 그러므로 칙령은 협의나 자문절차가 생략된다.[42] 칙령은 법률과 마찬가지로 의정부나 내

---

36) 관보 제1346호, 광무 3년 8월 22일, 전문이 9개조이다.
37) 최철영, 2015, 앞의 글, 125쪽.
38) 일본은 1886년 2월 26일 칙령 제1호로 「공문령」을 제정·공포했다. 대한제국의 「공문식」은 이 「공문령」을 계수한 것이다. 일본은 1907년에 「공문령」을 폐지하고 「공식령」을 제정 공포했다(최철영, 위의 글 125쪽, 각주 52).
39) 김건우, 2006, 앞의 글, 229쪽에서 재인용.
40) 국한문 혼용으로 되어 있다.
41) 제13조와 제14조. 김건우, 2006, 앞의 글, 229쪽에서 재인용.
42) 최철영, 2015, 앞의 글, 127쪽.

각에서 각부 대신이 안을 상정하면, 내각회의에서 칙령안을 심의하여 의결한 후 정본淨本을 임금에게 봉정하여 재가를 밟도록 되어 있다.[43)]

칙령은 국왕이 친서하고 어새를 찍어 환부하면 내각총리대신이 연월일을 기입하고 주무대신과 함께 부서하여 성립되므로 법률과 마찬가지로 관보에 게재하여 공포된다. 칙령은 공포일로부터 30일이 경과하면 그 효력이 발생한다.[44)]

3. 청의서 → 칙령안 → 칙령

대한제국 칙령 제41호는 청의서, 칙령안, 칙령이라는 절차를 거쳐 성립했다. 청의서는 내각결정서, 상주서와 함께 내각 처리문서의 범주에 속한다. 내각은 최상위 정부조직이다. 하지만 왕권이 강화되던 광무 연간에는 내각의 위상이 약화되는 등의 부침을 겪었다. 그리하여 그 명칭도 1894년부터 1910년 사이에 의정부에서 내각, 다시 의정부, 또다시 내각으로 개칭되는 등 몇 차례 변화가 있었다.[45)] 그 안에서의 청의서 처리절차를 보면, 1895년 내각제도 아래서 내각 소속의 직원은 내각총서內閣總書, 기록국장, 참서관參書官, 비서관, 주사主事로 구성된다. 칙임관인 내각총서는 기밀문서를 관장하고, 주임관인 참서관은 제반 사항을 담당한다. 일단 청의서가 접수되면 내각총리대신이 내각총서에게 하부下付한다. 이때 청의서를 심사하고 각의서 작성에 중요한 역할을 하는 자는 내각총서와 참서관이다.[46)]

1895년 3월 20일 제정된 법규에서는 부령部令, 훈령訓令, 고시告示, 청령廳令, 부령府令을 발하거나 지령指令할 경우, 각 해당 관서는 그 등본을 내각 기록국에 송부하고 해당 국局은 관보에 게재하며 동시에 내각총서에게 송부하도록 했다. 청의서의 경우, 심사를 마치면 내각총서가 각의안閣議案(내각결정서)을 만들고

---

43) 위의 글, 128쪽. 이 과정에 사안이 필요하지 않은 경우 중추원의 자문절차가 생략된다.
44) 김건우, 2006, 앞의 글, 229쪽에서 재인용.
45) 1895년 3월 내각관제 제정, 1896년 9월 내각 폐지, 의정부제, 1904년 3월 의정부 관제 개정, 1907년 6월 내각으로 개칭된다.
46) 김건우, 2008, 앞의 책, 136쪽.

참서관의 개인蓋印을 거치고 나면, 내각총서가 날인한 뒤 내각 회의에 올린다. 이때 내각총서가 심사서를 작성하여 총리대신에게 정출呈出한다.[47]

이런 절차를 법률과 칙령의 제정절차에 대입하면, 필요한 사안에 대해 해당 부서의 대신이 안을 갖춰 내각(의정부)에 제출하면 그 문서가 바로 청의서이다. 청의서에 따라 해당 부서는 칙령안을 작성한다. 구체적인 조목과 내용을 기재하여 시안으로 만들어진 것이 칙령안이다.

칙령안이 내각회의에서 정정을 거쳐 최종안으로 확정되면 이를 국왕에게 상주하여 재가 받는다. 칙령이 제정되어 반포되기까지는 청의서, 칙령안, 내각결정서(각의안), 상주서(재가 주청), 제정, 반포라는 단계를 거친다.[48]

4. 청의서와 상주서

대한제국 정부는 칙령 제41호로 울릉도를 울도군으로 개정하기에 앞서 다른 형태의 지방제도를 강구했었다. 칙령은 대부분 청의서·칙령안, 상주·재가를 거쳐 확립된 것임을 보여주지만, 현존하는 문서는 그 과정이 생략된 경우가 있다. 1895년 1월 29일자 관보에 실린 것은 총리대신과 내부대신이 고종에게 아뢰어 울릉도에 전임 도장을 두는 일을 재가 받았음을 보여준다. 1895년 8월 16일자 관보에 실린, 내부대신이 도감 설치 건을 상주하여 재가 받은 사실도 마찬가지다.

1896년 6월 25일 제정된 칙령 제36호는 지방제도와 관제, 봉급 등을 개정하는 것에 관한 내용인데 칙령의 내용은 현재 전하지 않으며 다른 칙령에서 이를 언급하고 있을 뿐이다.[49] 1898년 5월의 〈울릉도 구역을 지방제도 안에 첨입하는 것에 관한 청의서[欝陵島區域을 地方制度中 添入에 關훈 請議書]〉를 보면, "(1895년) 8월 13일에 울릉도 도감으로 택하여 보내기로 청의請議하여, 같은 달 16일에 상주하여 재가를 얻었습니다"고 하고, "이 같은 경우에는 지방제도 안에 첨입添

---

47) 위의 책, 138쪽.
48) 위의 책, 140쪽.
49) 1896년 8월 4일 칙령으로 "朕이 地方制度와 官制와 俸給과 經費의 改正에 關하난 件을 裁可하야 頒布케 하노라"라고 그 내용을 언급하고 있다.

入하는 것이 타당하기에 이 칙령안을 회의에 올립니다"라고 했다. 제목은 청의서
인데 내용에서는 칙령안을 칭하고 있으므로 칙령안에 해당된다. 이 청의서는
1898년 5월 26일 칙령 제12호「지방제도 중 개정 첨입하는 일(地方制度中改正
添入ᄒᄂ 事)」로 제정되었다. 그 내용은 "개국 505년도 칙령 제36호 제6조 다음
에 제7조를 첨입하되, 제7조는 '울릉도에 도감 1인을 두되 본토인을 택하여 차정
하며 판임관으로 대우하고 응행 규칙은 내부대신이 헤아려 정함'이라는 49자를
첨입하고 부칙 아래 제7조의 'ᄂ'자는 'ᄉ'자로 개정하는 건"이다. 이런 관제 개편
의 노력에도 불구하고 울릉도의 상황이 나아지지 않자 내부대신 이건하李乾夏는
1899년 12월 15일, 고종에게 내부 시찰관 우용정을 울릉도에 파견하여 정황을
조사할 것을 상주하여 허락받았다(12월 19일 관보 게재).

현존하는 문서로 칙령의 성립 과정을 다 확인하기는 어렵지만, 칙령 제41호는
청의서에서부터 반포에 이르기까지의 과정을 보여주는 문서가 다음과 같이 남아
있다.

(1) 1900.10.22. 〈欝陵島를 欝島로 改稱ᄒ고 島監을 郡守로 改正에 關ᄒ
    請議書〉 (청의서)
(2) 1900.10.24.「內部大臣請議欝陵島改稱欝島島監以郡守改定事」[50] (칙령
    안)
(3) 1900.10.25. 주본(奏本) 제187호 (상주서)
(4) 1900.10.25.「欝陵島를 欝島로 改稱ᄒ고 島監을 郡守로 改正ᄒ 件」(칙
    령 제정)
(5) 1900.10.27.「欝陵島를 欝島로 改稱ᄒ고 島監을 郡守로 改正ᄒ 件」(칙
    령 반포, 관보 제1716호)

칙령 제41호는 청의서 → 칙령안 → 상주서 → 제정 → 반포의 과정을 거쳐
나왔다. 다른 법령에서는 대체로 청의서가 칙령안을 겸하고 있다면 칙령 제41호

---

50) 《奏本》(1900.10.24.)에 실려 있는 칙령안이다.

는 청의서와 칙령안이 별개로 있다. 의정부 참정 내부대신 이건하가 의정부 의정 윤용선尹容善에게 청의서를 제출한 뒤 청의서는 칙령안으로 작성되었다. 주본奏本 제187호(1900.10.25.)에는 10월 24일에 의정부 의정 임시서리 내부대신 이건하와 참찬參贊 성기운成岐運이 울도 도감을 군수로 개정하는 건에 관한 칙령안을 의정회의에 올렸었음을 상주하는 내용이 적혀 있고, 칙령안을 첨부하고 있다. 의정회의에서 의정과 참정·찬정대신들은 '改正可' '依議爲可', '依請議改正爲可' '改正似宜' 등의 의견을 피력했다. 칙령안의 실질적 작성자인 참찬 성기운은 "孤懸之土合置正官"이라는 견해를 피력했다. 의정회의에는 의정 윤용선을 비롯하여 모두 8명이 참석하고 5명이 불참했다. 결과는 가可가 8명이었으므로 참석한 사람은 모두 찬성한 셈이다.

칙령 제41호가 제정되기에 앞서 관제 개편과 관련된 청의서가 여러 번 작성되었다. 내부는 이들 청의서를 작성하기에 앞서 외부와 주고받은 조회 및 배계주의 보첩, 우용정의 보고서, 동래 세무사 라포르트의 시찰록 등 관련된 모든 문건을 검토했다. 그 결과 도감이 외국인과 교역하려면 도감이라는 호칭이 행정상 편리하지 않다고 판단하여 군수로 개정하는 건을 상정한 것이다. 그런데 청의서 작성 단계에서는 군수의 관할 구역을 명기하지 않았었다. 그러던 것이 칙령으로 확정될 때는 울도군수의 관할 구역을 추가한 것이다. 그것은 제2조의 "구역은 울릉전도와 죽도, 석도를 관할할 것"이다.

이어 칙령 제41호는 제4조에서 "경비는 울릉도에서 수세한 것 가운데 우선 마련할 것"을 명기했다. 앞서 1900년 6월 내부의 관리 우용정은 전라도인에게 부과하는 미역세를 10%로 다시 환원하여 경비로 사용하도록 했고, 일본인에게 거두는 세금은 과거에는 화물에 2%를 매겼지만 지금 일본인이 납세하려 하지 않아 놔두는 것뿐이라고 언급한 바 있다. 외부도 1900년 9월까지 "수세에 관한 일은, 비개항장에서 수세하는 일은 더욱 이치에 맞지 않는 일입니다"[51]고 하며 비개항장에서 일본인에게 과세하는 것에 대해 거부의사를 보였었다. 반면 일본 외무성은 자국민에게 세금을 거둬 경비로 보태고 일본으로 돌려보내지 않는 게

---

51)《皇城新聞》〈照駁收稅〉 1900.9.14.

좋겠다며 한국 측을 회유하고 있었다. 외부는 이에 거부의사를 표시했다.

일본인에 대한 과세를 거부하던 한국 정부의 입장이 한 달도 안 돼 과세를 인정하는 방향으로 바뀌었다. 그리고 1년 반이 지나 정부는 다시 「울도군 절목」(1902.4.)을 내기에 이르렀다. 2%를 징수하던 관행이 1%로 줄긴 했지만 세율을 구체적으로 명기하고 있다. 1899년《황성신문》에 따르면, 동래감리는 울릉도 어류와 콩에 관한 세금을 본부로 상납하도록 규칙을 낸 바 있다.[52] 그러던 상황이 급변하여 세율을 명기하여 군수로 하여금 과세권을 행사하도록 허용한 것이다.

이렇듯 울릉도 사안에 관한 공문서의 변천과정을 보면, 점진적으로 이뤄졌다고 보기 어렵다. 내부는 1900년 3월까지도 울릉도를 '울도'라 하고 5년 임기의 감무監務를 두는 방안을 검토 중이라고 했다.[53] 그러다가 갑자기 10월에 청廳을 신설하기로 방침을 바꾸고, 도감을 군수로 개정하기로 방침을 바꾸었다. 이렇게 해서 확정된 칙령 제41호에는 어압과 어새가 찍혀 있고, "光武四年十月二十五日奉 [어압과 어새] 勅 議政府議政臨時署理贊政內部大臣 李乾夏"의 형식을 띠고 있다. 1900년 10월 25일 의정부 의정 임시서리 찬정 내부대신 이건하가 봉칙奉勅하는 형식이다. 칙령 제41호는 10월 27일자 관보에 게재되었다. 관보에 게재되어 공포되면 칙령은 공포일로부터 30일이 지나 효력이 발생한다.[54]

5. 관보 게재와 고시

관보官報란 관청의 소식을 국민에게 알리는 정부의 공고公告 기관지를 말한다. 관보에는 법령의 공포와 예산 편성과 집행, 조약, 서임 및 사령, 각 관청의 동정 등이 수록된다. 그러므로 관보는 엄연히 공문서이며, 따라서 공문서로서의 효력을 지닌다. 관보 이전에는 조보朝報가 발행되었으나 소량으로 필사하여 발행되었

---

52)《皇城新聞》〈仍任裴監〉 1899.6.15.; 유미림, 2008, 앞의 책, 103쪽.
53)《皇城新聞》〈鬱島設郡〉 1900.10.8.
54) 칙령에 반포일로부터 시행된다고 명기되어 있다.

고, 서체도 일반인들은 알아보기 힘든 흘림체였다. 이에 견주어 관보는 법규로 그 체재와 형식을 정하고, 호 수와 발행 일자를 명기하도록 했다. 규칙적으로 발행되는 관보는 관청과 관련된 사항만을 수록하고 있다.55) 1895년 4월 1일 제1호로 시작된 관보는56) 1896년 9월 25일까지 일간으로 발행되었으며 1896년 10월 13일부터는 관보과가 의정부 총무국 소속으로 바뀌어 1905년 3월 1일까지 10년간 발행되었다.57)

1894년 7월의 「명령반포식」은 법률과 명령은 관보로써 반포하도록 규정하고, 관보가 도착한 지 7일 뒤에 시행하도록 규정했다(제6조).58) 1894년 11월의 「공문식」도 내각의 처리와 국왕의 재가를 받아 제정된 법률과 칙령, 하위 명령은 관보로 포고하도록 규정했다. 그리고 각 기관장은 법률과 칙령 등의 상위 법령의 범위 안에서 각 아문령, 경무령, 지방령 등의 집행 명령을 발할 수 있게 했다. 관보에서 법령을 기재하는 순서는 조칙, 법률, 칙령勅令, 각령閣令, 고시, 경무청령警務廳令과 한성부령漢城府令 순이다.59) 대한제국 칙령 제41호는 이 규정대로 관보에 게재하여 그 요건을 갖추었다.

칙령 제41호의 의미에 대하여 "이를 통해 자국의 영역에 대한 입법관할권의 행사라는 직접적 주권행사와 이에 대한 대외적 공시방식으로서 관보 게재의 형식요건을 갖춘 칙령 제41호가 일본의 다케시마 관련 결정이나 고시보다 조기에 이루어진 더 확고하고 명백한 국제법적 의미를 가지고 있음을 확인할 수 있을 것이다"60)고 기술했듯이, 칙령 제41호는 입법 절차에 의거하여 제정되고 관보 게재라는 요건까지 갖춘 법령이다. 영토 주권에 관한 내용을 반드시 관보에 게재

---

55) 김건우, 2008, 앞의 책, 141쪽.
56) 1894년 6월 21일(음)부터 발행되었으나 호 수가 명기되기 시작한 것은 1895년 4월 1일자부 터이다.
57) 총무국 발행의 관보는 1905년까지고, 법제국 발행의 관보는 1910년 8월 29일의 제4768호까 지다. 이후부터는 조선총독부 관보이다. 1905년 3월 1일자까지는 관보에 '政府總務局官報 課'로 기재되어 있다가 이후부터는 '議政府官報課'로 기재되어 있다.
58) 김건우, 2006, 앞의 글, 부록, 227쪽.
59) 1895년 3월 29일 奏本《議案·勅令》(1991), 김건우, 2008, 앞의 책, 142~143쪽에서 재인 용. 이는 법령의 기재 순서이고, 관보에 수록되는 내용은 보통 조칙, 포달, 고시, 서임 및 사령, 행행(行幸), 행계(行啓), 알현, 사연(賜宴), 포상, 구휼, 제사, 황족 동정, 관청사항, 광고 순으 로 실린다(김건우, 위의 책, 146쪽).
60) 최철영, 2015, 앞의 글, 114쪽.

하여 대외적으로 공시하는 것이 국제법적으로 유효한 것인지에 대해서는 이견이 있지만, 공문서 작성절차에 비춰 본다면, 지방 고시라는 제한적 공시방법을 택한 일본에 견주어 관보 게재라는 대외적 공시방법을 택한 대한제국이 상대적으로 우위에 있을 것임은 분명하다.

일본이 독도를 편입할 때 취한 공문서 작성 · 공포 절차를 보면, 나카이 요자부로[中井養三郎]의 대하원 → 내무대신의 청의(청의서) → 각의결정 → 훈령 → 고시 → 대하貨下의 순서로 절차를 밟았다. 일본은 1886년 2월에는 「공문령」(칙령 제1호)을, 1907년에는 「공식령」을 제정하여 칙령 등의 공포절차를 정한 바 있다(공문령 제1조).[61] 본래 「공문령」에 따르면, 법률은 원로원의 협의를 거치도록 되어 있다. 법률 · 칙령은 내각에서 기초하여 내각총리대신이 상주하고, 황제(천황)가 친서한 뒤 어새를 찍으면 내각총리대신이 부서副署하고 연월일을 기입한 뒤 각 성省의 주임 사무에 속하는 내각총리대신 및 주임대신이 부서하도록 규정했다(공문령 제3조). 한국도 이런 절차를 그대로 계수繼受했으므로 대한제국의 법률 · 칙령 제정 절차는 일본의 법률 · 칙령 제정 절차와 다르지 않다. 그런데 일본은 무주지 선점에 따른 '편입'이라는 조치를 취하기 위해 필요한 법령을 제정하는 과정이 '각의결정'에 머물렀다.[62] 물론 각의결정에는 내각총리대신의 서명과 함께 법제국 장관의 직인이 찍혀 있어 형식 요건을 갖추고 있다.

그러나 일본의 1905년 독도 편입 절차를 1900년 대한제국의 칙령 제41호 제정 절차와 비교해 보면, 차이가 있다. 양국이 모두 청의서로 시작한 점에서는 같다. 일본은 1904년 나카이 요자부로가 〈량코 도 영토편입 및 대하원〉(1904. 9.29.)을 제출했고 내무대신이 이를 각의에 청의했으므로 내무대신이 청의한 〈무인도 소속에 관한 건〉(1905.1.10.)은 이른바 '청의서'에 비정된다. 이어 일본은 이 청의(서)에 대하여 1905년 1월 28일 각의결정의 수순을 밟았다. 일본이 내무대신의 청의서를 각의에서 결정한 것은 대한제국이 '설군 청의서'를 내각에

---

61) 최철영, 위의 글 131쪽에서 재인용. 이하 마찬가지다.
62) 각의결정 문서를 일러 당시에는 공개되지 않은 대외비 문건이라고 하는 견해가 있다(제성호, 〈1905년 일본의 독도 편입 증거에 대한 국제법적 분석〉《중앙법학》16집 제1호, 2014, 198쪽). 그러나 당시 일본의 각의는 비공개이며 만장일치를 원칙으로 하므로 그 과정에 관한 의사록을 남기지 않는다. 각의결정문만 남아 있는 것은 이 때문이다(독도사전편찬위원회 편, 《독도사전》, 한국해양수산개발원, 2019 참조).

부친 것과 같은 절차이다.

다만 대한제국은 '설군 청의서'에 대해 상주절차를 거친 뒤 국왕의 재가를 받아 칙령을 냈고 다시 이를 관보에 게재하여 반포하는 절차를 밟았다. 이에 비해 일본은 내무대신의 청의서를 내각결정을 거친 뒤 훈령을 내어 고시하도록 하는 절차를 밟았다.[63] 칙령의 제정과 관보 게재라는 공시 절차를 생략한 것이다. 그 대신 일본 내무대신은 훈령 제87호(1905.2.15.)를 내어 시마네현 지사로 하여금 편입 사실을 현에 고시하게 했다. 1908년 이전까지 영토 편입에 관한 고시는 내무성이 아니라 편입 지역을 관할하는 지방관청이 하도록 되어 있었기 때문이다.[64] 이에 시마네현 지사는 독도 편입 사실을 현내의 시정촌에 고시하는 한편, 오키도청에도 훈령(縣庶 제11호, 1905.2.22.)했다. 훈령이 행정기관에 내리는 명령이라면, 고시[65]는 행정기관이 법령 또는 규칙에 근거하여 공시해야 할 사항을 널리 일반인에게 주지시키는 행위이다. 시마네현의 행정상 지위는 외국 정부나 자국내 외국공관이 그 고시를 인지해야 하는 지위에 있지 않다.[66] 게다가 고시한 현청의 관련자가 회람하고 이를 다시 시정촌의 일반인에게 알리는 방식이어서 그 배포 대상과 범위도 제한적이다. 따라서 일개 지방 현의 고시는 중앙정부의 관보처럼 이해관계 국가를 포함한 국제사회가 그 내용을 인지할 수 있게 하는 대외적 공시 방법이라고 하기 어렵다.[67] 일본은 대한제국의 공문식을 자국의 공문식에 따르도록 했으면서 독도를 편입하는 과정에서는 이 절차를 따르지 않았던 것이다.

---

63) 1900년부터 1905년 사이에 일본에서 제정된 칙령은 모두 14건이다(law.e-gov.go.jp 참조). 일본의 법령 제공 사이트는 법령의 종류를 헌법 · 법률, 정령 · 칙령, 부성령(府省令) 순으로 범주화했다.

64) 허영란, 〈明治期 일본의 영토 경계 확정과 독도〉《서울국제법연구》 10권 1호, 서울국제법연구원, 2003, 15쪽.

65) 고시는 포고, 포달과 유사하다. 하지만 법률에 대해서는 포고를 사용하고, 유관 관청에 알릴 때는 포달을 사용한다. 고시는 어떤 사실을 공포할 때만 사용한다(김건우, 2008, 앞의 책, 157쪽). 「공문양식」은 고시에 대하여 "각 관청에서 인민에게 고지(告知)하는 것을 이른다"고 정의했다. 《독도사전》에 따르면, 고시는 공고와의 구별이 쉽지 않으며 일반 주민에게 구속력은 없다고 되어 있다.

66) 최철영, 앞의 글, 134쪽.

67) 가와모토 히데요시(川本秀吉)는 "정부기관에 의한 대외적 공표가 정식으로 없는 한 영토 취득의 요건으로는 불충분하며, 시마네현이라는 하나의 지방자치체의 공표는 국가의 대외적 의사 표시가 아니다"라고 했다(川本秀吉, "獨島의 歷史的 法的 地位," 1960, 이한기, 《한국의 영토》, 서울대학교출판부, 1969, 54쪽에서 재인용).

Ⅲ. 공문서 양식의 차이와 법령의 의미

1. 보고서와 지령

1904년 1월 10일 일본의 내무대신 요시카와 아키마사[芳川顯正]는 내각총리대신 가쓰라 다로[桂太郎]에게 '무인도 소속에 관한 건'을 각의에 부칠 것을 청의했다. "이 참에 소속 및 도명을 확정할 필요가 있어서 이 섬을 다케시마[竹島]라 이름 짓고 지금부터 시마네현 소속 오키도사[島司]의 소관으로 하기로 각의에 부칠" 것을 요청한 것이다. 이에 내무차관 야마가타 이사부로[山縣伊三郎]는 1월 12일 내각 서기관장 시바타 가몬[柴田家門]에게 관계 서류를 제출하였다(37乙 제337호). 관계 서류는 나카이 요자부로의 청원서와 수로부장의 회답, 외무성 · 농상무성 차관이 시마네현과 왕복한 문서이다. 이어 내각은 1월 28일, "별지 내무대신이 청의한 '무인도 소속에 관한 건'을 심사하니 … 청의한 대로 각의결정함이 마땅하다고 인정한다"고 하기에 이르렀다. 각의결정문에서 "별지 내무대신이 청의한 '무인도 소속에 관한 건'을 심사하니"라고 했으므로 내무대신이 제출한 문서가 청의서에 해당한다.

내각이 다케시마(독도) 편입을 결정하자 내무대신은 1905년 2월 15일 시마네현 지사 마쓰나가 다케요시[松永武吉]에게 "다케시마라고 부르는 섬을 지금부터 본현 소속의 오키 도사 소관으로 한다는 사실을 관내에 고시하도록" 훈령[訓令]했다. 현 지사는 1905년 2월 22일 고시 제40호로 편입 사실을 고시했다. 동시에 오키도청에도 훈령하여 다케시마가 오키도사 소관이 되었음을 알도록 했다(縣庶 제11호). 이렇게 해서 일본에 의한 독도 편입 사실은 시마네현 관내의 300여 촌村에 알려졌다.68) 우리가 그동안 시마네현 고시의 예로서 주로 제시해 왔던 것은 아이카촌[秋鹿村]에 내린 고시였다. 그런데 이 외에 사기촌[鷺村] 등에도 고시가 남아 있다.69) 시마네현청에 있던 고시 원본이 소실되었으므로 고시의 효력

---

68) 200여 개로 보는 설도 있으므로(제성호, 2014, 앞의 글) 확인이 필요하다. 시마네현 고시에 관한 내용은 《山陰新聞》(1905.2.24.) 잡보에 〈隱岐の新島〉로 보도되었다.

69) 이전에는 시마네현의 다케시마자료실에 아이카촌의 고시가 전시되어 있었는데 필자가 2014년에 방문했을 때는 사기촌의 고시로 바뀌어 있었다. 한국에서 원본 소실을 문제삼고 있으므로

을 문제시하는 경우가 있는데[70] 이에 대해서는 의문이다. 고시도 공시의 한 방식이므로 일본이 각의결정을 고시로 공시한 것은 절차상으로 볼 때는 합법적이다. 게다가 이를 여러 촌에 고시한 사실이 있다면 고시한 사실은 원본의 존재 여부와 무관하게 성립하기 때문이다.[71] 이 문제는 무주지를 '선점'한다고 하면서 관계국에 사전 조회나[72] 정식 통고通告[73]를 하지 않아 편입의 유효성에 하자를 초래한다고 보는 견해와는 별개로 다뤄져야 할 것이다.

울도군수가 일본의 편입 사실을 알게 된 것은 1906년 3월 28일(음력 3월 4일) 시마네현 조사단의 통보로 인해서이다. 이 통보는 정식으로 통고 절차를 밟은 것이 아니었다. 사무관 진자이 요시타로[神西由太郎]에게서 구두로 통보받은 심흥택 군수는 이튿날인 3월 29일(음력 3월 5일), 강원도관찰사 서리 춘천군수 이명래李明來에게 이 사실을 바로 보고했다. 심흥택이 이명래에게 송부한 보고서는 현전하지 않지만[74] 이명래가 의정부 참정대신에게 제출한 〈보고서 호

다른 지역의 고시도 있다는 것을 보여주기 위해 교체한 듯하다.

70) 1945년 8월의 마쓰에 소요사건과 이른바 고시 원본의 소실에 대해서는 제성호(위의 글, 206~207쪽)의 글 참조. 제성호의 논문에서 의미하는 현청의 원본이란 현의 지사가 다케시마의 편입을 알리도록 현청내 관리에게 회람시킨 문서를 의미하는 듯하다. 1962년 7월 13일자 '일본정부견해 4'는 시마네현 고시가 2월 22일자 시마네현보에 게재되었다고 했지만, 1905년 당시는 현보가 없었다. 외무성의 착오로 보인다. 현보가 처음 만들어진 시기는 1916년이다. 고시란 각 촌의 일반인에게 알려지는 것인데 알림 방식이 촌마다 방(榜)을 붙이는 것인지 모르겠지만, 자의(字意)대로라면 현청이나 동사무소[役場] 안에서의 회람용에 머물지는 않았을 것이다. 지금도 고시된 문서가 여러 촌에 남아 있으므로 원본의 소실 여부를 문제 삼는 것은 무의미하다.

71) 시마네현 고시 제40호 원본은 필기체로 작성되었어야 하지만 현존하는 것은 인쇄체인데다 현지사의 도장과 서명도 없으며, 인쇄본만 현존하다 보니 인쇄본의 글자가 서로 다른 현상이 생겼다는 주장이 다시 등장했다. 그 일례로 ヲ를 ラ로 표기한 사실을 들었다(김영수, 〈일본정부의 독도 불법 영토편입의 과정 및 '시마네현 고시 제40호' '고시'의 유무〉《동북아역사논총》 62, 동북아역사재단, 2018). 그러나 현존하는 고시의 인쇄체는 동일하며 ラ로 표기되지 않았다.

72) 이케우치 사토시는 다음과 같은 견해를 피력했다. 일본이 편입 이전 한국 측에 사전 조회를 하지 않은 것은 상대국을 무시한 행위이며, 따라서 시마네현 고시로 공표한 것이 국제법에 비춰 합법적이라는 일본의 주장은 너무 배려 없는 주장이라는 것이다. 또한 그는 일본이 각의결정 전에 한국 측에 조회했다면 증거 유무의 제시나 확인 작업을 필요로 했을 것이므로 적어도 1905년 1월의 각의결정은 성립할 수 없었을 것이라는 견해를 피력했다(池内敏, 《竹島ーもうひとつの日韓關係史》, 中公新書, 2016, 236~237쪽).

73) 19세기 말에서 20세기 초에 형성된 관습국제법은 선점의 요건에 대하여 약간의 논란은 있지만 대체로 무주지, 영유 의사의 존재와 공시, 국가권력의 사실적 행사(실제 점유, 실효적 지배)를 들고 있다. 여기서 영유 의사 혹은 선점 사실에 대한 공시와 관계되는 것이 통고(notification)이다. 이 시기 일본 국제법 학자 간에는 통고가 유효한 선점의 요건이 되는가에 대해 의견이 엇갈린다(박배근, 〈무주지 선점의 요건에 관한 1905년 전후의 학설〉《영토해양연구》 제6호, 동북아역사재단, 2013 참조).

74) 1947년 울릉도 조사 당시 신석호가 울릉도청에서 발견했고 이 사실이 《대구시보》(1947.6.20.)

외〉(1906.4.29.)에 그 내용이 전재되어 있다. 심흥택의 보고서는 이명래의 〈보고서 호외〉로 이어졌고, 이어 참정대신 박제순朴齊純의 지령(1906.5.10.)이 나왔다. 당시 의정대신이 공석이었으므로 최고행정기관 책임자였던 참정대신은 관찰사의 보고에 대해 "독도가 일본의 영지가 되었다는 설은 전혀 근거가 없으니 섬의 형편과 일본인의 행동을 조사하여 보고"하라고 지령했다.

그렇다면 보고서와 훈령, 지령의 차이는 무엇인가? 「공문양식」(1895.6.1.)에 따르면, "보고서는 하관이 상관에게 보고하는 것을 이르고, 질품서質稟書는 하관이 상관에게 질품하는 것을 이르고, 청원서는 관하관管下官이 본속本屬 장관에게 청원함을 이른다." 그러므로 보고서에 대해서는 상관이 회복回覆할 필요가 없는 것이 일반적이다.[75] 이전에 쓰던 보장報狀·유장由狀 등의 용어가 폐지되고 각각 유類에 따라 칭하도록 했지만, 군수는 관찰사를 경유해서 각부에 보고하도록 되어 있었으므로 심흥택이 강원도관찰사에게 보고한 것이다. 그런데 심흥택은 내부에도 따로 보고했다.

관찰사가 군수의 보고 내용을 참정대신에게 보고한 시기는 4월 29일이다. 이때 관찰사 이명래는 참정대신에게 제출하는 문서를 '보고서'라 하지 않고 '보고서 호외'라고 했다. '관보 호외'와 마찬가지로 '보고서 호외'라고 한 것이 사안의 긴급성을 말해준다. 군수는 관찰사를 경유하여 보고서를 제출했지만 직접 외부로 보낸 경우도 있었다. 1901년 9월 군수 배계주는 의정부 찬정 외부대신에게 직접 보고서(제1호)를 제출했고,[76] 1901년 9월 13일에도 외부대신에게 직접 보고서를 제출했다.[77]

「공문양식」은 하관의 보고서에 상관이 회신할 필요가 없다고 규정했지만, 상관이 지령 형식으로 회신해준 경우가 있다. 1901년 9월부터 1903년 11월 사이에

에도 보도되었다. 외무부가 발간한 《獨島問題槪論》(외교문제총서 제11호, 1955, 31쪽)에 그 내용이 실려 있는데 "이 보고서는 울릉도청에 보관하고 있던 부본을 전재한 것으로"라고 했다. 신석호가 보고서 부본을 가져와 외무부에 전달했는지는 알 수 없지만 현재는 부본을 확인할 수 없다.

75) 실제로는 보고서에 지령을 적어 회답하는 경우가 있었다.

76) 김정근은 1901년 4월 25일 강원도 관찰사에 임명되어 1904년 3월까지 재직했다. 주석면(朱錫冕)이 강원도 관찰사에 임명된 시기는 1904년 3월이다(《皇城新聞》 1904.3.14.).

77) 《江原道來去案》, 유미림, 2008, 앞의 책, 75~76쪽.

는 울도군수가 외부대신에게, 강원도 관찰사가 외부대신 서리 혹은 외부협판에
게 보고서를 제출한 사실이 있다. 강원도관찰사는 주로 군수(배계주와 심흥택)로
부터 보고서를 받아 관련 부서의 대신에게 다시 보고했는데, 이런 보고에는 대체
로 지령이 뒤따랐다.

지령은 "하관의 질품서 및 청원서에 대하여 (상관이) 지시하는 것"이다. 갑오
개혁 이전에는 소지所志나 청원서(혹은 의송議訟)에 대해 지령이 내려졌는데, 보
통은 제출한 문서 하단의 여백에 적는다. 그러나 갑오개혁 이후에는 "하관의 질
품서와 청원서 하단에 써서는 안 되니 반드시 질품서와 청원서가 접도接到한 해
당 관청의 인찰지印札紙에 별도로 기재하도록" 규정했다. 그럼에도 이 규정은 지
켜지지 않아 이전의 관행대로 제출받은 문서의 하단에 지령을 적어 하달한 경우
가 많았다.

이명래의 〈보고서 호외〉에 대한 참정대신의 지령도 이 형식을 따르고 있다.
즉 참정대신은 해당 관청의 공용신지公用信紙가 아니라 〈보고서 호외〉의 하단에
지령을 기입했다. 지령은 '指令'이라고 새긴 목인木印을 찍는 경우가 있고 지령을
직접 쓴 경우가 있는데, 이명래 〈보고서 호외〉에 대한 참정대신의 지령은 직접
쓴 경우이다. 원칙적으로 지령의 형식은 지령 번호, 간략한 출원 사항, 지령의
내용, 발포 연월일, 지령을 내리는 관리의 성명[官章], 지령을 받는 관리 순서로
쓰도록 되어 있지만, 소장訴狀에 대한 지령에서는 생략되는 요소가 많았다.[78]
참정대신의 지령 역시 지령 번호(제3호)와 내용, 발포 연월일(광무 10년 5월 10
일)[79]은 명기했지만, 지령을 내리는 관리의 성명을 생략하는 대신에 관인을 찍
었다. 별지에 지령을 따로 쓴 것이 아니라 보고서 하단에 쓰는 형식을 취했으므
로 굳이 지령하는 자의 성명을 명기하지 않았더라도 참정대신이 내렸음을 알
수 있다.[80]

---

78) 김건우, 2008, 앞의 책, 157쪽.
79) 접수 날짜는 5월 7일, 접수 번호는 제325호로 나와 있다.
80) 법부 지령의 경우, 기안과정 즉 지령안의 작성과정이 보이는데, 기안자는 주사와 과장으로 되
    어 있다. 이에 비춰 다른 지령에서의 기안자도 짐작할 수 있다.

2. 지령과 훈령

지령指令과 훈령訓令은 어떻게 다른가? 지령을 훈령의 일종으로 보는 경우가 있다. 하지만 지령은 하관(혹은 하급관청)의 개별 질품서에 대한 구체적인 지시를 의미하고, 훈령은 감독권의 자발적 발동에 따른 것이다. 이 점에서 다르다. 「공문양식」에서 훈령은 "상관이 관할하는 관리와 감독에 속한 관리에게 내리는 명령을 이름. 전에 사용하던 관칙關飭과 찰칙札飭과 관하管下에 전령傳令과 감결甘結 등은 다 폐지하고 칙령勅令이 정한 바로만 시행하여 훈령訓令이라 개칭하는 것이 가함"이라고 규정했다. 즉 훈령은 상관이 자신의 관할에 속한 관리에게 내리는 자발적인 명령 또는 훈시를 의미한다. 개정 공문식에 따르면, 훈령은 내각 총리대신과 각부 대신이 서명하고 연월일을 기입하도록 했다.[81] 다만 훈령은 행정규칙이므로 행정기관을 구속할 뿐 국민을 직접 구속하지는 않는다.[82]

울릉도와 관련된 훈령을 보면, 발령 주체가 동래감리 서리, 내부 시찰위원, 외부대신 등으로 다양하다. 1900년 내부 시찰관으로서 울릉도 시찰위원이 된 우용정은 내부의 훈령을 받은 뒤[83] 울릉도 시찰에 나섰다. 우용정은 고시와 훈령, 보고서 등 여러 형식의 공문을 도민에게 발표했다. 이 가운데 「훈령 십삼동訓令十三洞」과 「훈령 개운회사중訓令開運會社中」은 훈령의 형식을 갖춘 것은 아니지만, 내용은 훈령이다. 「훈령 십삼동」은 일본인과 부화뇌동하여 나무를 몰래 벤다거나 일본인에게 고용될 경우 또는 싸움을 일으키는 사람은 부산 경무서로 이송하여 수감하도록 동 대표에게 내린 훈령이다. 그 말미에 "이 영칙令飭을 각 동의 대표가 자기 동의 사람들에게 하나하나 효유하여 한 사람도 듣지 못해 알지 못하는 폐단이 없도록 해야 한다"고 했다. '영칙令飭'이라는 용어를 쓴 것이다. 「훈령 개운회사중」은 울릉도에 선박이 없으니 개운호를 구입하고 그 구입비를 마을사람들이 갚도록 개운회사에 내린 훈령이다. 또한 우용정은 화물에 거두는 세금은

---

81) 「개정 공문식」(1895) 제8조. 최철영, 2015, 앞의 글, 127쪽에서 재인용.
82) 훈령은 대외적으로 아무런 구속력을 갖지 못한다는 견해가 있는데(제성호, 2014, 앞의 글, 200쪽), 이때의 구속력은 국민에 대한 구속력을 의미하는 듯하다. 그러나 훈령은 본래 행정기관을 구속하는 것일 뿐 국민 혹은 공무원 개인을 구속하는 것이 아니다.
83) 그의 보고서 안에 "본부(本部)의 제1호 훈령을 받들어보니…"라고 적혀 있다.

일체 도감의 약속을 따르라고도 훈령했다. 위에서 언급한 훈령의 규정에 의거할 때, 이들은 모두 내부대신의 서명을 받은 것임을 알 수 있다.

1900년 6월 우용정은 울릉도 조사 후 내부대신 이건하에게 보고서를 제출했다. 그 내용은 훈령에 따라 울도(울릉도)를 시찰한 내용을 조목조목 상세히 진달하겠다는 것이었다. 자세한 내용을 보고서에 〈후록後錄〉으로 첨부하겠다는 말도 덧붙였다. 〈후록〉에는 여러 책자의 서명84)이 적혀 있는데, 그 안에 '감무監務의 보고'가 1건 있다. 감무는 1900년 초에 도감에서 개칭된 관직명이다. 개칭 당시는 임기 5년의 주임관으로서 내부의 지휘를 받도록 규정했지만,85) 10월에 울도군으로 승격하면서 이내 군수제로 바뀌었다. 위의 보고로 보더라도 1900년 6월 우용정이 조사할 당시 배계주의 직함은 감무였던 듯하다. 우용정이 언급한 여러 책자는 현재 전하지 않는다.

1901년 10월 외부는 울도군에 훈령을 냈다. 그 내용은 "울도군이 신설되어 아직 시작 단계인데 외국인이 가옥을 짓고 영업까지 하는 사태에 이르렀으니 조약위반일 뿐만 아니라 우리 백성의 이해와도 관계되니 엄하게 더 금칙禁飭하라"86)는 것이다. 앞에서 보였던 '영칙'과 달리 '금칙'이라는 용어가 나온다. 영칙, 금칙, 신칙이 어떻게 다른지도 밝혀야 할 과제이다.

내부의 참서관은 배계주가 1901년 3월 13일에 울도군에 도임했음을 의정부 참서관에게 통첩(제152호)했다가 7월 16일까지 도임하지 않았음을 8월 20일자로 통첩通牒했다. 이후 강영우姜泳禹가 8월 27일(음력) 군수에 임명되었지만,87) 10월에 중추원 의관에 임명되었으므로 울릉도에는 부임하지 않았다. 이때 외부대신은 울도군수에게 훈령을 냈다. 1901년 10월 13일에 기안한 이 문서는 수신일을 처음에는 1901년 10월 30일로 썼다가 1902년 3월 13일로 고쳤다.88) 발신

---

84) 책자명은 다음과 같다. 《호구(戶口)에 관한 성책(成冊)》, 《개간에 관한 성책》, 《초막을 짓고 사는 일본 인구에 관한 성책》, 《일본인이 규목(槻木)을 함부로 벤 것에 관한 성책》, 《본도인이 함부로 나무를 벤 것에 관한 성책》, 《감무(監務)의 보고》, 《본도의 등장(等狀)》이다.

85) 《皇城新聞》 〈鬱島官制의 改定〉 1900.3.1.

86) 《舊韓國外交關係附屬文書》 제7권 《交涉局日記》 1901.10.30.(고대 아세아문제연구소, 1972).

87) 1901년 10월 9일자 《皇城新聞》은 9품의 강영우가 10월 4일 주임관 6등의 중추원 의관에 임명되었음을 보도했다. 10월 4일은 음력 8월 22일이다. 그런데 관보 제2018호(10월 15일)에는 강영우가 10월 9일 주임관 6등의 울도군수에 임명되었음을 싣고 있다. 《日省錄》에도 음력 8월 27일자 기사(양력은 10월 9일)에 같은 내용이 보인다.

자는 외부대신 박제순이다. 수신자는 "鬱島郡守 姜泳禹 座下"라고 썼다가 姜泳禹를 裵季周로 고쳤다. 본디 강영우 앞으로 훈령을 냈다가 강영우가 중추원 의관으로 옮기게 되자 다시 고쳐 배계주 앞으로 낸 것이다. 관보 제2142호(1902.3.8.)는 전 군수 배계주를 다시 울도군수에 임명한 사실을 싣고 있는데, 1902년 3월 4일자《황성신문》'잡보'도 강영우가 면관되고 전 군수 배계주가 서임되었음을 보도했다.

훈령은 "법률과 명령의 범위 안에서 장관이 소관 관리에게 훈시 또는 명령하는" 것이므로 내각총리대신과 각부 대신의 서명을 필요로 한다. 1890년대 말에서 1903년 사이에 중앙정부가 울도군에 많은 훈령을 내려 보냈다는 것은 그만큼 울릉도 상황이 긴박하여 정부가 울릉도 현안을 예의 주시하고 있었음을 의미한다.

3. 절목節目

「절목」이란 구체적인 시행규칙을 말한다. 사목事目과 유사하다. 절목은 조선시대에도 있었으며, 만든 주체도 다양하다. 임금, 문중, 종친부, 비변사, 의정부 등이 있는가 하면, 관찰사, 목사, 부사, 현감 등의 지방관도 절목을 만들었다. 근대기에 들어와 중앙정부가 발급한 절목은 정부조직 내 결재절차를 거친 뒤 해당 관서로 하달되었다. 조선 시대 절목은 대체로 전언前言과 본문, 후록으로 구성되지만, 전언과 본문으로만 구성된 것도 있다. 날짜 다음에 작성자(부)를 명기하고 수결手決〈押〉을 한 뒤 그 아래에 규칙을 조목별로 나열하는 형식을 띠고 있다.[89] 갑오개혁 뒤의 절목도 마찬가지다. 지방관청이 작성하는 절목은 통상 백성에게 직접 내리는 것이므로 이두가 섞여 있지만, 중앙정부가 작성하는 절목은 한문으로 된 경우가 많다. 「울도군 절목」은 순한문으로 되어 있다. 작성자는 내부임이 명기되어 있다. 「절목」에는 내부가 군수에게 이를 다시 언문으로

---

88) 《江原道來去案》
89) 원창애, "조선말기 濟州救弊節目"(《제주도사 연구》제3집, 제주도사연구회, 1994)에는 19세기의 여러 건의 절목 원문과 탈초문이 실려 있다. 모두 위와 같은 형식이다.

번역하여 게시하도록 지시한 사실이 기술되어 있다. 「울도군 절목」도 다른 공문서와 같은 절차를 밟아 만들어졌다. 내부가 작성하여 의정부의 결재를 받은 뒤 내부대신의 관인90)을 찍었다. 중앙정부가 절목을 작성하여 내려 보낸 목적은 그 지역에서 시행하기 위해서이다. 그러므로 이는 군수의 교체 여부와는 상관이 없다.91) 「절목」에 "도민島民 가운데 여전히 갈팡질팡하고 명령을 따르지 않는 자가 있으면 낱낱이 적발하여 속히 치보馳報하면 마땅히 별단의 엄한 조처가 있을 것이다"라고 했듯이, 시행 여부에 대한 사후 보고가 뒤따르도록 규정하고 있다. 울릉도에 절목이 내려오지 않았고, 시행되지 않았다면 그에 대해서도 보고가 뒤따랐어야 한다.

「절목」의 작성자에 대하여 일각에서는 "절목은 군수인 배계주가 군규 확립을 위해 만들어 내부에 보고한 것이다. 내부는 절목을 검토하여 후록을 작성하여 1902년 4월 내각총리대신 윤용선에게 보고하였다"92)는 견해가 있다. 배계주가 절목을 작성하여 내부로 가져갔고 내부는 후록만 작성했다는 것이다. 과연 그런가? 전언의 본문을 보면, 우선 "본부에서는 방략을 강구하고 군규郡規를 확립하지 않을 수 없다"고 하여 본부 즉 내부가 작성 주체임을 분명히 하고 있다. 전언과 본문, 후록으로 구성되는데 본문은 배계주가 작성하고 후록은 내부가 작성하는, 분리 작성이 가능한지도 의문이다. 후록은 보통 본문의 작성자와 같기 때문이다.93) 내부가 본문을 작성했음은 "울릉도의 호수가 500호가 된다면 가구당

---

90) 절목에 찍힌 '內部之印'은 김건우의 앞의 책(47쪽)에 기재된 '내부지인'과 같은 형식을 띠고 있다. 절목이 허위문서라고 비판하는 연구자도 직인은 가짜가 아닌 것 같다는 모순된 주장을 하고 있다.

91) 이 글은 배계주가 울도군에 부임하지 못했으므로 절목이 시행되지 않았다는 일각의 주장에 대하여 반론하는 성격을 띠고 있다. 그런데 다시 이 글의 취지에 대하여 구두로 이견(異見)이 제기되었다. 그것은, 내부가 절목을 작성했더라도 배계주가 부임하지 못할 상황이었다면 시행을 보류하거나 취소했을 것이다. 절목이 허위 문서는 아닐지라도 관리가 관인을 몰래 훔쳐 찍었을 수 있다. 배계주가 공문서를 후손에 전한 사실은 이해하기 어렵다는 것이다. 필자는 이 문제에 대해 다시 김건우 교수에게 자문했다. 김 교수의 의견에 근거하여 답변한다면, 절목은 개인을 수신자로 하는 것이 아니며 구조상 시행되어야 하는 영(令)이므로 군수 교체로 취소되지 않는다. 취소되었다면 어떻게 문서가 남아 있을 수 있는가. 또한 중앙부처의 관리가 관인을 훔쳐 찍을 이유가 전혀 없다. 부본은 여러 장이 있으므로 개인 소장이 가능하다. 개인 소장의 공문서는 현재도 많이 남아 있다. 배계주가 부임하지 못했더라도 취득 가능성은 얼마든지 있다는 것이다. 현재의 시각으로 1900년대를 재단한다거나 일본 사료를 보는 시각으로 한국 사료를 판단하는 것 등은 지양해야 할 것이다.

92) 김호동, 2013, 앞의 글, 117쪽.

93) 절목의 작성 경위에 대해서는 고창석 전 제주대학교 사학과 교수에게 전화로 자문했다(2016년

봄에 내는 세금으로 보리 3말 가을에 내는 세금으로 콩 4말씩을 거둬 봉급으로 나눠줄 것"이라고 한 것으로도 알 수 있다. 군수가 작성했다면 "울릉도의 호수는 500호이니…"라고 하지 가정법으로 표현하지 않았을 것이기 때문이다. 또한 "현재 있는 관청이 일곱 칸이 되면 그대로 쓰되 …"라고 한 것도 배계주가 작성하지 않았음을 보여준다. 배계주가 관청의 크기를 몰랐다고 보기도 어렵기 때문이다. 이 외에도 배계주가 작성하지 않았음을 보여주는 예는 많다.[94] 게다가 당시는 내각제가 아니라 의정부제였다.

한편 절목의 문장 수준을 보더라도 배계주가 작성했다고 보기 어렵다. 배계주가 작성했다면 이두를 섞어 썼거나 국한문을 혼용했을 것이다.[95] 당시 내부는 절목을 작성하기에 충분할 정도로 울릉도 상황을 자세히 파악하고 있었다. 앞에서 언급했듯이 「절목」이 나오기까지는 많은 문서들이 개재되어 있었다. 그것은 1899년 라포르트의 보고서와 배계주의 보고, 1900년의 설군設郡 청의서, 시찰위원 우용정의 보고서, 고시 및 훈령, 동래감리서 주사 김면수의 보고서, 대한제국 칙령 제41호 및 후속조치로서의 훈령, 부처 간에 왕복한 조회와 조복, 통첩[96] 등이다. 우용정의 보고 뒤로도 배계주의 보고서와 강원도관찰사의 보고서 등이 중앙정부로 전달되고 있었다. 울릉도민도 일본인의 행패를 내부와 외부 등 중앙부처에 직접 호소하고 있었다.[97] 이런 정황은 정부가 울도군에 대하여 특단의 조치를 강구하기에 충분했다. 따라서 내부가 「절목」을 작성할 때 배계주가 제출한 보고서를 참고했을 수는 있지만, 작성자는 내부로 보아야 할 것이다.[98]

3월 23일). 고창석 교수는 〈조선 후기 제주지방의 절목류〉를 《耽羅文化》 29호에 실은 바 있다.

94) 절목에서 "관선(官船) 한 척을 먼저 마련해야만 왕래하는 길이 편해지는데, 내왕하는 본부의 조사위원이 섬에 들어갈 때 …"라고 한 것도 이에 해당된다. 내부의 조사 위원이 울릉도에 들어가도록 한 것은 배계주의 권한 사항이 아니기 때문이다.

95) 1898년 9월 배계주가 쓴 고발장은 국한문 혼용이다. 이 책의 4부 참조.

96) 「공문양식」에는 '照會'에 대해 "대등관(對等官)에게 왕복하는 공문으로 반드시 회답을 요하며 회답할 때는 반드시 照覆이라고 칭해야 함"으로 규정했다. 이전에는 '移文·回移·公移' 등으로 일컬었는데 照會로 개칭된 것이다. 칙령이 나오기 전후로 울릉도와 배계주의 일과 관련해서는 내부주사와 외부주사 간, 내부대신과 외부대신, 농상공부대신과 외부대신 사이에 왕복한 조회들이 있다. 통첩(通牒)은 "대등관에게 통지하는 공문으로 회답을 요하지 아니"한다(김건우, 2008, 앞의 책, 149~150쪽).

97) 《皇城新聞》〈鬱島의 日人作梗〉 1901.9.18.

98) 배계주가 1902년 서울에 있으면서 절목을 마련하여 내부에 보고한 뒤 부임할 때 가지고 갈 생각이었는데 군수로 부임하지 못했으므로 절목을 가져가지 못했고, 따라서 시행되지 않았다는 견해가 있다(김호동, 2015, 앞의 글, 23쪽). 그러나 소송으로 구금까지 당했던 배계주에게

「절목」의 내용이 우용정의 《울도기》99)와 동래감리의 7개 절목100)의 연장선 위에서 나온 것이라는 주장이 있다.101) 이는 사실이다. 더구나 절목을 작성하려는 움직임은 우용정의 보고 전부터 있었다. 「절목」은 우용정과 동래감리의 지시보다 더 엄격하게 일본의 침탈을 경계하도록 규정하고 있다. 1902년 울릉도 상황은 우용정과 동래감리가 보고할 때보다 한층 더 나빠졌고, 정부도 이를 심각하게 인식하고 있었기 때문이다. 일례로, 동래감리는 외국인의 거주를 엄금했지만, 「절목」은 외국인에게 가옥을 매매하는 자를 사형에 처하도록 더 가혹하게 규정했다. 세금 규정을 보더라도 동래감리는 해산물에서 거둔 세금을 내부로 상납하게 했지만, 우용정은 미역세와는 다르게 일본인들의 미납은 그대로 방치하라고 했다가 「절목」에서는 과세 대상자와 세목을 구분해서 규정했다. 그리하여 미역세는 한인에게, 수출세는 일본인에게 거두도록 규정하되, 수출세의 세율을 1%로 명기했다. 1900년의 칙령은 군수의 과세권을 인정해 주었지만 「절목」처럼 세율까지 명기하지는 않았다. 이렇듯 「절목」에는 1890년대 말부터 드러나기 시작한 울릉도의 현안 특히 일본인의 침탈에 대한 중앙정부의 위기의식, 칙령을 내고도 일본인의 침탈을 근절하지 못하고 있다는 절박함이 반영되어 있다.

「절목」은 전언前言에서 "본 군이 승격된 지 이미 2년이 지났는데도 전도全島의 서무庶務가 아직 초창草創함이 많은 가운데…"라고 했다. 「절목」은 1901년 10월 외부의 훈령이 있고 난 뒤에 나왔는데, "귀군이 신설되었는데 모든 일이 초창하여 외국인들이 유람에 핑계대고…"102)라고 했다. "본군(울도군)이 승설陞設된 지 두 해가 지났는데도 전도의 서무가 아직 초창함이 많은 가운데…"라고 한 것은

정부가 직접 절목을 가져가게 했을지는 의문이다. 다만 언제 울도군에 절목이 전달되었는지에 대해서는 특정하기가 어렵다.

99) 필자를 포함하여 선행연구는 《울도기》를 우용정의 보고서로 보았지만, 그가 보고서를 따로 제출하고 자세한 내용을 《후록》에 적어 보고한 사실로 보건대, 《울도기》는 보고서를 위한 초안이거나 개인적인 기문(記文)으로 보인다. 《울도기》를 보고서로 보게 된 것은 표지가 《鬱島記 −附建議書》로 되어 있기 때문이다. 그러나 이 안에는 여러 문서가 섞여 있고 필체도 다르며 1900년의 상황과 전혀 다른 1904년의 문서도 포함되어 있다.

100) 내부가 동래감리에게 내린 조목을 절목이라고 본 경우가 있다(이상태, 2015, 앞의 글). 1899년 6월 15일 황성신문에 따른 것인데, 신문은 "관장할 규칙을 아래와 같이 성목했다[其所掌規則을 成目左開]…"고 했다. 그러나 절목의 형식을 구비한 것은 아닌 듯하다.

101) 이상태, 2015, 앞의 글.

102) 《舊韓國外交關係附屬文書》 제7권 《交涉局日記》 1901.10.30.(고대 아세아문제연구소, 1972).

외부와 같은 인식 위에서 내부가 작성했음을 시사한다. 정부는 칙령을 공포한 뒤에도 울도군의 기강이 쉬 잡히지 않자 훈령과 절목을 잇달아 내어 일본인의 불법 행위를 단속하려 했던 것이다. 그러므로 일각에서 주장하듯이, 배계주가 부임하지 못했다는 사실이 「절목」의 시행을 부정할 수 있는 근거는 되지 못한다. 「절목」에 즈음하여 정부는 울도군수의 부임 일자에 변동이 생기자 훈령의 수신자를 강영우에서 배계주로 바꾸기도 했다. 그러므로 「절목」이 배계주와 강영우 가운데 누구에게 하달되었는지 아니면 심흥택 임기 중에 하달되었는지도 분명하지 않다. 보고서나 신문 보도, 관문서철의 시기에도 간극이 있으므로 1901년 10월부터 1903년 4월 사이에 울도군수가 누구였는지, 아니면 군수가 부재중이었는지 확실하지 않다.[103] 배계주가 석방되어 면관된 것은 1903년 1월 말이다. 심흥택이 임명된 것은 1903년 1월 26일이지만[104] 부임한 시기는 4월 20일이다. 이렇듯 임명과 도임到任 사이에는 적지 않은 시간차가 있을 뿐더러 그 시기도 명확하지 않다. 「절목」이 내부의 관인을 받은 시기는 1902년 4월이지만, 울릉도에 전해진 시기가 언제인지도 알 수 없다. 배계주가 석방되고 나서 심흥택이 부임하는 1903년 4월 사이에 「절목」이 울도군에 전해졌다면, 배계주는 입수할 수 있었을 것이다.[105] 한편 「절목」은 (일본인의) 수출화물에 대한 과세를 규정하고 있는데, 1905년에 일본 외무성이 자국민의 '수출세' 납부를 주장하고 있음은 「절목」이 시행되었음을 뒷받침한다. 그러므로 「절목」의 결재 시기(1902년 4월)를 전후해서 배계주가 울도군에 부임해 있지 않았음을 들어 「절목」의 효력을 부정하려는 것은 법령의 효력 규정에 비춰볼 때 크게 의미가 없다.

---

103) 김호동은 배계주와 강영우의 행적을 자세히 조사했지만 내용이 서로 맞지 않는 경우가 있다. 이를테면, 강영우는 1901년 10월 9일 군수에 임명되었으나 부임하지 않은 사이 1902년 2월 불량배가 군수를 빙자하여 도민에게 세금을 거두는 일이 있었고, 그 일로 2월 19일 면관되었다고 한다. 이어 3월 7일 배계주가 임명되었지만, 5월 30일까지 부임하지 못했고 그 사이에는 강영우가 통치하였을 것이라고 했다(2015, 앞의 글, 22쪽). 그 근거로 1902년 10월 30일자 훈령을 들었다. 도임하지 않은 강영우가 어떻게 통치할 수 있는가. 김호동의 연구는 이상태가 추적한 배계주의 행적과도 일치하지 않는 부분이 있다.

104) 김호동은 1902년 12월 28일로 보았다.

105) 1906년에 찍은 사진에 배계주가 보이므로 그는 1902년 말부터 울릉도에 거주하고 있었다고 추정된다. 배계주가 절목을 입수할 가능성은, 심흥택이 부임하기 전이거나 심흥택이 부임한 뒤 전 군수 자격으로 입수했을 가능성이 있다.

IV. 맺음말

울릉도 · 독도와 관련된 법령은 모두 정부조직 내 결재절차를 거쳐 제정된 것이다. 이들 가운데 일부는 관보에도 게재되었다. 관보에 기재되는 순서는 조칙, 법률, 칙령勅令, 각령閣令, 고시, 각종 영令이다. 그러므로 칙령은 법률에 버금가거나 법률과 동등한 효력을 지니는 법령이다. 훈령은 내각총리대신과 각부 대신의 서명을 필요로 하지만, 지령에 비하면 그 구속력이 약하다. 구속력의 측면에서 법령에 순위를 매긴다면, 조칙, 법률, 칙령, 각령, 고시, 지령, 훈령 순이 될 것이다.

1896년부터 1906년 사이에 나온 울릉도 · 독도 관련 법령(〈표-1〉 참조)을 보면, 칙령은 세 번, 칙령 칙선서가 한 번, 지령은 두 번, 훈령은 다섯 번 이상 있었다. 이들 법령은 해당 부처 간 수많은 조회照會와 조복照覆, 통첩通牒의 왕래를 거쳐 성립한 것이다. 이들 법령을 내는 데 기초 자료가 된 보고서는 칙령이나 지령, 훈령의 숫자보다 훨씬 더 많다.

1905년 이전 독도에 대한 한국의 영토 주권(territorial sovereignty)을 입증해 주는 대표적 법령의 하나인 칙령 제41호는 청의서를 제출한 뒤 내각(의정)결정과 상주를 거쳐 제정된 뒤 관보에 게재되는 절차를 거쳤다. 이에 견주어 일본이 자국의 영유권을 주장할 때 내세우는 시마네현 고시 제40호는 청의서를 제출한 뒤 내각결정을 거쳤다는 점에서는 칙령 제41호와 같은 절차를 거쳤지만, 관보에 게재하지 않고 일개 현의 '고시'에 그쳤다는 점에서 다르다. 양국 모두 '청의서'에서 출발하여 공문서식에 의거한 입법절차를 밟았다는 점은 같지만, 마지막 절차에서 엇갈리고 있다.

중앙정부 차원에서 칙령을 관보에 게재한 경우와 지방정부 차원에서 시마네현에 한정하여 편입 사실을 고시한 경우, 어느 쪽이 더 법적 구속력 측면에서 우위에 있는가는 지금까지 고찰한 법령의 작성 절차와 효력으로 볼 때 자명할 것이다. 이어 대한제국은 칙령 제41호에 대한 후속 조치의 하나로서 「울도군 절목」을 냈다. 그런데 「절목」에서 '독도'를 직접적으로 언급하지 않았으므로 울도군수의 과세는 독도에 대한 실효지배와 관계없다는 주장이 한편에서 있다. 그러나 「절목」에 앞서 나온 칙령에서 울도군의 관할 구역 안에 석도(독도)를 명기한 바 있으므로 그 후속으로 나온 하위 법령 「절목」의 적용 범위에는 당연히 울도군 관할 구역인 석도가 포함되는 것으로 보아야 한다. 또한 「절목」은 군수의 과세권도 명기했는데, 울도군 관할 구역 전체에 적용되는 것이므로 독도와 관련된 경제활동도 당연히 적용되어야 한다. 군수가 「절목」에 의거하여 수출세를 부과했는데 그 안에 독도강치가 포함되어 있다면, 이때의 수출세는 울릉도 산품에 대한 과세가 아니라 독도 산품에 대한 과세이다. "독도 산품에 대한 과세 그 자체가 주권행위이다."106) 그러므로 「절목」에 '독도'가 언급되어 있지 않아 독도와 관련이 없다는 주장은 칙령과 「절목」 사이의 연계성을 간과한 논리다.107) 대한제국은 칙령과 지령, 훈령, 절목 등으로 독도에 대한 권능을 "실제적이고 평화적으로" 행사했다고 보아야 할 것이다.

⟨표-1⟩ 울릉도 · 독도 관련 주요 법령과 문서형태

연도	주요 내용(건명)	발신	수신	문서 형태
1896.6.25.	「지방제도와 관제, 봉급 및 경비 개정에 관한 건」	대군주	각의	칙령 제36호
1897.3.10.	러시아의 벌목을 방애하지 말 것	외부대신	관찰사	훈령 제1호
1897.8.19.	러시아 윤선의 편리를 봐 주도록 울릉도 도감에게 알릴 것	외부대신	관찰사	훈령 제4호
1898.5.	⟨欝陵島區域을 地方制度中 添入에 關ᄒ 請議書⟩	내부대신	각의	청의서
1898.5.26.	「地方制度中改正添入ᄒᄂ 事」	대군주	내부대신	칙령 제12호
1899.6.15.	「동래감리에게 내린 7개	내부대신	동래감리	일종의 절목

---

106) 최철영, 2015, 앞의 글, 118쪽.
107) 수세는 「절목」이 있기 전부터 관행화되고 있었으므로 「절목」이 아니더라도 성립한다. 하지만, 「절목」의 존재는 이를 법제화한, 즉 입법관할권과 행정관할권을 행사한 것이라는 데 의미가 있다. 일각에서 「울도군 절목」을 허위문서라고 하다가 관인(官印) 절도, 군수 미(未)부임 등을 들어 그 존재와 효력을 부정하는 경우가 있다. 모두 공문서의 의미를 간과한 비판이다.

(신문게재일)	조목」			
1899.12.19.	우용정 파견에 관해 내부대신이 상주, 교지를 받음	내부대신		상주서 (관보 게재)
1900.10.22.	〈欝陵島룰 鬱島로 改稱ᄒ고 島監을 郡守로 改正에 關ᄒ 請議書〉	내부대신	의정부 의정	청의서
1900.10.25.	「欝陵島를 欝島로 改稱ᄒ고 島監을 郡守로 改正ᄒ 件」	대군주	내부대신	칙령 제41호(관보 게재)
1901.9.	우용정 귀환 뒤에 일본인의 벌목이 그치지 않으니 일본 공사관에 알려 철수하게 해줄 것을 요청	울도군수	외부대신	보고서 제1호
1901.10.	외국인의 가옥 건설과 영업을 금칙할 것	외부대신	울도군수	훈령
1902.3.13. (10.30.)	외국인의 불법 거주와 영업을 금하고 동래감리서로 잡아올 것	외부대신	울도군수	훈령 제1호
1902.4.	「울도군 절목」	내부대신	울도군수	절목
1902.9.15.	군수 미부임, 4월 궁내부 사검관의 조사를 보고, 일본의 경서(警署) 설치와 핍박을 호소, 공사관에 알려 철수를 요청	관찰사	외부대신 서리	보고서 2호
1902.	위 보고서 2호(9.15.)에 대한 지령: 일본 공사관에 알려 처리할 것	외부대신		지령
1902.10.30.	외국인 가옥 건설과 영업, 벌목을 금하고 본국인은 동래감리서에서 처리하도록 요청	외부	울도군수	훈령 제1호
1903.10.15.	심흥택의 보고에 의거하여 일본인의 벌목을 금지해줄 것을 요청	관찰사	외부대신 서리	보고서 4호

1903.11.28.	심흥택의 보고에 의거하여 러시아와 일본의 벌목을 금지해줄 것을 공사관에 조회하도록 요청	관찰사	외부대신 서리	보고서 6호
1903.11.27.	심흥택의 보고에 의거하여 보고한 내용을 일본 공사관에 알려 경서 철수와 벌목 금지하도록 요청	관찰사	외부대신 서리	보고서 7호
1904.5.18.	한러 간 조약과 협정을 시행하지 말 것		외부대신	칙령 칙선서 (관보 호외)
1906.4.29.	심흥택보고서에 대한 관찰사의 보고서	관찰사 서리	참정대신	보고서 호외
1906.5.10.	보고서 호외에 대한 지령	참정대신	관찰사 서리	지령 제3호

5. 울릉도 마을 지명의 형성 및 정착에 일본인이 미친 영향

I. 머리말

지명은 대체로 사람들이 장소를 구분하기 위한 수단으로 만들어지는 것이므로 이름 붙이는 직접적인 계기는 현지를 보고 나서다. 그런데 울릉도는 오랫동안 입도가 금지된 섬이었으므로 울릉도 및 섬 안의 지역에 지명을 붙이게 되는 것은 개척 이전의 불법 입도자와 개척 이후 거주자들이 목격하고부터다. 그러므로 울릉도에서 지명, 특히 마을지명이 생성된 역사는 길지 않다. 개척 전부터 한·일 양국인들의 입도가 끊이지 않았지만 개척기에서부터 1900년을 전후해서 조사하여 기록을 남긴 자는 주로 일본인이었다. 이 때문에 일본인들이 우리말을 잘못 이해하여 표기를 잘못 하거나 일본식으로 명명한 경우도 적지 않다. 이렇게 해서 와전된 지명은 일제강점기를 거치는 동안 정착됐고, 해방 뒤에는 한국인들이 고착시켰다. 1960년대에 들어와 현지조사가 활발해지고 정부 차원에서도 조사했는데 현지인에게 들은 유래가 그대로 조사자에게 전해져 오늘날까지 이어지고 있다. 한편 울릉도민과 울릉군이 자체적으로 기록한 지명 자료인 《울릉군지》(1989)에서 이를 볼 수 있다. 이러저러한 영향으로 현재 울릉도 곳곳에 적혀 있는 지명 표지판과 관광 안내판은 표기가 잘못되거나 본래의 의미와 동떨어져 그 유래를 적은 것이 적지 않다. 전자를 대표하는 것이 현포玄圃, 석포石圃, 학포鶴圃이고, 후자가 사동沙洞, 행남杏南, 예선창·고선창, 삼막蔘幕, 간령間嶺 등이다. 대풍감待風坎, 사태감沙汰坎, 황토감黃土坎 등도 본래는 대풍구미, 사태구미, 황토구미인데 전혀 다른 의미의 '감坎'으로 바뀌어 있다. 또한 현전하는 지명 가운데 일부는 일제강점기 뒤에 새로 만들어진 것이다. 그럼에도 이런 유래와 새 지명 등에 관한 고찰이 그동안은 제대로 이뤄지지 않았다. 그 이유는 연구자들이 주로 현전하는 한국 자료에만 의존하고 일본 측 기록이나 새로 발굴된 한국 측 수토기록 등을 접하지 않았기 때문이다.

울릉도 지명을 다룬 선행연구로는 김기혁·윤용출[1]의 연구와 남경란[2]의 연구를 들 수 있다. 김기혁·윤용출의 연구는 지명이 시기에 따라 바뀐 차이에 주목하여 '조선시대 지명'과 '일제지명'으로 구분하고 고지도 및 조선시대 수토기록과 일제 강점기에 나온 자료를 망라하여 분석했으나 일본 측 기록까지 분석한 것은 아니다. 일본 측 기록을 검토하면 조선시대 지명이 어떻게 일본인에 의해 와전되었는지를 알 수 있는데, 그렇지 않아 일제시대 지명으로 잘못 분류된 경우가 있다. 수층동, 산억동, 창동, 행남과 같은 지명은 본래 조선시대 지명에서 파생한 것인데 이들이 〈조선지형도〉(1917)에 처음 보였다는 사실에 의거하여 일제지명으로 잘못 분류된 것이다. 그 외에 일제지명으로 분류된 신리, 내평전, 내수전, 고선창, 나팔등, 신촌, 광암, 마암, 주사곡, 죽암 등은 《조선지지자료》(이하 《지지》로 약칭)에 수록된 내평전과 나팔등을 제외하면, 1910년 이전부터 있던 조선시대의 지명들이다.[3] 남경란은 현재 사용되는 지명 125개[4]의 유래를 고찰하기 위해 이규원의 검찰일기와 《정처사 술회가》, 《구한국 지방행정구역 명칭일람》(1912), 《지지》, 《신구 대조 조선전도 부군면리동 명칭일람》(1917), 〈조선지형도〉(1917)를 참조했다고 하지만, 변천의 경위를 밝히지 않은 채 이칭을 함께 기술하고 있어 지명의 형성 시기 및 와전 여부를 구분하기가 어렵다. 또한 기존 문헌에서 유래를 인용했지만 출처를 밝히지 않아 어디에서 근거한 것인지가 분명하지 않다. 남경란의 연구는 지명을 몇 가지 범주로 구분하여, 이를테면 '정들포'와 '석포'를 별개의 지명으로 분류했는데,[5] '석포'는 '정돌포'에서 유래했으므로 '정들포'로 표기하거나 별개의 지명으로 다루는 것은 맞지 않다.

---

1) 김기혁·윤용출, 〈조선-일제 강점기 울릉도 지명의 생성과 변화〉 《문화역사지리》 18권 1호, 한국문화역사지리학회, 38~62쪽, 2006; 김기혁, 〈조선 후기 울릉도의 수토기록에서 나타난 부속 도서 지명 연구〉 《문화역사지리》 23권 2호, 한국문화역사지리학회, 2011.
2) 남경란, 〈경북 동해안 방언의 어휘적 특징-울릉군 지역의 방언 어휘를 중심으로-〉 《민족문화연구총서》 28, 영남대학교, 2003; 남경란, 〈울릉군 지명 연구〉 《독도연구》 제4호, 영남대학교 독도연구소, 2008, 197~238쪽.
3) 이 외에도 서달령과 천년포, 삼본입, 관음도, 석봉, 가두봉, 초봉, 미륵산, 관모봉, 난봉, 대등, 복호폭, 용천 등을 일제지명으로 분류했다(김기혁·윤용출, 2006).
4) 125개는 남경란이 《울릉군지》(2007)를 편찬하기 위한 선행 작업으로 조사한 지명이라고 한다.
5) 남경란, 2008, 앞의 글, 230쪽; 235쪽.

이 글은 현전하는 지명의 형성과정을 고찰하여 그것이 어떻게 와전·고착했는지를 밝히는 것을 목적으로 하되, 마을지명을 위주로 고찰한다. 표기는 지명의 음이 같더라도 한자표기가 다른 경우가 있으므로 원문에 '한글', '한자', '한자(한글)' '한자(일본어)'로 된 의미를 살리고자 한자를 한글로 바꾸지 않았음을 밝힌다.

Ⅱ. 조선시대 울릉도 지명의 형성과 변천

1. 수토제와 울릉도 지명의 형성

울릉도 지명은 대체로 본도와 주변 도서, 산천의 형세, 산물 등을 본떠 붙인 경우가 많다. 섬이 정식으로 개척되기 전에는 수토관이 명명한 지명이 많았다면, 개척 후에는 거주민들이 자발적으로 붙인 지명이 많다. 개척 초기에는 지명의 이름소 뒤에 구미, 작지, 포浦, 암巖, 산, 령嶺, 재, 치峙 등의 형태소를 붙인 것이 많은 반면, 주민이 증가하여 행정적인 편제가 이뤄진 뒤에는 이름소 뒤에 리里, 동洞 등의 형태소를 붙인 것이 많다.

수토제가 확립되기 전에는 안무사, 심찰사 등이 비정기적으로 조사했지만, 숙종 연간 '울릉도 쟁계'를 겪은 뒤로는 수토제를 실시하여 삼척진 영장과 월송포 만호가 교대로 정기적으로 파견되었다. 수토관들은 울릉도와 주변 도서를 수토한 후 도형圖形과 복명서를 비변사에 제출했으나, 사람에 따라 편차가 커서 복명서가 소략하거나 보고서가 남아 있지 않기도 하다.

1699년 월송포 만호 전회일의 수토가 시작된 이래 3년마다 수토제가 실시되었지만, 관련 기록을 남긴 자는 1711년 5월에 수토한 삼척진 영장 박석창이다. 그는 수토 행적을 울릉도에서는 각석문으로 남겼고, 〈울릉도 도형〉을 비변사에 제출했다. 각석문에는 날짜, 수토사실, 박석창과 수행원의 이름이 새겨져 있다. 지명으로는 배를 정박해 두었다는 왜선창倭舡艙과 그 외에 穴巖, 中峰, 所謂于山島가 보인다. '왜선창'은 18세기 중반《해동지도海東地圖》에 수록된 〈대동총도大東總圖〉[6]에서는 '왜선창倭船倉'으로 보였고 穴巖과 中峰, 于山島 등도 보여 박석창과 크게 다르지 않다. 박석창이 다녀간 뒤에는 훨씬 많은 지명이 보여, 1750~1751년 사이 홍문관이 주관하여 그리게 한 것으로 추정되는《해동지도》의 〈鬱陵島〉7)에는 많은 지명이 보인다. 대표적인 지명을 추려보면 다음과 같다.8)

中峯, 孔岩, 大岩, 大銷岩, 小銷岩, 黃岩, 所謂于山島, 朱土窟, 樵布岩, 牛角岩, 仙遊臺, 道莊仇尾, 朱土仇尾, 天低仇尾, 倭船倉, 沙工浦

穴巖이 여기서는 孔岩으로 되어 있고, 바위 지명과 '구미' 관련 지명이 많다. 이후 삼척영장 조한기趙漢紀가 영조 41년(1765) 봄에 울릉도를 수토했는데9) 그의 〈울릉도 수토기〉10)에 보이는 지명은 다음과 같다.

苧田仇味, 可知仇味, 貝田仇味, 幄升峰, 朱砂峯, 白雲峯, 錐峰, 黃土仇味, 待風所, 倭船所

그뒤 김창윤(1786)11)과 한창국(1794)12)의 기록에 보인 지명은 다음과 같다.

1786: 可支仇味13) 防牌島, 孔巖, 大錐巖·小錐巖, 倭舡滄, 長作地, 苧田洞, 竹巖, 天磨仇味, 錐山, 大錐巖·小錐巖, 香木亭, 玄作地, 帳竹巖, 黃土仇味

6) 규장각 소장, 8책에 수록된 〈대동총도(大東總圖)〉

7) 해동지도 유형의 지도는 6편이 있는데 모두 박석창 이후의 지도이다. 〈울릉도〉는 규장각 소장 (古大 4709-41)이다(김기혁 외, 《울릉도:고지도》 시군별 고지도 8, 부산지리연구소, 2005; 허정백, 〈고지도를 통해 본 조선 후기 울릉도 지리인식〉《지역과 역사》 17, 부경역사연구소, 2005, 182쪽에서 재인용).

8) 허정백은 자연지명 28개, 인문지명 24개로 보았다(허정백, 2005, 위의 글, 184쪽).

9) 《비변사등록》 영조 40년 1월 18일; 영조 41년 2월 18일; 《승정원일기》 영조 41년 2월 18일.

10) 규장각(古 4790-48) 소장의 《와유록(臥遊錄)》(7책)의 4책에 실려 있다. 편자와 편찬 연대는 미상이다. 장서각에도 《와유록》(12책)이 소장되어 있다. 장서각본은 제목이 〈울릉도〉이다(이원택, 〈조한기(趙漢紀)의 〈울릉도수토기(鬱陵島搜討記)〉 해제 및 번역〉《영토해양연구》 제19호, 동북아역사재단, 2020) 참조.

11) 《일성록》 정조 10년 6월 4일(병자).

12) 《정조실록》 정조 18년 6월 3일(무오).

13) 지금까지 필자를 포함해서 많은 연구자들이 '가지도구미'로 적었다. 한국고전번역원 번역문에 '가지도구미'로 되어 있어서인데, 원문은 '가지구미'로 되어 있다.

> 1794: 可支島, 防牌島, 竹島, 瓮島, 孔巖, 屏風石, 長作地浦, 苧田洞, 中
> 峯, 竹巖, 錐山, 桶丘尾·桶丘尾津, 帿布巖, 黃土丘尾津·丘尾津

김창윤의 기록에는 그가 목격한 부속 도서와 해안지형 관련 지명이 주를 이룬다. 그는 사람들이 살던 터를 확인했지만 거주민을 직접 목격했다고 보고하지는 않았다. 그의 보고에서 섬 이름으로 볼 만한 것은 방패도이고, 해안의 만입부를 의미하는 '구미' 즉 가지구미, 천마구미, 황토구미 등이 보이고, 공암, 대추암·소추암, 죽암, 후죽암 등의 바위 지명이 보인다. 두 사람의 지명 기록은 비슷하지만 약간 차이가 있고 한창국에 와서 지명이 더 증가했음을 알 수 있다. 뒷날 정착한 마을지명으로 미루어보건대, 두 사람의 기록에서 마을지명으로 볼 만한 것은 저전동, 현작지, 장작지, 통구미, 황토구미, 죽암, 추산 등이다. 18세기 후반에 이 정도의 마을지명이 있었다는 것은 개척령 전부터 사람들이 정착하고 있었음을 의미한다.

19세기에는 2년마다 수토제를 실시했음에도 기록은 소략하다. 19세기 수토기록에 보인 지명을 적어보면 다음과 같다(괄호 안 성명은 수토관).[14]

> 1807(이태근): 于山島, 孔巖, 都庄仇味, 屏風石, 中峯, 錐山巖, 天底仇
> 味, 香木亭, 黃土仇味, 黃土窟[15]
> 1827(하시명): 可支魚窟, 屏風石, 長沙邱尾, 中峯, 萍卓邱尾, 黃土邱尾,
> 黃土窟
> 1831(이경정): 屏風巖, 朱砂峯, 黃土龜尾, 黃土窟, 玄石龜尾
> 1849(이규상): 黃土龜尾
> 1857(지희상): 可支窟, 孔岩, 待風邱尾, 屏風石, 倭船倉, 楮田邱尾, 錐
> 峰, 桶邱尾, 香木亭, 黃土窟, 帿布岩, 黑杖邱尾

---

14) 19세기 수토기록에 대해서는 이원택, 〈19세기 울릉도 수토 사료 해제 및 번역〉《영토해양연구》제15호, 동북아역사재단, 2018 참조.
15) 《일성록》순조 7년 5월 12일(계축).

이들 기록에서 공통된 지명은 중봉과 공암, 병풍석, 추산 관련 지명(대추암·소추암, 추봉, 추산), 황토굴과 통구미, 향목정, 가지어 관련 지명(가지도, 가지어굴, 가지굴), 왜선창, 저동 관련 지명(저전동, 저전구미)이다. 대부분 지명이 유사하여 이전 지명을 답습하고 있음을 드러낸다.

2. 개척 전후의 울릉도 지명

근대기에 들어와 일본인의 불법 벌목이 기승을 부리자 조선 정부는 울릉도를 개척하기 전에 검찰사 이규원을 파견하여 그 타당성을 조사하게 했다. 그런데 같은 해에 고종은 이규원에 앞서 군관 이명우에게 밀지를 내려 울릉도를 조사시킨 일이 있었다.[16] 다만 이명우의 기록은 소략해서 지명의 숫자는 이규원[17]이 훨씬 더 많다. 이명우[18]와 이규원[19]의 기록과 도형에 등장하는 지명을 보면, 다음과 같다.

    이명우: 谷浦, 舊船倉, 國洞, 待風口, 小黃土口, 長作地, 苧浦, 千年浦,
            錐峯, 通口尾, 香木洞, 紅門嶺, 黃土口, 黑作地
    이규원: 島項, 竹島, 谷浦, 谷太嶺, 窟岩,[20] 羅里洞, 大·小苧浦, 大巖,
            大黃土邱尾, 道方廳, 沙汰邱尾, 山幕洞,[21] 船板邱尾,[22] 小黃土
            邱尾, 臥達雄通邱尾, 雄通邱尾, 倭船艙, 長斫之, 長斫支浦,[23]

---

16) 이명우가 길을 떠난 시기는 3월 16일이고 이규원이 길을 떠난 시기는 4월 10일이다. 이규원은 4월 30일 울릉도 서쪽 소황토구미에 도착하여 조사했고 서울에 돌아와 고종에게 복명한 시기는 6월 5일이다. 이 책의 4부 참조.

17) 1882년 이규원이 조사 후 정부에 제출하기 위해 작성한 보고서의 초본이 《계초본》이고, 개인 기록이 《欝陵島檢察日記》이다.

18) 〈欝陵島記〉《묵오유고》, 1917.

19) 김기혁, 2011, 앞의 글, 122쪽; 이혜은·이형근, 《만은 이규원의 〈울릉도 검찰일기〉》, 한국해양수산개발원, 2006.

20) 울진 근처의 지명으로 되어 있지만, 울릉도 안에도 같은 지명이 있다.

21) 김기혁(2011, 127쪽)은 '蓼幕洞浦口'로 기술했다.

22) 《울릉군지》(100쪽)는 선창으로 보았고, 이혜은, 김기혁도 현재의 선창으로 보았으나 홍정원은 섬목으로 보았다(2017, 181쪽). 섬목은 아닌 듯하다.

23) 김기혁(2011, 128쪽)은 현재의 사동에 비정했다.

楮田浦, 中峯, 聖人峰, 竹岩, 竹浦, 倡優岩,[24] 天磨仇味, 千年
浦, 燭臺岩,[25] 錐峯, 桶邱尾, 香木邱尾, 玄浦, 紅門街, 兄弟巖,
黑斫支, 黑斫之浦, 黑浦, 老姑巖, 門巖, 將軍巖, 蒜峰,[26] 苧浦,
鳳巖, 蒜峰, 將軍峰, 將軍巖, 華峰, 聖人峰, 道德峰, 活人峰, 錐
巖, 華巖,[27] 祝融峰, 神傀峰, 恒峰, 衡峰, 嵩峰, 泰峰, 麒麟峰,
玉女峰

위의 지명에서 유사지명이 보이는데, 紅門嶺과 紅門街, 黑作地와 黑斫支, 長
作地와 長斫之, 舊船倉과 倭船艙, 通口尾와 桶邱尾, 香木洞과 香木邱尾, 小黃
土口와 小黃土邱尾 등이 유사지명이다. 같은 지역을 기록한 것임에도 두 사람의
기록이 약간 다르다. 한편 이명우는 國洞[28]과 待風口를 거론했지만 이규원은
거론하지 않았다. 이규원이 기록한 해안가와 산천 지명은 이전 기록과 비슷하지
만, 그에 와서 취락과 포구 지명이 많이 증가했다. 이 역시 많은 사람들이 이미
입도하여 살고 있었음을 방증한다.

1883년 봄부터 두 번에 걸쳐 정식 입도가 시작되었는데, 공식 기록에 보인
거주지는 谷浦, 大黃土浦, 錐峯, 玄浦洞이었다.[29] 玄浦洞을 제외하면 이전부터
보였던 지명이다. 앞서 玄斫支, 玄石龜尾, 黑斫之浦, 黑杖邱尾, 黑浦, 玄浦 등으
로 보였던 것이 1883년에는 玄浦洞이 된 것이다. 1883년 일본 내무성은 야마구
치 현령에게 울릉도 도항자를 조사하도록 지시한 바 있는데, 8월 20일 대서기관
곤도 고시[近藤幸止]는 하기[萩]경찰서의 순사 요코타니 사이치[橫谷佐一]가 조사한
정황을 외무경과 내무경에게 보고했다.[30] 요코타니가 조사한 정황은 〈마쓰시마

---

24) 이혜은·윤용출은 추봉 옆에 있는 바위로 비정했다(앞의 책, 64쪽 그림 3-11 참조).
25) 김기혁은 촉대암을 삼선암에, 이혜은은 형제암을 삼선암에 비정했다.
26) 김기혁(2011, 128쪽)은 周峰에 비정했다. 그러나 산봉은 천부 쪽에 있고, 주봉은 사동 근처에
　'두리봉'으로 현전하므로 다른 봉우리로 보인다.
27) 김기혁(2011, 128쪽)은 현재 통구미, 거북바위에 비정했다.
28) 國洞의 뜻을 풀면 '나라동'이 된다. '나리동'인데 '나라동'으로 잘못 듣고 훈차표기하여 '國洞'이
　된 듯하다.
29) 《光緒九年七月日江原道欝陵島新入民戸人口姓名年歲及田土起墾數爻成册》(1883).
30) 경상북도 독도사료연구회, 《독도 관계 일본 고문서 5》《조선국 울릉도에 불법으로 도항한 일
　본인을 데리고 온 일에 대한 처분 건(朝鮮国蔚陵島ヘ犯禁渡航ノ日本人ヲ引戻処分一件)》(외무
　성자료 3824)(1883.8.16.)》, 2018.

정황서[松島景況書]〉로 남아 있는데, "이 섬의 아자[字]31) 中谷에 아사히 조가 있으며 아자 コールケ에 아사히 조의 지조支組가 있습니다. 인원은 대략 95~96명이라고 합니다"라는 내용이 있다.32) 여기에 中谷과 コールケ라는 지명이 등장한다. 'コールケ'는 우리말 '골개'를 옮겨 적은 것인데 앞서 이명우와 이규원은 '谷浦'로 표기했었다.

같은 해에 내무성 소서기관 히가키 나오에[檜垣直枝]는 일본인 쇄환을 위해 울릉도에 파견되어 10월 7일 섬에 도착하여 14일까지 조사했다.33) 그는 "(10월) 6일 정오에 출항하여 다음날 7일 오전 9시에 울릉도 동북쪽 해안 아릭사[阿陸沙]라 부르는 곳에서 곧장 거룻배를 내려 상륙했음. 실제로 그곳에 있는 자 16~17정(丁) 정도 떨어진 곳인 아자[字] 中谷이라는 곳에 있는 자들 총 40여 명을 불러 일단 귀국을 명하자…"34)라고 기록했다. 이어 그는 10월 7일 유학幼學 배충은과 응접한 일을 따로 기록했는데, 여기에도 '阿陸沙(섬 안의 지명−원주)'와 '中谷(지명−원주)'이라는 지명이 보인다. 원주를 넣어 阿陸沙와 中谷이 '지명'임을 분명히 했다. 히가키는 울릉도 도형을 그린 뒤 그 안에 지명을 기재하되 한자와 일본어 가타카나를 다음과 같이 병기했다(괄호 안은 가타카나로 표기한 원주를 필자가 한글로 바꿈. 가나다순).

가몬崎, 觀音崎, 觀音浦, 谷浦(골게), 廣大湫,35) 國見崎, 窟岩, 槻谷, 羅里洞(라리골), 大巖, 大苧浦(대보시게)36), 待風邱, 風待邱, 大黃土邱(대황토기미), 都房廳(도방총), 島項, 万歲浦, 沙汰邱, 山谷, 山幕谷(산마골), 小苧浦(소보시게), 小黃土邱(쇼황토기미), 松谷, 水層層, 阿陸沙(아릭사), 窩

---

31) 아자(字, 大字)는 고을 단위임. 《(신구대조) 조선전도 부군면리동 명칭 일람(新舊對照朝鮮全道府郡面里洞名稱一覽)》(1917)에서는 조선의 里 또는 洞을 大字에 해당시켰다.

32) 아사히 조에 고용된 오사카부 평민 우메조노 유이쇼가 귀국하자 요코타니가 우메조노로부터 들은 것을 기록한 것이다.

33) 히가키는 10월 26일 귀국하여 11월에 보고서를 작성했고, 내무경이 외무경에게 제출한 날짜는 11월 12일이다(《독도 관계 일본 고문서 5》).

34) 《조선국 울릉도에 불법으로 도항한 일본인을 데리고 온 일에 대한 처분 건》 제3권 〈울릉도 출장 복명서〉, 1883년 11월.

35) 〈울릉도도〉

36) 우리말은 '모시개'인데 일본어로는 'タィボウシゲイ'(대보시게)로 표기했다. 소저포도 마찬가지로 '소보시게'로 표기했다.

撻里, 倭船倉, 要谷, 勇之谷, 長作支(장작게), 竹島, 中谷, 直谷, 千年浦, 天籟山(천라이산), 淸水谷, 錐峯(송그산), 通邱尾(통기미), 玄作支

수토관과 이명우, 이규원은 한자로만 기입했으므로 우리말 발음을 알 수 없었지만 히가키는 한자와 우리말 발음을 병기했으므로 괄호 안의 발음이 우리말 지명임을 알 수 있다. 골개, 나리골, 대모시개, 소모시개, 대황토구미, 소황토구미, 도방청, 산막골, 아릭사, 장작지, 천뢰산, 송곳산, 통구미 등이 그러하다. 'コールケイ'는 앞서 '谷浦'로 보였던 것인데 히가키가 '골게'로 표기했으므로 '골개'를 훈차표기한 것이다. 히가키는 '阿陸沙'를 'アリクサ' 즉 '아릭사'로 표기하고 '阿陸沙(섬 안의 지명)'이라고 했는데, 그뒤 1892년에 한글로 '아록사' '알록사'가 보이므로 이들을 음차표기한 것이 阿陸沙가 되었음을 알 수 있다. 다만 '아록사·알록사'의 의미는 알 수 없다. '中谷'은 요코타니와 히가키에게서 보였는데, 히가키가 '(지명-원주)'라고 부기했으므로 지명임을 알 수 있지만 우리말을 병기하지 않아 누가 명명한 것인지가 불분명하다. '中谷'은 한국에서는 흔한 지명이 아니지만, 일본에서는 흔하다. '中谷'을 풀면, 가운데골짜기(가운데골, 안골)이 된다. 히가키는 도형에서 도방청 가까운 골짜기에 이 지명을 기재했다. 뒷날 《조선지지자료》에 '내평전'이 보이므로 같은 지역을 가리키는 듯하다. 히가키에게서 새로 보인 지명은 '觀音島(觀音崎·觀音浦)' 國見崎, 大巖, 窟岩, 水層層 및 골짜기 관련 지명(山谷, 松谷, 勇之谷土, 直谷, 淸水谷)이다. '谷'은 '골'에 대한 훈차표기로 소나무골, 직골 등은 우리말로 볼 수 있지만 일본에도 谷이 들어간 지명이 적지 않다.

최근 〈欝陵島圖〉[37]라는 지도가 공개되었는데, 다음과 같이 많은 지명이 기재되어 있다. 이명우에게서 보였던 '舊船滄'이 보이고, 이규원과 히가키에게서 보인 '邱尾' 관련 지명 및 '阿陸沙'가 보이므로 1890년 이전의 도형으로 보이지만 단정하기는 어렵다.

□[38]南伊, 廣大湫, 谷浦, 舊船滄, 窟巖, 羅里洞, 內秀乃田谷, 大黃土邱

---

37) 2019년 3월 3일, KBS TV쇼 진품명품에 소개된 지도이다. 수토관이 작성한 지도로 소개되었다.
38) □는 원문 미상. 이하 마찬가지다.

尾, 大巖, 大苧浦, 待風邱尾, 道房廳, 島項, 山幕谷, 小苧浦, 小黃土邱尾, 水層, 阿陸沙, 長浦, 丁□內船艙, 竹島, 錐山, 千年浦, 通邱尾, 香木谷, 玄浦

위 지명 가운데 □南伊와 丁□內船艙은 글자가 명확하지 않다. □南伊는 뒷날 '나미'라는 지명과 '沙公南'이 보이므로 '사공나미'를 음차표기한 듯하다. 뒤에 보인 '내수전'이 여기서는 '內守乃田谷'으로 되어 있고, 왜선창은 '丁□內船艙'으로 되어 있다.

수토제는 개척 이후인 1894년까지 지속되었으므로 수토관의 조사도 계속되었다. 1887년 평해군수 겸 울릉도 첨사 박태원이 수토 후 제출한 보고서에는 다음과 같은 지명이 보인다.[39]

假道頭, 谷浦洞, 廣巖洞, 羅里洞, 大黃土浦, 道傍浦, 長社洞, 長浦洞, 苧浦洞, 竹田邱尾, 錐巖, 樋口尾, 香木谷, 黃土窟

박태원이 많은 지명을 기록한 것은 아니지만, 假道頭, 廣巖洞, 長社洞, 長浦洞이라는 지명은 새로 보인 것들이다. 같은 지역을 가리키는 것임에도 이명우와 이규원, 히가키, 〈울릉도도〉, 수토기에 기재된 표기가 제각각이다. 저마다 들은 대로 옮기다보니 음차표기가 달라진 것이다. 이 시기에 오면 곡포를 곡포동, 저포를 저포동, 나리골을 나리동으로 적었듯이 '동洞'을 붙여 마을지명으로 정착하고 있음을 알 수 있다. 한편으로는 개, 구미, 작지, 포浦, 사키 등의 형태소를 붙인 지명이 많아 바닷가 지형과 관련 있음을 알 수 있다. 히가키는 '가몬崎[玄作支]'처럼 형태소로서 '사키'와 '작지'를 병기했는데, (검은)작지, (검은)구미, (검은)개 등에서 보인 우리말 형태소의 의미를 몰라서 일본식(사키)으로 표기했다고 생각된다.

정식으로 주민들이 입도한 뒤 마을지명이 증가하는 한편, 한글로 표기한 지명도 나타나기 시작했다. 1891년 울릉도 현포에 입도한 정래기는 1892년 〈정처사술회가〉라는 가사를 지었다. 표지에는 〈기유 이월 이십사일 슈집우 통구미 정쳐

---

39) 이원택, 2018, 앞의 글, 121쪽.

사 술회가라〉로 되어 있고, 뒷면에는 「述懷歌 鄭處士家書 慶尙北道 鬱陵島 西面 通九味 鬱陵島 龜洞精舍」라고 쓰여 있다. 통칭 〈정처사 술회가〉라고 한다.[40] 〈정처사 술회가〉[41]에 보인 지명은 다음과 같다(한글 고어로 된 원문을 필자가 현대어로 고침).

　　울도, 가두머리, 구무뚜러,[42] 구암, 귀인봉, 나리골, 남양동, 쎠난셤,
　　노적봉, 노인석, 도동, 동자석, 마암, 모시개, 문필봉, 아록사·알옥사,
　　옹통개, 우복동, 장군대, 준마봉, 중령, 천부동, 통구미, 현표·현포, 호
　　연봉, 화개봉, 황토금

　울릉도가 '울도'로 되어 있으며 우리말 지명이 많지만, 한자지명에서 온 것도 많다. 우리말 지명은 가두머리, 구무뚜러, 나리골, 쎠난셤, 모시개, 알옥사, 옹통개, 통구미, 황토금 등이고, 한자지명에서 온 것은 울도, 구암, 귀인봉, 남양동, 노적봉, 노인석, 도동, 동자석, 마암, 문필봉, 우복동, 장군대, 준마봉, 중령, 천부동, 현포, 호연봉, 화개봉 등이다. '가두머리'는 1887년에 보였던 假道頭를, '구무뚜러'는 '구멍뚫어' 즉 1786년에 보인 '孔巖'을 우리말로 표기한 것이다. "쎠난셤"[43]은 1794년에 보인 竹島를 가리킨다. '옹통개'는 1906년 오쿠하라가 '玄浦(현포, 일명 옹도우개)'로 일컫는 '옹통개'로서 玄浦를 가리키는데 여기서는 玄圃로 보인다. 이규원이 말한 '와달옹통구미'는 현재의 '와달리'를 가리킨다. '아록사·알옥사'는 앞서 히가키가 말한 '阿陸沙(아릭사)'를 가리키므로 '阿陸沙'가 '아

40) 국어학자 서원섭이 1967년 울릉도 민요를 수집하던 가운데 서면 통구미동의 외숙에게서 한 권으로 성책(16장, 한지)되어 있는 순한글 가사 사본을 입수한 것을 이른다.

41) 〈정처사 술회가〉는 정 처사(1835~1896) 즉 鄭來驥가 지은 순한글 가사이다. 1967년 울릉도 통구미동에서 입수한 서원섭에 따르면, 정 처사는 1891년에 울릉도 玄圃에 입도한 뒤 아록사에 거주하는 자를 찾아가 거주할 곳을 찾았다. 그가 가사를 지은 것은 가사 책의 표지에 "기유 이월 이십사일…"이라고 쓰여 있지만 기유년은 1909년 작자 사후가 되므로 필사하여 성책한 해를 가리키고, 실제로 가사를 쓴 시기는 1892년이다(서원섭, 〈鄭處士述懷歌 攷〉《어문논총》 4-1, 경북대학교 국어국문학과, 1970; 서원섭, 〈울릉도의 지명유래〉《지리교육》 3권 1호, 경 북대학교 사범대학, 1969).

42) '구무'는 '구멍'에 대한 경상도 방언이므로 '구무뚜러'는 孔巖을 가리킨다.

43) 원문은 "대해 중의 쎠난셤은"으로 되어 있는데 서원섭은 '대섬(죽도)'라고 표기했고, 김기혁은 '쎠난셤'으로 표기하되 서원섭을 인용하여 '대섬'이라고 했다.

록사' '알옥사' '알록사'에서 왔음을 재확인시킨다. '현표·현포'는 흑작지, 현작지, 흑포, 현포, 가몬崎 등이 '현포'로 정착했다.

1892년에 새로 보인 지명은 남양동, 우복동, 천부동, 구암, 마암이다. 표기는 한글이지만 한자에서 온 지명이다. 남양동은 '谷浦(골개)'에서 왔고 그뒤 '南洞(고리켄)', '南陽洞(고리켄)', '南陽洞(골개)' 등으로 이어지고 있어 '골개—곡포'에서 유래했음을 알 수 있지만 한자지명으로 바뀐 배경은 알 수 없다. 우복동 역시 牛腸洞, 遇伏洞, 牛伏洞 등으로 표기는 다양하지만 한자지명으로 성립한 것이다. 천부동은 이전 지명과 연계시킬 만한 단서가 보이지 않는다. '구암'은 1883년 '窟岩'에서 온 것이므로 와전되었을 뿐 새로 보인 지명은 아니다. 하지만 이는 다시 와전되어 '龜岩'으로 음차표기 되었다. '마암'은 이후 《지지》에서 '馬岩·馬岩峙(말바위·말바위재)'로 보인다.

1897년 《독립신문》도 지명을 한글로 표기했는데, 1896년 9월 울릉도 도감 배계주의 보고에 의거하여 다음과 같이 지명을 거론했다(한글고어로 된 원문을 필자가 현대어로 고침, 괄호는 원주).

저포동, 도동리, 샤동, 쟝흥동, 남양동, 현포동, 태하동, 신촌(신촌동), 광암리(광암동), 텬부(텬부동), 라리동

모두 11개의 동리인데[44] 신촌과 신촌동, 광암리와 광암동, 천부와 텬부동과 같이 유사 지명이 함께 보인다. 신촌동과 태하동, 장흥동은 새로 보인 지명이다. 배계주가 수시로 일본인의 불법 행위를 정부에 보고하자, 정부는 사실 확인을 위해 조사를 명했는데 1899년에만 두 번 조사했다. 첫 번째는 1899년 6월 배계주가 부산해관 세무사 라포르트의 동행 하에 조사한 것이고, 두 번째는 9월 일본인 쇄환 임무를 띠고 원산영사관 외무서기생 다카오 겐조[高雄謙三]와 마야 함선의 해군 중위 후루카와 신자부로[古川鈊三郎]가 조사한 것이다.[45] 이들의 보고서

---

44) 신문 기사에는 12동리라고 했지만 실제로는 11개 동명이다(《獨立新聞》 1897.4.8.).
45) 유미림, 〈현지조사로 밝혀진 대한제국기 울릉도 현황과 일본의 자원 침탈〉《해양정책연구》 33권 1호, 한국해양수산개발원, 2018.

에는 南陽洞, 東洞, 茂洞, 竹岩, 昌洞, 鈨洞, 通龜尾, 玄洞, 錐山 등의 지명이
보인다. 東洞은 道洞의 발음과 비슷하고 茂洞은 苧洞과 유사하므로[46] 道洞과
苧洞을 오기한 것으로 보인다. 鈨洞은 어디인지가 분명하지 않다. '왜선창'을 '창
동'으로, '현포동'을 '현동'으로 표기한 것은 도방청이 도동으로, 저전동이 저동으
로 바뀌었듯이 마을지명의 형태소 동洞을 붙여 간략화한 것이다. 울릉도가 울도
군으로 개정되기 전 형성되어 있던 마을지명을 정리하면 대략 다음과 같다(괄호
는 당시의 다른 이름).

　　곡포(남양동), 구암(굴암, 광암동), 나리동, 도동, 아륙사(사동), 산막동,
　　소황토구미, 수충충(수충동), 신촌동, 우복동(옥천동), 왜선창(창동), 와달
　　리, 장작지, 장흥동, 저동(저전동, 저포), 죽암, 천년포, 천부동, 추산, 태하
　　동, 통구미, 현포동(현작지, 흑포), 홍문가(홍문동), 황토구미, 향목동

　이들 지명은 대한제국 성립 이전부터 있었으므로 조선시대 지명이라고 할 수
있다. 이 가운데 1890년대에 새로 보인 지명은 광암동, 남양동, 사동, 신촌동,
우복동, 장흥동, 창동, 태하동이지만, 남양동은 곡포에서, 사동은 아륙사에서,
창동은 왜선창에서, 태하동은 황토구미에서 온 지명이다. 우리말 지명이 점차
동명洞名의 형식을 띠고 한자지명으로 간략해지고 있음을 보여준다.

Ⅲ. 대한제국기 울릉도 지명의 형성과 변천

1. 칙령 제41호 반포 전후 지명의 변천

　도감은 일본인들의 불법 행위를 상부에 보고하는 한편, 저지하고자 했으나 그
럴 만한 권한이나 행정력을 지니지 못했다. 대한제국 정부도 도감의 보고에 근거

---

46) 같은 해에 전사능, 정상원 등과 일본인 나카무라 사이에 성립한 목재 매매 계약서에는 도동과
　　저동으로 되어 있다(《欝陵島における伐木關係雜件(明治16-32)》 (1899.11.20.)).

하여 일본 정부에 항의하며 일본인의 철수를 요구할 뿐이었다. 일본인들은 거주
명분을 한국 측에 돌리며 철수하지 않았고, 이에 양국 정부는 진상을 파악하기
위해 공동조사단을 파견했다. 1900년 6월 한국 측에서는 내부 시찰관 우용정
외에 동래감리서 주사 김면수, 방판幇辦 김성원이 참가했고, 일본 측에서는 부산
영사관의 부영사 아카쓰카 쇼스케赤塚正助와 경성 주재 일본공사관 경부보 와타
나베 간지로[渡邊鷹治郎] 등이 참가했으며, 부산해관의 세무사 라포르트가 입회했
다. 우용정은 지명으로서 天府洞之古仙浦, 玄圃洞, 台霞洞[47]을 거론했고, 김면
수는 울릉도에 13개 동이 있다며 台霞洞과 天府洞, 雙燭巖을 거론했다.[48]

조사단의 보고를 받은 대한제국 정부는 10월 25일 울릉도를 울도군으로 개정
하고 군수를 두는 이른바 칙령 제41호를 제정했다. 칙령 제41호는 군청 소재지
로 台霞洞을 명기했는데, 앞서《독립신문》은 한글 '태하동'으로 명기했었다. 일
본인들은 이를 '대하동', '臺霞洞'으로 표기했다. 일제강점기 문헌에는 '태하동'과
'대하동'이 섞여 있으나 '대하동臺霞洞' 표기가 더 많다.

아카쓰카 쇼스케가 보고서와 약도에서 기록한 지명은 다음과 같다.[49]

觀音崎, 島牧, 竹島, 光岩, 窟岩, 羅里洞, 南陽洞, 乃守田, 大苧浦, 道
洞, 邊嶺, 沙公南, 沙洞, 山幕谷, 三本立, 水層層, 新里, 新村, 牛腹洞,
臥達里, 苧浦, 亭石浦, 竹岩洞, 中嶺, 昌洞, 天府洞, 錐山, 通龜尾, 鶴浦
洞, 香木洞, 玄浦, 黃土九味

아카쓰카는 대부분 이전 지명을 계승했지만 우복동을 牛腹洞으로, 사동을 沙
洞으로 표기했다. 그가 새로 거론한 지명은 乃守田, 邊嶺, 沙公南, 三本立, 新
里, 亭石浦, 鶴浦洞이다. 이 가운데 우리말 지명을 한자로 표기한 것이 있는 반
면 새로 등장시킨 지명도 있다. 우리말을 한자로 표기한 것에 해당되는 것은 鶴
浦洞, 三本立이고, 새로 등장시킨 지명은 邊嶺, 新里, 亭石浦이다. 乃守田은 '內

47) 유미림 · 조은희,《개화기 울릉도 · 독도 관련사료 연구》(한국해양수산개발원, 2008) 참조.
48)《각사등록》14 경상도편,《東萊港報牒3》(1900.6.9.).
49)《駐韓日本公使館記錄》제14권〈鬱陵島 調査槪況 및 山林調査槪況 報告의 件〉.

秀乃田谷'에서 변전한 것이고, 沙公南은 沙工浦에서 변전한 것이므로 새 지명으로 보기는 어렵다. 우리말 지명이 한자지명으로 바뀐 경우를 보면, 小黃土口, 小黃土邱尾, 小黃土邱(쇼황토기미)였던 것이 '鶴浦洞'으로 바뀌었다. 뒷날 《한국수산지》에서 "鶴浦洞은 과거 小黃土浦(자가라항토기미)…"라고 한 것이 이를 말해준다. '三本立'은 자연지명인데, 형제암, 쌍촉암으로 불리다가 일본식으로 바뀐 것이다. 아카쓰카는 장흥동과 台霞洞을 누락시키는 대신 '태하동'의 우리말 지명 '황토구미'를 기재했다.

대한제국이 울릉도의 행정적인 정비를 꾀하자 일본 정부도 자국민 보호를 구실로 경찰관 주재소를 설치하기에 이르렀다. 1902년에 부임한 경부 니시무라 게이조[西村鉎象]는 부임하자마자 〈한국 울릉도 사정韓國欝陵島事情〉이라는 보고서를 제출했는데 여기에도 많은 지명이 등장한다. 그가 기록한 울릉도 부속 도서와 마을지명은 다음과 같다(괄호 안은 원주).

觀音崎, 觀音島, 島牧, 댓섬(本邦人 竹島), 俵島, 間嶺, 光岩, 光岸, 窟巖, 南陽洞, 羅里洞, 羅里山, 乃守田, 臺霞洞, 道洞, 沙工南, 沙洞, 山幕谷, 水層層, 新村, 新里, 遇伏洞, 臥達里, 苧洞, 中嶺, 竹岩, 亭石浦, 昌洞, 千年浦, 天府洞, 錐山, 通龜尾, 香木洞, 玄浦

지명이 크게 증가한 것은 아니지만 이전과 다르거나 잘못 표기한 것이 눈에 띈다. 일례로 히가키가 기술한 觀音崎·觀音浦를 니시무라는 觀音島·觀音崎로 표기했고, 아카쓰카가 島項을 島牧으로 오기했던 것을 답습했다. 아카쓰카가 '三本立'으로 표기했던 것을 니시무라는 '雙燭石(三本立)' 즉 한국식 지명과 일본식 지명을 병기했다. '俵島'는 어디인지 분명하지 않으나 이 역시 일본식 지명으로 보인다.[50] '間嶺'이 보이는데 이는 '邊嶺' 즉 '갓령'을 훈차표기한 것이 와전되어 간령間嶺으로 음차표기된 것이다. '갓령'의 의미를 훈차표기한다면 '冠嶺' 또는

---

50) 야마구치현에 이 지명이 있다. 쌀푸대를 쌓아놓은 것처럼 보인다고 한 데서 온 지명이라는데, 그렇다면 울릉도에서는 '穴巖'(1711) '공암'(《欝陵島》)을 가리키는 듯하다. 이 글 전체에서 괄호에 연도만 표기한 경우가 있는데 이는 출전을 의미한다. 출전은 〈참고 2〉에서 밝혔다.

'笠巖'으로 표기했을 것이기 때문이다. 아카쓰카는 '천년포'를 누락했지만, 니시
무라는 '천년포'를 기입했고, 아카쓰카는 '태하동'을 누락했지만, 니시무라는 臺
霞洞과 臺霞川을 언급하되 '台霞'를 '대하'로 읽었다.

　니시무라 이전에는 골·곡谷, 구미, 작지, 포, 암巖 등의 형태소가 많았다면,
니시무라에 와서는 산山, 천川, 동洞 등의 형태소가 붙은 지명이 많아졌다. 또한
곡포, 대황토구미, 사태구미, 소황토구미, 저포, 저전포, 향목구미, 흑작지포 등
의 지명이 '洞'으로 통일된, 동명 형식으로 바뀌었다. 이런 경향은 1905년 이후
더욱 심해졌다.

2. 1905~1910년 사이 지명의 변천

1905년 12월 부산영사관의 영사관보 스즈키 에이사쿠[鈴木榮作][51]의 보고서
에는 다음과 같은 지명이 보인다.

> 光岩洞, 羅里洞, 南陽洞, 道洞, 沙洞, 水層洞, 新里洞, 新村洞, 玉泉洞,
> 臥達里, 長興洞, 苧洞, 苧洞內臥達里, 天府洞內竹岩洞, 通九味, 平里洞,
> 天府洞, 天府洞內昌洞, 天府洞內 玄浦, 上玄洞·中玄洞·下玄洞, 台霞洞,
> 鶴圃洞, 香木洞

아카쓰카와 니시무라에게서 보였던 乃守田과 沙公南·沙工南, 新里, 亭石浦
표기가 이때 와서 약간 달라져 新里가 新里洞으로 바뀌었고, 내수전, 사공남,
정석포, 우복동이라는 지명이 사라진 대신 玉泉洞, 平里洞, 上玄洞·中玄洞·下
玄洞이라는 지명이 새로 보였다. '현포'가 있음에도 上玄洞과 中玄洞, 下玄洞이

---

51) 스즈키는 1905년에 두 번 울릉도를 조사하여 그 결과를 외무대신[桂太郞]에게 보고한 바 있
　다. 그는 울릉도에 파견된 관리에게서 보고서를 받았을 것이므로 실지조사에 의거한 보고서라
　할 수 있다. 《通商彙纂》 제50호(1905.9.3. 발행) 〈울릉도 현황(欝陵島現況)〉(1905.7.31.);
　《通商彙纂》 제2호(1906.1.23.) 〈欝陵島ノ現況ニ關スル報告書〉(1905.12.6.)(《釜山領事館報告
　書》 2책 수록)에 게재.

새로 보인 것인데 이들은 이내 소멸되었다. 스즈키는 '苧洞內臥達里', '天府洞內竹岩洞', '天府洞內昌洞'이라는 식으로 표기했다. '우복동'을 '玉泉洞'으로 바꾼 배경에 대해서는 알 수 없다. 스즈키는 일본이 독도를 불법 편입한 후에 울릉도를 조사한 사람이다. 편입 후 1년이 지난 1906년 3월에도 일본은 울릉도와 독도를 조사한 일이 있었다. 시마네현 조사단의 일원인 오쿠하라 헤키운[奧原碧雲]은 다음과 같이 지명을 기록했다(괄호 안은 일본어 원주를 필자가 한글로 바꿈).52)

竹嶼(부−솔), 羅里洞, 南陽洞, 臺霞洞, 道洞(도동), 沙洞(아릭사), 新村洞, 苧洞(모시개), 苧洞內 臥達里, 玉泉洞, 長興洞, 天府洞內竹岩洞, 天府洞內昌浦, 通九尾, 台霞洞, 玄浦

오쿠하라의 〈鬱陵島見取図〉에 보인 지명은 다음과 같다(괄호 안은 일본어 원주를 필자가 한글로 바꿈).

竹嶼, 觀音崎, 三本立, 一本立, 가부토岩,53) 다치岩,54) 俵島, 羅里山, 羅里洞(나리골), 亭石浦(촌돌보), 竹岩(대바오), 天府洞(촌부동), 昌洞(에선창), 千年浦(촌넨포), 錐山(송곳산), 光岩(구암), 新村(신촌), 玄浦(현포, 일명 웅도우개) 香木洞(상나무골), 台霞洞(황토기미), 小台霞洞(쟈가라황토기미), 黃土邱尾, 山幕谷(산막골), 水層層(물칭칭), 屈岩(굴바오), 山土洞(산토동), 南陽洞(고리켄), 通九尾(통기미), 間嶺(간령), 國見崎, 中嶺(중사키), 新里(신리), 遇伏洞(우복동), 沙洞(아릭사), 道洞(도겐), 沙工南(샤쿠나미), 苧洞(모시개), 小苧洞(고모시개), 乃守田(나시존), 臥達里(와다리)

도형에서 많은 지명을 기록한 셈인데 괄호 안의 표기는 한자의 음독 내지 우리말을 병기한 것이므로 유래를 파악하는 데 매우 유용하다. 마을지명을 보면, 亭

---

52) 《竹島及欝陵島》. 1906년 2월 말에 조사한 지명을 포함해서 적었다고 했으므로 조사단이 오기 전에 지명 조사가 있었음을 알 수 있다.
53) '가부토'는 투구의 의미이다. 북저바위를 이른다.
54) 촉대바위를 이른다.

石浦가 정돌보 즉 정돌포에서, 竹岩이 대바오 즉 대바위에서, 昌洞이 에선창 즉 왜선창에서, 錐山이 송곳산에서, 光岩이 구암 즉 굴암에서, 玄浦가 웅통개에서, 台霞洞이 황토기미에서, 小台霞洞이 자가라황토기미 즉 작은황토구미에서, 屈岩이 굴바오 즉 굴바위에서, 南陽洞이 고리켄 즉 골개에서, 沙洞이 아릭사에서, 沙工南이 샤쿠나미에서, 苧洞이 모시개에서 유래한 것임을 알 수 있다. 이 가운데 주목할 것은 '沙工南'을 '샤쿠나미'로 음독했다는 사실이다. 沙工浦에서 沙工南으로 변전한 것인데 오쿠하라가 이를 '샤쿠나미'로 잘못 읽어 '살구남'으로 와전되는 계기를 제공했다. 현재의 '杏南'은 '살구남'을 훈차표기한 것이다. '살구남'과 '杏南'은 '사공남'을 '샤쿠나미'로 잘못 읽은 데 기인한다. '천신포'는 '천년포'를 오기한 것이다. 오쿠하라는 한인 부락과 일본인 거류부락으로 구분했는데, 한인 부락은 정석포, 천부동, 창동, 천년포, 광암, 현포, 향목동, 소태하동, 산막곡, 굴암, 산토동(사태구미―역주), 간령, 신리, 사공남, 소저동, 와달리이다. 일본인 부락은 추산, 신촌, 태하동, 수층층, 남양동, 통구미, 중령, 우복동, 사동, 도동, 저동, 내수전이다. 스즈키가 '우복동'을 '옥천동'으로 바꿔 표기했음에도 오쿠하라가 다시 '우복동'으로 적고 있는 것이 특기할 만하다.

시마네현 조사단도 다음과 같이 지명을 기록했다(괄호 안은 일본어 원주를 필자가 한글로 바꿈, [ ]는 필자가 비정한 지명임).[55]

가몬자키[玄浦], 간양[廣岩], 고나리골[소나리동], 고모시게[小苧浦], 고리켄[南陽], 龜尾(돈긴), 구암[龜岩], 굴바우[窟岩], 나리골, 南洞(고리켄, 골개), 니시진[내수전], 대바우[竹岩], 道洞, 도코동[도동], 물칭[水層], 모시게[저동], 沙洞, 산나막골[山幕谷], 샤쿠나미[沙工南], 小黃土浦(자가라황토기미), 쇼다량[서달령], 숀고사시, 新里, 신촌, 와다리, 오복동[우복동], 에이신촌[왜선창], 苧洞灣, 진양, 촌돌보[정돌포], 촌보도[천부동], 항토기미[황토구미]

조사단도 오쿠하라와 마찬가지 방식으로 표기했는데, '龜尾'을 '돈긴'으로 적은

55) 《〈비(秘)〉다케시마》(메이지 38~41년) 〈다케시마 시찰〉, 시마네현 총무과 소장.

것은 그 의미를 알 수 없다. '통구미'를 의미하는 듯하다. 오쿠하라는 '남양동'이
라 적었지만 조사단은 '남동'으로 적었다. 오쿠하라와 조사단 기록에서 마을지명
을 보면, 다음과 같다.

廣岩, 羅里洞, 南洞・南陽洞, 道洞, 沙洞, 水層・水層層, 小黃土浦, 新
里, 新村洞, 玉泉洞, 芋洞, 竹岩, 通九尾, 台霞洞・臺霞洞, 玄浦

이들 지명은 대부분 우리말에서 유래했고, 극히 일부가 한자지명(신리, 신촌,
우복동, 왜선창, 천부동)이다. 이들 가운데 어디인지 분명하지 않은 것은 손고사
시, 진양이다. 일본 해군성은 1905년부터 1908년까지 조선 동안東岸을 측량했
는데 울릉도는 1908년에 측량했고, 해도(306호)는 1909년 6월 작성되었다.[56]
해도에 나타난 지명은 다음과 같다(괄호 안은 원주).

鬱陵島(松島), 竹嶼(Tei Somu, Boussole Rk), 鼠項島(Somoku Somu),
間嶺, 間嶺末(Kannian Kutsu), 孔岩, 屈岩, 屈岩末(Kuribau Kutsu), 光
岩, 羅里洞, 南陽洞, 道洞, 北岩, 砂空南末(Shakunami Kutsu), 沙洞, 新
里, 新村, 芋洞, 竹岩, 昌洞, 錐山, 台霞洞, 通龜尾, 鶴浦洞, 玄浦, 黃土金末
(Hantogimi Kutsu)

위 지명을 보면 기존 지명과 크게 다르지 않으나 발음을 로마자로 표기한 것이
다르다. 댓섬[竹島]을 '죽서'로 표기했고 서양 호칭 '부솔 락'을 병기했다. 鼠項
島[57]에는 'Somoku Somu' 즉 '섬목 섬'으로 표기했으므로 '島項'을 잘못 표기한
것임을 알 수 있다. '사공남말'에 대해서는 'Shakunami'(샤쿠나미)와 'Kutsu'
(구츠)로 음독했는데 1906년의 '沙工南'(샤쿠나미)에 '末'을 추가한 것으로 보인
다. '황토금말'은 '황토금'에서 온 것이므로 '황토구미'를 가리킨다. '屈岩'은

---

56) 1908년에 측량하고 1909년에 간행한 해도 306호를 말한다. 타이틀은《竹邊灣至水源端:朝鮮
東岸》(해군성 수로부, 1909.6.)이다.
57) 섬목을 표기하려던 것이 섬을 鼠로, 목을 項으로 잘못 표기한 것이다.

'Kuribau' 즉 '굴바우'이므로 '窟岩'이 되어야 하는데 한자를 잘못 적었다. '昌洞'은 倭舡滄 → 왜선창 → 舊船倉 → 창동 → 천부동내 창동 → 에이신촌을 거쳐 '창동'이 된 것이다.

3. 《한국 수산지》의 지명 표기

통감부는 한국의 수산현황을 조사하여 어업 관계자에게 참고자료로 제공하고 어업 발전을 도모한다는 취지 아래 농상공부 수산국으로 하여금 《한국 수산지》를 발간하게 했다.[58] 울릉도 조사는 1909년 말에 완료되었는데, 수산과장 이하라 분이치[庵原文一] 기사가 조사와 편집업무를 총괄했고, 통감부 기수 기무라 고자부로[木村廣三郎]가 조사를 맡았다. 지명은 기존 문헌에 의거하되 문헌에 없는 것은 출장 보고서와 해도(1909)에 의거하여 명기했다. 지명의 표기 방식은 ① 한자로 표기하고 그 아래에 ② 우리말 호칭을 일본어 가나로 표기한 뒤, 다시 괄호 안에 ③ 음독을 한글로 표기하고 다시 그 위에 ④ 음독을 일본어 가나로 표기하는 형태로 되어 있다. 이를테면, 저동의 표기 방식은 다음과 같다.

① 한자 표기: 苧洞   ② 우리말의 일본어 표기: モシゲ
③ 음독: 모동   ④ 음독의 가나표기: モトン

위 지명에서 ④는 ③의 우리말 음독의 일본어 표기에 불과하므로 생략하고 '苧洞-모시개(모동)' 형식으로 표기하면 다음과 같다(한글 고어로 된 원문을 필자가 현대어로 바꿈).

남면: 苧洞-모시개(모동), 道洞(도동), 沙洞-아렉사(사동), 玉泉洞-옥

---

58) 서문에 따르면, 전국을 4구로 나누어 구마다 담당 조사원을 두어 조사하게 했는데, 1집은 1908년 2월부터 11월까지 각도의 조사를 마친 뒤 간행한 것이며, 경상도(남도) 15절 '울도군'이 실린 2집은 1910년 5월에 간행되었으나 1909년 12월에 편찬이 완료되었다.

센(옥천), 新里(신리), 長興洞(장흥동)

서면: 通龜洞-통기미(동기미), 石門洞(석문), 南陽洞-고리켄(남양동),
窟巖洞(굴바위), 南西洞(남셔동), 鶴浦洞(학포동), 臺霞洞(대가동)

북면: 玄圃洞-가몬사키(현포동), 新村(신촌), 光巖(광암), 錐山-송곳산
(츄산), 昌洞-에이센챵(챵동), 竹巖-대바우(죽암), 亭石浦-정포
동(정석포)

위에서 우리말 음독으로 표기된 지명 즉 모시개, 아렉사, 옥센, 통기미, 고리
켄, 가몬사키, 송곳산, 에이센챵, 대바우, 정포동은 현지 호칭임이 범례에 밝혀
져 있다. 이 가운데 한자를 음독한 것은 옥천, 왜선창이고, '가몬사키'는 일본식
지명이다. 이들을 제외하면 모두 우리말에서 온 지명이다. '阿陸沙'의 음독인 '아
렉사'는 1897년에 '沙洞'으로 바뀌었음에도《한국 수산지》는 '아렉사(사동)'을 병
기했으므로 '아렉사'가 '阿陸沙'에서 왔음을 알 수 있다. '亭石浦-정포동'은 앞에
서 오쿠하라가 '亭石浦(촌돌보)' 즉 정돌포에서 온 것임을 밝힌 바 있으므로 '정돌
포'를 잘못 표기한 것임을 알 수 있다.

한자 지명인 신리, 장흥동, 석문동, 남서동, 신촌은 정확한 유래를 알기가 어
렵다. 우리말에서 유래했다기보다는 초기 단계에서부터 양반 출신내지 일본인이
명명했을 가능성이 크다. 스즈키가 鶴圃洞으로 잘못 표기했던 것이《한국 수산
지》에서는 鶴浦洞으로 바로잡혔으나, 반대로 玄浦洞이 玄圃洞으로 오기되어 있
기도 하다. 언문을 '가몬사키'로 적었으면서도 그 의미를 이해하지 못해 잘못 적
은 것이다. 이런 오류는 일본인들이 우리말 방언을 이해하지 못했기 때문이다.

《한국 수산지》는 '臺霞洞(대가동)'으로 적었으므로 '대하동'으로 인식했음을 알
수 있는데, 본래는 황토구미, 대황토구미, 대황토포, 황토금에서 유래한 '태하동'
을 가리킨다. '태하동'이 처음 보인 시기는 1892년이지만 우리말 지명은 그 이전
부터 보였으므로 '태하동'이 문서상의 호칭임을 말해준다. 다만 우리말 지명(황
토구미)과 문서상의 호칭(태하동) 사이의 연결고리를 찾기가 어렵다. 또한《한국
수산지》는 天府洞이 죽암과 정석포 일대를 총칭하는 지명이자 문서상의 지명이
라고 했다. 그러나 죽암은 '대바위', 정석포는 '정돌포'라는 옛 이름이 있으므로

'죽암'과 '정석포'는 문서상의 호칭일 뿐 '천부동'과 이들을 연결 지을 만한 직접적인 단서는 없다. 《한국 수산지》에서 새로 보인 지명은 石門洞과 南西洞이다.

Ⅳ. 일제강점기 울릉도 지명의 와전과 고착

1. 《조선지지자료》에 수록된 지명

《조선지지자료朝鮮地誌資料》(이하 《지지》로 약칭)는 조선총독부가 행정구역 개편을 위한 기초자료로 이용하기 위해 펴낸 것이다.[59] 기본체재는 한자 표기로 하되 한글을 병기하는 방식이지만 한글 표기가 없는 지명도 많다. 이 자료는 《한국 수산지》 발간 이후의 지명 변화를 아는 데 매우 유용하다. 경상남도 울도군을 3면으로 구분하여[60] 남면 13개, 서면 9개, 북면 12개의 동리명을 다음과 같이 적었다. 병기된 한글은 괄호 안에 넣었고, 고어를 현대어로 바꾸었다. 콜론으로 된 설명은 자료에서 비고의 내용이다.

> 남면의 동리명: 道洞, 沙工里(사공넘이), 苧洞(모시개), 朱砂谷(쥬사골):저
> 동 안에 있음, 新興洞, 內守田, 臥達里, 沙洞, 內平田, 玉泉
> 洞(우복동), 長興洞, 新里:장흥동 안에 있음, 蓮花洞[61]
> 서면의 동리명: 通九味洞, 石門洞, 南陽洞(골개), 龜岩洞, 囉叭嶝,
> 鶴圃洞, 馬岩, 山幕谷(산막골), 台霞洞
> 북면의 동리명: 玄圃洞(감은작지), 雄通浦(웅통개):현포동, 平里洞, 新村:

---

59) 필사본이며, 54책으로 되어 있는데, 착간이 보이고 편집상 오류도 적지 않다. 울도군이 경상남도 소속으로 되어 있어 1914년 이전에 펴낸 것으로 보인다. 1919년 조선총독부 임시토지조사국은 1910년대의 토지조사사업의 성과에 의거하여 따로 간행했다(신종원, 〈필사본 《朝鮮地誌資料》 해제〉 신종원 외 7인, 《필사본 조선지지자료 강원도편 연구》, 경인문화사, 2010, 13쪽).
60) 산명(山名), 천명(川名), 간명(澗名), 시장명, 성보명(城堡名), 동리촌명(洞里村名), 제언명(堤堰名), 보명(洑名), 곡명(谷名), 현명(峴名), 고적명소명, 주막명, 서원명, 야명(野名) 등으로 구분했다.
61) 김기혁 · 윤용출(2006)은 道花洞으로, 《울릉군지》(2007)는 蓮花洞으로 표기했는데, 원문은 蓮花洞이다.

평리동, 光岩(구암), 羅里洞, 卵峰(알봉) : 나리동, 錐山(송
곳산), 天府洞, 古船昌(예선창) : 천부동, 石圃洞(정돌포),
竹岩(대방위) : 석포동

《지지》는 대부분《한국 수산지》의 지명을 계승했지만 그렇지 않은 경우도 있
다. 이를테면, 북면의 '光巖(광암)'이 '光岩(구암)'으로, 서면의 '窟巖洞(글바위,
구루바위)'가 '龜岩洞'과 '龜岩峙(굴바위재)'로 기재되어 있다. 이 지명은 그뒤 '窟
岩'과 '龜岩'사이에 혼동을 겪어 두 지명 및 '光岩'을 혼용하게 된다. 현재 서면에
'구암(굴암)'이, 북면에 '구암(광암)'이 있지만, 유래를 따른다면 '굴암(구암)' '광
암(구암)'으로 표기하는 것이 맞다. 《지지》는 '古船昌(예선창)'으로 표기했는데,
이는 '왜선창'의 '왜'를 '예'로 오인하여 '古'로 훈차표기한 것이다. 이는 이명우
(1882)가 '옛선창'으로 알고 '舊船倉'으로 훈차표기한 것과 같다. 《한국 수산지》
에서의 '亭石浦(정포동)'이 《지지》에서는 '石圃洞(정돌포)'로 되어 있다. '정(亭으
로 음차)'+'돌(石으로 훈차)'이 '정돌(石으로 훈차)'+'포(圃로 음차)'로 바뀐 것이
다. 그러나 '포'는 포구를 의미하므로 '石浦洞'이 되어야 맞다.

《지지》는 '沙工里(사공넘이)'로 표기했는데, 1906년에 '사쿠나미'로 변전했던
것이 여기서는 바로잡혀 있다. 《한국 수산지》는 '옥센' 즉 '옥천'으로 표기했지만,
《지지》는 '玉泉洞(우복동)'의 형식으로 병기했다. 계명溪名에서는 '愚伏洞溪(우복
동걸)'로 표기하고 비고에서는 '玉泉洞'으로 표기했으므로 '우복동'이 최초의 호
칭인지는 분명하지 않으나 '옥천'에 앞서 보였던 지명임은 분명하다. 다만 두 호
칭은 한자의 뜻이나 음에서 유사성을 발견하기는 어렵다. 신리, 신촌, 평리동은
《지지》이전부터 보였던 지명들인데 신흥동이 추가되었다. 현재는 '신흥동'이 소
멸된 반면, '신리'와 '평리(신촌)'로 남아 있다. '內平田'은 《지지》에서 새로 보
였는데, 뜻을 풀면 '안평전'이 된다. 현재 울릉군이 고시한 자연마을에 안평전과
중평전이 있는 것으로 보아 안평전은 內平田에서 유래한 듯하다. 이 외에도 '蓮
花洞' '囉62)叭嶝' '卵峰(알봉)'이 새로 보인 지명이다.

---

62) 나발은 통상 喇叭로 표기하는데 《지지》에는 囉叭로 되어 있다.

2. 〈조선지형도〉와 지명의 와전

1917년 일본 육지측량부는 5만 분의 1 축척의 〈조선지형도朝鮮地形圖〉63)를 제작한 바 있다. 이 지도에는 다음의 지명들이 보이는데, '一本立島(竹岩)' 또는 '(臥達里)'와 같은 형식으로 표기되어 있다. 이 글에서는 괄호에 이칭을 넣지 않은 경우도 있으므로 지도에 기재된 대로 입력하되, 일본어 가타카나는 한글로 바꿔 표기했다. 일본어 발음을 정확히 한글로 표기하기 어려운 것은 다음과 같이 통칭으로 표기했다.

> 空岩-공바오, 觀音島-관음도, 島項嘴-섬목치, 冑島(北亭岩)북정바오, 竹島-죽도, 一本立島(竹岩)대암, 燭臺岩-촉대바오, 可頭峰-가두봉, (間嶺)(간녕), 間嶺峙-간녕재, 冠冒峰-관모봉, 光岩(광암), (龜岩)(구바오), 羅里洞-나리골, (卵峰)(알봉), 南西洞-남서동, 南陽洞-남양동, (內守田)(내수전), 老人峰-노인봉, 大磴-큰등, (大苧浦)(큰모시개), (中苧洞)(가운데모시개), 待風坎-대풍감, 臺霞洞(대하동), 道洞-도동, 島廳, (小羅里洞)(작은나리골), 羅里嶺-나리령, (馬岩)(말바오), (幕洞)(막동), 彌勒山-미륵산, (伏虎瀑)(복호폭포), 沙洞-사동, (沙汰坎)(사태감), (山億洞)(산억동), (西達嶺)(서달령), (石門洞)(석문동), (石峰)(석봉), (石圃洞)(석포동), (聖人峰)(성인봉), (錐山)(송굿산), 水雷岩-수뢰바오, (水層洞)(물칭동), (新里)(신리), (新興洞)(신흥동), (玉泉洞)(옥촌동), (臥達里)(와달리), (長興洞)(장흥동), 苧洞-저동, (苧洞朱砂谷)(저동주사골), 周峰-두루봉, (竹岩)(죽암), 苧洞峙-저동재, (昌洞)(창동), (千年浦)(천년포), 天府洞-천부동, 草峰-초봉, (錐山)(송굿산), (通九味)(통구미), (平里)(평리), (鶴圃洞)(학포동), (香木洞)(향나무동), 香木嶺-향나무재, (玄浦)(고물개), 玄圃洞-현포동, (杏南)(살구남), (洪門洞)(홍문동), (黃土坎)(황토감), 黃土坎嶺-황토감령, 三本立, 湧泉

이전보다 지명이 훨씬 증가했음을 알 수 있다. 한글을 병기했으므로 현지호칭

을 추정하는 데 유용하지만 전보다 우리말 병기가 줄고 그 대신 한자지명이 늘었다. 사공넘이, 웅통개, 검은작지, 정돌포, 황토구미, 골개 등의 우리말이 한자지명으로 바뀌었다. 〈조선지형도〉에서 새로 보인 지명은 '胄島(北亭岩)북정바오' '一本立島(竹岩)대암' '老人峰[64]−노인봉' '(伏虎瀑)(복호폭포)' '水雷岩−수뢰바오'(杏南)(살구남)'이다. '胄島(北亭岩)북정바오'는 '北亭嶼'(1883)에서 유래한 것인데, '北岩'(1908) → '胄島(北岩)(방인은 兜島)'(1911)로 바뀌었다가 '胄島(北亭岩)북정바오'가 된 것이다. 한인은 '북저바위'로 불렀는데 일인이 '투구바위'로 부르면서 두 지명이 합성된 듯하다.[65] '一本立島(竹岩)대암'은 '竹岩'(1882−b)이 최초의 표기였다가 '一本立'(1906−a), '一本立島(竹岩) 대암'(1917)으로 바뀌었는데, 해방 뒤 '一本立島竹岩(일본입도대암)'(1961−지도) · '일본입도대암(딴방우)'(1961 조사표)로 표기되었다가 현재는 '딴바우(촛대바우)'로 표기되고 있다. 한편 '竹岩'(1882−b)이 보이는데, 최초 표기는 '大岩'(〈鬱陵島〉)이었다. 이것이 '竹巖'(1786, 1794, 1882−b)으로 바뀌었다가 '大巖'(1883−b)을 거쳐 '竹岩'(1899)으로 정착했다. 한글 표기는 '대바오'였으므로 '一本立島(竹岩)대암'에서 말한 '죽암'과 현재의 마을지명 '죽암'은 다른 지역을 의미한다.

〈조선지형도〉에서 주목할 만한 지명은 '(杏南)(살구남)'이다. '沙工浦' '沙公南'에서 왔는데 1906년에 '샤쿠나미', 1911년에 '沙空南末(샤쿠나미구쓰)'로 바뀌었다가 '(杏南)(살구남)'으로 바뀐 것이다. 이 지명은 '사공넘이, 행남동'(1923), '사공넘어(살구남, 杏南)'(1928)으로 변천했고, 해방 뒤에는 '사구내미(蛇口南)'(1969), '사구나미(살구남, 蛇口南, 杏南)'(1979)으로 변천했다가 현재는 '행남(杏南)'으로 정착했다. '사구나미'는 일본어를 음차표기한 것이므로 '사공남'과는 전혀 다른 의미이다. 현재 '행남(살구남)'으로 표기하는 것은 그 유래와는 동떨어져 있다.

한편 고유지명이 1917년에 다르게 와전된 예를 '구미'라는 형태소가 '坎'으로

---

64) 1882년 기록에 老姑巖, 1892년 기록에 '노인석'이 보인 바 있다.
65) 디지털울릉문화대전에 따르면, 이칭은 뾱지바위, 북저바위이고, 복어가 많이 잡힌다고 한 데서 유래하며, 투구모양 같다고 해서 胄島라고 한다고 설명했다. 이는 胄島가 일본인이 붙인 것임을 간과한 설명이다.

바뀐 데서 찾을 수 있다. '구미'는 해안의 만입부 지형을 의미하는 우리말이므로 邱尾—仇味—邱尾—仇味—丘尾—龜尾—九味—口尾—九尾 등으로 표기가 단일하지 않다. 그런데 〈조선지형도〉에 와서 '구미'를 '坎'으로 일괄 치환하여, '사태구미'를 '사태감'으로, '대풍구미'를 '대풍감'으로, '황토구미'를 '황토감'으로 바꾸었다. '坎'은 구덩이의 의미를 지니므로 '구미'의 의미와는 다르다. 일본이 '구미'를 '坎'으로 바꾼 것은 '구미(굼)'과 발음이 비슷한 한자 표기를 찾으려던 결과로 보인다.

1919년 식물학자 나카이 다케노신[中井猛之進]은 지도(5만 분의 1 축척)에 지명을 기입했다. 나카이는 면 단위로 지명을 기입했지만 경계가 애매한 것이 있어 일단 다음과 같이 구분했다(괄호 안 일본어는 필자가 한글로 바꿈).

> 남면: 臥達里, 苧洞(모시개), 上苧洞, 乃守田(네시전), 道洞(도동), 沙空南未,[66] 南望樓臺, 沙洞(아렉사), 玉泉洞(오복동), 通五味(통기미), 間嶺未[67]
>
> 서면: 南陽洞(고리켄), 南西洞, 石門洞(세몬동), 삿타이굼,[68] 굴바우, 물층층게, 龜岩, 나발층, 말바우峙, 말바우, 山幕, 鶴圃(챠가라), 台霞, 黃土未(황토기미)
>
> 북면: 竹岩(대바오), 天斧洞, 昌洞, 天石山, 羅里洞(나리골), 羅里洞峯, 錐山, 錐里, 平里, 老人峯, 玄圃, 玄圃洞
>
> 기타 부속 도서와 봉우리 이름: 竹島, 觀音島, 三岩, 石峯, 上峯(920), 羅里洞峯(900), 卵峯(610), 彌勒峯(850), 柏木峙(향나무챠), 兄弟岩(흉제바우)

나카이도 몇 개를 오기[69]한 것을 제외하면 대부분 이전 지명을 답습했다. 그가 '沙洞(아렉사)' '玉泉洞(오복동)' '南陽洞(고리켄)'으로 표기한 것은 한자지명이

---

66) 未: 末의 오기로 보인다.
67) 未: 末의 오기로 보인다.
68) '사태감'을 의미하는 듯하다.
69) 天斧洞, 天石山, 玄圃洞, 柏木峙가 이에 해당한다.

괄호 안의 우리말 지명에서 유래했음을 재확인시켜준다.

3. 신문과 잡지가 전한 지명 유래

문헌에서 지명의 유래를 적은 보기는 드물기 때문에 한자지명에 우리말을 병기했을 경우 그것으로 유추할 수밖에 없다. 일제강점기 신문과 잡지도 우리말을 병기하여 유래를 유추하는 데 도움이 된다. 간혹 유래를 기술한 예도 있다. 1923년 이을李乙은 울릉도를 답사한 뒤《개벽》에 〈동해의 一點碧인 鬱陵島를 찾고서〉[70]를 실었는데, 다음과 같이 지명을 병기했다(괄호는 원주).

> 道洞(본명 道房), 台霞洞, 苧洞(모시개), 臥達嶺, 竹島(대섬), 石圃洞, 觀音島, 三本立, 燭臺形의 竹岩, 天府洞, 苪船倉이라는 昌洞, 洪門洞(본명 紅箭門洞), 羅里洞(일명 白合洞), 小羅里洞, 孔岩, 錐山(송곳산), 平里, 老人峯, 玄圃洞(거문개), 香木洞, 黃土坎(황토금), 南陽洞, 鶴圃洞, 水層洞, 龜岩, 南西洞, 南陽洞, 石門洞, 幕洞, 通九味, 可頭峯, 中嶺, 長興洞, 新里, 玉泉洞, 아룩사라는 沙洞(본명 아래구석), 聖人峯, 羅里洞의 風穴, 草峰洞窟, 水層層

이을은 도서지명과 마을지명을 거의 망라하고 있는데 표기 및 유래와 관련해서 보면, 도동이 도방에서, '창동'이 '예선창(苪船倉)'에서 유래했음을 밝힌 것이 주목된다. 그는 '왜선창'에서 와전된 '예선창'이 본래의 지명인 줄 알고 '예'를 '苪'로 음차표기한 것이다. '羅里洞(일명 白合洞)'은 나리를 백합으로 보고 '백합동'을 병기한 것이지만, 한자는 百合이 맞다. '아룩사라는 沙洞(본명 아래구석)'은 '사동'이 '아래구석'에서 유래했음을 밝힌 것인데, '아룩사'를 '아래구석'으로 오인한 것이다. '玄圃洞(거문개)' 역시 '거문개'를 병기했음에도 '玄圃洞'으로 오기했

고, '石圃洞'도 마찬가지다. 같은 잡지에 〈鬱陵島行〉이라는 시를 쓴 '堤川 丁生'[71])도 石圃洞, 玄圃洞으로 오기했다. 이는 1910년 전에 변화된 많은 지명들이 일제강점기에 정착 나아가 고착되고 있었음을 시사한다. 한편 신문은 나리동을 '北面 罷里洞'(1917) 또는 羅至洞(1934)으로, '정돌포'를 '鄭乭船倉'으로, '天府洞'을 '千府洞'으로 오기했다.[72) 石圃洞民(1927), 臺霞, 玉千洞, 通五味, 羅星洞, 玄圃洞, 天斧洞, '芹洞(모시계)'(1937) 등의 오기도 보였다. 이런 오기는 유래가 제대로 전승되지 않은 채 옮겨 적다보니 빚어진 것이다.

1928년 《동아일보》는 9월 1일부터 9월 12일까지 11회에 걸쳐 이길용李吉用의 〈島嶼巡禮 鬱陵島方面〉을 연재한 적이 있는데, 도동에 대해서는 "도청이 잇다는 이이 섬으로서의 '도회디'이다 원래가 험준한 산악쑌이라 길이라고는 올르지 안흐면 나려가는 비탈쑌이오 도청이 잇다고 해서 이곳만은 좀 길을 반반하게 만들어 두엇다고 이 동리를 도동道洞이라고 불른다 한다"[73)고 했다. 대풍감待風坎에 대해서는 예전에 전라도 사람들이 식량을 싣고 와서 약초를 캐고 벌목을 해서 목선을 만든 뒤 바람을 기다렷다가 떠난 곳이라서 대풍감으로 부르게 되었다고 했다.[74) 석포동에 대해서는 "정돌이 선창이 잇는데 이곳에 아무도 배를 대일념도 못두든 어느 해 정돌이라는 어느 선부가 맨처음으로 배를 대엇다고 해서 정돌이 선창이라고 부른다 한다"고 소개했다. 이전에 '鄭乭船倉'이 보였는데, 여기서는 '정돌'이 '정돌이'라는 사람 이름으로 와전되었다. '사공넘어'에 대해서는 "이곳은 아무도 넘지 못하든 고개를 '사공'이 먼저 넘엇다고 해서 '사공넘어'(와전되어 살구남一杏南)라고 불르는 도동엽 바위부근 해상의 일이다"[75)고 했다. 즉 '사공넘어'에서 '살구남'을 거쳐 '행남'으로 와전된 것임을 밝힌 것이다. '와달리(臥達里)'는 경사가 심해 산의 돌이 와달와달하며 굴러내린다고 해서 와달리라고 부른다고 했고, '수층동'은 "물리 층층이 흐른다고 물층층리(水層洞) 등 거의 그러하다"고 설명했다. 대부분 구전되고 있던 유래를 기술하고 있다.

---

71) 위의 글.
72) 《매일신보》〈東海의 平和孤島〉 1934.2.16.
73) 《동아일보》 1928.9.2.
74) 《동아일보》 1928.9.7.
75) 《동아일보》 1928.9.9.

한편 이길용은 "이 봉에 올라서면 청명한 날에는 조선의 강원도는 물론이오 일본쌍이 보인다고 해서 일본사람이 국견봉(國見峯)이라고 제멋대로 이름을 부첫다"[76]고 했다. 히가키(1883)와 오쿠하라(1906)가 '國見崎'를 언급했으므로 國見峯은 國見崎에서 온 것임을 알 수 있고, 따라서 일본식 지명임을 알 수 있다. 이 지명은 假道頭(1887)와 '가두머리'(1892)를 거쳐 '國見崎'로 바뀌었다가 현재는 '可頭峰'으로 정착했다. 오쿠하라는 間嶺(간령)과 國見崎를 별개의 지명으로 보았는데,《일본 수로지》(1911)는 '間嶺末(내지인 國見崎)'로 표기하여 동일시했다.

1930년대에 오면 "저동 제一구 용암고개(南面 苧洞 第一區 龍岩峙)"[77]라고 하여 '용암치'가 새로 보이는가 하면, "북면 황토동(北面 黃土洞)(現在 西面 台霞洞)에 상륙하야ー성황당 전설"이라고 하여 황토구미를 '황토동'으로 불렀다. 석문동은 "서면 남양 석문리(西面 南陽 石門里)"[78]라고 했듯이 리제里制 실시 이전에는 '석문리'로 일컬었다. 《조선중앙일보》는 울릉도 지명이 사람이 가서 개척할 때마다 자기들이 지은 이름이라며 "도동(道洞)은 도구통 드러가는 것갓다 하야 도동이며, 사동(砂洞)은 길게 자갈을 까러논 것갓다 하야 사동이라 하엿다 하며, 저동(苧洞)은 모시풀이 만타하야 저동이라는 등 동리마다 자미잇는 유래가 잇섯다"[79]고 유래를 기술했다. 이는 본래의 유래라기보다는 한자의 뜻을 풀어 연관시킨 것에 지나지 않는다.

이렇듯 울릉도 지명은 개척 전후와 일제강점기를 거치는 동안 본래의 의미가 잘못 전해졌고, 그 가운데 일부는 초기의 의미와는 전혀 다른 새로운 지명이 되었다. 이렇게 해서 와전된 지명은 해방되기 전에 그대로 고착되었다. 이를 구전으로 전해들은 울릉주민들은 해방 뒤 조사하러 온 정부 관계자들에게 그대로 전했다. 한편에서는 《울릉군지》를 비롯한 여러 문헌에 전승되어 현재에 이르고 있다.

---

76) 《동아일보》 1928.9.6.
77) 《조선중앙일보》 1934.2.10.
78) 《조선중앙일보》 1934.3.15.
79) 위의 기사.

V. 맺음말

울릉도에서는 개척 전부터 지명이 형성되기 시작하여 1910년대 초에는 대략 35개의[80] 고유지명이 있었다. 조선총독부는 1913년 12월 29일 부령 제111호 〈도의 위치·관할 구역 변경 및 부·군의 명칭·위치·관할 구역 변경에 관한 규정〉[81]을 공포하여 울도군을 경상남도 관할에서 경상북도 관할로 바꾸고 남면·북면·서면을 각각 3동으로 구획하는 9동 체제[82]를 확립했다. 그 과정에서 많은 고유지명이 한자지명으로 바뀌었고 행정구역 명칭에서도 사라졌다. 1915년에 울도군을 다시 '울릉도'로 바꾸고 이어 구제區制[83]를 실시하는 등 많은 변화가 있었지만 행정구역을 9동洞으로 하는 기본 골격은 일제강점기 내내 유지되었다. 1961년 동제에서 리제里制로, 현재는 도로명 주소로 바뀌었으므로 과거의 동리 명칭은 지번 주소에서만 엿볼 수 있다.

《울릉군지》(1989)가 나오기 전 지명을 기록한 문헌으로는 개척민 손순섭의 《島誌: 울릉도사》(1950) 《울릉도 향토지》(1963), 국어학자 서원섭의 현지 조사 (1967) 및 발표문(1969), 《석포 개척지》(1973),[84] 한글학회의 《한국지명총람》 (1979), 문보근의 《동해의 수련화》(1981),[85] 《개척백년 울릉도》(1983) 등을 들수 있다. 《울릉군지》[86]는 이들 간행물을 반영하여 지명의 유래를 기술하고 있다. 《한국지명 유래집》(2011)은 1961년부터 시작된 지명 고시[87] 및 《울릉군지》를 반영하여 간행되었다. 현재 울릉군 홈페이지와 디지털 울릉문화대전을 통해

---

80) 현재 울릉군이 게시한 자연마을 지명은 모두 57개인데 이 가운데 35개가 1914년 이전에 생성된 지명이고 22개 지명은 1914년 이후 생성된 것으로 보인다.

81) 1913년 12월 29일 공포, 1914년 3월 1일 시행, 《관보》 제427호, 1913년 12월 29일 호외에 게재.

82) 남면은 저동, 도동, 사동이고, 북면은 현포동, 나리동, 천부동이고, 서면은 남양동, 남서동, 태하동이다.

83) 구제는 1952년에 폐지되었다.

84) 창간호가 1968년 12월에 나왔다고 하는데 현전하는 것은 1973년에 서문을 쓴 것으로 되어 있다.

85) 1970년대 후반에 석포주민이 작성한 것이다.

86) 《울릉군지》(2007)는 1989년의 것과 크게 다르지 않아 1989년 간행본을 위주로 분석했다.

87) 국토지리정보원은 1961년과 2000년, 2011년, 2012년에 걸쳐 지명을 고시한 적이 있다. 대부분 울릉도와 독도의 자연 형상에 붙인 지명들인지라 누락된 마을지명이 많다. 이 자료는 국토지리정보원에서 얻었다.

전해지고 있는 지명 관련 정보는 이들 선행 자료에 의거하고 있다. 그러나 이 글에서 고찰했듯이 잘못 전해진 정보에 따른 것이 너무 많다. 지명 표기와 유래가 잘못 전해지게 된 원인을 몇 가지 유형으로 정리하는 것으로 결론에 갈음하고자 한다.

첫째, 우리말 지명을 기록하는 과정에서 기록자에 따라 다르게 음차 또는 훈차 표기하여 달라졌다. '구멍바위'를 穴岩, 孔岩, 空岩으로, 최고봉을 中峯, 上峯, 聖人峯으로 다르게 표기한 경우가 그런 예이다. 지명의 형태소 '구미'를 邱尾-仇味-丘尾-龜尾-九味-口尾-九尾 등으로 표기한 것도 마찬가지다. 그러므로 현재 통칭되는 '九味'는 본래의 뜻과는 상관없다. '작지'도 같은 예다. 그러므로 현전하는 한자의 뜻을 풀어 지명의 유래를 설명하는 것은 아무 의미가 없다. '通九味'를 아홉 가지 맛과 연결 짓거나 '通龜尾'를 거북이와 연관 지어 설명하는 것이 그러하다. '黃土九味'도 '九味'의 뜻과는 전혀 관계가 없다.

둘째, 기록자가 지명의 의미를 잘못 이해하거나 발음의 유사성으로 말미암아 혼돈을 겪어 와전되었다. 현전하는 지명 오류의 많은 부분이 이로 말미암는데, 그 원인은 대부분 한국어에 대한 일본인의 몰이해로 말미암는다. 대표적인 것이 현포, 석포, 학포이다. 이때의 '포'는 포구[浦]의 의미인데 농포[圃]로 잘못 이해하여 玄圃, 石圃, 鶴圃로 고착되었다. 북면의 玄浦는 본디 玄作地(1786) → 玄石龜尾(1831) → 黑杖邱尾(1857) → 黑作地(1882-a) → 黑斫支, 黑斫之浦, 玄浦, 玄斫支(1882-b)를 거쳐 '玄浦洞'(1883-a)으로 정착했다. 일본인은 '가몬崎(玄作支)'라고 표기했지만 검은자갈 지형을 의미하므로 '작지'라는 본래의 의미와 통한다. 그러므로 '검은개'나 '검은작지'는 '玄浦'로 훈차표기를 해야 맞다. 그런데 1900년에 '玄圃'로 와전되었고, 그뒤 '玄浦'가 병존하다가 현재는 '玄圃'로 고착되었다. 한편 '검은개'는 해방 뒤 '감을게 · 감은개 · 감을계'로 와전되었다. 이에 《울릉군지》(2007)에서는 '감은계 · 감을계(玄溪)', 즉 '검은 계곡'의 의미로 와전되었다. 개 · 작지와 계곡은 그 의미가 다른데 구분하지 못한 것이다. 현재 남양 3리에 '감을계'가 보인다.

石浦는 본디 '정돌포'에서 온 것이므로 '亭石浦'로 표기되었는데, 정들포, 정돌포 등으로 불리며 혼돈을 겪다가 '石圃洞'으로 정착했다. 석포를 '정들포'로 이해하여 '亭野圃' 표기가 보인 것은 해방 뒤 한국인 기록에서다. 鶴浦는 본디 '작은 황토구미' '소황토구(小黃土口)', '소황토구미(小黃土邱尾)'에서 온 것인데, 1900년에 '鶴浦洞'으로 기록하기 시작했으나 《지지》에서 鶴圃洞으로 오기하다가 현재는 鶴圃로 정착했다. 沙工浦·沙公南·沙工南도 마찬가지다. 1906년에 '샤쿠나미'로 오인되었던 것이 '살구남'으로 와전되어 오늘날 '杏南'이 되었다. 발음이 비슷하여 혼돈을 겪은 지명으로는 중령, 굴암, 산막을 들 수 있다. '中嶺'은 1892년부터 1961년 조사까지 줄곧 '중령'이었고, 1906년 오쿠하라도 일본인 부락의 하나로 中嶺을 기재했으므로 中嶺이 맞는다. 그런데 1967년 현지 조사한 서원섭은 대나무가 많아 竹嶺이라 했다가 자음접변으로 '중영'으로 불린다고 기술했다. 이 때문인지 《울릉군지》(1989, 2007)는 中嶺과 竹嶺을 병기했다. '굴바위'의 훈차표기 '窟岩'을 '龜岩'으로, '갓령'의 훈차표기 '邊嶺'을 '間嶺'으로, 山幕을 '蔘幕'으로 표기한 경우도 모두 발음의 유사성 때문에 빚어진 오기이다.

셋째, 기록상 또는 행정상의 편의를 위해 글자 수를 줄이거나 두 지명을 하나로 병합했다. '도방청'을 '도동'으로, '아륙사'를 '사동'으로, '저전동·저전포'를 '저동'으로, '수층층동'을 '수층동'으로 '통구미동'을 '통구동'으로, '왜선창'을 '창동'으로 줄인 것이 그러하다. 특히 '아륙사'는 한자 '阿陸沙'로만 보였고 우리말은 '아록사·알록사'로 1892년에 보였지만 1897년에 '샤동'으로 줄였고 현재 '사동'으로 정착했다. '阿陸沙'의 의미는 아래구석−下隅−臥玉沙·臥鹿沙로 잘못 전해지는 바람에 서원섭은 '아록사(沙洞)'로 표기하되 '옥같은 모래가 누워있다'는 뜻에서 臥玉沙라 불렸다가 '아록사'라 바뀌었고 한자식 동명으로 표기할 때 沙자만을 취해 沙洞이 되었다고 설명했다. 그러나 '아륙사'가 발음이 비슷한 '와록사'로 와전될 가능성은 있지만 '와옥사'로 와전되기는 쉽지 않다. 《울릉군지》는 서원섭의 설 외에 "사슴이 누워 있다(臥鹿沙)"는 유래도 언급했는데, 이는 '臥鹿沙'의 자의에 맞춰 해석한 것일 뿐 바른 유래라고 보기 어렵다. '사동'은 1897년부터 보인 지명이므로 서원섭의 설명대로 한자식 동명을 제정할 때 바뀐 것이 아니다. 지금까지는 '사동'의 최초 표기가 '아륙사'라는 사실조차 밝혀진 적이 없었다. 따라서 '아륙사'의 의미도 제대로 밝혀지지 않은 상태이다. 두 지명을 하나로 병합한 예는 사동과 장흥동의 일부를 병합하여 옥천동으로 만듦으로써 장흥동이 소멸된 것, 통구미동, 석문동, 남양동과 남면의 장흥동 일부를 병합하여 남양동으로 만듦으로써 석문동과 장흥동이 소멸된 것을 들 수 있다.

넷째, 우리말 지명을 한자로 바꾸면서 우리말이 아예 없어지거나, 동일 지역을 가리키는 지명이 한인과 일인에 따라 달라졌다. 전자는 '대황토구미'를 '태하동'으로, '소황토구미'를 '학포동'으로, '골개'를 '谷浦'로 훈차표기하다가 '남양동'으로 바꾼 경우를 들 수 있다. 1892년 《정처사 술회가》와 1897년 《독립신문》에서 '남양동'이 보이기 시작했는데, '남양'은 조선에서 흔히 볼 수 있는 지명이다. '곡포'라는 지명이 있었는데 왜 '남양동'으로 바뀌었는지는 알 수 없다. 해방 이전까지 잔존하던 '골개'는 '골계' '골깨'로 와전되어, 1983년에는 '골계'를 '谷溪'로 훈차표기하기에 이르렀다. 현재 서면에는 남양 1리에 '골계(본마을)'가 있는데 이는 '골개'에서 와전된 것이다. 후자는 일인이 붙인 '왜선창'이 있었는데 한인에 의해 '천부동'이 새로 생성된 경우이다. '왜선창'은 1899년에 '창동'으로 바뀌었지만, 1892년에 '천부동'이 새로 등장한 것이다. 이는 '왜선창'이 '창동'으로 바뀌기 전에 '천부동'이 생성되었음을 의미한다. '왜선창'이나 '창동'은 '천부동'과 동일 지역을 가리키는 지명인데, 뒷날 '천부' 인접 지역의 지명으로 '본천부'가 새로 보였다. '본천부'가 처음 보인 것은 1961년 조사에서다. 서원섭은 '본천부'의 유래에 대하여, 바닷가에 살 수 없다고 여긴 두 양반이 살 곳을 발견하고 보니 천부라 했는데 그뒤 이곳을 예선창이라고 하기에 자신들이 발견한 곳을 본래의 천부라는 뜻으로 본천부라 이름했다고 설명했다. 그러나 이는 앞뒤가 맞지 않는 설명이다. '왜선창'은 개척 초기부터 보인 지명이므로 개척민들이 예선창 또는 왜선창을 몰랐다가 뒷날 알게 되었다는 논리는 성립하기 어렵기 때문이다. 또한 먼저 생긴 지명에 '본'을 붙이지 않고 뒤에 생긴 지명에 '본'자를 붙인다는 것도 자연스럽지 않은 명명 방식이기 때문이다. 따라서 '천부동'은 '왜선창'이 일본인의 명명임을 보여주는 데 대응하여 한국인이 고안해 낸 지명으로 짐작된다.[88]

이런 예에 비춰볼 때 우리말을 한자지명으로 바꾼 주체가 반드시 일본인이라

---

88) 이을(1923)은 天府洞이라는 지명이 과거 경북시찰사(慶北視察使) 윤시병(尹始炳)이 울릉도를 관찰할 당시 기념으로 붙인 것이라고 했다. 실제로 1892년 이전 중앙정부는 선전관 윤시병을 특별히 파견하여 울릉도를 검찰하게 한 적이 있다.

고 단정하기도 어렵다. 태하동과 천부동은 그 의미에 비춰볼 때 한국인이 명명한 듯하고, 학포와 남양동은 일본인이 명명한 듯하다. 1892년에 처음 보인 '우복동'은 한국인이 명명한 듯한데 1905년 일본 기록에는 '옥천동'으로 바뀌어 있다. 서원섭은 '우복동·옥천동'의 유래를 설명하기를, 소가 엎드려 있는 모습에서 牛伏洞으로, 골짜기를 흘러내리는 시냇물이 옥 같이 맑다고 해서 옥천동으로 부르게 되었다고 했지만, 牛膓洞, 遇伏洞, 牛伏洞 등으로 표기가 다양하므로 이 설은 맞지 않다. 신촌, 신리, 신흥동, 평리 등은 한자지명이므로 한국인이 명명했을 것 같지만 이 역시 단정하기는 어렵다.

다섯째, 한국인의 고유 지명을 일본인이 일본식으로 명명했다. 이 경우 지명 뒤의 형태소를 일본식으로 바꾼 예와 처음 의미와는 전혀 다르게 바꾼 예로 나뉜다. 전자는 우리말 '작지'를 '사키(崎)'로, '구미'를 '坎'으로 바꾼 경우가 해당된다. 이로 말미암아 대풍구미, 황토구미, 사태구미가 현재는 대풍감, 황토감, 사태감이 되었다. 후자는 '방패도'가 '관음도'로 바뀐 경우가 해당된다. '방패'와 '관음'은 아무런 연관성이 없다.

이렇듯 지명은 여러 가지 원인으로 와전되거나 표기가 바뀐 것이 많다. 울릉도는 개척 전부터 줄곧 일본인이 왕래하고 거주해 왔던 특성상 지명에도 그들의 영향력이 드리워져 있다. 그 결과 현전하는 많은 지명이 일본인이 잘못 전한 측면이 있다. 개척기에 와전된 지명은 일제강점기를 거치면서 심화되었고 그것이 해방 뒤로 이어져 고착했다. 고착된 지명은 1950년대 말부터 본격화한 현지 조사를 통해 사실인 것처럼 여겨졌고, 1961년 4월의 지명 고시는 이를 공식화하는 계기가 되었다. 그러나 조선시대에 형성된 지명이라 하더라도 일본인이 명명한 경우가 있고, 일제강점기에 보인 지명이라 할지라도 조선시대 지명의 연장선 위에서 나온 경우가 있다. 그러므로 울릉도 지명을 조선시대 지명과 일제시대 지명으로 획일적으로 구분하는 일은 그렇게 간단하지 않다. 한글학회는 1964년부터 전국의 자연지명과 고적을 조사하여《한국지명총람》을 간행했는데 수록된 내용은 대부분 현지인의 구전에 의존한 것이다. 문헌학적 고증 없이 구전에만 의존하여 수록한 정보는 역사적 사실성이 결여될 우려가 있다. 현전하는 지명 가운데는 일제강점기 후반에 새로 형성된 지명[89]도 적지 않다. 이들 지명에 대해서는 현지인이 제공하는 정보에 의존할 수밖에 없는 상황이지만, 좀 더 자료를 발굴하여 이에 대한 검토도 이뤄져야 할 것이다. 다음 〈참고-1〉은 지명 표기의 추이를 고찰하는 데 도움이 되도록 지명의 일부를 뽑아 그 변천과정을 적은 것이다. 한 자료에서 보이는 여러 이칭異稱도 전부 적었다.

〈참고-1〉지명의 변천 일람90)

*倭舡倉(1711)−倭船倉(「鬱陵島」)−倭舡滄(1786)−倭船倉(1857)−舊船滄(「欝陵島圖」)−舊船倉(1882−a)−倭船艙(1882−b)−倭船倉(1883−b)−昌洞(1899)−天府洞之古船浦(1900)−昌洞(1900−b)−天府洞內昌洞(1905)−天府洞內昌浦; 昌洞(예선창)(1906−a)−에신촌(1906−b)−昌洞(1909)−昌洞(에센챵, 챵동)(1910)−古船昌(예선창, 天府洞)(『지지』)−(昌洞)(챵동)(1917−b)−昌洞(1919)−芮船倉이라는 昌洞(1923)−昌洞(창동)(1961)−예선창(天府)(1969)−船倉(예船倉, 倭船倉, 倉洞)(1979)−船艙浦(1981)−살구남, 예선창(1983)−옛船艙, 倭船艙, 天府(1989)−예선창·天府(2007)−왜선창(현재 천부1리에 보임)

*沙工浦(「鬱陵島」)−□南伊(「欝陵島圖」)−竹浦(1882−b)−沙公南(1900−b)−沙工南(1902)−沙工南(샤쿠나미)(1906−a)−샤쿠나미(1906−b)−砂空南末(Shakunami Kutsu)(1909)−沙工里(사공넘이, 『지지』)−沙空南末(샤쿠나미구쓰)(1911)−(杏南)(살구남)(1917−b)−沙空南末(1919)−沙工넘이, 杏南洞(1923)−사공넘어(살구남, 杏南), 사공남방91)(1928)−杏南(살구남)(1961)−사구내미(蛇口南)(1969)−사구나미(살구남, 蛇口南, 杏南)(1979)−杏南, 竹浦(1981)−살구남(1983)−杏南(살구남, 蛇口南, 竹圃)(1989)−사구내미·사구너머(2007)

---

89) 청도, 새각단, 본천부, 백운동, 줄맨등, 신포구, 양굴, 윤하추, 지통골, 제당골, 살강태 등이다.
90) 울릉도 지명 가운데 가장 많이 와전된 지명을 뽑아 적은 것이다. 지명은 생성 연대순으로 제시하되, 괄호에 연도를 표기하는 형식으로 했다. 원문은 한글로 된 경우와 한자로 된 경우가 있으므로 여기서는 원문대로 표기했다.
91) 《중외일보》 1928.1.30. "울릉도 사공남방스테 동남방 약 백간을 긔뎜(基点)으로 한 후에…"

-행남(살구남) (현재)

  *玄作地(1786)-玄石龜尾(1831)-黑杖邱尾(1857)-黑作地(1882-a)-黑
浦, 黑斫支, 黑斫之浦, 玄浦, 玄斫支(1882-b)-玄浦洞(1883-a)-가몬崎(玄作
支)(1883-b)-현표(1892)-현포동(1897)-玄洞(1899)-玄圃洞(1900)-玄浦
(1900-b, 1902, 1905)-玄浦(현포)(일명 옹통개)(1906-a)-가몬자기(1906-
b)-玄圃洞(1906-c)-현포(1908)-玄圃洞(가몬사키)(1910)-玄圃洞(감은작
지)(『지지』)-玄圃洞(1912)-玄圃洞(1914)-玄圃洞(1917-a)-(玄浦)(고물
개)(1917-b)-玄圃,   玄圃洞(1919)-玄圃洞(거문개)(1923)-현포(동아일보,
1934.2.18)-玄圃洞(鬱陵島勢一斑-1938)-玄圃洞(현포동)(1961)-玄圃
(1963)-가문작지(玄圃洞), 玄浦(1969)-玄圃里(현포, 가문짝지, 가먼작지)(1979)
-감은작지·黑斫支·玄圃(1981)-玄圃洞(가문작지, 거문작지, 黑斫支, 玄斫
支, 玄圃)(1989)-가물개, 가문작지(玄圃)(2007)-玄圃·玄圃里(현재)

  *谷浦(「鬱陵島圖」)-谷浦(1882-a, b)-谷浦(골게이)(1883-a, 1883-b)-谷
浦洞(1887)-南陽洞(1892)-남양동(1897)-南陽洞(1900-b)-南陽洞(南陽
川)(1902)-南陽洞(1905)-南陽洞(고리켄)(1906-a)-南洞, 고리켄(1906-b)
-남양동(1909)-南陽洞(고우리켄, 남양동)(1910)-南陽洞(1912)-南陽洞(골
개)(『지지』)-南陽洞(1914, 1917-a)-南陽洞, 남양동(1917-b)-南陽洞(고리
켄)(1919)-南陽洞(1923)-南陽洞(남양동)(1961)-南陽·남양동(1963)-골개
(南陽洞)(1969)-골깨(골계); 골깨재(골계재, 태하재, 태하령, 1979)-골개(谷
浦, 洞浦, 南陽洞)(1981)-골계(谷溪)(1983)-골계(谷溪)(1989)-남양동, 골계
(谷溪), 谷浦(1989)-골계(谷溪)(2007)-골계(본마을)(현재 남양1리); 남양리
(현재)

  *阿陸沙(「鬱陵島圖」)-阿陸沙(아릭사, 1883-b)-아록사·알록사(1892)-샤
동(1897)-沙洞(1900-b, 1902)-沙洞(1905)-沙洞(아릭사)(1906-a)-沙洞
(1906-b, 1906-c)-沙洞(1909)-沙洞(아렉사, 사동)(1910)-沙洞(『지지』)-

沙洞(1912, 1914)-沙洞(1917-a)-沙洞:사동(1917-b)-沙洞(아렉사)(1919)
-'아룩사라는 沙洞(본명 아래구석)'(1923)-下隅(매일신보, 1939.8.25.)-沙
洞(사동); 지도상 지명 無(와룩사)(1961)-沙洞(1963)-아룩사(沙洞), 臥玉沙
(1969)-와룩사(아룩산, 아룩사, 臥玉沙)(1979)-沙洞(1981)-'사동(沙洞) 일
명; 아룩사'(1983)-沙洞(아룩사, 臥玉沙, 臥鹿沙)(1989)-와룩사(臥鹿沙)
(2007)-와륙사 · 와룩사 · 사동리 · 사동(현재)

   *小黃土口(1882-a)-小黃土邱尾(1882-b)-小黃土邱(쇼황토기미)(1883
-b)-小黃土邱尾(『欝陵島圖』)-鶴浦洞(1900-b)-鶴圃洞(1905)-小台霞洞(쟈
가라황토기미)(1906-a)-小黃土浦(1906-b)-鶴浦洞(1909)-鶴浦洞(학포
동)(1910)-鶴圃洞(『지지』)-(鶴圃洞)(학포동)(1917-b)-鶴圃(챠가라)(1919)-
鶴圃洞(1923)-鶴圃洞(학포동)(1961-조사표)-鶴圃 · 학포동(1963)-작은황
토구미(鶴圃洞)(1969)-鶴圃洞(1979)-작은황토굼(小黃土丘尾) · 鶴浦
(1981)-학포(鶴圃)(1983)-小黃土邱尾, 鶴圃(1989)-작은황토구미 · 鶴圃(2007)
-학포 · 학포동(현재)

   *우복동(1892)-牛腸洞(1900-b)-遇伏洞(1902)-玉泉洞(1905)-오복동
(1906-b)-玉泉洞(1906-c)-玉泉洞(옥센)(1910)-玉泉洞(우복동)(『지지』)-
(玉泉洞)(옥촌동)(1917-b)-玉泉洞(오복동)(1919)-玉泉洞(1923)-玉泉洞(옥
천동)(1961)-옥천동(1963)-牛伏洞 · 玉泉洞(1969)-玉泉洞(牛伏洞)(1979)-
玉泉洞(1981)-옥천동(玉泉洞)(1983)-우복동 · 옥천동(1989)-牛伏洞 · 玉泉
洞(2007)-옥천(현재 사동2리에 보임)

   *천부동(1892)-텬부(텬부동)(1897)-天府洞之古船浦(1900)-天府洞
(1900-a, b)-天府洞(1902)-天府洞(1905)-天府洞(춘부동)(1906-a)-춘보
도(1906-b)-天府洞(1906-c)-天府洞(『지지』)-天府洞(1912, 1914)-天府洞
(1917-a)-天府洞:천부동(1917-b)-天斧洞(1919)-天府洞(1923)-千府洞
(1934)-天府洞(천부동); 본천부(지도상 무)(1961)-天府 · 천부동(1963)-本

天府(1969)-本天府(1979)-天府洞, 船艙浦(1981)-'천부(天府), 일명; 예선창'; 本天府(1983)-天府洞(1989, 2007)-천부(왜선창)·본천부; 선창(현재)

　*태하동(1892, 1897)-台霞洞(1895, 1900-a, 1900-c)-台霞洞·대하천 (臺霞川)(1902)-台霞洞(1905)-台霞洞(황토기미); 臺霞洞·台霞洞(1906-a) -台霞洞(1906-c)-台霞洞(1909)-臺霞洞(대가동)(1910)-台霞洞(『지지』)-台霞洞(1912, 1914)-臺霞洞·台霞洞(조선휘보, 1915.3)(추가)-台霞洞(1917 -a)-臺霞洞(대하동)(1917-b)-臺霞洞(경상북도통계연보, 1918)-台霞(1919) -台霞洞, 台霞嶺(1923)-太霞洞(조선중앙일보, 1934)-臺霞洞(1938)-臺霞洞 (대하동)(1961-지도), 태하동(1961-조사표)-台霞·태하동(1963)-큰황토구 미(台霞洞)(1969)-台霞里(1979)-큰황토굼(大黃土丘)·台霞洞(1981)-황토 구미(台霞洞)(1983)-台霞洞(1989)-큰황토구미·台霞里(2007)-태하·台霞 里(현재)

　*亭石浦(1900-b, 1902)-亭石浦(츈도로보)(1906-a)-촌도로보(1906-b) -石浦洞(1906-c)-亭石浦(정포돈)(1910)-石圃洞(정돌포)(『지지』)-(石圃洞) (석포동)(1917-b)-石圃洞(1923)-石浦(중외일보, 1927.8.14.)-鄭乞船倉(1928) -石圃洞(석포동)(1961-지도), 석포동·石圃洞(1961-조사표)-石浦(1963)- 정야포(亭野圃), 정들포(1968)-정돌포(石圃)(1969)-정들깨(정들포, 석포, 석 포동)(1979)-石圃·石浦(1981)-석포(石圃); 정들포(1983)-정들깨, 정들圃, 石圃(1989)-정들포·石圃(2007)-석포(정들포)(현재)

〈참고-2〉〈참고-1〉의 출전

연 도	주관기관 혹은 기록자	출 전(문헌명)
1750~1751	홍문관	《해동지도》의 〈鬱陵島〉
1786	수토관 김창윤	《일성록》 정조10년 6월 4일
1794	수토관 한창국	《정조실록》 정조18년 6월 3일
1807	수토관 이태근	《일성록》 순조7년 5월 12일
1827	수토관 하시명	《일성록》 순조27년 5월 19일

1831	수토관 이경정	《일성록》 순조31년 5월 14일
1849	수토관 이규상	《일성록》 헌종15년 5월 4일
1857	수토관 지희상	《각사등록》 27, 79(상-하)
〈欝陵島圖〉(19세기 중·후반 추정)	수토관 추정	〈欝陵島圖〉 (2019.3.3. KBS 방영)
1882-a	군관 이명우	〈欝陵島記〉(《묵오유고》, 1917)
1882-b	울릉도 검찰사 이규원	《울릉도 검찰일기》; 《계초본》
1883-a	강원감영	〈光緒 9年 4月 欝陵島開拓時船格粮米雜物容入假量成冊〉
1883-b	내무성 서기관 히가키 나오에	〈울릉도 출장 복명서〉 1883년 11월(《조선국 울릉도에 불법으로 도항한 일본인을 데리고 온 일에 대한 처분 건》 제3권)
1883-c	해군성	《수로잡지》 제41호
1886.12.	해군 수로부	《환영수로지》 제2권 2판
1887.6.5.	수토관 박태원	《한성주보》 73호(7.25. 양력)
1892	정래기, 정처사 술회가	서원섭, 〈鄭處士述懷歌 攷〉(1970)
1897 (1896년 9월 보고)	《독립신문》 4월 8일	《독립신문》 1897.4.8.
1899.9.	외무성과 해군성 관리	조사 보고서
1900	내부 시찰위원 우용정	《울도기》
1900-a	동래감리서 주사 김면수	〈동래항보첩〉 3, (1900.6.9.) (《각사등록》 14 경상도편)
1900-b	부산영사관 부영사 아카쓰카 쇼스케	〈鬱陵島 調査槪況 및 山林調査槪況 報告의 件〉(《주한일본공사관기록》 제14권)
1900-c	대한제국	칙령 제41호
1902	경부 니시무라 게이조	〈韓國欝陵島事情〉(《통상휘찬》 제234호)
1905	경부 스즈키 에이사쿠	〈欝陵島ノ現況ニ關スル報告書〉(1905. 12.6.)(《釜山領事館報告書》 2책
1906-a	교장 오쿠하라 헤키운	《竹島及鬱陵島》 (1907년 출판)
1906-b	시마네현 조사단	《〈비(秘)〉 다케시마》(1905~1908)
1906-c	통감부	칙령 제49호(1906.9.24.)
1909	해군성 수로부	해도
1910 (1908년 조사)	통감부	《韓國水產誌》 2집
1911	해군성 수로부	《日本水路誌》
지지 (1910-1913 조사)	조선총독부	《朝鮮地誌資料》

1912	조선총독부	〈구한국 지방행정구역 명칭 일람〉
1914	조선총독부	총독부령 제111호
1917-a	조선총독부	《신구 대조 조선전도 부군면리동 명칭 일람》(1917.4.)
1917-b	육지 측량부	〈조선지형도〉(5만 분의 1 축척)(1917.6.)
1919	나카이 다케노신	《울릉도 식물조사서》
1920	일본 해군성	《日本水路誌》
1923	이을	《개벽》 41호
1928	동아일보	《동아일보》 1928.9.1.~12.
1934	조선중앙일보	《조선중앙일보》 1934.2.10.; 3.15.
1961-지도; 1961-조사표	국토지리정보원(현)	《경상북도 울릉군 지명조사철》(《조사표》)
1963	울릉군	《울릉도향토지》
1968	석포 주민	《석포 개척지》
1969(1967년 조사)	서원섭	〈울릉도의 지명유래〉
1970	서원섭	〈정처사 술회가 고〉
1979	한글학회	《한국지명총람》 7권
1981	문보근	《東海의 수련화》
1983	울릉군	《개척백년 울릉도》
1989	울릉군	《울릉군지》
2007	울릉군	《울릉군지》
2011	국토지리정보원	《한국지명유래집》
현재	울릉군	울릉군 홈페이지
지형도 (2017년 조사)	국토지리정보원	울릉도 지형도(2만5천 분의 1 축척)

2부

근대기 일본의 다케시마·마쓰시마 인식과
울릉도·독도

1. '이소타케시마'의 어원

Ⅰ. 문제의 소재

현재 일본이 우리나라 독도를 가리키는 '다케시마[竹島]'는 에도시대에는 울릉도를 가리키던 호칭이었다. 그런데 '다케시마'에 앞서 '이소타케시마'가 있었다. '이소타케시마'는 '이소'와 '다케시마[竹島]'의 합성어지만, '이소'를 어떻게 표기하는 가에 따라 '磯竹島'와 '礒竹島'1)로 나뉜다. '이소타케시마'와 '다케시마' 둘 다 울릉도를 가리키는 호칭이다. 일본이 동일한 대상을 다르게 표기한 것인데 이런 경우는 더 있다. 울릉도 가까이에 '죽도(竹島)'가 있는데, 우리말 '댓섬'에 대한 한자 표기이다. 그런데 일본은 '다케시마[竹島]'와 한자 표기가 같다는 사실을 알게 되자, "竹島(죽도라고 읽는다)"라고 표기하다가 아예 표기를 '竹嶼'2)로 바꿨다.3) 울릉도를 '이소타케시마'와 '다케시마'로 다르게 부르고, '이소타케시마'를 두 가지로 표기하고, '댓섬'의 한자를 두 가지로 표기한 사실은 그 유래가 각각 다르다. '이소타케시마'와 '다케시마'로 달라진 데는 지역적 차이가 있고, '이소타케시마'를 두 가지로 표기하게 된 데는 '이소'의 한자를 대표자를 취한 것인가 이체자를 취한 것인가의 차이가 있다. 이에 비해 '댓섬'의 한자가 竹島에서 竹嶼로 바뀐 배경에는 조선이라는 상대국이 개재되어 있다. 따라서 이런 차이를 동일한 차원에서 논할 수는 없다.

이 글은 논의를 '이소타케시마'로 좁혀 검토하고자 한다. '礒竹島'와 '磯竹島'

---

1) 이 글은 명칭을 다루는 것이므로 礒竹島, 磯竹島는 한자대로 표기하고, 음독을 달지 않은 표기도 있음을 밝힌다.

2) 1883년 《水路雜誌》에는 '竹嶼(Boussole Rx), 竹島(朝鮮人)'로 되어 있고, 1920년 《日本水路誌》에는 '竹島(チュクトー, 竹嶼)'로 되어 있다.

3) 일본은 독도를 불법 편입하기 1년 전에 펴낸 지리지에 "이 섬[울릉도]의 동쪽에 죽서(竹嶼)가 있다"고 기술하고 '竹嶼'에는 특별히 강조점을 찍었다(야즈 쇼에이[矢津昌永] 《韓國地理》 1904).

라는 두 가지 표기가 생겨난 배경, 그리고 '다케시마'를 기록한 문헌에 저마다 '이소타케시마'를 병칭한 이유는 무엇인가? 필자는 늘 이 점이 궁금했지만, 이를 명쾌하게 설명해 준 연구는 없었다. 나카무라 히데다카[中村栄孝][4]가 일찍이 '磯竹島'에 관한 글을 쓴 적이 있지만, 그의 목적은 독도 영유권에 대한 역사적 배경을 고찰하는 데 있었으므로 '磯竹島'의 유래에 대해서는 고증하지 않았다.

최근에 개정 · 증보판으로 간행된 《독도사전》[5]의 '이소타케시마[磯竹島]' 항목을 보더라도, 거기에는 "17세기 이전 일본에서 울릉도를 일컫는 말. '이소(磯)'는 돌과 바위가 많은 바다나 호숫가를 말하며, 다케시마[竹島]는 대나무가 나는 섬을 의미한다"고 정의했다. 이어 16세기 말부터 17세기 초 일본 사료에서는 울릉도를 '이소타케시마'라고 기록했고, 조선 측 문헌에서는 일본에서 울릉도를 '이소타케시마'로 부른다고 기록한 사실을 들어 1616년 이전 일본에서 울릉도를 가리켜 다케시마[竹島]라고 한 적이 없다고 지적한 나이토 세이츄의 견해[6]를 인용했다. 이 내용은 2011년 초판과 거의 같다. 그러나 에이로쿠[永祿] 연간(1558~1569) 오야 규에몬[大谷九右衛門]이 표착한 섬의 이름은 '다케시마[竹島]'였으므로[7] 1616년 이전 '다케시마'로 부른 적이 없다는 견해는 재검토가 필요하다.

한편 《독도사전》에는 '의죽도礒竹島' 항목이 따로 있는데, 2011년판과 2019년판이 약간 다르다. 2011년판에 "의죽도 · 죽도 · 기죽도 명칭이 함께 나오는데, 의죽도 · 기죽 등의 '죽竹'자가 보이는 것에서 '죽도'의 영향으로 설명하기도 한다"[8]는 내용이 2019년판에서는 삭제되었고 나머지는 거의 같다. 하나의 사전에서 '이소타케시마'와 '의죽도'라고 칭하고 있어, 두 명칭을 부른 주체가 다른 듯이 오해할 우려가 있다. 하지만 둘 다 일본에서 유래한 것이다. 게다가 '이소타케시마'와 '의죽도'가 별개의 항목으로 있는 것은 전자는 방점이 '이소'에, 후자는 '다

---

4) 中村栄孝, 〈礒竹島(欝陵島)についての覚書〉《日本歷史》 제158호, 1961. 그는 1953년 독도를 둘러싸고 양국이 논쟁하게 되었을 때부터 집필을 의뢰받고 있다가 1961년에야 완성시켰음을 밝혔다.
5) 독도사전편찬위원회 편 《독도사전》, 한국해양수산개발원, 2019.
6) 《독도사전》(한국해양수산개발원, 2019)의 '이소타케시마[磯竹島]' 항목. 1616년 이전 운운은 나이토 세이츄의 견해를 인용한 것이다.
7) 《竹島渡海由来記抜書控》
8) 《독도사전》의 '의죽도' 항목.

케'에 있는 것처럼 보일 우려가 있다. 사전에서 '의죽도' 설명을 위해 인용한 《지봉유설》이나 《부상록扶桑錄》을 보더라도 호칭의 주체가 일본임이 밝혀져 있다. 그러므로 일본이 붙인 명칭을 오늘날에도 '의죽도'[9]로 부르는 것은 문제가 있다.

이 글은 이런 문제 인식을 지니고 '이소타케시마'의 어원을 밝히고자 한다. 어원을 밝히는 것이 영토 주권과 직접적인 연관성을 지니는 것은 아니지만, 용어의 정확한 유래나 자의字意를 알고 접근하는 것도 영토 주권에 관한 연구 못지않게 중요하다고 보기 때문이다.

우선 '磯·礒'에 대한 사전辭典 정의를 보자. 중국의 《漢語大詞典》에 따르면, '磯'자는 두 가지 의미를 지닌다. 첫 번째는 "물이 암석에 부딪치는 것[水沖擊岩石]"을 의미하여, 격노하거나 저촉된 것을 가리킬 때 사용된다. 《맹자》[10]에 나온 '磯'자에 대해 조기趙岐는 "磯, 激也"로 풀었다. 두 번째는 "물가의 돌이나 튀어나온 암석[水邊石灘或突出的岩石]"을 의미한다. '礒'자는 "碕礒에 보인다(見'碕礒')"고 되어 있어 '礒'자의 자의字意는 나와 있지 않다. 그런데 '碕礒'의 의미도 두 가지이다. 하나는 "산의 돌이 고르지 않은 모양[山石不平貌]"이고, 다른 하나는 "기이하고 일정하지 않음[奇特 ; 不平常]"이다. 따라서 磯·礒가 둘 다 '돌'과 관계된 글자임은 공통되지만, '磯'자가 물가의 암석과 관계있는 데 견줘 '礒'자는 '고르지 않음'과 관계가 있다. 이 지명은 일본에서 생성된 고유 지명이므로 지명으로서의 '礒竹島'나 '磯竹島'는 당연하게도 《漢語大詞典》에서는 보이지 않는다.[11]

일본 모로하시 데쓰지[諸橋轍次]의 《大漢和辭典》에서 푼 磯·礒 두 글자도 《漢語大詞典》과 크게 다르지 않다. '磯'자에 대해서는 "1. 격激하다. 돌이 물을 막아 노하게 하다. 2. 강변, 물이 고인 곳에 돌이 많은 곳, 磯는 磧(강가의 돌이 많은 곳) かわら[川原·河原·磧] [명사]강가의 모래[자갈]밭; 바닥이 드러난 강변. 3. 邦: 이소, 바다나 호수 등의 波打際"라고 했다. '礒'자에 대해서는 "1. 돌의 모양, 바위[硪]와 같다. 2. 邦: 이소, 磯와 통용된다"고 했다.[12] 이로써 두 개의

---

9) 한국 문헌에 보인 '礒竹島'를 '의죽도'로 발음하는 것은 편의상 그렇게 하는 것이지 그것이 일본의 '이소타케시마'에서 온 것과 무관하지 않다는 사실을 밝혀줄 필요가 있음을 말하는 것이다.

10) 《孟子》〈告子下〉: "親之過小而怨, 是不可磯也……不可磯, 亦不孝也."

11) 《사고전서》를 보더라도, 磯竹島, 礒竹島는 보이지 않는다. 《韓國漢字語辭典》(1993~1997, 단국대학교 동양학연구소)에도 '磯'자를 '여울돌 기'로 풀고 있으며 단어로는 '磯激'만 나와 있다. '의(礒)'자에 대한 풀이는 없다.

사전 모두 '磯'자를 대표자代表字로, '礒'자를 이체자異體字로 보고 있음을 알 수 있다. '礒'에 대해 "磯와 통용된다"고 했으므로 '磯'의 의미인 암석과 관계된 것으로 보아야 할 것이다.

다만 《大漢和辭典》이 《漢語大詞典》과 다른 점이 있다. 그것은 '礒'와 '磯'에 대해 '邦'이라고 하여 '이소(いそ)'가 일본 고유의 언어임을 밝히고 있다는 점이다. 또한 '礒'와 '磯' 모두 '이소'의 의미로서 통용된다는 점을 밝히고 있다는 점이다. 따라서 '磯竹'과 '礒竹'은 '이소'에 '다케'가 합쳐진 것이다. '이소타케시마'는 여기에 '島'자가 더해진 것이다. 문헌에 따라 '이소타케' 또는 '이소타케시마'로 보이지만 일본 고유의 지명임을 의미한다. 그렇다면 '礒竹島'와 '磯竹島'는 그 의미가 달라서 표기가 달라진 것이 아니라 '이소'에 대한 한자를 어느 것을 차용하는가에 따라 달라진 것임을 알 수 있다. 그런데 '이소'와 '다케'로 훈독되는 글자는 이 외에도 더 있어 '五十'도 '이소', '武'[13]와 '猛'도 '다케'로 훈독된다. 시마네현 이와미국 니마군[邇摩郡] 관할에 '五十猛村,' 오키국 스키군[周吉郡] 관할에 '磯村'라는 지명이 있는데, '五十猛村'은 '이소타케무라'로, '磯村'은 '이소무라'로 훈독된다.[14] 이 외에 '蟻竹島'[15]는 '이소타케시마', '弓嵩'은 '이소타케'로 훈독된다.

Ⅱ. 문헌상의 용례와 변천

1. '五十猛'과 '이소타케'

우선 '이소타케(시마)'에 대한 훈차표기인 '礒竹(島)'이나 '磯竹(島)'이 문헌에 기술된 용례를 조사하여 그 추이를 보자. '이소타케' 관련 표기가 가장 먼저 보인 문헌은 《일본서기日本書紀》[16]다. 그 안에 "一書曰 素戔嗚尊所行無狀 故諸神 科

---

12) 礒자나 磯자가 한자의 의미로 볼 때는 '돌'에 방점이 있지만, 일본어 '이소'의 의미로 볼 때는 '물'과도 관련이 있어 보인다.
13) 쓰보이 구메조(坪井九馬三)는 '다케시마'라는 도명이 '武島'의 왜훈(倭訓)이라고 보았다(〈鬱陵島〉《歷史地理》 제38권 제3호, 日本歷史地理學會, 1921, 168쪽).
14) 《帝國行政區劃便覽》(1901, 1929).
15) '蟻'자는 '개미'의 뜻이지만 그것과는 상관이 없다.

以千座置戶 而逐逐之 是時 素戔嗚尊 帥其子五十猛神 降到於新羅國 居曾尸茂梨之處…"[17]라는 문장이 있다. 素戔嗚尊의 아들로서 '五十猛神'이 거론되어 있는데, 이 '五十猛'을 '이소타케루'[18] 또는 '이타케루(イタケル)'라고 하므로 '이소타케'와 연관짓는다. 《殘太平記》[19] 권7 '罪人遠嶋 流刑評定之事' 조에는 오다 노부나가[織田信長]가 죄인을 유배 보낼 원도遠島를 논의하는 가운데 다음과 같이 '五十猛嶋'를 언급하고 있다.

　　에이로쿠 12년(1569) 12월…오키국 상인을 불러 五十猛嶋에 대해 물으니, 인슈[隱州]에서 70리, 동서 9리로 큰 대나무가 많고 사람은 살지 않는다… 이 대인은 아마 수사노오미코토[素盞嗚尊]의 아들 이소타케루노미코토[五十猛命], 이 분이 이 섬에 사신다고 전해지므로 신이 있을 것으로 생각된다… 서쪽으로 조선국이 보이는데 이 섬도 유인流人을 보낼 곳은 아니라고 답했다.[20]

　위의 글에서도 《日本書紀》에 보였던 '五十猛'이 다시 거론되었는데, '五十猛嶋'와 조선의 울릉도를 동일시하는 듯 기술하고 있다. 울릉도를 '이소타케시마[五十猛嶋]'로 부르고 인슈에서 거리와 대나무 등을 언급했으므로 전설상의 섬으로 머물고 있지 않았음을 알 수 있다. 한편 이는 일본에서 울릉도에 관한 지견知見이 16세기 중반 경에 이미 성립해 있었음을 의미한다.

　일본 모모야마시대[桃山時代](1573~1603)에 작성된 것으로 전해지는 〈일본도 병풍日本圖屛風〉[21]과 동일 계통의 병풍에도 오키와 고려 사이에 '磯竹'이라는

---

16) 《日本書紀》 번역본에는 음독이 '이다게루노미고도'로 되어 있다(성은구 역주, 《일본서기》, 정음사, 1987, 59쪽).
17) 《日本書紀》 卷第一 神代(上).
18) 《古事記》에 등장하는 오오야비코노카미(大屋毘古神)와 동일신으로 되어 있다. 임업의 신으로 추앙된다(https://ja.wikipedia.org/wiki 참조).
19) 中村榮孝는 이 책은 편자가 미상이며 1690년의 간기(刊記)가 있는데, 권12의 권말에 "元祿 3(경오)년 9월 상순, 書林雁金屋庄兵衛 梓라고 새겨져 있다"고 했다.
20) 中村榮孝, 1961, 앞의 글, 18쪽.
21) 위의 글, 15쪽. 나카무라(中村)는 〈일본도 병풍〉의 제작연도를 芦田伊人 씨와 中村 拓 박사가 1587년에서 1590년작으로 보는 福井의 淨得寺 소장 외에도 여러 소장품이 있으므로 정설이 없는 것으로 보고 있다.

섬이 하나 그려져 있다.[22] 이에 대하여 나카무라 히데다카는 '礒竹'이라는 명칭이 이 시기 전후로 알려졌으며 17세기에는 양국의 교섭 대상으로 다루었다고 했다.[23] 또한 그는 17세기 지도에는 〈御朱印船航海圖〉에 竹島로 표기되어 있고 이 외에도 여러 문서에 보인다고 했다. 〈일본도 병풍〉에 '磯竹'으로 표기되어 있음을 밝혔음에도 자신은 '礒竹'으로 부르고 있다. 다만 이로써 '이소타케시마'가 '五十猛'에서 '磯竹' '礒竹'으로 변전했음을 알 수 있지만, 그렇다고 해서 竹島 호칭이 '이소타케시마'가 출현한 뒤에 보인 것인지에 대해는 위에서 언급했듯이 판단을 유보할 수밖에 없다.

《다몬인 일기[多聞院日記]》[24] 덴쇼[天正] 20년(1592) 5월 19일조[25]에는 다음과 같은 내용이 있다.

> 호키(防〈伯〉耆)에서 야시치[弥七]가 왔다. 10년을 오지 않았다(いそたき 人蔘 3냥과 못을 조금 가지고 왔다). 단속에 걸려 갇혀 있었다고 한다. …[26]

이는 야시치라는 자가 다몬인의 승려 에이슌[英俊](1518~1596)에게 '이소타키 인삼'을 선물한 내용을 기록한 것이다. 'いそたき'로 쓰여 있어 한자를 알 수 없지만, 나이토 세이츄[內藤正中]는 "'이소타키'는 '이소타케'이며, 이소타케시마[磯竹島]라는 이름으로 불리던 울릉도 특산품 조선인삼이 불로장생의 묘약으로 이미 일본에서도 알려져 있었음을 알 수 있는 기사"[27]라고 해석했다. 나이토는 '이소타키'가 '이소타케시마'를 의미한다고 해석했고, 울릉도를 가리킨다는 사실에 초점을 맞추었다. 나카무라도 "이 기사에 이소타키 인삼 3냥을 지참했다고 하지만, 야시치는 호키에서 출발했으므로 이소타키인삼은 '이소타케人蔘'의 방언일 것이

---

22) 《일한어업 교섭자료》 3, 〈일본해의 다케시마(竹島)에 관하여〉, 시마네현 총무과 소장.

23) 中村栄孝, 1961, 앞의 글, 15쪽.

24) 일본의 중세부터 근세의 이행기인 1478년부터 1618년에 이르는 약 140년 간 나라[奈良] 고후쿠지[興福寺] 다몬인[多聞院]의 승려 죠지쓰보 에이슌[長実房 英俊]을 비롯한 삼대(三代)의 필자가 쓴 일기로서 46권으로 되어 있다(《독도사전》 참조).

25) 《多聞院日記》 38, 간본 4.

26) 中村栄孝, 1961, 앞의 글, 19쪽에서 재인용.

27) 內藤正中, 《竹島(鬱陵島)をめぐる日朝關係史》, 多賀出版, 2005, 17쪽.

다"라고 했다. 그 역시 '이소타케'를 울릉도와의 관계 속에서 파악한 것이다.[28]

2. 1614년의 '礒竹島'

　조선에서 가장 먼저 '礒竹島'라는 명칭이 보인 것은 광해군 연간(1614)이지만, 그 내용이 보인 것은 《숙종실록》 20년(1694) 2월 23일자 기사와 8월 14일자 기사에서다. 1694년 2월 23일자 기사는 1693년 여름 남구만이 숙종에게 《지봉유설》의 내용─왜놈들이 礒竹島를 점거했는데, 礒竹島는 바로 울릉도라고 했습니다─을 아뢴 내용이다. 1694년 8월 14일자 기사는 남구만이 숙종에게 "동래부가 간직한 문서에는 '광해 갑인년에 왜인이 사자使者를 보내 礒竹島를 탐시하겠다고 말했으나, 조정에서 답하지 않고 동래부로 하여금 준엄하게 배척하도록 했다'는 기록이 있으니, 왜인들이 이 섬에서 어채해 온 지도 오래 되었습니다"라고 아뢴 내용이다.

　이 기사로 광해군 6년에 礒竹島의 일로 조정에서 동래부에 지시한 사항이 있었음을 알 수 있다. 그런데 《지봉유설》(1614)의 내용은 광해군 6년의 일이 아니라 그 이전의 일을 가리킨다. 이수광은 "울릉도는 임진왜란 뒤에 사람이 가서 보니, 왜적의 분탕과 노략질을 겪어 다시 인적이 없었는데, 근자에 들으니 왜가 礒竹島를 점거했다고 한다. 혹자는 礒竹은 바로 울릉도라고 한다"[29]라고 기술했다. 이는 임진왜란 이후 1614년 이전의 일을 가리킨다. 즉 이수광(1563~1628)이 자신의 생존 시대의 일을 적은 것이다. 이수광이 《지봉유설》 서문을 쓴 연도가 1614년이므로 광해군 6년 즉 같은 해에 있었던 일을 이수광이 기록했다는 것은 의심스럽다. 임진왜란 당시 울릉도가 일본에 의해 점거되었다는 사실도 의심스럽다.

　나카무라도 "일본군이 울릉도를 점거한 사실을 보여주는 사료는 보지 못했다. 일본 문헌에 나오는 '竹島'는 낙동강 입구에 가까운, 경상도 김해 부근으로 전혀

---

28) 中村栄孝, 1961, 앞의 글, 19쪽.
29) 《芝峰類說》 권2 지리부

방향이 다르다"[30)고 했듯이, 임진왜란 관련 기록에 보인 '竹島'는 대부분 경상도나 충청도 지역의 '죽도(댓섬)'를 가리킨다. 그러므로 위에서 말한 '礒竹島'는 울릉도가 아닐 가능성이 더 크다.

한편 1614년에 일본이 '礒竹島'를 탐시하겠다고 했을 때 그런 사실은 없었을지라도 섬은 울릉도를 가리킬 가능성이 크다. 이수광이 "礒竹은 바로 울릉도라고 한다"고 했을 때의 '礒竹'은 말 그대로 혹자의 말에 불과하다. 그러므로 일본이 탐시하겠다는 礒竹島와 이수광이 말한 礒竹이 같은 대상을 가리키는지도 분명하지 않다. 다만 이로써 알 수 있는 것은 임진왜란을 전후하여 조선에 '礒竹'이라는 일본 호칭이 알려져 있었다는 사실이다. 이수광이 언급한 '礒竹島'를 이익이 다시 인용했고, 그 뒤 '울릉도 쟁계'를 언급하는 조선 학자라면 대부분 이를 인용했다.[31)

일본의 《통항일람通航一覽》(권129) 〈조선국부朝鮮國部〉(105) '무역'부분을 보면, 《本州編稔略》의 내용을 인용하여, "겐나[元和] 6년 경신 본국[쓰시마국] 상고商賈 야자에몬[彌左衛門], 니에몬[仁右門][32)이라는 자가 몰래 도해하여 礒竹島에 있었으므로(생각건대 磯竹島는 바로 竹島를 말한다) 잡아서…"라고 했다. 겐나 6년은 1620년을 말한다.

《통항일람》(권137) 〈조선국부〉(113)의 '竹島'부분을 보면, "게이쵸[慶長] 17년 임자년(1612) 이즈음 磯竹島를 일본의 경계로 삼았다. 이해 7월에 저 나라에서 동래부 윤수겸이 공(생각건대 宗義智를 가리킨다)에게 회답서계를 보내왔다. 회답서에는 '이른바 磯竹島는 우리나라 울릉도이다'라고 되어 있다. 회답서의 내용은 다음과 같다(본서에서 인용한 《조선통교대기》에는 게이쵸 19년으로 되어 있다). …"라고 했다. 1612년의 일이라고 했지만 1614년의 일을 가리킨다. 《통항일람》의 두 내용으로 보건대, 《本州編稔略》에는 '礒竹島'로 되어 있고, 1612년[원문대로] 동래부사 윤수겸이 보낸 편지에는 '磯竹島'로 되어 있다. 《통항일람》 편찬자는 '礒竹島'를 '磯竹島'로 고쳐 표기했으며, '磯竹島'는 바로 '竹島'라고 단정했다.

---

30) 中村榮孝, 1961, 앞의 글, 15쪽.
31) 남구만은 숙종에게, "지봉유설에 礒竹島는 바로 울릉도라고 되어 있다"는 사실을 소개했다. 《숙종실록》 20년 2월 23일, 《춘관지》(〈울릉도 쟁계〉), 《증정 교린지》(권4 〈울릉도 의죽도 변정 전말〉)에도 실려 있다.
32) 《對州編稔略》에는 '진에몬(仁右門)'으로 되어 있다.

나카무라는 위《통항일람》(권129)에 나온 '야자에몬[彌左衛門]'(1620)을 이경
직의《부상록》(1617년 10월 5일)에 언급된 '蟻竹彌左衛門'[33]에 해당시켰다. 나
카무라는 히데요시 시대에 '礒竹島'에 도항하며 특권을 지니고 있던 야자에몬이
시게오키[調興][34]가 말한 蟻竹彌左衛門과 같은 사람일 것으로 추정했다. 그러나
이경직이 언급한 일은 1617년의 일이며, 시게오키가 말한 礒竹島는 당진을 가리
킨다. 게다가 위 내용은 이경직 자신의 생각이다.[35] 그러므로 나카무라가 말한
礒竹島와 이경직이 말한 蟻竹島는 다른 지역을 가리킨다.

나카무라는 이경직의 기행문이 만들어진 해가 요나고의 오야 진키치[大谷甚吉]
등이 이 섬에 표착했던 다음해에 막부로부터 도항면허를 받아 어업권을 받은
시기와 같다고 보았다. 또한 그는 이 해에 마타자이[馬多三伊] 등 7명이 울릉도에
출어하여 표류한 적이 있는데, 이런 사실은 한국 문헌[36]에 보인다고 했다. 그런
일이 있었다는 해는 1617년을 가리킨다. 일본 문헌에는《통항일람》권135〈조
선국부〉'표류' 조에 인용되어 있다는 것이다. 나카무라에 따르면,《大谷九右衛
門 竹島渡海由來記拔書控》[37]이나《別本 村川氏舊記》[38]에는 "1618년에 양가의
선조인 오야 진키치와 무라카와 이치베[村川市兵衛]가 도쿠가와 막부로부터 '竹島'
에 도항하는 것을 면허받았고, '竹島'도항은 막부 공인 하에 행해지고 있었던
것이다"고 기술되어 있다. 그러나 오야 진키치와 무라카와 이치베가 언급한 도서
명은 '竹島'이고 이경직 기행문이나《통항일람》에 기록된 도서명은 '礒竹島'와
'蟻竹島'이다. 그러므로 '竹島'와 '礒竹島'가 같은 대상(울릉도)을 가리킨다고 할

---

33) 히데요시가 蟻竹島에 들어가 재목을 가져온 왜인에게 '蟻竹彌左衛門'이라는 이름을 지어주었다
는 사실을 쓰시마의 調興이 이경직에게 말한 것이다. 그러나 蟻竹彌左衛門은 히데요시가 죽고
얼마 되지 않아 죽었다(《부상록》1617년 10월 5일). 여기서 蟻竹은 '이소타케'의 의미로 쓴 것
이다. 나카무라도 '礒竹彌左衛門'으로 보았다(1961, 앞의 글, 18쪽).
34) 쓰시마번 가로 야나가와 시게오키(柳川調興, 1603~1684)를 말한다.
35) "且슬昔年秀吉在時 有一倭自願入蟻竹島 伐取材木及蘆葦而來 或有大者如箟 秀吉大喜 仍名曰蟻
竹彌左衛門 仍令彌左 資爲生活 定爲歲入 未久 秀吉死而彌左繼斃 更無往來之人 家康得聞此言
令先自來現云 此必崔義吉到唐津也"《扶桑錄》
36) 마타자이(馬多三伊)의 일은 광해군 9년(1617)의 일로《숙종실록》(21년 6월 경술조)와《증정
교린지》에 보인다. 그러나 최근 오야 가문이 울릉도 어업을 개시한 시기를 1625년 이후로 보
는 설이 대두했다.
37) 나카무라 히데다카에 따르면, "시마네현립도서관, 明治 44년 10월 19일 시마네현 사료편찬계
복사본, 원래는 오키국 사이고 長田和歌次 소장본, 文政 원년 9월 大谷九右衛門이 가전(家傳)
하는《竹島由緒記》류에서 뽑아 써서 제출한 것의 寫"로 되어 있다.
38) 나카무라 히데다카에 따르면,《대일본사료》제12편 29, 元和 4년 5월 16일조에 수록되어 있다.

수는 있지만, '蟻竹島'는 그렇지 않다. 그럼에도 나카무라는 자국인의 울릉도 도해 연원을 멀리 끌어올리기 위해 이들을 무리하게 엮은 것이다.

이렇듯 일본이나 한국 문헌에서 1620년까지는 '이소타케' 또는 '이소타케시마'로 불리는 섬이 있었다 하더라도 그 표기는 五十猛, 蟻竹, 磯竹島, 礒竹島 등으로 다양하다. 그리고 이들 호칭이 모두 '울릉도'를 가리키는 것도 아니었다.

《증정 교린지》(1802)에 실린 것은 〈울릉도 의죽도 변정 전말鬱陵島礒竹島辨正顚末〉이다. 여기서 '礒竹島'라고 한 것은 1614년 동래부사 윤수겸의 장계에 '礒竹島'라고 한 것과 관계 있는 듯하다. 〈울릉도 의죽도 변정 전말〉은 숙종 19년(1693) 쓰시마 도주가 동래부사에게 보낸 문서에 "조선인이 일본의 礒竹島를 침범하였으므로 잡아 압송한다"고 적은 사실을 인용했다. 또한 "을해년(1695)에 도추島酋가 다시 동래부에 문서를 보내 礒竹島의 일을 제기하였는데…"라고 한 내용, 《지봉유설》에 이르기를 '礒竹은 곧 울릉도'라 하였기 때문이다"라고 한 내용도 인용했다. 김건서가 변증설의 제목을 〈鬱陵島竹島辨正顚末〉로 하지 않고 〈鬱陵島礒竹島辨正顚末〉이라고 한 것도 礒竹島가 울릉도임을 변증하기 위해서로 보인다. '礒竹島'를 기술한 양국 문헌의 내용을 정리하면 다음 〈표-1〉과 같다.

〈표-1〉 1614년 관련 내용 기술의 비교(밑줄은 필자)

문헌명	내 용
지봉유설	壬辰變後 人有往見者 亦被倭焚掠 無復人烟 近聞倭奴占據礒竹島 或謂礒竹 卽蔚陵島也
부상록	且言昔年秀吉在時 有一倭自願入蟻竹島 伐取材木及蘆葦而來 或有大者如筒 秀吉大喜 仍名曰蟻竹彌左衛門 仍令彌左 資爲生活 定爲歲入 未久 秀吉死而彌左繼斃 更無往來之人 家康得聞此言 令先自來現云 此必崔義吉到唐津也
숙종실록 (1694.2.23.)	是夏 南九萬白上日 東萊府使報 倭人又言 朝鮮人入於吾竹島 宜禁其更入也 臣見芝峰類說 倭奴占據礒竹島 礒竹 卽鬱陵島也
숙종실록 (1694.8.14.)	東萊府所藏 有光海甲寅 倭有送使探視礒竹島之言 朝廷不答 使東萊峻斥之之文 倭之漁採此島 其亦久矣
성호사설	芝峯類說云 鬱陵島壬辰後被倭焚掠 無復人烟 近聞倭占擄礒竹島 或謂礒竹卽鬱陵也
변례집요	甲寅萬曆四十二年六月 府使尹宗謙時 倭小船一隻 持書契 規外出來 問其緣由 則頭倭曰 以家康分付 探見礒竹島大小形止 而恐有漂風 路引成

	給 故持此書契出來云云…
만기요람	光海七年倭差船二隻 謂將探礒竹島形止 且日島在慶尙江原之間 朝廷 惡其猥越不許接待 只令東萊府使朴慶業答書日 足下非不知此島之橫占 乃欲擾越窺覘 是誠何心 恐非隣好之道 所謂礒竹島 實我國之欝陵島也 介於慶尙江原海洋 載在輿地 焉可誣也
증정 교린지	光海六年 甲寅 府使尹守謙狀啓 倭小船一隻 稱以探見礒竹島形止 而出 來 故問島在何處 則答以介於慶尙江原道之間 觀其辭意 似是欝陵島云
조선통교대기 (1614.7.)	朝鮮東萊府使尹守謙 奉復日本國大馬州太守平公足下 尋問鼎來 慰豁 良多 但書中有看審礒竹島之說 深竊驚訝 不知是計果出於誰某耶

3. '이소타케시마'와 '다케시마 일건'

일본 관찬문서에서 竹嶋와 松嶋[39]를 처음 기술했다고 일컬어지는 문헌은 사이토 도요노부[齋藤豊宣]가 편찬한 《인슈시청합기[隱州視聽合紀]》(1667)이다. 이 문헌에 "隱州在北海中 故云隱岐島 …… 戌亥間行二日一夜有松嶋 又一日程有竹嶋(俗言礒竹島 多竹漁海鹿 按神書所謂五十猛歟) 此二嶋無人之地 見高麗如自雲州望隱州 然則日本之乾地 以此州爲限矣"[40]라는 내용이 있다. '竹嶋'를 주칭으로 하고, "俗言礒竹島"[41]라고 하여 '礒竹島'를 속칭으로 하고 있다. 그런데

---

39) 이케우치 사토시에 따르면, 오야·무라카와 양가가 마쓰시마를 이용한 것은 다케시마 도해면 허를 받고 도해사업을 개시한 1626년경으로 거슬러 올라갈 수 있지만, 사료에 마쓰시마라는 명칭이 보인 것은 1652~1654년경이라고 한다. 마쓰시마에 작은 배를 보내 섬 주변에 있는 강치를 철포로 다케시마로 쫓아버리면 다케시마에서의 수익이 증가할 것이라는 무라카와의 구상을 적은 오야 가 문서(大谷道喜에게 보낸 石正宗悅의 서장)에서 보인다는 것이다(池內敏, 〈「國境」未滿〉《日本史硏究》630호, 日本史硏究會, 2015, 15쪽).

40) 《隱州視聽合紀》〈國代記〉(1667), 국립공문서관 원문에는 礒竹島로, 번각문(《續續群書類從第九》, 1906)에는 磯竹島로 되어 있다.

41) 오키쵸립도서관이 소장하고 있는 사사키본에는 '俗言磯竹島'로 되어 있다(독도자료집Ⅲ《隱州視聽合紀》, 동북아역사재단). 이 책의 번역자인 오니시는 사사키 기치자에몬〈1652~1701)가(家) 소장본이 국립국회도서관〈1688년본〉 소장본보다 오래되고 전래 경위가 분명하므로 이것을 저본으로 해서 해독했다고 밝혔다. 그러나 초기의 '이소타케시마' 표기는 대부분 礒竹島인데, 사사키본에는 磯竹島로 되어 있다. 사사키본이 일본 국회도서관 소장본보다 먼저 필사한 것이라면 후대의 필사자들도 이를 따라 '磯竹島'로 표기하는 것이 자연스러운데 그렇지 않은 점이 의아하다. 우리나라 국립중앙도서관이 제공하는 것은 조선총독부 소장본으로 여기에는 "寬文七年冬十月藤弗緩 采毫於失尾館下"라고 기술하여 원저자인 사이토의 서문을 그대로 필사하고 있으며, '이소타케시마'도 '礒竹島'로 적고 있다. 藤弗緩은 사이토 도요노부의 아호(雅號)이기 때문이다(오니시 도시테루의 역주에 따름). 그런데 1906년에 간행된 번각본《續續群書類從第九》은 사사키본에 의거하고 있으며, 따라서 서문이 "寬文七年冬十月采筆乎八尾館下"로 되

이때의 '礒竹島'에 대하여 사이토 도요노부는 "神書에서 말하는 '五十猛'인가"라고 했다. 사이토는 '礒竹島'가 '이소타케[礒竹島]'에서 왔을 것으로 추정한 것이다. 이렇듯 오키 해상 서쪽 이틀 거리에 있는 섬의 명칭은 五十猛 → 礒磯島 → 竹嶋 → 竹島로 변전變轉하고 있었다. '이소타케시마'에서 '다케시마'로 변전하는 양상은 이른바 '다케시마 일건'을 거치면서 더 분명해졌다.

17세기 후반 '다케시마 일건'을 기술한 문헌에는 '礒竹島'가 어떻게 표기되어 있을까? 1693년 5월 5일 쓰시마번의 스기무라 우네메[杉村采女]는 동래왜관에 근무 중인 통사 나카야마 가베[中山加兵衛]에게 竹島와 조선에서 부르는 '부룬세미'가 다른 섬인지 의문이 들어, "일본에서는 울릉도를 礒竹이라고 부릅니다. 울릉도와 부룬세미는 다른 섬입니까"[42]라고 질문했다. 쓰시마번은 1620년에는 '礒竹島'로 불렀는데 1693년에도 '礒竹'으로 일컫고 있는 것이다.

1696년 1월의 도해금지령이 나오기까지 쓰시마번과 돗토리번, 에도막부 사이에 오간 문서는 매우 많다. 그런데 다케시마(울릉도)에 대한 표기는 대부분 竹島이거나 竹嶋이다. 에도막부가 '다케시마 일건'을 처리하기 위해 돗토리번에 관련 문서와 지도를 요구했을 때, 번의 에도 유수거留守居 고타니 이헤[小谷伊兵衛]는 관련 문서와 지도를 제출했다.[43] 그가 제출한 지도는 오야·무라카와 집안이 소장한 회도를 필사한(〈고타니 이헤가 제출한 다케시마 회도[小谷伊兵衛より差出候 竹嶋之絵圖]〉)[44] 것이었다. 고타니는 회도에서 후쿠우라에서 마쓰시마[松島]까지가 80리 정도, 마쓰시마에서 이소타케시마까지가 40리 정도, 마쓰시마에서 조선국까지가 80~90리 정도라는 주기를 넣었다. 회도 아래쪽에는 '礒竹嶋之內'[45]라는 설명을 넣어 울릉도의 여러 지명과 크기 등을 써 놓았다. 그런데 그가 제출할 때 회도의 표제를 〈礒竹嶋之絵圖〉가 아니라 〈竹嶋之絵圖〉로 적었다. 竹嶋와

어 있다.

42) 《竹嶋紀事》 1권, 1693년 5월.

43) 고타니 이헤는 1689년에서부터 1700년에 걸쳐 돗토리번의 에도 유수거(留守居)로서 종사했다. 미타 기요토(三田淸人)는 고타니가 회도를 제출한 시기를 1692~1696년 사이로 보았다. 1695년에서 1696년 사이로 추정된다.

44) 웹 다케시마문제연구소는 돗토리현립박물관과 요나고시립 산인역사관 소장의 지도를 싣고 있다. 두 회도는 채색에 약간의 차이가 있는 것을 빼면, 거의 같다.

45) 필자는 전에 "'礒竹嶋之圖'라는 범례"라고 오기했는데(유미림, 《일본 사료 속의 독도와 울릉도》, 지식산업사, 2015, 58쪽) "'礒竹嶋之內'라는 설명"으로 바로잡는다.

磯竹嶋를 혼용하고 있는 것이다.

1724년에 막부는 돗토리번에 다시 한 번 지도 제출을 요구했는데, 번이 제출한 회도는 〈고타니 이혜가 바친 다케시마 회도를 필사한 회도[小谷伊兵衛二所持被成候竹嶋之絵圖之写]〉46)였다. 고타니가 1696년경 제출했던 회도를 다시 필사하여 제출한 것이다. 그런데 번이 붙인 회도의 표제는 〈竹嶋之絵圖之写〉이고, 회도 안에서는 울릉도가 '이소타케[磯竹]'로, 독도가 '마쓰시마[松嶋]'로 표기되어 있다. '이소타케'의 둘레는 7리里 반, 마쓰시마의 둘레는 30정丁으로 되어 있다. 1724년 회도에도 1696년 회도에 있던 '磯竹嶋之內'라는 설명이 그대로 들어가 있다. 다만 1724년 회도에는 지명 앞에 주기朱記가 더 많이 추가되어 있는 점이 1696년 회도와 다른 점이다. 이를테면, "다케시마[竹嶋]에 대해 세상에서는 이소타케[磯竹]라고도 하지만, 저희 양인兩人은 다케시마라고 합니다. 예전부터 에도 쇼군께 글을 올릴 때는 다케시마라고 해 왔습니다"47)라는 내용이 추가되어 있다. 여기서 말한 '세상'이 어느 지역민을 지칭하는지 알 수 없지만, 돗토리번의 두 가문은 '다케시마'로 부르고 있음을 밝히고 있다. 그런데 이 명칭이 1876년 시마네현이 내무성에 제출한 회도(〈磯竹島略圖〉)에서는 '磯竹島'로 바뀌어 있다.

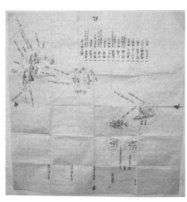

(좌) 〈고타니 이혜가 제출한 다케시마 회도[小谷伊兵衛より差出候竹嶋之絵圖]〉)(1696년경 추정) (출처: 돗토리현립박물관)
(우) 〈고타니 이혜가 바친 다케시마 회도를 필사한 회도[小谷伊兵衛二所持被成候竹嶋之絵圖之写]〉)(1724년) (출처: 돗토리현립박물관)

---

46) 요나고시립 산인역사관 소장
47) 舩杉力修,〈絵圖・地圖からみる竹島(II)〉《竹島問題に関する調査研究　最終報告書》, 竹島問題研究会, 2007, 143쪽.

Ⅲ. '다케시마 일건' 이후의 표기

1. 18~19세기 문헌의 표기

17세기의 '다케시마 일건' 이후 '이소타케시마' 호칭의 변천을 보면, 1736년 이토 도가이[伊藤東涯]의 《유헌소록輶軒小錄》에는 〈礒竹島ノ事〉에서 "북해 안에 인슈에서 30리 북쪽으로 礒竹島라는 것이 있다. 둘레는 10리쯤이다…"48)라고 했듯이, '礒竹島'로 일컬었다. 뒤에 외무성의 사카타 모로토[坂田諸遠]49)와 지도 학자 아키오카 다케지로[秋岡武次郎](1950)50)가 이를 인용했는데, 모두 '磯竹島'로 표기했다. 礒竹島와 磯竹島가 통용된다고 보아서인 듯하다. 이토는 중국의 《수서隋書》도 인용하여 "조선에서 일본으로 건너가는 곳에 舳羅嶋라는 섬에 이르는데, 이 섬은 礒竹을 가리키는 듯하다…"51)라고 했다. 그는 《유헌소록》에서는 礒竹島와 礒竹으로, 《도가이 수필[東涯隨筆]》에서는 '竹島'로 표기했다.

《오키고기집[隱岐古記集]》(1823)에는 "북서쪽 40여 리에 마쓰시마[松島]가 있다. 둘레 1리 정도로 나무가 없는 바위섬이라고 한다. 거기서 서쪽으로 70리에 다케시마[竹島]가 있는데, 예로부터 이 섬을 磯竹島라고 불렀으며 대나무가 울창한 큰 섬이라고 한다…"라고 했다. 《인슈시청합기》를 본떠 편찬한 것이므로 '磯竹島'라고 한 것이다. 《다케시마고[竹島考]》(1828)는 《삼국통람三國通覽》에 수록된 조선국 전도全圖를 설명하면서 "강원도 바다 가운데 섬이 있는데 '欝陵嶋 千山國'52)이라고 적혀 있고, 그 안에 산을 모사模寫하고 '弓嶽'53)이라고 했다"고 기술했다. 《호키지[伯耆志]》(1858)는 "磯竹은 竹島이다. 3대 九右衛門勝信이 말하기를, 竹島 동쪽에 둘레 20丁 정도의 섬이 있다. 松島라고 하는데 오키에서 60리쯤

---

48) 《輶軒小錄》(일본국회도서관 디지털라이브러리 원문 제공).
49) 坂田諸遠,〈松島異見〉(1877).
50) 秋岡武次郎,〈松島와 竹島〉《社會地理》제27호, 日本社會地理協會, 1950.
51) 《輶軒小錄》의 기술은 도가이의 《東涯隨筆》(《日本儒林叢書》第1卷, 1978)과는 약간 다르다. 《東涯隨筆》에는 "《隋書》에서 말하는 탐라도(耽羅島)란 아마도 이 竹島를 말하는 것일 듯하다 (隋書ニ所謂耽羅島 蓋此竹島ナラン)"라고 되어 있다.
52) '千山國'은 '于山國'을 잘못 옮긴 것으로 보인다.
53) 이를 번역한 《竹島考》(경상북도 독도사료연구회, 2010)는 '이소타케'로 음독했다(83쪽).

된다"라고 했다. 이렇듯《오키고기집》에서《호키지》에 이르기까지 '이소타케'의
한자는 단일하지 않다.

2.《이소타케시마 각서》

'이소타케시마'가 서명의 전면에 등장하게 되는 것은 1875년의《이소타케시마
각서》에서다. 이 문헌은 '다케시마 일건' 관련 문서를 모아 편집한 것으로, 도해
금지령을 내기까지 막부가 쓰시마번, 돗토리번과 주고받은 서한, 쓰시마번이 조
선에 건넨 구상서 및 조선 측 서계 등이 실려 있다. 이 가운데 막부가 도해금지령
을 내는 데 결정적인 계기를 마련해 준 돗토리번주의 회답을 보면, "마쓰시마는
두 지역(이나바와 호키-역주)에 부속된 것이 아니다. 마쓰시마는 다케시마로 가
는 해로상의 섬이다."[54] "마쓰시마에서 다케시마까지는 40리 정도," "마쓰시마
까지는 호키국에서 해로 120리 정도"[55]라고 적고 있어 두 섬을 세트로 다루고
있었음을 드러내고 있다. 그런데 이 문헌은 판본이 여러 가지다.

첫 번째는 국립공문서관 소장본이다. 겉표지는《礒竹島覚書》[56]로 되어 있는
데, 가운데 표지는 없으며 맨 마지막에 「明治八[1875]年八月八日　中邨元起」라
고 써 있고, 주인朱印 '元起'가 찍혀 있다. 내무성 지지과 소속의 나카무라 겐키[中
邨〈村〉元起]가 엮은 것인데, 이것을 원본으로 보기도 한다.[57] 두 번째는 내무성
지리국 소장본인데, 사본이다. 겉표지는《礒竹島覚書》로 되어 있고 발행자는
내무성 지리국이다. 내지도《礒竹島覚書》로 되어 있고 아래에 '全'자가 있으며
지리료 인장이 찍혀 있다.[58] 본문에서도《礒竹島覚書》로 되어 있다. 세 번째는

---

54) 1695년 12월 25일자 회답.
55) 1696년 1월 23일자 회답.
56) 서명 아래 '完'이라고 적혀 있다.《礒竹島覚書》에 完자나 全자가 쓰여 있는 것을 포함해서 서
　　명으로 보는 경우가 있다. 그러나 이는 한 책으로 완본(完本)이라는 의미이지《礒竹島覚書
　　完》이 서명임을 의미하는 것이 아니다.《礒竹島事略》에는 '乾坤'이 쓰여 있는 경우가 있는데,
　　이 역시 건곤 2책으로 된 것임을 의미한다.
57) 박병섭,〈池内敏의《竹島-또 하나의 일·한관계사》〉《독도연구》제20호, 영남대학교 독도연
　　구소, 2016, 260~261쪽.
58) 주인(朱印) '지리료인(地理寮印)'이 찍힌 것은 지리료가 지리국으로 개칭(1877년 1월 11일)하

쓰쿠바대학 소장본인데, 청구기호와 등록번호가 적혀 있는 겉표지는 《磯竹島覺書》지만, 책으로 묶은 것처럼 보이는 것의 표지는 《磯竹島事略》으로 되어 있다. 본문에서는 제목이 초서체의 《礒竹島覚書》로 되어 있다.

세 문헌을 비교해 보면, 표지와 본문의 명칭은 대부분 '礒竹島'인데, 쓰쿠바대학 소장본 표지의 일부만 《磯竹島事略》으로 되어 있다. 표지는 '이소타케시마'를 내세웠으나 본문의 내용을 보면 대부분 '다케시마'에 관해 기술하고 있다. 본문에서 '磯竹·礒竹'을 주칭으로 하여 기술한 것은 드물다. 《이소타케시마 각서》에서 '磯竹·礒竹'이라는 호칭은 세 번 보이는데, 첫 번째는 1695년 12월 6일 쓰시마번의 형부대보刑部大輔(전 번주 소 요시자네)가 가로 히라타 나오에몬[平田直右衛門]을 에도에 보내 보고한 구상서[口上之覺]에서인데, 그 내용은 다음과 같다.[59]

> 조선국의 《지봉유설》(80년 전의 책)이라는 책에서는 울릉도를 무릉, 우릉이라고도 하고 우산국이나 礒竹嶋라고도 합니다. 임진왜란 후에 일본인에 의해 초토화된 뒤로는 사람이 살지 않습니다. 요즘은 일본인이 거주하고 있다고도 합니다. 그렇다면 임진년 이래로 일본의 속도(屬島)가 되었다는 것을 조선 전체가 잘 알고 있을 것입니다.

두 번째는 《지봉유설》을 인용하여 "壬辰變後 人有往見者 亦被倭焚掠 無復人烟 近聞倭奴占據礒竹島 或謂礒竹 卽蔚陵島也"라고 한 데서 보인다. '礒竹島'와 '礒竹'을 병칭하고 있다. 세 번째는 1696년 막부가 마쓰에번주 마쓰다이라 데와노가미[松平出羽守][60]로부터 받은 구상서인데, 그 내용은 다음과 같다.

> 一. 이즈모와 오키 사람들이 자기네 생업을 위해 礒竹으로 간다는 것은 들어보지 못했습니다. 그러나 오키가 요즘 어떤지는 알지 못합니다. …
> 一. 竹島를 이즈모에서는 礒竹이라 부릅니다.

기 이전에 작성되었음을 의미한다(박병섭, 2016, 위의 글 참조).
59) 이하에 인용한 내용에서 '礒竹'표기는 세 소장본이 같다.
60) 마쓰다이라 쓰나치카(綱近, 1659~1709). 마쓰에번 제3대 번주. 재임기간 1674~1704.

一. 이즈모와 오키에서 礒竹으로 가는 해로는 어려운 곳인데, 이 두 지역
은 요나고 사람들 배에 타기를 딱히 바라지는 않으나 이치베와 규에몬의
뱃사람들이 매년 모집해서 갑니다.

一. 이상과 같으므로 자발적으로 礒竹에 가는 일은 결코 없습니다.

이로써 알 수 있는 것은 쓰시마번은 주로 '礒竹島'로, 마쓰에번은 주로 '礒竹'
으로 기술했다는 점이다. '磯竹'은 보이지 않는다. 쓰시마번은 주로 '磯竹·礒竹'
으로 불렀던 것으로 보였는데 여기서는 이즈모와 오키에서 '礒竹'으로 되어 있
다. 마쓰에번주가 "竹島를 이즈모에서는 礒竹이라 부릅니다"라고 한 것은 두
지역이 아닌 요나고 지역에서는 '다케시마'로 불러왔음을 시사한다.

3. 메이지정부와 '이소타케시마'

메이지정부 출범 이후 1876년에 내무성이 지적地籍 편찬 사업에 착수했을 때
시마네현이 내무성에 제출한 문서에는 어떻게 표기되어 있을까? 내무성은 지적
편찬사업을 위해 지리료地理僚의 관리 두 사람을 시마네현에 파견하면서 좀 더
자세한 내용은 내무성에 문의해줄 것을 현에 요청한 바 있다(1876.10.5.). 이런
요청이 있은 지 열흘 뒤 시마네현은 〈일본해에 있는 다케시마 외 일도를 지적에
편찬하는 방법에 대한 문의[日本海內竹島外一島地籍編纂方伺]〉를 내무성에 제
출했다(10월 16일). 이때 현은 소장하고 있던 고문서와 도면圖面을 첨부했다.
고문서는 이른바 〈원유原由의 대략〉으로, 막부의 도해허가에서부터 도해금지에
이르기까지 경위를 적은 것이다. 도면은 1696년에 돗토리번의 고타니 이헤가
막부에 제출한, 오야 가家의 회도를 축사縮寫한 것인데 현은 이를 〈磯竹島略圖〉
로 이름 붙여 제출했다.
시마네현이 제출한 〈원유의 대략〉은 다음과 같은 문장으로 시작하고 있다.
"이소타케시마[磯竹島] 다케시마[竹島]라고도 한다. 오키국 북서쪽 120리 정도에
있으며 둘레 약 10리 정도에 …". 이로써 내무성은 '다케시마'에 관해 질문했는데

시마네현이 '다케시마 외 일도'라고 하여 '일도'를 추가했으며, 〈원유의 대략〉에서는 '磯竹島'를 주칭으로 하고 있음을 알 수 있다. 오히려 여기서 '다케시마'는 별칭이 되어 있다. 첨부한 도면도 〈磯竹島略圖〉라고 했듯이, '이소타케시마'가 주칭으로 되어 있다. 그런데 〈원유의 대략〉의 내용은 대부분 '竹島'로 부르고 있다. 〈磯竹島略圖〉에는 여러 지명이 보이는데, '이소타케시마'를 제외하면 대부분 겐로쿠 연간 오야·무라카와 집안이 명명한 울릉도 안의 지명들이다. 돗토리번이 1724년에 막부에 보고할 때는 다른 지역은 '이소타케시마'라고 하지만 자기 지역에서는 '다케시마'라고 불렀다고 보고해 왔음을 밝혔다. 이런 상황에서 '이소타케시마'는 외무성 주도 아래 점차 竹島 → 礒竹島 → 磯竹島로 변전했다.

외무성의 기타자와 마사나리[北澤正誠]는 《다케시마고증[竹島考證]》(1881)에서 《다케시마고[竹島考]》를 인용하되, "竹島(磯竹島라고도 되어 있다)는 본방과 조선 사이에 있는 절해의 고도孤島이다. 둘레는 10리 정도가 되며 산은 매우 험하고 계곡은 깊고 고요하며 나무는 울창하고 대나무가 빽빽이 들어서 있다. 토지는 비옥하고 산물이 많다…"[61]고 했다. 그러나 《다케시마고》를 보면, "竹島는 본방과 조선 사이에 있는 절해의 고도이다"라고 했을 뿐 "(磯竹島라고도 되어 있다)"는 기술은 없다. 따라서 '磯竹島' 운운은 기타자와가 의도적으로 삽입한 것이다. 이 역시 《이소타케시마 각서》에서 《다케시마고증》에 이르는 사이 '礒竹島'에서 '磯竹島'로 변전하고, '磯竹島'를 먼저 언급한 뒤에 '竹島'를 부연하는 식으로 변하고 있었음을 보여준다.

그런데 이와 달리 지도나 지리지에서는 '이소타케'가 '弓嵩'과 '磯竹島' 두 가지로 표기되었다. 〈대일본접양 삼국지전도大日本接壤三國之全圖〉(1786)는 울릉도를 일러 '千山國'이라 표기하고 성인봉에 해당하는 부분에는 '弓嵩'을 적고 '이소타케'라고 표기했다.[62] 〈증보개정 조선국 전도增補改正朝鮮國全圖〉(1873)는 울릉도 지명 옆에 '천산국千山國'이라 표기하고, 성인봉에 해당하는 산에 '弓嵩'으로 적고 '이소타케'라고 음독을 적었다.[63] 따라서 이 지도는 〈대일본접양 삼국지전도〉의

---

61) 《竹島考》(上)의 〈竹島松島之地理〉에 보인다.
62) 《독도사전》의 〈대일본접양 삼국지전도(大日本接壤三國之全圖)〉 항목(오상학 집필)
63) 《독도사전》 항목(이상태 집필)

영향을 받았음을 알 수 있다.

이 "弓嵩'은 신성한 산인 '왕검산'의 이두식 표기에 해당되고 이를 다시 일본음으로 훈독한 것이 '이소타케'인 것이다. 이것은 뒤에 '이소타케시마[磯竹島]'로 변화되었고 이것을 줄여 '다케시마[竹島]'로 부르게 된 것이다. 즉 '다케시마'라는 지명의 유래가 우리나라의 지명에서 비롯됐다는 단서가 된다"[64]는 견해가 있는데, 지금까지의 변증으로 볼 때 이는 이해하기 어렵다. 사전적 의미로 볼 때 '弓'과 '이소', '嵩'과 '다케'와는 연관성을 찾기 어렵기 때문이다. 이병도는 울릉도인에게서 '궁숭'을 들은 일본인이 그 뜻을 풀어 적은 것이 '이소타케'인데 '궁숭'과 '이소타케'는 성인봉을 지칭하는 말로 본래 '곰[弓]수리[嵩]'를 차자借字한 것이라고 했다. 이병도는 일본이 울릉도를 '이소타케' 또는 '다케시마'라고 불렀지만 대나무와는 관계 없고 오히려 '용맹한 산'의 의미와 관계 있다고 보았다.[65]

이런 주장은 이 지명이 일본의 '이소타케'와 '磯竹'에서 온 것이고 그것이 다시 '竹島'로 변전하게 된 역사성이 있음을 무시한 것이다. 이소타케(이소타케시마)가 대나무와 관계없이 성인봉과 같은 높은 산, 곰수리 등에서 온 것이라면 일본 문헌에서 '이소타케'가 거론된 초기부터 대죽大竹과 竹島를 함께 언급한 사실과는 맞지 않는다. 그리고 이는 '이소'라는 글자 뜻과도 맞지 않는다. 이병도는 '이소타케' 표기가 성인봉을 가리킨다고 했지만, 지도에 '弓嵩'이라 적고 일본음 '이소타케'를 함께 적은 것은 성인봉을 포함한 울릉도 전체를 지칭한 것으로 보인다.

나가쿠보 세키스이의 〈개정 일본여지로정전도改正日本輿地路程全圖〉(1779, 1833)에도 두 섬이 그려져 있고 그 옆에 "一云磯竹島", "見高麗猶雲州望隱州"라는 글귀가 써 있다. 이는 《인슈시청합기》의 문구를 인용한 것인데, 나가쿠보 세키스이 계열의 지도가 대부분 이를 원용하고 있다. 〈관허 일본여지전도官許日本輿地全圖〉(中島彭, 1872)와 〈대일본 부현전도大日本府縣全圖〉(内田晋齋, 1872) 등

---

64) 〈증보개정 조선국전도(增補改正 朝鮮國全圖)〉에 이런 기술이 보이는데 근거자료는 밝혀져 있지 않다. 김규승의 《東夷古史研究의 焦點》(범한서적, 1974)의 55, 〈于山國 改 鬱陵島 別稱 弓嵩의 古讀法〉을 보면, '궁숭'에 대하여 밝히고 있는데, '다말'과 연관짓고 있을 뿐 '다케시마'와의 연관성은 보이지 않는다. 《독도사전》의 〈대일본접양 삼국지전도(大日本接壤三國之全圖)〉(1786)에도 "지금의 성인봉에 해당하는 부분에 '궁숭(弓嵩)'이란 표기와 함께 일본음으로 '이소다케'라고 표기된 것이 주목된다"고 했다. '궁숭'과 '이소타케'를 처음으로 연관시킨 학자는 이병도이다.

65) 《독도》, 대한공론사, 1965, 73~74쪽.

이 그런 계열의 지도이다. 〈증보개정 조선국전도〉(1873)는 앞에서 보였던 것과 마찬가지로 성인봉에 해당하는 산에 '弓嵩'이라 표기하고 음독을 '이소타케'라고 적었다. 한편 《조선지략朝鮮誌略》(1875)은 "자산도子山島 혹은 궁고弓高라는 이름이 있다"라고 기술했다. '弓高'는 '弓嵩'을 오기한 것이다. 문헌에 따른 '이소타케시마' 표기를 비교해 보면 〈표-2〉와 같다.

〈표-2〉 '이소타케시마' 표기 비교

연 대	저 자	출 전	명 칭	비 고
		日本書紀	五十猛神	
1556년 이후	鄭舜功 조사 후	日本一鑑	竹島	중국문헌
1569		殘太平記	五十猛嶋	
桃山時代		日本圖屛風	礒竹	
1592		多聞院日記	いそたき人蔘	호키지역
1614		朝鮮通交大紀 5	礒竹島	
1614		通航一覽(권137)	磯竹島	
1614	예조	邊例集要	礒竹島	
1614	이수광	芝峯類說	礒竹島	
1617	이경직	扶桑錄	蟻竹, 蟻竹島, 蟻竹彌左衛門	
1620		通航一覽(권129)	礒竹島	本州編稔略
1667	齋藤豊宣	隱州視聽合紀	俗言磯竹島	按神書所謂五十猛嶼, 竹島
1693.5.5.		竹嶋紀事	礒竹島	竹島
1696		고타니 회도	磯竹嶋	
1724		돗토리번 회도	磯竹嶋	
1736	伊藤東涯	輶軒小錄	礒竹島	
1779		改正日本輿地路程全圖	一云磯竹島	隱州視聽合紀
1786		大日本接壤三國之全圖	弓嵩(이소타케)	隱州視聽合紀
1802	김건서 외	증정 교린지	礒竹島	
1823	大西敎保	隱岐古記集	磯竹島	
1828	岡嶋正義	竹島考	弓嶽	
1858		伯耆志	磯竹	
1865	玄玄堂綠山	銅鐫 大日本國細圖	竹嶋又礒竹嶋	
1872	中島彭	官許日本輿地全圖	一云磯竹島	
1873	田嶋象次郎	增補改正 朝鮮國全圖	弓嵩(이소타케)	
1875	東條 保	朝鮮誌略	子山島 혹은 弓高	
1875	中邨元起	礒竹嶋覺書	礒竹嶋	磯竹島事略

1876		日本海內竹島外一島地籍編纂方伺	磯竹島	
1877 (1696)		磯竹島略圖	磯竹島	
1877	坂田諸遠	松島異見	竹島(俗云磯竹島)	
1881	北澤正誠	竹島考證	竹島〈磯竹島〉	
1914		日鮮通交史	柚谷記曰磯竹島	재인용

4. 1930년대 및 그 이후의 '礒竹島'와 '磯竹島'

'礒'자와 '磯'자가 통용자여서인지는 모르겠지만, 〈표-2〉에서 보듯이, '이소타케시마'에 대한 표기는 '礒竹'과 '磯竹'이 혼재되어 있다. 이런 경향이 고문헌에서만 보이는 것은 아니나, 후대로 올수록 '礒竹'보다는 '磯竹'이 더 많이 보인다. 이는 후대의 학자들이 고문헌에 보인 礒竹·磯竹의 어원을 고증하기보다는이 섬이 '울릉도'임을 밝히는 데 중점을 두어 원문에 '礒竹'으로 되어 있더라도번각하면서 '磯竹'으로 바꾸었기 때문으로 보인다.

1930년대 조선총독부 주관의 《조선사》 편찬에 적극 관여했던 다보하시 기요시[田保橋潔]는 울릉도는 산인[山陰] 지방의 어민이 도항하면서 처음에는 이소타케시마[礒竹島]로 부르다가66) 다케시마[竹島] 또는 마쓰시마[松島]로 알려지게 되었다고 했다. 그는 또한 뒷날 울릉도 동남 바다 가운데 우뚝 솟은 거암(현행 해도의리양쿠르, Liancourt-원주)이 알려지면서 '마쓰시마'와 '다케시마'라는 명칭이 울릉도와 리앙쿠르島 사이에 혼동되는 경향이 생겼다고 했다.67) 그는 울릉도가 礒竹島 또는 이를 줄여 竹島로 알려진 시대는 자세하지 않지만, 《지봉유설》에 비추어 생각해 보면, 게이쵸68) 이전에 있었음은 분명하며, 무로마치[室町]시대로 거슬러 올라갈지도 모른다고 했다.69) 그러다가 에도시대 중기에 산인도

---

66) 이 견해는 앞에서 1724년에 돗토리번의 보고, 즉 요나고 지방은 다케시마로 부르고 다른 지역에서는 이소타케시마로 부른다고 한 사실과는 배치된다.
67) 田保橋潔-a, 〈鬱陵島その發見と領有〉《靑丘學叢》 제3호, 靑丘學會, 1931, 2쪽.
68) 1596년부터이다.
69) 田保橋潔-a, 1931, 앞의 글, 2쪽.

각지에서는 '다케시마'라는 이름으로 알려졌는데, '磯竹島'나 '竹島'라는 명칭은 울릉도에 거대한 대나무가 나는 것과 관계있다고 했다. 그런데 한편에서 그는 게이쵸 연간의 사건에 대해 "울릉도는 다이슈인[對州人]에게는 磯竹島라는 명칭으로 불리고 있었지만, 산인도 지방에서는 竹島라고 알려져 이 섬에 도항 혹은 어렵거나 죽목竹木을 벌채하는 일이 드물지 않았다고 믿고 있다"[70]고도 기술하여 쓰시마와 산인도 사이에서 오락가락하고 있다.

다보하시가 여러 문헌에 보인 磯竹島 또는 竹島가 울릉도를 가리키는 것이지 부속 암초를 가리키는 것이 아니라고[71] 명언한 이유는 이 섬이 울릉도인가를 밝히려는 그의 관심과 관계가 있다. 다만 그는 磯竹島와 竹島 명칭의 유래에 대해서는 크게 관심이 없었다. 그가 〈울릉도, 그 발견과 영유〉와 〈울릉도 명칭에 대하여〉를 쓸 때 조선총독부 수사관 나카무라 히데다카[中村榮孝] 씨의 교시를 받은 바가 적지 않았다고 적었듯이, 1931년 당시 울릉도 · 磯竹島 · 竹島 유래에 대한 다보하시의 식견은 나카무라를 따른 경향이 있다.

아키오카 다케지로[秋岡武次郎]의 '磯竹島'에 대한 기술도 〈개정 일본여지로정전도〉에 "竹島, 磯竹島라고도 한다. 고려에서 보는 것이 운슈[雲州]에서 인슈[隱州]를 보는 것과 같다"라고 한 《인슈시청합기》를 답습하는 데 머물고 있다. 그가 《수서》와 〈일본도 병풍〉에 보인 '磯竹'을 언급한 것도 울릉도와 독도를 竹島 · 松島에 비정하는 과정에서 혼란을 불식시키기 위해서일 뿐 '磯竹島'를 고증하기 위해서가 아니었다. 가와카미 겐조[川上健三]의 '磯竹島' 인식은 《지봉유설》에 보였던, 울릉도의 별칭으로 인식하는 정도에 머물렀다.[72]

나카무라의 '磯竹島' 변증은 앞에서 간헐적으로 언급한 대로다. 그는 유일하게 《磯竹島覺書》(1875)를 검토한 자인데, 조선총독부 시절(1926) 조선사편수회가 쓰시마 이즈하라[嚴原] 번주의 《宗家古文書》 안에 '磯竹島'에 관한 것이 들어 있음을 보았을 때 게이쵸(1596~1614)와 겐나(1615~1623) 시대 것으로 '磯竹 아무개'라는 이름이 붙어 있던 것을 본 바 있다고 토로했다.[73] 이로써 게이쵸 시대에

70) 위의 글, 14쪽.
71) 田保橋潔-b, 〈鬱陵島の名稱に就て(補) -坪井博士の示教に答ふ〉《青丘學叢》 제4호, 青丘學會, 1931, 106쪽.
72) 川上健三, 《竹島の領有》, 외무성 조약국, 1953.

'礒竹'과 '磯竹'이 병기되고 있었음을 알 수 있다. 그런데 오늘날 학계에서는 대부분 '磯竹島'로 표기하고 있다.[74] '礒竹'과 '磯竹'의 차이가 아닌, '磯竹島'와 '竹島'의 차이에 처음 주목한 자는 나이토 세이츄다. 그는 조선과의 왕래는 쓰시마를 경유하는 한 가지 길밖에 없으므로 울릉도로 도해하려는 자에게 막부는 정식 허가를 해줄 수 없었고, 따라서 지금까지 '이소타케시마'로 부르고 있던 울릉도를 '다케시마'로 개칭했을 것으로 보았다. 나이토는 요나고 사람이 어떤 명칭으로 불렀는지는 신청 당시의 사료가 현존하지 않으므로 알 수 없지만 '다케시마'라는 명칭이 처음 일본 문헌에 보인 것은 이른바 '다케시마 도해면허장'이라고 했다. 그 근거로 그는 도해면허장 발급(1622년 이후)[75] 전 조일 양국 문헌에서 '이소타케시마'라는 명칭으로 울릉도를 부르고 있었다는 사실을 제시했다.[76] 그에 따르면, 도해면허 뒤 공식문서에서 '이소타케시마'는 더 이상 보이지 않고 '다케시마'라는 명칭만 사용하게 되었으며, 그 때문에 오키 기록인 《인슈시청합기》에서도 '이소타케시마[磯竹島]'가 '다케시마[竹島]'의 속칭이 되어 있다는 것이다.[77]

그러나 도해면허가 나온 뒤에도 돗토리번에 인접한 마쓰에번은 '이소타케시마'라는 명칭을 사용하고 있었다. 문헌에 따르면, 1696년 당시 마쓰에번 이즈모와 오키 사람들은 礒竹으로, 요나고 사람들은 竹島로 불렀으며[78] 1724년에도 마찬가지였다고 했다.[79] 더구나 1696년 요나고의 두 집안(오야 · 무라카와)은 이즈모나 오키의 엽사獵師들을 고용하여 울릉도로 떠나고 있던 상황이었다.[80] 그런데 왜 이즈모나 오키 사람들은 요나고 지역의 고용주가 부르던 '다케시마' 호칭을 사용하지 않고 '이소타케시마'로 부르기를 고집했을까?[81] 그리고 마쓰에번

73) 中村栄孝, 1961, 앞의 글, 18쪽.
74) 池内敏, 《大君外交と〈武威〉》, 名古屋大學出版會, 2016; 内藤正中 · 金柄烈, 《史的檢證 竹島 · 獨島》, 岩波書店, 2007.
75) 나이토는 이케우치의 1625년 설을 소개하고 있다(内藤正中, 2005, 앞의 글, 50쪽).
76) 内藤正中, 2005, 앞의 글, 51~52쪽.
77) 위의 글, 53쪽.
78) 《磯竹嶋覺書》에 있는, 마쓰다이라 데와노카미의 구상서(1696년 1월 16일).
79) 1724년 회도의 주기(朱記).
80) 《磯竹嶋覺書》에 있는, 마쓰다이라 호키노카미의 비망록(1696년 1월 23일).
81) 1696년 오키에서 안용복 일행을 심문한 기록인 이른바 〈겐로쿠각서〉에 '磯竹島'는 보이지 않는다. 당시 심문자인 나카세 단우에몬(中瀨彈右衛門)과 야마모토 기요에몬(山本淸右衛門)은 막부 직할령인 마쓰에번의 대관(代官)이었다.

사람들에게 '이소타케시마'는 단지 속칭으로만 잔존했던 것일까? 이런 의문이 드는데 이에 대하여 나이토의 설명은 온전한 해답을 제공하지 못한다.

Ⅳ. 맺음말

'礒竹島'와 '磯竹島'는 문헌에서 혼재되어 있다. 礒와 磯가 통용자여서 기록하는 자들도 의식적으로 구분하지 않고 혼용한다. '이소타케시마' 표기는 '五十猛嶋'에서 '礒竹島'로 변전했지만, 문헌에는 '礒竹島'와 '磯竹島'가 혼재되어 있고 지도에는 '磯竹島' 외에 '竹島'로도 표기되어 있다. 고문헌을 번각한 현대문은 대부분 '礒竹'을 '磯竹'으로 바꿔 적었다. 이 때문에 고문헌과 번각문의 표기가 일치하지 않는 예도 많다. 그럼에도 이들은 모두 '이소타케시마'로 발음된다. 礒竹이든 磯竹이든 '이소'에 대한 일본 고유어가 먼저 있었고 그 훈을 따라 '礒'와 '磯'를 빌려 조자造字한 것이기 때문이다.

'五十猛(島)'가 礒竹(島)·磯竹(島)에 앞서 있었다는 사실도 같은 배경으로 설명할 수 있다. 그런데 일본에서 생성된 '이소타케시마' 명칭이 울릉도와 관련성을 지니려면, '이소'가 아니라 '다케'[82]에 방점을 두어야 한다. 그렇지 않을 경우 '五十猛島'·'弓嵩'과의 차이를 찾기 어려울 뿐만 아니라 '이소타케시마'가 '다케시마'에 부수적으로 병기되어 왔던 이유를 설명하기도 어렵다.

한편 조선 문헌에는 《지봉유설》에 (임진왜란으로) "왜놈들이 礒竹島를 점거했다…"라고 기술하고, 1614년에 일본이 사신을 보내 礒竹島를 탐시하겠다고 한 사실을 기술했듯이, '礒竹島'로만 보인다. 이 때문에 조선 후기 학자들은 아무 의심없이 '礒竹島=울릉도'라고 인식했고 이런 인식은 18~19세기까지 지속되었다. 그러나 임진왜란 당시 등장한 '礒竹島'를 '울릉도'로 볼 수 있는지는 의문이다. 이 섬을 일본이 점거했다는 사실은 나카무라 히데다카도 부인했을 정도로 개연성이 희박하다. 나카무라가 일본인의 울릉도 도해 연원을 끌어올릴 의도에

---

82) 나카이 다케노신은 武島를 '다케시마'로, 쓰보이 구메조는 '무시마'로 음독했다(유미림, 《우리 사료 속의 독도와 울릉도》, 지식산업사, 2013, 279~281쪽 참조).

서였는지는 몰라도 그는 문헌에 '礒竹'과 비슷한 자형이 보이기만 해도 '울릉도'와 연관시켰다. 그가 '蟻竹島=礒竹島'로 본 것은 그런 차원이다.

일본 문헌을 보면, 《인슈시청합기》와 《다케시마기사[竹嶋紀事]》에는 '礒竹島'로, 1696년과 1724년 돗토리번 지도에는 표제는 竹嶋로, 설명은 '磯竹嶋之內'로 표기되어 있다. 이어 1876년 시마네현이 내무성에 제출한 지도에는 〈磯竹島略圖〉로 표기되어 있다. 1696년 마쓰에번이 막부에 제출한 구상서에는 "이즈모에서는 竹島를 礒竹이라 부른다"라고 했고, 1724년 돗토리번은 "다른 지역은 '이소타케시마'로, 자신의 지역은 '다케시마'라고 지칭한다"고 보고했다. 이는 마쓰에번과 돗토리번의 호칭 방식이 달랐음을 보여주는 예이다. 한편 1875년의 《이소타케시마 각서》에는 '礒竹島'로 되어 있지만, 1876년 시마네현이 작성한 〈원유의 대략〉에는 '磯竹島'로 되어 있다. 두 문헌의 표기는 다르지만 이 역시 산인 지방에서는 '이소타케시마'로 불렀음을 뒷받침한다.

1881년에 외무성 관리가 작성한 《다케시마고증》에는 "竹島(磯竹島라고도 되어 있다)…"라고 하여 원래 문헌에는 없던 "(磯竹島라고도 되어 있다)"는 내용이 추가되어 있다. 외무성 관리가 조·일朝日 양국이 울릉도를 두고 한창 분규를 겪고 있던 시기에 '이소타케시마'를 추가한 이유가 이 섬에 대한 중앙정부의 인지를 드러내기 위해서였는지는 예단할 수 없다. 이때는 '이소타케시마'가 아닌 '다케시마'에 관심을 보이고 있을 때인데 관리가 '이소타케시마'를 언급했다는 사실이 주목할 만하다.

지금까지 살펴보았듯이, '礒竹島'로 표기하든 '磯竹島'로 표기하든 '이소타케시마'를 의미하기 위한 훈차 표기이므로 어떤 것이 옳고 그르다고 재단할 수 없다. 다만 중국과 한국 사전에서는 '磯'자를 대표자로 보고 있고, 일본 사전도 '礒'자를 '磯'자의 이체자로 보고 있으므로 대표자는 '磯竹島'로 보는 것이 맞을 듯하다. 일본에서 고문헌에 '礒竹島'로 되어 있음에도 '磯竹島'로 번각한 것도 이 때문이 아닌가 한다. 《礒竹島覺書》를 소장하고 있던 쓰쿠바대학이 《磯竹島事略》이라고 개제改題하여 수록한 것도 같은 이유일 것이다. 문헌에서 '磯竹島'라는 표기가 집중적으로 보인 시기는 메이지시대를 전후해서다.

마지막으로 지적할 것은 '이소타케시마' 변증으로 드러났듯이, 일본의 지명 표기방식이 우리나라의 지명 표기방식과 거의 같다는 점이다. 일본이 '이소'를 '五十', '礒 · 磯'로, '이소타케시마'를 '五十猛島' '礒竹島 · 磯竹島'로 표기하는 방식은 고유어를 한자를 빌려 표기하는 방식이다. 대한제국 칙령 제41호에 보인 '石島'도 '독섬'이라는 고유어를 한자를 빌려 표기하는 방식이다.[83] '이소타케시마' 유래를 고찰한 것은 이 점에서 시사하는 바가 있다.

---

83) 언론기사(한겨레신문, 2016년 8월 28일자 기사)에 따르면, 1938년 조선어사전간행회가 간행한 우리말 사전에 '독: 돌의 사투리. 石'라고 풀이된 내용을 확인했다고 했는데, 이미 그 이전 자료인 《朝鮮地誌資料》(1906~1914 추정)에 '돌'과 '독'을 '石'으로 '독'을 '獨'으로 표기한 사실이 나와 있다. 1940년에 전주사람이 조사한 사실을 보고한 〈朝鮮말地名〉(조선어학회, 1940년 7월)에도 "독(石)-돌"임이 밝혀져 있다. 같은 보고서에는 셋섬(新島), 돗섬(蓆島), 곰섬(熊島), 돌골(石村) 등의 방식으로 표기한 지명이 보인다. 1944년에 《朝鮮語方言の研究》가 간행되었지만, 오구라 신페이가 조선어 방언을 조사한 시기는 1920년대였다.

2. 19세기 '덴포 다케시마 일건[天保竹島一件]'을 둘러싼 쟁점

Ⅰ. 머리말

전 근대에 일본인이 울릉도와 독도를 왕래함으로써 발생한 조·일朝日 양국 간의 분규는 주지하듯이 1696년의 도해금지령으로 일단락되었다. 이른바 '다케시마 일건'('겐로쿠 다케시마 일건', '울릉도 쟁계')의 결과이다. 이때의 도해금지 령은 에도막부가 돗토리번 지역민을 대상으로 발령한 것이었다. 그럼에도 조선 정부는 여전히 울릉도를 포함한 낙도落島의 입도를 금지하고 있었고 도해금지령을 따로 내지 않고 수토관搜討官을 정기적으로 보내는 정책으로 관리해 왔다. 그런데 1830년대에 일본인들이 다시 울릉도에 도해하는 일이 발생했다. 이른바 '덴포 다케시마 일건[天保竹島一件]'이다. 다만 이 사건은 일본 국내에서만 문제가 되었을 뿐 조선과 외교 분쟁으로는 비화하지 않았다. 그 뒤 이 사건은 1880년대 초반에 외무성 관리가 언급한 이래 구전으로 전승되다가 20세기 초에 오면 하마다 지역에서 개척자로서 '하치에몬상'이 구축되기에 이르렀다. 반면 한국에서는 이 사건이 1950년대에 한일 양국이 독도 영유권을 두고 다툴 때 처음 언급되었다. 그러나 사건을 구체적으로 조망하기 시작한 것은 최근에 와서다. 다만 연구의 대부분은 사건의 경위와 전말을 소개하고 당시 일본인의 마쓰시마(독도) 인식을 고찰하는 데 초점이 맞춰져 있다.

우선 사건의 개요를 《다케시마고증[竹島考證]》(1881)의 요약본인 〈다케시마판도 소속고[竹島版図所属考]〉에 의거하여 알아보자. 〈다케시마판도 소속고〉에 의거한 이유는 이 문헌이 사건을 함축적으로 기술한 데다 외무성의 인식을 최초로 표출한 것이기 때문이다.

겐로쿠 12년(1699) 다케시마 일건이 정해진 뒤 139년이 지난 뒤 세키슈[石州] 하마다[濱田] 사람 하치에몬[八右衛門]이라는 자가 다케시마에 도해하여 엄벌에 처해졌다. 하치에몬은 하마다 회선 운송업자 아이즈야[會津屋] 아무개의 아들이다. 에도에 가서 하마다번의 가로 오카다 다노모[岡田賴母]와 도시요리역[年寄役] 마쓰이 즈쇼[松井圖書] 등을 설득하여 묵인 받아 어업을 한다는 명분으로 몰래 외국과 무역하였다. 이 일이 바로 막부 관료에게 발각되어 엄벌에 처해졌는데, 연루된 자가 수십 명이며, 다노모와 즈쇼 등은 할복하여 막부에 사죄했다(天保八年 竹島渡海一件에 따름).

위에서 언급된 하치에몬이 다케시마(울릉도) 도해를 처음 청원한 시기는 1831년이고, 도해는 1833년에 이뤄졌으며, 발각되어 처벌받은 시기는 1836년이다. 오랜 기간에 걸쳐 이뤄졌고 연루된 사람이 많은 복잡한 사건인 데도 위 기술은 매우 간략한 편이다. 기타자와 마사나리[北澤正誠]의 기술대로라면, 하치에몬은 어업을 명분으로 울릉도에 가서 외국과 밀무역을 했고, 그 때문에 처벌받았다는 것이다. 그래서인지 이 사건은 지금까지도 '밀무역 사건'으로 취급되고 있다. 게다가 일본 정부는 마쓰시마[松島, 독도] 도해를 명분으로 다케시마에 도해한 하치에몬의 행적이 마쓰시마를 일본 영토로 인식했음을 보여주는 것이라고 주장한 적이 있다. 그렇다면 과연 하치에몬은 밀무역을 했으며 마쓰시마를 일본 영토로 인식했는가? 이 글은 이 문제를 검토하려는 것이다.

이 사건은 매우 다양하게 일컬어진다. 당대의 사료에는 '다케시마 일건'[1) '마쓰다이라 보슈 일건[松平防州一件]'[2)으로, 《나카군지[那賀郡誌]》(1916)와 《시마네현지[島根縣誌]》(1923), 《시마네현사[島根縣史]》(1930), 《하마다정사[濱田町史]》(1935)는 '다케시마사건[竹島事件]'으로, 다무라 세이자부로[田村淸三郎](1955)는 '하마다번 다케시마사건' '다케시마 밀무역사건'으로, 1956년 일본 정부는 '다케시마 밀무역사건'[3)으로 일컬었다. 일본 연구자들은 '다케시마 일건'[4)으로 일컬

---

1) 《通航一覽續編》.
2) 《天保雜記》.
3) 고지마 슌페이(1986)와 나이토 세이츄(2007)는 '다케시마 밀무역사건'으로 칭했다.
4) 모리스는 1987년 글과 2002년 저서에서 '다케시마 일건'으로 불렀다.

다가 최근에는 '겐로쿠 다케시마 일건[元祿竹島一件]'과 구분하기 위해 '덴포 다케시마 일건'5)으로 부르고 있다.6) 한편 한국은 '하마다번 다케시마 밀무역사건[浜田藩竹島密貿易事件]'7) '하마다번 하치에몬사건'8) '하치에몽 사건'9) '죽도사건', '죽도 일건', '덴포 죽도 일건' 등으로 부르고 있다.10) 필자는 '덴포 다케시마 일건'으로 쓰되, 문맥에 따라 '하치에몬사건'11)을 병칭한다. 이 글에서 특별한 언급이 없는 한, 다케시마[竹島]는 울릉도를, 마쓰시마[松島]는 독도를 가리킨다.12)

Ⅱ. '덴포 다케시마 일건' 연구의 계보와 하치에몬상의 확립

1. 왜곡의 시작과 전개

막부 관계자가 '덴포 다케시마 일건'을 처음 알게 되는 시기는 1836년이다. 사건의 주모자이자 당사자인 이마즈야 하치에몬[今津屋八右衛門](1798~1836)은 진술서를 남겼고, 막부의 최고사법기관인 평정소도 사건과 관련된 최종 기록을 남겼다. 이 사건은 하마다번의 상급 가신이 연루되고 막부가 개입한 일대 사건이

---

5) 이케우치 사토시는 2005년에는 '아이즈야 하치에몬일건'(〈近世から近代に至る竹島(鬱陵島)認識について〉《日本海域歷史大系》4, 2005, 60쪽)으로 불렀다가, 2006년 저서에서는 '이마즈야 하치에몬사건' '하치에몬 일건'으로 불렀고(81쪽), 2007년부터는 '덴포 다케시마 일건'으로 불렀다(〈近世日本の西北境界〉《史林》90巻 1号, 2007, 131쪽).

6) 朴炳涉-a, 〈元祿ㆍ天保竹島一件と竹島＝独島の領有権問題〉《北東アジア文化研究》第40号, 鳥取短期大学, 2015.

7) 《독도사전》(2011, 한국해양수산개발원). 개정판(2019)에서는 '덴포 다케시마 일건'으로 수정했다.

8) 윤유숙, 〈18~19세기 전반 朝日 양국의 울릉도 도해 양상〉《동양사학연구》제118집, 동양사학회, 2012.

9) 송휘영, 《〈天保竹島一件〉을 통해 본 일본의 울릉도ㆍ독도 인식〉《日本文化學報》제68집, 한국일본문화학회, 2016.

10) 송휘영, 《일본 향토사료 속의 독도》, 선인, 2014.

11) 이런 명명방식은 '울릉도 쟁계'를 '안용복사건'으로 부르는 것과 같은 방식이다. 조선 사료에는 '울릉도 쟁계'로 되어 있다. 하지만, 1907년 장지연은 《대한 신지지》에서 '안용복의 사건'으로, 다보하시 기요시(田保橋潔)는 1931년에 '안용복사건'으로, 조선사편수회의 《조선사》는 '울릉도 사건'으로 기술했다.

12) 이 글은 하치에몬을 주체로 하고 일본 측 사료를 인용한 것이 많으므로 울릉도, 독도로 표기하면 문맥상 자연스럽지 않다. 이에 다케시마, 마쓰시마로 표기했다. 문헌이나 인명의 경우, 한글음은 같지만 한자가 다른 경우 한자로만 표기했다.

었다는 점에서 당대에 큰 파장을 미쳤다. 그 때문에 사건에 관한 풍문은 대를 이어 계속 전승되었다. 그러다가 언제부터인가 하치에몬이 개척자로서 주목받기 시작했는데, 그 배경에는 막부 말기에서 메이지 초기에 걸쳐 전개된 신도新島 개척의 붐이 있었다.

언론이 하치에몬의 행적을 처음 보도한 것은 1872년 7월 14일자 《도쿄일일신문[東京日日新聞]》13) 제130호였다.14) 이 신문은 하치에몬이 세키슈의 관리와 도모하여 다케시마를 개척하던 사실이 발각되어 처형당한 사실을 보도하며, "특히 하치에몬이 외국선박과 사사로이 교역하려는 뜻을 숨기기 어려워 결국 구 정부의 규율인 밀상의 형벌에 처해졌지만…"이라고 했다. 하치에몬이 처형된 이유를 외국선박과 밀무역한 사실에 두고 있는 것이다.

이어 이 사건은 외무성 관리 기타자와 마사나리가 자세히 기술했다. 그는 《다케시마고증》(1881)과 〈다케시마판도 소속고〉에서 이 사건을 기술했는데, 《다케시마고증》은 〈다케시마판도 소속고〉보다 구체적이다. 기타자와는 사건의 전말은 물론이고 관련된 보고서와 처벌 상황, 1837년 2월 21일의 도해금지 포고도 인용·기술했다. 기타자와는 〈다케시마판도 소속고〉에서 "덴포8년 다케시마도해일건에 따름"이라고 했는데, 이는 《다케시마 도해일건기》(이하 《도해일건기》로 약칭)를 따랐다는 의미다. 이 가운데 주목할 만한 내용은 하치에몬이 어업을 명목으로 몰래 각 지방의 물품을 사들여 하마다의 회부繪符15)를 붙여 어용 물품으로 속인 뒤 어선에 싣고 다케시마에 간다는 명목으로 (가서) 몰래 외국인과 무역했다고 기술한 부분이다. 각 지방의 물품을 사들여 "다케시마에 간다는 명목으로" 갔다고 기술했으므로 벌목이나 어로가 아니라 교역이 목적이었음을 알 수 있다. 다만 《다케시마고증》은 39세인 하치에몬의 나이를 '申년 29세'로, 가호를 아이즈야 하치에몬[會津屋八右衛門]으로 잘못 표기했다.

오쿠하라 헤키운은 《다케시마 및 울릉도[竹島及鬱陵島]》에서 하치에몬의 행적

---

13) 1872년 2월에 창간된 도쿄 최초의 일간지이다. 《每日新聞》의 전신이다.
14) 森須和男, 《八右衛門とその時代》, 浜田市教育委員会, 2002; 김수희 역, 《하치에몽(八右衛門)과 죽도도해금지령: 이마즈야 하치에몽의 죽도사건과 근세해운》, 지성인, 2016, 19쪽.
15) 회부(會符)는 에도시대에 조정, 막부, 공가(公家), 무가(武家), 사사(寺社) 등이 필요한 물자를 운송할 때, 해당 화물의 소속을 명시하기 위해 만든 일종의 화물 증표이다(경상북도 독도사료연구회, 《독도관계 일본 고문서 3》, 2016, 참조).

을 모험 정신과 연계시켜 기술했다. 오쿠하라는 "가토[加藤] 모씨가 기록한《관청수필觀聽隨筆》에 따르면…"이라고 했는데, 그가 인용한《관청수필》의 내용이《하마다정사》에 실려 있다.《하마다정사》에 따르면, 하치에몬은 하마다 마쓰바라우라[松原浦]에서 회선으로 운송업을 하던 아이즈야 세이스케[會津屋淸介]16)의 아들로 하마다번의 강철과 반지[半紙] 등을 싣고 자주 오사카로 갔던 아버지를 닮아 항해에 익숙했고 모험 정신이 강했다는 것이다. 이에 다케시마 도해를 허가받지 못하자 밀항을 도모하다가 1835년 5월 오사카마치봉행에게 체포되어 사형선고를 받았다는 것이다. 오쿠하라는 하치에몬의 도항 횟수를 여러 번이라고 했으나 이는《관청수필》과 다르다.

오쿠하라는 "1835년 5월 하치에몬에게 내려진 사형 선고문"17)이라고 했고, "다케시마를 하마다령의 바다 안에 있는 섬으로 무인도라고 주장한 데다 일본도검류와 기타 물건을 어선에 싣고 건너가 이국인과 교역"한 사실을 인용했다. 그런데 오쿠하라가 사형 선고문이라고 한 것은 1836년 6월 오사카마치봉행의 보고를 의미하지 사형 판결문을 가리키는 것이 아니다. 오쿠하라가 1835년 5월로 잘못 적은 것은《관청수필》을 따랐기 때문으로 보인다.

오쿠하라는 "세상이 모두 무사태평에 길들여져 평범한 자들만 날뛰고 있는 시절에, 막부는 더 나아가 전국에 명령을 내려 대외적으로 일을 해보려는 자들의 싹을 뿌리째 뽑아버리려 기도한 것이다"18)라고 총평했다. 이런 기술에는 하치에몬과 관리들의 개척정신을 드러내려는 의도가 엿보인다.19) 오쿠하라는 마쓰다이라 스오노카미, 개명해서 시모쓰케노카미[松平周防守 改下野守]가 된 번주 앞으로 내려진 달서達書 및 1837년 2월의 포고布告도 인용했으므로 관련된 1차 사료와《덴포잡기》등을 전부 조사했음을 알 수 있다. 다만 오쿠하라는 하치에몬의 가호를 아이즈야 세이스케[會津屋淸介]로, 하치에몬 부친을 세이스케[淸助]와 세이스케[淸介] 두 가지로 적었고, 하치에몬의 이명 가네세이[金淸]를 가이세이[會淸]

---

16) '아이즈야 신스케'로 읽어야 한다는 의견이 있지만, 전거를 확인할 수 없어 통례대로 '세이스케'로 읽었다.
17) 사형 선고문은 1836년 12월 23일자 평정소의 선고문을 가리킨다.
18) 奧原碧雲,《竹島及鬱陵島》, 報光社, 1907, 53쪽.
19) 위의 책, 53쪽.

로 잘못 적었다. '가이세이[會淸]'는 하치에몬 부친의 이명이다.

1930년에 지리학자로서는 히바타 셋코[樋畑雪湖]가 처음으로 이 사건을 언급했으나, 매우 간략하다.[20] 히바타는 '竹島(리앙코루도島)'를 조선 강원도 소속으로 보았는데[21] 새로 발견한 '도해금지령'을 소개하면서 하치에몬을 언급했다.[22] 히바타가 언급한 "일본해중 최동단"은 1954년 한국 정부가 독도에 대한 영토주권을 주장할 때 다시 언급된다.

개척자 하치에몬을 부각시켜 '하치에몬상'[23]을 확립한 것은 그의 출신지 하마다 지역에서다. 1911년 12월 17일 오시마 이쿠타로[大島幾太郎]는 하마다지단회[濱田支團會]에서 마쓰다이라 스오노카미 시대의 다케시마행을 자세히 연설했는데,[24] '향토 하마다를 위해 노력한 사람', '대외무역의 선구자' 등으로 평가했다. 이어 《나카군지》(1916)와 《시마네현지》(1923), 《시마네사》(1930)를 거쳐 《하마다정사》(1935)에서 개척자 '하치에몬상'이 확립되었다.[25] 《나카군지》는 '다케시마사건'으로 일컫고, 아이즈야 세이스케[會津屋淸助]의 아들 하치에몬의 사건을 기술했다. 《나카군지》는 이 사건에서 다케시마 도항은 표면적인 일이고 본질은 대만과 남만 등으로 가서 외국인과 무역을 하고 종종 열대산 목재를 가지고 온데 있는 것으로 보았다. 아버지 세이스케의 대담함과 아호호[阿房丸]의 난파, 하치에몬의 분발과 다케시마 및 남만 도항, 발각과 처벌 사항을 기술했는데, 오쿠하라를 인용했다. 하치에몬의 동기나 사건 경위에 관해서는 《나카군지》보다 《시마네현사》의 기술이 더 자세하므로 이를 중심으로 보고자 한다.

《시마네현사》는 〈마쓰다이라 가문〉 부분에서 하치에몬사건을 기술했는데, '다케시마사건'으로 적었다. 노중 야스사다[康定]가 분세이[文政] 말기부터 덴포 6년

---

20) 樋畑雪湖는 〈日本海に於ける竹島の日鮮關係に就いて〉(1930)에서 1837년의 고찰(高札) 내용을 인용했다.

21) "竹島(리앙코루도島)는 울릉도와 함께 지금은 조선의 강원도에 속하며 조선의 영분(領分)으로서 일본해중 가장 동쪽에 속해 있다…"(위의 글, 62쪽)

22) 그는 우연히 〈東海道 宿宿村觸(東海道 숙소로 지정된 고을에 대한 막부의 명령)〉 안에 아래와 같은 기록이 있음을 발견했다며 그 내용을 인용했다.

23) 森須和男 저, 김수희 역, 2016, 앞의 책, 19~27쪽.

24) 《濱田會誌》 제42호(1912년 6월 15일) 기사로 실림(위의 책, 20쪽)

25) 1935년 12월 하마다시 마쓰바라자치협회는 하치에몬 사거(死去) 100주년을 기념하여 마쓰바라만(松平灣) 입구에 '會津屋八右衛門氏頌德碑'를 건립했다(윤유숙, 2012, 앞의 글, 311쪽).

(1835)까지 밀무역을 수행하여 수입이 풍부해졌다고 하지만 이를 알 수 있는 재료는 전혀 존재하지 않는데, '다케시마사건'이 발각되고 보니 남양지방으로 가서 외국인과 무역하고 돌아온 실상이 드러났다는 것이다. 그 증거로 지역민의 소장품을 들었다. 하치에몬에 대해서는 아버지 아이즈야 세이스케가 2300석 규모의 공용선 아호호로 번의 종이와 철26)을 적재하고 오사카와 에도로 왕래하다 표류하여 무인도에서 작은 배를 만들어 정처 없이 흘러가다가 네덜란드 선박에 의해 구조되어 동남아를 돌아 나가사키로 들어왔으나 취조당할 것이 두려워 바다에 뛰어들어 헤엄쳐서 하마다로 돌아왔다는 이야기가 실려 있다. 1822년의 일이다. 하치에몬은 와타나베 가잔[渡邊華山]의 지리서를 보고 아버지의 이야기를 사실로 믿어 다케시마 도해를 계획하게 되었다는 것이다.

하치에몬은 왕성한 남양 무역의 동기를 실현하고자 번의 원조가 필요했고, 이를 위해 당시 노중의 명성을 이용하기로 했다. 이에 번의 감정방[勘定方27)] 하시모토 산베[橋本三兵衛]에게 접근했고, 다케시마 소속을 알기 위해 가로 마쓰다이라 와타리[松平亘]의 소개를 받아 쓰시마번 가신 마쓰무라 다지마[松村但馬]에게 갔다는 것이다. 이들은 옛 기록을 조사했지만 결국 다지마로부터 다케시마 소속에 관해 명확한 답을 얻지 못했으므로 산베와 함께 다케시마 무역을 계획했다는 것이다. 하치에몬은 산베, 가로와 번주에게 청원서를 제출했지만, 번주는 허가할 수 없다는 뜻을 전했고, 가로(오카다 다노모)는 도시요리역 마쓰이 즈쇼와 상의하여 표면적으로는 번주의 뜻을 전하되 번주의 말을 액면 그대로 받아들이지 않아도 되는 것처럼 전했다는 것이다. 이에 밀항을 묵인 받았다고 생각한 하치에몬은 이로부터 남양 무역을 6년에 걸쳐 했다는 것이다. 그러다가 결국 하마다에 온 마미야 린조[間宮林藏]에게 발각되었고 그가 오사카마치봉행에게 밀고하는 바람에 체포되었다. 여기서 제시한 일본 물품은 도검과 식품, 잡화이고 수입품은 자단과 흑단, 야자열매 즉 남양산이었다. 대만산도 포함되어 있다.

그 뒤로 기술된 하치에몬 관련 행적은 대부분 이《시마네현사》를 답습하고

---

26)《那賀郡誌》에는 동철(銅鐵)로 되어 있다.
27)《朝鮮竹嶋渡航始末記》에 따르면, 하시모토 산베는 가로 오카다 다노모의 수하[家來]로 되어 있다. 이에 대하여《島根縣史》는 번주에게 미칠 화를 최소화하기 위해서라고 했다.

있다. 《시마네현사》는 막부 판결문을 거론하고 있으므로 1차 사료에 의거하여 기술한 듯하지만, 풍문을 따른 것도 많다. 《시마네현지》28)와 《시마네현사》는 하치에몬의 아버지를 會淸, 會津屋淸助 등으로 기술하고 있어 오쿠하라의 기술과도 다르다.

《하마다정사》29)는 《시마네현사》보다 더 자세하다. 《하마다정사》는 '아이즈야 하치에몬'으로 부르고 하치에몬 아버지의 배가 2500석인 것으로 적었다. 하치에몬이 처음 다케시마로 간 해는 1824년으로 적었다. 처음에는 다케시마로 가서 대나무와 나무, 전복을 가지고 돌아왔지만, 점차 대담해져 산베의 동의 아래 일본도를 가지고 가서 조선인이나 중국인과 교역을 했다는 것이다. 나아가 남양의 섬에도 가서 일본도와 진귀한 물건을 교역한 뒤 몰래 팔아 거대한 이익을 얻어 번에도 막대한 세금을 냈다는 것이다. 《하마다정사》는 하치에몬의 다케시마행과 남양의 섬은 물론 《시마네현사》에는 없던 중국인을 등장시켰다. 그럼에도 《하마다정사》는 교역상대가 조선인인지 중국인인지를 확정하지 않았고, 일본의 교역 물품도 일본도에 머물러 있다.

한국에서 하치에몬의 존재를 처음 거론한 자는 신석호이다. 신석호는 1948년 논문에서 "憲宗三年에 日本은 竹島 즉 鬱陵島에 密貿易한 石見國濱田 松原浦無宿八右衛門을 死刑에 處하여 우리나라에 對한 約束은 遵守한 것도 日本側史料인 外交誌稿30) 日本財政經濟史料와 歷史地理 第五十五卷 第六號 樋畑雪湖의 論文에 인용한 文書〈東海道宿宿村觸〉에 明記한 바로서 日本은 江戸幕府末期까지 竹島를 朝鮮領土로 承認하고 日本漁民의 往來를 嚴禁하였다"31)라고 기술했다. 이는 1960년 논문32)에 그대로 이어졌다. 신석호는 일본이 거상 하치에몬을 처형한 사실이 바로 일본이 울릉도를 조선 영토로 승인한 증거라고 인식했으나, 독도와는 연관시키지 않았다.

---

28) "會津屋淸助(세상에서는 會淸이라고도 한다)"라고 적었다.
29) 岩見史談会 편, 《濱田町史》, 1935, 139~145쪽.
30) 외무성이 1884년에 발간했다. 원제는 《外交志稿》이다. 권30에 간단히 기술되어 있는데, 아이즈야 세이스케의 아들 하치에몬이 도검, 활, 총기 등을 가지고 가서 밀매한 것으로 기술했다.
31) 신석호, 〈독도의 소속에 대하여〉《史海》, 1948, 94쪽. 이하에서는 현대문으로 고쳐 인용했다.
32) 無宿八右衛門인데 無宿八衛門으로 오기했다(신석호, 〈독도의 내력〉《사상계》(1960.8), 《독도》, 1965, 29쪽에 수록).

2. 일본 정부의 '덴포 다케시마 일건' 논리

1952년 1월 18일 이승만 대통령이 '평화선'을 선포하여 일본 정부가 1952년 1월 28일자 구술서를 보내 항의한 것을 시작으로 양국은 영토권 다툼을 전개해 왔다. 1953년 7월 13일 일본 측 구술서(1)를 시작으로 1965년 12월 17일자 한국 측의 4차 반박 구술서에 이르기까지 8차에 걸쳐 치열한 비판과 검토가 있었는데,[33] 이 가운데 하치에몬사건이 처음 언급된 것은 1954년 9월 25일 한국 정부의 반박서[34]에서다. 한국 정부는 "이 사건 이후 140년 되는 헌종 3년에는 일본 정부는 한국의 영유권을 존중한다는 약속을 준수하여 '한국의 竹島'(鬱陵島)와의 밀무역에 종사한 '이와미국 하마다번 하치에몬'을 처형했다"[35]고 기술했다. 신석호의 견해가 반영된 듯하다. 신석호가 "憲宗三年에 日本은 竹島 즉 鬱陵島에 密貿易한 石見國濱田 松原浦無宿八右衛門을 死刑에 處하여 우리나라에 對한 約束은 遵守한 것도"라고 한 논조와 비슷하기 때문이다.

그런데 일본 정부는 1954년 2월 10일자 구술서에서 "히바타 셋코의 논문에서 다케시마(독도)는 한국 영토의 최동단으로 기술되어 있다"고 인용한 한국 측 주장에 반론하여 히바타의 오해에서 비롯되었다는 사실을 지적했으나 하치에몬을 거론하지는 않았다. 한국 정부는 1954년 9월 25일자 구술서에서 다시한번 하치에몬을 거론했다. 그런데 이에 앞서 일본 외무성 조약국의 가와카미 겐조가 작성한 《다케시마 영유[竹島の領有]》(1953.8.)가 참고자료로 인쇄되었다.[36] 이 자료에서 가와카미는 "다케시마에 대해서는 겐로쿠의 도항금지 뒤에도 밀무역사건 등이 있으며…"라고 하여 하치에몬사건을 '밀무역 사건'으로 규정했다. 또한 그

---

33) 김병렬, 〈광복 후 독도연구의 국제법적 성과와 과제, 동아시아 국제질서의 근대적 전환과 영토 인식〉《영남대학교 독도연구소 국제학술대회 자료집》, 2017.6.23., 123쪽.

34) [1954년 2월 10일부 일본 외무성 구상서 제15호亜二에 보이는 독도(다케시마) 영유권에 관한 일본정부의 견해를 반박하는 한국정부의 견해](《獨島問題槪論》, 구상서 출전은 이하 같음)

35) 한국 외교통상부가 2012년에 펴낸 《독도문제개론》(1955)에는 "한국의 竹島'(鬱陵島)에 밀무역한 '이와미국 하마다번 하치에몬'을 사형에 처하여 한국 정부에 대한 약속을 지키는 한편 양 섬에 대한 한국의 주권을 존중한다는 약속을 지켰다"라고 되어 있다. 그런데 일본어와 영어본에는 두 섬 가운데 하나인 '마쓰시마'가 거론되어 있지 않다.

36) 가와카미가 시마네현에 독도 역사나 어업 관련 자료를 요청하는 것은 1951년 9월이고, 외무성이 독도 관련 자료를 만드는 것은 1952년에 들어와서다.

는 아이즈야 하치에몬으로 일컬으면서 이 사건으로 말미암아 다케시마가 일본인의 도항이 금지된 섬으로 비교적 그 이름이 알려져 있었다고 기술했다. 그러나 가와카미 역시 1953년 단계에서는 하치에몬사건을 마쓰시마(독도) 영유와는 연관 짓지 않았다.

일본 외무성이 하치에몬사건을 마쓰시마 도해와 연관짓게 되는 것은 1956년 9월 20일자 구술서[37]에서다. 이때 일본 정부는 "덴포 8년(1837)에 이와미국 하마다번 회선 운송업자 아이즈야 하치에몬[會津屋八右衛門]의 竹島(울릉도) 밀무역사건이 발각되어 하치에몬은 책형에 처해졌지만, 이에 연루된 하마다번 가로 오카다 다노모의 수하 하시모토 산베[橋本三兵衛]는 하치에몬에 대한 울릉도 도해를 마쓰시마로의 도해 명목으로 처리할 방법이 있음을 이 사건의 판결문에서 말하고 있다. 이는 竹島(울릉도) 도해금제 뒤에도 松島(오늘날의 竹島)로의 도항은 아무런 문제가 없었다는 것을 나타내고 있다"라고 주장했다. 처음으로 이 사건을 마쓰시마 도해와 연관지은 것이다. 외무성은 이 사건을 '竹島(울릉도) 밀무역사건'[38]으로 명명했다. 이는 가와카미 겐조가 1956년에 '덴포 다케시마 일건'을 '竹島 밀무역사건'으로 명명하고 마쓰시마(독도)도해와도 연계지었음을 의미한다. '덴포 다케시마 일건'을 밀무역 사건으로 규정하되 마쓰시마도해와 연계지은 자가 가와카미가 처음은 아니다. 1955년 5월 다무라 세이자부로는 《다케시마 문제 연구[竹島問題の硏究]》[39]에서 "덴포 연간에 발생하여 각 방면에 커다란 영향을 준 하마다의 무숙無宿 하치에몬과 아이즈야 하치에몬의 '다케시마 밀무역사건'은 울릉도 내지는 남양에 간 것"[40]이라고 기술했다. 또한 그는 주목해야 할 두 가지 사실을 제시했다. 첫째는 판결문에 보였듯이 조선의 다케시마는 도해가 금지되었으므로 마쓰시마 도항을 명목으로 간 것으로, 시마네현은 다케시마(독도)를 덴포 연간에도 일본 영토로 믿고 있었다는 것이다. 두 번째는 가와카미 겐조 사무관이 도쿄에서 발견한 〈다케시마방각도[竹島方角圖]〉에 기입된 하치에몬사건 조서의 일부인 '마쓰시마' 기사를 제시한 것이다.

---

37) [竹島에 관한 1954년 9월 25일부 대한민국정부의 견해에 대한 일본국정부의 견해]
38) 다무라는 1953년 저술에서 하마다의 '다케시마 사건'으로 일컬었다.
39) 다무라는 시마네현 총무부 홍보문서과 헌정자료 주임으로서 이 작업에 관계했다.
40) 田村淸三郎, 《竹島問題の硏究》, 島根県, 1955, 23쪽.

이로써 다무라와 가와카미와의 연관성이 드러난다. 시마네현이 편철한《1951년 섭외관계철[昭和26年度 涉外關係綴]》에 따르면, 외무성은 1951년 8월 30일 평화조약에서 다케시마(독도)가 일본 영토로 재확인되도록 진력해 주기 바란다는 요청을 현으로부터 받고, 8월 31일 신문기자단과 회견하여 다케시마가 완전히 일본 영토의 일부라는 내용을 발표했다. 시마네현은 9월 1일 외무성을 방문하여 강화조약에 다케시마에 관한 규정이 없음을 언급하고 다케시마 영토 확인을 위한 외무성의 노력을 촉구했다. 이때 가와카미가 사무관으로서 참석한 바 있다.

이때부터 외무성은 다케시마가 일본 영토인 근거나 논리를 마련하게 된다. 가와카미가 시마네현에 자료를 요청하면, 현은 다시 오키지청[隱岐支廳]에 자료를 요청하여 가와카미에게 송부했다. 가와카미는 "최근 한국은 빈번히 독도(獨島, ドク)와 파랑도(破浪島, パラン)를 한국 영토로 주장하고 있습니다. 독도는 아마도 다케시마에 해당하는 듯합니다"[41]고 할 정도로 독도에 관한 전문지식이 많지 않았다. 외무성이 "일본해의 다케시마에 관하여"를 작성한 시기는 1952년 2월경이다. 그 전까지 가와카미는 주로 어업문제에 신경을 쓰고 있던 상황이었다.[42]

한일 양국 사이의 논쟁에서 외무성은 시마네현이 작성한 보고서[43]에 의거하여 역사적 경위를 주장했다. 앞서 시마네현 지사는 '오키지청 관내 다케시마에 관한 조사에 대해' 의뢰받아 작성한 보고서를[44] 1952년 5월 12일 외무성으로 송부했는데,[45] 그 안에 하치에몬사건이 언급되어 있다. 이 보고서에 "특히 주의할 것은, 다케시마무역이라고 하지만 실제는 조선, 중국, 남방南方과 무역을 하였다는 점이다… 즉, 다케시마(울릉도) 도항은 엄히 금지되었지만, 마쓰시마 도항을 금지한 고문서는 한 통도 없고 역사적으로 물론 일본의 영토이다. 아니 오히려 원래 다케시마(울릉도)조차 일본 영토의 일부였는데, 막부의 퇴보된 정책으로

41)《昭和26年度 涉外關係綴》, 1951년 9월 27일.
42) 박병섭-b, 〈샌프란시스코 강화조약 전후 일본의 독도 정책〉《독도연구》제19호, 영남대학교 독도연구소, 2015, 251~274쪽.
43)《昭和26年度 涉外關係綴》〈관내 다케시마의 조사자료에 대하여〉.
44) 지방자치청은 1951년 12월 18일 "오키지청 관내 다케시마에 관한 조사에 대해" 부탁했다가 강화조약이 발효함에 따라 다시 재조사를 시마네현 지사에게 의뢰했다(《昭和26年度 涉外關係綴》〈다케시마(舊松島)에 관한 제 문제〉).
45) 위의 문서.

(다케시마의) 통치를 조선에 위임한 결과 그렇게 조선 영토가 되었다. 그런데 마쓰시마의 존재가치는 당시 다케시마 도항을 위한 기항지일 뿐이었고, 다케시마 도항이 금지되면 당연히 마쓰시마 도항도 이루어지지 않았으리라 쉽게 상상된다…"라는 내용이 있다. 이는 1955년 다무라의 보고서46)에 보인 내용과 아주 흡사하다. 따라서 1952년의 보고서는 당시 시마네현 홍보문서과에 근무 중이던 다무라가 작성한 것으로 보인다.

다무라의 보고서는 1952년 5월 이전에 작성되었다. 그러므로 1953년 8월에 나온 가와카미의 《다케시마 영유》는 다무라 보고서의 영향을 받았을 것으로 보인다. 다만 가와카미가 발견했다는 〈다케시마방각도〉에 대해 다무라는 1952년 보고서에서는 언급하지 않았다가 1955년 보고서에서 처음 언급했다. 또한 다무라는 1953년 10월 '다케시마 및 울릉도 방면의 메이지 연간과 그 이전 일본인의 도항 등에 관한 자료를 하마다도서관에 의뢰했었다.47) 다무라는 "이 사건으로 확실히 알 수 있는 것은 쓰시마, 하마다, 막부 3자가 다케시마는 겐로쿠 연간에 조선에 넘겨졌지만 마쓰시마는 일본령이라고 믿고 있다는 것이다. 하치에몬의 사죄명령서에 '다케시마에 가장 가까운 마쓰시마에 간다는 명목으로 다케시마에 갔다'는 기술이 그 증거이다"라고 했다. 이어 다무라는 "다케시마 도항이 금지되면 당연히 마쓰시마 도항도 이루어지지 않았으리라 쉽게 상상된다"라고 기술했는데, 이를 외무성은 1956년에 "竹島(울릉도) 도해금제 뒤에도 松島(오늘날의 竹島)로의 도항은 아무런 문제가 없었다는 것을 나타내고 있다"고 바꾸었다.

1954년 2월, 외무성은 학자들을 동원하여 〈일본 정부 견해 2〉를 작성했는데, 여기에는 시마네현뿐만 아니라 조선사편수회에 참여했던 학자들도 참여했다. '하치에몬사건'에 관한 한, 1962년의 〈일본 정부 견해 4〉(1962.7.13.)는48) 1956년 9월 25일자 구술서의 논리와 거의 같다. 이는 하치에몬사건에 관한 일본 정부의 논리가 1956년 단계에서 일단 구축되었고 그것이 이어지고 있었음을 의미한다.

---

46) 田村淸三郞, 1955, 앞의 글, 25쪽. 다무라는 '시마네현 향토사료 1205호 〈朝鮮竹島渡航始末記〉'에 의거했으며, '無宿狩込一件'에 대한 사사봉행의 판결문은 《島根縣誌》(1923)에서 인용했음을 밝혔다.

47) 《昭和26年度 涉外關係綴》

48) [竹島에 관한 1959년 1월 7일부 한국정부의 견해에 대한 일본국정부의 견해]

가와카미는《다케시마 영유》(1953)를 발전시켜《다케시마의 역사지리학적 연구[竹島の歷史地理學的硏究]》(1966)를 간행했다. 그는 이 저서에서 "다케시마 도항이 금지된 뒤에도 마쓰시마 도항이 금지되지 않았음은 겐로쿠 9년 1월 18일자 다케시마 도항금지에 관한 봉서에서 '향후 다케시마 도항금지를 지시한다'고 했을 뿐 마쓰시마에 대해서는 조금도 언급하지 않은 것으로 알 수 있다. 이를 뒷받침하는 것이 아이즈야 하치에몬의 다케시마 밀무역사건이다. 이는 사건 당시에도 마쓰시마 도항은 전혀 문제가 되지 않았음을 시사하는 증거라고 할 수 있다. 이 경우 마쓰시마가 지금의 다케시마에 해당한다는 것은 하치에몬을 문초했을 때 그의 진술에 기초하여 그린 〈다케시마방각도〉49)를 보아도 확실하다"50)라고 했다. 가와카미는 다무라의 의견에 자신이 발견한 〈다케시마방각도〉를 덧붙여 마쓰시마가 한국이 말하는 독도이며 마쓰시마도해는 하치에몬 당시에도 전혀 문제가 되지 않았다고 주장하고 있다. 1952년 시마네현의 보고서에서부터 1966년 가와카미의 저술에 이르기까지 '마쓰시마' 관련 기술을 발췌해 보면 〈표-1〉과 같다.

〈표-1〉 일본의 마쓰시마 관련 기술

작성자 (기관)	출 전	내 용
시마네현	〈보고서〉 (1952.5.12.)	다케시마 도항은 엄금되었지만, 마쓰시마 도항을 금지한 고문서는 한 통도 없고 역사적으로 물론 일본의 영토이다. …마쓰시마의 존재가치는 당시 다케시마 도항을 위한 기항지일 뿐이었고, 다케시마 도항이 금지되면 당연히 마쓰시마 도항도 이루어지지 않았으리라 쉬 상상된다.
가와카미	《竹島の領有》 (1953)	겐로쿠의 도항금지 뒤에도 밀무역사건 등이 있었으며…
다무라	《竹島問題の研究》 (1955)	마쓰시마 도항을 명목으로 간 것으로 시마네현은 다케시마를 덴포 연간에도 일본 영토로 믿고 있었다는 사실이고…
외무성	〈일본정부견해〉 (1956.9.20.)	이는 다케시마(울릉도) 도해금제 뒤에도 마쓰시마(오늘날의 다케시마)로의 도항은 아무런 문제가 없

---

49) 가와카미가 밝힌 〈다케시마방각도〉의 소장처는 도쿄 八幡神社 宮司 齋藤直成이다. 모리스도 1986년에 같은 소장처의 지도를 언급한 바 있다.
50) 川上健三,《竹島の歷史地理学的研究》, 古今書院, 1966, 191쪽.

		었다는 것을 나타내고 있다.
외무성	〈일본정부견해〉 (1962.7.13.)	이는 다케시마(오늘날의 울릉도)에의 도항은 금지되었어도 마쓰시마(오늘날의 다케시마)로의 도항은 아무런 문제가 없었다는 것을 나타내고 있다.
가와카미	《竹島の歷史地理學的硏究》(1966)	이는 사건 당시에도 마쓰시마 도항은 전혀 문제가 되지 않았음을 시사하는 증거라고 할 수 있다.

이렇듯 다무라는 마쓰시마가 일본 영토라는 논리 구축을 위해 하치에몬사건을 이용했고, 가와카미는 겐로쿠 연간의 도해금지령을 하치에몬사건과 결부시켜 마쓰시마 도항을 금지하지 않았다는 논리로 왜곡했다. 가와카미의 논리는 다무라의 논리를 발전시킨 것이었다. 다무라는 1955년에는 '일본령 마쓰시마'라고 했지만, 1965년에는 '오키국 마쓰시마'라고 했다. 이렇게 '하치에몬사건'은 기타자와, 다무라, 가와카미를 거치는 동안 '다케시마 밀무역사건'으로 고착되어 정설로 확립되었다.

3. 1980년대 이후 한일 양국의 연구경향

1) 일본의 연구경향

일본에서 '덴포 다케시마 일건'을 재조명한 자는 1980년대 중반 고지마 슌페이[兒島俊平]다.[51] 그는 사건을 '다케시마 밀무역사건'으로 불렀다. 그는 하치에몬의 '다케시마 밀무역사건'에 대한 《하마다정사》의 기술이 《하마다시지[濱田市誌]》(1973)에 그대로 인용된 채 《하마다정사》의 설이 정설로 되어 있음에 여러 가지 의문을 제기했다. 그가 의문을 제기한 사항은 ① 하치에몬의 부친 세이스케[淸助]가 2500석의 배를 건조했다는 것은 사실인가?[52] ② 세이스케가 조난당했다가 4년 만에 나가사키로 왔다는 이야기는 믿을 만한가?[53] ③ 하치에몬이 남방

---

51) 兒島俊平, 〈會津屋八右衛門 竹島密貿易事件の眞相〉 《龜山》 제13호, 濱田市文化財愛護會, 1986.
52) 고지마의 조사에 따르면, 덴포 1년(1830) 하마다 영내의 선박 가운데 회선은 87척인데 대부분 400석 적에서 100석 적의 배가 27척이고 기타는 100석 적 이하의 회선이었다.
53) 淸助는 1819년에 아호호가 조난당해 56명이 사망했는데 淸助만 살아남아 네델란드선박에 의해 구조되었다. 河田竹夫는 하치에몬 세이스케가 분세이 5년(1822)에 정말로 귀국했는지 의심

에서 무역을 했다는 이야기는 사실인가?[54] ④ 하치에몬의 밀무역이 1836년 봄 마미야 린조에게 발각되었다지만,[55] 이와초[岩町] 씨에 따르면, 마미야는 1835년 6월부터 1836년 6월까지 에도에 있었으므로 1836년 봄에 하마다번에서 적발해내는 일은 불가능하다고 지적한 것을 어떻게 볼 것인가의 문제이다.

고지마는 밀무역 사건은 하마다번이 주도면밀하게 계획하여 실행한 음모로 오카다 다노모가 주모자였다고 보았다.[56] 사사봉행 등 막부의 요직을 거쳐 노중이 된 하마다 번주 야스토[康任]가 계속 출세 가도를 달리는데 필요한 뇌물 즉 정치자금의 보급 임무를 맡은 오카다 다노모가 백성을 착취하여 정치자금을 모으는 데 한계가 있으므로 '다케시마 밀무역'을 고안해냈다는 것이다.[57] 이를 위해 하시모토 산베가 선발한 최적의 인물이 바로 '아이즈야 세이스케'의 장남 하치에몬이었다는 것이다. 그러나 하치에몬은 홋카이도 항해나 다케시마는 가본 적이 없으므로 다노모가 가로 마쓰다이라 와타리의 친구인 쓰시마번의 마쓰무라 다지마[松村但馬][58]에게 부탁하여 산베와 하치에몬, 다지마 등 3명을 쓰시마로 출장 보내 쓰시마번이 소장한 조선 울릉도 관계 비밀자료 가운데 다케시마행 그림지도를 손에 넣게 했다는 것이다.[59] 고지마는 하치에몬이 산베가 수배해 준 밀무역용 도검류를 50~60석 적적(積)의 회선 밑바닥에 적재한 채 어선 모습으로 다케시마에 가보니, 조선의 밀무역선 외에도 외국 상선이나 포경선이 여러 척 정박해 있다는 내용도 기술했다.

고지마는 《하마다정사》의 기술에 의문을 제기했지만, 정작 자신의 고증에 대

스럽다고 했다. 분카 2년(1805)에 이미 세상을 떠난 것으로 《過去帳》에 보이기 때문이라는 것이다(《龜山》 제14호, 105쪽).

54) 하치에몬은 어선의 모습으로 밀무역을 했다고 하는데, 어선은 기껏해야 100석 적 이하의 선박인데 어떻게 태평양을 횡단할 수 있는지 의문을 제기했다.

55) 《濱田町史》에 따르면, 1836년 사쓰마번의 밀무역을 조사하러 가던 마미야 린조가 하마다에서 마쓰바라의 선원에게서 샀다는 목재를 발견하고 조사하기 시작했다는 것이다. 마미야가 오사카마치봉행에게 이 사실을 말했고, 이어 오사카마치봉행의 조사가 이어졌다.

56) 兒島俊平, 1986, 앞의 글, 69쪽.

57) 위의 글, 70쪽.

58) 《那賀郡誌》, 《島根縣誌》, 《濱田町史》 등 대부분 '松村但馬'로 적었다. 고지마 슌페이는 스기무라 다지마(杉村但馬)가 맞다고 바로잡았다(《龜山》14호). 그런데 《竹島渡海一件記》에는 松村但馬로 보이고, 《天保雜記》에는 杉浦但馬와 杉村但馬로, 《甲子夜話》에는 松村但馬와 杉村但馬가 보인다.

59) 兒島俊平, 1986, 앞의 글, 72쪽.

해서는 전거를 제시하지 않았다. 고지마는 다노모가 산베와 하치에몬, 스기무라 3인을 쓰시마로 보냈다는 사실을 《하마다정사》를 인용하여 기술했지만, 그런 내용이 보이는 것은 《시마네현사》에서다.

'덴포 다케시마 일건'을 여러 사료에 의거하여 본격적으로 검토한 자는 모리스 가즈오[森須和男]이다.[60] 모리스는 《村川家文書》, 1872년의 《東京日日新聞》, 《濱田町史》, 《竹島渡海一件記》, 《朝鮮竹島渡航始末記》, 《天保雜記》, 《甲子夜話》, 《竹島圖說》 등을 분석하여 사건의 전모를 다루었다. 그의 연구 성과를 들면 다음과 같다. 하치에몬의 아버지 세이스케의 가호가 아이즈야[會津屋]로 불리지만 이마즈야[今津屋]가 맞다며 그 배경을 논구했다.[61] 그러나 《도해일건기》와 《덴포잡기》에 '이마즈야'로 되어 있으므로 모리스가 바로잡았다기보다는 본래의 호칭을 회복한 것이다.

모리스는 '아이즈야'로 불리게 된 원인이 1935년 12월 내각총리대신 해군대장 오카다 게이스케[岡田啓介]의 〈會津屋八右衛門氏頌德碑〉 때문이라고 했다. 즉 오카다가 1935년 1월에 발간한 《하마다정사》에서는 '今津屋(會津屋)八右衛門'으로 애매하게 표기했었는데 송덕비에 '會津屋'으로 표기했으므로 그것이 고정되었다는 것이다. 《하마다정사》에 두 가지로 병기된 이유는, 하치에몬의 선조가 하마다의 마쓰우라에 살 때는 '今津屋'으로 불렀다가 세이스케의 시대에 여러 지역에 흩어져 살면서 '會津屋'으로 개명했는데 오래도록 '今津屋'으로 통해온 것이 가호가 된 것이고, 다른 지역에서는 '會津屋'이나 '會淸'으로 통했다는 것이다.[62]

《시마네현사》는 하치에몬의 아버지 가호를 "아이즈야(지금은 이마즈야로 개명)"으로 적었다. 하치에몬에 대해서는 《도해일건기》와 《덴포잡기》에서는 '이마즈야'로, 《조선다케시마 도항시말기》(이하 《도항시말기》로 약칭)에서는 '아이즈야[會津屋]', 《하마다정사》에서는 두 호칭을 병기하다가 송덕비에서는 '아이즈야'로 기재하고 있다. 이 호칭이 굳어져서 1953년 가와카미가 '아이즈야'로 부르게

---

60) 森須和男, 〈竹島一件について〉《亀山》 제14호 1996; 〈竹嶋一件考-今津屋八右衛門〉《亀山》 제23호, 1987; 《石見学ブックレット3 八右衛門とその時代 - 今津屋八右衛門の竹嶋一件と近世海運》, 濱田市教育委員会, 2002.

61) 河田竹夫는 고문서에는 今津屋이 많고 활자 기록에는 會津屋으로 되어 있지만, 今津屋과 會津屋은 다른 사람일 것이라는 의견을 개진했다(《亀山》 제14호, 1996, 105쪽).

62) 《濱田町史》, 139쪽.

된 듯하다. 그 뒤 모든 저술은 모리스가 바로잡기 전까지는 '아이즈야'로 칭했다.

모리스는 하치에몬이 다케시마를 조선 소유가 아닌 무인도로 생각하고 있었다고 보았다. 그는 《덴포잡기》와 《다케시마기사 략[竹嶋紀事略]》[63], 《도항시말기》[64] 등의 문헌에 다케시마에서의 밀무역 정황이 기술되어 있지만, '다케시마 일건 판결문'에는 다케시마 도해 및 다케시마에서 가져온 물건만 언급할 뿐 이국과의 교역에 대해서는 한마디도 언급하지 않았음을 지적했다. 그러나 한편에서 그는 밀무역의 형태를 조선과 일본 사이의 무역, 다케시마를 중계지로 한 중국과의 무역, 조선 · 중국 · 동남아와의 교역 가능성 등 여러 가지를 언급하고, 이 가운데 "동남아시아까지 갔다고는 생각하지 않지만 다케시마를 목표로 한 주변과의 교역 가능성은 충분히 있을 수 있다"[65]고 하며 이국과의 교역 가능성을 열어두었다.[66]

모리스는 《도해일건기》에 하치에몬이 1833년 다케시마에 있을 때 섬의 형상을 그렸다고 진술한 내용을 기술한 사실에 주목하고, 회도의 소재를 뒤졌다.[67] 뒷날 〈다케시마지도[竹島之圖]〉[68]가 발견되었는데, 이는 하치에몬 회도의 사본이다. 본래 1836년의 《도해일건기》에 부속된 지도명은 〈다케시마방각도[竹嶋方角圖]〉이다. 이 회도는 오사카마치봉행소가 하치에몬의 진술에 근거하여 작성한 것이다.[69] 그런데 하치에몬이 그린 회도의 사본인 〈다케시마지도[竹島之圖]〉에는 가나야 세이에몬[金屋清右衛門]이 기입했다는 내용과 메모[70]가 있다. 모리스는 가나모리 겐사쿠[金森建策]의 《다케시마도설[竹島圖說]》에 부속된 회도와 이 〈竹島之圖〉를 대조해 보고 지명과 내용이 《다케시마도설》의 내용과 맞지 않는다는

---

63) 저자 미상인데, 자료 가운데 松浦弘의 《竹島雜誌》가 인용되고 있으므로 메이지시대에 작성된 것으로 보인다. '덴포 다케시마 일건'에 대한 통설을 답습하고 있다.
64) 《朝鮮竹島渡航始末記》는 《竹島渡海一件記》를 오기한 것으로 보인다. 《도항시말기》에 밀무역 정황은 보이지 않기 때문이다.
65) 森須和男, 김수희 역, 2016, 앞의 책, 71쪽.
66) 위의 책, 60~61쪽. 중국과의 교역에 대해서는 《濱田町史》에서 보였다.
67) 사사키 소장의 회도를 찾았지만 이는 하치에몬 회도의 모사본(1835년)이다.
68) 지도명은 스기하라가 붙인 명칭이다(森原隆, 〈八右衛門 · 金森建策 · 松浦武四郎의 〈竹嶋之圖〉에 について〉, 2007).
69) 오사카마치봉행소에서 작성된 것이 〈竹嶌方角圖〉이고, 《朝鮮竹島渡航始末記》에 첨부된 지도는 평정소에서 조사 후 작성된 것이다.
70) 1835년 1월 3일 오키 도젠 사기촌(崎村)에서 와타나베(渡部)가 옮겨 적었다는 메모이다.

사실을 알아냈다. 이에 모리스는 《다케시마도설》에 첨부된 회도가 실제로는 하치에몬의 회도를 베낀 〈竹島之圖〉(사사키 소장)일 것으로 보았다. 모리스는 하치에몬의 도해 횟수를 〈竹島之圖〉에 근거하여 1833년과 1834년, 1835년 모두 3번으로 보았다. 회도와 관련된 쟁점은 Ⅲ장에서 다시 다룬다.

시마네현 웹 다케시마문제연구소의 스기하라 다카시[杉原隆]는 하치에몬의 도해 청원에 대하여 에도번저에서는 "다케시마(울릉도)는 일본 땅이라고 하기 어려우니 인정할 수 없지만, 마쓰시마(다케시마)라면 좋다"[71]는 회답을 내렸다고 했다. 그러나 이는 사실이 아니다. 에도번저의 회답은 "다케시마는 일본 땅이라고도 결정하기 어려우니 도해 계획은 중지해야 할 것"[72]이라는 것이었다. 시험 삼아 마쓰시마(독도)로 도해할 것을 권유한 자는 에도번저의 하마다번주(마쓰다이라 스오노가미 야스토)가 아니라 하마다번 가로 오카다 다노모의 수하 하시모토 산베였다. 웹 다케시마문제연구소는 "마쓰시마가 일본령이라는 인식은 하치에몬의 재판 기록에도 기술되어 있어… 마쓰시마를 일본령으로 인식하고 있었던 사실을 보여준다"고 주장하지만, 이는 1950년대 외무성의 주장을 답습한 것이다. 외무성은 〈다케시마문제를 이해하기 위한 10가지 포인트〉(2008)에 이어 개정판(2014)에서도 '덴포 다케시마 일건'을 일절 언급하지 않았다.

2) 한국의 연구경향

한국 학계에서 '덴포 다케시마 일건'을 처음 본격적으로 검토한 연구자는 윤유숙이라고 할 수 있다. 윤유숙은 19세기 전반 조일 양국의 울릉도 도해 양상을 밝히는 과정에서 이 사건을 검토했는데,[73] 1차 사료와 관련 문헌을 분석하여 '하마다번 하치에몬사건'의 배경과 전모, 처리과정을 자세히 밝혔다. 다만 그는 막부의 판결문에 "외국인과의 밀무역 행위는 전혀 없었던 것으로 되어 있고, 이 국도해금령을 어긴 점만이 죄목으로 거론되어 있다"[74]고 하여 밀무역 행위를

---

71) 경상북도 독도사료연구회, 《〈竹島問題 100問100答〉에 대한 비판》(68 '덴포 다케시마 일건'은 오늘날의 다케시마문제에 어떤 영향을 미치는가?), 경상북도 독도사료연구회, 2014.
72) 《竹島渡海一件記》
73) 윤유숙, 〈18-19세기 전반 朝日 양국의 울릉도 도해 양상〉《東洋史學硏究》제118집, 동양사학회, 2012.
74) 위의 글, 307쪽. 이 내용은 《天保雜記》에 보인다.

부인한 듯하지만, 한편으로는 "적어도 발각되기까지 수년의 세월 동안 울릉도에 여러 번 도항하여 울릉도 산물을 일본 국내에서 판매하거나 또는 일본제 무기류를 이국인에게 판매했을 가능성이 크다…이것이 사실로 전승되어 근대 이후 '지역경제 발전에 공헌한 인물'이라는 긍정적인 평가가 정착되었다"[75]고 하여 밀무역에 대한 견해를 애매하게 기술한 측면이 있다.

박병섭은 이 사건을 본격적으로 다룬 것은 아니지만, 사건의 경과와 쟁점을 기술하고 다케시마와 마쓰시마 두 섬의 소속에 대한 일본의 인식에 주목했다.[76] 그는 과거 일본 외무성이 일본 정부 견해(3)에서 '덴포 다케시마 일건'을 언급한 것이 가와카미의 견해[77]를 취한 것이며 쓰카모토 다카시[塚本孝]도 같은 주장을 했지만, 이런 견해가 이케우치 사토시[池內敏]에 의해 논파되었음을 지적했다. 그에 따르면, 이케우치는 "마쓰시마에 간다는 명목을 세워 갔다면 다케시마 도해를 해도 좋다는 시사를 받고 도해했다가 체포된 하치에몬이 과연 위와 같은 발뺌을 시도하지 않았을까. 하치에몬이 처형되었다는 사실은 하시모토 산베의 교시가 통용되지 않았음을 의미한다"[78]고 주장했다는 것이다. 박병섭은 이케우치의 논리에 의거, 막부가 마쓰시마를 도해 금제(禁制)의 땅으로 인식하고 있었다고 보았고, '밀무역'에 대해서는 회의적이다.

송휘영은 '덴포 다케시마 일건'의 전말과 성격을 고찰하되, 울릉도·독도 인식에 대한 고찰을 덧붙였다. 그러나 그는 기본적으로는 밀무역 사건의 관점에서 접근했다.[79] 그는 1836년의 하치에몬의 진술서를 근거로 "도해할 때는 도검 종류 등을 싣고 가서 돌아올 때는 어선의 모습으로 돌아온다는 것이다. 조선 및 중국과의 교역을 했다는 것이고, 도검은 에도에서 가져와서 섬으로 싣고 갔는데

---

75) 위의 글, 311쪽.
76) 朴炳涉-a, 〈元祿·天保竹島一件と竹島=独島の領有権問題〉《北東アジア文化研究》第40号, 鳥取短期大学, 2015. 박병섭은 최근 이케우치의 논증을 보완할 목적에서 글을 발표했다(〈'덴포 다케시마 일건'에서의 마쓰시마에 대한 일본의 영유권 논쟁〉《韓日關係史研究》제67집, 한일관계사학회, 2020, 일본어).
77) 박병섭은 가와카미 책(1966)의 191쪽을 전거로 밝혔다(朴炳涉-a, 2015, 위의 글, 39쪽).
78) 이케우치, 〈17~19世紀 鬱陵島海域の生成と交流〉《歷史學硏究》756호, 2001, 34쪽(朴炳涉-a, 2015, 위의 글, 45쪽에서 재인용).
79) 송휘영, 《天保竹島一件》을 통해 본 일본의 울릉도·독도 인식〉《日本文化學報》제68집, 韓國日本文化學會, 2016.

가는 길은 하마다번의 지도[80])를 이용하고 있었다"[81])는 내용을 인용했다. 1837
년에 전국적으로 다케시마 도해금지령이 내려지게 된 원인이 "밀무역 내용에 남
국의 산물뿐만 아니라 도검류 등의 무기까지 거래했었기 때문"이라는 것이다.
이는 《하마다정사》에서 보였던 시각과 같다.

이계황은 '하치에몽의 울릉도 도해사건'의 전말을 소상히 밝히는 것을 목적으
로 내세운 만큼 《다케시마 도해일건기》를 거의 전재했다. 그는 사건 관련자들이
중형을 받게 된 데는 총포의 유출 및 밀무역과 관련이 있다고 했으므로 그 역시
밀무역의 관점에서 기술하고 있음을 알 수 있다.[82])

이렇듯 한국의 연구는 '덴포 다케시마 일건'에 대한 정치한 검증보다는 사건의
전모를 소개하고 독도 인식을 고찰하는 데 초점이 맞춰져 있다. 연구의 대부분이
'밀무역 사건'임을 전제하고 있지만, 밀무역의 상대국이 조선인지 중국인지가 분
명하지 않고, 다케시마가 중계지에 불과했는지도 분명하지 않다. 무엇보다 밀무
역이 존재했는지를 본격적으로 검토한 바가 없다. 하치에몬의 도해 경위와 횟수,
운송 물품과 교역 여부, 지도, 쓰시마번의 대응 등에 대해서도 마찬가지다. 인명
이나 연대, 용어에서도 오기가 보인다. 하지만 이는 사소한 문제이다. 중요한
것은 사건의 배경과 전개과정 기술에서 관점의 차이가 보인다는 점이다. 1차
사료와 2차 문헌의 기술상 차이를 고증하지 않고 편의적으로 취사 · 서술하다
보니 사실 관계를 분명히 밝히지 못한 점이 있다. 최근 관련 사료가 번역되어
있으므로[83]) 문헌을 교차 분석하여 사건의 전후 맥락을 파악할 필요가 있다. 3장
에서는 이런 문제인식에서 사건의 쟁점이라고 할 만한 내용을 세 가지로 분류하
여 다루고자 한다.

---

80) 진술서에는 회부(繪符)로 되어 있다.
81) 송휘영, 2016, 앞의 글, 18쪽.
82) "이마즈야 하치에몽의 울릉도 도해에 관해 하치에몽의 공술서(供述書 : 竹島渡海一件記)28)를
   통해 살펴보도록 하자"(133쪽)고 했듯이, 이를 따라 기술했다(이계황, 〈일본의 울릉도 · 독도
   인식과 이마즈야 하치에몽(今津屋八右衛門)의 울릉도 · 독도 도해사건〉《學林》제39집, 인하대
   학교, 2017).
83) 경상북도 독도사료연구회가 관련 사료를 번역했다(경상북도 독도사료연구회, 《독도관계 일본
   고문서 3》, 2016).

Ⅲ. '덴포 다케시마 일건'의 쟁점

1. 자료의 문제

'덴포 다케시마 일건'과 관련된 쟁점은 ① 밀무역 ② 마쓰시마 인식 ③ 지도의 문제로 분류할 수 있다. 이들 쟁점을 검토하려면 사건과 관계된 문헌을 검토해야 하는데, 1차 사료로는 당사자의 진술(《도해일건기》)과 막부의 기록(《도항시말기》) 및 포고가 있고, 2차 문헌으로는 《갑자야화甲子夜話》(1821~1841), 《덴포잡기》(1844 이후), 《통항일람 속편》(1853~1856), 《오카치가타 만년기[御徒方萬年記]》 등이 있다.[84] 《도해일건기》는 오사카마치봉행이 직접 하치에몬을 취조한 것이므로 증거력이 크지만 진술의 진위 여부가 문제이다. 《도항시말기》는 에도 막부의 최고사법기관인 평정소가 작성한 것인데, 오사카마치봉행과 사사봉행, 하마다번주 사이에 오고간 서신과 보고, 선고 및 처리사항, 1837년 2월에 게시된 포고(〈天保八年二月御觸〉)[85] 그리고 포상사항이 수록되어 있다. 《도항시말기》는 번과 막부의 중신들이 왕래한 문서와 최종 조사 결과를 수록한 것이므로 가장 신뢰할 만하다.

2차 문헌은 1차 사료에 의거하여 편찬하되 1차 사료에 없는 내용을 수록한 예가 있지만 오기한 경우가 있다. 특히 《통항일람 속편》은 《통항일람》과 함께 에도막부가 소장한 사료 가운데 외국과의 통항관계를 발췌·정리한 것이므로 막부의 인식을 엿볼 수 있는 자료이다. 《통항일람 속편》에서 '하치에몬사건'은 〈朝鮮國部〉 '潛商刑罰'에 실려 있는데, 1836년 6월 오사카마치봉행이 사사봉행에게 관련자를 인도하여 재판을 거쳐 판결을 받게 하기까지의 경위, 도해금지령 그리고 포상 관련 내용을 수록하고 있다. 하치에몬사건을 '잠상 형벌'로 분류한 것으로 알 수 있듯이 기본적으로는 교역이 있었다는 인식을 지니고 있다. 또한 《통항일람 속편》은 《덴포년록[天保年錄]》[86] 《다케시마교역 일건[竹嶋交易一件]》

---

84) 이들 문헌에 대한 해제 및 내용은 경상북도 독도사료연구회, 《독도관계 일본 고문서 3》(2016)을 참조했다.

85) 이 포고를 도해금지령, '竹島渡海禁止御觸' '天保竹島渡海禁令' 등으로 적고 있지만, 《天保雜記》에는 '天保八年二月御觸'으로 되어 있다.

《오카치가타 만년기》《다케시마 일건》 등에서 발췌했음을 밝히고 있다. 《도항시말기》[87]의 내용과 거의 유사하다.

《덴포잡기》는 누마다번의 검사劍士 후지카와 세이사이[藤川整齋]가 1831년부터 1844년까지의 기록을 수록하면서 하치에몬사건을 다루고 있는데, 사건 관련 가장 많은 내용을 수록하고 있어 《통항일람 속편》에 없는 내용을 싣고 있다. 《덴포잡기》는 관련자 조사와 처우사항 등이 자세하며 특히 12월 23일의 선고 내용이 자세한 반면, 《도항시말기》는 관련자 처벌 사항이 간략하다. 《갑자야화》는 히라도[平戸] 번주 마쓰우라 세잔[松浦靜山]이 기술한, 사건 당시의 기록이지만 풍문에 의존한 바가 많아 신뢰성이 약하다.

이들 문헌은 기타자와로부터 시작해서 오쿠하라 헤키운의 저술, 《시마네현사》와 《하마다정사》에 이르는 동안 사실이 왜곡되었고, 1950년대에 독도 영유권 분쟁과 결부되면서부터는 논의의 초점이 다케시마에서 마쓰시마로 옮겨갔다. 따라서 이들 문헌을 검토할 때는 이런 추이를 염두에 두고 교차 분석할 필요가 있다.

2. 밀무역의 문제

하치에몬이 다케시마(울릉도)에서 밀무역을 했는가를 그의 진술서와 취조자들의 기록에 의거하여 검증해 보기로 한다. 이 사건에는 하치에몬의 출신지인 하마다번은 물론 선원을 고용한 오사카, 에도막부 그리고 하마다번과 쓰시마번의 에도번저까지 개입되어 매우 복잡하다. 다케시마 도해 자체가 금지된 상태에서 교역한 정황이 드러나면 처벌이 가중되므로 관계된 자들은 교역을 했다 하더라도 쉽게 자백하지는 않았을 것이다. 교역과 연관 지을 만한 내용이 수록된 문장을

---

86) 《年錄》(458)(卷444~481:天保)으로 보이는데, 자세한 서지사항은 나와 있지 않다(일본 국립국회도서관 사이트에서 원문 제공). 하치에몬사건에 관한 내용은 보이지 않는다.
87) 《朝鮮竹島渡航始末記》에는 관직 몰수와 연금에 처해진 사람이 松村但馬, 松平亘이고, 연금에 처해진 자로 大谷作兵衛가 보이는데, 《通航一覽續編》에는 관직 몰수와 연금에 처해진 사람이 松村但馬, 大谷作兵衛, 松平亘로 되어 있다. 大谷作兵衛에 대한 처분이 다르다.

정리해 보면 〈표-2〉와 같다.

〈표-2〉 문헌에 기술된 하치에몬 교역 관련 내용

번호	연도(출전)	내　용
①	1836.6. 오사카마치봉행의 보고 (《도해일건기》)	다케시마는 조선국에 가까운 섬인데 무인도이므로 하마다령에서 이 섬으로 건너가 일본의 도검류를 그 밖의 고기잡이배에 함께 실어 어선의 모습으로 이국인과 교역을 했다는 것입니다. 도검은 에도와 여러 영지에서 사 모았고, 주요 도로의 역참에서는 하마다번의 어용 물건의 회부(會符)를 사용하였습니다.
②	1836.6. (《통항일람 속편》)	다케시마는 조선국에 가까운 섬인데 무인도이므로 하마다령에서 이 섬으로 건너가 일본의 도검류를 그 밖의 고기잡이배에 함께 실어 어선의 모습으로 이국인과 교역을 했다는 것입니다. 도검은 에도와 여러 영지에서 사 모았고, 주요 도로의 역참에서는 하마다번의 어용 물건의 회부를 사용하였습니다.
③	1836.6. 사사봉행 가신의 보고 (《덴포잡기》)	…오사카에서 선장 3~4명을 체포하였는데,…오사카마치봉행소에서 한차례 조사를 해보았습니다. 그랬더니 세키슈 하마다에서 조선 땅 다케시마라는 북해에 있는 섬에 가서 교역했다는 등의 내용을 진술하였습니다.
④	1836.12.24. (《덴포잡기》)	…다케시마로 도해하여 회도를 작성하고, 나무 벌채와 인삼과 비슷한 풀뿌리 등을 지니고 돌아왔다. 이국인과 만나서 교통한 일은 없었다고 하더라도 원래부터 나라의 경계가 불분명한 땅이라고 알고 있었다…

이국인과의 교역을 처음 운운한 것은 오사카마치봉행의 보고이다. "다케시마는 조선국에 가까운 섬인데 무인도이므로 하마다령에서 이 섬으로 건너가 일본의 도검류를 그 밖의 고기잡이배에 함께 실어 어선의 모습으로 이국인과 교역을 했다는 것입니다. 도검은 에도와 여러 영지에서 사 모았고…"(①)라고 했듯이, 하치에몬이 교역 운운한 진술을 적고 있다. 그런데 이런 내용이 정작 하치에몬의 진술서인 《도해일건기》에는 없다. 《도항시말기》에 실린 내용은 오사카마치봉행이 하치에몬을 사사봉행에게 인도할 때 보고한 내용인데, 오사카에서 하치에몬을 체포했을 때 조사한 내용인 듯하다. 하치에몬 일행은 다시 사사봉행에게 인도되어 조사받았고, 막부 평정소는 ④와 같은 결론에 도달했다. 그 결과 《도항시말기》에서 운운했던 교역 부분이 삭제되었다. 그러므로 결국 하치에몬이 교역한

사실은 없었다고 보인다. 그런데 왜 하치에몬은 오사카마치봉행에게는 다케시마에서 교역한 것처럼 진술했을까?

《갑자야화》를 보면, 하치에몬은 하마다 번주의 가신 두 사람이 자신에게 철포 5정을 주었고, 출항 비용도 댔다고 진술한 것으로 되어 있다. 이에 사사봉행이 가신 두 사람을 호출하여 조사하자, 두 사람은 부인했다. 사사봉행이 두 사람을 하치에몬과 대면시키자, 하치에몬은 한 마디도 못했다고 한다. 이에 대하여 하치에몬은 "오사카에서 조사받을 때 다케시마 도해는 말할 것도 없고 조선인과 약간 교역한 것까지 숨김없이 자백했으나 또 그 외에도 은닉한 것이 있을 것이라며 여러 차례 고문을 해서 견디지 못하고 고통을 피하기 위해 증거도 없는 거짓 진술을 하였다"고 한다. 이는 그가 오사카마치봉행에게 교역한 듯이 자백했음을 의미한다. 그런데 그의 진술서인 《도해일건기》에 이런 내용이 실려 있지 않다면, 《갑자야화》의 기술은 사실이 아닐 가능성이 크다. 《도해일건기》에는 1833년 6월 이후 하치에몬이 번주의 가신 나라자키 모모하치로[楢崎百八郞]에게 요청하여 철포 1정과 화약을 받은 사실이 보이지만, 철포는 교역품이 아니었다.

《도해일건기》에 "다케시마는 하마다번령에서는 멀고 조선국에서는 가까운 섬이라"고 기술되어 있으므로 오사카마치봉행은 다케시마를 조선 소속의 섬으로 보고 있었음이 드러난다. 《도해일건기》의 소제목은 '조선국의 땅 다케시마에 도해한 일건에 대한 대략[朝鮮持地竹嶋渡海一件大略]'이다. 하치에몬도 진술 서두에서 "제가 조선 땅인 다케시마에 도해한 전말에 관해 조사하신 일이 있었습니다…"라고 했다.[88] 그런데 그는 다케시마를 일러 "공도"라고도 했다. 그렇다면 사람이 없는 무인도에서 이국인과 도검류를 교역했다는 것인가? 그가 이국인을 만났다면 그런 정황이 조금이나마 언급되어 있을 것이다. 더구나 교역품으로 도검을 말했고 에도와 여러 영지에서 사 모았다고 했으니 그 양이 적지 않을 터인데 교역 대상과 상대의 물품에 대한 언급이 없다는 것은 이상하다.

《도항시말기》는 하치에몬의 도해 연도를 밝히지 않았지만, 《도해일건기》는 1833년으로 적었다. 선장 하치에몬은 1833년 7명의 일행을 데리고 6월 15일

---

88) 《竹島渡海一件記》

하마다를 출범할 예정이었으나 날씨 때문에 연기하다가 오키의 후쿠우라를 거쳐 다케시마에 7월 21일 도착했다. 다케시마에 오는 도중에 있는 마쓰시마(독도)는 "작은 섬으로 수목 등도 없고 또한 돈벌이 가망성도 없는 장소였으므로 상륙도 하지 않고 그대로 북서쪽" 다케시마로 향했다는 것이다. 그가 선박을 준비해서 대기하던 중 선원이 영지의 산에서 벌목을 하는 일이 생겨 추방당했음에도 모험적으로 도해를 감행했다. 그는 몰래 번주의 가신(나라자키 모모하치로)에게 철포와 화약을 요청했고 그 밖에 창과 낫, 손도끼 등을 만들어 출범했다.[89] 가로 오카다 다노모는 "'공식적인 것이 아니므로 자연스럽게 해상에서 다른 배와 만나더라도 하마다번의 지시를 받았다는 것은 물론 세키슈 배라는 것도 밝히지 말아야 한다"고 지시했다. 하치에몬의 모험은 이렇듯 번 중신들의 암묵적인 동의가 있었기에 가능했다.

하치에몬이 다케시마에서 벌목한 뒤 하마다로 향한 날은 1833년 8월 9일이다. 그가 다케시마에서 싣고 온 것은 초목과 인삼, 기타 목재 50~60재였으나 도중에 반은 버리고 돌아왔다. 그 사이에 조선인을 만나 교역한 정황이 진술서에는 보이지 않는다. 함께 간 일행에게서도 이런 진술은 없다. 그는 1833년의 도해는 성공했지만, 1836년에는 도해 준비를 하다가 체포되었다. 그가 1834년과 1835년에도 도해했는지는 진술서만으로는 알 수 없다.

1836년의 사형 판결문에는 "벌채한 나무와 인삼 비슷한 풀뿌리 등을 지니고 돌아왔다. 이국인과 만나서 교통한 일은 없었다고 하더라도 원래부터 나라의 경계가 불분명한 땅이라고 알고 있었다"라고 적혀 있다. 벌채한 나무와 인삼 비슷한 풀뿌리를 가지고 왔다고 한 것은 《도해일건기》의 진술과 일치한다. 이 외에 하치에몬은 철포로 쏘아 잡은 강치[원문은 胡獺]와 새도 배에 실었다가 배의 무게를 줄이기 위해 도중에 버렸다. 1830년대에 울릉도에 조선인이 살고 있었다고 하더라도 일본인과 교역할 만한 물품이 있었을까? 있다면 목재와 전복 정도였을 것이다. 그러나 이는 일본인들이 굳이 조선인과 교역하지 않더라도 확보할 수 있는 물품이다. 일본인들이 조선인과 교역한 물품은 도검류와 종이였을까? 하치에몬

---

89) 《竹島渡海一件記》

은 다케시마 도해로 가져올 수 있는 이익으로 벌채와 어업을 제시했고, 실제로도 풀뿌리[인삼]와 목재를 가져와 관리들에게 증정했다. 하치에몬과 동행했던 선원 겐조[源藏] 역시 목재와 풀뿌리를 가져와 판매했고, 이 때문에 무기징역에 처해졌다.[90] 따라서 이들의 울릉도 도해 목적은 목재에 있었지 교역이 아니었다.

《덴포잡기》는 형벌을 기술했는데, 겐조를 포함해서 대부분이 다케시마에서 가져온 목재를 판매하거나 판매를 도와주었으므로 추방이나 중질책을 받았다. 그런데 이들은 대부분 오사카 사람이다. 이들이 다케시마 목재를 오사카에서 판매한 정황은 보이지만 다케시마에서 교역했다고 볼 만한 정황은 보이지 않는다. 그런데 《덴포잡기》에는 교역을 운운한 정황이 보인다. 그것은 오사카마치봉행소가 오사카에서 체포한 선장 3~4명을 조사해 보니, 그들이 하마다에서 다케시마로 가서 교역했다고 진술했으므로 다시 에도로 보내 조사하게 했다는 것이다. 그런데 이때 선장 3~4명이 오사카에서 체포되었다고 했으므로 하치에몬 일행을 가리키지 않는 것임을 알 수 있다. 하치에몬 선박의 선장은 하치에몬이기 때문이다. 따라서 뒷날 팽배해진 '다케시마 교역' 운운은 이 사건이 와전되어 퍼진 것일 가능성이 크다.

더구나 위와 같은 내용이 《도항시말기》나 《통항일람 속편》에는 없다. 이 역시 하치에몬이 아닌 다른 운송업자들이 오사카 지역에서 다케시마를 왕래했을 가능성을 시사한다. 또한 교역 정상은 위 기록 외에는 보이지 않는다. 선장 3~4인이 교역한 정황이 사실이라면 에도에서 조사했을 때 드러났어야 하는데, 위 기술 외에는 보이지 않는다. 오사카마치봉행이 하치에몬이 "어선의 모습으로 이국인과 교역을 했다는 것"을 밝혀 사사봉행에게 보고한 사실이 평정소의 재조사에서는 사실이 아닌 것으로 드러났으므로 막부 기록에서는 최종적으로는 삭제된 듯하다. 하치에몬의 아버지 세이스케의 회선 신토쿠호[神德丸]는 16인승으로 하마다번령에서 가장 큰 배였다. 이에 견주어 하치에몬의 배는 80석 적積[91]이고 8인이 탑승했다.[92] 당시 하마다에서 서쪽으로 가는 배는 2~3인승이 60%, 4~6인

---

90) 《天保雜記》
91) 고지마 슌페이는 50~60석 적이라고 했다.
92) 《竹島渡海一件記》

승이 40%였다는 모리스의 조사에 따르면, 하치에몬의 배를 작다고 할 수는 없다.[93] 그렇더라도 하치에몬이 교역을 했다면 종이나 철, 소금, 면, 도자기 등을 운송하여 교역했다는 말인데, 당시 울릉도에서 이런 물품을 교역할 정도의 경제 규모 곧 주민이 살고 있었다고 보기는 어렵다. 1830년대 즉 순조 연간의 수토기록에는 전라도 어민의 울릉도 밀어가 보이지만 이들은 주로 어로기에 왕래하던 자들이다. 교역이 있었다면 이들과 이루어졌을 것이다. 조선 측 기록에서 울릉도 잠상이 보이는 것은 수토관과 연계된 사람들이지 울릉도 주민이 아니었다. 따라서 거래도 조선 본토에서 이루어졌다.

모리스는《다케시마기사 략[竹島紀事略]》을 인용하여 "하치에몬은 어업을 명목으로 하지만, 실상은 밀상을 하고 도검과 활, 총을 시작으로 그 밖에 황국에서 나는 여러 물품을 에도 및 여러 지역에서 사 모으고…"라고 했다. 이는 교역 물품이 도검류에 그치지 않고 활과 총, 그 밖의 물품을 포함한다는 것을 의미한다. 그러나 실제로 교역이 있었다면 일본 물품만을 언급하는 데 그치지는 않았을 것이다. 모리스는 하치에몬 밀무역선의 교역 가능성을 언급한 문헌으로《갑자야화》와《하마다정사》를 들었고, 앞에서 기술했듯이 동남아시아까지는 아니더라도 다케시마에서 주변국과 교역이 있었을 가능성은 인정했다.

《갑자야화》에는 교역 사실이 여러 형태로 보인다.[94] 소문 형식이지만, 다케시마에 가옥과 창고를 많이 짓고 일본 물품을 가지고 가서 이국과 교역을 한다고 했고, 다케시마에서 "조선인과 약간 교역을 했다"고도 했다. 또 다른 소문에는 "다케시마 교역은 조선이 아니라 그 섬(다케시마)을 중간기항지로 삼아 청나라로 배를 보내 중국 물건을 교역한 것이다"라고도 했다. 심지어 "이전 하마다 번주의 행위는 다케시마를 출장소로 삼아 물건들을 준비하여 큰 배에 싣고 직접 청국으로 건너가서 교역했으며…"하는 내용도 있다. 교역 물품으로 제시된 것을 보면, 일본 물품은 "갑옷, 도검, 쌀, 종이, 금판, 철포"이다. 그런데 조선이나 중국의 물품은 보이지 않는다. 에도에서 종이값이 급격히 오른 것은 다케시마로 빠져나가 외국으로 가버렸기 때문이라는 것이다. 하마다에서 울릉도로 가져간 종이가

---

93) 모리스는 9인승에서 16인승을 대형선의 범주에 넣었다.
94) 아래 내용은 전부《甲子夜話》에서 인용한 것이다.

다시 외국으로 갔다면 이때의 외국은 조선이 아닐 가능성이 크다. 다케시마를 조선 땅으로 인식하고 있던 하치에몬이 조선을 '외국'으로 일컫는 것은 자연스럽지 않기 때문이다. 철포가 제시되어 있지만,《도해일건기》에는 창과 철포를 항해 도중에 팔아서 비용으로 썼다고 했으므로 판매품이 아니었음이 드러난다. 철포는 조수를 잡기 위한 것인데 팔았다면 돌아올 때 지참했을 리가 없기 때문이다.

《갑자야화》에 실린 내용의 대부분이 "…라고 한다"는 식의 풍문에 의거한 것이므로 신빙성은 약하다. "다케시마 관청을 설치하고 관리가 그곳에서 만나 이것을 실행했다"고 한 사실이나 "이번 사건이 재빨리 다케시마에 전해졌는지, 그 섬에 출장 중인 가신 2명이 자살했다"는 사실은 더욱더 근거가 없다. 가신 2명의 자살이란 오카다 다노모와 마쓰이 즈쇼를 가리키는 듯한데, 이들은 다케시마에 출장 간 사실이 없으며 그럴 리도 없다.《갑자야화》는 다케시마와 하마다번, 오사카간의 교역 가능성을 기술했지만, 사실이어서 기술했다기보다는 하마다번주 및 가신이 번의 재정을 타개하고자 노력했음을 드러내기 위해 기술한 듯하다. 따라서 막부가 조사하고 최종 판단한 결과가 선고문에 언급된 것이므로 하치에몬이 이국인과 만나서 교통한 일은 없었다고 보는 것이 타당하다. 다만 교역 물품과 중국과의 중계 등이 여러 문헌에 언급된 정황으로 보건대, 오사카 지역의 다른 운송업자들이 조선을 중계지로 삼아 중국과 교역했을 가능성까지 배제하기는 어려울 듯하다.[95]

3. 마쓰시마 인식과 쓰시마번

1956년 9월 20일자 일본 외무성 구술서[96]는 앞에서 기술했듯이, 울릉도 도해가 금지된 뒤에도 독도 도해에는 아무런 문제가 없었음을 강조했다. 그렇다면 하마다번 사람들은 다케시마가 도해가 금지된 섬임을 알고 있었을까? 하치에몬

---

95) 오사카에서 선장을 체포하여 조사했을 때 다른 물건을 소지하고 있었기 때문이다(《天保雜記》, 《甲子夜話》).
96) [竹島에 관한 1954년 9월 25일부 대한민국정부의 견해에 대한 일본국 정부의 견해]

은 진술 서두에서 "조선국 땅인 다케시마에 도해한 전말"이라고 했지만, 맨 마지막 부분에서는 "다케시마는 조선 땅으로 도해가 금지된 곳이라는 사실을 처음으로 듣고 많이 두려워하며 후회하고 있다"고 엇갈리는 진술을 했다. 그는 한편으로 이와미국[石見國] 해안 북쪽 100리쯤 떨어진 곳에 울릉도라는 공도空島에 초목이 무성하고 전복 외에도 물고기가 많다는 사실을 알고 있었다고 자백했다.[97] 그 자신이 다케시마 외에 '울릉도鬱陵島'를 언급했으므로 '다케시마'가 조선이 말하는 '울릉도'라는 사실까지 알고 있었음이 드러난다. 그와 함께 1833년에 도해했던 일행들이 다케시마가 조선국 부속의 땅인 줄 알지 못했다고 진술한 이유도 도해금지된 곳을 침범한 데 따르는 벌을 두려워해서다. 1836년 12월 23일 하치에몬에게 내려진 사형 선고문[98]에는 "(하치에몬은) 원래부터 나라의 경계가 불분명한 땅이라고 알고 있었다"라고 되어 있다. 이는 그가 울릉도를 조선 땅으로 인식했음을 방증한다.

1831년 하치에몬이 도해를 청원했을 초기 하마다번 에도번저는 막부에 다케시마의 소속을 문의한 적이 있다. 이에 에도번저는 "다케시마는 일본 땅이라고 결정하기 어려우니 도해계획을 중지해야 한다"[99]고 회답했다. 에도번저의 의사를 확인했음에도 오카다 다노모의 수하 하시모토 산베는 마쓰시마에 도해한다는 명목으로 다케시마에 도해할 방법을 강구하도록 하치에몬을 획책했다. 이런 뜻이 가로 오카다 다노모와 마쓰이 즈쇼의 의중이기도 함을 산베는 넌지시 비쳤다.[100] 막부가 이들을 소환한 것도 이들의 연루 가능성을 인정했기 때문이다. 하치에몬이 다케시마를 조선국으로 인식하고 있었다 해도 마쓰시마에 대해서는 상대적으로 조선 경계라는 인식이 미약했을 수 있다. 하시모토 산베가 하치에몬에게 "다케시마는 그만두고 시험 삼아 마쓰시마로 도해하는 것이 어떻겠는가"를 권유한 것은 다케시마와 마쓰시마를 분리 인식하려 한 정황을 보여준다. 하치에

---

97) 《竹島渡海一件記》
98) 《朝鮮竹島渡航始末記》와 《竹島渡海一件記》에는 보이지 않고 《通航一覽續編》과 《甲子夜話》에 보인다. 《天保雜記》에는 이시카와 휴가노카미[石川日向守]가 산베가 23일에 사형을 선고받은 사실을 24일에 노중에게 신고한 것으로 되어 있다.
99) 1832년 1월 18일에 하마다번 에도번저의 감정역 무라이 오기에몬이 보낸 서장(《竹島渡海一件記》).
100) 《天保雜記》

몬이 "마쓰시마는 작은 섬이므로 돈벌이 가능성도 없지만 에도에는 마쓰시마를 명목으로 삼아 다케시마에 도해하되, 만일 다른 곳에 누설될 경우 표착한 것으로 주장한다면 문제가 되지 않을 것"101)이라고 응대한 것도 마찬가지이다. 이들이 마쓰시마를 다케시마와 분리 인식했다면, 그렇다고 해서 이것이 마쓰시마(독도)를 일본 영토로 인식하고 있었음을 의미하는가?

다케시마의 소속에 대한 인식에 대하여, 송휘영은 하치에몬이 쓰시마번의 가신에게 다케시마의 소속을 문의했으나 명확한 대답을 듣지 못해 산베를 설득하여 다케시마행 협력을 요청했다고 보았다.102) 이는 《시마네현사》에 기술된 내용이다. 고지마 슌페이도 마찬가지 견해를 취했다. 《하마다정사》에 따르면, 다케시마 소속을 확인하기 위해 세 사람을 쓰시마103)로 보냈는데, 조선 서적에 우산도·무인도104)·울릉도 등으로 기재되었거나 이름 없이 지도에 실렸지만 섬에 가까운 도道와 같은 색을 칠한 것은 없었으므로 하치에몬의 말 그대로였다고 한다. 이에 다시 오카다 다노모가 에도에 있는 번주를 찾아갔더니, 잘 조사해야 하며 허가없이 이국의 물건을 오사카 동쪽으로 가져와서는 안 된다고 했으므로 이를 하치에몬에게 전했으나, 하치에몬은 산베 등과 의논한 결과 밀항을 黙許 받은 것으로 알고 도항했다는 것이다. 여기서 조선 서적을 운운한 부분이 《시마네현사》에는 없다.

박병섭에 따르면, 오카다 다노모가 쓰시마번 에도번저에 다케시마의 국계國界에 관한 정보를 수집해줄 것을 부탁했고, 그 결과 쓰시마번으로부터 '겐로쿠 다케시마 일건'의 기록을 얻어 다케시마는 조선령이며 도해가 금지된 섬임을 확인했다고 한다.105) 이는 하마다번이 에도번저에 문의하여 다케시마가 일본 영토가 아님을 확인한 것을 의미한다. 《하마다정사》에는 쓰시마번의 회답 부분이 간략

---

101) 《竹島渡海一件記》
102) 송휘영, 2016, 앞의 글, 9쪽.
103) 쓰시마번 에도번저를 가리키는 것으로 보인다. 그러나 에도번저로 갔다고 하더라도 하치에몬이 직접 쓰시마번의 가신에게 문의할 수 있는 신분이 아니었음을 생각하면 이 부분은 사실이 아닐 듯하다.
104) 무릉도의 오기인 듯하다.
105) 오카다 다노모가 에도의 마쓰다이라 와타리에게 요청하도록 했고, 이에 와타리가 쓰시마번의 스기무라 다지마에게 요청하여 받은 것이다.

한데, 이를 1차 사료와 2차 문헌에 의거하여 고찰해 보자.《덴포잡기》에 따르면, 하마다번의 가로 마쓰다이라 와타리는 하치에몬의 에도 청원에 대해 막부의 담당 관리로부터 도해하지 말라는 답변을 들었음에도 이 사실을 제대로 하마다번 주에게 알리지 않았다고 했다. 그는 오히려 단속 방법을 강구하기는커녕 계속 조사했으며 사실을 알게 된 뒤에도 방치했다는 것이다. 마쓰다이라 와타리는 "소 쓰시마노카미의 가신 스기무라 다지마를 만나 예전에 그 섬을 조선국으로 넘겨주게 되었을 때의 쓰시마번 기록을 발췌한 것을 받았"지만, 번주에게 보고하지 않고 방치했다는 이유로 연금에 처해졌다. 스기무라 다지마 역시 마쓰다이라 와타리가 자신에게 조선국과 관련된 문서를 요청했을 때 바로 노중(쓰시마번주)에게 보고해야 했음에도 이런 관례를 무시하고 기록을 넘겨주었다고 해서 연금에 처해졌다.106)

뒷날 막부가 쓰시마번의 문서를 가로 마쓰다이라 와타리에게 빌려준 경위를 쓰시마번에 묻자, 쓰시마번은 당시 스오노카미가 노중 직에 있었으므로 무언가 내밀히 필요할 것으로 여겨서라고 답했다.107) 마쓰다이라 와타리는 "'원래부터 주군이 필요한 것도 아니었고 중요한 문서를 자기만 보려고 빌렸'고 진술하기도 어렵고, 지금으로서는 답변하기도 어려운 실정이다. 그 때문에 예탁되어 있다"108)고 답했다고 한다. 이 기술만으로 보면, 마쓰다이라 와타리가 쓰시마번의 문서를 주군에게 보고하지 않았고 하마다에 있는 오카다 다노모에게도 전달하지 않은 듯하다.

그런데《도항시말기》를 보면, 하마다 번주가 가로 마쓰다이라 와타리에게서 문서를 제출받았음을 알 수 있다. 막부가 하마다 번주에게 영구칩거를 명하는 달서達書 안에 "마쓰다이라 와타리가 소 쓰시마노카미[宗對馬守]의 기록을 발췌하여 일람하도록 제출했을 때, 왜 위의 섬을 살피고 있었는지 따질 마음가짐도 없었다는 것이 영지관리를 소홀히 한 것으로 쇼군께서 생각하십니다"109)라는 언급이 있기 때문이다. 막부는 하마다 번주가 가로 마쓰다이라 와타리에게서 문서를

---

106)《天保雜記》
107) 모리스의 글(《龜山》제14호, 35쪽)과《甲子夜話》에도 보인다.
108)《甲子夜話》
109)《朝鮮竹島渡航始末記》

제출받았음에도 따지지 않았음을 힐책하고 있는 것이다. 또한 위의 기술에서 하마다 번주가 다케시마를 이국 즉 조선 땅으로 알고 있었다고 막부가 이미 전제하고 있다는 사실을 알 수 있다. 그렇지 않았다면 막부가 하마다 번주가 가로 마쓰다이라 와타리에게 따지지 않았다는 사실만으로 영지 관리를 소홀히 했다고 힐문하기는 어려웠을 것이기 때문이다.

《갑자야화》에는 마쓰다이라 와타리가 쓰시마번 가로에게 문서를 요청한 정황이 기록되어 있다. 에도에서의 서화회에서 마쓰다이라 와타리가 쓰시마번의 가로와 이야기 하던 중 다케시마를 조선에 넘겨준 내막을 물었고, 쓰시마번 가로는 관련 문서를 보내주기로 약속했다는 것이다. 마쓰다이라 와타리는 쓰시마번으로부터 다케시마가 조선에 넘겨준 영토라는 회신을 받았으므로 이 사실을 하마다 번주에게 보고했을 것이다. 그런데 이런 정황은 모두 하치에몬이 도해하기(1833) 전의 일이다. 쓰시마번의 문서가 하마다번의 가로 오카다 다노모에게 전달되었지만 오카다는 다케시마 도해를 원하고 있었고, 하시모토 산베는 그런 의중을 간파했으므로 "몰래 도해한 후에 발각되면 표류한 것으로 얘기하겠다"는 뜻을 가로의 뜻인 것처럼 윤색해서 하치에몬에게 전달했던 것이다.[110] 이렇듯 하시모토 산베가 하치에몬의 도해를 부추긴 데는 하마다번주와 가로의 의사가 반영되어 있다.

와타리가 받아서 필사해두었다는 쓰시마번의 문서는 현전하지 않아 그 내용을 모르겠지만, 뒷날 도해가 발각되어 관련자를 조사하는 과정에서 막부가 쓰시마번 에도번저에 문의한 기록(對馬藩宗家記錄 〈답신서〉)[111]이 있으므로 마쓰시마 인식을 짐작할 수 있다. 막부는 "근년 세키슈의 주민이 오키를 거쳐 다케시마[竹嶋]에 건너가 물품 교환을 했다고 들어 엄중히 조사하는 중"이라면서, 다케시마와 마쓰시마에 관해 여러 가지를 물었다. 질문 가운데는 "다케시마와 마쓰시마가 모두 조선의 울릉도蔚陵嶋인가, 아니면 다케시마는 울릉도이고 마쓰시마는 조선 밖의 땅인가"라는 것이 있었다.

이에 대하여 쓰시마번은 "조선국 강원도 울진현의 동해 가운데 울릉도蔚陵嶋라

---

110) 《天保雜記》
111) 古文書 No.4013. 윤유숙 논문(2012, 315쪽)에서 재인용. 문체는 필자가 윤문함.

는 이도離島가 있는데 일본에서는 다케시마라고 부릅니다. (중략) 마쓰시마에 관해 겐로쿠 연간 노중 아베 분고노카미[阿部豊後守] 님이 물어보셨을 때, 다케시마 근처에 마쓰시마라는 섬이 있어 이곳에 일본인이 도해하여 어로활동을 했다고 아랫사람들이 말하는 것을 들었다는 답변이 문서에 있기는 합니다. 다케시마와 마찬가지로 일본인이 도해하여 어로하는 것이 금지된 섬이라고 생각되지만, 확정지어 대답하기는 어렵습니다"라고 답변했다. 또한 이 답신서에는 "조선의 지도로 보건대 울릉蔚陵 · 우산于山 두 섬이 있는데, 다케시마에 조선 어민들이 건너가며 목재가 많아 조선造船을 위해 건너간다고 합니다. 주민은 없으며 조선의 관리가 때때로 조사를 하러 도해한다고 들었습니다"라는 내용도 있다."[112]

이 답변은 쓰시마번이 1836년경 확보한 정보를 반영한 것으로 보인다. 쓰시마번은《다케시마기사[竹嶋紀事]》(1726)를 편찬할 무렵만 해도《여지승람》을 인용하여 울릉 · 우산을 언급하는 정도였는데, 위의 답변에는 그 이상의 사실, 즉 조선 어민의 도해와 조선造船이 언급되어 있기 때문이다. 19세기 중반이 되면 울릉도에 조선 어민 특히 전라도 어민들의 왕래가 일본인에게도 자주 목격되었음을 이로써 알 수 있다.

앞서 기술했듯이 쓰시마번은 다케시마는 어로가 금지된 섬이 확실하지만 마쓰시마는 모르겠다고 답변했다. 막부는 쓰시마번의 애매한 답변을 들었음에도 1837년 2월 21일의 포고에서 "… (다케시마는) 겐로쿠[元祿] 때 조선국에 건네주신 이후로 도해를 정지하도록 명하신 장소이다. …이후는 되도록 먼 바다로 항해하지 않도록 해야 할 것이다.…"라고 했다. 이 금지령은 막부가 "다케시마는 울릉도이고 마쓰시마는 조선의 것이 아닌가"를 특별히 물었고, 쓰시마가 두 섬 모두 일본인의 도해가 금지된 곳이라고 생각하지만 마쓰시마에는 도해했다는 소문도 있음을 언급한 데 대하여 낸 것이다. 그러므로 막부가 다케시마는 도해가 금지되었으나 마쓰시마는 그렇지 않았다는 인식을 지니고 있었다면, "되도록 먼

---

112) 윤유숙은 이 답변서를 막부가 1836년 7월 관련자 조사과정에서 쓰시마번에 문의한 것으로 보았다(2012, 315쪽). 또한 윤유숙은 이케우치가 지적한, 막부가 쓰시마번에는 문의했으나 돗토리번에는 문의한 형적은 보이지 않으며 쓰시마번 에도번저의 루스이(留守居)가 답변서를 제출한 것으로 본 사실을 밝혔다. 그러나 막부가 돗토리번에 문의하지 않은 이유는 이 문제가 이미 타결된 문제이고 관련된 최종 문서를 가지고 있는 곳이 쓰시마번이기 때문인 듯하다.

바다로 항해하지 말라"고 부연하는 대신 마쓰시마 도해에 관해 어떤 식으로든 언급했을 것이다. 그렇게 하지 않았다는 것은 막부가 겐로쿠 연간의 '다케시마 일건' 이래 줄곧 두 섬을 조선국 소속으로 인식하고 있었음을 확인시켜준다.

하치에몬이 지나쳐 버린 섬 마쓰시마(독도)는 그의 말대로 돈벌이 가능성이 전혀 없는 섬이었다. 따라서 다케시마 도해가 금지되면 마쓰시마는 도해할 이유가 전혀 없다. 막부가 겐로쿠 연간에 이미 도해금지령을 내린 이상 덴포 연간에 다시 도해금지령을 내릴 필요는 없었다, 적어도 하치에몬의 도해가 사건으로 비화하기 전까지는. 그럼에도 막부는 덴포 연간에 도해금지령을 다시 전국적으로 내리되 다케시마뿐만 아니라 그 밖에 먼 바다로의 도해도 금했다. 이런 정황이야말로 덴포 연간 일본의 '마쓰시마' 인식을 보여준다.

그러므로 마쓰시마 도해를 금지한 문서가 한 통도 없으며 역사적으로도 일본 영토라는 다무라 세이자부로의 주장은 역사적 사실에 반한다. 이는 이케우치 사토시의 주장과도 배치된다. 이케우치는 겐로쿠 도해금지령 이후에도 마쓰시마 도해만은 계속되었다고 하는 것은 있을 수 없다고 말한다. 이런 논리의 연장선상에서 이케우치는 이마즈야 하치에몬이 다케시마로 가다가 마쓰시마 가까이 지날 때 선상에서 보기만 하고 상륙조차 시도하지 않았으므로 마쓰시마는 단독으로는 이용가치가 없는 섬, 따라서 마쓰시마는 단독으로는 '국경'으로 인식되지 않았다고 주장한다.[113] 한편 이케우치는 하마다번 가로를 처벌하는 판결문에 "'예전에 저 섬(울릉도)을 조선국에 넘겼다'는 문구가 보이지만, 막부의 질문에 대한 쓰시마번의 답변서에 그런 문구는 없으므로 쓰시마번에서 유래한 의식은 아니"[114]라고 했다. 그러나 이미 쓰시마번은 울릉도가 조선국 땅임을 인식하고 있었는데 굳이 이 시점에 다시 막부에 그 사실을 언급할 필요가 있었을까? 더구나 쓰시마번의 답변서에 그런 문구가 없다는 것이 쓰시마번이 "다케시마를 일본 영토로 인식했"음을 증명하는 자료가 되는 것은 아니다.

---

113) 池內敏, 〈「國境」未滿〉《日本史硏究》630호, 日本史硏究會, 2015, 17~18쪽.
114) 池內敏, 2016, 앞의 책, 143쪽.

4. 〈竹嶹方角圖〉와 모사 지도, 도해 횟수

하치에몬사건과 관련된 지도는 하치에몬이 직접 그린 회도(竹島圖 또는 竹嶋之圖, 1833)[115] 하치에몬 회도의 사본 계열(1833, 1835), 그리고 《도해일건기》 부속지도 〈竹嶹方角圖〉(1836)로 구분된다. 이 가운데 회도 자체에 이름이 붙어 있는 것은 〈竹嶹方角圖〉뿐이다. 다른 회도들은 후대에 붙인 것으로 〈竹嶋圖〉 또는 〈竹嶋之圖〉로 불린다. 이 글에서는 하치에몬의 회도를 〈竹島圖〉로, 그 사본 계열을 〈竹嶋之圖〉로 부르고자 한다.

《도해일건기》에 첨부된 〈竹嶹方角圖〉에는 "앞의 진술서의 진술 내용을 참고로 해서 시험 삼아 지도를 그렸음"이라는 메모가 있는 한편, 《수서》를 인용한 내용(按隋書曰…)이 다른 필체로 함께 기재되어 있다. 이는 회도 작성자와 《수서》 인용자가 다르다는 것을 말해준다. 〈竹嶹方角圖〉는 하치에몬이 체포된 1836년에 그려진 것으로 《도해일건기》에 첨부되어 있다. 회도에는 조선국과 다케시마, 마쓰시마가 동일한 색으로 채색되어 있고, 일본 지역과 오키는 동일하게 채색되어 있지 않아 채색만으로도 소속 관계를 드러내고 있다.

다무라는 1955년도 보고서에서 〈竹島方角圖〉[116] 및 기재 내용을 소개했다. 그는 〈竹島方角圖〉로 불렀지만, 지도를 보면 《도해일건기》에 첨부된 〈竹嶹方角圖〉와 동일한 지도로 보이지 않는다. 다무라의 〈竹島方角圖〉에 기재된 내용이 《도해일건기》에 첨부된 〈竹嶹方角圖〉와는 다르기 때문이다. 〈竹島方角圖〉에 기재된 주기가 더 긴데, 일부는 《도해일건기》에 있는 내용이고[117] 일부는 《도해

---

115) 스기하라 다카시는 웹다케시마문제연구소에 실은 글(2007)에서는 〈竹嶋之圖〉로, 《竹島問題百問百答》(2014)에서는 〈竹嶋圖〉로 표기했다.

116) 여기에 지도는 없고 〈竹島方角圖〉의 주기를 언급했지만, 1965년 저서에서는 지도를 실었다. 다무라 세이자부로 저, 김선희 역, 《다무라 세이자부로의 《시마네현 다케시마의 신연구》 번역 및 해제, 2010, 45쪽 각주 111에 지도가 실려 있다. 《竹島渡海一件記》에는 〈竹嶹方角圖〉로 되어 있는데 다무라는 〈竹島方角圖〉로 썼다. 통용하는 한자라서 이렇게 쓴 것인지, 다른 지도 이므로 이렇게 쓴 것인지는 알 수 없다.

117) "오키국(隱岐國) 후쿠우라(福浦)에서 순풍을 기다려 정북방향으로 먼 바다를 달려 마쓰시마 앞바다를 통과할 때 배 안에서 보니, 매우 작은 섬으로 수목 등도 없고 다른 무엇도 있을 것 같지 않아 일부러 상륙도 하지 않고 그대로 북서쪽 방향으로 항해하였습니다…"는 내용이다(김선희 역, 위의 책, 45쪽). 이 내용은 《竹島渡海一件記》에 실린, 하치에몬의 진술과 거의 비슷하다.

일건기》에 없는 내용이다.118) 《도해일건기》에 첨부된 지도의 주기와 다무라가 말한 〈竹島方角圖〉의 주기가 다르다는 것은 다무라의 회도가 하치에몬의 진술에 의거하여 그린 회도와는 다른 것임을 의미한다.

하치에몬 회도 계열의 사본에 대해서는 스기하라 다카시[杉原隆]가 조사하여 밝힌 바 있다. 그는 〈八右衛門 金森建策 松浦武四郎の〈竹嶋之図〉について〉에서 하치에몬의 〈竹嶋図〉 계열의 사본으로 덴포 4년(1833)의 〈竹嶋之図〉(A), 덴포 6년(1835)의 〈竹嶋之図〉(B) 및 다른 회도들을 소개했다. 이 가운데 〈竹嶋之図〉(A)119)는 1833년 11월 19일 밤 하치에몬의 〈竹嶋図〉120)를 입수하여 겐키치[權吉]가 모사한 지도이다. 그런데 〈竹嶋之図〉(B)는 모리스가 그의 저서에서 "하치에몬의 〈竹嶋図〉(鵠鶉修一씨 소장)"라고 한 회도와 아주 비슷하다. 게다가 스기하라가 소개한 〈竹嶋之図〉(B)의 소장자도 '사사키 슈이치', 덴포 6년(1835) 1월로 적었다. 모리스는 하치에몬의 〈竹嶋図〉라고 했지만 엄밀히 말하면 하치에몬의 〈竹嶋図〉를 모사한 것이다. 모리스는 회도의 메모를 보고 모사자를 오키 도젠의 와타베 엔다유[渡部円太夫]라고 보았다.

스기하라는 1833년 하마다로 돌아온 직후 겐키치가 그린 회도〈〈竹嶋之図〉(A)〉와 1835년 하치에몬의 회도를 보고 모사했다는 와타베 가[渡部家]의 회도〈〈竹嶋之図〉(B)〉가 다르다는 사실이 하치에몬이 소지한 본도가 따로 있었음을 의미한다고 보았다. 그런데 스기하라는 〈竹嶋之図〉(B)에 적힌 내용, "덴포 4년 石州 浜田町人 金屋淸右衛門(하치에몬의 아버지를 金屋淸助라고 하며 金淸121)라고도 속칭하는데, 하치에몬도 이렇게 불렀을 것이다)가 도해했다가 돌

---

118) 대략 "원래 이 섬은 이와미국에서 해안에서 서북쪽 방향에 해당되며 해상 100兩 정도 떨어진 곳으로 울릉도라고도 불리는 공도(空島)이다. 초목이 무성하고 전복 외에도 어류가 풍성한 것으로 보인다…다케시마 외에 마쓰시마로 불리는 곳은 이와미국 해안에서 북쪽에 해당하며 70~80량 정도 떨어진 작은 섬이다. 오키국 후쿠우라에서 순풍으로 북쪽으로 가다가 마쓰시마 근처를 지나게 되었는데 배안에서 보니 매우 작은 섬으로 나무도 없고 다른 무엇이 있을 것 같지도 않아 일부러 상륙하지 않고 그대로 북서방향으로 배를 돌려 다케시마에 도착했다[兩은 里 또는 浬의 오기일 것이다]"라는 내용이다.

119) 이 지도는 2006년 다케시마문제연구회의 후나스기가 공문서관 외무성 관계 자료에서 찾아냈다고 한다.

120) "天保4年7月隱岐国島後の福浦で順風を待ち同月17日出船, 21日竹島へ入津したこと, 8月 23日竹島を出船し同月27日に石州浜田浦へ入津したこと"라는 내용이 기입되어 있다.

121) 《朝鮮竹島渡航始末記》에 따르면, 하치에몬의 아버지가 淸助이고, 《竹島渡海一件記》에 따르면, 하치에몬이 金淸이다.

아온 다음 해인 덴포 5년(1834)과 6년(1835)에도 다케시마에 갔으므로 그때 이 지도를 그렸다"라고 한 내용에 따라, 하치에몬이 1834년과 1835년에도 도해한 증거로 삼았다. 이는 金屋清右衛門과 하치에몬이 동일인이라야 성립한다. 문헌에는 하치에몬의 아버지가 金清, 하치에몬은 會清으로 되어 있다. 설령 동일인이라 하더라도 이 논리대로라면 와타베가 모사한 회도는 하치에몬의 1833년 회도가 아니라 1835년 회도라야 한다.

한편 스기하라는 〈竹嶋之図〉(A)에 대하여 추정하기를, 이 회도가 하치에몬 회도를 모사한 것이라면 石州를 생략하고 浜田으로 썼을 것인데, 石州로 썼으므로 하치에몬의 회도가 아닐 것이라고 했다. 스기하라의 논리대로라면, 〈竹嶋之図〉(B)에서 "石州 浜田町人 金屋清右衛門…"라고 한 경우의 金屋清右衛門을 하치에몬으로 보기는 어렵다. 金屋清右衛門이 하치에몬이라면 石州를 쓰지 않았을 것이기 때문이다. 따라서 〈竹嶋之図〉(B)가 하치에몬 회도의 모사본임이 증명되지 않는 한, 이것을 하치에몬의 3년 연속 도해를 입증하는 증거로 제시하기는 어렵다. 하치에몬 자신도 1833년에만 도해했다고 진술했으므로 이 문제는 좀 더 검토가 필요하다. 하치에몬이 직접 그린 회도가 현전하지 않지만 현존하는 〈竹嶌方角圖〉와 그 모사 지도를 분석함으로써 다음과 같이 정리할 수 있다.

하치에몬의 진술과 일치하는 내용을 기입한 지도가 1835년의 〈竹嶋之図〉(B)와 가장 비슷하다는 점, 이것이 다무라가 〈竹島方角圖〉라고 명칭한 지도의 기재 내용과 거의 일치한다는 점, 그리고 〈竹嶋之図〉(B)의 기재에 의거하면, 金屋清右衛門가 돌아온 다음 해인 1835년경에 이 지도를 그렸다고 추측된다는 점이다. 그렇다면 다무라가 말한 〈竹島方角圖〉는 하치에몬이 초기에 그린 〈竹嶋図〉와 거의 같은 형태로 1835년에 그려진 것이 아닌가 생각된다.

스기하라는 '石州' 표기 때문에 하치에몬의 지도가 아닐 가능성을 제기했지만, 지도의 주기에 "다케시마 외에 마쓰시마로 불리는 곳은 이와미국 해안에서 북쪽에 해당하며 70~80량 정도 떨어진 작은 섬이다"라고 기재되어 있는 것은 1831년에 하치에몬이 낸 의견서에 "다케시마 외에 이와미 해안에서 북방으로 70~80리 떨어진 곳에 마쓰시마라 불리는 작은 섬이 있는데…"라고 한 내용과 흡사하다. 따라서 다무라가 제시한 〈竹島方角圖〉는 하치에몬이 직접 그린 것일 가능성이 크다. 한편 이 회도가 1835년에 그려졌다는 것은 1833년에서 1835년까지 도해가 이어졌을 가능성도 아울러 시사한다.

〈竹嶋方角圖〉가 하치에몬의 인식을 드러낸 것이라면,《도항시말기》에 첨부된 지도는 에도막부의 인식을 드러낸다. 〈竹嶋方角圖〉는 조선국과 부속 도서를 채색하여 영토 소속을 구분할 수 있게 하는 데 머물렀지만,《도항시말기》첨부지도는 그 밖에 거리관계까지 표시했다. 조선에서 다케시마[竹嶋]까지는 36리里인데 이와미에서 다케시마까지는 89리[122] 부산에서 쓰시마까지의 거리를 48리로 표시하여 다케시마가 조선 소속임을 나타냈다. 나아가 '마쓰시마[松シマ]'를 함께 그려 넣고 '다케시마'와 동일하게 채색하여 조선국 영토임을 분명히 했다. 이전 회도에서 오키나 호키에서 다케시마 또는 마쓰시마까지의 거리를 명기한 적은 있었지만, 이와미를 명기한 것은 이 회도가 처음이다. 이런 인식의 변천은 겐로쿠 연간에서 하치에몬사건에 이르는 동안의 지리적 지식이 반영된 결과라고 할 수 있다.

Ⅳ. 맺음말

'덴포 다케시마 일건'은 하마다 번주와 가신이 다수 개입된 전대 미문의 사건이었다. 1836년 6월 10일 오사카마치봉행은 사사봉행에게 사건 관련자 명단과 처리 등을 인도했다. 그로부터 7개월에 걸쳐 관련자 호출과 입감, 조사가 이뤄진 뒤 1836년 12월 23일 막부의 최종 선고문이 나왔다. 최종 판결은 사형(2명), 무기징역(2명)과 '오사카 3향鄉 구류 및 에도 밖 추방'[123] 물건 몰수와 중추방(2명), 경추방(2명), 직책 박탈 및 연금(2명), 연금(6명), 주대은酒代銀 몰수[124] 및 중질책(2명), 수수료 압수 및 중질책(2명), 중질책(2명), 벌금 3관문(1명), 무죄(12명)로 구분되었다.[125] 사사봉행 가와치노카미가 선고했다. 하마다번주에게

---

122) 조선과의 거리는 리(里)로 표기했는데 이와미에서 다케시마까지는 'り'(리)로 표기했다.
123)《甲子夜話》에만 보인다.
124)《通航一覽續編》에는 '助代銀'으로 되어 있다. 오기이다.
125) 처벌 관련 내용은 문헌에 따라 약간 차이가 있다. 이 글은 평정소의 판결을 수록한《朝鮮竹島

는 오메쓰케를 통해 따로 영구 칩거의 명을 내렸다.

그러나 시간이 흐르면서 이 사건에 대한 풍문은 과장되었고, 단순한 다케시마 불법 도해사건이 '밀무역사건'으로 변질되었다. 하치에몬은 밀무역자에서 개척 자로 변모되었고, 하마다지역에서는 개척자 '하치에몬상'이 확립되기에 이르렀 다. 밀무역의 대상이나 교역 물품에 대해서는 기록마다 약간의 차이가 있다. 그 렇다 하더라도 마쓰시마 즉 독도에 대해서는 누구도 주목하지 않았었다.

그러다가 양국이 독도 영토권을 두고 다투게 되는 1950년대 초반에 와서 처음 으로 하치에몬사건에서 마쓰시마를 주목하기 시작했다. 처음으로 주목한 자는 다무라였다. 그는 다케시마는 도해가 금지되어 마쓰시마 도항을 명목으로 간 것 이므로 마쓰시마가 일본 영토라는 견해를 제시했다. 이런 견해를 외무성의 가와 카미가 계승했고, 일본 정부는 1956년에 "竹島(울릉도) 도해가 금지된 뒤에도 松島(오늘날의 竹島)로 도항은 아무런 문제가 없었다는 것을 나타내고 있다"고 주장하기에 이르렀다.

이런 논리의 변화와 왜곡의 계보가 밝혀지지 않아 그동안 한일 양국에서는 하치에몬 사건을 '밀무역 사건'으로만 단편적으로 규정했다. 특히 일본은 도해 명분으로 삼았다는 '마쓰시마'를 독도 영유권 주장에서 유리하게 활용해 왔다. 그러나 사건에 관한 1차 사료 특히 평정소의 최종 판결문에 주목해 보면, 적어도 다케시마에서 밀무역이 이뤄진 것은 아니었음을 확인할 수 있다. 하치에몬 일행 이 다케시마(울릉도)에서 목재와 인삼 등을 싣고 온 것은 사실이지만 거기서 조 선인과 교역하거나 울릉도를 중계지로 삼아 중국인과 무역을 했다는 정황은 보 이지 않는다.

한편 하마다번의 질의를 받은 막부가 "다케시마는 일본 땅이라고 하기 어렵다" 고 바로 확인해줄 수 있었던 이유는 쓰시마번 에도번저에 겐로쿠기의 외교문서 가 소장되어 있었기 때문이다. 쓰시마번이 막부와 조선 간의 외교 분쟁에서 실무 자였으므로 막부가 돗토리번이 아닌 쓰시마번에 다케시마 소속을 문의한 것은 당연하다. 쓰시마번의 이런 역할 때문에 막부는 덴포기에도 쓰시마번 가신이 쓰

渡航始末記》를 기준으로 했다.

시마번주와 막부에 보고하는 절차를 무시하고 하마다번과 직접 교류한 사실을 문책했다. 덴포기 쓰시마번은 막부의 질의에 대하여 마쓰시마도 도해가 금지된 것인지 확정짓기 어렵다고 회답했지만, 막부는 쓰시마번의 의견을 참조하여 최종 결론을 냈다. 그것이 바로 1837년 2월의 포고이다. 이 포고는 막부가 겐로쿠 연간의 분규를 겪은 뒤 줄곧 울릉도와 독도를 조선국 영토로 인식해 왔으며 덴포기에 와서 다시 한 번 그 사실을 천명한 것임을 의미한다.

3. 1877년 태정관 지령에 대한 역사적·국제법적 쟁점

Ⅰ. 머리말

1699년 일본 에도막부는 '울릉도 쟁계' 관련 외교문서를 통해 울릉도가 조선 영토임을 확인했다. 1877년 일본 태정관은 '울릉도 쟁계' 관련 문서에 의거하여 "다케시마 외 일도는 일본과 관계없음"을 지령 형식으로 공포했다. 이 지령에서 언급한 '다케시마'가 울릉도이고 '외 일도外一島'의 '일도'가 독도임은 지령이 나오기까지 경위와 지도를 통해 확인할 수 있다. 17세기 울릉도 쟁계 관련 외교문서 및 19세기의 태정관 지령은 울릉도와 독도에 대한 조선의 주권을 명시적으로 인정한 일본 정부의 공문서들이다.

다만 태정관이 내린 지령은 메이지시대 일본의 국내법 체계에서 법률이 아닌, 하급기관의 질의에 대한 회신으로 전달된 행정명령의 지위를 갖는다.[1] 그럼에도 최근 태정관 지령의 입법체계상 지위나 그 효력에 대한 평가가 지나치게 확장되어 지령이 국경조약으로서 조약과 법률의 성격을 둘 다 가지고 있다거나,[2] 태정관 지령을 통해 당시 조·일 간 국경조약체제가 형성되었다는[3] 평가까지 나오고 있다. 이는 울릉도 쟁계 관련 외교문서를 약식조약으로 보는 선행연구(이하 '울릉도 쟁계 외교문서=약식조약설)[4]를 기초로 하여 이 문서들에 대해 정식의 국경획정조

---

1) 岩谷十郎, 〈明治太政官期 法令の世界〉《日本法令索引[明治前期編]解說》, 國立國會圖書館, 2007, 13쪽.
2) 이성환-a, 〈일본의 태정관지령과 독도편입에 대한 법제사적 검토〉《국제법학회논총》 제62권 3호, 대한국제법학회, 2017; 도시환, 〈독도 관련 일본 태정관 사료 속 교환공문의 조약성 인식〉《근대 관찬사료 속의 울릉도·독도 인식》, 영남대학교 독도연구소 춘계학술대회자료집, 2018.2.
3) 이성환-b, 〈朝日/韓日국경조약체제와 독도〉《독도연구》 제23호, 영남대학교 독도연구소, 2017.12.
4) 박현진-b, 〈17세기 말 울릉도 쟁계 관련 한·일 '교환공문'의 증명력: 거리관습에 따른 조약상 울릉도 독도 권원 확립·해상국경 묵시 합의〉《국제법학회논총》 제58권 3호, 대한국제법학회, 2013, 131~162쪽.

약으로 확대된 의미를 부여하고, 태정관 지령에 대해서도 국경획정 조약으로서의 성격과 함께 동 조약의 국내적 이행을 위한 헌법적 성격을 갖는 국내법으로 이해하고자 하는 견해(이하 '태정관지령=국경조약'설)이다. 이러한 견해에는 관련된 국제법의 법리와 일본의 태정관 시대 국내입법체계가 그 근거로 제시되어 있다.

태정관 지령이 갖는 일본 국내법 체계상의 지위 그리고 국제법적 의미에 대한 확장적 논의로서 '태정관지령=국경조약'설은 태정관 지령 그 자체에 대한 논의에만 머무르는 것이 아니라 역사적 맥락에서 '울릉도 쟁계' 관련 조·일 간 외교문서에 대한 '울릉도 쟁계 외교문서=약식조약'설이라는 평가와 연계되어 하나의 국경법 체계라는 이론으로 확장되어 있다. '태정관지령=국경조약'설은 더 나아가 메이지헌법에 따른 법제가 시행되던 1905년의 일본 각의결정과 후속 조치로서 시마네현의 고시 제40호는 당시에도 효력이 유지되고 있는 상위법으로서 태정관 지령에 위배되므로 무효라는 주장으로 연장되어 있다.

이 글에서는 우선 1699년의 조·일 간 합의 즉 울릉도 쟁계 교섭과정에서 작성된 조·일 간의 외교문서를 약식국경조약으로 볼 수 있는가 하는 문제를 당시 교환된 외교문서들에 대한 분석을 기초로 검토하고자 한다. 이를 통하여 울릉도 쟁계 관련 외교문서로서 서계書契와 구상각서口上覺書의 내용이 약식조약으로서 효력을 인정할 수 있는 형식성과 함께 내용의 객관적 구체성이나 법적 구속력을 부여하기 위한 주관적 의지를 포함하고 있는지를 확인해 보고자 한다. 두 번째로는 태정관 지령의 내용이 조선 정부와 연관성을 포함하고 있다고 해서 조약과 같은 법적 지위를 갖는 외교문서로 규정하는 것이 타당한지에 대한 법리적인 검토를 수행한다. 그리고 이와 연계하여 1877년 일본의 태정관 지령이 1699년 조·일간 울릉도 쟁계 외교문서를 정식의 국경조약으로 승인하는 동시에 국내적인 이행을 위한 변형입법으로 보는 것이 타당한 것인가 하는 문제에 대해서도 살펴보고자 한다. 세 번째로 태정관 지령이 시마네현에 전달된 시기의 일본 입법체계에 대한 검토를 통하여 태정관 지령의 입법적 지위가 조약인 동시에 헌법적 의미까지 포함하는 국내법의 지위를 가질 수 있는지의 문제, 그리고 1905년 각의결정과 시마네현의 고시가 태정관 지령에 위배되어 무효인지에 대하여도 고찰해 보고자 한다.

'울릉도 쟁계 외교문서=약식조약'설과 그 연장선 위에 있는 '태정관지령=국경조약'설에 대한 역사적 그리고 국제법적 검토는 울릉도 쟁계 관련 조일 간의 외교문서로서 서계와 구상각서 등 역사적 문서와 태정관 지령의 내용에 대한 법적 분석을 통해 일본이 공적 문서로 울릉도와 독도의 조선영토주권을 인정했다는 사실을 재확인하는 한편으로, 현대 국제법의 약식조약 개념, 국제법과 국내법의 관계에 관한 변형이론의 적용 그리고 메이지시대 일본 국내법 체계상 태정관 지령의 지위를 다시 살펴봄으로써 울릉도 쟁계 관련 외교문서와 태정관 지령의 조약논리에서 확인해야 할 사항이 무엇인지 제시하고자 한다.

Ⅱ. 울릉도 쟁계 당시 조 · 일朝日 외교문서의 형식과 교환과정

1. 외교문서로서 서계의 형식과 실무문서의 종류

(1) 서계의 형식

'태정관 지령=국경조약'설을 검토하기 전에 먼저 확인해야 할 것은 '울릉도 쟁계'의 결과로 성립한 1699년 양국의 합의를 약식조약으로 보는 근거가 타당한가 여부이다. 국제법에서 약식조약이 당사국 간 합의의 결과로서 법적 구속력을 보유함은 분명하다. 그런데 조 · 일 간에는 에도막부와 조선정부가 직접 외교문서를 왕복하여 합의한 것이 아니라 막부를 대신해서 통교를 독점한 쓰시마를 통해 교섭하는 특수한 형태였다. 조선 국왕이 일본의 도쿠가와[德川] 막부의 쇼군[將軍]과 주고받은 문서를 국서國書, 조선의 예조와 쓰시마번이 주고받은 문서를 서계書契라고 한다. 국서와 서계는 양국이 정부 차원에서 각각의 의사를 전달하는 아주 기본적인 소통수단이었던 만큼 고유의 형식을 지니고 있었다.

서계는 외식外式과 내식內式에 따라 작성되는데, 외식은 '합금合衿'을 기준으로 우측 상단에서부터 1촌 5보(4.5cm) 떨어진 곳에 '봉奉'을, 그곳에서 다시 3촌(9cm) 떨어진 곳에 '서書' 또는 '복復'을 기재하였다.[5] 겉면 우측에는 '봉서奉書'라고 쓰고 좌측에는 '일본국 집정 구함 모공 합하日本國執政具銜某公閣下'라고 쓴다.

쓰시마 도주(번주)는 '일본국 쓰시마주 태수 모공[日本國對馬州太守某公]'[6]이라고 한다. 내식은 머리 · 본문 · 말미의 세 부분으로 구성되는데,[7] 머리에는 발신인의 직명職名을, 서계의 성격 즉 송서인지 답서인지를 구별하는 문언으로서 '봉서' · '봉복奉復'을 쓴 뒤 수신인의 직명과 경칭을 기재한다. 본문에는 통교내용을, 말미에는 연기年紀 · 발신인의 직명을 기재한다. 겉면에 '봉서'라고 쓰거나 내식 머리 부분에서 '봉서'라고 쓴 것은 서계식[8]을 따랐음을 의미한다. 일본 측 문서에 주로 서간 또는 서한, 반간返簡으로 기술되어 있어 서계를 '서간' 또는 '서한'으로 보는 경우가 있는데,[9] 이는 오해이다. 이런 서식은 공적 외교문서로서 의미를 갖기 때문에 모든 서계에 엄격히 적용되었다.

서계는 양국 통교자의 지위에 따라 주고받는 상대의 지위가 정해져 있어, 울릉도 쟁계 당시 조선 측은 예조참판과 참의가,[10] 쓰시마는 번주 혹은 형부대보[11]가 문서를 왕복했다. 예조참의 앞으로 보내는 서계를 본서(本書, 正本)라고 하며, 동래부사나 부산첨사 앞으로 보내는 것을 부서(副書, 副本)라고 했다. 동래부사 명의로 서계를 작성하는 경우 〈부본〉에 해당하므로 쓰시마에서는 이를 조선정부의 의사를 대신하는 외교문서로 인식하지 않았다.

서계는 양국에서 모두 사전검열을 거쳐 형식에 위식이 있는지를 살피고 내용에 이상이 있으면 개찬改撰을 요구했다. 회답서계는 동래부사가 예조에 계문啓聞 형식으로 보고하면 중앙정부는 검토한 뒤 예조로 하여금 서계를 작성하여 내려보낸다. 일본 측도 마찬가지여서 동래부 역관이 지참한 서계를 왜관에서 사전에 검열한 뒤 쓰시마로 보내면 조선과 외교업무를 담당하는 사찰 이테이안[以酊菴]

---

5) 《增正交隣志》 권5 〈書契式〉에 따르면, 본서를 6~9첩으로 접었을 때 본서의 오른쪽 끝이 첩의 한가운데에 오는 것을 '合衿'이라 한다. 수신신의 직명과 발신인의 직명을 쓰는 위치도 외식에 정해져 있다. 이훈, 《외교문서로 본 조선과 일본의 의사소통》, 경인문화사, 2011, 22쪽.

6) 태수 이상은 합하(閣下), 그 외는 족하(足下)라고 칭한다.

7) 《通文館志》 권6 〈書契式〉; 《增正交隣志》 권5 〈書契式〉

8) 《增正交隣志》(1802) 권5 〈書契式〉

9) 이성환-a, 2017, 앞의 글. 문서의 외식에 봉서라고 쓰여 있음이 서계를 의미하지만, 이를 전달하는 과정의 설명문에서 '서간'이라고 표현하는 경우가 있어 혼동을 일으킨다. 예를 들면, "서간의 사본을 아래에 기록한다"고 할 때는 서간으로 불렸더라도 서계를 말한다.

10) 1694년까지는 예조참판으로, 도해금지령 뒤에는 예조참의로 보인다.

11) 형부대보(刑部大輔)란 제3대 번주 소 요시자네(宗義眞)가 1692년 번주 직에서 은퇴하고 나서의 관위를 가리키는 말이다.

의 윤번승輪番僧이 검분하고 필사하여 관리했다.

(2) 조·일 간 외교 실무문서의 종류와 성격

외교문서인 서계 한 통이 작성되기까지는 여러 차례에 걸쳐 실무문서의 왕복이 필요했다. 그 과정에서 동래부와 쓰시마번이 실질적인 교섭창구의 역할을 했는데 쓰시마번은 편의를 위해 부산에 왜관을 설치하여 그 역할을 대신하게 했다. 이때 동래부사가 왜관 관수와 직접 논의하거나 문서를 주고받을 수 없었으므로 역관의 역할은 매우 중요했다. 동래부가 왜관과 연락하며 소통하는 과정은 실무 담당자의 구두 내지는 문서 전달로 이루어지고 있었다. 동래부사는 중앙의 지침이나 부사의 견해, 간단한 연락 등을 역관에게 '전령傳令' 또는 역관 명의로 발급된 각覺이라는[12] 형식으로 왜관에 전달하는데, '각'은 반드시 왜관 안에 이 문서를 받는 상대가 정해져 있었고 원본 그대로 전달되었다.

쓰시마번도 막부와 부산왜관 양측으로 의사소통을 하며 구두 또는 문서로 전달하면서 교섭을 진행하는데, 문서 형식은 각覺, 구상口上, 구상서口上書, 구상각口上覺, 구상지각口上之覺 등으로 다양했다.[13] 왜관 측이 쓰시마 번청과 협의할 때는 주로 서장書狀을 주고받았다. 실무문서 역시 공문서이긴 하지만 막부에 일정한 절차를 거쳐 보고되어야 할 외교문서는 아니었다. 양쪽 교섭창구의 근무자들이 발신자와 수신자가 되어 주고받으면 그 선에서 문서로서 효력이 종료되는 문서에 불과했다. 실무문서와 외교문서를 구분하는 기준은 중앙정부에까지 보고 및 제출을 필요로 했는지의 여부이다.[14]

조 · 일 양국이 왕복한 17세기 문서의 성격을 알아보고자 1693~1699년 사이에 교환한 문서 가운데 외교문서에 견줄 수 있는 문서를 뽑아보면 다음과 같다.[15]

---

12) 이 글에서 각(覺)은 각서로, 구상 · 구상서 · 구상각 · 구상지각(口上之覺)은 구상서로 통칭했다. 다르게 쓰여 있지만 구분할 만한 기준이 명확하지 않기 때문이다. 구상서는 실무적인 현안을 기록한 문서를 가리키되 비공식, 비공개로 건넨 문서를 의미한다. 각서와 비교하면, 구상서가 좀 더 공적 성격을 띤 것으로 보인다.

13) 각(覺)에는 날짜만 명기하거나 아무 것도 명기하지 않지만, 구상(口上)에는 날짜와 사신의 이름을 명기한다. 한편 구상각과 구상지각에는 날짜와 발신자를 명기하거나, 날짜만 명기하는 등 일정하지 않다.

14) 이훈, 2011, 앞의 책, 242쪽.

15) 국제법적 규정은 '울릉도 쟁계 외교문서=약식조약'설의 분류를 따른 것이다. 수신과 발신에서

〈표-1〉 울릉도 쟁계 관련 외교문서 일람(전달 시기는 사본 전달 시기와 정본 접수 시기가 다름, 괄호는 정본 접수 시기)[16]

번호	작성시기	사본 전달 시기	발신(奉書, 奉復)	수신(閣下, 閤下)	국제법적 분류
①	1693.9.	11.2.(12.10.)	對馬州太守 拾遺 平義倫(奉書)	예조참판 대인 합하(閤下)	
②	1693.12.	1694.1.15. (2.15.)	예조참판 권해 (奉復)	對馬州太守 平公 閣下	
③	1694.2.	1694.윤5월 (8.9.)	對馬州太守 拾遺 平義倫 (奉書)	예조참판 대인 합하	
④	1694.9.	9.22[17] (사본 없음)	예조참판 이여(李畬) (奉復)	對馬州太守 平公 閣下	교환공문
	1696.1.	막부의 도해금지령			
⑤	1696.10. ~1697.1.	1697.2.	⑤-1. 도해금지령 관련 일본어 구상서 ㉮		교환공문
			⑤-2. 인슈 건 관련 일본어 구상서 ㉯		
			⑤-3. 도시요리 6명의 한문 문서 2통	訓導別差 兩公旅榻下	
⑥	1697.4.	4.27.	예조참의 박세준 (奉書)	刑部大輔拾遺 平公 閣下	
⑦	1697.7.	7.21.	예조참의 박세준 (奉書)	刑部大輔拾遺 平公 閣下	
⑧	1698.3.	4.13.	예조참의 이선부 (奉書)	刑部大輔拾遺 平公 閣下	확인공문
⑨	1699.1.	3.21.	刑部大輔拾遺 平義眞 (奉復)	예조대인 각하	확인공문
			왜관의 관수 (구상지각)	동래부사	

일본국·조선국은 생략하였다. 이 글이 발표될 때는 ⑤-3이 없었는데, 박병섭의 연구(2019)를 참조하여 이번에 추가하고 ⑤-1과 ⑤-2 부분을 약간 수정했다.

16) 정본과 사본 접수시기로 구분했지만, 사본이 왜관에 전달된 시기와 쓰시마번에 전달되기까지 시차가 있으므로 이를 감안하고 볼 필요가 있다. 또한 문서의 작성 시기도 여러 번에 걸쳐 수정 되었으므로 특정하기 애매한 경우가 있다.

17) 서계가 10일에 동래에 도착했고, 12일에 역관이 그 내용을 왜관에 알려왔지만, 사본이 없음을 핑계대 어 왜관 측이 수령을 거부하다가 22일에 역관이 재판과 도선주에게 전하는 방식으로 전해졌다.

2. 울릉도 쟁계 관련 조 · 일 간 외교문서의 교환 경위

'태정관지령=국경조약'설에 따르면, 17세기 양국의 교섭과정은 국경회담의 성격을 지니며, 그 결과로 성립된 양국의 합의는 국경조약의 의미를 지닌다고 한다. 이 설은 양국의 합의를 국경조약으로 볼 수 있는 근거를 선행연구인 '울릉도 쟁계 외교문서=약식조약'설[18]에 두고 있다. 즉 '울릉도 쟁계 외교문서=약식조약'설이 17세기에 양국이 교환한 공문이 약식조약을 구성하며, 이 조약은 묵시적 해상국경조약이라고 했기 때문에 '태정관지령=국경조약'설이 성립한다는 것이다. 이는 교환공문과 약식조약, 묵시적 해상 국경조약을 거의 동일시한 것인데, 그러한지는 양국이 교환한 공문의 성격을 보면 알 수 있다.

울릉도 쟁계는 1693년 봄 일본 돗토리번의 요나고 사람들이 울릉도에 출어했던 조선인 안용복과 박어둔을 일본으로 연행했다가 송환하면서 쓰시마번을 통해 다케시마(울릉도)[19]에서 조선인 출어를 금지해 달라고 조선 정부에 요청한 데서 비롯되었다. 이 분규는 양국 간 영유권 분쟁으로 비화되었고 사건의 완전한 결착은 1699년 12월에 이루어졌다. 쓰시마번은 안용복을 송환하기 전부터 조선 정부에 보낼 서계를 준비하고 있었고 그 결과가 1693년 9월에 작성된 쓰시마주 태수 습유[拾遺][20] 다이라 요시쓰구[平義倫] 명의의 서계(①)였다.[21] 서계의 요지는 조선 어민의 다케시마 출어를 금지해달라는 것이었다. 서계를 전하는 대차사大差使의 파견에 앞서 선향사가 먼저 와서 대차사 파견 사실을 알리자, 조선 정부는 "다케시마가 별도의 섬이라면 문제가 없지만 우리가 울릉도라고 부르는 섬이라면 예로부터 조선에 속한 곳이며 매번 왕래해 왔음"을 알리며 사신 파견을 거절했다. 그럼에도 재판차왜裁判差倭는 "일본 소속 다케시마는 예로부터 일본 소속

---

18) 이성환-a, 2017, 앞의 글의 각주 8.

19) 논자에 따라 다케시마를 죽도로 표기하고 그 밖의 지명이나 인명에 대해 송도, 붕코노카미, 기죽도약도, 대마도 등으로 표기했는데, 이 글에서는 직접 인용이 아닌 한 국립국어원의 외래어표기법을 따랐다.

20) 습유(拾遺)란 시종(侍從)이라는 관직명을 중국식 관제로 표현한 것이다. 도주가 가독(家督)의 상속, 즉 쓰시마 번주직을 막부로부터 정식으로 인정받은 이후라야 사용할 수 있었다는 견해와 그 이전부터 사용할 수 있었다는 견해가 있다(이훈, 2011, 앞의 책, 98쪽).

21) 예조참판과 예조참의, 동래부사 · 부산첨사를 수신자로 하는 3통으로 서계 정본과 부본을 보내온 것이다.

임이 틀림없다… 사신 파견을 거절하는 것도 이해하기 어렵다. 이번 사신은 막부가 파견하는 것이나 다름없다"[22]는 취지를 전해 왔으므로 결국 조선 정부는 사신단의 도해를 허락했고, 이로써 일본 측 서계 내용이 조선 정부에 전해졌다. 대차사 다다 요자에몬[多田與左衛門]을 통해 서계를 접수한 조선 정부는 접위관 홍중하를 동래로 내려 보냈고 예조참판 권해 명의의 답서(②) 사본을 1694년 1월 15일 일본 측에 전했다.[23] 그런데 조선 정부의 답서 가운데 "'우리나라 울릉도[弊境之蔚陵島]'도 멀리 있기에 마음대로 왕래하지 못하게 하거늘 하물며 그보다 먼 섬에 가게 하겠는가"라는 내용이 있어 일본이 이를 빌미로 서계[24] 개작을 요청하면서 양국의 외교 분규가 시작되었다.

3. 1694년 조선 측 서계의 성격과 교섭과정

조선 정부의 의중을 알게 된 다다 요자에몬은 조선 측 회답 서계에 '우리나라 울릉도'라고 기술한 내용의 삭제와 개작을 요청했지만, 결국 개작된 서계를 받지 못한 채 1694년 2월 22일 귀국길에 올랐다. 그러나 쓰시마번은 윤5월 그를 다시 보내 이전의 회답 서계를 반환하고 개작된 서계를 받아오게 했다. 다다는 8월 접위관 유집일과 대면하여 권해의 서계를 되돌려 주었고, 조선 정부는 9월 이여 李畬 명의의 개작서계(④)를 일본 측에 건넸다. 다만 조선 정부는 이전과는 달리 사본이 없이 밀봉된 상태의 서계로 건넸다. 이여 명의 서계의 요지는 울릉도는 《여지승람》에도 실려 있는 조선의 섬으로 竹島라고도 부르는 '일도이명一島二名'의 섬인데, 일본인이 조선의 경계를 침범했다는 것이다. 뒷날 일본 측은 조선 측이 서계에서 "일본인이 조선 국경을 침범했다"는 것과 "성신의 도리에 흠이

---

22) 《竹嶋紀事》, 1693년 10월 10일.

23) 12월에 작성된 예조참판 권해와 예조참의 강선 명의의 서계, 1694년 1월에 작성된 동래부사 성관과 부산첨사 박항 명의의 문서이다(《竹嶋紀事》, 1694년 1월 15일).

24) 원문은 "遠勤書論…"로 되어 있고 예조의 회답서계에 대해서도 "禮曹覆書…"라고 하여 직접적으로 서계라고 하지는 않았다. 그러나 이에 대해 일본 측은 "書契只言竹島固好…"라고 했으므로 서계로 인식하고 있음을 보여주고 있다(《숙종실록》 20년(1694) 2월 23일). 실록에는 대부분 서계로 되어 있다.

있다"고 기술한 내용을 문제 삼았다.

그런데 '울릉도 쟁계 외교문서=약식조약'설은 이여의 서계를 조선의 2차 개찬 공문 즉 교환공문으로 거론했다.[25] 권해의 서계를 놔두고 이여의 서계만을 교환 공문으로 규정한 것인데 그 근거는 밝히지 않았다. 나아가 이 설은 이여의 서계를 포함한 교환공문이 당시 국경의 범위와 관련하여 최소한 조 · 일 간의 구속력 있는 특수관습인 거리관습에[26] 입각하여 조선의 울릉도 영유권을 인정하고 독도 영유권을 묵시적으로 인정한 양자 간 국제합의[27]라고 했다. 하지만 이여는 서계 에서 《여지승람》을 거론한 바는 있지만 거리관계를 거론한 바는 없다. 쓰시마번 도 울릉도가 조선 쪽에 더 가깝다는 거리관계를 1694년까지는 거론한 바가 없다. 거리관계를 처음 거론한 것은 막부인데, 그 시기는 도해금지령을 결정하기 직전 인 1696년 1월 9일경이다.[28] 이어 조선 측이 거리관계를 언급하게 되는 것은 1696년 10월 형부대보가 "일본과는 상당히 멀지만 조선과는 조금 가까우니"라고 했던 말을 역관이 답서에 인용할 때이다. 그러므로 교환공문의 규정 근거로서 거리관습을 제시한 것은 시기적으로 맞지 않는다. 이여의 서계 내용을 그 뒤에 일본 측이 수락하지 않았다면 이를 약식조약을 구성하는 외교공문으로 보기도 어렵다. 더구나 조 · 일 양국이 왕복한 문서로서 위에서 거론한 것들은 모두 전형 적인 서계 형식을 띠고 있으므로 이를 편의상 1차와 2차로 구분할 수는 있지만, 1694년 9월 이여의 서계만을 교환공문에 해당시킬 수 있는 것은 아니다.

다다 요자에몬은 조선 측의 두 번째 회답서계 즉 이여 명의의 서계를 정식으로 접수하지 않은 채[29] 개작서계를 요구하며 버티고 있었지만 접위관은 10월 초에 한양으로 돌아왔고, 10월 말에는 쓰시마 번주 요시쓰구가 사망했다. 1695년 초 번주는 5대 소 요시미치[宗義方]로 교체되었지만 너무 어려서 3대 번주인 소 요시 자네[宗義眞]가 형부대보로서 섭정을 하기 시작했는데 형부대보는 5월 다다 요자

---

25) 박현진-b, 2013, 앞의 글, 133쪽.
26) 조 · 일 간의 영토획정 관습으로서 거리기준과 관련해서는 최철영, 《《원록각서》《죽도기사》《죽 도고》의 국제법적 해석》《독도연구》 제22호, 영남대학교 독도연구소, 2017, 85~88쪽 참조.
27) 박현진-b, 2013, 앞의 글, 133쪽.
28) 《竹嶋紀事》, 1695년 7월 21일.
29) 재판차왜에게 전해진 상태였다. 그리고 다다는 쓰시마로 돌아갈 때도 본서는 조선에 둔 채 사 본만 지참하고 갔다.

에몬의 귀국을 명했다. 이때 쓰시마번은 스야마 쇼에몬[陶山庄右衛門]을 왜관으로 보내 이 건을 처리하게 했고, '의문 4개조'를 작성하여 다다로 하여금 동래부사에게 전하도록 했다. 한편 1695년 6월 중순 교섭대표가 다다 요자에몬에서 스기무라 우네메[杉村采女]로 바뀌었고, 형부대보 요시자네는 막부와 직접 협의하기 위해 에도로 떠났다. 이 협의는 1695년 12월 말까지 계속되었는데 그 과정에서 막부는 실질적인 도해 당사자인 요나고 지역민을 관할하는 돗토리번에 섬의 영유권에 관해 문의했다. 그 결과로 성립한 것이 1696년 1월의 도해금지령이다.

4. 1696년 역관의 도해와 쓰시마번의 의도

(1) 1696년 10월 역관의 도해와 일본 측 문서의 성격

막부가 정식으로 도해금지령을 내기 전부터 쓰시마는 막부의 결정이 조선에 일찍 알려지는 것을 원하지 않아, 조선에서 역관이 도해했을 때 구두로 전하기를 바랐고 이를 막부에 제안했다.[30] 이에 쓰시마번은 1696년 1월 초부터 10월에 걸쳐 역관에게 구두로 전할 내용은 물론이고 구상서로 전할 내용, 호칭, 답례서 간의 형식에 이르기까지 막부와 세밀하게 협의하고 지시를 받았다. 도해금지 관련 구상서는 1월 28일 형부대보가 휴가를 고하는 자리에서 4명의 노중이 앉아 있는 가운데서 건네받았다. 이때 쓰시마번은 막부가 돗토리번주에게 도해금지의 뜻을 봉서奉書로[31] 전달했다는 사실도 알게 되었다. 1696년 1월 28일 막부 노중이 돗토리번에 내린 봉서 형태의 다케시마 도해금지령[32]이 쓰시마를 통해 조선 측에 전해질 때는 2통의 구상서 형태로 전해졌고, 그 형식도 각기 달랐다.

1696년 10월 조선 역관이 쓰시마로 왔을 때 형부대보는 직접 역관을 대면하여 도해금지령을 전하되 구두전달로 마치려 했다. 그러나 역관의 요청으로 일본

---

30) 《竹嶋紀事》, 1696년 1월 11일.
31) 이후 1696년 2월 초 노중은 돗토리번에 이전에 전해준 도해허가 봉서를 막부에 제출할 것을 지시했다(《礒竹島覺書》).
32) 《竹島考證》은 이를 '竹島 건에 관한 각서'라고 표현했다. 도해금지령은 그 적용 범위가 돗토리 지역에 한정된 것이었다.

어로 작성한 구상서 형식의 문서 2통을 조선 측에 전했다.[33] 하나는 도해금지령과 관련된 구상서이고, 다른 하나는 안용복이 2차로 도일하여 시도한 이나바 송사 건이 조선 정부의 의도에서 비롯된 것인지를 따지는 구상서였다. 역관이 일본어 구상서 외에 한문 형식의 문서를 요청하자, 쓰시마는 6명의 도시요리(봉행)가 연명으로 날인한 한문 문서 2통을 써서 변 동지와 송 판사 앞으로 냈다. 그러나 쓰시마는 역관으로 하여금 이 문서를 조선 조정에는 제출하지 말고 참고용으로만 이용할 것을 요청했다.[34] 그러므로 일본 측 도시요리 이름으로 된 한문을 외교문서[35]로 보기는 어렵다. 도시요리가 써준 문서의 수령자가 두 역관인 것도 외교문서로 규정하는 데는 한계가 있다. 그러므로 일본 측은 이 문서에 대한 답서를 조선 측에 요구해서는 안 되었지만, 역관은 6명의 도시요리 앞으로 된 답서를 12월에 작성하여 주었다.[36]

쓰시마번은 1697년 1월 역관을 조선으로 호송할 때 답서를 바로 보내오도록 독촉했다. 조선 측은 거부했으나 그럼에도 아랑곳하지 않고 거듭 요청했다. 결국 조선 정부는 서계 형식의 답서를 보냈다. 이것이 바로 1697년 4월 예조참의 박세준의 서계(⑥)다. 그러나 쓰시마번은 박세준의 서계에 대하여 문구의 수정을 요청했고,[37] 조선 측은 7월에 수정한 서계(⑦)를 다시 보냈다. 그럼에도 쓰시마번은 여전히 불만을 나타냈고, 다시 조선 정부는 1698년 3월 이선부의 서계(⑧)를 쓰시마번에 보냈다. 그런데 '울릉도 쟁계 외교문서=약식조약'설에는 1696년

---

33) 박병섭은 일본어 구상서 2통은 역관에게 건네지지 않았고 한문 구상서만 건넸다고 해석했다 (박병섭, 〈독도 영유권에 대한 역사·국제법 학제간 연구〉《독도연구》 제27호, 영남대학교 독도연구소, 2019, 21쪽).

34) 《다케시마기사》 1697년 4월조에 "역관들이 돌아가는 길에 읽고 기억하여 도성에서 조정에 보고 드릴 때 오류가 없도록 하고 싶다고 하므로 제 봉행이 내어준 것이다"고 한 것이 이를 말해준다.

35) 박병섭은 구두로 전달된 것은 외교문서가 아니지만 외교적으로는 구속력을 지닌다고 하고, 도시요리가 역관에게 건넨 문서는 외교교섭에 따르는 공적 문서 즉 일본의 외교문서라고 보았다. 박병섭은 이훈이 내린 외교문서의 정의에 이의를 제기했다. 하지만, 근세기와 현대의 외교문서는 그 성격이 각각 다를 것이다. 시대에 따른 외교문서의 정의와 법적 성격 등에 대해 학계의 합의가 필요하다.

36) 《竹島考證》에는 역관이 6명의 중신 앞으로 낸 답서만 실려 있지만, 《竹嶋紀事》에는 쓰시마번이 건넨 한문 문서가 실려 있다.

37) 박세준의 4월 서계 이후 쓰시마번 도시요리들은 동래부사 앞으로 서한을 보내, 조선 측이 제 봉행의 역할을 기술한 것에 대해 불만을 나타냈다. 이 문서는 《동문휘고》에만 기록되어 있고 《다케시마기사》에는 기록되어 있지 않은데, 박병섭은 이 문서도 외교문서로 보았다(박병섭, 2019, 앞의 글, 26쪽).

12월의 구상서에서부터 1698년 3월 이선부의 서계가 작성되기까지에 대한 설명이 매우 소략하다.

'울릉도 쟁계 외교문서=약식조약'설에 따르면, 쓰시마번은 1697년 2월 형부대보(또는 형부대보 습유)를 동래부로 파견하여 막부의 결정을 3월에 조정에 전했고, 조선 정부는 이선부의 회답서계를 4월과 7월 두 번에 걸쳐 보냈지만, 쓰시마번이 일부 문안의 수정을 요청하여 조선이 3차로 개찬한 회답서한을 작성해서 1698년 4월에 동래부를 통해 쓰시마에 전달했다고 한다.[38] 그러나 이런 설명은 사실관계를 분명히 할 필요가 있다. 우선 쓰시마번이 형부대보를 파견했다고 하지만 번주 격인 형부대보를 사자로 파견하지 않는다. 또한 막부의 결정이 조선에 알려진 시기를 1697년 3월이라고 했지만 역관은 1697년 1월에 귀국했으므로 적어도 1월 안에 조정에 전해졌다. 4월에 나왔다는 조선 정부의 서계는 이선부의 서계가 아니라 박세준의 서계를 말한다. 그리고 도시요리가 역관에게 건넨 한문문서도 수신자가 예조참의가 아니라 두 역관이므로 이를 가지고 막부나 쓰시마번이 정식 외교문서를 건넸다고 보기는 어렵다.

조선 조정은 문서 형식을 문제 삼아 회답 서계를 거부했지만, 쓰시마번의 계속된 요청 때문에 결국 4월에 박세준 명의의 서계를 전하기에 이르렀다.[39] 그런데 '울릉도 쟁계 외교문서=약식조약'설은 1697년 4월과 7월 박세준[40]의 답서를 이선부의 서계로 오기했다. 뿐만 아니라 1696년 10월에서 1697년 1월 사이에 작성된 구상서를 1697년 2월의 문서로 규정하고 이를 교환공문에 해당시키고, 1698년 3월 이선부의 답서를 확인공문에 해당시켰다. 이 경우 이선부의 답서 이전에 나온 박세준 서계는 왜 확인공문에 해당되지 않는지, 그 차이는 무엇인지에 대한 설명이 보완되어야 한다.

(2) 1697년 박세준의 서계와 관련된 조선 정부와 쓰시마번의 논리

1697년 4월 박세준의 서계는 울릉도가 일본 쪽에서는 멀고 조선 쪽에 가까움

---

38) 박현진-b, 2013, 앞의 글, 140쪽.
39) 《邊例集要》, 1697년 1월조.
40) 1697년 4월과 7월의 서계 작성자는 이선부가 아닌 박세준이다.

은 물론 경계가 구분된다는 사실을 분명히 하고, 사신이 와서 직접 도해금지 사실을 전하지 않는 행태를 넌지시 비판하는 등 이여의 서계에는 없던 내용이 들어 있다. 박세준 서계가 쓰시마에 전해지자 그 형식과 내용을 두고 가로들 사이에서 갑론을박이 있었다. 쓰시마는 자신들이 한문 2통으로 작성해 주었음에도 조선이 한 통으로 묶어 회답한 것을 문제 삼았고, '우리나라 울릉도[我國之鬱陵島]' '귀주 시착貴州始錯'41) '제 봉행의 문자[諸奉行之文字]' 등의 문구를 수정하고 일부는 삭제할 것을 요구했다.

쓰시마번은 '우리나라 울릉도'라는 문구에 대해 (막부가) '다케시마'에 일본인이 건너가지 말도록 분부했는데 조선이 '울릉도'라고 기재하면 한 섬이라고는 하지만 헷갈린"42)니, '울릉도' 세 글자를 삭제하고 '다케시마[竹島]'로 고쳐 써줄 것을 요구했다. 그리고 자신들이 구두로 도해금지 사실을 조선 측에 알렸지만 형부대보와 이테이안 승려가 합석하여 역관에게 직접 구두로 전달한 것이므로 서계보다 확실하다는 논리를 폈다. '제 봉행의 문자'라는 문구에 대해서는 조선 측에 문서를 주긴 했지만 애초 막부가 구두로만 전하도록 했었는데 역관의 요청으로 봉행이 써준 것이니 이를 정식 서계로 보기 어렵다는 이유를 들어 삭제를 요구했다. '제 봉행의 문자'란 쓰시마번 6명의 도시요리가 연명하고 주인朱印을 찍은 것을 의미하므로 이 문구를 일본 측이 수용할 경우 울릉도의 조선 영유를 인정하는 증거문서가 된다고 여겨 쓰시마번은 이 문구의 삭제를 집요하게 요구한 것이다. 쓰시마번의 논리는 애초에 역관이 조정에 보고할 때 틀림이 없도록 하기 위해 봉행이 써준 문서를 각서[覺]로만 사용하겠다고 해서 내어준 것이니 이 문구를 삭제해야 한다는 것이다.43) 이어 쓰시마번의 도시요리 즉 '제 봉행의 문서'가 1697년 6월 동래부사에게 전달되었다.44) 쓰시마번은 박세준의 서계에서 형부대보의 공을 밝히지 않은 사실을 다시 한 번 환기시키고 이 서계를 그대로 에도에 전할 수 없음을 분명히 한 것이다. 이 문서는 《동문휘고》에만 실려 있고, 《다케시마기사》(1697년 4월조)에는 "한문이 생각나지 않으므로 기록하지 않는

---

41) 이런 표현은 쓰시마번의 착오 나아가 막부의 잘못인 듯 오인할 우려가 있다고 보아서이다.
42) 《竹嶋紀事》, 1697년 5월 11일. 관수와 재판이 동래부사에게 전한 내용 가운데 일부.
43) 《竹嶋紀事》, 1697년 5월 11일.
44) 이 문서에 대해 이전 글에서는 언급하지 않았는데 박병섭의 연구에 의거하여 보충했음을 밝힌다.

다"45)고 했다. 그러나 한문이 생각나지 않는다거나 없으므로 쓰지 않는다는 것은 변명에 불과하다. 동래부사에게 부본을 보낼 수 있는 상대는 쓰시마 번주가 되어야 하는데 봉행이 대신 썼으므로 이 역시 정식 서계는 아니다. 쓰시마번은 이 문서가 남아 있다는 사실 자체도 드러나는 것을 꺼렸다. 조선에서 동래부사 명의로 서계를 작성하여 쓰시마번에 보낼 경우 번은 이를 조선 정부의 의사를 대신하는 외교문서로 인식하지 않았음에 비춰본다면, 쓰시마번의 이런 행태는 의아하다.

일본 측이 독촉하는 바람에 1697년 7월 조선 정부는 재수정한 박세준의 서계를 동래로 내려 보냈다. 수정된 서계에서 '귀주 시착'이란 문구는 삭제되었지만, '제봉행지 문자諸奉行之文字'는 '제봉행 역유문자諸奉行亦有文字'로 수정되었다. 대의는 크게 바뀌지 않은 것이다. 조선 정부가 쓰시마번이 정식으로 서계를 전하지 않았음을 비판한 내용도 그대로 있었다. 왜관 측은 막부에서 지시한 적이 없는데 문서를 건넨 것으로 되어 있으면 형부대보가 곤란해진다는 태도를 고수했다. 왜관의 관수와 재판은 '우리나라 울릉도'와 '제 봉행의 문자'라는 문구를 삭제하지 않는다면 자신들도 구술로만 전할 것이니 조선 측도 역관을 쓰시마로 보내 구술로 답변하라고 했다. 결국 조선 조정은 두 문구가 증문(證文)이 되므로 삭제할 수 없지만, '제 봉행의 문자'는 수정하겠다는 식으로 선회했다. 쓰시마번은 조선 측 답서를 받아들였다가 다시 수정을 요청했는데 그런 와중에 일본인들이 왜관을 나와 조선인과 충돌하는, 이른바 왜관난출사건46)이 8월 중순에 있었다. 이 사건에는 조선 측 대응에 불만을 품은 재판 다카세 하치에몬[高勢八右衛門]이 개입되어 있었음이 드러나 조선 조정은 그의 경질을 요구했다. 그러나 그는 경질되지 않았고, 1698년 1월 조선 정부는 도리어 동래부사를 경질했다. 왜관의 관수는 신임 동래부사에게도 '제 봉행의 문자'가 쓰인 서계를 막부에 제출하기 어렵다47)는 주장을, 조선 정부는 지금의 재판에게는 서계를 줄 수 없다는

---

45) 이에 대하여 박병섭은 "진문이 없으므로 이는 쓰지 않는다"고 번역했지만, 원문에 따르면 "진문이 없다"고 해석하기는 어렵다.

46) 왜관에 있던 일본인들이 동평으로 가던 도중 조선인에게 피습당하자 볼모로 조선인 3명을 잡아 돌아간 사건이다. 이에 대해서는 장순순, 〈17세기 후반 '鬱陵島爭界'의 종결과 對馬島〉《한일관계사연구》 45, 한일관계사학회, 2013 참조.

47) 《竹嶋紀事》, 1698년 1월 19일.

입장을 고수했다.

5. 1699년 울릉도 쟁계의 결착

조선 정부가 '제 봉행의 문자' 부분을 삭제한 서계를 왜관에 전하게 되는 것은 1698년 4월이다.[48] 이 서계에서 이선부는 울릉도가 조선 땅임은 문헌이 입증한 바이며 거리관계로 보더라도 조선 땅이 분명하다는 사실을 명기하고, 그 증거로 《동국여지승람》과 부속지도를 제시했다.[49] 그런데 '울릉도 쟁계 외교문서=약식 조약'설은 이선부의 서계를 확인공문에 해당시켰다. 이 설은 조선 조정이 1698년 회답서한(이선부 서계)에서 역사적 권원과 거리관습에 입각한 확정적 권원을 재차 강조했으며 막부는 1699년 서한에서 별다른 이의 없이 이를 수용했다고 주장한다.[50] 이 설은 1698년 3월과 1699년 1월의 문서를 '서한'이라고 표현했지만, 서계를 가리킨다. 쓰시마번은 이선부의 회답서계 사본을 막부 노중에게 제출했는데, 제출에 앞서 서계의 문면을 구두로 먼저 전한 뒤 형부대보의 구상서를 제출하면서 노중의 눈치를 살폈다. 형부대보는 조선이 '양행 양행良幸良幸'이라고 표현했으므로 사례의 정도가 미약하다는 점을 지적했다. 이에 형부대보는 조선 측 서계 내용을 쇼군에게는 구두로만 전달하고 조선 측의 잘못을 구두로라도 전할 것을 노중에게 제안했다.[51] 1698년 7월 노중은 이 제안을 받아들였다.

1699년 3월 쓰시마번은 이선부의 서계를 막부에 전했음을 조선 측에 알리되, 왜관의 관수에게는 조선 측에 대한 불만을 따로 구상서로 조선 측에 전하도록 지시했다. 이에 대한 막부의 지시는 1월에 있었고, 문서도 그때 준비되었다. '울릉도 쟁계 외교문서=약식조약'설은 이 문서를 "막부의 1699년 1월 최종 확인공

---

48) 3월에 작성된 서계가 관수에게 전해진 것은 4월 10일이고, 쓰시마 번청에 전해진 것은 4월 13일이다.

49) 1698년 4월 다케시마 일건에 대한 답례 서간이 도성에서 와서 같은 달 4일 훈도와 별차가 가지고 와서 관수 도보 신고로에게 건넨 말에 "울릉도는 원래 우리나라 땅이라는 것이 《여지승람》에 기록되어 있어 명백한 사실입니다"라고 되어 있다(《竹嶋紀事》, 1698년 4월 10일).

50) 박현진-b, 2013, 앞의 글, 161쪽.

51) 《竹嶋紀事》, 1698년 6월 12일.

문"52)이라고 했지만, 확인공문이라고 할 만한 것은 형부대보 명의의 서계뿐이다. 관수가 전한 구상서는 공문서로서 형식도 다 갖추지 못했고 서계도 아니므로 확인공문에 해당시키기 어렵다. 쓰시마번은 서계의 수신자를 '예조대인 각하'53)라고 했지만, 내용은 매우 형식적이었다. 사건의 해결에 번의 역할이 컸는데 구두로 전한 것은 약정 외에 사신을 파견해서는 안 된다는 규정 때문이지만 역관에게 전한 것은 바로 사신을 통해 전한 것과 같다는 내용이고,54) 또한 세견선은 필요할 경우 파견할 수 있다는 내용을 적었다. 외교 분쟁의 결과를 상대국에 전할 때는 사신을 파견해서 서계 형식으로 전해야 한다는 사실을 쓰시마번도 잘 알고 있었던 것이다. 그럼에도 쓰시마번은 편법으로 번의 의사를 전하는 방법을 취했고, 양국 사이의 약조約條에 기대어 그 사실을 합리화했다.

Ⅲ. '울릉도 쟁계 외교문서=약식조약'설의 역사적 및 국제법적 분석과 평가

1. 교환각서 또는 교환공문으로서 서계 인정 여부

국제법상 교환각서는 공식적인 개인 서한으로서 외교공관의 장과 주재국 외무장관 간 1인칭 화법의 서면에 의한, 의사소통을 목적으로 하는 서신왕래방식이지만, 3인칭 화법에 따라 작성되는 대사관과 주재국 외교부 간의 기관 간 서신왕래도 각서에 포함되며 때로 구상서(note verbale)로 언급되기도 한다. 교환각서와 교환공문은 전권위임장 제시 및 비준을 요하지 않는 것이 일반적이며, 구체적으로 합의된 부분에 관해서는 국제의무를 창설하는 조약으로서 구속력 있는 조약으로 간주되지만, 이견이 있는 부분은 각 당사자의 입장을 개진한 구속력 없는 단순한 양해각서로 간주된다.55)

---

52) 박현진-b, 2013, 앞의 글, 141쪽.
53) 이전 서계에는 수신자를 예조참판과 예조참의로 했고, 호칭도 이선부 서계 이전까지는 '합하'였다.
54) 《竹嶋紀事》, 1699년 1월 구상지각.

울릉도 쟁계 당시 조·일 간의 서계는 양국 통교자의 지위에 따라 주고받는 상대의 지위가 정해져 있어서 조선국왕에 대해서는 도쿠가와 막부의 쇼군, 예조참판에 대해서는 막부의 노중老中, 예조참의에 대해서는 쓰시마번주가 대등한 관계였다. 울릉도 쟁계 당시 양국은 주로 조선 측은 예조참판과 참의가, 쓰시마에서는 번주나 형부대보가 문서를 왕복했다는 점에서 울릉도 쟁계 관련 문서를 현대적 약식조약의 성립을 구성하는 교환각서 또는 교환공문으로서 의미를 부여할 수 있다. 하지만 도해금지령 관련 내용을 적은 봉행의 문서 및 도해금지령 이전에 왕복한 구상서는 형식적으로 조선 측의 서계에 상응하는 외교문서가 아니었다. 쓰시마번이 형부대보와 이테이안[以酊庵]이 전한 이상 서계보다 확실하다고 주장하며 조선 측에는 정식 서계를 요청하거나 막부의 지시에 따른 것으로 사신이 전한 것과 마찬가지라는 표현을 하고 있다고 해서 이러한 형식적 하자가 치유된다고 할 수는 없을 것이다. 더욱이 일본 측이 조선 측에 전한 구상서는 일본 국내에서 협의와 조정의 결과로 성립한 사실을 외교관례를 따라 사신을 보내 전하지 않고 일방적으로 역관을 통해 구상서로 전한 형식이었다. 따라서 이를 양국 합의에 따른 국경획정조약이라는 중요한 사항을 결정하기 위한 약식조약으로 규정하기에는 절차와 형식에서 부족함이 있다.

2. 울릉도 쟁계 관련 외교문서와 국제법상 약식조약의 적용

약식조약은 비준을 요하지 않거나 또는 비준동의 없이 체결되는 조약의 한 형식으로서 대통령 또는 외교부 장관 등의 서명으로 국가의 최종 기속적 동의의 의사를 표시하여 체결되는 조약으로 의사록, 합의의사록, 합의각서, 기술적 성격의 합의에 이용되는 교환각서·공문, 양해각서 그리고 잠정협정 등의 형태로 존재하는 현대 국제법의 현상이다.[56]

---

55) 박현진-a, 〈영토·해양경계 분쟁과 '약식조약'의 구속력·증거력: 의사록·합의의사록과 교환각서/공문 해석관련 ICJ의 '사법적 적극주의'(1951~2005)를 중심으로〉《국제법학회논총》 제58권 2호, 대한국제법학회, 2013.6, 108쪽.

56) 박현진-a, 2013, 위의 글, 100~101쪽.

　이러한 현대 국제법상의 개념으로서 교환각서에 의한 약식조약의 형태를 울릉도 쟁계 관련 조·일 양국 간 외교문서의 교환에서 찾아 볼 수 있으나, 울릉도의 조선 주권과 이에 따른 도해금지를 최종적으로 확인할 수 있는 일본 측의 최종 문서는 관수의 구상서이다. 막부의 노중이나 쓰시마번 형부대보 등이 아닌 관수의 구상서를 서계로 볼 수 있을 것인가에 대하여는 쓰시마번의 강변에도 불구하고 그 배경을 보면 공식적이며 구체적인 의사를 최종적으로 확인할 수 있는 지위에 있는 관료에 의한 외교문서로서 형식을 갖추지 못하였다. 왜냐하면 쓰시마번이 박세준의 서계를 접수하기를 거부하고 수정을 집요하게 요구한 부분이 '제봉행의 문자'인데 이는 공식적 외교문서의 의미가 부여되는 봉행문서로서의 서계와 그에 해당되지 않는 구상서를 구분하고 있다는 말이 되기 때문이다. 즉 구상서를 외교문서로 볼 수 없음을 쓰시마번 측이 스스로 인정한 셈이다. 그 이유는 쓰시마번이 곤란해 할 내용을 조선 측이 서계에 써서는 안 된다는 의도로 구상서의 형식을 이용했기 때문이다. 이는 구상서가 일본 측의 최종적이며 확고한 의사를 대변하는 문서가 아니므로 이를 이용해서 일본 측이 약속 내용에 대한 구속을 받지 않겠다는 의도가 저변에 있었음을 말한다. 그래서 일본 측은 외교문서로서 서계에는 수신자를 '예조대인 각하'라고 표시하고 그 내용은 조선이 사정을 잘 살펴 양국의 우호를 통하고 성신의 의리에 힘쓴다는 뜻을 보인 데 대해 감사하며 이를 막부에 전했다는 매우 형식적인 것만을 담았다. 결국 '울릉도 쟁계 외교문서=약식조약'설이 약식조약 성립의 근거로 삼은 1699년 3월 최종 확인 공문으로서 형부대보 요시자네 명의의 서계는 구체적인 합의 내용이 없고, 울릉도에 대한 조선주권 인정과 이에 따른 도해금지의 내용을 관수의 구상서에 변칙적으로 담아 전달하면서 사신에 의한 전달이나 서계의 형식을 갖추지 않은 이유를 구두로 강변하고 있을 뿐이다.

　현대 국제법의 조약에 대한 기본적 정의는 정식이든 약식이든 합의당사자들 사이의 문서에 의한 객관적 합의 내용에 대하여 국제법의 규율을 받도록 한다는 주관적 의사의 존재가 필요하다. 하지만 울릉도 쟁계 당시 조·일 양국 사이의 합의는 이러한 법적 구속력에 대한 합의가 존재했다고 판단할 수 있는 근거가 부족하다. 또한 현대의 약식조약은 기왕의 비준절차를 완료한 모⺟조약에 바탕을 두고 그 이행 등에 관한 구체적 사항을 규율한다. 이를 위해 행정부에 부여된 재량권에 기초하여 체결되는 조약이나 신속한 사안의 처리를 목적으로 대통령 또는 외교부 장관 등 행정부 단독으로 체결하여 효력을 발생하도록 하는 행정적·기술적 내용의 조약을 말한다.57) 울릉도 쟁계는 기존 조약의 이행을 위한 것도 아니고 현안에 대한 신속한 처리를 위한 것도 아니다. 또한 현대 국제법상 약식조약으로 처리할 수 있는 행정적·기술적 내용이 아니다. 따라서 울릉도 쟁계 관련 조·일 양국 간의 외교문서는 현대 국제법적 측면에서 약식조약의 문서 형식을 갖추기는 했지만 동시에 현대 국제법의 약식조약으로는 다룰 수 없는 국경 관련 사항을 다루고 있음을 알 수 있다.

3. 울릉도 쟁계 관련 외교문서에 의한 약식조약 성립 여부

'울릉도 쟁계 외교문서=약식조약'설에 따르면, 1693년에서 1699년 사이의 울릉도 관련 양국 사이의 외교문서에 따른 합의가 약식국경조약의 의미를 지닌다고 한다. 즉, 교환공문이 약식조약을 구성하며 묵시적 해상국경조약으로 평가된다고 한다. 하지만 조선 국왕이 일본의 도쿠가와막부의 쇼군과 주고받은 문서를 국서國書, 조선의 예조와 쓰시마번주가 주고받은 문서를 서계라고 한다는 측면에서 양국 간 외교문서의 내용과 형식에 대한 검토가 필요하다.

국제법상 조약은 조약의 체결당사자 간에 국제법의 규율을 받기로 한 합의 문서를 말한다. 국제법의 규율을 받도록 한다는 것은 당사자 간에 합의 내용에 대하여 국제법상의 권리와 의무를 부여한다는 의미이다.58) 국제사법재판소 (ICJ)는 법정에 제출된 문서의 법적 효력은 그 명칭과 형식에 따른 조약체결 여부가 아니라, 문서의 성격에 관계없이 문서에 표시된 특정 쟁점에 대한 당사자의 구체적 의사와 약속에 따른다고 하고 있다.59)

57) 김대순, 《국제법론》, 삼영사, 2009, 65~66쪽; P. Malanczuk, *Akehurst's Modern Introduction to International Law*, (Routledge, 1997), 134쪽; 박현진-a, 2013, 위의 글, 101쪽.
58) 정인섭, 《신국제법 강의》, 박영사, 2018, 281쪽.

그런데 앞서 살펴본 바와 같이 1698년 3월에 일본 측에 송부하여 같은 해 4월에 일본 측에 전달되고 7월에 노중이 접수한 이선부 명의의 서계는 앞서 조선 측에서 보낸 서계에 대한 일본 측의 요구사항을 반영한 것이었다. 그리고 일본 측이 이를 접수한 뒤 1699년 3월 쓰시마번이 이선부의 서계를 막부에 전했음을 조선 측에 알리기 위해 회답서계를 보낸 것은 조·일 양국 간에 외교문서의 교환이 이루어졌음을 확인하는 것이었다.

결국 '울릉도 쟁계 외교문서=약식조약'설은 이선부의 서계 내용에 대한 일본 막부의 접수가 그 내용을 수용하고 확인하는 의미를 갖는다고 한다. 하지만 약식조약의 성립을 위한 확인공문이라고 할 수 있는 형부대보 요시자네 명의의 1699년 3월 서계는 수신자를 '예조대인 각하'라고 하고, 내용은 조선이 사정을 잘 살펴 양국의 우호를 통하고 성신의 의리에 힘쓴다는 뜻을 보인 데 대해 감사하며 이를 막부에 전했다는, 매우 형식적인 것이었다. 외교문서로서 형식을 갖춘 이 문서에는 도해금지령이나 울릉도의 조선주권에 관한 구체적이고 명시적인 내용이 빠져 있으므로 이를 통해 양자를 구속하는 약식조약이 성립될 수는 없다. 막부의 도해금지령과 울릉도의 조선주권 인정 사실은 막부의 의사에 따라 형부대보가 관수를 통해 구상서로 전달한 내용에 담겨 있는데 과연 관수가 전달한 쓰시마 번주의 취지를 담은 구상서라는 형식으로 약식조약이 체결될 수 있는지에 대하여는 의문이 남는다. 왜냐하면 박세준이 1697년 4월 서계에서 '제 봉행의 문자'라고 한 것은 조선 정부가 쓰시마번의 봉행들이 써준 것으로 인식했음을 시사한다. 그런데 이에 대하여 쓰시마번은 역관에게 건넨 구상서를 '제 봉행의 문자'로 조선 정부가 잘못 인식했다고 주장했다. 이는 쓰시마번이 구상서와 '제 봉행의 문자'를 구분하고 구상서를 외교문서로 볼 수 없음을 스스로 인정한 셈이기 때문에 일본 측이 외교문서로 인정하지 않은 문건을 기초로 양국 간 외교공문서의 교환을 통한 약식조약이 성립했다고 주장할 수 있는지는 의문이다.

또한 약식조약으로 성립한다고 해도 그 발효일은 일본의 도해금지령을 조선에 알리라는 막부의 지시가 있었다는 1월에 효력이 발생하는 것이 아니라, 외교공

---

59) 박현진-a, 2013, 앞의 글, 97쪽.

문은 상대방에게 전달되었을 때 효력이 발생하기 때문에[60], 막부의 지시에 따른 서계가 조선 측에 전달된 1699년 3월의 서계로 양국 간의 교환공문에 의한 의사의 합치가 이루어졌다. 또한 조선의 예조와 쓰시마번주 간의 외교공문을 통한 울릉도의 귀속에 대한 합의교섭에 대하여 쇼군이 최종 결착을 인정한 시기는 1699년 10월이므로 이때를 기점으로 조·일 양국 간 울릉도의 귀속에 관한 외교교섭의 합의가 효력을 발생한 것으로 간주해야 한다.

그리고 ICJ의 판단은 조약의 명칭이나 형식에 관계없이 문서에 표시된 특정 쟁점에 대한 당사자의 구체적 의사와 약속에 따라 "법적 효력을 부여한다"고 하였다. 이는 당해 문서에 대한 국제법정에서의 증거능력 문제이지 그러한 합의에 대하여 조약으로서의 지위를 부여한다는 의미로 해석되지 않는다.

Ⅳ. '태정관지령=국경조약'설에 대한 역사적 및 국제법적 분석과 평가

1. '태정관지령=국경조약'설의 새로운 해석과 접근

1877년 3월 17일 내무성은 영유권에 관한 결정을 태정관에 품의하면서 별지문서를 첨부했다. 내무성에게서 품의서를 상신받은 태정관 본국은 3월 20일 지령안을 작성하여 내무성의 품의서와 함께 우대신의 결재를 받아 3월 27일 태정관 본국으로 돌아왔다. 3월 29일 태정관 본국은 지령안의 글자 '서면의'를 '문의한'으로 수정하여[61] 결재 받은 뒤 지령으로 최종 확정했다. 이것이 이른바 태정관 지령이다. '태정관지령=국경조약'설은 태정관 지령의 성립과정과 울릉도 쟁계와의 관련성을 검토하여 지령에 첨부된 문서들은 내무성이 울릉도 쟁계를 근거로 울릉도와 독도의 영유권을 판단했음을 명확히 보여준다고 했다.

이와 관련하여 '태정관지령=국경조약'설은 몇 가지 새로운 해석이나 평가를

---

60) 오윤경 외 20인, 《(21세기)현대국제법 질서》, 박영사, 2001, 17쪽.
61) 이성환-a, 2017, 앞의 글, 88쪽.

시도했다.

첫째, 태정관 지령은 에도막부가 울릉도와 독도를 조선 영토로 인정한 사실을 확인하고 메이지정부가 이를 계승한 것이므로 울릉도 쟁계의 결과(국경조약)를 계승한 것이라는 것이다.[62] 즉 태정관 지령은 국경조약의 계승을 의미하며 태정관 지령의 폐기를 국경조약의 상대방 국가인 조선 정부에 통고한 바 없으므로 효력이 지속된다고 보았다.[63] 둘째, 태정관이 울릉도 쟁계로 성립한 국경조약을 계승한 것은 이것이 계속 효력을 유지하고 있다는 사실을 전제로 한 것이므로 태정관 지령은 국경조약을 메이지정부가 더 명확히 국내적으로 수용(adoption)한 것이라는 것이다. 즉 태정관 지령을 국제법의 국내 수용이론의 한 형태인 변형(transformation)으로 볼 수 있다는 것이다.[64] 따라서 울릉도 쟁계로 성립한 국경조약이 일본 국내에서 직접적인 효력을 발휘하게 된다고 보았다. 그 예로 '태정관지령=국경조약'설은 1877년 1월 7일 이후 시마네현 사족 도다가 도쿄도 지사에게 제출한 다케시마(울릉도) 도해 청원이 6월 8일 각하된 이유가 태정관 지령이 적용되었기 때문임을 제시했다.[65]

셋째, '태정관지령=국경조약'설은 태정관 지령이 조약과 법률로서 두 가지 성격을 다 지닌다고 보았다. 즉 태정관 지령은 문의를 한 기관(내무성과 시마네현)을 구속하는 일반적인 지령과는 달리 일본 전체에 효력이 미치는 것이라는 전제에서 영토에 관련된 주권적 사항은 일반 법률이 아닌 헌법에 명시되는 경우가 많은 점에 비춰볼 때 태정관 지령은 헌법의 영토조항에 상당하는 가치를 지닌다는 것이다.[66] 이 설은 태정관 지령이 일본 전체에 효력이 미치는 것임을 입증해 주는 사례로서 내무성 지령이 아니라 태정관 지령으로 발령된 것, 그리고 1880년대에 태정관이 울릉도에 도항한 일본인을 처벌하도록 모든 재판소에 지시한

---

62) 위의 글, 90쪽.
63) 위의 글, 97쪽.
64) 위의 글, 90쪽.
65) 논자의 주장처럼 '각하'되었다면 이는 국경조약으로서 울릉도 쟁계 외교문서의 내용에 따른 판단이 아니라 예컨대 울릉도 도해청원을 수리할 적절한 기관이 아니라는 절차상의 부적법으로 말미암은 청원의 수리 거절일 수도 있다. 왜냐하면 법적 개념으로 각하는 국가기관에 대한 행정상 또는 사법상의 신청에 대해 신청의 요건이 불비한 것을 이유로 내용심리를 거치지 않고 신청 자체를 거부하는 것을 말하기 때문이다.
66) 위의 글, 93쪽.

사실을 들었다.[67]

넷째, '태정관지령=국경조약'설은 1885년 태정관이 폐지되고 근대적 내각제도가 도입된 뒤에도 태정관 지령이 법률로서 효력과 의미를 가진다고 보았다.[68] 그 이유는 태정관 지령이 개정되거나 폐기된 흔적이 없기 때문이라는 것이다. 그러므로 태정관 지령은 1890년 11월부터 시행된 메이지헌법 이후에도 계속 효력을 유지하고 있었으며 확대 해석하면 현재까지도 유지되고 있다는 것이다. 설령 태정관 지령이 법률이 아니라 명령이라 하더라도 폐기되지 않으면 여전히 효력이 유지된다는 것이 '태정관지령=국경조약'설의 논지이다.

다섯째, '태정관지령=국경조약'설은 태정관 지령과 각의결정과의 관계에 대하여 "법률과 조약의 성격을 다 가진 것으로 볼 수 있는 태정관 지령이 효력을 유지하고 있는 상태에서 1905년 1월 28일 일본 내각이 독도를 자국 영토로 편입하는 결정을 할 수 있는가"에 대해 의문을 제기한다. 각의결정은 어디까지나 헌법과 법률의 범위 안에서 이루어져야 하기 때문이다.[69] 즉 일종의 행정명령에 해당하는 각의결정으로 태정관 지령을 변경 또는 무효화하는 행위는 상위법을 위반하는 것으로 원인무효에 해당한다는 것이다.

2. 태정관 지령 부속문서와 울릉도 쟁계의 관련성

'태정관지령=국경조약'설이 울릉도 쟁계 관련 문서가 태정관 지령과 연계된다고 보는 이유는 지령을 위해 참조한 문서가 울릉도 쟁계와 관련된 문서들이기 때문이다. 태정관 지령이 나오게 한 직접적인 계기가 된 지적 편찬을 위한 내무성의 조회에 대하여 시마네현은 내무성에 참고자료를 제출하며 품의했는데, 참고자료는 크게 두 가지로 분류된다. 하나는 〈원유의 대략〉이고, 다른 하나는 오야 가家의 도면 〈磯竹島略圖〉이다. 〈원유의 대략〉은 다시 ① 유래의 개략, ②

---

67) 위의 글, 92쪽.
68) 위의 글, 95~96쪽.
69) 위의 글, 97쪽.

막부의 도해허가서, ③ 도해금지 경위, ④ 막부의 도해금지령, ⑤ 시마네현의 후기70)로 세분된다.71)

1876년 10월 16일 시마네현 참사 사카이 지로[境二郞]는 내무경 오쿠보 도시미치[大久保利通]에게 품의할 때 이들 문서를 첨부했다. 품의한 내용은 "관내 오키국의 북서쪽에 해당되며 산인 일대의 서부에 속하는 것으로 볼 수 있다고 한다면, 본 현의 국도國圖에 기재하여 지적地籍에 편입하는 건 등에 대해서는 어찌 판단해야 할지 지령을 내려"72) 줄 것을 요청한 것이었다. 품의한 대로라면 시마네현은 다케시마가 오키국에 속할지도 모른다는 의구심을 품고 있었다는 말이 된다.

내무성은 시마네현이 제출한 문서를 1877년 3월초까지 검토했다. 그 결과, 다케시마는 일본 영토가 아니라고 판단했다. 그런데 내무성은 이런 판단을 내리기 전에 시마네현이 제출한 문서뿐만 아니라 외교문서73)도 검토했고 태정관에 이들을 부속문서로 제출했다. 내무성이 거론한 문서명은74) 1호 구 정부 평의評議의 주지[志意](1696년 1월 28일), 2호 역관에게 내린 달서達書(1696년 10월), 3호 해당국(조선)이 보내온 서간書柬(1698년 3월),75) 4호 본방의 회답 및 구상서(1699년 1월)76)이다.

이들 문서는 시마네현이 내무성에 제출한 문서와는 그 성격이 다르다. 시마네현이 제출한 문서는 시마네현이 직접 작성하거나 과거 돗토리번 문서에서 발췌한 것이다. 이에 비해 내무성이 태정관에 제출한 문서는 과거 에도막부와 쓰시마번이 개입된 문서들이다. 내무성이 태정관에 품의한 〈일본해에 있는 다케시마 외 일도를 지적에 편찬하는 방법에 대한 문의[日本海內竹島外一島地籍編纂方伺]〉(1877년 3월 17일)에서 "별지 서류에 적채摘採한 바와 같이…"77)라고 했듯

---

70) 〈후기〉를 〈원유의 대략〉에 포함시키지 않은 경우(《太政類典》)도 있다.
71) 시마네현이 내무성에 제출한 문서와 내무성이 태정관에 제출한 문서를 구분하지 않고 모두 시마네현이 내무성에 보고한 문서로 보는 견해도 있다. 송휘영, 〈태정관지령 부속문서 분석〉《동북아시아문화학회 국제학술대회 발표자료집》, 2015, No.11, 32쪽.
72) 〈日本海內竹島外一島地籍編纂方伺〉
73) 시마네현이 제출한 것인지 내무성이 자체 수집한 것인지가 분명하지 않다.
74) 이들 문서의 날짜는 주로 작성일을 기준으로 한 것이고, 문서명은 내무성이 붙인 것으로 보인다.
75) 예조참의 이선부가 형부대보 소 요시자네(宗義眞)에게 보낸 서계(1698년 3월).
76) 요시자네가 이선부에게 보낸 회답서계(1699년 1월)와 구상지각.

이 별지 서류는 주로 외교문서에서 발췌한 것이었다. 이들 문서를 형식에 따라
다음 〈표-2〉와 같이 분류할 수 있다.

〈표-2〉 내무성이 태정관에 제출한 문서 목록

	작성 시기	문서 형식	발신	수신	국제법적 분류
㉮	1696.1.28.	覺書	노중 도다 야마시로노카미	쓰시마번 형부대보	
㉯	1696.10.	口上之覺	형부대보	역관	
㉰	1698.3.	書契	예조참의 이선부	刑部大輔拾遺 平公 閣下	확인공문
㉱	1699.1.	書契	刑部大輔拾遺 平義眞	예조대인 각하	확인공문
		口上之覺	관수	동래부사	

이들 문서에는 각서, 구상서, 서계가 함께 들어 있다. 노중은 1696년 1월
28일자 도해금지령을 돗토리번에는 봉서 형태로, 쓰시마번에는 구상서 형태로
전했는데, 이 구상서에는 1696년 1월 9일 쓰시마번의 가로가 노중 아베에게서
직접 들은 내용도 포함되어 있다. 1696년 10월 형부대보가 조선 역관에게 전
한 것은 구상서(㉯)였다.

그런데 1877년에 내무성은 이 구상서를 일러 역관에게 내린 달서達書라고 했
다. 달서는 서면으로 영달되는 것뿐만 아니라 구두로 전해지는 것을 포함하며
'후레[触]'에 견주어 좁은 범위 즉 관계기관 또는 관계자에게 전해지는 것을 이른
다. 원문은 '구상지각'이므로 본래는 일본 국내 문서인데, 내무성은 이를 조선과
관계된 문서라고 여겨 태정관에 제출한 것이다. 내무성은 도해금지령에 대해서
도 구 정부 평의評議의 주지[旨意]라고 했다. 이는 금지령을 에도막부, 즉 정부
차원의 결정으로 보고 있었음을 의미한다.

'태정관지령=국경조약'설이 제시한, 태정관에 제출된 부속문서 가운데 '울릉
도 쟁계 외교문서=약식조약'설이 제시한 문서와 중복되는 것은 1698년 3월 이선

---

77) 내무성이 1876년에 쓰시마에 요청해서 받은 것인지, 내무성이 자체 조사하여 발췌한 것인
지는 알 수 없지만 후자일 가능성이 크다.

부의 서계(㉯)와 1699년 1월 형부대보의 서계(㉰)이다. '울릉도 쟁계 외교문서＝ 약식조약'설은 이들 문서를 확인공문에 해당시켰다. 본래 내무성이 태정관에 제출한 부속문서 가운데는 1696년 막부가 쓰시마번에 전한 내부문서도 있지만 대부분은 도해금지령 이후 양국이 주고받은 외교문서이다. 다만 내무성은 막부가 도해금지를 결정하기 전 쓰시마번과 조선 정부가 왕복한 문서 및 박세준의 두 차례에 걸친 서계는 태정관에 제출하지 않았다. 그 대신 1698년 3월 이선부의 서계를 제출했다. 이선부 서계를 양국 간 최종 합의문서로 보아서인 듯하다. '울릉도 쟁계 외교문서＝약식조약'설이 이선부 서계를 확인공문에 해당시킨 이유도 마찬가지로 보인다.

3. 울릉도 쟁계 관련 외교문서가 국제법상 국경조약인지 여부

'태정관지령＝국경조약'설은 울릉도 쟁계를 《다케시마기사[竹嶋紀事]》에 의거하여 길게 기술했지만,[78] 실무교섭 과정에 개재된 일본의 국내 문서와 양국 간 왕복문서를 대부분 생략했다. 일본은 국내적으로는 막부와 돗토리번, 막부와 쓰시마번, 쓰시마번과 부산왜관 사이에 적지 않은 각서와 구상서, 서장을 왕복했다. 마찬가지로 조 · 일 양국 간 즉 쓰시마번 사신(재판)과 동래부사, 역관 사이에도 적지 않은 각서와 구상서, 서장 등의 실무문서가 오갔다. 그럼에도 '태정관지령＝국경조약'설에서 인용한 내용의 사실관계에 한하여 검토해 보면, 막부 노중이 쓰시마번 가로의 답변으로 말미암아 마쓰시마(松島: 독도)를 인식하게 되었고, 곧바로 돗토리번 에도번저에 다케시마(竹島: 울릉도)와 마쓰시마에 관해 조회했다고 하지만,[79] 막부가 "다케시마 외에 양국에 속한 섬이 있는가"를 물었다고 해서 이를 가리켜 곧바로 마쓰시마에 관해 물었다고 해석할 수는 없다.

'태정관지령＝국경조약'설에서도 기술했듯이, 쓰시마번은 막부의 명령을 곧바로 이행하지 않고 도해금지 사실을 정식문서가 아닌 구상서로 조선에 전달하려

---

78) 이성환-a, 2017, 앞의 글, 76~83쪽.
79) 노중의 질문 중 마쓰시마[松島]에 관한 것은 없다.

했다. 이는 조·일간 합의를 그 뒤로도 3년 동안이나 지연시키며 불필요한 갈등을 일으키는 요인이 되었다. '태정관지령=국경조약'설은 그 과정을 길게 인용했지만,80) 그 가운데 역사적 사실이 맞지 않는 경우가 있다. 우선 이 설은 도해금지령 이후 조선 정부의 회답서계 작성자를 이선부(1698.3.)로 보았지만 박세준의 서계(1697.4.)가 먼저 있었다는 점을 지적하고자 한다. '태정관지령=국경조약'설은 "쓰시마에서 보내온 도해금지령을 통보하는 문서가 정식외교문서[書契]가 아니기 때문에 (조선 측이) 외교문서의 형태가 아닌 편지 형태로 답서를 보낸 것이다"81)라고 했지만, 박세준의 답서는 형식으로 보나 내용으로 보나 서계이다. 이선부의 답서도 마찬가지다.

'태정관지령=국경조약'설이 편지형태의 서간이라 한 이유가 일본 측 문서에 서書라고 쓰여 있기 때문인 듯하다. 하지만 양국 모두 '서계'라고 직접 명기하지 않는다. 봉서奉書, 봉복奉復이라고 쓴 것이 서계임을 의미한다. 일본 측은 1696년 4월의 박세준 답서에 대한 개작을 요청했고, 조선 측은 1697년 7월에 개작한 답서를 동래로 내려 보냈다. 개작했다고는 하지만 일본 측 요구를 전면 수용한 것은 아니었다. 박세준 명의의 서계가 7월 21일 관수와 재판에게 그 사본이 전해졌으니82) 그 후 막부에도 보고되었을 것이다. 이선부의 서계가 쓰시마번에 전해진 것은 1698년 4월 이후다. '태정관지령=국경조약'설이 말하는, 가로를 통해 7월 17일 막부에 보고되었다는 서계는 이선부의 서계를 말한다.

울릉도 쟁계의 결과로 성립한 막부의 도해금지령과 쓰시마번의 '다케시마 일건'의 종료를 알리는 외교문서가 조·일 간 국경조약이라는 전제의 성립에는 이론異論이 제기될 수 있다. '울릉도 쟁계 외교문서=약식조약'설도 겐로쿠 연간의 조·일 간 교섭과정의 문서를 정식조약이 아닌 약식조약을 구성하는 외교공문으로 파악하고 있는데 이를 국서 교환을 통해 이루어지는 정식의 국가 간 조약으로 판단하기에는 합의의 형식이 부합하지 않는다. 더욱이 울릉도 쟁계 과정에서 조·일 간에 교환된 외교문서들은 각서와 구상서, 서계 등이 혼재되어 있어 서로

80) 이성환-a, 2017, 앞의 글, 81~82쪽.
81) 위의 글, 82쪽, 각주 24.
82) 《竹嶋紀事》, 1697년 7월 21일.

외교적 격이 일치하지 않는다. 외교적으로 공식적 국가의사를 전달하기 위한 국서 또는 서계의 형식이 아니라 막부의 의지를 반영한 구상서 형태로 일본의 입장이 조선에 전달되었고 이는 당시에도 일반적 외교관례가 아님은 당시 조선 정부도 항의한 바가 있는 것으로 알 수 있다.

서계는 공식적으로 국가와 국가 간에 교환되는 문서이며, 외교문서의 교환과정, 외교적 목적, 요구 조건 등이 상세히 기록되어 있기 때문에 향후 외교문제가 발생하였을 때 공식적인 증거자료로 남는다는 점, 정책의 형성 과정과 외교 목적 등을 명확하게 파악할 수 있다는 점에서 중요하다.[83] 그렇다고 이 문서들을 양자가 명시적으로 합의하여 조약으로 국제법상 지위를 격상시킬 수 있는가에 대하여는 의문이 남는다. 조선과 일본 정부가 주고받은 서계는 쌍방 간의 의사를 확인하며 작성한 외교문서로서 의미를 갖지만, 당시에는 조선과 일본 간 당사국 모두를 구속하는 입법적 의미의 합의를 내용으로 하는 외교교섭에 따른 합의형식의 문서에 대하여는 '약조約條'라는 용어를 사용하였다.[84] 따라서 울릉도 쟁계 관련 외교문서와 이에 따른 태정관 지령이 외교적으로 중요한 의미를 가지는 공적 문서로서 독도의 한국영토주권을 뒷받침하는 결정적인 근거라는 점에는 동의하지만, 이를 양 당사국에 법적 구속력이 있는 정식의 국경조약이라고 할 수 있는가에 대하여는 의문이 남는다.

4. 태정관 지령이 국경조약의 국내이행 법률인지 여부

(1) 태정관 지령의 일본 국내적 적용에 대한 역사적 검토

'태정관지령=국경조약'설은 17세기 초 오야·무라카와 두 집안에만 도해면허가 발급된 뒤에는 산인지방 사람들의 도해가 금지되었는데, 이는 두 집안을 제외한

---

83) 김경록, 〈조선시대 대중국 외교문서와 외교정보의 수집·보존체계〉《동북아역사논총》 제25호, 동북아역사재단, 2009, 299쪽.

84) 1683년 5월 새롭게 약조를 강정하기 위해 쓰시마번에서 별차왜가 파견돼 옴으로써 계해약조(癸亥約條)로 정리되었다. 1711년 신묘통신사 때에도 신묘약조(辛卯約條)를 체결하였다. 장순순, 〈17세기 조일관계와 '울릉도 쟁계'〉《역사와 경계》 84권, 부산경남사학회, 2012, 59쪽.

전 일본인의 울릉도 도해가 금지된 것이므로 돗토리번에 내려진 막부의 지령이 사실상 전국에 효력을 미친 것이라고 보았다.[85] 이에 1696년의 도해금지령도 마찬가지로 돗토리번과 쓰시마번에 한정되는 것이 아니었으며, 1836년의 '덴포 다케시마 일건'을 거치면서 전국적인 법령으로서 의미를 지니게 되었다고 보았다.[86]

하지만 겐로쿠 연간의 도해금지령이 '덴포 다케시마 일건'을 거치면서 전국적인 법령으로서 의미를 지닌 것은 아니다. '태정관지령=국경조약'설의 주장대로 겐로쿠 연간의 도해금지령이 전국적으로 효력을 미쳤다면, 덴포 연간에 다시 금지령을 전국으로 확대해야 할 이유가 없다. 덴포 연간에 하마다번의 지역민이 도해한 것은 겐로쿠 연간의 도해허가 및 도해금지령과는 관련이 없다. 덴포 연간 이마즈야 하치에몬[今津屋八右衛門]은 그 섬에 자원이 많다고 여겨 도해를 허락받으려 했을 뿐[87] 겐로쿠 연간의 도해금지령에 대해서는 모르고 있었다."[88] 이마즈야가 도해 청원을 시도했을 때 다케시마가 일본 땅이 아닐지 모른다는 사실을 처음으로 알려준 사람은 하마다번 관리였다. 막부가 도해금지를 일본 전역으로 확대한 것은 오히려 덴포 연간의 사건이 계기가 되었다.

(2) 태정관 지령과 국제법상 변형이론의 적용

'태정관지령=국경조약'설은 "태정관지령은 1699년의 울릉도 쟁계의 결과 확정된 한·일 간의 국경조약을 메이지정부가 이를 더 명확히 국내적으로 수용(adoption)한 것으로, 국제법의 국내 수용이론의 한 형태인 변형(transformation)으로 볼 수 있다"라고 했다. 그리하여 이를 근대 이후 서구 국제법학의

---

85) 위의 글, 92쪽. 면허는 일반적으로 금지되어 있는 행위를 특정한 경우에 허가하거나, 특정한 권리를 설정하는 행정행위를 말하기 때문에 오야 가와 무라카와 가를 제외한 일본인들은 도해가 금지되었다고 말할 수 있다. 하지만 이 경우에도 일본 정부가 도해를 허가할 권한을 가지고 있다는 것이 전제되어 있다. 물론 일본 막부의 도해 허가 권한이 울릉도에 대한 관할권을 의미하는 것은 아니지만 17세기 동아시아 각국은 자국 국민의 도해(외국으로의 항행)를 일반적으로 금지하고 일정한 경우에만 허용하고 있었다.

86) 위의 글, 93쪽. 일본 막부의 도해금지령은 일본국민들에게 울릉도가 조선의 영토이므로 원칙적으로 도해할 수 없음을 주지시킨 것이다. '덴포 다케시마 일건'의 사건기록과 이에 대한 재판기록을 보면, 사건 당사자인 이마즈야 하치에몬과 하시모토 산베는 독도에 도해한 것으로 처벌된 것이 아니라 울릉도에 건너간 것에 대한 처벌이며, 밀무역과 사시(私市)개설이라는 재정상의 혼란을 우려한 중형 처벌이었다.

87) 《다케시마 도해일건기》(《독도 관계 일본 고문서 3》, 경상북도 독도사료연구회, 2016).

88) 위의 문서.

이론적 개념인 국제법의 국내적 적용을 위한 수용 또는 변형이론에 기초하여 해석하고 있다. 하지만 이를 변형이론으로 설명하려면 일본에 국제법이 전해진 1862년 이후89) 국제법상 국제법과 국내법의 관계에 대한 서구의 국제법 법리로서 이원론90)의 입장에서 1877년까지 일본이 체결한 국제조약을 국내적으로 이행하기 위해 변형적 입법 조치를 한 사례를 제시할 수 있어야 할 것이다. 더욱이 국제법상 변형이론은 1899년 이후에 등장한 것이므로 일본이 170여 년 전의 조·일 간 합의를 국내적으로 이행하기 위해 1877년에 태정관 지령을 공포하였다고 보기 어렵고, 또한 태정관 지령이 당시 입법체계상 법률이 아니라 시마네현의 문의에 대한 상급관청의 훈령으로서 발령된 것이므로 입법체계상 지위가 낮다는 점에서 법률로의 변형을 전제로 하는 변형이론의 적용에 부합하지 않는다. 또한 울릉도 쟁계 관련 외교문서들이 약식조약이나 정식의 국경조약으로서 지위를 갖고 있었다면, 시마네현의 문의에 대한 회신을 목적으로 다른 일반 문서들과 함께 법적 구속력을 갖는 조약문서인 울릉도 쟁계 관련 외교문서들을 병렬적으로 참고할 이유가 없었을 것이다.

(3) 조약과 법률로서의 태정관 지령

'태정관지령=국경조약'설이 태정관 지령 자체를 조약으로 해석하는 것은 국가와 국가 간의 합의에 의해 성립하는 조약과 한 국가의 의지만으로 결정되어 포고되는 국내법령의 입법 주체에 대한 오해가 있기 때문이다. 또한 '태정관지령=국경조약'설은 당시 입법권과 행정권은 물론 사법권까지도 통할하고 있는 태정관이 영토(주권적) 문제에 대해 내린 지령이, "실질적으로 입법 기능을 가지고 있는 태정관의 결정이라는 점에서 법령으로서의 의미는 더욱 강조된다. 현대적 의미로 확대추정을 하면, 영토에 관련된 것은 주권적 사항이기 때문에 일반 법률이 아니고 헌법에 명시되는 경우가 많은 점에 비춰 보면, 태정관 지령은 헌법의 영

---

89) 정인섭, 2018, 앞의 책, 23쪽.
90) 이원론의 입장에서 변형이론을 주장한 H. Triepel이 처음 국제법 저작을 발표한 것은 1899년의 *Völkerrecht und Landesrecht*이다. 국제법과 국내법의 관계에 관한 현대의 국가실행에 관하여는 Joseph Bruce Alonso, "International Law and the United States Constitution in Conflict : A Case Study on the Second Amendment", *Huston Journal of international Law*, vol. 26, no. 1, 2003, 26쪽 참조.

토 조항에 상당하는 가치를 가진 것이라 볼 수 있다"고 한다.

하지만 태정관제 당시 일본의 법제는 일률적으로 판단하는 데는 어려움이 있지만 대체로 법률로서 태정관의 포고, 법규명령으로서 포고와 포布 또는 달達 및 각 성의 포와 달, 그리고 행정명령으로서 태정관 달 또는 지령 등의 체계로 구성되어 있었기 때문에 훈령으로 분류되는 태정관 지령을 헌법에 비견하는 것은 무리가 있다. 일본은 서구 열강들이 중심이 되는 국제체제에 편입되고자 근대 국제법에 따른 국가의 형태를 갖추기 위해 1885년에 근대적 내각제도를 채택하고 1886년에 공문식을 통해 근대적 입법체계를 도입하였다. 그럼에도 1877년의 태정관 지령에 대하여 근대적 입법행위로서 헌법적 법률의 지위를 부여하는 것은 태정관제에서 예정하고 있던 지령의 입법체계상의 지위라고 볼 수 없다. 왜냐하면 태정관 지령은 태정관이 발포하는 법령들 즉 포고布告, 달達(또는 布達), 고시告示보다는 하위 법령에 속하며,[91] 하급기관으로부터 문의를 받은 상급기관이 해당 하급기관에게 "문의한 바와 같이[伺之趣]"라는 형태로 회신을 한 공문서이기 때문이다. 따라서 일본이 태정관 지령을 더 상위의 효력이 인정되는 법규범, 예컨대 헌법적 성격의 법규범으로 하려 했다면 포고나 포달과 같은 입법 형식을 채택했어야 할 것이다. 더욱이 태정관 지령은 본문에서 "伺之趣…"라는 표현을 통해 전형적인 지령의 형식을 갖추고 있고, 이를 통해 구체적으로 시마네현의 문의에 대한 지침을 하달하고 있음에도 태정관에서 작성된 규범이고 영토 범위가 포함된 문제를 다루고 있다는 이유만으로 지적 조사의 범위에 관한 1877년 '다케시마 외 일도' 관련 태정관 지령을 헌법적 법규범으로 해석해야 할 특별한 이유가 있다고 할 수 없다.

또한 태정관 지령이 법률과 조약의 성격을 모두 갖고 있을 수는 없다. 일본이 조약을 국내적으로 이행하기 위한 변형조치로서 태정관 지령을 내렸다면, 이는 조약이 아닌 국내법이다. 변형은 국제법과 국내법의 관계에 관한 이원론적 입장에서 필요한 것이며 그 이유는 국제법으로서 조약을 국내에 시행할 수 없기 때문에 국내입법으로 변형을 하는 것이므로 태정관 지령은 조약 또는 국내법의 지위

---

91) 呂谷十郎, 2007, 앞의 글, 13쪽.

가운데 하나를 갖게 된다.

5. 태정관 지령과 각의결정의 효력 상충 여부

(1) 태정관 지령의 효력 존속기간

'태정관지령=국경조약'설은 태정관 지령이 1877년 이후에도 효력을 유지한 증거의 하나로서, 1882년 조선 정부가 이규원의 보고에 근거하여 일본인의 울릉도 거주를 외무성에 항의하자, 일본 정부가 1883년 1월 일본인의 울릉도 도해를 금지하는 유달論達을 발포한 사실을 거론했다. 이때 태정대신은 울릉도 도항자들을 형법에 따라 처벌하도록 했으므로 이것이 ① 태정관의 권한이 사법부까지 관할하고 있었으며, ② 울릉도 쟁계의 도해금지령(국경조약)이 1800년대에도 효력을 유지하고 있으며, ③ 도해금지령과 태정관 지령이 전국적인 법률의 의미를 지니며, ④ 이를 어긴 자를 일본 형법에 의한 처벌 대상으로 삼았음을 확인할 수 있다고 했다.[92]

'태정관지령=국경조약'설은 이렇게 볼 수 있는 논거로서 개인의 블로그[93]를 제시했지만, 1883년 〈일본의 울릉도 도항금지령(이노우에 문서)〉이라는 제목의 문서는 본래 《일본외교문서》[94]에 실려 있다. 외무경이 각 부현에 울릉도 도해를 금지하는 유달 건을 내무경에게 건의하게 된 배경을 보면, 1881년 일본인들의 무단 벌목에 대한 조선 정부의 항의에 대하여 외무성이 금지시키겠다고 회답했었는데 약속이 이행되지 않자, 제물포조약 비준을 위해 일본에 간 박영효가 외무경에게 무단 벌목 건을 강력히 항의했기 때문이다. 태정대신은 이 유달 건을 1883년 3월에 승인했다.

외무경은 유달안論達案에 과거 조선 정부와 울릉도에 관해 의정했던 연월을 삽입함으로써 의정된 사항이 오늘날 정해진 것이 아님을 증명하도록 할 것을

---

92) 위의 글, 94~95쪽.
93) https://blog.naver.com/cms1530/10015986629(이노우에 문서)
94) 이 문서는 《日本外交文書》 15권(事項 10, 《朝鮮國蔚陵島ニ邦人渡航禁止ノ件》, 문서번호 158)에 실려 있다.

태정대신에게 건의했다.95) 또한 외무경은 유달안에 울릉도의 위치만 명시하여 도항의 금지에 머무르게 할 것, 유달을 위반하고 밀매매를 하는 자는 「일한무역규칙」에 의거하여 처분하고, 무단으로 벌목하는 자를 형법 373조에 따라 처분하도록 사법경이 각 재판소에 알리도록 할 것도 건의했다.

이에 몇 가지 조처가 취해졌는데, 외무경은 다케조에 신이치로[竹添進一郞] 일본 공사로 하여금 1883년 1월 예조판서 이병문을 방문하여 벌목금지를 약속하도록 훈령했다. 태정관 내의 참사원參事院이 외무경의 건의가 타당하다고 결정함에 따라 태정대신은 위반자에 대한 처벌을 내무경과 사법경에게 내달했다.96) 그러나 이런 조치에도 일본인의 울릉도 왕래는 근절되지 않았다. 이에 외무경이 태정대신에게 건의하여, 1883년 9월 내무성이 히가키 나오에檜垣直枝를 파견하여 일본인을 쇄환하게 한 적이 있었다. 쇄환된 약 255명의 일본인은 귀국한 뒤 재판에 넘겨졌지만 모두 무죄로 석방되었다.97) 일본인의 왕래는 재개되었고 청일전쟁을 전후해서는 일본인의 진출이 급격히 늘어나 1900년 6월말 일본인은 약 150명에 달했다. 당시 조선인은 1700여 명이었다.

이는 1883년98) 단계에서 일본인들의 울릉도 왕래가 태정관 지령의 효력과는 관련 없이 진행된 것이었음을 보여준다. 또한 1880년대 초 일본 정부가 대對조선 정책에 적용한 것 역시 겐로쿠 연간의 도해금지령이다. 개척원 처리과정에서

---

95) 유달안에 "북위 37도 30분, 동경 130도 49분에 위치한 바다 가운데 있는 울릉도[우리나라 사람은 竹島, 또는 松島라 부름]가 조선국의 판도임은 이미 겐로쿠 연간에 우리 정부와 조선국 정부 사이에 의정한 바가 있는바…"라고 명기했다.

96) 송병기, 《울릉도와 독도, 그 역사적 검증》, 역사공간, 2010, 172~173쪽.
그러나 이 유달은 관청 내부 간의 통지나 지시를 의미하여 국민에 대한 법령 공포나 주지를 의미하지 않으므로 국민에게 직접적인 구속력이 없다. 이에 대해서는 유미림·박배근, 〈1883년 태정관의 울릉도 도항금지 전후 조·일 교섭과 울릉도 도항 일본인의 법적 처리〉《영토해양연구》 제21호, 동북아역사재단, 2021 참조.

97) 송병기, 2010, 위의 책, 175쪽.

98) 도시환(〈독도 관련 일본 태정관 사료 속 교환공문의 조약성 인식〉《근대 관찬사료 속의 울릉도·독도 인식》, 영남대학교 독도연구소 춘계학술대회자료집, 2018.2, 68쪽)은 야마모토 오사미(山本修身)의 〈출장복명서〉(《明治17년 蔚陵島一件錄》 수록)의 내용을 인용하여 "조선과 일본 사이에 조약이 있으므로"라고 했으므로 도해금지령을 조약으로 인정하는 내용이 보인다고 했다. 그러나 위 내용을 해석하면 "이 섬이 귀국 영토라는 것이 피차 정부의 조약에 있으면 배편이 있는 대로 떠날 것인데…"(박병섭, 《한말 울릉도·독도 어업》, 한국해양수산개발원, 2009, 96쪽)가 된다. 이는 1883년 울릉도에 있던 일본인이 조선인에게 울릉도가 조선 땅이라는 사실이 양국 정부의 조약에 있으면 떠나겠다고 말한 것을 가리킨다. 가정하는 것과 단정하는 것은 그 의미가 전혀 다르다. 이 복명서는 도해금지령에 관해서는 언급이 없으며, 따라서 아무 연관성도 없다.

태정관 지령이 적용된 흔적은 있지만 조선 정책에 직접적으로 적용된 흔적은 찾아보기 힘들다. '태정관지령=국경조약'설은 태정대신이 형법에 따라 처분할 것을 사법경에게 지시한 사실을 들어 태정관이 사법부까지 관할하고 있다고 했지만, 태정관제 아래서 태정대신이 사법경을 관할하는 것은 당연하다.

마찬가지 이유에서 겐로쿠 연간에 양국이 의정한 사실이 1800년대까지 효력을 미치고 있었다고 보는 것도 형식적 법논리이다. '태정관지령=국경조약'설의 논지대로라면, 태정관 지령은 개정되거나 폐기된 적이 없으므로 근대적 내각제가 도입된 이후는 물론 지금까지 그 효력을 유지하는 것이 된다. 그러나 일본은 1885년에 내각제를 도입하면서 태정관제를 폐지하였고 1886년에는 공문식을 제정하여 법제의 틀을 근본적으로 쇄신하였다. 이 과정에서 태정관제 아래서 공포된 법규범들은 소멸消滅하거나 이후 새로운 입법에 따라 대체되었다. 일본에서 메이지헌법이 제정되어 동 헌법에 상충되지 않는 이전의 법령에 대한 효력을 인정하는 경과규정은 공문식에 따라 제정된 법령을 말하는 것이다. 이러한 이유로 1900년대 초기 일본 정부는 울릉도 일본인의 철수를 요구하는 한국 정부에 울릉도 거주권을 요구했다. 이는 태정관 지령이 일반국민 이전에 정부에 대한 구속력을 갖고 있다는 인식이 일본 정부에 일부라도 남아 있었다면 하기 힘든 주장이다. 이 시기에 오면 일본에서 태정관 지령에 대한 인식은 울릉도 영유 인식과는 분리되거나 단절되어 있었다. 이는 태정관 지령의 시행에 대한 일본 정부의 의지가 약해지면서 공문식의 공포 이후 사문화에 의한 법령의 효력 상실이 이루어졌음을 의미한다.

(2) 태정관 지령과 1905년 각의결정의 관계

태정관 지령은[99] 하급기관으로부터 문의[伺]를 받은 상급기관이 해당 하급기관에 "문의한 바와 같이[伺之趣]"라는 형태로 회신을 한 공문서에 수록된 훈령이다. 1886년 공문식公文式이 발포되기 이전에는 법령의 형식이 정비되지 않았기

---

99) 입법, 행정, 사법이 체계화되지 않은 당시에는 태정관에서 많은 법령이 생산되었는데, 일반적으로 태정관 지령이라 일컫는 독도에 관련된 지령은 태정관에서 발령한 453개 지령 가운데 하나이다. 岩谷十郞, 2007, 앞의 글, 8쪽.

때문에 태정관에서 생산하는 법령이 명확하게 효력의 서열을 가지고 있는 것은 아니었으나 태정관의 법령으로서는 포고와 포달 그리고 달이 주로 사용되었기에 지령이 법률이나 시행령의 의미를 갖는 포고와 포달 그리고 달과 형식이나 효력에서 동등한 지위에 있었다고 보기 힘들다. 1885년에는 태정관제가 폐지되고 근대적 내각제도가 도입되었다. 그 이듬해 칙령 제1호를 통해 공문식公文式이 공포되면서 일본은 근대적 입법체계를 갖추었다. 그리고 1890년에 시행된 메이지헌법에서 입법, 행정, 사법의 삼권분립이 이루어져 법률은 의회로, 명령은 행정부로 귀속되면서 일정한 법체계를 갖추게 된다.

'태정관지령=국경조약'설에 따르면, 메이지헌법 제76조에 "법률, 규칙, 명령 또는 어떠한 명칭을 사용하는가에 관계없이 이 헌법에 모순되지 않는 현행의 법령은 모두 준유遵由(지키고 따르다)의 효력을 가진다"고 경과규정을 두어, 메이지헌법 공포 이전의 내각에서 공문식에 의거하여 생산한 법령의 효력을 계속해서 인정하고 있기 때문에 태정관 지령이 메이지헌법 이후는 물론 지금까지 효력을 유지하고 있으며 이에 따라 1905년 시마네현의 고시와 이를 지령한 내각 결정이 무효라고 주장한다.

하지만 태정관제가 존속하던 시기의 법령의 변천을 살펴보면, 태정관이 공포한 포고는 공문식 공포 이후 법률과 같은 위계를 갖지만 각 성省에서 공포한 포달이나 태정관에서 공포한 달達은 명령으로서 효력을 갖는다.[100] 이에 따르면 태정관 지령은 법률에 포함되지 않는 명령으로 분류된다. 결국 태정관 지령은 태정관이라는 최상급 관청의 훈령이며, 따라서 태정관제 이후 일본의 최상급 행정관청으로 설치된 내각이 앞서의 훈령과 상치되는 명령을 내렸다면 후법後法 우선의 원칙에 따라 이전의 훈령은 소멸되는 것으로 이해하는 것이 타당할 것이다. 더욱이 메이지헌법이 언급하고 있는 현행의 법률은 태정관제 이후 내각제의 도입과 함께 근대적 입법체계를 구축한 공문식에 따른 법령을 의미한다. 따라서 태정관 지령을 공식적으로 폐지하지 않았으므로 메이지헌법 이후는 물론 지금까지 그 효력이 유지되고 있다고 보기는 어렵다.

---

100) 위의 글, 13쪽.

그리고 태정관 지령이 도해금지령이라는 국경조약을 승계했기 때문에 태정관 지령을 폐기한 사실을 조약의 폐기로서 조약 당사국인 조선에 통지할 의무가 있으며 이를 행하지 않았기 때문에 조·일 간 국경조약으로 유효하다는 주장을 하고 있다. 하지만 태정관 지령은 조·일 간 합의에 따른 법규범이 아닌 울릉도 쟁계를 기초로 한 국내적 법규이므로 한 국가가 자국의 국내 법령의 개폐에 대하여 외국에 통지할 의무는 없다고 보아야 한다.

V. 맺음말

지금까지 1877년의 태정관 지령과 1905년의 각의결정 및 시마네현 고시에 대한 연구는 일본의 각 행위의 내용에 대한 역사적인 설명에 그치거나 국제법적으로 어떠한 의미를 가지고 있느냐, 즉 국제법적 효력을 다투는 데 집중되어 왔다. 하지만 '울릉도 쟁계 외교문서=약식조약'설과 '태정관지령=국경조약'설은 그러한 관점을 탈피하여, 울릉도 쟁계 관련 외교문서에 대하여 현대 국제법의 해석 적용에 기초하여 조·일 간의 약식조약으로서 의미를 부여하고, 약식조약인 울릉도 쟁계에 기초하여 공포된 태정관 지령이 국제법적 측면과 일본의 국내법적 측면에서 어떠한 의미와 효력을 가졌으며, 1905년 일본의 독도 편입과 어떠한 관련성을 가지고 있는가를 상호 연계하여 분석하였다는 점에서 독도영토주권 연구의 새로운 지평을 열었다고 할 수 있다. 곧 '울릉도 쟁계 외교문서=약식조약'설과 '태정관지령=국경조약'설은 후속의 학문적 담론을 형성하도록 하는 가치가 있다.

이 연구는 '울릉도 쟁계 외교문서=약식조약'설과 '태정관지령=국경조약'설이 근거하고 있는 역사적 문서와 국제법 및 국내법 이론을 상세히 검토하여 역사적 사실관계를 분명히 하고 보완하고자 하였다. 또한 국제법의 관련 이론과 일본 법제사와 관련하여 의문이 제기되는 쟁점들에 대하여 국제법의 법리와 일본 법제의 변천과정을 기초로 재검토하였다. 이를 통해 '울릉도 쟁계 외교문서=약식조약'설과 '태정관지령=국경조약'설의 내용을 더 구체화하고, 역사적 문서의 사실관계 분석과 국제법 및 국내법적 논리 전개에서 생략된 점들에 대한 추가적 논의의 필요성을 지적하고자 하였다.

이러한 바탕에서 역사적 및 국제법적 분석과 검토 결과를 다음과 같이 정리할 수 있다.

'울릉도 쟁계 외교문서=약식조약'설은 울릉도 쟁계 문서들에 대하여 외교 공문서의 지위를 넘어 약식조약으로 확대된 의미를 부여하고 있으나 당시 조·일 간에 교환된 외교문서의 형식과 내용이 조약의 성립으로 보기에는 흠이 있다. '태정관지령=국경조약'설은 울릉도 쟁계에 기초한 태정관 지령에 대해 국경획정 조약으로서 성격과 함께 동 조약의 국내적 이행을 위한 국내법으로 이해하고자 하지만, 일본의 국내 행정관청이 공포한 규범에 국경조약으로 의미를 부여할 수는 없으며, 태정관 지령에 국제법과 국내법의 관계에 관한 이원론적 입장에서 변형이론을 적용하면서도 동 지령이 일원론적인 견지에서 조약과 국내법의 지위를 동시에 보유하고 있다는 것은 논리적으로 상충된다.

그리고 태정관 지령이 메이지헌법에 의해서도 여전히 효력을 가지고 있었기 때문에 독도 편입을 내용으로 하는 1905년의 각의결정이나 시마네현 고시는 상위법인 태정관 지령에 위배되어 무효라는 주장도 문제가 있다. 일본 정부는 1885년 태정관제를 폐지하고 근대적 내각제를 도입한 이후 공문식의 공포를 통해 근대적인 새로운 입법체계를 수립하여 제도화함으로써 기왕의 태정관 지령은 그 효력이 이후의 법령에 따라 뒷받침되지 않는 한 소멸되거나 사문화되었다고 보아야 한다. 그리고 소멸 또는 사문화되지 않았다고 하더라도 국가의 권력구조상 입법과 사법을 제외한 분야에서 태정관의 지위를 승계한 내각의 각의결정은 내용의 정당성과 무관하게 국내 입법적 측면에서 당해 분야에서 태정관이 발한 지령을 대체하는 효력을 갖는다고 해석되어야 할 것이다.

따라서 입법론적으로 신법이 구법을 대체하는 효력이 있기 때문에 1905년 각의결정은 국내적으로 태정관 지령을 대체할 수 있다. 하지만 이는 순전히 일본 국내 입법적 효력 차원의 문제이며 1905년 각의결정이 국제법적으로 효력이 있음을 의미하지는 않는다. 국제법에 부합되지 않는 독도 무주지 법리와 개인의 행위를 어떠한 귀속가능성도 존재하지 않음에도 국가의 행위로 귀속시켜 실효적

지배로 인정하여 독도를 일본 영토에 편입하는 내용의 1905년의 각의결정과 시마네현 고시는 울릉도 쟁계 관련 외교문서와 태정관 지령이 아니더라도 그 자체로 무효이다.

4. 18~19세기 일본의 '마쓰시마[松島]' 인식

Ⅰ. 머리말

에도시대 일본에서 다케시마[竹島, 竹嶋]는 주로 울릉도를 가리키고, 마쓰시마[松島, 松嶋]는 주로 독도를 가리켰다. 조선 숙종 연간, 일본 겐로쿠 연간에 이른바 '울릉도 쟁계' '다케시마 일건[竹島一件]'으로 불렸던 분규는 그 명칭으로 알 수 있듯이 울릉도를 둘러싼 다툼이었다. 이 분규는 1693년에 시작되어 1699년에 결착되었지만, 양국의 분규는 울릉도와 다케시마, 이들 명칭을 외교문서에 넣을 것인가 삭제할 것인가, 엄밀히 말하면, '울릉도'라는 세 글자의 삭제를 요구하는 일본 측에 조선 측이 저항하고 타협하는 과정이었다. 결과는 조선 측의 승리로 끝났다. 울릉도를 둘러싼 분규였음에도 양국 문헌에는 늘 울릉도와 우산도, 다케시마와 마쓰시마라는 형태로 두 명칭이 함께 언급되었다.

두 섬에 대한 인식은 1696년 다케시마 도해금지가 결정된 뒤 18세기 초반까지도 다케시마가 울릉도를, 마쓰시마가 독도를 가리킨다는 사실에는 큰 변화가 없었다. 18세기 초반, 에도막부가 돗토리번에 다케시마에 대해 다시 질의했을 때도 번은 1690년대의 문서에 근거하여 답변했으므로 17세기의 인식과 크게 다르지 않았다. 그런데 18세기 중반 마쓰에번이나 난학자蘭學者들이 17세기의 사건을 저술하면서 와전되어, 거리관계를 잘못 기술하거나 역사적 사실을 잘못 기술하는 양상이 빚어졌다. 게다가 이즈음에는 서양 정보가 일본으로 유입되었고 그로 말미암아 혼란이 야기되어 더욱 복잡한 양상을 띠었다. 이에 에도시대의 전통적인 다케시마·마쓰시마 인식에서 점차 균열이 보이기 시작했다. 메이지시대에는 이런 혼란을 불식시키기 위해 두 차례에 걸쳐 실지를 조사했는데, 이는 도리어 독도를 가리키던 마쓰시마를 울릉도로 확정하는 계기가 되었다. 이로 말미암아 이후 일본에서는 '마쓰시마=울릉도' 인식이 고착되었다. 그러면서도 한편에서는 1905년 '독도'를 '다케시마'로 명명하기 전까지는 '마쓰시마'로 인식하던 전통적인 인식 역시 잔존해 있었다.

이런 혼란된 인식에 대하여 선행연구는 개별 문헌의 분석에 치중했으므로 혼란의 원인을 제대로 밝히지 못한 경향이 있다.[1] 선행연구는《다케시마고[竹島考]》《다케시마잡지[竹島雜誌]》《다케시마고증[竹島考證]》의 마쓰시마(독도) 인식을 고찰하여 여기서 말한 마쓰시마가 독도를 가리킨다고 지적하거나, 이들 문헌에 마쓰시마 관련 내용이 보이지 않는다는 사실을 지적하는 데 머물러 있다. 그리하여 각 문헌의 마쓰시마가 모두 독도를 가리키거나 반대로 울릉도를 가리키는 것이 아니며, 같은 문헌에서도 서로 다른 내용이 보인다는 사실까지를 밝히는 데는 이르지 못했다. 최근 에도시대에서 메이지시대에 이르는 동안의 인식 추이를 추적하고, 이른바 명칭의 혼란을 일본 외무성의 논리 비판과 연계시킨 연구가 이루어지고 있는데 대체로 두 가지 방향이다.

하나는 에도시대 문헌에 거리관계가 도치되어 있어 마쓰시마를 울릉도로 인식하던 정황이 이미 형성되어 있었으므로 현재 외무성이 주장하는 '섬의 명칭 혼란'은 그야말로 독도 영유권 주장을 위한 논리일 뿐이라는[2] 것이다. 이는 에도시대에 마쓰시마를 울릉도로 인식하는 단초가 있었으므로 서양 호칭이 유입된 이후 초래된 혼란이 아니라는 시각이다. 다른 하나는, 일본에서 울릉도·독도 명칭의 혼용이 있었던 것은 사실이고 1880년대에 "해군성은 죽도 송도를 반대로 인식하여 전도된 명칭을 사용했으나 외무성과 내무성, 태정관 등 일본 정부가 사용하는 명칭은 일관되게 혼동된 명칭을 사용하지 않았으며 예전의 명칭 그대로 사용하고 있었다"는 것이다. 이는 첫 번째 주장과는 배치되는 논리다. 두 번째 시각의 연구는 (일본 외무성이) "가와카미의 논리를 적용하여 마치 일본 정부가 명칭 혼용으로 다케시마외일도(죽도외일도)가 일본의 판도 외라 하였다고 역사를 왜곡하고 있다"[3]고 하고, "〈일본외무성〉, 〈다케시마문제 연구회〉, 〈가와카미겐죠〉가 모두 「명칭전도론」으로 말미암아 독도침탈을 위해 의도적 논리조작의 연

---

1) 池內敏(1998); 김호동(2011); 권정(2013); 최장근-a(2016); 최장근-b(2016).
2) 정영미,《일본은 어떻게 독도를 인식해 왔는가》, 한국학술정보, 2015, 141쪽.
3) 송휘영, 〈울릉도·독도 명칭고(考)〉《일본문화학보》75, 한국일본문화학회, 2017, 32쪽.

장선상에 있다고 할 것이다"4)고까지 비판했다. 여기서 「명칭전도론」은 "서양인들의 진출과 울릉도 독도 명명과정에서 네델란드인 의사 시볼트가 일본과 동해안의 지도를 서양에 소개하면서 생긴 오류로 말미암은 것이라고 가와카미 겐죠가 주장하면서 대두된 것"5)을 가리킨다. 즉 에도시대 명칭의 혼란을 설명한 가와카미의 논리는 계산된 의도를 지니고 조작된 것이며 일본 정부가 이를 이용하고 있다는 것이다.

두 가지 연구가 하나는 거리관계의 도치로써 외무성의 주장을 비판한 것이고, 다른 하나는 명칭의 전도로써 외무성의 주장을 비판한 것이다. 두 가지 주장에서 도치 · 전도를 언급한 맥락은 각각 다르지만, 현재 일본 정부의 주장이 잘못되었음을 지적한 점에서는 같다. 과연 그런가? 18세기에서 19세기에 걸쳐 일본은 '마쓰시마=울릉도' 인식을 보이고 있었으며, 이는 지역 및 정부 부처와 상관없이, 그리고 통시적으로 통용되고 있었는가? 또한 일본은 연구회(연구자)나 외무성 할 것 없이 과거 명칭의 혼란과 전도를 이용하여 독도침탈을 위한 논리로 만들기 위해 의도적으로 조작했는가? 이 글은 이런 문제인식을 지니고 18~19세기 문헌에 나타난 마쓰시마 인식을 고찰하려는 것이다. 메이지시대의 도서島嶼 인식에 대해서는 선행 연구가 있으므로6) 이 글의 주제와 관련되는 한에서 간략히 언급하고자 한다.

Ⅱ. 1724년 막부의 재조사와 '마쓰시마' 인식

1. 1696년 문서와 1724년 답변과의 관계

다케시마라는 호칭이 일본에서 울릉도를 가리키는 최초의 호칭은 아니었다. 일본에서 울릉도를 가리키는 호칭으로 처음 보인 것은 1004년 '우릉도于陵島'였

---

4) 앞의 글, 33쪽.
5) 위의 글, 31쪽.
6) 유미림, 《일본 사료 속의 독도와 울릉도》, 지식산업사, 2015.

다.[7] 그 뒤 에이로쿠[永祿] 연간(1558~1569) 오야 규에몬[大谷九右衛門]이 표착한 섬은 '다케시마[竹島]'로 기록되었다가[8] 1614년에는 '이소타케시마[磯竹島]'로 기록되었다.[9] 1618년 오야 규에몬과 무라카와 이치베[村川市兵衛] 두 가문이 도해면허를 신청하려 한 섬의 명칭은 '다케시마'였다. 이어 '다케시마'는 관찬서인 《인슈시청합기[隱州視聽合紀]》(1667)에도 실렸는데 "俗言磯竹島"를 운운하여 '이소타케시마[磯竹島]'를 속칭으로 소개했고 마쓰시마[松島]도 함께 소개했다. 그 뒤 다케시마와 마쓰시마라는 명칭은 돗토리번 특히 요나고 지역을 중심으로 정착해갔다.[10] 그 계기가 된 것은 1693년 봄 안용복과 박어둔의 피랍으로 시작된 '다케시마 일건' 즉 '울릉도 쟁계'였다.

이 사건의 당사자인 요나고의 오야 가와 무라카와 가는 돗토리번에 속하지만, 돗토리번이 조선 측과의 교섭을 담당한 것은 아니었다. 교섭 당사자는 쓰시마번이었다. 돗토리번은 다케시마와 마쓰시마를 늘 함께 언급했고, 이런 양상은 1695년 막부의 질의에 대한 답변서에서 구체적으로 보인다. 그 내용은 주로 두 가문의 어부들이 다케시마로 도해하는 길에 마쓰시마에 들러 전복을 채포했다는 것이다. 막부가 두 섬의 소속을 묻는 질의에 대해서도 돗토리번은 "다케시마와 마쓰시마뿐만 아니라 그 밖에 번의 관할지역에 속하는 섬은 없다"고 회답하여 두 섬을 함께 언급했다. 돗토리번은 1696년에도 두 섬에 대해 막부에 보고했는데 이때는 두 섬에 대한 양국의 거리관계를 좀 더 구체적으로 보고했다. 1696년 1월 23일과 25일자 문서[11]에 보인 거리관계는 〈표-1〉[12]과 같다.

〈표-1〉 겐로쿠 연간의 문서에 나타난 거리관계(단위는 里)

연도/거리	조선-竹島	조선-松島	竹島-松島	松島-隱岐(후쿠우라)-隱岐(다쿠히야마)	出雲-米子(伯耆)	竹島-伯耆	松島-伯耆
1696.1	(40~50)	80~90	40	80-7-23 (총 110)	10	(160)	120

---

7) 《權記》, 寬弘元年, 七日辛卯.
8) 《竹島渡海由来記抜書控》
9) 《朝鮮通交大紀》 5, 慶長 19年(1614)
10) 나이토 세이츄는 도해면허에 다케시마가 처음 보인다는 사실, 도해면허 이후의 공식문서에서는 '이소타케시마'는 더 이상 보이지 않는다는 사실을 지적했다(유미림, 〈'이소타케시마' 어원에 관한 일고(一考)〉《영토해양연구》제12호, 동북아역사재단, 2016, 66쪽).
11) 《竹嶋之書附》
12) 괄호 안 거리는 다른 거리관계를 적용하여 필자가 추산한 거리다. 다른 표도 마찬가지다.

돗토리번은 다케시마와 마쓰시마를 함께 언급했지만, 쓰시마번은 달랐다. 쓰시마번은 역관과 대화에서 다케시마와 우산도를 함께 언급했다. 안용복을 언급할 때는 그가 울릉도에 머무는 동안 우산도를 두 번 보았는데 우산도가 울릉도에서 하루 길 거리에 있는 섬이라는 사실도 언급했다. 이때의 우산도는 마쓰시마 즉 독도를 의미한다. 쓰시마번은 조선의 호칭 우산도를 알고 있었던 것이다. 쓰시마번이 마쓰시마를 언급한 것은 1695년 12월 노중에게 보고한 것이 전부다. 그 내용은 "자세히는 모르지만 다케시마 근처에 마쓰시마가 있습니다. 그 섬에도 건너가 물고기를 잡는다고 들었습니다"[13]라는 것이다. 쓰시마번은 나가사키봉행소와 서장을 왕복했고, 역관 및 왜관 관리들과도 서장을 왕복했지만 '마쓰시마'가 아닌 '우산도'로 일컬었고, 《여지승람》 부도에 울릉도와 우산도 두 섬이 그려져 있다는 사실도 언급했다.

2. 18세기 중반까지 돗토리번의 '마쓰시마' 인식

겐로쿠[元祿] 연간 이후 다케시마·마쓰시마 인식은 교호[享保] 연간에 와서 다시 보였다. 돗토리번은 1724년 윤4월 막부에 회도繪圖 사본을 제출했는데, 거기에는 다케시마와 마쓰시마가 그려져 있되 마쓰시마에서 다케시마까지는 40리, 다케시마에서 조선까지는 40리로 기재되어 있다. 나아가 마쓰시마에는 두 개의 섬을 그리되 두 섬 사이를 40칸[間]으로 적었고, 호키국[伯耆國] 요나고에서 다케시마까지는 해로 130리 남짓이라는 사실도 적었다. 막부는 1724년 5월 돗토리번에 과거 다케시마에 도해했던 사실과 관련된 문서를 다시 제출할 것을 요구했다. 이에 돗토리번은 회도를 재작성하여 제출하고 직접 답변하기도 했다. 막부가 질의한 내용은 요나고에서 이즈모까지의 해로와 육로, 1692년과 1694~1695년의 도해 상황, 다케시마에서 만난 조선인의 숫자 등에 관한 것이었다.[14] 돗토리번은 호키국 요나고에서 이즈모의 구모즈 포구까지는 해로로는 9리, 육로로는

---

13) 《竹嶋紀事》, 1695년 12월 11일.
14) 《竹嶋之書附》

7리 반하고도 5정(町)이라고 답변했다. 이는 1696년의 보고와 큰 차이가 없다. 돗토리번은 "호키국에서 다케시마까지는 해상으로 150~160리, 다케시마에서 조선국까지는 40리 정도 될 것이라고 도해한 적이 있는 수부들이 말했다"고도 답변했다. 1724년의 답변[15]이지만 1696년 문서에 의거한 것인데, 두 문서를 비교해 보면 〈표-2〉와 같다.

〈표-2〉 1696~1724년 문서에 보인 거리관계

구분	조선－竹島	조선－松島	竹島－松島	松島－隱岐(후쿠우라)－隱岐(다쿠히야마)	出雲－米子(伯耆)	竹島－伯耆	松島－伯耆
1696.1.	(40~50)	80~90	40	80-7-23 (총 110)	10	(160)	120
1724.4. 회도	40	(80)	40	60		130; 140~150[16]	(90~110)
1724.5.	40	80~90	40	80	해로 9里, 육로 7里 반+5町	150~160	120

　이들을 종합해서 거리를 추산해 보면, 1696년 당시 돗토리번은 조선에서 다케시마까지의 거리를 40~50리로, 조선에서 마쓰시마까지의 거리를 80~90리로, 호키(伯耆)에서 다케시마까지의 거리를 150~160리로, 호키에서 마쓰시마까지의 거리를 110~120리로 인식하고 있었음을 알 수 있다. 다만 답변서에 앞서 돗토리번이 제출한 회도에는 마쓰시마에서 오키(도고)까지의 거리가 60리로, 다케시마에서 호키까지의 거리가 130~150리 사이로 나타나 있어 답변서와 약간 다르다.

　1740년에서 1744년 사이에 요나고의 조닌[町人] 오야 규에몬(가쓰후사[大谷勝房])은 사사봉행[寺社奉行]에게 청원한 바 있다. 도해금지령이 내려져 생계에 곤란을 겪고 있었기 때문에 방안을 요청한 것이었다. 1740년 4월 8일 오야 규에몬은 사사봉행 마키노 엣츄노카미[牧野越中守]에게 불려가 답변한 바 있고, 이 사실을 돗토리번 에도번저에 보고했다. 사사봉행은 오야를 불러 여러 질문을 했는데,

15) 《竹嶋之書附》
16) 회도와 설명에서의 거리가 다르게 되어 있다.

첫 번째 질문은 "다케시마를 누가 지배했는가"라는 것이었다. 오야는 선조들이 지배해 왔다고 답변했다. 이어 사사봉행은 "다케시마[竹嶋]·마쓰시마[松嶋] 두 섬에 대한 도해금지령이 내려진 이후 요나고 성주의 도움으로 살아왔다는 것은 녹봉을 받은 것을 의미하는 것인가"를 물었다. 오야는 생선과 조류의 도매수수료를 받는 일을 맡아 살아왔다고 답변했다. 그러자 사사봉행은 에도의 나가사키봉행에게 청원서를 제출하도록 명했다. 1741년 6월 10일 오야 규에몬은 나가사키봉행을 방문했다.[17] 오야는 나가사키봉행에게 "겐로쿠 연간 다케시마·마쓰시마 두 섬의 도해가 금지된 이후"의 상황을 언급했다.

이로써, 오야·무라카와 두 집안은 물론이고 막부도 1696년의 다케시마 도해금지령을 '다케시마·마쓰시마 도해금지령'으로 받아들이고 있었음을 알 수 있다. 오야 가가 잃어버린 가업을 보충하기 위한 방안으로 다케시마나 마쓰시마 도해 부활을 청원한 것이 아니라 전혀 다른 사업인 미곡 운송사업과 무역 참가를 요구했다는 점도 마쓰시마 도해가 계속되고 있지 않았음을 의미한다. 마쓰시마 도해가 계속되고 있었다면 이런 구상은 나오지 않았을 것이기 때문이다.[18]

Ⅲ. 18세기 중반~19세기 초반의 '마쓰시마' 인식

1. 문헌에 기술된 마쓰시마

1)《다케시마도설[竹島圖說]》

겐로쿠 연간의 도해 건을 둘러싸고 돗토리번과 쓰시마번, 막부와 두 번이 왕래한 사료에 의거하여 기술된 다케시마·마쓰시마는 대부분 사건 당사자 또는 관계자의 진술에 근거한 것이므로 사실에 가깝다. 그런데 1696년 도해금지령이 내려져 도해가 단절되자 사정이 달라졌다. 이때부터는 두 섬에 대한 정보가 문헌

---

17)《村川家文書》[写]〈大谷九右衛門,江戸表ニ於テ願一件〉, 54~55丁(요나고시립도서관 소장)(池
   內敏, 2015 수록). (池內敏, 「國境」未滿《日本史研究》630호, 日本史研究會, 2015, 17쪽에
   원문 수록)
18) 池內敏, 2015, 위의 글, 18쪽.

이나 구전으로 전해졌다. 그 과정에서 돗토리번이 아닌 다른 지역 사람이 문헌을 계술繼述하거나 구전에 의거하여 기술할 때, 사실 관계를 왜곡하거나 잘못 기술하는 양상이 빚어졌다.

《다케시마도설》은 마쓰에번사 기타조노 쓰안[北園通葊]이 지은 것으로 1751~1764년 사이에 그가 전해들은 바를 기록한 것이다. 그런데 이 저술은 현재 전해지지 않는다. 그 내용이 세상에 알려진 것은 마쓰에번의 난학자 가나모리 겐사쿠[金森建策]에 의해서인데, 가나모리는 기타조노의 기록에서 구비로 전해지던 내용인 이와미국 하마다 선원 죠조[長藏]의 이야기를 덧붙여 《다케시마도설》(1849~1862년 사이 추정)[19]로 증보·간행했다. 그러므로 이 저술에서 기타조노의 기술과 가나모리의 기술을 구분하기가 힘들다. '謙按[20] 형식으로 기술한 것은 가나모리의 생각으로 보인다. 가나모리는 겐로쿠 연간 오야·무라카와 두 집안에 있던 문서와 전문[傳聞], 1724년 막부 질의에 대한 돗토리번주의 답변을 실었다. 그런데 앞에서 언급했듯이, 1724년의 답변은 오야·무라카와 가문의 답변이므로 그 연원은 겐로쿠 연간으로 거슬러 올라간다. 기타조노에게 이런 내용이 전해진 것은 1724년에 인슈의 영주가 막부에 보고한 내용을 필사하여 마쓰에번에 전했기 때문이다. 따라서 가나모리가 저술을 간행한 시기는 19세기 중반이지만, 일차 기록은 1751~1764년 사이 기타조노에 의해 이뤄졌을 것으로 보인다.

가나모리는 오야·무라카와 가문이 1724년의 막부 조사에 임하여 답변한 내용을 다음과 같이 인용했다.

> 오키국(隱岐國) 마쓰시마의 서도(西島)(마쓰시마에 속한 하나의 작은 섬이다. 사람들은 차도(次島)로 간주한다)에서 바닷길로 약 40리(里) 정도 북쪽에 섬 하나가 있는데, 다케시마[竹島]라고 한다. 이 섬은 일본에 붙어 있고 조선(다케시마에서 조선은 바닷길로 40리 정도라고 한다…)에 이웃해 있다.

---

19) 박병섭은 가나모리가 마쓰에번 네덜란드학문 담당으로 1849년에 출사했으므로 이즈음 저술했을 것으로 보았다(〈일본정부의 고유영토론에 관한 역사학적 검증〉《동북아역사논총》 제62호, 동북아역사재단, 2018, 305쪽.

20) 가나모리의 이름이 錦謙이다.

가나모리는 1724년경 이 섬을 드나들던 사람의 증언에 따랐다고 하지만, 이 내용은 사실은 1696년 1월 25일 답변서로 거슬러 올라간다.[21] 가나모리는 "하쿠슈 요나고에서 다케시마까지 바닷길 160리 정도이다. 요나고에서 이즈모로 가서 오키의 마쓰시마를 거쳐 다케시마에 다다른다. 다만 오키의 후쿠시마(福島, 후쿠우라라고도 한다)에서 마쓰시마까지는 바닷길 60리 정도이고 마쓰시마에서 다케시마까지는 40리 정도라고 한다"[22]라고 기술했다. 그런데 1724년의 답변서 −1695년 답변서에 연원한−에 두 섬에서 양국 사이의 거리관계는 기술되어 있지만, '오키국 마쓰시마'나 '오키국 마쓰시마의 서도'라고는 기술되어 있지 않다.

그럼에도 일본은 이 문구를 1950년대 말 고유영토론 주장의 근거로 이용한 바 있다.[23] '오키국 마쓰시마'를 운운했다고 해서 이것이 마쓰시마가 오키국 소속임을 나타내는 근거가 되는지를 보려면, 먼저 이렇게 기술하게 된 배경부터 볼 필요가 있다. 앞에서 언급했듯이《다케시마도설》의 주요 내용은 1696년과 1724년의 문서에 근거하고 있다. 1696년에 막부는 다케시마를 조선 소속으로 결정할 때 거리관계를 기준으로 했다. 막부는 다케시마가 조선에서는 40리 떨어져 있지만 오키[隱岐]에서는 100리 이상, 호키[伯耆]에서는 130~160리 떨어져 있다고 보았다. 마쓰시마를 기준으로 한다면 조선에서는 80~90리, 오키 후쿠우라에서는 80리이므로 거리에서 크게 차이가 나지 않는다. 그러나 겐로쿠 연간 막부가 영유권을 판단할 때 기준은 다케시마였지 마쓰시마가 아니었다. 게다가 마쓰시마는 다케시마와 함께 일괄 취급되고 있었다. 따라서 막부가 다케시마를 조선 소속으로 판단한 이상 다케시마와 마쓰시마를 분리시켜 영유권을 논하기는 어렵다.

게다가《다케시마도설》은 전문(傳聞)에 의거하고 있으므로 부정확한 내용이 많다. 이를테면, 주인장(朱印狀)을 받아 도해했다고 한 사실, 다케시마 북쪽 3리 정도에 좋은 전복이 많이 나는 섬이 있다고 한 사실, 다케시마가 조선에 가까운 섬임에도 조선인은 이 섬을 몰랐다고 한 사실, 1693년에 장자(長子) 한 사람과 동료

---

21)《竹嶋之書附》
22) 이 내용이 경상북도 독도사료연구회 번역본에서는 번각문과 번역문 모두 누락되어 있다.
23)〈竹島에 관한 1959년 1월 7일부 한국정부의 견해에 대한 일본국정부의 견해〉1962.7.13.(11).

두세 명이 인질로 납치되었다고 기술한 내용 등이 그러하다.

또한 《다케시마도설》은 다케시마가 일본에 붙어[接] 있고 조선에 이웃해[隣] 있으며24) 조선에서는 바닷길로 40리에 있다고 했다. '隣'과 '接'으로 구분한 기준이 무엇인지 모르겠지만, 겐로쿠 연간 다케시마가 조선에서는 40리, 호키국 요나고에서는 150~160리 떨어진 것으로 기록된 사실에 의거한다면, "이웃해 있다"는 것이 "붙어 있다"는 것보다 가까운 것을 의미해야 한다. 그러나 다케시마와 오키 사이를 40리로 볼 수 없음은 여러 문헌이 기술하고 있다. 그러므로 《다케시마도설》에서 기술한 대로 다케시마가 일본과 조선 양측에 다 '인접[接隣]'해 있다고 보기 어렵다. 이 저술을 간행한 가나모리의 의도는 다케시마에 산물이 풍부함을 소개하여 개척을 독려하는 데 있었을 뿐 마쓰시마 영유의식을 지니고 기술한 것은 아니었다. 그러므로 가나모리가 '오키국 마쓰시마'라고 첨언한 것은 마쓰시마가 다케시마로 가는 과정에 있는 섬이므로 친밀도를 높일 의도에서 기술한 것으로 보인다.

2) 《장생 다케시마기[長生竹島記]》

《장생 다케시마기》(1801)는 이즈모대사大寺의 신관 야다 다카마사[矢田高當]가 쓴 역사소설이다.25) 이 문헌에도 다케시마와 마쓰시마에 대한 인식이 드러나 있다. 〈오키주에서 松島로 竹島丸으로 건너간 일〉이라는 항목에는 마쓰시마가 오키 도고에서 서쪽 해상으로 이틀 거리 170리里 떨어진 섬으로 기술했다. 또한 마쓰시마는 산세가 험하고, 토지의 리 수는 5리 또는 3리가 되는 섬이라고도 기술했다. 이는 오키에서 마쓰시마까지의 거리를 80리 내외로 기술한 겐로쿠 연간의 기록과 차이가 크다. 또한 야다는 "다케시마호가 다케시마로 도해할 때는 왕왕 이 섬을 지나갔다고 한다. 당시에도 천 석짜리 회선回船이 홋카이도로 가다가 예기치 않게 태풍을 만날 때는 '이것이 말로만 듣던 마쓰시마인가'라며 멀리서 보았다. 본조 서해의 끝이다"라고 적었다. 야다가 마쓰시마를 "본조 서해의 끝"

---

24) 거리관계를 接과 隣으로 구분한 의미가 드러나지 않는다.
25) 이 책은 다케시마 도해 경험이 있는 오키국의 이타야 나니베(板谷何兵衛)가 40년 뒤와 55년 뒤에 쓰바키 기자에몬(椿義左衛門)에게 전한 이야기를 쓰바키가 다시 50년 뒤에 야다에게 전한 것을 야다가 구성한 역사소설이므로 사실관계가 잘못된 것이 많다(박병섭, 2018).

이라고 기록한 사실에 의거하여 일본은 마쓰시마에 대한 자국의 영유인식을 드러낸 것으로 이 문헌을 인용하고 있다.

그런데 야다는 오키 쪽에서 다케시마로 가다가 마쓰시마를 보았다고 했다. 이 기술대로라면 다케시마는 울릉도에, 마쓰시마는 독도에 해당된다. 그런데 야다는 마쓰시마에서 다케시마가 같은 방향에 (있고) 해상 리 수는 (오키에서 다케시마까지) 모두 합쳐 260리라고 했다. 야다는 오키 도고에서 마쓰시마까지를 170리라고 한 바 있으므로 마쓰시마에서 다케시마까지는 90리가 된다. 이 거리는 두 섬 사이의 거리를 40리로 기술했던 겐로쿠 연간의 기록과는 차이가 크다. 야다는 다케시마의 크기를 5리 또는 10리로 보는 한편 마쓰시마의 크기를 5리 또는 3리[26]라고 했는데, 이 역시 사실과는 차이가 있다. 다만 거리가 맞지 않는 점을 무시하고 위치 관계로만 본다면 다케시마를 울릉도, 마쓰시마를 독도에 해당시킬 수 있다.

한편 야다는 "마쓰시마가 있다. 그리고 고려 쪽에 가깝고 본조의 것이 아닌 다케시마가 있는데 녹색이 짙다. 이 섬을 이렇게 이름붙인 것은 음양이 화합한다는 뜻으로 松자에 竹자가 따라붙은 것…"이라고 했다. 마쓰시마와 다케시마 명칭이 송죽松竹이 함께하는 것에서 유래했음을 밝힌 것이다. 다케시마를 녹음이 무성한 섬으로 묘사했으므로 울릉도를 가리킨다. 그런데 야다는 마쓰시마를 "소나무로 뒤덮인 풍경"으로도 묘사했다. 이때의 마쓰시마는 독도로 보기 어렵다.

이렇듯 《장생 다케시마기》는 거리관계나 섬의 형상에 관한 기술이 이전 문헌과 일치하지 않는 경우가 많다. 그러므로 마쓰시마를 일본 서해의 끝이라고 기술한 사실에만 의거하여 마쓰시마에 대한 영유의식을 나타냈다고 보기는 어렵다. 일각에서 이런 거리관계의 오류를 명칭의 전도와 연결지어 해석하는 경우가 있다. 야다가 말한, 오키에서 이틀을 가는 170리 거리에 있는 다케시마는 울릉도인데 야다가 마쓰시마(독도)라고 했으므로 《장생 다케시마기》에서 말한 마쓰시마는 지금의 독도가 아닌 울릉도를 가리킨다고 해석한 경우가[27] 그것이다. 그러나 야다는 오키에서 170리 거리에 있는 섬을 마쓰시마라고 명기했다. 겐로쿠 연간의

---

26) 원문은 '五里三里'로 되어 있어 모호하다.
27) 정영미, 2015, 앞의 책, 120쪽.

문헌은 호키에서 다케시마까지의 거리를 160리로 기술했고, 다른 문헌도 비슷하게 140~160리 사이로 기술했다. 그러므로 야다가 다케시마로 기술해야 할 것을 마쓰시마로 잘못 기술했다고 오해할 수 있다. 하지만 이들 문헌에서 기준은 오키가 아니라 호키였다. 즉 140리 혹은 140~160리의 거리는 오키에서 다케시마까지가 아니라 호키에서 다케시마까지의 거리를 의미한다. 더구나 야다는 오키에서 다케시마까지의 거리가 260리임을 따로 밝혔다. 이는 야다가 오키에서 다케시마까지의 거리를 170리로 산정하지 않았음을 의미한다. 그러므로 일각에서 야다가 다케시마로 기술해야 할 것을 전도시켜 마쓰시마로 기술했다고 해석하는 것은 잘못된 해석이다. 야다의 기술 가운데 특히 거리관계에서 오류가 보인 이유는 그가 겐로쿠 연간의 문헌에 의거하지 않았기 때문이다. 이렇듯 야다의 잘못된 기술에 의거하여, 그가 다케시마와 마쓰시마를 전도시켜 놓았으므로 야다가 말한 마쓰시마는 울릉도를 가리킨다고 단정하는 것은 잘못된 해석에 기인한다.

3) 《오키고기집[隱岐古記集]》

오키인 오니시 노리야스[大西教保]가 저술한 《오키고기집》(1823)도 《장생 다케시마기》와 마찬가지로 불분명한 도서 인식을 드러내고 있다. 《오키고기집》은 (오키에서) "북북서쪽으로 40리 거리에 마쓰시마가 있는데 둘레는 1리쯤이며 나무가 없는 바위섬이라고 한다. 또 서쪽으로 70리 정도를 가면 다케시마가 있는데 예로부터 이소타케시마라고 불렀다고 한다. 대와 나무가 울창하며 큰 섬이라고 한다"라고 기술했다. 여기서 오키에서 40리 거리에 마쓰시마가 있다고 기술한 것은 사실관계와 맞지 않는다. 그런데 오니시는 "또 서쪽으로 70리를 가면 다케시마가 있다"라고도 했다. 이때의 기준은 오키이다. 즉 오키에서 서쪽으로 70리를 가면 다케시마가 있다는 말이다. 이 역시 대부분의 문헌이 오키에서 60~80리 거리에 마쓰시마가 있다고 기술한 것과는 차이가 있다. 오니시의 기술대로라면 다케시마는 오키에서 훨씬 더 멀리 있는 섬으로 묘사되었어야 한다.

이에 대해서도 일각에서 "울릉도에서 독도까지의 거리(40리)가 오키 섬 후쿠우라에서 독도까지의 거리로 전도되어 있고, 그 이전의 후쿠우라에서 독도까지의 거리(70~80)는 독도에서 울릉도까지의 거리가 되어 있다. … 여기서 말하는

마쓰시마는 분명히 울릉도이다"[28]라고 해석한 예가 있다. 그러나 《오키고기집》
은 오키 후쿠우라에서 다케시마(울릉도)까지를 70리로 기술하고 있지[29] 오키
후쿠우라에서 마쓰시마(독도)까지를 70리로 기술하고 있지 않다. 그러므로 다케
시마에서 마쓰시마까지의 거리(40리)가 오키에서 마쓰시마까지의 거리(70리)로
전도되었다고 해석하는 것 역시 잘못되었다.

《오키고기집》에서 오키 서쪽 70리 거리에 다케시마가 있고, 오키 북북서 방향
40리 거리에 마쓰시마가 있다고 했으므로 다케시마와 마쓰시마 사이의 거리는
약 62리[30]가 된다. 그러므로 오니시가 말한 마쓰시마를 울릉도로 보기는 어렵
다. 더구나 이 문헌은 북풍이 강한 날 오키의 다이만지산에서 마쓰시마가 보인다
고 기술했으므로 이때의 마쓰시마를 울릉도로 보기는 더더욱 어렵다. 오키에서
울릉도가 보일 리 없기 때문이다. 오니시는 마쓰시마를 일러 둘레가 1리이며
나무가 없는 바위섬이라고 했다. 따라서 오니시가 기술한 마쓰시마는 독도를 가
리킨다.[31]

4) 《다케시마고[竹島考]》

《오키고기집》의 간행시기와 비슷한 시기에 돗토리번의 사무라이이며 고증사
가인 오카지마가 《다케시마고》(1828)를 간행했다. 오카지마는 젊을 때 해변 방
어를 맡아 지리 조사에 관심을 보인 적이 있다. 이때 다케시마 즉 울릉도를 알게
된 오카지마는 돗토리번이 막부에 제출했던 관련 문서와 회도를 제공받아 충분
한 근거를 확보한 상태에서 《다케시마고》를 집필했다. 그의 기본적인 인식은 호
키국이 다케시마에 왕래한 지가 오래되어 일본에 속한 땅이었는데 조선 어부들

---

28) 정영미, 2015, 위의 책, 121쪽.
29) 필자는 오키~다케시마간의 거리가 70리인데, 이를 다케시마와 마쓰시마 간의 거리로 잘못 해
   석한 바 있으므로(유미림, 《일본 사료 속의 독도와 울릉도》, 2015, 64쪽), 바로잡는다.
30) 거리 계산법은 박병섭 선생의 가르침을 받았다.
31) 정영미는 17세기의 인식과 19세기의 인식의 전도(顚倒)를 도식화하여 설명했다. 이를 요약하
   면, 17세기에는 오키에서 마쓰시마 간 거리가 70~80리, 다케시마에서 마쓰시마간 거리가 40
   리로 되어 있었는데, 19세기에 오면 오키에서 마쓰시마간 거리가 40리로, 울릉도에서 마쓰시
   마(예전의 다케시마)간 거리가 70~80리로 전도되어 울릉도가 '울릉도'와 '마쓰시마'라는 명칭
   으로 2분화했다는 것이다(2015, 106~135쪽). 그가 "울릉도에서 마쓰시마(예전의 다케시마)
   간 거리가 70~80리"라고 한 것은 모호한 표현이지만, 이를 수용한다 하더라도 19세기 문헌에
   서 이를 전도시켜 기술한 것은 오류에 기인하므로 위와 같은 설명은 잘못된 것이다.

에게 빼앗겼다는 것이다. 그러므로 그의 인식 저변에는 빼앗긴 울릉도를 되찾아야 한다는 소명의식이 있었다. 그런 만큼 오카지마는 다케시마에 관한 지리와 연혁, 다케시마 일건을 소상히 기술했다.

오카지마는 목차에서 〈다케시마와 마쓰시마의 지리[竹島松島之地理]〉라고 했듯이 두 섬을 함께 다루었고, 〈竹島松島之圖〉라는 제목의 회도에서는 두 섬을 함께 그렸다. 회도에서 두 섬 사이의 거리는 40리, 마쓰시마에서 오키국 도고 사이의 거리는 70리로 되어 있다. 오니시가 잘못 기술했던 내용이 오카지마에 와서 바로잡힌 것이다. 오카지마가 제시한 회도는 교호 연간 막부의 지시에 따라 오야·무라카와 양가가 제출한 회도를 축소하여 그린 것이다.

오카지마의 저술에서 마쓰시마 인식을 고찰한다면,[32] 그는 〈삼국통람 여지로정 전도三国通覧輿地路程全圖〉에 다케시마 동쪽에 그려져 있는 작은 섬이 마쓰시마일 것이라고 했다. 이는 하야시 시헤이의 《삼국통람도설》 부도인 〈삼국통람 여지로정 전도〉에 섬이 두 개 그려져 있는데 하나는 竹嶋라고 쓰여 있고 다른 한 섬에는 명칭이 쓰여 있지 않은 것을 가리킨다. 오카지마는 《삼국통람도설》의 또 다른 부도인 〈조선국 전도〉에는 강원도 해상에 '울릉도 천산국'이라고 쓰여 있고 울릉도 안에 모사된 산에 '弓嵩(이소타케)'라고 쓰여 있으나 이 섬은 〈여지로정 전도〉에 실린 강원도 해상의 두 섬에 해당한다고 보았다. 이는 마찬가지로 《삼국통람도설》 부도인 〈조선국 전도〉에 '朝鮮八道之圖'라는 이름으로 하나의 섬을 크게 그려 넣고 '欝陵嶋 千山國'이라고 쓰고, 그 안에 하나의 산을 그린 뒤 '弓嵩(イソダケ)'라고 쓴 것을 가리킨다. 오카지마는 《삼국통람도설》에 실린 두 종류의 지도를 다 언급한 것인데, 〈조선국 전도〉에 대해서는 조선만 그렸으므로 실제보다 조금 크게 그린 것이고 울릉도는 강원도에서 멀리 떨어져 있으니 다케시마에 해당된다고 본 것이다.

그러나 《삼국통람도설》에 실린 두 개의 지도 가운데 먼저 나온 것은 〈조선국 전도〉에 실린 〈조선팔도지도朝鮮八道之圖〉이다. 〈삼국통람 여지로정 전도〉[33]는

32) 다케시마 영유와 관련된 내용은 이케우치 사토시의 글(1998) 참조.
33) 〈삼국통람 여지로정 전도〉는 《삼국통람도설》 부도 가운데 하나를 통칭하는 명칭이지만, 부도가 들어가 있는 봉투의 겉면에 쓰인 표제이기도 하다. 지도 안에 적혀 있는 원제는 이 표제와는 다르다. 클라프로트는 이를 번역하면서 〈Carte des Trois Royaumes〉(1832)라고 제목을 붙

하야시가 나가쿠보의 〈일본 여지로정 전도〉와 조선 지도 등을 참고하여 작성한 것이다.34) 그런데 하야시가 〈조선팔도지도〉와 〈삼국통람 여지로정 전도〉에서 나타낸 두 섬의 형태와 주기註記는 다르다. 〈조선팔도지도〉에는 한 개의 섬만 그려 넣었지만, 〈삼국통람 여지로정 전도〉에는 한반도 동쪽에 다케시마(울릉도)를 표시하고 그 동쪽에 또 하나의 섬을 그려 넣었다. 다만 명칭은 표기하지 않았다.35) 그럼에도 그는 두 섬 모두 조선과 같은 색으로 채색했다. 그가 명칭을 표기하지 않은 섬은 두 개의 섬으로 이뤄져 있으므로 독도의 동도와 서도를 그린 것으로 보인다. 이 무명의 섬은 독도를 가리킨다. 따라서 이 섬을 울릉도나 죽도(댓섬)에 비정하기는 어렵다. 하야시는 〈조선팔도지도〉에 하나의 섬만을 그렸는데 그것이 울릉도임을 분명히 한 데다 '천산국'[于山國의 오기]을 병기하여 두 명칭이 같은 섬임을 분명히 나타낸 것도 이를 뒷받침한다.

오카지마에 따르면, 하야시가 '울릉도 천산국'이라고 쓴 것은 하나의 섬인데 아베가 이를 잘못 인식해서 《이나바지》에서 "울릉도를 일본에서는 다케시마라고 부르고, 자산도(子山島) 이를 마쓰시마라고 한다"고 하여 두 개의 섬으로 보았다는 것이다. 즉 천千과 자子의 글자가 비슷해서 천산국이 되어야 할 것을 《이나바지》에는 잘못 '자산도'로 되어 있다는 것이다. 그런데 《이나바지》를 보면, 子山嶋가 아니라 于山嶋36)로 적혀 있고 'ウサンスム' 즉 '우산 섬'이라는 발음까지 적혀 있다. 그러므로 이를 子山嶋로 읽은 것은 오카지마의 착오이다. 《이나바지》의 기술은 오히려 당시 일본이 조선의 두 섬을 다케시마와 마쓰시마로 인식하고 있었음을 보여주는 예이다.

오카지마는 원래 그 섬이 다케시마가 아니라면 그 옆에 마쓰시마가 있을 이유가 없다고 보았다. 그는 천산국은 울릉도의 옛 이름에 불과하다며 그 증거로 《동국통감》의 천산국37)을 인용했다. 이어 그는 "명주가 강원도에 속한 땅이므로 울릉도

였다. 현재 연구자들은 클라포르트의 번역 지도명과 하야시의 지도를 일러 〈삼국접양지도(三國接壤之圖)〉, 〈삼국통람도〉, 〈삼국통람 여지로정 전도〉로 섞어서 말하고 있다.

34) 남영우(2016, 136쪽)는 하야시가 일본 열도를 그리는 데 참고한 지도는 1775년 나가쿠보 세키스이의 〈일본 여지로정 전도〉이고, 〈삼국접양지도〉(〈삼국통람 여지로정 전도〉)를 그리는 데 참고한 지도는 나가사키에 소장되어 있던 조선 통역관의 지도라고 보았다.

35) 남영우(2016)는 이 섬도 울릉도일 것으로 보았다.

36) 원문은 웹 다케시마문제연구소 홈페이지 최종보고서(2007년) 자료 편에 탑재되어 있다.

가 그 동쪽에 있다면 다케시마로부터 멀리 떨어져 있음이 분명하다"고 결론지었다. 그는 다케시마와 마쓰시마의 존재를 알고 있었음에도 다케시마를 울릉도와 분리해서 인식한 것이다. 그런데《이나바지》는 "조울朝鬱 양도는 울릉도(일본에서는 이를 다케시마[竹嶋]라고 부른다)와 우산도(ウサムスム, 일본에서는 松嶋라고 부른다)가 이것이다"라고 기술했다. 그러므로《이나바지》를 인용한 오카지마가 우산도를 천산도 또는 자산도로 잘못 보았다는 것은 이해하기 어렵다.

오카지마가 '천산도'를 운운한 것은 울릉도의 다른 이름이 '천산국'임을 알고 있었음을 의미한다. 그는《동국통감》을 근거로 제시했지만 조선 문헌에는 천산국이나 천산도가 아니라 '우산국'으로 되어 있다. 그러므로 오카지마의 주장 즉 아베가 "자산도를 일본에서는 마쓰시마라고 한다"고 한 것이 '천산'과 '자산'을 혼동한 데서 비롯되었다고 비판한 것은 논리적으로 맞지 않는다.《이나바지》는 조선의 울릉도와 우산도를 일본의 다케시마와 마쓰시마에 해당시켰고, 이 사실은 오류가 아니기 때문이다. 오카지마의 논리를 정리하여 도식화한다면, '울릉도=천산국=마쓰시마≠다케시마'가 된다. 이를 오카지마가 다케시마와 울릉도를 별개의 섬으로 보았다고 해석한다면, 오카지마가《다케시마고》(하권)에서 도해 면허와 도해 경위, 금지령 및 다케시마·마쓰시마에 대해 기술한 내용과 맞지 않는다.

한편 그는 "다케시마까지의 거리가 호키국 요나고에서 이즈모국 구모즈까지는 해상 9리[육로 7리 반 5정(丁)],[38] 구모즈에서 오키국 지부리까지는 18리…후쿠우라에서 북서쪽으로 70여 리를 가면 마쓰시마에 도착하고 거기서 다시 40리를 가면 다케시마에 도착한다. 호키국에서 다케시마까지는 해로로 약 150~160리에 불과하다"고 했다. 이때의 마쓰시마는 다케시마와 다른 섬, 바로 위에서 말한 자산도를 가리키므로 울릉도에 해당시킬 수 없다.

---

37)《三國史記》의 우산국 기사를 말한다.
38) 1724년 5월 답변서에는 해로 9리와 육로 7리 5정으로 되어 있었는데, 오카지마는 육로를 분주로 처리했다.

2. 하치에몬 사건과 마쓰시마 인식

1830년대 초반 다케시마·마쓰시마 도해와 관련된 사건이 일본 하마다번 지역에서 일어났다. 이른바 '덴포 다케시마 일건'[39]이다. 이 사건을 기록한 문헌들에는 마쓰시마가 어떻게 기록되고 있을까?

1830년경 하마다번 마쓰바라[松原]에서 마쓰마에[松前]로 운송선을 운항하고 있던 이마즈야 하치에몬[今津屋八右衛門]은 이와미국 해상에서 울릉도를 목격한 바 있다. 그는 이 섬의 자원을 이용할 생각으로 도해 청원을 구상하던 가운데 하마다번 에도번저에 근무 중인 가신을 만나 다케시마 도해를 지원한다는 말을 들었다. 이에 번주의 허락을 요청했는데 하치에몬이 제출한 의견서에는 "다케시마 외에 마쓰시마라고도 불리는, 이와미국 해안에서 정북방 해상 70~80리 정도 떨어진 곳에 작은 섬이 있습니다. 마쓰시마와 다케시마 두 섬 모두 공도空島로 보이는데, 그대로 두기는 아까우니 초목을 벌채하고 어업을 한다면 자신뿐만 아니라 번에도 막대한 이익이 있을 것으로 예상됩니다. 그러니 번주 님에게 세금을 내는 것은 시험 삼아 돈벌이를 해본 뒤에 금액을 결정하겠습니다"라는 내용이 들어 있다.

1832년 초 그의 청원 사실은 하마다번저에 전해졌고, 번의 가로인 오카다 다노모[岡田賴母]의 가신 하시모토 산베[橋本三兵衛]에게도 전해졌다. 그런데 앞서 에도에 있던 가신 무라이 하기에몬은 하치에몬에게 서신을 보내, "다케시마는 일본 땅이라고도 결정하기 어려우니 도해 계획은 중지하라"고 알린 바 있다. 그러자 하시모토는 "에도에서 그렇게 전해 왔다면 다케시마는 그만 두고 시험 삼아 마쓰시마에 도해하는 것이 어떻겠는가"를 하치에몬에게 제안했다. 이에 하치에몬은 '마쓰시마 도해'를 명목으로 가되, 누설되면 표류한 것으로 주장하기로 하고 도해했다.

하치에몬이 선원 6명을 포함, 모두 8명으로 하마다를 떠나 다케시마로 향한 것은 1833년 6월 중순이었다. 그는 다케시마의 둘레를 20리로, 다케시마에서 조선국까지의 거리를 50~60리 정도로 보았다. 오키 후쿠우라에서 다케시마로

---

39) 이에 대해서는 이 책의 2부 2편 참조.

향하던 그는 마쓰시마 앞바다를 통과할 때는 돈벌이 가망성이 없는 섬으로 여겼고 이를 배 안에서만 본 채 그냥 지나쳐 7월 21일 다케시마에 도착[40]했다. 이것이 '마쓰시마'에 대한 하치에몬의 인상이다. 곧장 다케시마로 간 하치에몬은 "회도를 작성했고, 나무를 베고 인삼 비슷한 풀뿌리 등을 가지고 돌아왔다."

이 사건을 조사한 에도막부의 최고사법기관 평정소는 사건의 내막을 《조선 다케시마 도항 시말기[朝鮮竹嶋渡航始末記]》로 정리하여 기술했는데, 회도도 함께 수록했다. 회도는 하치에몬의 진술에 근거하여 오사카마치봉행소가 작성한 〈다케시마방각도[竹嶌方角圖]〉[41]를 수정한 회도였다. 이 회도에 혼슈[本州]와 오키, 쓰시마는 무색이지만, 다케시마[竹嶋]와 마쓰시마[松嶋]는 조선 본토와 같이 붉은색으로 채색되어 있다. 또한 이와미에서 다케시마까지는 89리, 다케시마에서 조선까지는 36리로 되어 있다. 이 회도는 〈다케시마방각도〉에 근거하여 평정소 관리가 수정·작성한 것이므로 막부도 두 섬을 조선 영토로 인식했음을 보여준다.

그렇다면 막부는 무엇을 근거로 다케시마를 일본 영토로 보기 어렵다고 답변했을까? 하치에몬이 도해 계획을 세울 당시 막부의 인식을 보여주는 문서는 없지만, 사건 조사가 한창이던 1836년경 막부와 쓰시마번 사이의 왕복 문서가 있어 이를 유추할 수 있다.[42] 막부의 질문은 다음과 같이 세 가지 범주로 구분할 수 있다.

   1. 다케시마의 둘레는 약 20리쯤이고 그 섬 앞에 마쓰시마라는 작은 섬이 있는데, 둘레가 약 4~5리쯤이라고 한다. 다케시마와는 40리나 떨어져 있어서 일본에 가까운 섬이라고 한다. 위의 두 섬은 오히려 조선의 울릉도가 아닌지?
   2. 다케시마는 울릉도인데, 마쓰시마는 조선 밖의 땅인지? 두 섬 모두 무인도라고 들었는데, 그래서 그렇게 불리는 것인지?

---

40) 1836년의 진술 기록 《竹嶋渡海一件記》에 실려 있다.
41) 회도는 본래 하치에몬의 공술 기록 《다케시마 도해일건기》(竹島渡海一件記)에 부속되어 있다. 이들 문서와 지도는 경상북도 독도사료연구회가 간행한 《독도 관계 일본 고문서 3》(2016)에 실려 있다.
42) 《對馬藩宗家記錄》古文書 No.4013. 윤유숙(2012, 315): 경상북도 독도사료연구회(2017) 참조. 쓰시마번이 서한을 작성한 연도는 1836년 7월이다.

3. (두 섬이) 세키슈에서 서북쪽에 있는데, 쓰시마에서는 어느 방향에 있는지? 원근의 거리, 일본과 조선에서 각각의 거리는? 쓰시마에서는 보이는지? 그리고 위의 섬으로 건너가는지?

이에 대한 쓰시마번의 답변을 세 가지 범주에 맞춰 보면, 대략 다음과 같다.

1. 조선국 강원도 울진현의 동해에 울릉도라고 불리는 낙도가 있으며, 일본에서는 다케시마라고 부르고 있다. 조선 서적에는 사방이 십리 쯤 된다고 했지만, 전해오는 바에 따르면, 둘레는 14~15리라고 하며, 조선에서는 40여 리 떨어져 있고, 이나바와 호키 쪽에서는 140~150리쯤 된다고 들었다.

2. 마쓰시마 건은 겐로쿠 연간에 노중 아베 분고노카미 님이 하문했을 때, 다케시마 가까운 곳에 마쓰시마라는 섬이 있으며, 이곳에도 일본인이 건너가 어업을 했다고 아래 것들이 말하는 것을 소문으로 들었다고 답변을 올렸다고 문서에 적혀 있다. 다케시마와 마찬가지로 일본인이 건너가 어업에 종사하는 것을 정지시킨 섬이라고 생각하지만, 확실한 답변은 올리기가 어렵다.

3. 쓰시마에서는 동북쪽에 있으며 거리는 100리 정도 되지 않을까 한다. 매우 거친 바다여서 지금까지 쓰시마 사람이 건너간 적은 없다. 물론 날씨가 매우 맑으면 조선으로 건너가는 길목에서 다케시마라는 섬이 살짝 보인다.

3-1. 조선 지도를 가지고 생각해 보면, 울릉과 우산이라는 두 섬이 있는 듯하다. 다케시마에 그 나라 어민들이 건너가며, 또한 목재가 많은 섬이라고 들었는데 배를 건조하기 위해 건너간다고 한다. 따라서 그 섬에 살고 있는 자는 없다고 한다. 하지만 조선의 관원들이 가끔 조사 차 건너간다고 들었다. 현재 어떠한지에 대해서는 확실하게 말씀드리기 어렵다.

위의 답변을 보면, 쓰시마번은 도해금지령에 마쓰시마가 포함된 것인지에 대해서는 유보적 태도를 보이고 있다. 그러나 여기서 주목할 것은 쓰시마번이 다케시마와 마쓰시마를 조선 지도의 울릉도와 우산도에 비정하고 있다는 점이다. 쓰시마번은 도해금지령에 마쓰시마가 포함되는지에 대해서는 명확한 답변을 피했으나, 겐로쿠 연간 돗토리번 사람들이 마쓰시마에 건너가 어로한 사실을 함께 거론했으므로 다케시마 도해금지령에 마쓰시마도 포함되는 것임을 인식했다는 사실을 이로써 알 수 있다.

IV. 19세기 중 · 후반 문헌에 기술된 '마쓰시마'

1. 《호키지[伯耆志]》

《호키지》는 유학자이자 의사인 가게야마 슈쿠[景山肅]가 편찬한 지지이다. 1858년경 집필했지만 1862년경 간행한 것으로 추정된다.[43] 17세기 초부터 오야 · 무라카와 가문의 다케시마 도해경위와 막부의 도해금지령, 표류민 관련 서한, 1724년 막부의 지시와 그에 대한 돗토리번의 보고 등이 수록되어 있다. 1617년 오야 진키치(규에몬)가 다케시마에 관해 기술한 내용에는 다케시마가 오키에서 100리, 조선에서 50리 거리에 있고 둘레는 10리로 묘사되어 있다.[44] 1744년 8월 오야 규에몬이 돗토리번에 제출한 보고서를 인용한 내용에서는 "이소타케는 다케시마이다. … 다케시마 동쪽에 둘레 20정 정도 되는 섬이 있는데 마쓰시마라고 한다. 오키에서 60여 리 된다. 겐유 공(1651~1680) 시대에 아베 씨의 소개로 이 섬을 하사받았다. 다케시마와 마찬가지로 강치기름을 채집하였다"라고 했다. 위의 기술에 비춰볼 때 다케시마에서 마쓰시마까지의 거리는 40리가 되므로 다케시마는 울릉도, 마쓰시마는 독도를 가리킨다.

---

43) 송휘영 편역, 《일본 향토사료 속의 독도》, 선인, 2014, 17~18쪽.
44) 위의 책, 29쪽.

2. 《다케시마잡지》

비슷한 시기에 돗토리번과 쓰시마번 밖의 지역에서 다케시마에 관심을 보이기 시작했다. 홋카이도 탐험가인 마쓰우라 다케시로[松浦武四郎]는 《다케시마잡지[多氣甚麼襍誌]》(1854)와 《다케시마잡지[竹島雜誌, 他計甚麼襍誌]》(1871)를 펴냈다. 마쓰우라는 《일본 풍토기日本風土記》《다케시마도설》《호키민담기[伯耆民談記]》45) 〈일본 여지 로정도日本輿地路程図〉《초려잡담草廬雜談》 등을 참고했는데, 가장 많이 인용한 것은 《호키민담기》와 《다케시마도설》이다.

마쓰우라는 다케시마가 원래 일본의 속도屬島였는데 막부가 조선에 건넸다는 인식을 지니고 있었다. 그는 《호키민담기》를 인용하여 "다케시마는 일본에서 멀리 떨어져 있고 조선에 가까우며 섬 안이 매우 넓은 섬이다"라고 했다. 한편 그는 《다케시마도설》의 "오키국 마쓰시마의 서도西島"라고 운운한 내용을 인용했지만, "이 설은 매우 의심스럽지만 이 외에 근거할 만한 것이 없기 때문에 적어둔다"는 말도 덧붙였다. 그는 다케시마가 일본에서는 멀고 조선에서 가깝다고 한 《호키민담기》의 설을 신뢰하고 다케시마가 일본 쪽에 가깝다고 기술한 《다케시마도설》의 설을 의심한 것이다. 그는 《호키민담기》를 인용하여 다케시마가 오키에서 40리, 이와미[石見]에서 80리, 죠슈[長州]에서 90리 떨어진 섬이라고 묘사했지만, 정작 자신은 다케시마가 일본과 그 정도로 가깝지는 않을 것으로 보았다. 그가 거론한 《호키민담기》를 보면, 어느 부분에서는 다케시마가 조선에 가깝다고 한 반면, 다른 부분에서는 다케시마와 오키 사이를 40리로 보았으므로 하나의 문헌에서도 내용이 일치하지 않는 경우가 있다.

마쓰우라는 《多氣甚麼襍誌》(1854)와 《竹島雜誌, 他計甚麼襍誌》(1871)를 집필했지만, 그 내용은 크게 다르지 않다. 그는 다케시마의 산물에 관해서는 《다케시마도설》을 많이 인용했다. 그는 《多氣甚麼襍誌》에서는 "세상이 이 땅을 황도荒嶋에 비하는 것은 잘 알지 못해서일 것이다"라고 하고, 《竹島雜誌》에서는 "이와 같은 땅을 개물자開物者들이 황도에 비하고 있는 것이 매우 개탄스럽다"고

---

45) 원문에는 《伯耆民談》으로 기술되어 있다.

했다. 그의 관심은 다케시마의 개척에 있었을 뿐 마쓰시마는 주 관심사가 아니었다. 그래서인지 다케시마 주변 도서에 대해서도 비교적 자세히 기록했지만 마쓰시마에 관한 기술은 거의 보이지 않는다.

그가 "이 섬은 겐로쿠 때 조선국에 건네주어 그곳 소유가 되었으므로 주민을 보내 개간하기 어렵다. 표류를 가장하여 어렵을 한다 하고, 그곳에 뜻있는 자 몇 사람을 보내 그곳에 오는 외국배의 신뢰를 얻고 다른 곳의 풍문을 듣고 전세계의 동태를 탐색한다면, 이는 실로 최상의 기책奇策이라고 할 수 있을 것이다"라고 했듯이, 다케시마 개척 가능성을 탐색해 보는 데 집필 목적이 있었다. 이 때문에 그는 산인지역 문서와 그곳 지역민에게 들은 이야기를 참고하여 '다케시마 일건'과 다케시마 지지를 쓰는 데 대부분을 할애했다.

지금까지 언급된 19세기 문헌에 기술된 거리관계를 〈표-3〉으로 나타내면 다음과 같다.

〈표-3〉 19세기 문헌의 거리관계 기술(단위는 里)

문헌/거리	조선-竹島	竹島-松島	松島-隱岐(福浦)	竹島-隱岐	竹島-伯耆
竹島圖說	40	40	60	(100)	160
長生竹島記		(90)	170	260	
隱岐古記集		(62)	40	70	
竹島考	40	40	70	(110)	150~160
하치에몬 진술 등	50~60; 36;~40	(20~30)	(60)	100(쓰시마)	89(이와미); 140~150
伯耆志	50	(40)	60	100	
磯竹島略圖	50	40	80	(120)	

이렇듯 19세기의 문헌과 지도에 나타난 거리관계를 보면, 제각각이다. 겐로쿠 연간의 문서를 계승한 경우라 하더라도 계술 과정에서 잘못 옮겨 쓰거나 전문傳聞을 거듭하다가 와전되는 경우가 있었기 때문이다. 그럼에도 대부분의 문헌에서 공통적인 것은 겐로쿠 연간 문서에 다케시마와 마쓰시마 사이가 40리로 기록된 사실을 계승했다는 점이다. 또한 18세기 초기 문서에 마쓰시마에서 오키 섬 후쿠우라 사이를 60~80리로 본 사실도 계승하고 있다. 그렇다면 이때의 다케시마가 울릉도, 마쓰시마가 독도라고 볼 수 있을 것이다. 19세기 문헌에서 다케시

마와 마쓰시마 사이의 거리를 기술한 것이 다른 문헌과 크게 다른 경우는《장생다케시마기》와《오키고기집》에 한정된다. 이들 문헌 뒤로는 전통적으로 기술하던 거리관계의 관행을 회복하여 기술했다. 그렇다면 위의 두 문헌은 극히 이례적인 경우로 보아야 한다. 게다가 두 문헌은 기술 자체의 신빙성이 의심되는 정황이 많다. 그러므로 두 문헌의 기술에 근거하여 독도를 가리키던 마쓰시마가 울릉도를 가리키는 것으로 전도되었다는 일각의 주장은 성립하기 어렵다. 더구나 일각의 주장대로 마쓰시마가 울릉도를 가리키는 것으로 전도─전도라기보다는 혼란에 따른 오기에 가깝다─되었다면, 이런 인식이 메이지시대에 계승되었어야 하지만 실제는 그렇지 않다.

Ⅳ. 메이지시대의 '마쓰시마' 인식

1. '마쓰시마=울릉도' 인식의 창출

1837년부터 다케시마·마쓰시마 도해가 전국적으로 금지된 후 일본에서 두 섬에 대한 인식은 고문헌과 구전으로 전해지고 있었다. 하지만 한편에서는 나가사키와 블라디보스토크를 왕복하던 사람들이 울릉도를 실제로 목격하는 일이 잦아졌다. 다만 울릉도를 실제로 목격한 자들은 이 섬이 에도시대에 일컫던 다케시마인지 마쓰시마인지 헷갈렸다. 그리고 이 섬을 개척하려는 열망이 생겼다. 1860년 죠슈의 가쓰라 고고로[桂小五郞]와 무라타 조로쿠[村田蔵六]가 막부에 〈다케시마 개척건의서 초안[竹島開拓建言書草案]〉을 제출한 바 있고, 1871년 후쿠오카현 사족 후지와라 시게치카[藤原茂親]가 후쿠오카 번청에 〈다케시마항행 어렵원서[竹嶋航行漁猟願書]〉를 제출한 바 있다.46) 후지와라가 다케시마를 알게 된 것은 오키현 대참사로 재직할 때 고로古老들에게 들은 적이 있어서였다. 그는 "인적이 없으며 둘레는 17~18리, 동남쪽은 풍파가 평온하고 산이 낮다. 초목이 무성

---

46) 웹 다케시마문제연구소, 〈明治4年提出の二つの〈竹島(鬱陵島)渡海願〉

하여 계곡물이 흐르고 있다"라고 했다. 이때의 다케시마는 울릉도를 가리킴이 분명하다. 후지와라의 청원서는 1871년 5월 4일자로 태정관에 제출되었다.

그는 같은 해 6월 다시 후쿠오카 번청에 〈다케시마 재검토 신청서[竹嶋再検届]〉를 제출했다. 그는 "이 섬을 일본은 '작은 이소타케[小磯竹]' 또는 마쓰시마[松嶋]라 부르고 조선에서는 울도鬱島라고 부른다. 다만 작은 이소타케시마[小磯竹嶋]와 오키 중간에 커다란 바위 2개가 나란히 있어 이를 마쓰시마[松嶋]라고 한다는 설도 있지만 틀린 듯하다"고 했다. 항행원서에서는 다케시마로 적었다가 '작은 이소타케시마'와 마쓰시마, 울도 등으로 써 혼란을 겪던 정황을 엿볼 수 있다. 그는 커다란 바위를 마쓰시마로 부른다는 세간의 설에 회의적이었다. 태정관 민부성은 그의 청원서를 검토하여 7월에 재결했는데 다케시마 소속이 일본인지 조선인지 분명하지 않아 이를 확정할 필요가 있다는 식으로 논의했다.

이어 비슷한 청원이 잇따르자 메이지정부는 이 섬이 어떤 섬인지를 확정해야 했다. 그 계기를 마련해준 것이 아오모리 사족 무토 헤이가쿠[武藤平學]의 청원서이다. 무토는 1876년 7월 블라디보스토크 주재 무역사무관 세와키 히사토[瀬脇壽人]에게 〈마쓰시마 개척 건의서[松島開拓之議]〉를 제출했다. 그는 1873~1874년경 나가사키와 블라디보스토크 사이를 수차례 왕복하다가 울릉도를 알게 되었는데 이 섬을 마쓰시마로 일컬은 것이다. 무토는 청원서에서 "우리나라 오키 북쪽에 있는 마쓰시마는 대략 남북으로 5~6리, 동서로 2~3리 정도 되는 하나의 고도孤島로서 해상에서 보니 한 채의 인가도 없었습니다. 이 마쓰시마와 다케시마는 모두 일본과 조선 사이에 있는 섬인데, 다케시마는 조선에 가깝고 마쓰시마는 일본에 가깝습니다. … 마쓰시마는 소나무가 울창하여 항상 짙푸른 빛을 드러내고, 광산도 있다고 합니다"[47)]라고 했다. 청원서에서 말한 오키 북쪽의 마쓰시마는 크기에 비춰볼 때 울릉도를 가리킨다. 그가 "다케시마는 조선에 가깝고 마쓰시마는 일본에 가깝다"고 했을 때의 다케시마는 울릉도를, 마쓰시마는 독도를 가리켜야 논리적으로 맞는다. 그런데 무토는 마쓰시마를 소나무가 울창한 섬으로 묘사했으므로 독도로 보기는 어렵다.

---

47) 〈松島開拓之議〉 《竹島考證》, 1876.7.

본래 마쓰시마를 일러 소나무가 뒤덮인 섬으로 기술한 것은 《장생 다케시마기》였다. 무토가 이 문헌을 보았는지는 알 수 없지만, 단순히 마쓰시마[松島]라는 이름에서 소나무와 연관 지었을 가능성이 크다. 무토 자신도 언급했듯이 미국인 코펠에게 들은 정보로 말미암아[48] 울릉도를 마쓰시마로 말했던 듯하다. 그는 마쓰시마의 둘레를 언급했지만, 이전 문헌에는 이와 비슷한 언급이 없다. 무토는 마쓰시마와 다케시마 인식에서 혼돈된 상황을 드러내고 있지만, 자원을 이용할 목적에서 청원한 것이므로 그가 말한 마쓰시마는 정황상 울릉도를 가리킨다.

같은 시기에 고다마 사다아키[兒玉貞陽]도 청원했는데 그는 일찍이 무토의 《로항기문》을 읽은 적이 있다. 고다마는 개척 대상을 "우리 서북쪽에 있는 마쓰시마"라고 했는데, 마쓰시마에 가옥을 짓고 거주할 것과 벌목하며 항구와 등대를 만들 것을 제안했으므로 그가 말한 마쓰시마도 울릉도를 가리킨다. 무토와 고다마의 청원서를 접수한 외무성은 본격적으로 이를 검토하기 시작했다.

외무성에서는 기록국장 와타나베 히로모토[渡邊洪基]와 사카타 모로토[坂田諸遠], 공신국장 다나베 다이치[田辺太一]가 검토했다. 이들이 검토한 내용과 서양 명칭이 도입된 경위를 자세히 논할 여유는 없지만,[49] 주요 내용은 대략 다음과 같이 정리할 수 있다.

와타나베는 세간에서 일컫는 마쓰시마가 본래는 다케시마라는 사실을 인지하고 있었으면서 이를 다줄레 섬에 해당시키고 마쓰시마와 관련성을 탐색했다. 무토와 고다마의 청원서에는 서양 명칭이 보이지 않음에도 와타나베는 서양 명칭을 언급했다. 그가 이를 인지하게 된 배경에는 서양의 도서島嶼 발견과 명칭 부여, 그리고 이를 명기한 지도의 유입에 있었다. 와타나베는 1854년 러시아 팔라다 함의 조사와 영국 해도에 명기된 호넷 락스를 인지하고 있었으므로 울릉도를 다줄레 섬과 마쓰시마에 해당시켰다. 그는 과거 마쓰시마[50]에 해당되던 섬을 서양의 '호넷 락스'에 비정했지만, '리앙쿠르 락스'는 언급하지 않았다. '리앙쿠르 락스'는 가쓰 가이슈[勝海舟]의 지도에 보인 바 있다. 와타나베에 앞서 가쓰는 〈대

---

48) 《竹島考證》
49) 이에 대해서는 유미림 책(2015) 참조
50) 와타나베는 이를 "우리나라의 마쓰시마라는 섬의 서양 이름은…"으로 표현했다. 이는 그가 에도시대 '다케시마'의 대(對)로서 '마쓰시마'를 언급한 것임을 보여준다.

일본국 연해 약도大日本國沿海略圖〉(이하 〈약도〉로 약칭, 1867)[51]에서 '리앙쿠르 락스'와 '호우리 로크'[52]를 함께 표기했다. 그가 '호우리 로크'라고 표기한 섬은 위치로 보아 울릉도 북동쪽의 '죽도竹島'로 이른바 '부솔 로크'를 가리킨다.[53] 가쓰의 〈약도〉는 영국 해도를 번역하여 만들어졌다. 그는 〈약도〉에서 다케시마를 점선으로 그렸고, 마쓰시마에는 호우리 로크를 함께 표기했으며, 마쓰시마 동남 쪽에는 두 개의 작은 섬을 그리고 '리엥코루토 로크'라고 표기했다. 이 '리엥코루 토 로크'가 독도를 가리킨다. 가쓰는 조선 쪽에 다케시마를, 일본 쪽에 마쓰시마 를 그렸는데, 이들이 에도시대의 다케시마와 마쓰시마를 일컫는 듯하지만, 점선 으로 그린 다케시마는 뒷날 없는 것으로 판명된 아르고노트를 가리키므로 마쓰 시마가 울릉도에 해당된다.

가쓰가 아르고노트에 해당하는 다케시마를 그리고 마쓰시마를 따로 그린 것은 지볼트 지도를 답습한 것으로 보이지만, 그는 지볼트에게서는 보이지 않던 '리앙 쿠르 락스'를 그려 넣었다. 지볼트가 '마쓰시마'와 '다줄레 섬'을 병기하여 같은 섬임을 나타냈다면, 가쓰는 울릉도에 해당하는 위치에 '마쓰시마'와 '호우리 로 크'를 병기하여 같은 섬임을 나타냈다. 일찍이 라 페루즈(la Perouse)는 '호우리 로크'를 '부솔 로크'로 명기한 바 있는데, 가쓰는 이와는 달리 '리엥코루토 로크'를 거론했다. 이는 가쓰가 '호우리 로크'(=호넷 로크)와 '호넷 로크'(독도)를 다른 섬으로 인식했음을 의미한다. 이렇듯 가쓰 역시 지볼트 지도와 영국 해도로 말미 암아 두 섬에 대한 인식에서 혼란을 겪고 있었다.

와타나베는 가나모리의 《다케시마도설》을 비롯하여 라 페루즈, 다줄레, 서양 지도와 지명 사전, 측량도, 도다 다카요시 등도 조사했다. 그는 에도시대 문헌에 서의 거리관계에 따른 전통적인 2도 인식을 계승하고 있었다. 그럼에도 그는

---

51) '다줄레'가 지도에 보인 것은 1855년 야마지 유키타카(山路諧孝)가 제작한 〈중정 만국전도(重 訂萬國全圖)〉에서이다(현대송, 〈일본 고지도로 본 일본의 독도인식〉 《지해해양학술상 논문수 상집》, 한국해양수산개발원, 2010 참조).

52) 가와카미는 마쓰시마=호우리 로크가 죽서(竹嶼)를 가리킨다면 라 페루즈가 붙인 '부솔 로크'를 말하지만 '호넷 로크'의 변형이라면 오늘날의 다케시마(독도−역주)이므로 '리앙쿠르 로크'에다 병기해야 하는데 이를 가쓰 가이슈가 잘못 마쓰시마[울릉도]에 기재했다고 보았다(川上健三, 《竹島の歷史地理學的研究》, 古今書院, 1966, 24쪽).

53) 川上健三, 《竹島の歷史地理學的研究》, 古今書院, 1966, 24쪽.

일본이 다케시마와 마쓰시마가 2도인지 1도인지 알지 못하고 이들 섬이 조선에 속하는 지도 모르는 실정이라고 결론을 내렸다. 이는 새로운 섬을 개척하게 할 목적에서 의도적으로 왜곡한 것이다. 사카타 모로토는 1877년 4월 25일자 무토 헤이가쿠와 사이토 시치로베의 청원서에 대하여 "마쓰시마는 조선의 울릉도로 우리 영역에 속해 있지 않으니 사이토의 청원을 허락할 권한이 없음을 알림"이라고 했다. 이는 그가 세간의 마쓰시마를 울릉도로 인식하고 있었음을 의미하는데, 당시는 태정관 지령이 나온 뒤이다.

외무성의 다나베 다이치 역시 자신이 말하거나 개척원에서 말한 마쓰시마가 실제 연혁과는 맞지 않는다는 사실을 잘 인지하고 있었다. 그는 "마쓰시마는 우리나라 사람이 붙인 이름이며 사실은 조선의 울릉도에 속하는 우산이라고 한다. … 사람을 보내 조사하는 것은 남의 보물을 넘보는 것이다"[54]라고 할 정도로 두 섬의 연혁을 잘 알고 있었다. 그럼에도 그는 "마쓰시마가 아직 다른 나라에 속하지 않은지가 분명하지 않고 소속도 애매하다면 우리가 사신을 파견할 때 해군성은 함선을 보내 측량가와 개발자에게 조사시켜 무주지인지와 이익 여부도 고려해 본 뒤 점차 기회를 보아 보고한 후에 개척해도 된다"고 하며 소속 미확정의 가능성을 열어놓았다.[55]

이렇듯 외무성 관리들은 '아르고노트 섬'이 더 이상 존재하지 않는다는 사실, 다줄레 섬이 마쓰시마로 불린다는 사실, 과거 마쓰시마(독도)로 불리던 섬이 지도상의 호넷 록스를 가리킨다는 사실을 잘 인지하고 있었다. 그런데 다줄레 섬으로 명명한 섬이 울릉도 위치에 있는데다 마쓰시마로 부르던 상황이었으므로 외무성에서는 '마쓰시마=울릉도' 인식이 점차 확대되었고, 이는 해군성의 조사로 말미암아 확정되었다.

---

54) 《竹島考證》(丁 23호, 1878).
55) 유미림, 2015, 앞의 책, 131쪽.

2. '울릉도=마쓰시마' 인식의 정착

두 차례에 걸쳐 실시된 해군성의 실지實地 조사는 '울릉도=마쓰시마' 확정에 결정적인 영향을 미쳤다. 1878년 6월 해군성 아마기함은 울릉도를 조사한 뒤 '松嶋'라는 표제로 보고했으나 1880년의 조사 뒤에는 '鬱陵島(一名松嶋)'로 보고했다.56) 해군성 수로국이 작성한 지도에는 개척원에서 일컬은 '마쓰시마' 외에 '竹嶼'도 보인다. 다만 여기에 "조선인이 '竹島'라고 한다"는 사실을 병기하고 있어 '다케시마[竹島]'와 '죽도竹島'를 혼동하지 않았음을 보여준다. 시마네현 출신의 도다 다카요시를 제외하면, 청원자 대부분은 개척 대상을 '마쓰시마'로 불렀고, 나가사키와 블라디보스토크를 왕래하던 자들도 대부분 '마쓰시마'로 불렀다. 나가사키에 있던 외국인들이 서양 지도와 해도를 보고 울릉도를 다줄레 섬과 마쓰시마에 해당시키고 있던 정황이 무토 등에게 영향을 미쳤던 것으로 보인다.

오키 서북쪽 70리에 떨어져 있는 섬을 마쓰시마(울릉도)에 해당시키던 잘못된 관행은 외무성의 기타자와 마사나리가 1879년의《수로잡지》를 인용하며 마쓰시마를 오키국 북동쪽 1/2, 동쪽 134리에 위치한 섬으로 적으면서 바로잡혔다. 그러나 기타자와는《다케시마고증》에서 "그 섬의 북쪽에 있는 소도를 竹島라고 부르는 사람이 있지만, 하나의 암석에 지나지 않는다는 것을 알게 되어"라고 했고,《다케시마판도 소속고》에서는 "마쓰시마가 옛날 한인이 울릉도라고 부르던 섬으로 그 외에 竹島라고 칭하는 섬이 있지만 별 볼 일 없는 작은 섬에 불과하다는 것을 알게 되어"라고 했다. 울릉도 밖의 한 섬을 1880년 조사에 참여했던 해군 소위 미우라는 '竹嶼'라고 명기했는데 기타자와가 이를 '竹島'로 바꾼 것이다.

기타자와의 보고로 말미암아 혼란을 겪고 있던 '마쓰시마'는 점차 울릉도를 가리키는 호칭으로 정착했다. 기타자와는 현재의 마쓰시마(울릉도)가 겐로쿠 연간의 다케시마(울릉도)로 일본 판도 외의 섬임이 판명된 바 있음을 분명히 했다. 그러나 기타자와가 이를 밝혔다고 해서 일본 안에서 '울릉도=마쓰시마=다케시마' 혼란이 완전히 해소된 것은 아니었다. 내무성은 여전히 전통적인 '다케시마=

---

56) 이 호칭은 점차 '鬱陵島一名松島(洋名 ダゲレット)'(1886)→'鬱陵島(一名松島)'(1894)→'鬱陵島一名松島[Dagelet island]'(1907)→'鬱陵島[松島]'(1933)으로 변전하고 있다.

울릉도, 마쓰시마=독도' 인식을 1880년대에도 지니고 있었다. 내무성 관리 니시무라 스테조[西村捨三]는 1881년 오야 겐스케[大谷兼助] 외 1명이 시마네현에 제출한 '마쓰시마 개척원[松島開拓願]'을 처리하는 과정에서 태정관 지령을 적용했다. 즉 1881년 11월 니시무라는 1877년의 태정관 지령을 첨부하여 외무성에 조회했다. 이에 앞서 시마네현령은 태정관 문의서 〈日本海內竹島外一島地籍編纂方伺〉에 "외 일도는 마쓰시마다"라는 내용을 주서朱書로 부기해서 내무성에 제출한 바 있다. 이는 시마네현과 내무성 모두 전통적인 다케시마·마쓰시마 인식을 지니고 개척원을 처리했음을 의미한다. 그런데 태정관 지령에서의 다케시마(울릉도) 인식은 그 후 외무성의 정책결정 과정에 크게 영향을 미치지 못했던 것으로 보인다. 아마기함이 조사하여 울릉도를 마쓰시마로 규정했고, 이런 사실이 전통적인 '다케시마=울릉도' 인식의 지속을 어렵게 했기 때문이다. 이런 정황으로 말미암아 1890년대 초기까지도 울릉도를 가리키는 호칭으로 여전히 '다케시마'와 '마쓰시마'가 혼용되고 있었다.

이렇듯 '다케시마=울릉도'라는 전통적인 인식은 일본 안에서 균열을 보이고 있었고 이런 균열은 곧 인식의 단절로 이어졌다. 그리고 이는 '마쓰시마=울릉도'라는 새로운 인식의 생성·보급을 결과했다. 새로운 인식은 서양 호칭의 유입이 계기가 되어 형성된 것이지만 해군성의 조사로 이런 인식이 확정·정착했다. 이에 전통적인 '마쓰시마=독도' 인식은 설 자리가 없어졌고, 이때를 틈타 서양 호칭 '리앙쿠르 락스'가 에도시대의 '마쓰시마' 호칭을 대체하기 시작했다. 이로써 과거 마쓰시마로 일컫던 섬에는 '리앙쿠르 락스'가 자연스레 붙었고, 그것이 독도를 가리키는 호칭으로서 1905년 편입 전까지 사용되었다. 1904년 9월 29일 나카이 요자부로가 편입과 대하를 청원할 때의 호칭이 '리양코 도'였다는 사실도 이를 방증한다. 그리고 이 호칭은 편입 뒤에도 잔존했다. 한편 기타자와가 말했던 죽도竹島는 '죽서'로 정착해갔다. 1905년 일본이 독도를 편입할 때 '리양코 도'를 '다케시마'로 새로이 명명하게 된 데는 이런 배경이 있다.

V. 맺음말

일본에서 다케시마·마쓰시마는 17세기 겐로쿠 연간의 인식이 18세기 초 교호 연간까지 계승되고 있었다. 이는 막부와 돗토리번, 쓰시마번이 마찬가지였다. 그런데 돗토리번을 중심으로 전해지던 내용이 18세기 중반 마쓰에번에서 간행된 저술로 말미암아 와전되기 시작했고, 19세기에 오면 편찬자의 의도가 개입된 저술이 나오면서 더욱 와전되었다. 이들 저술은 전문에 의거한 것이 많다 보니 양국과 섬 사이의 거리관계를 잘못 적거나 마쓰시마를 오키국 소속으로 잘못 기술했다. 다만 이런 오류는 많은 저술 가운데 극히 일부로서 이례적인 경우에 속한다. 18세기에 간행된 일부 문헌에서 거리관계를 잘못 기술한 것이 이례적임은 그 뒤에 간행된 다른 문헌이 겐로쿠나 교호 연간의 문서에 기술된 거리관계를 회복하고 있다는 사실로써 알 수 있다.

겐로쿠 연간에 막부는 조·일 양국에서 각각 다케시마까지 거리를 기준으로 영유인식을 판단했으며, 언제나 두 섬을 한 묶음으로 취급했다. 따라서 마쓰시마에 대한 영유인식을 다케시마에 대한 영유인식과 분리시켜 논할 수 없다. 〈표-3〉에서 보았듯이, 대부분의 문헌은 다케시마와 마쓰시마 사이의 거리를 40리로 기술하고, 마쓰시마와 오키 사이의 거리를 60~80리 사이로 기술했다. 다케시마와 호키 사이의 거리에 관한 기술도 대부분 비슷하다. 하치에몬사건과 관련된 문서의 거리관계와 도서 특징을 보더라도 이때의 마쓰시마를 울릉도로 볼 여지는 전혀 없다.

그러므로 일본이 메이지시대에 울릉도를 마쓰시마로 인식하게 된 배경에는 전통적 인식의 균열과 단절, 서양 호칭의 유입으로 혼란이 작용했다고 보아야 할 것이다. 신도 개척을 청원하는 원서에서 개척 대상 울릉도를 '마쓰시마'로 명기한 자들이 주로 나가사키와 블라디보스토크 사이를 왕래하던 자들, 즉 외국인과 접촉했던 자들이라는 점이 이를 뒷받침한다. 청원서를 검토한 외무성 관리들은 에도시대의 문서에 보인 다케시마와 마쓰시마의 연혁을 잘 인지하고 있었으므로 이들이 명칭을 혼돈할 여지는 없었다. 그럼에도 이들은 울릉도를 가리킬 때 마쓰시마와 다줄레 섬 두 명칭을 병기했다. 일본에 서양 호칭이 유입된 뒤 울릉도가 마쓰시마로 널리 알려져 있던 정황을 반영해서지만, 그 근본 원인을 거슬러 올라가면 지볼트가 울릉도에 다줄레 섬과 마쓰시마를 대입한 사실에서 연유한다.

그런 점에서 현재 일본 외무성이 포인트 1 "일본은 예로부터 다케시마의 존재를 인식하고 있었습니다"에서 "유럽 탐험가의 측량 오류 등으로 한때 울릉도의 명칭에 혼란이 생기다"는 제하題下에 기술한 내용, 즉 명칭 혼란을 운운한 내용은 일면 타당하다. 1787년 라 페루즈가 울릉도를 다줄레 섬으로, 1789년 콜넷이 울릉도를 아르고노트 섬으로 명명했으나 이들이 측정한 경위도에 차이가 있어 그 뒤 지도에 울릉도가 두 개의 다른 섬인 듯 기재되었다. 이어 1840년 지볼트[57]가 〈일본지도〉에서 '아르고노트 섬=다카시마', '다줄레 섬=마쓰시마'로 기재함으로써 다케시마 또는 이소타케시마로 불리던 울릉도를 마쓰시마와 다줄레 섬으로 부르게 된 것은 사실에 부합하기 때문이다.

현재 일본 외무성의 주장에 따르면, 명칭 혼란을 겪고 있던 와중에 마쓰시마 개척원이 제출되었고, 1880년의 현지조사는 마쓰시마로 불리던 섬이 울릉도임을 확인하게 되었다고 한다.[58] 그리고 "이상의 경위를 토대로 울릉도는 '마쓰시마'로 불리게 되었으며 따라서 현재의 다케시마의 명칭을 어떻게 할 것인지가 문제가 되었습니다. 이 때문에 정부는 시마네현의 의견[59]을 청취한 뒤, 1905년 그때까지의 명칭을 모두 대체하는 형태로 현재의 다케시마를 정식으로 '다케시마'라고 명명하였습니다"라고 한다(외무성 홈페이지 한국어 본에 따름).

---

57) 지금까지 시볼트로 불러 왔으나 이는 과거 일본인이 표기한 영향 때문으로 보인다. 필자가 나가사키의 지볼트 관련 유적지를 가보니, 한글 표기에서 시볼트와 지볼트 두 가지가 보인다. 이 글에서는 직접 인용문을 제외하고는 원어(Philipp Franz Jonkheer Balthasar van Siebold) 발음에 가깝게 지볼트로 적었다. 지볼트(1796~1866)는 1823년 8월 12일 일본의 나가사키에 도착하여 체재하다 1828년 9월 네덜란드로 귀국했다(이상균, 〈시볼트의 〈한국전도〉 속 독도 명칭이 독도영유권 논거에 주는 함의〉《한국지도학회지》 17-2, 한국지도학회, 2017, 4쪽).

58) 원문 전체는 "이와 같이 일본 국내에서는 예로부터 내려온 다케시마와 마쓰시마에 관한 지식과 그 뒤 구미에서 지은 섬의 이름이 혼재하고 있었는데, 그러던 가운데 '마쓰시마'를 멀리서 보았다는 일본인이 마쓰시마를 개척할 수 있도록 정부에 청원하였습니다. 정부는 그 섬의 명칭을 명확히 하기 위해 1880년에 현지조사를 실시했으며, 이 청원과정에서 '마쓰시마'라 불리던 섬이 울릉도임을 확인하였습니다"로 되어 있다.

59) 이는 오키 도사가 "울릉도를 竹島라고 통칭하지만 실은 松島로서, [이는] 해도로 보더라도 명료한 유래가 있습니다"(1904.11.30.)라고 말한 것을 가리킨다. 도사가 이렇게 답변했다는 것은 당시 해도가 널리 보급되었고, 그로 말미암아 '마쓰시마=울릉도' 인식이 퍼져 있었음을 의미한다.

이런 설명은 명칭 혼란의 복잡한 과정을 다소 단순화시킨 느낌은 있지만, 특별히 의도성이나 조작을 의심하기는 어렵다. 메이지시대 외무성 관리들이 전통적인 도서 인식─다케시마(울릉도)와 마쓰시마(독도)─을 지니고 있었다 하더라도 서양에서 들여온 해도에 울릉도를 마쓰시마로 기재하고 있고 이것이 유포되어 울릉도를 마쓰시마로 부르게 된 정황이 시마네현 밖의 지역에까지 널리 퍼져 있었던 것도 사실이기 때문이다. 그런데 한국의 일각에서 이러한 외무성의 설명을 일러 독도 영유권 주장을 위한 논리일 뿐이라고 비판하거나, 의도된 조작이라고 비판하는 경우가 있다. 그러나 이는 본문에서 고찰한 바와 같이 적실성이 결여된 비판이다.

또한 "해군성만은 1880년 울릉도 실측조사로 송도가 울릉도임을 확인하면서도 해도나 수로지에서 울릉도를 '울릉도 일명 송도' 혹은 울릉도[일명 송도]라 하여, 송도란 명칭을 울릉도에 사용하고 있었던 것이다. 따라서 죽도문제연구회나 일부 일본 측 연구에서 조선국교제시말내탐서와 태정관 지령 등에 등장하는 '송도松島' 즉 독도를 '명칭혼란' 탓으로 돌려 그것을 '울릉도'라거나 '소재가 불분명한 섬'이라고 하는 것은 의도된 잘못이라 할 것이다"[60]는 비판이 있다. 이런 비판은 다케시마문제연구회에는 해당하지만, 가와카미와 외무성에게까지는 해당하지 않는다. 다케시마문제연구회는 태정관 지령의 '일도'가 '마쓰시마' 즉 독도임을 인정하지 않을 의도에서 이런 논리를 폈으나, 1877년 태정관 지령의 논리를 1880년대 이후 정착해 간 '울릉도=마쓰시마' 명칭에 적용하는 것 자체가 시기적으로 맞지 않기 때문이다. 따라서 비판의 초점은 일부에만 맞춰져야 한다. 이를 끌어다가 "명칭전도론[61]이 다분히 의도된 논리"[62]라고 비판하는 것은 서로 다른 내용을 무리하게 엮은 것이라고 하지 않을 수 없다.

---

60) 송휘영, 2017, 앞의 글, 41쪽.
61) 가와카미는 지볼트 지도 이후 울릉도 위치에 다줄레와 마쓰시마 두 호칭이 병기된 사실을 밝히고 '도명의 혼란'을 언급했는데(川上健三, 1966, 앞의 책, 17~19쪽), 일각에서는 이를 '명칭전도론'으로 부르고 있다. 명칭의 혼란과 전도는 그 의미가 다르다. 명칭 전도는 1905년 편입당시 울릉도(다케시마)의 명칭이 독도 명칭으로 바뀐 결과에만 해당된다. 독도의 명칭이던 마쓰시마는 울릉도 명칭으로 바뀌지 않았으므로 쌍방의 명칭 전도가 아니다. 한편 가와카미의 주장에 '논'을 붙일 만큼 논리성을 구비했는지도 생각해볼 문제이다.
62) 송휘영, 2017, 앞의 글, 42쪽

마찬가지로 "독도를 마츠시마라 하던 것을 리양코섬이라 부르고 이를 새로 다케시마라고 한 것도 다분히 영토편입의 과정에서 인위적으로 부여된 명칭이다. 이러한 것만 보더라도 영토침탈의 동기에서 의도적으로 생겨난 것이라 알 수 있다. 게다가 명칭변화를 연구하여 「명칭전도론」을 세운 가와카미 겐죠의 논리조차 다분히 치밀한 계산 하에서 만들어낸 조작이라 할 수 있다"[63]는 비판 역시 인과관계가 맞지 않는다. 전통적으로 마쓰시마로 부르던 독도 호칭을 다케시마로 명명하게 된 배경에는 마쓰시마를 더 이상 사용할 수 없게 된 사정이 크게 작용했다. 이를 일러 가와카미가 영토 침탈의 동기를 갖고 의도적으로 바꾸었다고 비판하는 것은 지금까지 고찰했듯이 전후의 인과관계가 맞지 않는다. 명칭 혼란이 일본의 독도 영토편입 과정에서 이름을 정하는 데 영향을 미친 것은 맞지만, 그것이 영토 편입을 초래한 직접적인 원인이라고 보기는 어렵기 때문이다. 선행 연구는 이런 점을 간과하고 명칭 혼란과 명칭 전도론을 운운하며 일본 정부를 비판해 왔다.

현재 일본 정부의 주장이 가와카미의 논리에서 비롯되었음은 사실이다. 가와카미는 에도시대에 울릉도를 다케시마로 부르다가 독도 호칭이던 마쓰시마로 바꿔 부르게 된 원인을 지볼트의 오류로 말미암은 도명島名의 혼란에서 찾았는데, 이런 진단이 잘못된 것은 아니었다. 그런데 이를 일러 "일본에서의 울릉도·독도 명칭이 17세기의 다케시마·마쓰시마에서 19세기 이후 마쓰시마와 다케시마로 전도된 이유를 시볼트 지도라는 외재적 요인에서 찾는 것은 부적절하다"[64]고 하거나, "가와카미 겐죠의 연구는 명칭전도의 원인을 시볼트의 착각과 실수로 돌려 일본정부가 울릉도독도를 일본의 판도 외로 결정한 외교적 판단을 뒤집을 수 있는 논리적 근거를 만들기 위해 의도적으로 조작된 것이라 할 수 있다"[65]고 비판하는 것은 둘 다 논점이 빗나가 있다. 가와카미가 태정관 지령을 뒤집을 수 있는 논리적 근거를 만들기 위해 조작했다고 볼 만한 정황은 없기 때문이다. 1877년에 태정관 지령이 나오게 된 배경과 1880년대에 해군성이 '마쓰시마=울

---

63) 위의 글.
64) 정영미, 2015, 앞의 책, 175쪽.
65) 송휘영, 2017, 앞의 글, 32쪽.

릉도'로 확정한 것은 시기적으로 다르고, 별개의 사안이기도 하다. 그러므로 이에 의거하여 가와카미가 논리적 근거를 조작했다고 연관 짓는 것은 무리한 비판이다. 18세기 중반 이후 일본에서 '마쓰시마=울릉도' 인식이 형성된 직접적인 원인은 에도시대의 인식이 단절되었기 때문이다. 전통적인 인식은 '마쓰시마=독도'라는 인식이었고, 그것은 '마쓰시마=울릉도' 인식이 형성된 뒤에도 일부 지역에서 잔존했다. 그러나 결국에는 '마쓰시마=울릉도' 인식이 정착해갔고, 그렇게 된 데는 해군성의 조사가 결정적이었다. 그럼에도 '마쓰시마=울릉도' 인식은 1905년에 일본이 독도를 '다케시마'로 명명하기 전까지 모든 문헌에 반영되거나 모든 지역에서 통용되던 것도 아니었다. 지도에는 여전히 전통적인 '다케시마=울릉도' 인식이 반영되어 있었고, 호칭에서도 지역에 따라서는 '다케시마=울릉도' 인식을 온존하고 있었다. 그러므로 1905년에 일본 정부가 과거의 마쓰시마(독도)를 다케시마로 명명하여 편입하는 과정은 에도시대의 '마쓰시마'(독도) 인식과는 별개로 그리고 성급하게 진행된 것이었다고 밖에 볼 수 없다. 그 점에서 우리가 일본이 주장하는 '고유영토'론을 비판하는 것은 타당하다.

3부

사료 해석의 문제

1. '안용복 밀사'설은 성립하는가?

Ⅰ. 머리말

이 글은 독도 연구와 관련하여 최근 일각에서 제기되고 있는 이른바 '안용복 밀사'설을 검토하려는 것이다. '안용복 밀사'설의 단초는 2010년대 초반부터 보이기 시작했지만, 최근 이 설이 다시 확대·재생산되고 있다. '안용복 사건' 즉 '울릉도 쟁계'는 1693년 일본이 안용복·박어둔을 납치했다가 송환하면서 조선 어민의 울릉도 어로 금지를 요청하는 서계를 조선 측에 보내옴으로써 시작된 사건이다. 이 분규는 조·일 양국 사이 영토 분쟁으로 비화했고, 결과는 일본 어민의 울릉도 도해를 금지하는 것으로 귀착되었다. 일본 정부가 '다케시마(울릉도) 도해금지령'을 낸 것이다. 막부가 금지령을 낸 것은 1696년 1월이지만, 그 사실이 조선 정부에 전해진 것은 1697년 1월 도해역관渡海譯官이 귀국하고 나서다. 그런데 그 전 해인 1696년 봄 안용복이 다시 도일渡日하는 일이 발생했다. 1696년 안용복의 도일은 1693년과는 달리 자발적으로 기획한 것이었다. 일각에서 제기하는 '안용복 밀사'설은 1696년의 도일이 계획적이었다는 사실에 착안하여 나온 것이다. 안용복이 계획적으로 도일한 것은 권력자의 밀명을 띠고 특수임무를 수행하기 위해서였다는 것이다.

그렇다면 누가, 왜, 안용복을 밀사密使로 보냈는가? 권력자가 안용복에게 맡긴 특수임무란 무엇이며, 안용복은 이를 어떻게 수행했는가? 일본 정부는 과연 안용복을 밀사로 받아들였는가? 그리고 그 결과는 어떠했는가? 이른바 '안용복 밀사'설이 성립하려면 이런 문제들이 해명되어야 한다. 이에 이 글은 그에 대한 문제 인식을 지니고 그 타당성을 검증해 보려는 것이다.

Ⅱ. '안용복 밀사'설-1: 남구만의 밀사 안용복

'안용복 밀사'설이 본격적으로 등장하게 된 배경에는 그 계기를 제공한 선행연구들이 있다.[1] 1693년 안용복이 에도[江戶]에 가서 관백關白의 서계를 받았다고 기록한 《숙종실록》이 사실이라는 주장,[2] 안용복의 울릉도 도해 배후에 동래부사와 부산첨사가 있다는 설,[3] 안용복이 샤쿠완(부산첨사 이홍적, 삼척첨사 장한상)의 지령으로 돗토리번을 방문했다는 설,[4] 안용복은 조선 조정이 파견한 선견사였다는 가설 등[5]이다. 한편 이를 부인하는 다른 시각의 견해도 있다. 곧 "안용복의 행위와 의식은 자신의 이익에 대한 기대와 함께 일본에 대한 개인적인 울분과 적개심이 국가적 차원으로 확대된 경우라고 보아야 할 것"[6]이라는 견해가 그것이다. 그런데 '안용복 밀사'설에 계기를 제공한 선행연구의 경우, 연구자 간에 논리가 상충하거나 연구자 개인의 논리 안에서도 일관되지 못한 부분이 있다. 그럼에도 이러한 각각의 단편적인 논의를 '남구만의 밀사 안용복'이라는 하나의 논리로 엮은 자는 권오엽[7]이고, 이를 사료를 통해 논증하겠다는 목적을 지니고 구체적으로 부연한 자는 최영성이다. 이 글은 권오엽의 논지를 '안용복 밀사설-1'(①로 약칭)로, 최영성의 논지를 '안용복 밀사설-2'(②로 약칭)로, 두 가지 설을 아우르는 논지를 '안용복 밀사'설로 부르며 검토하기로 한다. 두 설의 차이를 구분한다면, ①은 남구만이 보낸 밀사라는 의미에서 '남구만의 밀사 안용복'설이라고 할 수 있지만, ②는 숙종의 묵인 아래 남구만과 윤지완이 공조하여 보냈

---

1) 권정-a, 〈독도에 관한 일본 고문서 연구-《竹島渡海由來記拔書控》(죽도도해유래기발서공)을 중심으로-〉《일본문화연구》38, 2011; 권정-b, 《《숙종실록》기록으로 본 안용복 -안용복 진술의 타당성에 관하여-〉《일본언어문화》19, 2011; 권정-c, 〈안용복의 울릉도 도해의 배후 - 동래부사와 부산첨사〉《일본어문학》55, 2011; 권혁성, 〈순천승 雷憲의 일본도해: 호국승으로서의 뇌헌〉《일어일문학》55, 2012; 권오엽-a, 〈안용복의 호패〉《일본문화학보》64, 2015; 권오엽-b, 〈남구만의 밀사 안용복〉《일본어문학》65, 2015; 권혁성 · 권오엽, 〈花田 李進士와 獨島〉《한국일본어문학회 학술발표대회논문집》, 2015.

2) 권정-b, 2011.

3) 권정-c, 2011.

4) 권혁성 · 권오엽, 2015, 앞의 글, 228쪽.

5) 권혁성, 2012, 앞의 글, 393쪽. 권혁성에 따르면, 大西俊輝가 그런 경우를 대담하게 설정했다는 것이다.

6) 윤재환, 〈약천 남구만이 바라본 안용복의 의미〉《동방한문학》제69집, 동방한문학회, 2016, 323쪽.

7) 권오엽-b, 2015, 앞의 글.

다는 의미에서 '조선 정부의 밀사 안용복'설이라고 할 수 있다.

①은 이 주제에 관해 선구적 연구를 했음에도 여러 연구자의 설이 섞여 있고 출전을 밝히지 않은 경우가 많아 자신의 설인지 다른 연구자의 설인지가 불분명한 부분이 적지 않다. 이를 테면 권혁성은, 안용복이 쓰시마번의 비리를 소송하기 위해 돗토리번에 도해했는데 쓰시마번의 방해공작으로 뜻을 이루지는 못했지만 그들의 비리를 소송하며 쓰시마번을 제외한 외교노선을 구축해야 할 필요성을 충분히 전달했다[8]는 논리를 개진한 바 있다. 즉 안용복이 새로운 외교노선을 개척하려는 "조정 세력의 지령을 받"았을 가능성을 제기했다. 권오엽의 논지도 이 범주를 벗어나지 않았지만 출전을 밝히지 않았다. 권혁성은 새로운 외교노선을 개척하려는 목적 아래 도해한 것은 뇌헌도 마찬가지였을 것이라고 보았다.[9] 권혁성은 〈겐로쿠각서〉를 해설한 오니시 도시테루大西俊輝의 해설[10]을 참고한 부분이 많으나, 그 역시 출전을 밝히지 않아 누구의 논지인지가 애매하다.

권오엽의 논지를 최영성이 구체화했으므로 이 글은 최영성의 이설異說을 중점적으로 검토하는 것을 목적으로 하되, 그에 앞서 ①의 논지를 먼저 검토한다. ①은 남구만이 조정의 합의 없이 독자적으로 밀사 파견을 진행했다는 시각에서 논지를 전개했는데, 그것은 다음과 같이 요약할 수 있다.[11] 첫째, 남구만은 1693년 피랍으로 일본에 갔다가 송환된 안용복이 제공한 정보로 쓰시마번이 사실을 왜곡한다는 사실을 알게 되어, 쓰시마번을 제외한 신 외교노선의 구축을 기획, 안용복으로 하여금 돗토리번을 통해 쓰시마번의 비리를 막부에 소송하도록 밀명을 주어 파견했으며 그 과정은 조정의 합의를 얻지 않고 독자적으로 진행했다. 둘째, 안용복의 해상활동이 일정한 세력의 허가나 묵인 아래 이루어지고 있었음은 그가 통행증을 소지한 사실로 알 수 있고, 1696년 소송 건은 지방 권력을 벗어나 중앙 권력의 허가나 지시가 필요한 일이었다. 1693년에 수감되었다가 출소한 안용복이 남해와 동해세력을 아울러 도일을 계획한 것은 공적 권력의 기획과 주도가 있어야 가능한 일이다. 셋째, 1696년 오키국 번소에서 안용복이

---

8) 권혁성, 2012, 앞의 글, 392쪽.
9) 권혁성, 2012, 위의 글, 393쪽.
10) 권오엽·오니시 토시테루(大西俊輝), 2009, 앞의 책.
11) 권오엽-b, 2015, 앞의 글, 431-444쪽.

호키국 태수에게 소송할 용건이 있음을 말하자, 번소는 이를 막부에 보고하면서 "조선인이 제출한 서류를 목록에 적어" 제출했는데, 이는 안용복 일행이 일본의 공적 기관을 통해 문제를 해결하려 한 것을 의미한다. 그러나 새로운 외교노선이 고정되는 것을 두려워한 쓰시마번은 돗토리번을 통한 소송 건이 접수되면 조선 외교를 전담해온 특권이 없어져 생존에 문제가 생기므로 막부의 지시를 바꾸도록 제안, 막부가 이를 수용한 것이다. 넷째, 1696년 안용복이 '조울양도 감세장 신 안동지기(朝鬱兩島監稅長[12]臣安同知騎)'라는 깃발을 걸고 일본에 간 것은 오키 이후가 분명하지만 의관 등은 급조할 수 있는 것이 아니므로 출선 당시부터 준비해간 것임이 분명하다. 이는 지방 권력의 한계를 벗어나 중앙 권력의 지시나 허가가 필요한 일이다.

즉 ①의 논지는, 조선 정부가 밀사를 파견한 목적은 쓰시마번의 비리를 막부에 알리는 것이었지만, 직접 알리는 것이 아니라 돗토리번을 통해 알리려는 것이었다. 이를 기획한 자는 남구만으로 그는 조정의 합의 없이 독자적으로 했다. 그의 구상은 쓰시마번이 아닌 다른 노선을 통해 새로운 외교노선을 개척하려는 것이었다. 이를 수행하고자 안용복은 남해와 동해 세력을 아우르고 갔으므로 이는 중앙 권력의 허가와 지시를 받은 것이다. 안용복이 제출한 문서는 돗토리번을 통해 막부에 보고되었지만, 쓰시마번이 막부를 움직여 결국 남구만이 의도한 목적을 달성하지 못했다는 것이다.

위 ①의 논지에 대해서는 몇 가지 의문이 제기된다. 쓰시마번이 사실을 왜곡한다고 했는데 왜곡한 사실이 분명하지 않다. 그리고 안용복의 도일 목적이 쓰시마번의 비리를 알리는 것인지, 울릉도와 독도가 조선 땅임을 밝히려는 것인지도 애매하다. 안용복이 남해와 동해 세력을 아우른 것이 공적 권력의 기획과 주도가 있어야 가능한 일이라고 했지만, 안용복이 계획 단계에서부터 뇌헌 세력을 아우른 것인지는 입증되지 않았다.[13] 배의 운영권은 뇌헌에게 있었으며, 일행의 구성으로 보면 안용복이 뇌헌 일행에 편승한 것이거나, 안용복 주도의 선단에 뇌헌의 배가 참여한 것으로 볼 수도 있다는, 애매하지만 다른 견해가 있기 때문이

---

12) 將이 되어야 맞다.
13) 권혁성, 2012, 앞의 글.

다.14) 또한 뇌헌 세력의 포함이 공적 세력과 연계를 의미하는 것인지도 따져볼
일이다.

한편 ①은 "안용복 일행은 일본에서 사신 대접을 받았다. 일행이 표착한 隱岐
番所나 鳥取藩은 물론 막부도 사신단으로 대우했다. 그런 경우가 고착되는 것을
두려워하는 對馬藩의 반대로 목적을 달성하지는 못했으나 조선의 뜻을 기록한
공문을 막부에 접수시킨 것은 사실이다"15)라고 했다. 안용복의 소장이 돗토리번
을 통해 막부에 접수되었음을 밝히고 있다. 그러나 〈겐로쿠각서〉를 보면, 대관代
官의 수하가 "조선인이 제출한 문서를 목록에 적어" 상부에 보고했다고 되어 있
다. 조사자가 피조사자가 지참했던 물품 및 문서를 보고하는 것은 당연하다. 그
러므로 오키 관리가 안용복 일행이 지니고 있던 문서를 목록에 적어 보고한 것이
다. 하지만 관리는 "문서를 목록에 적어" 보고했다고 했을 뿐이다. 다시 말해
문서의 내용을 보고한 것이 아니다. 안용복 일행이 지닌 문서를 목록으로 적어
보고한 것과 문서 내용을 적어 제출·접수했다는 것은 그 의미가 크게 다르다.
문서의 내용도 파악되지 않았다. 따라서 이를 일러 안용복 일행이 일본의 공적
기관을 통해 문제를 해결하려 했다고 보는 것은 논리적 비약이다.

①은 "조선인이 제출한 서류를 목록에 적어"라고 번역했음에도 "안용복이 제
출한 문서 등을 첨부한 보고서를 관계요로에 전했"고, 이 "보고를 받은 鳥取藩이
江戸藩邸를 통해 막부에 보고"했다는 것으로 확대 또는 잘못 해석했다. 그러나
관리는 이인성이 쓰던 소장訴狀의 초안을 본 적은 있지만 정서된 소장은 보지
못했다고 했다. 안용복은 호키에 가서 직접 제출할 뜻을 밝혔다. 따라서 오키
관리는 소장의 내용을 대체적으로 안다고 보고했을 뿐 그 내용을 자세히 보고한
적이 없다. 안용복은 귀국 후 비변사에서 진술할 때, 호키에서 소장을 제출했으
나 쓰시마도주의 반대로 막부에 보고되지 못했다고 했다. 한편 일본 측 기록에
따르면, 안용복은 이나바에 가서 말하겠다고 했음에도 정작 이나바에 온 뒤로는
일본어를 못하는 듯이 행동했다. 또한 일본 측 기록에도 안용복이 제출했다는
소장의 내용에 대해서는 언급한 바가 없다.

---

14) 권혁성, 2012, 위의 글, 392쪽.
15) 권오엽-b, 2015, 앞의 글, 445쪽.

①은 안용복이 목적은 달성하지 못했지만 "조선의 뜻을 기록한 공문을 막부에 접수시킨 것은 사실이다"라고 했다. 그리고 "안용복의 그런 활동은 對馬藩이 아닌 다른 노선을 통해 조선의 뜻을 막부에 전달하겠다는 남구만의 구상과 같"다고 했다. 여기서 말하는 "조선의 뜻"은 무엇을 말하는 것인가? 남구만의 뜻인가? 그렇다면 군주의 허락이나 조정의 합의 없이 독자적으로 진행한 남구만의 뜻을 조선의 뜻이라고 할 수 있는가? 돗토리번이 안용복의 도일 사실을 막부에 보고한 사실을 일러 공문을 "접수"했다고 볼 수 있는가? 소장이 제출되었다고 가정하자. 이 경우 오키에서 작성된, 관부의 날인이 없는 안용복의 소장을 일본 정부가 공문으로 인정할 수 있는가? 오키 관리는 이와미국에 보고하는 동시에 돗토리번청 가로에게도 보고했고, 가로는 이 사실을 에도번저에 보고했으므로 막부의 노중에게도 보고되었을 것이다. 그러나 이런 보고를 일러 막부에 공문을 접수한 것과 동일시 할 수 있는 것은 아니다.

①은 남구만이 쓰시마번이 사실을 왜곡한다는 것을 안용복이 제공한 정보로 확인했기 때문에 "일본이나 울릉도에 관한 정보를 검증하는 일에 안용복을 활용"[16]하기 위해 그를 돗토리번으로 보냈다고 한다. 그렇다면 남구만이 안용복을 파견한 목적이 쓰시마번 관련 소송인가, 아니면 여러 정보에 관한 검증인가? ①에 따르면, 안용복을 밀사로 파견한 이유가 1609년의 기유약조로 조선과 일본과의 통신은 쓰시마로 한정되어 있었으므로 쓰시마번이 아닌 다른 곳을 통하는 일은 허가 받기 어려운 상황이었고, "그렇게 되면 일본이 부산포가 아닌 다른 곳으로 왕래하는 빌미를 줄 수 있기 때문이다. 그렇다 해서 對馬藩의 사실 왜곡을 방관할 수도 없어, 안용복을 밀사로 파견한 것이다"[17]라고 한다. 그러나 이 내용만으로는 밀사 파견의 이유가 드러나지 않는다. 이렇듯 ①의 논지는 여러 의문점을 내포하고 있으며, 그 의문은 여전히 해소되지 않았다. 그럼에도 ①의 논지는 ②에 의해 수용되었고, 더 구체화되었다. 다음은 이를 검토한다.

---

16) 위의 글, 438쪽.
17) 위의 글, 448쪽.

Ⅲ. '안용복 밀사'설-2: '조선 정부의 밀사 안용복'설

1. '조선의 밀사' 파견 배경과 시기의 문제

최영성은 권오엽의 설을 사실일 것으로 인정하되, "다만 사료 섭렵과 논증에서 아쉬움이 있다"[18]며, 기존 사료를 재해석하고 그동안 활용되지 않았던 자료를 제시하여 '안용복 밀사설'[19]을 뒷받침할 만한 논거를 제시하고자 했다. 권오엽은 안용복을 밀사로 파견한 자를 남구만으로 본 반면, 최영성은 남구만과 윤지완의 공조라고 보았다. ②의 논지는, 남구만이 윤지완과 안용복에게 얻은 자료로 울릉도(독도 포함) 문제의 실상을 명확히 인식하게 되었기에 그의 후견인으로서 안용복을 밀사로 파견한 것인데, 당시는 정파 간의 인식 차가 커서 공식 사행을 파견하기가 어려웠기 때문에 정쟁을 피하면서 외교 현안을 해결하기 위한 방안으로 밀사를 파견했다는 것이다.[20] ②는 밀사 파견의 배경으로 정파 간 인식 차이를 들었으나 그에 대한 구체적인 언급은 없다. 밀사 파견이 정쟁과 관련 있다면 소론세력과 남인세력 사이에 울릉도 쟁계를 둘러싼 의견 차이가 관찬 문서나 개인 문집에 보였어야 한다. ②는 남구만이 윤지완에게 보낸 서한을 인용하여 안용복을 밀사로 보낼 계획을 세우고 있었음을 뒷받침하는 자료로 삼았다. 즉 "남·윤은 남인 정권의 굴욕적인 대일외교를 비판하고 이를 시정하고자 하였다. … 쓰시마번에 대한 불신이 심각하였다. 이에 남구만은 밀사 파견을 기획하였던 것 같다"[21]라고 했다. 남구만은 1694년 4월 영의정이 되었지만 민암의 옥사를 잘못 처리했다는 비판을 받고 사임했다가 1695년 10월에야 다시 복직했고, 유집일로부터 안용복이 제공한 정보를 제공받은 뒤에야 대일 외교의 중요성을 절감했다

18) 최영성, 〈安龍福 제2차 渡日의 성격에 관한 고찰 -'조선의 密使' 안용복-〉《독도연구》제26호. 영남대학교 독도연구소, 2019, 90쪽.
19) 최영성은 '안용복 밀사설'로 칭했지만, 이 글에서는 '안용복 밀사'설로 칭하기로 한다.
20) 최영성, 2019, 앞의 글, 91쪽.
21) 최영성, 2019, 위의 글, 98쪽. 이에 대한 각주에서 「남구만이 류상운에게 보낸 서한에서 "조정에서 별도로 일본에 사신을 보내 그 虛實을 살피고자 하는데, (쓰시마번) 너희들은 장차 어떻게 대처하겠는가?"운운한 대목은 밀사 파견과 관련하여 남구만의 의중이 실린 말이라 하겠다」라고 했지만 출전은 밝히지 않았다.

고 한다. 그뒤 남구만이 앞장서고 윤지완이 이를 따르는 형태로 대일 외교를 폈고, 그 과정에서 소외된 박세채가 서운함을 토로하는 일도 있었다며 박세채의 서한을 1694년 7월 12일로 추정했다.

그렇다면 남구만이 밀사 파견을 계획한 시기는 언제인가? 1694년 7월 이전인가? 1694년 8월 이후인가? 아니면 복직 이후인 1695년 10월 이후인가? 이 부분이 불분명하다. 남인 계열이 실각하고 남구만 등 소론계가 정권을 잡은 시기는 1694년 4월 무렵이다. 하지만 일본 측이 조선 측의 1차 회답 서계(1694.2.)에 불만을 품고 개작을 요구하는 서계를 보내와 조선 정부가 이를 의논한 시기는 1694년 8월 무렵이다. 이어 조선 측은 1차 서계에 대한 회답서계를 회수하고 울릉도가 조선 영토임을 강변한 이여 명의의 서계를 작성했다(1694.9.). 따라서 이때는 이미 소론계가 정권을 잡은 이후이므로 울릉도 쟁계를 둘러싸고 정파 간 이견이 노정되었다고 볼 수 있는 시기가 아니다. 숙종은 남구만과 이 문제를 의논하기까지 했다.[22] 개작된 서계가 강경해진 데 불만을 품은 쓰시마번은 다다 요자에몬[多田與左衛門]을 보내 서계의 개작을 요구하며 버텼지만 조선은 이를 들어주지 않았고, 접위관 유집일은 1694년 10월 초에 귀경했다. 10월 말 쓰시마 번주 요시쓰구가 사망했고 그 소식은 11월 중순 부산의 왜관에 전해졌다. 다다 요자에몬은 번주가 사망했음에도 바로 귀국하지 않고 서계의 개작을 요구하며 왜관에 체재하고 있었다.

1695년 초 남구만은 영의정에서 물러났음에도 동래에서 안용복을 조사하고 돌아온 접위관 유집일로부터 자세한 내용을 들을 정도로 이 문제에 관심이 많았다. 1695년 4월 쓰시마번 형부대보 요시자네는 다다에게 귀국을 명하되 조선 측 답서에 대한 '의문 4개조'를 작성하여 동래부사에게 전하도록 지시했다. 쓰시마번은 1695년 6월 중순 교섭대표를 다다 요자에몬에서 스기무라 우네메[杉村采女]로 바꾸었다. 이어 형부대보 요시자네는 에도로 떠났고 노중에게 교섭 문제를 보고했다. 그러므로 적어도 양국 정부가 울릉도 쟁계를 교섭하는 동안에는 밀사 파견을 계획하고 있었다고 보기 어렵다. 남구만이 1694년 8월 이후 안용복의

---

22) 경상북도 독도사료연구회, 《연구보고서 1: 竹嶋紀事》I, 경상북도 독도사료연구회, 2013, 174쪽.

도일을 계획했다거나 안용복의 후견인이 되었다면 관련 사실이 사료에 보였어야 한다. 그런데 1694년에 안용복은 수형(受刑)[23]중이었을 것이다. 죄수를 밀사로 파견하려 계획했다는 것도 이해하기 어렵지만, 그럴 계획이 있었다면 굳이 형기를 채우기를 기다렸다가 도일시킬 필요가 있었을까 하는 의문이 든다.

②는 《다케시마기사[竹嶋紀事]》를 인용하여, 조선이 돗토리번을 외교창구로 막부와 직접 통교하려 한다는 소문이 왜관에도 알려져 쓰시마번이 이를 우려하고 있었다고 했다. 《다케시마기사》에 이런 내용이 있는 것은 사실이지만 이 부분은 전체적인 문맥을 볼 필요가 있다. 《다케시마기사》에 "이것이 사실이라면 매우 중요한 일이 될 것이다. 게다가 접위관이 철수한다면 거듭 통교의 길도 끊어지게 되니 답신을 수령해야 할 것이다"라고 했듯이, 쓰시마번은 조선 측 서계를 수령해야 한다는 사실을 잘 인지하고 있었다. 《다케시마기사》에 "막부와 직접 통교하려 한다는 소문"을 운운했듯이 실제로 조선 정부는 밀사를 보낼 필요도 없이 막부와 직접 통교할 수 있었다. 이런 사실은 도리어 조선 정부가 밀사 파견을 계획했을 가능성이 희박했음을 의미한다.

남구만은 서계 작성과 개작 과정에서 중요한 역할을 한 중신重臣이다. 그는 개작 서계에서 "이번에 온 서계 가운데 竹島를 귀국의 지방이라 하여 우리나라로 하여금 어선이 다시 나가는 것을 금지하려 하였고, 귀국 사람들이 우리나라 경계를 침범해 와 우리나라 백성을 붙잡아간 잘못은 논하지 않았으니, 어찌 성신誠信의 도리에 흠이 있는 일이 아니겠습니까? 바라건대, 이런 뜻으로 동도東都에 보고하여, 귀국의 변방 해안 사람들을 거듭 단속하여 울릉도에 오가며 다시 사단을 야기하는 일이 없도록 한다면, 서로 좋게 지내는 의리에 이보다 다행함이 없겠습니다"[24]라고 했다. 그는 쓰시마번이 외교적인 절차에 따라 조선의 뜻을 에도막

---

23) 안용복이 받은 형벌에 대해 논란이 있다. 성호 이익은 《성호사설》에서 '以犯越 刑之二年' 즉 2년 형을 받았다고 기술했다. 1694년 우의정 민암은 수범과 종범을 구분해서 수범에게 도년 정배(徒年定配)하고 나머지는 석방할 것을 제안, 숙종의 윤허를 받은 바 있다(《승정원일기》 1694년 3월 3일). 당시 도형(徒刑)은 장형을 받은 뒤 일정 기간 일정 장소에서 노역에 종사하는 것인데, 보통은 1년에서 3년 복역한다. 안용복은 장(杖) 80에 도(徒) 2년을 받았다. 이는 오늘날의 구금형과는 다른, 배소(配所)를 정하여 지정한 범위를 벗어나지 않은 상태의 형벌을 말한다. 1694년 접위관 유집일이 안용복을 심문할 수 있었던 것은 배소에 있었기 때문이다. 한편 《승정원일기》 기사는 안용복과 박어둔을 제외한 다른 사람들도 1694년 3월에 풀려나기 전까지는 수형 중이었음을 의미한다.

부에 전달해줄 것을 요구한 것이다. 이런 그가 절차를 무시하고 밀사 파견을 계획했을까? 다음에서는 ②가 제시한 제목을 따라 그 내용을 검토하기로 한다.

2. 남구만이 말한 '천비전개賤婢專价'의 의미

②는 "쓰시마번에 대한 불신이 심각하여 밀사 파견을 계획하였던 것 같다"[25]고 했는데 그 시기는 구체적으로 밝히지 않았다. 다만 남구만이 유상운에게 보낸 편지에서 그의 의중, 즉 밀사를 파견하려던 의중이 실려 있다고 보았다. 그 내용은 "조정에서 별도로 일본에 사신을 보내 그 虛實을 살피고자 하는데, (쓰시마번) 너희들은 장차 어떻게 대처하겠는가?"[26]고 한 대목이다. 이어 ②는 "남구만이 류상운에게 '안용복의 사람됨은 평범하거나 호락호락하지 않은 듯하다. 급할 때 쓸 만한 점이 있다'라고 말한 것은 메시지가 간단하지 않다. '완급가용緩急可用'은, 뒤에 나올 '천비전개賤婢專价'란 말과 함께 남구만이 안용복을 신임하여 가까이에 두었음을 알려주는 단서다"[27]라고 했다. 그런데 첫 번째 글은 윤지선이 영부사 남구만에게 자문했던 내용을 숙종에게 아뢴 것으로 1696년 10월 13일자[28]《숙종실록》에 보인다. 두 번째 '완급가용'을 운운한 것은 남구만이 유상운에게 답한 내용으로 1696년 10월 5일자 서한에 보인다.[29] 그러나 두 가지 모두 안용복의 처리에 대한 일을 언급한 것이므로 밀사 파견에 대한 남구만의 의중이나 계획을 엿볼 수 있는 내용이 아니다. 이 내용은 남구만이 "안용복을 신임하여 가까이에 두었음을 알려주는" 것이 아니라 쓰시마번이 자신들의 기만을 인정하지 않을 경우 조선 정부에서 따로 사신을 보낼 것임을 말한 것이다. 안용복의 처리를 쓰시마번의 죄상을 밝힌 뒤에 해도 늦지 않다는 것을 말한 것이다. 그러므로 여기에

---

24)《숙종실록》20년(1694) 8월 14일.
25) 최영성, 2019, 앞의 글, 98쪽.
26) 각주 25에서 인용했는데 출전은 밝히지 않았다.《숙종실록》22년(1696) 10월 13일 기사에 보인다.
27) 최영성, 2019, 앞의 글, 98쪽.
28)《숙종실록》22년(1696) 10월 13일.
29)《藥泉集》권31,〈答柳相國 丙子十月五日〉.

안용복에 대한 "신임"이 개재될 여지는 없다.

 '천비전개' 운운은 남구만이 윤지완에게 보낸, 1695년 11월 16일자 서한에 보인다. 그런데 쓰시마번은 1695년 10월 요시자네가 직접 에도로 가서 번의 의사를 막부에 전달하려 했다. 그러므로 ②가 남구만의 11월 서한을 근거로 밀사 파견 계획을 운운하는 것은 시기적으로 맞지 않는다. ②는 "얼핏 보기엔 보통의 편지글 같지만 두 사람이 비밀스런 일을 계획하고 있음이 분명하다"[30]라고 했다. ②는 '전개(專价: 崙价)'의 의미를 사신, 인편으로 보고, "조·일간의 외교문서에서 '전비'란 용어가 자주 사용되었음을 볼 수 있다"[31]고 했다. 하지만 남구만의 편지에서 '전개'는 단순히 인편을 의미할 뿐 사신을 의미하는 것이 아니다. 한국고전번역원은 이 부분을 번역하기를, "천한 제가 특별히 보낸 인편은 도중에 편지가 없어질 우려가 없을 듯하니, 부디 바라건대 이 인편이 돌아올 때에 답서를 보내 주시는 것이 어떻겠습니까"라고 했지만, 이는 오역이다. 올바른 번역은 "천비를 특별히 보냈기에 도중에 편지가 없어질 우려가 없을 듯하니…"가 된다. 아무리 겸사를 쓴다 하더라도 남구만이 동료에게 자신을 '천비'로 말하지는 않았을 것이다. 그러므로 '천비전개'는 남구만이 자신의 뜻을 제대로 전하기 위해 특별히 심부름꾼을 보낸다는 의미로 해석되어야 한다.[32]

 그런데 ②는 "'천비賤婢', '전개專价', '부침浮沈'은 중의적(은유적) 표현이 가능한 말들이다"고 하며, 실제로 편지에서 은어처럼 사용되었다고 보았다. 남구만이 인편 노릇하는 사람을 걱정했을 정도는 아니었으므로 여기서 '비婢'를 비장婢將으로 보면 문맥이 확 달라진다고 했다. 《다케시마고[竹島考]》 등에서 '안비장安婢將'이라 한 자는 안용복을 가리킬 수 있으므로 "'전개專价'를 '사신'으로 보면 본고의 논지에 꼭 들어맞는다"[33]는 것이다. 이 해석대로라면, 천비의 '비'가 '안 비장' 즉 안용복이 되므로 "안비장을 사신으로 보내니 제대로 전달되지 못할 염려가 없을 듯합니다"라는 의미가 된다. 그러나 서한의 내용을 보면, 모두 윤지완의 건강 및 출사와 관련되어 있다. 서한의 전체적인 문맥을 무시하고 안용복에 대한

---

30) 최영성, 2019, 앞의 글, 105쪽.
31) 위의 글.
32) 한국고전종합 DB에서 제공한 번역이 오역임을 기관으로부터 확인받았다(2019년 11월 4일).
33) 최영성, 2019, 앞의 글, 105~106쪽.

신임 및 밀사로 연결 짓는 것은 너무 뜬금없다. 그럼에도 ②는 "위 서한에서 단순히 '인편'(심부름꾼)을 말하는 것이었다면 '천비'나 '전개' 가운데 한 단어만으로도 족하다. 굳이 '천비전개賤婢專价'라 하여 유의어類義語를 반복할 이유가 없다. 이면에 은밀한 의미가 숨어 있다. 필자는 이 넉자가 '밀사 안용복'을 강하게 암시하는 것으로 본다"[34]고 했다. 그러나 '천비'와 '전개'는 유의어가 아니다. '천비'에게 '전개'를 맡긴다는 의미이므로 '은밀한 의미'가 숨어 있지도 않다. 따라서 이를 밀사 안용복을 강하게 암시하는 것으로 해석하는 것은 전혀 맞지 않는다.

남구만이 윤지완에게 '천비전개'를 운운하며 계획을 세웠다면, 무엇을 계획했다는 것인가? 편지의 앞뒤 맥락으로 보건대, "대감의 말씀 가운데 무한한 우려가 있으시니, 한번 보여 주시기를 우러러 바랍니다"는 것은 윤지완이 계속 건강상의 이유를 들어 출사하지 않은 데 대한 우려를 나타낸 것이다. 결국 "賤婢專价 似無浮沈之慮"는 남구만이 보낸 심부름꾼으로 말미암아 윤지완이 편지를 제대로 받지 못할 염려는 없다고 답한 내용으로 볼 수 있다.

②는 "남구만이 문인 최석정崔錫鼎(1646~1715)에게 보낸 서한의 일부 내용 역시 안용복 밀파密派와 같은 기밀 사항을 암시하는 것 같다"[35]고 했지만, 이 역시 근거가 미약하다. ②는 서한에서 "보내 주신 두 통의 편지는 잘 보았소. 그 가운데 한 가지는 이미 요상僚相(동료 정승)과 의논하여 결정하였으니 다른 도리가 없었소. 우려의 소재所在는 다만 하늘에 달려 있을 뿐입니다. 어찌 그 사이에 사람의 힘이 낄 수 있겠소?"[36]라는 것을 그 논거로 제시했다. ②는 이 편지가 1696년에 작성된 것으로 보고, "'동료 정승 윤지완과 결정을 하다' '성공 여부는 하늘에 달렸다' 등의 말로 미루어 사안의 비밀스러움과 양심적 정치인의 노심초사를 엿볼 수 있다. 당시 안용복이 남구만으로부터 비밀 메시지를 전해 받았을 가능성이 적지 않다"[37]고 했다. 그러나 서한의 내용은 주로 세금 징수와 양역의 폐단에 관한 것이고 '밀사'나 안용복과 관련된 언급은 하나도 없다. 그런데 이런 문맥을 무시하고 일부 구절만을 취하여 밀사설과 연관시키는 것은 상상

---

34) 위의 글, 106쪽.
35) 위의 글.
36)《藥泉集》 권32,〈答崔汝和〉
37) 최영성, 2019, 앞의 글, 106~107쪽.

력이 지나친 것이다.

《약천집》에는 남구만이 최석정에게 보낸 서한 약 27편이 실려 있는데 이 가운데 안용복을 언급한 것은 한 편에 불과하다.[38] 이 서한에 남구만이 왜인의 서계 개작 요구에 대하여 "좌상·우상과 예조판서의 뜻은 저들의 요구를 허락하고자 한다고 하나 나의 생각은 그렇지 않소"라고 답한 내용이 있다. 이는 도리어 남구만이 우상 즉 윤지완과 일을 함께 도모하지 않았음을 시사한다.

②는 당시 밀사를 보낼 수밖에 없었던 정황에 대해, 1696년 1월에 귀국하는 역관 편에 보내온 두 통의 구상서에 대하여 조정에서 논의가 분분하고 왕복 서한이 그치지 않았던 것을 들었다. 그런데 ②는 한편으로는 "왕복서한이 그치지 않다가 일이 드디어 잠잠해졌다"고 하고, 그렇게 된 원인을 밀사 파견으로 국면이 바뀌었기 때문이라고 보았다. 그러나 1696년 1월 도해금지령은 조선에 바로 전해지지 않았고 전해진 이후에도 서한에서 사례 및 '울릉도' 언급을 둘러싼 논전은 계속되었다. ②는 "'서한이 오고 가다가 잠잠해졌다'는 말은 일이 흐지부지 되었다는 것이 아니라 밀사 파견으로 국면이 바뀌었음을 의미한다"고 했지만, 이는 밀사 파견으로 생긴 결과가 아니다. 안용복이 다시 도일한 시기는 1696년 5월이고, 논전이 완전히 결착된 시기는 1699년 말이기 때문이다. ②가 인용한 것은 《만기요람》인데[39] "이로써 왕복하기를 그치지 않다가 일이 마침내 잠잠해졌다"고 한 것은 양국이 도해금지령 이후 서한의 표현을 두고 논전한 일을 가리킨다. 그러므로 이런 상황이 전개된 것은 ②가 주장하듯이 밀사 파견으로 말미암아 국면이 바뀌어서가 아니다.

당시 일본 측도 안용복의 도일이 조선 정부가 관여한 일인지를 의심한 적이 있었다. 그러나 최종적으로는 아니라고 판단했다. 그 과정을 보면, 1696년 10월 16일 쓰시마번 형부대보는 역관을 대면한 자리에서 구술각서(구상서)로 에도의 지시를 전하면서 "올 여름 조선인 11인이 배 한 척에 타고 송사가 있다면서 이나바에 건너왔기에, … 이것이 조정의 의도로 보낸 것이라면 무례하기 그지없는

---

38) 《藥泉集》 권32, 〈答崔汝和〉
39) 최영성은 《만기요람》을 인용했지만, 《만기요람》의 기술은 시간배열 순으로 되어 있지 않다. 《만기요람》은 1696년 2차 도일을 언급한 뒤 남구만이 '강토는 조종에서 물려받은 것이니 줄 수 없다'는 말을 인용하는데, 같은 내용이 《숙종실록》 20년(1694) 2월 23일자 기사에 보인다.

행위라고 생각되므로 사신을 보내 따져야겠지만, 아랫것들의 행위일지도 모른다고 생각해서 보류했습니다. 거듭 이런 일이 있다면 결코 조선국을 위해서도 좋지 않을 것이라고 조정에 분명히 전달해야 할 것"[40]임을 말한 바 있다. 이에 대하여 역관은 "조정에 자세하게 전달하겠습니다. 말씀하신 대로 이것은 조정에서 의도한 것이 아닙니다"라고 답했다.

왜관의 관수도 안용복의 송사가 조선 정부의 지시에서 나온 것인지를 동래부사에게 물어본 적이 있다. 이에 대하여 동래부사는 "분변해야 할 일이 있다면 역관을 에도에 보낼 일이지 무엇을 꺼려 어리석은 바닷가 백성을 보내겠습니까?"[41]라고 답했다. 동래부사의 답변대로 필요하다면 조선 정부는 역관을 에도에 직접 보내면 되었다. 안용복을 보낼 이치가 전혀 없다. 게다가 이런 가정은 조선 정부가 일본과 약조를 무시하고 임무 수행에 대한 검증조차 안 된 안용복이라는 인물을 보낼 만큼 무모했다고 여기는 것이다.

위에서 언급했듯이 1696년에 안용복이 정단呈單한 사실은 왜관 관수의 입을 통해 확인되었다. 조선 조정도 안용복이 호키 태수에게 정문呈文했지만 관백에게는 제출되지 못한 것으로 파악하고 있었다.[42] 정단呈單과 정문呈文으로 보이지만,[43] 안용복이 정문한 내용을 엿볼 수 있는 것은 비변사에서의 진술이다. 이에 따르면, "울릉도와 자산도를 조선 영토로 인정한 관백의 서계를 되찾고, 그 과정에서 서계를 빼앗고 위조한 대마번의 죄상을 고발하는" 것으로 보이지만 이는 안용복의 진술에 전적으로 의존한 것이므로 사실과는 다르다.

《숙종실록》에는 호키 태수가 안용복에게 "두 섬은 이미 너희 나라에 속했으니, 다시 침범하여 넘어가는 자가 있거나 도주가 함부로 침범하거든, 아울러 국서國書를 만들고 역관을 정해 보내오면 엄중히 처벌할 것"이라고 말한 사실이 적혀 있다. 이 역시 안용복의 진술에 전적으로 의존한 내용이다. 그런데 관련된 내용이 일본 측 기록에는 전혀 보이지 않는다. 《숙종실록》은 안용복의 진술에 의거하

---

40) 경상북도 독도사료연구회, 《연구보고서 2: 竹嶋紀事》Ⅱ, 경상북도 독도사료연구회, 2013, 163쪽.
41) "若有可辨, 送一譯於江戸, 顧何所憚, 而乃送狂蠢浦民耶?"(《숙종실록》 23년(1697) 2월 14일).
42) 《숙종실록》 22년(1696) 9월 25일.
43) 정단과 정문은 엄격히 말하면 다른 의미지만, 《숙종실록》과 일본 문헌에서는 섞여 나온다.

여 쓰시마도주가 관백의 서계를 빼앗고 위조한 죄상을 기술했지만, 《성호사설》44)은 쓰시마도주가 조선에서 보낸 예물을 중간에서 횡령한 죄상까지를 덧붙여 기술했다.

안용복이 울릉도에 많은 배가 함께 들어갔다고 진술한 것이 자신의 정치적 배경이 있음을 과시하려 한 것이라는 견해가 있지만,45) 〈겐로쿠각서〉에는 "배 13척에 사람은 1척에 9인, 10인, 11인, 12~3인, 15인 정도씩 타고 다케시마까지 갔는데, 사람 수를 물으니 한 번에 답하지 못했다"라고 적혀 있다. 따라서 실제로 13척이 울릉도에 갔는지가 불확실할 뿐더러 전부 안용복이 인솔해 간 것인지도 확실하지 않다. 그러므로 이 기술만으로 그에게 정치적 배경이 있었다고 추정하기는 어렵다. 안용복이 허세를 보이기 위해 과장했을 가능성도 배제하기 어렵기 때문이다.

②는 《화국지和國志》에서 "국경에서 귀주의 사람들이 먼저 스스로 도망하여 돌아가므로, 뒤쫓아 여기에 이른 것입니다"라고 한 것을 일러 "안용복이 울릉도에서 왜 2개월을 두류하다가 도일하였는지를 알려주는 단서. 안용복이 도일한 이유를 비교적 합리적으로 설명한 것이라고 하겠다"46)라고 했다. 이런 내용은 본래 《숙종실록》(1696.9.25.)에 보인다. 《화국지》는 18세기에 원중거가 지은 2차 문헌이다. 원중거는 안용복이 호키 태수와 만나 소장을 운운한 내용을 누락시킨 대신 위의 내용을 기술했다. 위 내용은 안용복이 호키 태수와 만났을 때 한 말이지만, 이것만으로는 도일 이유를 합리적으로 설명했다고 보기 어렵다. ②의 논지대로 위와 같은 이유에서 안용복이 일본에 간 것이라 해도 이것이 '밀사'설과 연결되어야 할 필연성도 없다. 안용복 진술의 방점은 자신이 전에 일본에서 받았던, 두 섬을 조선 땅으로 인정해준 문서를 되찾기 위해 다시 왔음을 밝히는 데 있을 뿐 일본인을 뒤쫓아 온 사실을 밝히는 데 있지 않기 때문이다. 안용복이 울릉도에서 2개월을 머문 이유는 일본으로 들어가려면 그들이 나타나

---

44) "우리나라에서 해마다 쌀 1석에 반드시 15두요, 면포 1필은 35척이며, 종이 1권에 20장으로 충수(充數)해 보냈는데, 대마도에서 빼먹고 쌀 1석은 7두, 면포 1필에 20척, 종이는 3권으로 절단하여 에도로 올려보냈으니, 내가 이 사실을 관백(關白)에게 바로 전달하여 그 속인 죄상을 다스리게 하겠소."(《星湖僿說》 3권 〈천지문〉 '울릉도')

45) 최영성, 2019, 앞의 글, 100쪽.

46) 위의 글, 101쪽.

기를 기다려야 했기 때문이다. 안용복이 밀사로 파견되었다면 일본인이 나타나기를 기다릴 필요도 없었을 것이다.

또한 ②는 〈겐로쿠각서〉에서 안용복이 "전殿(대장)에게 세금을 바칠 것이다"고 한 대장과 《화국지》에서 "대장의 명령을 받고 감세하기 위해 울릉도에 들어갔다"고 했을 때의 '대장'이 동래부사일 가능성이 높다고 했다.[47] ②가 안용복의 언급을 동래부사와 연계지은 것은 그와 관청과의 연계성을 나타내기 위해서지만, 이 역시 '밀사'설과는 직접적인 관련성이 없다. 그리고 '전'을 일러 동래부사라고 단언할 만한 근거도 없다. '전'을 동래부사로 본다면 안용복의 도일을 중앙권력의 지시와 연결 지은 ①의 논지와 맞지 않는다. 게다가 당시 어민들은 돈벌이를 위해 울릉도에 몰래 건너간 것이었으므로 세금 자체가 성립되지 않는다. 그럼에도 안용복이 위와 같이 말했다면 국가의 허락 아래 어로했음을 보이기 위한 것에 불과하다.

②는 "안용복이 일본의 관계 요로官界要路에 상소上疏와 정문呈文(공문발송)을 했음은 조·일 양국 기록이 일치한다. 특히 《죽도고》에서는 '… 그 가운데 1척이 호키국에 소송을 하기 위해 도래했다는 이유를 말했다[其內ノ壹艘伯耆国ヘ訴訟ノ爲渡來セルノ由申シ]'고 적었다. 도일 목적으로 '소송'이라는 제한적 외교 행위를 적시한 것 역시 밀사설에 힘을 실어준다"[48]라고 하였다. 안용복의 행위가 외교행위가 되려면 서계를 지참하고 역관을 대동했어야 한다. 〈겐로쿠각서〉에 기술된 안용복의 신분은 '통정대부'-이 부분은 다시 검토한다-였으므로 이것이 사신을 의미하지는 않는다. 또한 ②가 각주에서 언급한 "《원록각서》를 보면, 당시 안용복 일행은 1693년 11월, 제1차 도일 때 일본이 준 물건과 文書(1책)를 내놓았다고 한다. 소송과 관련 있는 증거물로 판단된다"고 한 내용은 ①의 설명과 함께 볼 필요가 있다. ①에 따르면, 《원록각서》에는 (조선인을 조사한 내용을 적은 한 권의 문서와) 조선인이 제출한 문서를 목록에 적어 지참시킨다는 내용이 있다. ①은 목록에 기재된 문서가 대관소의 서간 3건을 포함하여 9건에 이른다고 보았다.[49] 그런데 ②는 이 부분을 "일본이 준 물건과 文書(1책)"로 번역했다.

47) 앞의 글, 101~102쪽.
48) 위의 글, 102쪽.

그러나 이를 올바로 번역하면 "일본에서 받은 물건을 써놓은 장부 1책"이라는 의미가 된다. 이는 조선인을 조사한 내용을 적은 한 권의 문서 및 조선인이 제출한 문서 목록을 제출한다는 것을 의미하지 소장의 제출을 의미하지 않는다. 그러므로 이를 일러 소송 관련 증거물로 보기는 어렵다.

안용복의 도일 목적이 소송에 있었음을 엿볼 수 있는 부분은 〈겐로쿠각서〉에 기록된, 5월 21일과 22일의 행적에서다. 오키 관리는 5월 21일 안용복 일행 가운데 한 명(이비원=이인성)이 배에서 쓰고 있던 서한이 소송 관련 내용임을 알았다. 관리는 그 대체적인 내용만 보았다. 안용복과 이비원李裨元, 뇌헌雷憲과 그의 제자 연습衍習이 22일에 민가에 상륙하여 초안을 다시 정서했는데, 안용복은 정서한 소장을 오키 관리에게는 보여주지 않았다.

②는 "《각서》에는 조선팔도를 그린 8매의 지도가 있었고, 그 중 한 장에는 울릉도·독도가 강원도에 속한 것으로 표기되었다. 조선시대에 지도는 정부의 허가를 받은 사람만이 소지할 수 있었다. 여기서도 안용복 일행이 예사 민간인이 아님을 엿볼 수 있다"[50]라고 했다. 그러나 관청이 만든 지도를 필사한 지도가 당시 민간에 많이 유통되고 있었으므로 민간인도 지도를 소지할 수 있었다.

②는 안용복이 예사 민간인이 아니라고 했지만, 그의 신분은 기록에 따라 다르다. 1693년 안용복이 일본에 피랍되었다가 송환될 때 보내온 일본 측 서계에는 "어맹漁氓"을 운운했고, 《숙종실록》(1694.2.23.)도 어채인漁採人, 어맹으로 지칭했다. 이익은 《성호사설》에서 "동래부 전선戰船에 예속된 노군櫓軍"이라고 했다. 이익이 안용복을 '노군'으로 기록한 것은 예조 관원인 아들 이맹휴가 제공한 정보를 따랐기 때문으로 보인다. 1693년의 피랍사건을 기록한 《다케시마고》는 안용복의 요패 앞면에는 "東萊 私奴 用卜 나이 33세 키는 4척 1촌, 面鐵髭蹔生疤無主京居吳忠秋"가, 뒷면에는 "庚午 釜山佐自川一里 第十四統三戶"로 기재되어 있음을 밝혔다. 그리고 안용복이 요패를 은 40목目을 내고 받았다는 내용도 기술했다. 그런데 《증보 진사록增補珎事錄》에는 가슴[51]에 찬 찰札이라고 했고, 안용복과

49) 권오엽, 〈「元祿九年丙子年朝鮮舟着岸一卷之覺書」과 안용복〉《일본어문학》, 39집, 한국일본어문학회, 2008, 427~428쪽.
50) 최영성, 2019, 앞의 글, 102~103쪽.
51) '腰'의 오기로 보인다(《增補珍事錄》 번각, 시마네현 웹 다케시마문제연구회 홈페이지).

박어둔 두 사람이 찬 찰札에는 소인燒印이 있다고 적혀 있다. 이 역시 1693년 안용복 신분이 노군櫓軍[52]이었을 가능성을 말해준다. 군병은 요패를 차도록 되어 있는데다 기술된 내용이 요패 양식[53]에 부합하기 때문이다. 또한 사노라는 신분을 40목에 구입했다는 것도 의심스런 일이기 때문이다. 그가 왜 사노 신분의 요패를 차고 있었는지는 알 수 없다.

그런데 2차 도일에서는 안용복의 이름과 신분이 바뀌었다. 《숙종실록》(1696.8.29.)은 '동래인 安龍福'으로 기록했으나, 〈겐로쿠각서〉는 요패의 앞면에 "通政大夫 安龍福 甲午生, 東萊"로 적혀 있다고 기록했다. 16세 이상 되는 남자라면 지참해야 하는 호패는 앞면에 성과 이름·나이 및 출생 연도의 간지干支가 새겨 있고, 뒷면에는 소속 관청의 낙인烙印이 있다. 정3품 이상 당상관은 앞면에 관직을, 뒷면에 호패 두 글자를 낙전烙篆한다. 통상적으로 호패에는 품계를 기재하지 않는데, 통정대부는 정3품 당상의 품계이다. 동·서반의 관원 및 궁중관원의 2품 이상은 아패牙牌를 차고, 3품관 이하 및 삼의사三醫司와 잡과雜科 합격자는 각패角牌를 찬다.[54] 그런데 안용복은 요찰腰札을 차고 있었다. 즉 아패나 각패가 아니었던 것이다. 이는 오키에서 차고 있던 요패가 위조품일 가능성을 말해준다. 그가 납속제를 이용하여 신분을 샀다면 그만한 경제력이 있었음을 시사한다.

그런데 이 신분이 2차 문헌에 오면 또 다시 바뀐다. 《이나바지[因幡志]》는 조선인 11인의 기명騎名을 적되, 안용복에 대해서는 '三品堂上 臣 安同知'로 기재했다. 선박에 매단 깃발의 겉면에는 '朝鬱兩島監税將 臣 安同知 騎'로, 뒷면에는 '朝鮮国 安同知 乗舟'로 적혀 있다고 했다. 《다케시마고》도 이를 따라 '선장 안동지' '3품당상 신 안동지'로 기재했다. 이후 다른 2차 문헌도 대부분 '3품당상 신 안동지'로 기재했다. 《인푸역년 대잡집[因府歴年大雜集]》은 "조선국 사자使者 11인"이라고 기록했다. 안용복의 신분이 후대로 올수록 상승하고 있음을 알 수 있

---

52) 能櫓軍이 정식 명칭인 듯하다. 임진왜란 이후 군사 확보책으로 천인(賤人)에게도 군역을 부과함으로써 생겨난 양인(良人)과 천인의 혼합 부대로 수군 가운데 배에서 노 젓는 역할을 담당했다.

53) 안쪽에는 성명과 용모를 새기고 겉에는 주소와 관직을 찍어 표시하도록 되어 있다.

54) 《大典會通》 〈戸典〉

는데, 안용복이 '3품당상'이라며 사신으로 자처했을 뿐만 아니라 일행도 사신으로 자처했음을 엿볼 수 있는 대목이다.

〈겐로쿠각서〉는 '통정대부'[55]로 적었는데, 2차 문헌에서는 왜 '3품당상'으로 바뀌었을까? 안용복이 오키에서 호키로 들어갈 때 신분을 바꾸었는지는 알 수 없지만, 안용복이 실제로 칭한 신분이 무엇이든 그가 칭한 신분은 "예사 민간인이 아닌" 것이 아니라 고위직 신분에 해당한다. 게다가 '감세장'이라고도 칭했다. 이런 사실은 오히려 '밀사'설을 뒷받침하지 못한다. 사신이라면 품계가 맞지 않는 여러 개의 관직을 칭했다는 것도 이상하기 때문이다. 무엇보다 그가 '밀사'로서 임무 수행을 위해 고위직 신분을 가칭한 것이라면 조정에서 그에게 사형을 언도한 것과도 맞지 않는다. 국왕의 묵인 아래 가칭한 자에게 사형을 내렸다는 것은 이상하지 않은가?

3. '假稱欎陵子山兩島監稅'

②는 안용복이 '가칭 울릉자산 양도감세'했다고 보고, 이 임시 직함은 "일본 측과 접촉하기 위해, 또 외교에서 명분상 우위를 점하기 위해 가칭했을 가능성이 높다. 극소수 인사만이 아는 범위에서 안용복에게 가함과 임무가 주어졌을 것이다"[56]라고 했다. ②는 '假稱欎陵子山兩島監稅'(《숙종실록》 22년 9월 25일), '自稱欎陵搜捕將'(《성호사설》), '詭稱欎陵監稅官'(《만기요람》 외), '自稱欎陵島監稅官'(원중거 《화국지》)을 소개하고 가칭과 사칭의 차이를 언급, 비밀리에 파견되었으므로 가칭이라 기술했다고 보았다. ②는 가칭, 자칭을 사칭과 구분하여 사기꾼으로 매도해서는 안 된다고 주장하지만, 가칭이든 자칭이든 그가 없는 직함을 칭한 것은 분명하다. 다만 안용복이 관직을 가칭했다고 해서 그의 진술 전체를 허위로 볼 것인가는 달리 따져볼 문제다. 외교상 명분을 얻으려 했다면 조선 정

---

55) 권오엽은 통정대부가 '3품당상 安同知'와 품계를 같이하며, 1693년에 말한 神將과 연계가능한 관명이라고 했다(권오엽-a, 2015, 앞의 글, 220쪽). 그러나 비장은 3품당상의 품계에 비할 바가 아니다.

56) 최영성, 2019, 앞의 글, 111쪽.

부는 도리어 그에게 제대로 관직을 주었어야 했다. ②는 "일부 기록에는 '감세장監稅將'으로 되어 있다. 그러나 조선에 감세장이란 직책은 없었다"고 했다. 그리고 이에 대한 각주(49)에서 "안용복이 타고 온 뱃전에 달았다는 깃발에는 '감세장'으로 되어 있다. 그러나 《숙종실록》 위의 직함 뒤에 나오는 '將使人通告'란 문구에서 '將'자를 앞으로 붙여 '감세장'으로 읽는 것은 잘못이다"라고 했다. 이 문장의 원문은 "渠不勝憤惋 乘船直向伯耆州 假稱欝陵子山兩島監稅將 使人通告 本島 送人馬迎之…"이다. ②가 '감세장'으로 읽는 것이 잘못이라고 하는 근거가 한국고전번역원의 번역 때문인지는 모르겠지만, 번역원은 이를 오역한 것이다.[57] '欝陵子山兩島監稅將'으로 구두를 떼는 것이 맞다. '將'자를 관명에 붙여 해석하지 않고 "장차 사람을 시켜 알리려 통고하려 하는데 그 섬에서 사람을 보내 맞이했다"고 해석한다면 이는 선후관계가 맞지 않는다. 이쪽에서 알리기도 전에 먼저 저쪽에서 사람을 보내왔다는 것이 논리적으로 성립하지 않기 때문이다. 따라서 안용복이 "울릉자산 양도 감세장을 가칭하고 사람을 시켜 본도에 통고하자, [그 쪽에서] 사람과 말을 보내 맞이했다"고 번역하는 것이 자연스럽다.

《숙종실록》에는 감세장으로 보이지만 다른 문헌에는 수포장, 감세관으로 보인다. 안용복이 '감세장'을 칭한 것이 실제로 있던 '감세관'을 알고 있었기에 비슷한 관명을 고안한 것인지는 알 수 없다. 일본 기록에는 '朝欝兩島監稅將 臣 安同知騎'[58]로 되어 있다. 이를 일러 ②는 조선에 없는 관직을 안용복이 사칭한 것이므로 외교 명분상 우위를 점하고자 가칭한 것이라고 했지만, 외교에 임하는 자가 어떻게 관직이 없을 수 있는가? 따라서 이는 외교 명분상의 우위와는 관계가 없고, 안용복이 개인적인 목적을 위해 사칭했다고 보는 것이 맞을 것이다. ②는 "극소수 인사만이 아는 범위에서 가함을 준 것"이라고 했지만, 상대국의 처지에서 보면 조선 정부에서 정식 직함의 고관을 보냈어야 교섭에 응할 수 있었을 것이다.

---

57) 한국고전번역원의 번역문은 다음과 같다. "제가 분완(憤惋)을 금하지 못하여 배를 타고 곧장 백기주로 가서 울릉 자산 양도 감세(欝陵子山兩島監稅)라 가칭하고 장차 사람을 시켜 본도에 통고하려 하는데, 그 섬에서 사람과 말을 보내어 맞이하므로…(渠不勝憤惋, 乘船直向伯耆州, 假稱欝陵子山兩島監稅, 將使人通告本島, 送人馬迎之)."

58) 《竹島考》; 《因幡志》

②는 안용복이 사형에서 유배형으로 감형받은 사실에 대하여 "남·윤 등 안용복에게 우호적인 인사들이 비변사 재추宰樞로 있으면서 안용복의 밀사 활동을 도왔고, 또 사건 처리를 하면서 그의 구명을 위해 나섰음을 시사한다. 안용복의 외교 행위가 비변사 주요 인사와 비밀리에 연결되어 있음을 짐작하게 한다"[59]라고 했다. 그러나 남·윤 등이 안용복의 밀사 활동을 도와주었다고 볼 만한 정황은 없다. 비변사 재신들이 안용복의 주살을 주저한 이유는 그가 울릉도가 우리 땅임을 밝힌 공이 있는데 그를 죽인다면 일본인의 기분만 좋게 해줄 뿐 앞으로도 영유권을 주장할 때 불리한 선례가 될 것을 염려했기 때문이다.

숙종은 안용복의 1차 피랍사건을 처리할 때도 남구만과 의논하여 일을 처리했고 2차 도일 때도 비변사 재신들과 논의했다. 숙종과 남구만, 윤지완 3자만이 비밀리에 논의해야 할 어떠한 명분이 없고, 이는 조선의 통치구조 상 불가능하다. 비밀리에 파견한 것이었다면 귀국한 뒤의 처리과정도 비밀에 부쳐야 했다. 관찬 문헌은 재신들이 남구만·윤지완과 논의한 내용과 이를 국왕에게 보고한 내용을 모두 기록하고 있다. 그러므로 남구만과 윤지완이 안용복의 사형에 반대한 이유는 그가 밀사였기 때문이 아니라 그의 공적을 인정해서라고 보아야 할 것이다.

4. 의승 수군과의 제휴

②는 뇌헌雷憲이 흥국사 주지로서 의승장을 겸했을 가능성이 높은데, 의승 수군의 주진사駐進寺[60]인 흥국사에는 임진왜란 당시부터 300명 가량의 의승 수군 조직이 있었으므로 뇌헌도 바다를 잘 알아 도일 당시 큰 공을 세웠을 것이라고 했다.[61] 그러나 의승 수군이 있던 사찰의 승려라는 사실이 1696년 도해에서 큰 공을 세웠다는 사실을 자동적으로 담보해 주는 것은 아니다.

---

59) 최영성, 2019, 앞의 글, 110쪽.
60) 駐鎮寺가 맞다.
61) 최영성, 2019, 앞의 글, 112쪽.

〈겐로쿠각서〉에 따르면, 뇌헌은 1689년 윤3월 18일자 금오산의 주인장을 지니고 있었으며 1689년 윤3월 20일자 '金烏山 朱印書付'도 지니고 있었다. ②는 이에 대하여 "'주인장朱印狀(しゅいんじょう)'이란 일본 에도시대 장군의 직인[朱印]이 찍힌 공문서를 말한다. 뇌헌을 승장에 임명하거나 해상통행권을 부여하는 내용이 담겼을 것으로 추정된다"[62]고 해석했다. 그리고 다음 사실을 유추했다. 첫째, 흥국사 의승군은 주로 방답진에 배치되었을 것이고, 둘째, '장군'이란 전라좌도수군절도사를, 공문서는 승장 임명장이었을 가능성이 높고 해상통행권[63]이었을 수도 있다는 것이다. 그러므로 이 문서(증명서)는 안용복 일행의 신분을 증명하는 데 도움이 되었을 것이라고 했다.[64] 또한 ②는 이런 사실에 의거하여 뇌헌을 '장사하는 스님'이라고 한 기록을 무비판적으로 따르는 것은 옳지 않다고 했다. 〈겐로쿠각서〉에 보인 '산목'은 산가지가 아닌 '점대[筮竹]'인데, 점대는 승려에게 일상 휴대품이나 다름없는 물건이기 때문이라는 것이다.[65]

그러나 일본에서 발행된 주인장과 금오산 주인장의 성격이 같다고 볼 만한 증거는 없다. 조선 정부가 승려에게 무역을 허가하는 문서를 발급했을 리도 없다. '금오산의 주인장'이나 '금오산 朱印書付'가 의미하는 바가 명확하지 않은데, 자의字意대로라면 붉은 인주로 날인한 문서이거나 사호寺號를 날인한, 승려로서 권위를 나타낼 만한 상징적인 것이었을 듯하다. 그렇다고 하더라도 주인 문서마다 날짜가 따로 기재되어 있다는 사실도 의아하므로 이 부분은 좀 더 고증할 필요가 있다. 다만 어떤 경우라 하더라도 뇌헌이 지닌 주인장이 해상통행권의 성격을 지닌다고 보기는 어렵다. 상승인 뇌헌을 승장僧將과 연계 짓는 것도 지나친 해석이다. 안용복이 〈겐로쿠각서〉에 통정대부로 되어 있던 것이 2차 문헌에서 '3품당상'으로 되어 있듯이, 뇌헌도 〈겐로쿠각서〉에 '흥국사 주지'로 되어 있던 것이 2차 문헌에서 '금오승장'으로 되어 있는 것은 같은 이치이다.

②는 〈겐로쿠각서〉에 보인 '金烏山의 朱印狀'에 대하여 이것이 《다케시마고》

---

62) 위의 글, 113쪽.
63) 각주에서 〈竹島之書附〉에 '渡海朱印' 관련 내용이 나온다고 했는데, 〈竹島之書附〉에 실린 竹嶋渡海之覺(1722.11)에는 1693년 "竹島 도해에 관련된 주인장(御朱印)은 없는 것으로 기억합니다"라고 했다.
64) 최영성, 2019, 앞의 글, 113쪽.
65) 위의 글, 114쪽.

에 보인 '金烏僧將'과 관련 있다고 보았다. 그리하여 金烏僧將의 장將에서 장군을 끌어와 전라좌도 수군절도사에 해당시켰다. 그러나 〈겐로쿠각서〉는 뇌헌을 흥국 사 주지라고 적었을 뿐 '금오승장'이라고 적지 않았다. '금오승장 석씨'라는 문구 가 처음 보인 것은 《이나바지》이다. 《다케시마고》는 이를 따른 듯하다. ②가 논 한 대로라면 뇌헌은 승장이면서 전라좌도수군절도사라는 말이 된다. '뇌헌=승장 =전라좌도 수군절도사'라는 논리인데, 수군절도사의 관품을 알고 이런 논리를 펴는 것인지가 의아하다.

오니시 도시테루는 뇌헌이 지참한 주인장을 도해의 안전을 기원하는 주인장 즉 부적이라고 보았다.[66] 그러나 〈겐로쿠각서〉의 '주인장'에는 각각 날짜가 적혀 있으므로 이를 부적으로 보기는 어렵다. 부적에 날짜를 기재한다는 것은 의아하 기 때문이다. ②는 '산목'을 '점대'로 보았지만, 다른 연구자들은 대부분 주판으로 보았고[67] 주판을 지닌 사실을 상승과 연결지었다.[68] 산목은 예로부터 수를 계산 하는 도구였는데 그 형태는 시대에 따라 다양하지만 점차 주판으로 발전한 듯하 다. 뇌헌이 상승임은 안용복이 밝힌 바 있다. 안용복은 출선 준비를 하고 있던 뇌헌을 경제적 이익으로 유인하여 울릉도로 데리고 갔다. 《승정원일기》(1696. 9.27.)에 안용복과 이인성을 제외한 나머지 사람들을 "바닷가의 어리석은 백성 [海曲愚氓]"으로 표현한 것도 뇌헌 등을 승군으로 보지 않았음을 의미한다.

②는 뇌헌과 함께 간 4명의 승려를 전라좌수영에 속한 부하 승려로 보았다. 그러나 한국 측의 1차 사료에는 뇌헌을 승장으로 기록하거나 그와 함께 간 일행 을 승군으로 기록한 바가 없다. 일본의 〈겐로쿠각서〉는 연습을 뇌헌의 제자로 기록했다. 그러므로 뇌헌과 함께 간 승려를 전라좌수영 및 의승 수군과 연계짓는 데는 신중할 필요가 있다. 만일 이들이 전라좌수영 소속의 수군이었다면 비변사 에서 문초당할 때 그런 사실이 드러났어야 한다.[69] 숙종이 안용복 일행을 조처

---

66) 권오엽 · 오니시 토시테루, 앞의 책, 127쪽.
67) 위의 책; 권혁성, 2012, 앞의 글.
68) 권혁성, 2012, 앞의 글, 381쪽.
69) 이 논문을 발표한 뒤 관련 논문이 두 편 나왔다(정태상, 〈안용복 2차 도일 당시 순천승 뇌헌의 역할〉《세계역사와 문화연구》 54, 2020; 이태우, 〈1696년 안용복 · 뇌헌 일행의 도일과 의승 수군에 관한 해석학적 연구〉《독도연구》 제28호, 영남대학교 독도연구소, 2020). 두 글의 논 지는 같지 않지만, 뇌헌 등이 의승 수군으로서 특별임무를 수행하기 위해 도일했다고 본 점에

하는 문제로 대신들과 논의할 때도 승려들의 처리에 관해서는 크게 개의하지 않았다. 숙종과 대신의 논의는 주로 안용복과 이인성 가운데 누구의 죄가 더 중한가를 둘러싼, 수범·종범을 가르는 문제였다.[70] 그렇다고 해서 승려들을 곧바로 석방한 것도 아니었다.[71]

　실록과 〈겐로쿠각서〉에 기재된 4명의 승려는 한자는 약간 다르지만 발음이 같으므로(丹責, 丹册, 連習, 衍習), 오키 관리는 이들이 부르는 대로 발음을 받아 적은 것으로 보인다. 《이나바지》에 '석씨 대솔승 책화주責化主'로 적었을 때의 '責'은 실록에 보인 '丹責'의 '責'자와 같으므로 '丹責'을 가리킨다. 그러므로 올바른 이름은 1차 사료에 의거해서 판단할 필요가 있다. 또한 '석씨 대솔승'을 운운한 것은 뇌헌이 함께 데리고 간 사람임을 뜻하고, 이는 뇌헌을 주지라고 쓴 〈겐로쿠각서〉의 기록과도 부합한다. 《이나바지》를 비롯한 2차 문헌[72] 어디에도 뇌헌의 일행을 승군으로 본 기록은 없다.

　②는 '영취산 흥국사 중수 사적비'에 뇌헌 관련 기록이 있다고 했지만,[73] 비문 자체에는 뇌헌이 보이지 않고[74] 뒷면에 雷軒이라는 이름이 보인다. 그런데 《숙

서는 같다. 그러나 정부에서 승려이자 수군인 이들을 안용복을 돕거나 안용복을 지휘하도록 보낸 것이라면 귀국 뒤 취조과정이나 조정 대신의 언급에서 이런 사실이 보였어야 한다. 그러나 대신들은 안용복과 이인성을 제외한 자들의 역할에 대해서는 아무 의미도 부여하지 않았고, 따라서 죄도 거의 묻지 않았다. 논자들은 이들이 흥국사 승려라는 사실에 의거하여 의승 수군임을 당연시하지만, 흥국사 승려였다는 사실은 일본 기록에만 보이고 한국 기록에는 순천 승려로만 보인다. 설령 흥국사 승려였다 하더라도 그것이 수군이었음을 자동적으로 담보하는지, 그리고 임진왜란 당시 활동했던 수군의 역할이 17세기에 어떤 형태로 계승되어 있었는지도 따져볼 일이다. 수군에 속했다 하더라도 이들의 도일은 개인적인 것이었으며, 따라서 불법 도항에 지나지 않는다. 논자들은 승장과 수군의 성격에 대해서도 밝히지 않았다. 뇌헌이 이인성에게 소장을 쓰도록 권면한 사실에 의거하여 뇌헌을 11명의 리더로 보는데 이 역시 자의적인 해석이다. 안용복이 이인성을 데리고 간 목적은 소장을 작성하기 위해서인데, 이인성이 이를 주저하자 당숙인 뇌헌이 조카 이인성에게 쓰도록 권면한 것일 뿐 뇌헌이 이들의 상관이었기 때문이 아니다.

70) 《승정원일기》 숙종 22년 9월 27일.
71) 《승정원일기》(1696.9.27.)에 따르면, 영의정 유상운은 "이인성과 안용복은 함께 가두고 나머지 8인은 우선 도망간 한 사람을 붙잡아오기를 기다리고 또한 외방에 있는 대신에게 문의한 소식이 오기를 기다린 연후에 석방해야 할 것입니다"라고 국왕에게 진언했다. 일각에서는 뇌헌 등의 승려에게 안용복 호송과 일본 국내 정탐의 임무를 부여하여 보낸 것이므로 돌아와 아무 처벌 없이 소속 부대로 복귀했다고 보고 있으며, 그런 사실에 기인하여 이들이 조정의 고위급 관리와 연결되어 있다고 본 경우가 있는데(이태우, 앞의 글, 149쪽), 유상운의 언급에 의거한다면 이런 논리는 성립하기 어렵다.
72) 문헌에 따라 化主와 化上으로 기술한 차이가 있다.
73) 최영성, 2019, 앞의 글, 111쪽.
74) 정확한 제목은 〈興國寺重修事蹟碑〉이다(崔昌大, 《昆侖集》, 《한국문집총간》 수록).

종실록》과 〈겐로쿠각서〉에는 雷憲으로 쓰여 있다. ②는 흥국사 사적비에서 '判事 雷軒'을 쓰되 事자를 초서로 쓴 것은 정자로 쓴 사람(이판승)과 구별하기 위해서 였다고 했으나,75) 이 역시 근거가 없다. ②는 '판사'의 의미를 세 가지로 제시하고 모두에 해당시켰다가 다시 두 번째와 세 번째에 해당시키고 있어 그 의미도 애매하다.

《이나바지》와 《다케시마고》, 《인푸역년 대잡집》 등의 2차 문헌도 '憲 判事'로 적고 있다. 이 직함을 최초로 기록한 것은 《이나바지》인데, 아오야의 선박업자 차야 헤이스케茶屋兵助가 보관하고 있던 기록과 배 표식을 옮겨 적은 것이라고 했다. 그렇다면 이 신분은 안용복 일행이 이나바로 들어가면서 일컬은 것으로 보인다. 역관의 직함에 동지와 판사가 있으므로 안용복이 자신을 '安 同知'로 부른 것은 역관의 직함을 차용한 듯한데, 뇌헌이 판사를 일컬은 것도 이를 따른 것인지는 알 수 없다. 《다케시마기사》는 1694년 9월 조선 조정이 김 병사에게 안 동지를 딸려 울릉도로 보냈다76)는 내용이 역관을 통해 재판에게 전해졌다고 기록했다. 김 병사는 장한상을, 안 동지는 역관 안신휘를 가리킨다. 안용복이 '동지'라는 직함을 알게 된 것은 1693년 겨울 쓰시마번과 동래왜관에 감금되어 있었을 때이다. 이로 말미암아 2차 도일에서 '동지'를 가칭했다고 여겨진다. 그러나 그렇다고 하더라도 이 역시 안용복의 밀사설을 뒷받침하지 못한다. 밀사가 지역에 따라 직함을 바꿨다는 것도 이상하고, 역관의 직함을 차용했다는 것도 사신 직분에 맞지 않기 때문이다.

②는 뇌헌이 '금오승장'의 신분에 '판사'라는 직함을 띠고 일본에 건너갔다고 했다.77) 승려가 외교에 참여한 사례로 인종 때 의승 독보獨步가 명나라에 밀사로 파견된 사실을 예로 들었다. 그러나 독보는 간사間使로서 특정임무를 띠고 가서 상대국으로부터 자문咨文을 받아왔으므로78) 가기 전에 조정의 공문을 지니고 갔음을 알 수 있다. 그런데 뇌헌은 외교와 관련하여 어떤 언급도 한 바가 없다.

---

75) 최영성, 2019, 앞의 글, 113쪽의 각주 63.
76) 경상북도 독도사료연구회, 《연구보고서 1: 竹嶋紀事》I, 경상북도 독도사료연구회, 2013, 192쪽.
77) 최영성, 2019, 앞의 글, 115쪽.
78) 《인조실록》 19년(1641) 8월 25일 외.

②의 논리대로라면 뇌헌도 밀사로 파견되었다는 것인데 그렇다면 밀사가 뇌헌이라는 것인지, 안용복이라는 것인지도 애매해진다. 게다가 이런 논리는 남구만과 윤지완이 파견한 밀사가 안용복이었다는 자신의 주장과도 맞지 않는다.

②는 이인성의 신분을 '진사군관進士軍官'으로 일컬었지만,《숙종실록》에는 '평산포인 李仁成',〈겐로쿠각서〉에는 '李禆元'으로 보인다. '禆元'이 2차 문헌에서 '禆將'으로 바뀌었다.《이나바지》에는 이 비장과 이 진사가 함께 보인다. '진사군관'이 보인 문헌은《증보 진사록》과《인푸역년 대잡집》,《다케시마고》이다. 그러나 문관 '진사'와 무관 '군관'을 함께 쓸 수 있는지도 의아하다. 이인성이 시에서 자신을 '朝鮮 花田李進士書'라고 한 것에 대하여 권혁성79)은 '화전'을 호로, 비장과 진사 군관을 신분으로 보았으나 이 역시 맞지 않는다. 더구나 그 근거를《이나바지》에 두고 있음은 더욱 신뢰하기 어렵다.

②는 안용복·이인성 말고 다른 관련자들은 단순 종범으로 에둘러 규정하고 이내 석방했다고 했다.80) 하지만 조정에서 수범으로 조치한 자는 안용복뿐이다. 이인성을 비롯한 나머지는 종범으로 처리했다.81) 권혁성은 남해조직의 인솔자 이인성이 일행의 대표자이고 실질적인 대표일 것으로 보았다. 그는 "이인성을 11인의 대표로 보는 大西俊輝의 주장은 설득력을 가진다"82)고 했다. 그러나 수범이 아닌 종범을 일러 11인의 대표라고 볼 수 있는지도 의아하다.

5. 事後處理를 통해 본 밀사 문제

②는 안용복의 도일로 야기된 사건을 처리함에 있어 영의정 유상운이 남구만과 윤지완에게 처리를 넘겼으며 숙종이 윤허한 것은 "숙종 역시 밀사 파견에 무관한 처지가 아니었음을 암시"하며, "정쟁으로 비화하는 것을 막기 위해 숙종과

---

79) 권혁성·권오엽, 2015, 앞의 글, 226~227쪽.
80) 최영성, 2019, 앞의 글, 123쪽.
81) "尙運曰李仁成製疏 其罪亦重 而若論首從 仁成爲從 宜斷以次律 其餘只爲漁採而去 當置而不論矣 上可之"《숙종실록》22년(1696) 9월 27일.
82) 권혁성·권오엽, 2015, 앞의 글, 228쪽. 230쪽.

남·윤이 끝까지 비밀을 털어놓지 않은 채 사건을 처리했다고 생각한다"[83]고 했다. 이는 남구만이 단독으로 밀사를 파견했다고 한 ①의 논리와는 다르다. 안용복의 2차 도일이 문제가 된 1696년 9월, 영의정 유상운과 좌의정 윤지선, 그밖의 대신들은 모두 안용복의 처형을 주장했고 우의정 서문중은 신중론을 폈다. 유상운은 숙종의 윤허를 얻어 울릉도 쟁계 초기 서계 작성과 개작에 개입했던 남구만과 윤지완에게 자문을 구했다. 윤지완은 일본 측이 서계의 '울릉' 두 글자의 삭제를 요청하여 남구만이 이를 들어주려 했을 때 반대했던 인물이다.[84] 윤지선도 윤지완에게서 들은 일을 조정에서 언급했다. 윤지완은 "안용복은 사사로이 다른 나라에 가서 외람되게 나라의 일을 말했는데, 그가 조정에서 시킨 것처럼 했다면 매우 놀라운 일이니, 그 죄를 논하면 의심할 바 없이 마땅히 죽여야 한다"라고 했다는 것이다. 윤지완이 위와 같이 말했다면, '밀사'설이 성립할 여지는 더욱 없다. 그가 밀사 파견에 개입한 자라면 이런 주장을 해서는 안 되기 때문이다. 윤지완이 안용복의 처형을 반대한 이유는 국익에 보탬이 되지 않는, 좋은 계책이 아니라고 보았기 때문이지 자신이 개입되어서가 아니었다.

남구만 역시 안용복을 처단하는 것이 하책下策이라고 보았다. 그는 "안용복이 금령禁令을 무릅쓰고 다시 가서 사단을 일으킨 죄는 진실로 주살하지 않을 수 없다. 그러나 대마도의 왜인이 울릉도를 竹島라고 거짓으로 말하고, 에도의 명이라고 거짓으로 핑계대어 우리나라 사람들의 울릉도 왕래를 금지시키려고 중간에서 농간을 부린 정상이 이제 안용복 때문에 죄다 드러났다"고 했다. 안용복의 공적이 적지 않음을 인정한 것이다. 좌의정 윤지선은 남구만의 건의를 받아들이기보다는 안용복의 처형을 주장했다. 윤지선은 윤지완의 형이다. '안용복 밀사'설이 사실이라면 동생 윤지완이 개입된 일을 형 윤지선이 전혀 몰랐을까? 서로 다른 정파도 아닌데 외교문제에서까지 대립하고 동생이 형에게 비밀로 했다고 보기는 어렵다.

영부사 남구만이 보기에 안용복의 처치나 쓰시마에 지급하는 물품을 삭감하는 일은 시급한 일이 아니었고, 급선무는 쓰시마가 속인 정상을 따지는 것이었다.

---

83) 최영성, 2019, 앞의 글, 116~117쪽.
84) 《숙종실록》 20년(1694) 8월 14일.

그래서 그는 쓰시마가 속인 정상을 승복하지 않는다면, "우리나라에서 또 글을 보내 '너희가 두 나라 사이에 있으면서 모든 일에 이렇게 신의가 없다. 안용복은 풍랑에 표류한 잔약한 백성으로서 국서國書 없이 직접 정문呈文한 것은 진실로 믿을 수 없다. 조정에서 따로 사신을 일본으로 보내 그 허실을 살피고자 한다. 너희는 장차 어떻게 대처하겠는가?'라고 물으면, 대마도의 왜인이 반드시 크게 두려워 할 것입니다"[85]라고 했다. 이것이 남구만이 생각하는 상책이었다. 남구만이 밀사 파견에 개입했다면, 이런 발언[86]을 할 필요가 없었을 것이다. 앞에서 언급했듯이 조선 정부는 에도막부에 직접 사신을 보내 쓰시마의 행태를 알릴 수 있었다. 조선 정부로서는 외교적 효력을 기대하기 어려운 민간인을 보낼 필요가 없다. 그랬다면 이는 상대국을 무시한 것이다. 조선 정부가 일본 정부가 사신에 대한 확인절차 없이 무조건 받아들였을 것이라고 여겼다면 이 역시 상대국을 무시한 발상이다. 이렇듯 국서의 효력을 분명히 인식하고 있던 남구만이 국서나 서계 없이 밀사를 보냈을 가능성이 희박함은 그 자신의 언급으로 알 수 있다.

6. 후세의 평가와 밀사 문제

②는 《화국지》를 인용하여, 그 안의 "나랏일 담당하는 것", "사신의 배", "한 번의 사행" 등의 말을 일러 안용복이 사실상 사신이었음을 강하게 내비친 것으로 평가했다. 그리고 '剛柔自濟', '智勇交周'는 장군의 풍모를 나타내는 말이며, 이를 소론 정권의 대일 외교 슬로건이라고 해도 지나치지 않는다고 평가했다.[87] ②는 2차 문헌 《화국지》를 인용하여 거기 기술된 내용을 '안용복 밀사'설로 엮기 위해 견강부회했다. ②는 '使舟如馬'를 "사신의 배가 말이 달리듯 하였다"라고 번역했으나, 이는 배 부리기를 말 부리듯 빠르게 했다는 의미일 뿐 사신과는 관계가

---

85) 《숙종실록》 22년(1696) 10월 13일.
86) 최영성은 위 문장을 일러 "밀사 파견과 관련하여 남구만의 의중이 실린 말이라 하겠다"(98쪽 각주 25)고 했다. 그러나 일본에 사신을 보낸다는 것은 정식 사신을 의미하지 밀사를 의미하는 것이 아니다. 실록에서 '쓰시마'와 '일본'으로 구분하여 기술한 것은 통교 매개자와 에도막부 즉 일본 정부를 구분하려는 의도로 보인다.
87) 최영성, 2019, 앞의 글, 120쪽.

없다. ②는 '張國威於一行'을 "한 번의 사행에서 국위를 떨쳤으니"로 번역했으나, 이는 안용복의 도일로 나라의 위세를 떨쳤다는 것을 의미하지 사행을 의미하지 않는다.

②는 《다케시마고》목록에 보인 '朝鮮国通使舶于本藩'을 일러 조선국 사신의 배가 돗토리번으로 온 것으로 해석했지만[88] 이 문헌의 본문은 제목과 내용이 다르다. 본문은 1696년 유학자 쓰지 반안이 아오야[青屋]로 가서 안용복과 이인성과 대담해 보니, 다케시마(울릉도)의 일로 사신을 보내온 것인지는 불분명하게 끝났다고 결론 내렸음을 인용했다. 더구나 《다케시마고》는 "《이나바지》에 기록된 것을 보니 앞뒤가 맞지 않고 잘못된 것이 적지 않다. 따라서 인용할 만한 것은 못 된다"고 했다.[89] 《다케시마고》의 저자가 《이나바지》를 참고했으면서 신뢰하지 않고 있는 것이다. 돗토리번의 공식 기록에도 안용복을 사신으로 인정했다고 볼 만한 것은 없다.

안용복이 돗토리번에 들어온 뒤의 상황 전개도 일본 측이 안용복을 결과적으로는 사신으로 보지 않았음을 뒷받침한다. 돗토리번은 안용복 일행이 정회소에 있는 동안에는 사신 대우를 해주었다. 그러나 아오야로 보낸 뒤에는 감시선까지 붙였다가 다시 고야마라는 호수 안 아오시마[青島]라는 임시 거처로 옮겼다. 돗토리번은 안용복이 "몇 년 전에 竹島에서 연행해 와서 나가사키로 보냈던 안비챤"[90]과 같은 자임을 막부에 보고했다. 막부는 이들을 나가사키로 보내 조사받게 하거나 조사를 거부할 경우 바로 돌려보내라고 명했다. 쓰시마번은 안용복이 쓰시마를 통하지 않고 직접 돗토리번에 소송하는 것을 저지하기 위해 돗토리번과 공조하여 이들의 추방을 건의했고, 막부는 이를 받아들였다. 일본 측이 안용복 일행을 사신으로 인정했다면 이런 일들은 있을 수 없다. 안용복이 이나바에 도착하여 소송을 하고 싶다는 제안은 처음부터 돗토리번에 의해 받아들여지지 않았다. 따라서 이런 정황이 있음에도 안용복이 사신으로 대접받았다거나 공문을 막부에 접수시켰다고 보는 것은 잘못 해석한 것이다.

---

88) 위의 글, 122~123쪽.
89) 《竹島考》
90) 경상북도 독도사료연구회, 《연구보고서 2: 竹嶋紀事》Ⅱ, 경상북도 독도사료연구회, 2013, 102쪽.

②는 일본 측이 안용복 일행을 외교사절로 대접했고, 문헌에 "분명히 '사절'로 적었다"고 했다. 그 증거로 "아마도 그 섬(울릉도)에 매년 풍흉을 검사하기 위해 보낸 관인官人에게 호키주 사절을 겸임하게 했을 것이다"[91]라고 한 일본 사료를 제시했다.[92] 그러나 위 문장을 일러 사신으로 파악했다고 해석하기는 어렵다. 《다케시마고》의 저자는 "다케시마 일 때문에 사박使舶을 보내온 것인지는 명백하지 않은 상태로 끝났다고 한다"고 판단했기 때문이다.

이 외에도 무리한 해석으로는 ②가 박세채가 남구만에게 보낸 서간에서 "동래부 일의 전말을 알려주시었고 아울러 접위관이 보내온 개인 서한까지도 내려주셔서 더욱 절실하게 감사드립니다. 비록 (동래부사의) 장본狀本은 보지 않았으나, 안복(안용복)이 한번 이바지함으로써 저들(쓰시마번)의 손발이 모두 드러났으니…"[93]라고 한 내용을 인용한 것을 들 수 있다. 여기서 접위관의 서신이란 1694년 8월 유집일이 동래로 내려가 안용복을 심문한 뒤 남구만에게 보낸 서신을 의미한다. ②는 "안용복이 한번 이바지했다"[94]고 했지만 이는 '안용복의 공술'을 의미한다. 즉 '安福一供'은 안용복이 쓰시마번의 속임수를 공술하여 그들의 계략이 다 드러났음을 의미한다. 이를 "안용복이 한번 이바지했다"고 번역하면, 그 의미가 통하지 않는다.

Ⅳ. 맺음말

이상에서 고찰한 바와 같이 '안용복 밀사'설은 최근 하나의 담론으로 자리잡고 있고 특히 두 연구자가 집중적으로 논의하고 있다. ①의 논지는 남구만이 신 외교노선의 구축을 기획하여 조정의 합의 없이 독자적으로 안용복에게 소송 임무를 맡겨 실행하게 했고, 안용복은 그 임무를 수행하기 위해 공적 권력의 비호를

91) 권오엽 편주, 《岡嶋正義古文書》, 선인, 2011, 340쪽.
92) 최영성, 2019, 앞의 글, 91쪽.
93) 위의 글, 98쪽.
94) "東萊事 乃蒙委示曲折 兼賚接慰私書 尤切感激 雖亦不見狀本 而安福一供 彼之手足俱露 此後似無可憂之端矣"(《南溪集》 권9, 〈答南相國-九月四日〉).

받아 도일했다는 것이다. 그러므로 밀사를 파견한 목적은 쓰시마번의 비리를 막부에 알리는 것이었고, 이를 위해 안용복이 돗토리번을 통해 문서를 제출했으나 쓰시마번이 막부를 움직여 결국 의도한 목적을 달성하지 못했다는 것이다. ②의 논지는 남구만과 윤지완이 정쟁을 피하고 외교 현안을 해결하고자 안용복을 후원하여 밀사로 파견하는 데 공조했다는 것이다. ②는 숙종이 밀사 파견에 암묵적으로 동의하거나 개입된 것으로 보았다. ②는 ①의 설이 사실이지만 논증에서 아쉬움이 있음을 보완하기 위해 양국의 사료와 문헌을 활용하여 뒷받침하겠다는 목적을 갖고 연구에 임했다.

그러나 ①과 ②의 사료 해석은 자의적이어서 전체 맥락과 맞지 않는 경우가 더러 있다. 글에는 맥락이 있게 마련인데, 이를 무시하고 일부 구절이나 단어를 '안용복 밀사'설과 무리하게 엮으려 한 측면이 있다. 그래서 모든 논증과정이 '안용복 밀사'설을 전제로 하여 맞추어져 있다. "남·윤 등은 쓰시마번의 잘못된 행태를 막부에 직접 알려 바로잡도록 하는 전략을 썼다"[95]고 하고, 남구만이 "소리는 없고 결과는 확실하게 내는" 국방정책을 표방한 것이 대일 외교 및 안용복 밀사설과 관련하여 시사하는 바가 크다[96]고 했다. 하지만 ②는 안용복이 쓰시마번의 행태를 막부에 직접 알렸음을 보여주는 1차 사료는 제시하지 않았다. 또한 두 사람의 국정철학과 '안용복 밀사'설과의 직접적인 인과관계를 엿볼 만한 내용에 대해서도 거의 언급하지 않았다.

'안용복 밀사'설은 안용복의 도일을 상식선에서 이해해야 한다고 했지만, 오히려 상식적으로 볼 때 이 설은 성립하기 어렵다. 안용복의 2차 도일에 몇 가지 의문점이 있는 것은 사실이다. 그렇다고 하더라도 밀사설이 성립하려면 몇 가지 조건이 구비되어야 한다. 파견 목적과 계획, 임무 수행을 위한 전략과 능력, 일본 측의 대응에 관한 구상 및 실행과정이 분명히 드러나야 한다. 그런데 '안용복 밀사'설은 파견 목적은 물론이고 파견을 계획한 시점도 분명하지 않다. 남구만 또는 남구만과 윤지완이 숙종의 내밀한 승인 아래 다른 대신들과 협의하지 않고 일을 추진했다는 설정도 조선의 통치구조로 볼 때 불가능하다. 더구나 양국 간

---

95) 최영성, 2019, 앞의 글, 95쪽.
96) 위의 글, 96쪽.

교섭이 일본 측이 조선의 울릉도 영유권을 인정하는 방향으로 진행 중이었는데 조선 측이 굳이 안용복을 밀사로 파견할 이치가 없다. 안용복의 수행 능력을 보자면, 오키에서는 일본어를 구사하다가 이나바로 들어간 뒤로는 일본어를 할 줄 모르는 것처럼 보고되었다.[97] 통정대부 안용복이 밀사였다면, 그는 서계를 지참하고 역관을 대동했어야 하며 처음부터 일본어를 구사하지 않았어야 한다. 그런데 그는 오키에서는 통역관 역할을 했고 이나바로 들어갈 때는 역관의 직함인 '안 동지'를 자처했다. 일본어를 구사할 줄 모르는 체하다가 역관을 자처했다는 것도 서로 맞지 않는다. 한편 돗토리번은 그가 몇 년 전에 왔던 인물임을 간파했다. 그런 그가 어떻게 밀사로서 임무를 수행할 수 있었겠으며, 조선 정부는 어떻게 그런 자를 1696년에 밀사로 파견하려 했겠는가.

  '안용복 밀사'설은 안용복을 파견한 목적이 쓰시마번의 비리를 막부에 고발하려는 데 있는 것인지 아니면 울릉도와 우산도에 대한 영유권을 주장하려는 데 있는 것인지도 분명히 하고 있지 않다. 전자가 목적이었다면 남구만의 말대로 국서를 지참한 사신이 직접 막부로 가서 알리면 될 일이었다. 그런데 안용복이 뒤에 비변사에서 일본에서의 행적을 진술할 때는 영토 관련 내용이 주를 이룬다. 조선 정부가 밀사를 파견한 목적이 영유권 주장에 있었다면, 당시 일본 정부가 조선의 영유권을 인정하는 방향으로 교섭을 진행하고 있었으므로 이런 상황과도 맞지 않는다. 한편 조선 정부가 안용복을 밀사로 보낸 것이었다면 임무를 완수한 뒤에는 정당한 대가를 지불했어야 한다. 그런데 안용복은 초기에는 사형을 언도받았다. 지중추부사 신여철은 안용복이 국사國使를 칭하고 타국에 문서를 함부로 올렸다는 것을 사죄死罪에 해당시킨 근거로 삼았다.[98] 안용복이 밀사였음을 인정했다면 조정에서 이런 논의가 이뤄졌을 리가 없다. 설령 극히 일부 대신만이 밀사 파견을 알고 있었다고 한다면, 그럴수록 사후 처리 또한 극비리에 진행되었어야 한다. 하지만 관찬 문헌과 개인 문집에는 국왕과 대신들이 이 문제를 공론화하여 처리한 과정이 그대로 기록되어 있다.

---

97) 돗토리번은 쓰시마번 관리에게 안용복이 일본어를 할 줄 안다고 전했으므로 막부에만 그렇게 보고한 듯하다.
98) 《승정원일기》 1696년(숙종 22) 10월 13일.

반면에 일본 측 기록에는 안용복이 울릉도를 거쳐 오키로 들어오기까지 행적, 호키와 이나바, 돗토리성하에 들어오기까지 행적 및 돗토리번과 막부에 보고한 내용들이 모두 기술되어 있다. 일본 측이 안용복을 사신으로 받아들였다면 그를 섬에 가두고 냉대하다가 돌려보내는 일은 있을 수 없다. 다른 시각에서 보더라도 일본 정부로서는 쓰시마번을 통하지 않은 비정상의 사절인데다 서계도 지참하지 않은 자를 사신으로 받아들일 이치가 없다. '안용복 밀사'설을 주장하는 자들은 남구만과 윤지완의 서한이나 실록의 일부 구절에서 밀사의 단서를 끄집어내지만, 정작 필요한 것은 안용복 일행을 사신으로 인정했음을 보여주는 일본 측의 1차 사료이다. '안용복 밀사'설은 숙종이 언제부터 이 사실을 알고 있었는지, 실질적인 주도자는 누구였는지, 두 대신은 과연 공조했는지, 추진과정과 결과는 어떠했는지에 대해서도 명확히 기술하고 있지 않다. 따라서 이는 하나의 가설로도 성립하기 어렵다.

사료 활용의 측면에서 보더라도 '안용복 밀사'설은 1차 사료보다 2차 자료에 더 많이 의존하고 있다. 논자들이 활용한 1차 사료는 《숙종실록》과 〈겐로쿠각서〉에 불과하고 대신의 문집 일부가 덧붙여져 있을 뿐, 《화국지》와 《다케시마고》 같은 2차 문헌을 주로 이용하고 있다. 《다케시마고》는 《이나바지》를 인용했는데, 《다케시마고》의 저자조차 《이나바지》를 신뢰하지 않을 정도로 사료로서의 가치가 미약한 자료다. 독도 연구에서 여러 사료를 활용하여 연구의 심화를 꾀하는 것은 바람직한 일이다. 그러나 지나치게 천착하여 단장취의斷章取義한다면 이는 도리어 영토 주권 강화에 역행하고, 일본 측에 비판의 빌미만을 제공할 우려가 있다.[99]

---

99) 이 글의 초고가 완성될 즈음 시모조 마사오가 최영성의 글에 대해 반론한 것이 있음을 알았다. 시모조는 최영성의 논고가 통정대부 안용복을 밀사로 규정한 권오엽의 논고를 답습한 것이라고 보고, 안용복이 자칭한 통정대부 호패는 위조라고 보았다. 호패에는 통정대부라는 작위를 기재하지 않기 때문이라는 것이다. 따라서 통정대부라는 관직에 의거하여 밀사로 보는 두 사람의 논의는 허위의 역사를 날조한 것이라고 비판했다. 논의를 단순화한 감은 있지만, 일부 타당한 지적이 있는 것은 사실이다(〈최영성 씨의 논고 〈안용복 제2차 도일의 성격에 관한 고찰-'조선의 밀사' 안용복-〉비판〉, 웹 다케시마문제연구소, 실사구시 제59회, 9월 10일).

2. '죽도 고유명칭'설은 성립하는가?

Ⅰ. 머리말

한국 동해의 '울릉도'와 '독도'를 가리키는 문헌상 호칭은 여러 가지다. '울릉도'는 鬱陵島, 欝陵島, 蔚陵島, 鬱島, 蔚島, 武陵島, 茂陵島, 羽陵島, 芋陵島 등으로, '독도'는 于山島, 芋山島, 牛山島, 子山島, 石島, 獨島 등으로 다양하게 표기된다. 그 외에도 蓼島와 三峯島, 可支島가 있지만 이들은 독도로 특정하기 어렵다. 또한 울릉도 가까이에 竹島, 島項, 觀音島 등의 명칭도 있다. 이 가운데 관음도를 제외하면 대부분 우리말의 뜻 또는 음을 따라 한자로 표기한 것이다. 어원이 같은데 한자 표기가 다르다면 음을 빌려 표기한 것인가, 훈을 빌려 표기한 것인가에 따라 갈린 것이다.

이들 호칭을 외국인이 부를 때는 어떠한가? 우리 섬을 일컫는 것이라면 외국인이라 하더라도 우리가 부르는 호칭을 따를 수밖에 없다. 일본이 11세기에 신라국의 芋陵島, 于陵嶋, 宇流麻島[1]를 운운한 것은 울릉도를 우리가 부르는 대로 적었음을 의미한다. 그런데 일본은 16세기부터 우리가 부르는 방식을 따르지 않고 그들 방식대로 부르기 시작했다. 礒竹島, 磯竹島, 竹島, 竹嶋, 松島, 松嶋 등이 출현하기 시작했는데, 礒竹島와 磯竹島는 '이소타케시마'로, 竹島와 竹嶋는 다케시마로, 松島와 松嶋는 마쓰시마로 불린다. 에도시대에 일본인들은 울릉도를 이소타케시마와 다케시마로, 독도를 마쓰시마로 부른 것이다. 이들 호칭이 울릉도와 독도를 가리키는 고유 명사는 아니다. 일본에서는 竹島(竹嶋)와 松島(松嶋)로 부르는 지명이 여러 지역에 있다. 마찬가지로 竹島와 松島는 한국에서도 흔한 지명이다. 표기는 같지만 이를 죽도·송도로 부를 것인가, 다케시마·마

---

1) 《大日本史》 권234 列傳 5, 高麗; 《權記》, 寬弘 元年(1004), 七日 辛卯.

쓰시마로 부를 것인가는 어느 정도는 영유 의식과 관계가 있다. 죽도·송도로 부른다면 우리나라 영토라는 인식이 반영되어서일 것이고, 다케시마·마쓰시마로 불렀다면 일본 영토라는 인식이 반영되어서일 것이다.

우리나라에는 竹島로 표기된 섬이 울릉도 옆에 있고 다른 지역에도 많다. 우리는 '대나무 섬'의 뜻을 빌려 한자로 표기한 것이므로 음독할 때는 죽도라고 한다. 일본이 일컫는 다케시마[竹島]와 한자가 같다고 해서 이를 '다케시마'로 칭한다면 우리나라 섬을 가리키지 않는다. 이렇듯 명칭은 어떻게 부르는가에 따라 그 영유의식이 달라진다. 다만 일본이 울릉도를 다케시마로, 독도를 마쓰시마로 불렀다고 해서 그것이 곧바로 일본 영토임을 의미하는 것은 아니다. 당시 일본인들이 다케시마·마쓰시마로 말한 것은 조선의 영유인 줄 모르고 자의적으로 이름붙인 것에 불과하기 때문이다. 조선의 영유임이 판명되자 일본은 근대기에는 울릉도를 '울릉도'로 불렀다. 독도에 대해서는 복잡한 양상으로 전개되지만… 그런데 이런 역사적 사실이 최근 다른 방향에서 엉뚱한 논리로 전개되고 있다. 일본이 '다케시마'로 일컫는 竹島가 '대섬'에서 온 한자인데 '대섬'은 본래 우리말 '큰섬'에서 온 것이므로 우리가 일본보다 먼저 '죽도'의 존재를 인식했다는 주장[2]이 그것이다.

이런 주장을 제기하는 논자의 의도는 일본이 17세기 자료에 보인 竹島·松島 관련 기록을 근거로 한국보다 먼저 독도의 존재를 인식하고 있었다며 영유권 주장의 근거로 삼고 있는 것을 비판하기 위해서다.[3] 일본이 말하는 竹島·松島가 우리 민족의 언어로 해석될 수 있다면 먼저 이름을 붙인 우리가 일본보다 먼저 섬의 존재를 인식했음이 입증되므로 우리가 독도 영유권을 주장할 수 있다는 의도에서 이런 주장이 등장한 것이다. 이 글은 이를 검토하려는 것이다.

이 글에서 논하는 두 섬은 일본이 竹島·松島로 부르는 섬, 우리가 울릉도와 우산도로 부르는 섬을 가리킨다. 이런 일각의 주장을 이 글에서는 편의상 '죽도 고유명칭'설로 부르고자 한다. 명칭의 문제를 다루는 것이므로 '죽도'를 비롯하여

---

2) 정연식-a, 〈울릉도, 독도의 옛 이름 대섬[竹島], 솔섬[松島]의 뜻〉《역사학보》 241, 역사학회, 2019. 정연식의 논문은 동북아역사재단 기획연구과제 《울릉도와 독도의 여러 이름의 뜻과 유래》(2018)에 바탕하고 있다.

3) 정연식-a, 2019, 위의 글, 144쪽.

여러 지명을 필요한 경우 한자로만 표기하기로 한다. '죽도 고유명칭'설 외에 '가지도'와 '석도'에 관한 이설異說에 대해서도 간략히 언급하고자 한다.

Ⅱ. '죽도 고유명칭'설의 논지와 竹島·松島의 유래

1. '큰 섬-대섬-竹島'라는 논리

'죽도 고유명칭'설의 요지는 竹島와 松島가 '대섬'과 '솔섬'을 한자로 표기한 것인데 이들이 지금은 사라진 우리말 '큰섬'과 '작은섬'에서 유래했다는 것이다. 즉 '큰섬'은 우리말로 '대섬'이라고도 하는데 '크다'는 의미의 '대大'가 잊혀져서 대나무의 '대'[竹]로 유추되어 '대섬'이 되었고 그것이 '竹島'로 전해졌다는 것이다. 말하자면 '큰 섬 → 대섬 → 竹島'가 되었다는 식의 논리다. '솔섬'이 '松島'가 된 것도 마찬가지다. 가늘다, 좁다, 작다는 뜻의 '솔섬'이 '松島'로 잘못 전해져 '작은 섬 → 솔섬 → 松島'가 되었다는 것이다.

'죽도 고유명칭'설은 이를 논증하기 위해 고대국어와 삼국시대의 음운학, 중국어와《일본서기》등을 동원하여 설명했다. 그러나 그 설명은 너무 복잡해서 이해하기가 쉽지 않다. '죽도 고유명칭'설의 논리를 좀 더 부연하면, 고대국어에서 '크다'를 의미하는 우리말이 '한' 외에도 *tar이 있는데, 고대에 大山郡, 大丘縣, 大谷郡 등의 지명에서 보인 大의 국어의 의미는 *tar이고, '크다'는 의미라고 한다. 크다는 뜻의 *tar는 삼국시대 내내 유지되다가 tai가 되었고 최종적으로는 대[te]가 되었다고 한다. 그런데 '죽도 고유명칭'설은 "우선 -ar은 -ai로 변하기 쉽다"[4]고 하고 그 예를 중국어의 변모과정에서 찾아 제시했다. 이어 "따라서 /*sar/가 sɛ가 되고 /*nar/가 nɛ가 되었듯이 크다는 뜻의 우리말 *tar도 '대[tɛ]'가 되었을 것으로 짐작된다. *tar은 tai가 되었고, 이중모음을 지닌 중세국어의 /tai/는 공시적共時的인 음절축약에 의해 [taj]로 발음되기도 하다가 마침내

---

4) 정연식-a, 2019. 위의 글. 166쪽.

[tɛ]로 변했을 것이며, 그 과정은 18세기에 완결되었을 것으로 추정된다. 즉 15세기의 '다이셤'은 18세기를 즈음해서 '대셤'으로 자리 잡았을 것이다"5)라는 것이다.

그런데 한편으로는 "15세기 말부터 성조 체계에 혼란이 시작되어 16세기 말에는 완전히 해체됨으로써 방점 표기도 폐기되었다. 성조가 사라지자 크다는 뜻의 우리말 평성 '대'와, 大의 한자음 상성 ':대'와, 대나무의 거성 '대'의 구분이 사라졌다. 따라서 큰섬이라는 뜻의 대셤이 대나무라는 뜻의 대셤이 되는 것에도 장애가 없어졌다"6)고 했다. 즉 '대'의 성조 구분이 없어짐으로 말미암아 '대셤'이 '죽도'가 될 수 있었다는 것이다. 그리고 "우리말 '대'와 한자음 '대大'가 뒤섞이면서, 우리말 '대'는 점차 한자음 '대'에 밀려 자취를 감추었을 것이다. 그리고 오래 전부터 써 왔던 '크다'는 뜻의 '대'가 순수한 우리말임을 점차 잊게 되었고, 오히려 '大'의 한자음으로 착각하게 되었다"는 논리를 폈다. 그 예로 대범7)을 들었다.8)

'대셤'에 대해서도 "'대셤'이란 말이 '대'가 크다는 뜻의 우리말임을 잊은 후로는 '대셤'이라는 말이 큰 섬으로 생각되지 않았을 것이다. 왜냐하면 한자어 '대도大島'나 우리말 '큰섬'은 쉽게 이해되지만, 한자음과 우리말이 뒤섞인 '大셤'이라는 말은 어색해서 쉽게 받아들여지지 않기 때문이다. 그래서 '대셤'을 대나무가 많은 섬이라는 뜻으로 유추하여 한자로 竹島로 표기하기 시작한 것이다. '대셤'은 근원으로 돌아가면 큰 섬이라는 뜻을 지닌 우리말이다"라고 설명했다.9)

그러나 이런 논증은 시대에 따라 바뀐 언어의 차이와 변화의 추이가 드러나지 않으므로 음운학적으로 설명한 인과관계가 모호한 측면이 있다. '크다'는 의미의 '대'와 대나무의 '대'의 구분이 사라진 시기가 언제부터인지도 분명하지 않다. '죽도 고유명칭'설의 논자는 고대국어와 중세국어의 변화가 15세기 말부터 성조체계에 혼란이 시작되어 16세기에는 완전히 해체되었고 18세기에 완결되었다고

---

5) 정연식-a, 2019, 위의 글, 167쪽.
6) 위의 글, 170쪽.
7) 용비어천가에 보인 '대범'은 한자로는 大虎로 쓰는데 이는 대범의 '대'를 大로 오해한 것이지만 '대'는 크다는 의미를 나타내므로 대범은 큰범이라는 우리말에서 왔다는 것이다(정연식-a, 2019, 위의 글, 167~168쪽).
8) 정연식-a, 2019, 위의 글, 170~171쪽.
9) 위의 글, 171쪽.

했지만, 15세기의 '다이섬'이 18세기에 '대섬'으로 자리잡았다는 것을 설명하기에는 미흡하다. 왜 성조체계가 혼란을 겪게 되었는지에 대한 설명도 증거도 부족하다. 논자는 竹島가 '큰섬'에서 성립했다고 하지만, 11세기 《고려사》10)에 보인 간성현 안의 竹島는 '큰섬'이 아닌 '대섬'의 의미이고, '큰섬'의 의미를 지닌 '大島'11)도 따로 보이므로 위의 설명과는 맞지 않는다.

이런 음운학적 설명의 타당성 여부를 떠나 '죽도 고유명칭'설은 그 근본적인 전제가 잘못 되었다. 그 이유는 일본이 말하는 竹島는 본디 '대나무'의 의미와 관련되어 나온 것이고 '큰 섬'의 의미와는 전혀 관계없이 생성된 명칭이기 때문이다. 게다가 일본에서 竹島는 처음부터 '대섬'으로 일컬어진 것이 아니라 이소타케시마[五十猛嶋, 礒竹島·磯竹島]로 불리다가 다케시마로 바뀐 명칭이라는 사실도 '죽도 고유명칭'설이 잘못되었음을 뒷받침한다. 다시 말해 竹島는 본래 '큰섬'에서 시작되어 '대섬'으로 변전한 지명이 아니며, '竹島'가 성립한 시기도 18세기보다 훨씬 이르다.

'죽도 고유명칭'설이 성립할 수 없는 또 다른 이유는, 竹島가 큰섬 → 대섬에서 온 우리말이라는 논리를 따를 경우 17세기 후반 조·일 양국이 첨예하게 대립한 '울릉도 쟁계', '다케시마 일건' 자체가 성립할 수 없기 때문이다. 이는 뒤에서 다시 기술하겠지만, '울릉도 쟁계'는 엄연한 역사적 사실이다. 한편 '죽도 고유명칭'설의 논리대로라면, 우리는 울릉도를 일러 '큰섬'으로든 '대섬'으로든, 아니면 竹島로든 이 가운데 하나를 택해 불렀던 흔적이 하나라도 보였어야 하는데 이 가운데 어느 것도 울릉도를 가리키는 호칭이었던 적이 없다. 우리는 울릉도를 '울릉도' 또는 유사 호칭 및 약칭[鬱島]으로 일관되게 칭해 왔다. 우리가 '울릉도'로 부르는 것에 대해 일본 측은 심한 거부감을 보였던 적이 있다. 그런데 어떻게 '죽도'를 일러 우리말에서 성립한 호칭이라고 할 수 있는가. 아래서는 그 논거를 문헌에 의거하여 좀 더 구체적으로 개진하고자 한다.

---

10) 《高麗史》 권53, 志 권7, 오행, 1084년 2월 29일
11) 《高麗史》 권112, 列傳 권25, 諸臣, 조운흘

2. 울릉도와 礒竹島

'울릉도'라는 지명은 처음부터 鬱陵島로 일관한 것이 아니었다. 한국 문헌에서 울릉도 관련 지명이 처음 보인 것은 512년에 보인 鬱陵島이다. 930년에는 芋陵島로, 1032년에는 羽陵으로, 1141년에는 鬱陵島, 1243년에는 蔚陵, 1379년에는 武陵島, 1407년에는 茂陵島로 보였다. 조선 초기에는 주로 武陵島로 불리어 《세종실록》〈지리지〉에서도 '武陵島'로 보였다. 《동국여지승람》(1481)은 '鬱陵島'가 주칭, 무릉武陵과 우릉羽陵이 이칭이 되어 있다. 울릉도가 '鬱陵島'로 정착한 것은 17세기지만 정착한 뒤로도 '蔚陵島'가 병기되거나 '무릉도'도 잔존했다. 1693년에 안용복은 '울릉도'와 '무릉섬' 두 가지로 불렀다.

이와는 달리 일본에서 울릉도 관련 지명이 처음 보인 것은 1004년 "고려인의 무리 우릉도芋陵島 사람들이 표류해서 이나바[因幡]에 이르렀다"[12]는 기록에서다. 于陵嶋, 宇流麻島도 함께 언급했다. 이는 우리 호칭을 그대로 인용한 것이다. 일본이 울릉도를 그들 방식으로 부르기 시작한 것은 16세기 말에 와서다. 1569년에는 '이소타케시마[五十猛嶋]'로,[13] 〈日本圖屏風〉[14]에서는 '礒竹'[15]으로, 《다몬인 일기[多聞院日記]》 1592년 5월 19일 조는 '이소타키 인삼(いそたき人蔘)'으로 불렀다. 이는 이소타케시마나 유사 지명이 竹島 이전에 성립해 있었음을 의미한다. 1569년에 보인 '五十猛嶋'는 "대죽이 많"은 데서 온 명칭이었다. '이소타케시마'는 '礒竹島·磯竹島'로도 표기되는데 '이소[礒, 磯]'의 의미는 바닷가 지형의 돌 지형과 관계있다.[16] 이에 '이소타케시마'는 바닷가의 돌 지형과 대나무라는 두 가지 특성을 아우르는 지명이다.

일본의 호칭이 조선에 처음 소개된 것은 이수광의 《지봉유설》(1614)에서다.

---

12) 《大日本史》 卷234, 列傳 五, 고려, "寬弘元年 高麗藩徒 芋陵島人 漂至因幡"
13) 《殘太平記》 권7 '罪人遠嶋 流刑評定之事' 조(條) "오키국 상인을 불러 五十猛嶋에 대해 물으니, 인슈(隱州)에서 70리, 동서 9리로 대죽(大竹)이 많고 사람은 살지 않는다"고 했으므로 울릉도를 가리킨다(유미림, 〈'이소타케시마' 어원에 관한 일고(一考)〉 《영토해양연구》 제12호, 동북아역사재단, 2016, 48쪽).
14) 中村栄孝, 〈礒竹島〉(蔚陵島)についての覚書〉 《日本歷史》 제158호, 日本歷史學會, 1961, 15쪽.
15) 《일한어업 교섭자료》 3, 〈일본해의 다케시마(竹島)에 관하여〉, 시마네현 총무과 소장.
16) 표기의 차이와 유래에 대해서는 유미림, 2016, 앞의 글 참조.

"울릉도는 임진왜란 뒤에 사람이 가서 보니, 왜적의 분탕(焚蕩)과 노략질을 겪어 다시 인적이 없었는데, 근자에 들으니 왜가 磯竹島를 점거했다고 한다. 어떤 이는 磯竹이 바로 울릉도라고 한다"[17]라고 했다. 이수광은 '이소타케시마'를 '磯竹島'로 표기했다. 17세기에는 '이소타케시마'와 '울릉도' 둘 다 보이지만 '죽도 고유명칭'설이 언급한, 울릉도 호칭으로서 '대섬[竹島]'은 보이지 않는다. 이때는 울릉도 옆의 대섬을 가리키는 '죽도' 호칭도 보이지 않았다. 숙종 대의 남구만도 《지봉유설》을 인용, 일본이 일컫는 磯竹島가 바로 조선의 울릉도임을 언급한 바 있어[18] '이소타케시마'가 일본 호칭임을 인지하고 있었다.

남구만의 언급을 수록한 《숙종실록》은 사신의 평을 인용하여 "왜인들이 말하는 竹島는 바로 우리나라 울릉도이다. 울릉이란 호칭은 신라 · 고려의 사서와 중국 사람의 문집에 나타나 있으니 그 유래가 가장 오래 되었다. 섬에 대나무가 많이 나므로 竹島라는 명칭도 있긴 하지만 실제로는 하나의 섬에 두 개의 명칭이 있는 셈이다. 왜인들은 '울릉'이란 명칭은 숨기고, 竹島에서 고기 잡는다는 구실로 … 우리나라가 회답서계에서 반드시 '울릉'이란 명칭을 거론한 것은 그 땅이 본디 우리나라 땅임을 밝히기 위해서다. …"라고 했다. 이는 조선 정부가 磯竹島와 竹島가 일본이 '울릉도'를 가리키는 호칭임을 분명히 인식하고 있었으며, 일본이 조선의 '울릉도' 호칭을 없애기 위한 음모를 꾀했다는 사실을 간파하고 있었음을 드러낸다. 사신이 "왜인들이 말하는 竹島(倭人所謂竹島)"라고 하고, "섬에 대나무가 많이 나므로 竹島라는 명칭이 있지만 실제로는 하나의 섬에 두 개의 명칭이 있는 셈이다[亦有竹島之稱 而其實一島二名也]"라고 한 것은 일본이 우리나라 울릉도를 대나무가 난다는 사실에 의거하여 竹島로 부르게 되었음을 밝힌 것이다. '죽도'가 우리말 '큰섬'에서 왔다는 논자의 논리대로라면 "왜인들은 '울릉'이란 명칭은 숨기고 … 우리나라가 회답서계에서 반드시 '울릉'이란 명칭을 거론한 것은 그 땅이 본디 우리나라 땅임을 밝히기 위해서다"는 식의 논리는 성립하기 어렵다. 竹島가 우리말에서 온 것이라면 큰섬이든 대섬이든 이와 관련된 호칭을 사용

---

17) 《芝峰類說》 권2 지리부. "壬辰變後 人有往見者 亦被倭焚掠 無復人烟 近聞倭奴占據磯竹島 或 謂磯竹 卽蔚陵島也".

18) 《숙종실록》 20년(1694) 2월 23일. "南九萬白上曰 東萊府使報 倭人又言 朝鮮人入於吾竹島 宜 禁其更入也 臣見芝峰類說【故判書李晬光所著 芝峯卽其號】倭奴占據磯竹島 磯竹卽鬱陵島也"

한 흔적이 문헌에 보여야 하기 때문이다.

'죽도 고유명칭'설은 竹島·松島라는 이름이 대나무, 소나무와는 관련이 없어 보인다고 했지만, 우리 지명 竹島는 대나무에서 유래한 지명이고, 일본 지명 '다케시마[竹島]' 역시 대나무에서 유래한 지명이다. 다만 일본인들이 竹島와 松島를 병기할 때의 松島는 소나무에서 유래한 지명은 아니다. 일본인들이 에도시대에 독도를 '마쓰시마[松島]'로 부른 것은 '송죽松竹'을 함께 말하던 그들의 관습 때문이다.[19] 이 역시 일본이 말하는 '松島'가 '가는 섬' '작은 섬'의 의미에서 성립한 것이 아님을 보여준다.

쓰시마번은 울릉도 쟁계 당시 1614년의 일을 언급하기를, "82년 전 폐주弊州에서 동래부에 서계를 보내 礒竹島를 자세히 조사하는 일을 알리니, 동래부사의 답서에 이르기를, '본도本島는 바로 우리나라에서 울릉도라고 하는 곳이다. 지금은 비록 황폐해졌지만 어찌 다른 사람이 함부로 점거하는 것을 허용하여 시끄럽게 다투는 단서를 열겠는가?'라고 한 사실이 있다[20]"고 한 적이 있다. 이는 조선 정부가 礒竹島는 일본 호칭, 울릉도는 조선 호칭임을 분명히 인지하고 있었음을 의미한다.

3. 일본 문헌에서의 竹島·松島

일본 측 기록 《통항일람通航一覽》(1853)은 《本州編稔略》을 인용하여 "겐나[元和] 6년(1620) 경신년 본국(생각건대, 쓰시마국을 가리킨다) 상고商賈 야자에몬[彌左衛門], 니에몬[仁右門]이라는 자가 몰래 도해하여 礒竹島에 있었으므로(생각건대 磯竹島는 바로 竹島를 말한다) 잡아서…"[21]라고 기술했다. 또한 《통항일

---

19) 《長生竹島記》에 "마쓰시마가 있다. 그리고 고려 쪽에 가깝고 본조의 것이 아닌 다케시마가 있는데 녹색이 짙다. 이 섬을 이렇게 이름붙인 것은 음양이 화합한다는 뜻으로 松자에 竹자가 따라붙은 것…"이라고 한 것이 이를 입증한다. 나카이 다케노신도 "松이 번무하고 竹이 번무하기 때문이 아니라 松竹이라고 병칭하여 축하의 의미로 사용하는 것이다"라고 했다(中井猛之進, 《울릉도 식물조사서》, 1919. 3~4쪽).
20) 《숙종실록》 21년(1695) 6월 20일.
21) 《通航一覽》 권129 〈朝鮮國部〉(105) '무역'

람》은 "게이쵸[慶長] 17년(1612) 임자년 이즈음 磯竹島를 일본의 경계로 삼았다. 이해 7월에 저 나라에서 동래부 윤수겸이 공(생각건대 宗義智를 가리킨다)에게 회답서계를 보내왔다. 회답서에는 '이른바 磯竹島는 우리나라 울릉도이다'라고 되어 있다. 회답서의 내용은 다음과 같다(본서에서 인용한《조선통교대기》에는 경장 19년으로 되어 있다).…"22)라고도 기술했다. 이는 일본에서 17세기 초엽 당시 울릉도를 礒竹島와 磯竹島 두 가지로 표기하고 있었음을 보여주는 것으로 《통항일람》 편찬자는 '이소타케시마'가 바로 '다케시마[竹島]'라고 부기했다.《통항일람》은 '이소타케시마'에서 '다케시마'로 바뀐 뒤에도 대부분의 문헌은 礒竹島, 磯竹島를 竹島와 병기하거나 '이소타케시마'가 '다케시마'보다 먼저 생성된 호칭임을 밝히고 있는 것이다. 일본에서 竹島·松島를 최초로 기록한 문헌으로 평가되는《인슈시청합기[隱州視聽合紀]》(1667)는 "竹嶋(俗言礒竹島 多竹漁海鹿 按神書所謂五十猛歟)"라고 하여 竹島를 주칭으로, 礒竹島를 속칭으로 기술했다.23) 이렇듯 일본에서 울릉도를 가리키는 호칭은 五十猛→礒竹島·磯竹島→竹島·竹嶋로 변전했으나 이소타케시마와 다케시마가 병존하는 형태로 있었다.

그런데 '죽도 고유명칭'설은 일본 기록에 竹島가 처음 보인 시기를 1618년이라 했고 竹島와 松島가 함께 보인 시기를 1659년24)이라고 했다. 1661년에는 松島도해면허도 발급되었고, "1667년에는 松島(독도)를 언급한 최초의 일본측 고문헌으로 알려진《인슈시청합기[隱州視聽合記]》가 간행되었는데, 그 책에는 竹島가 울릉도이고 松島가 독도임이 명백하게 밝혀져 있다"25)고 했다. 그런데 17세기부터 오야·무라카와 집안이 소장해 왔던 회도를 1724년에 다시 필사한 회도(〈고타니 이혜가 제출한 다케시마 회도[小谷伊兵衛より差出候竹嶋之絵圖]〉)26)는 표제는 '竹嶋之絵圖'인데 설명에서는 '磯竹嶋之內'로 되어 있다. 이 회도는 "다케

---

22)《通航一覧》권137〈朝鮮國部〉(113)의 '竹島'.

23)《隱州視聽合紀》〈國代記〉(1667), 국립공문서관 원문에는 礒竹島로, 번각문(《續續群書類從第九》, 1906)에는 磯竹島로 되어 있다.

24) 가메야마 쇼자에몬(亀山庄左衛門)이 오야 규에몬(大谷九右衛門)에게 보낸 서장(書狀)(1659.6. 21.)에 '竹嶋近所松嶋'로 되어 있으므로 1659년이 맞다(川上健三,《竹嶋の歴史地理学的研究》, 古今書院, 1966, 81쪽).

25) 정연식-a, 2019, 앞의 글, 145~146쪽.

26) 웹 다케시마문제연구소는 돗토리현립박물관과 요나고시립 산인역사관 소장의 지도를 탑재하고 있다. 두 회도는 채색에서 약간의 차이가 있는 것을 빼면, 거의 같다.

시마[竹嶋]에 대해 세상에서는 이소타케[磯竹]라고도 하지만, 저희 양인兩人은 다케시마라고 합니다. 예전부터 에도 쇼군께 글을 올릴 때는 다케시마라고 해왔습니다"27)라고 주기朱記했다. 다른 지역에서는 '이소타케'로 부르지만 자신들은 '다케시마'로 부른다는 것이다. 1696년 마쓰에 번주28)가 막부에 제출한 구상서에도 "竹島를 이즈모에서는 礒竹이라 부릅니다"라고 했으므로 지역에 따라 다르게 불렀을 뿐 병존했음을 알 수 있다. 《오키고기집[隱岐古記集]》(1823)에는 "북서쪽 40여 리에 마쓰시마[松島]가 있다. 둘레 1리 정도로 나무 없는 바위섬이라고 한다. 거기서 서쪽으로 70리에 다케시마[竹島]가 있는데, 예로부터 이 섬을 磯竹島라고 불렀으며 대나무가 울창한 큰 섬이라고 한다"고 했다.

이렇듯 '다케시마'는 '이소타케시마'에서 유래했다. 竹島가 우리 민족의 언어로 해석 가능하므로 일본에 앞서 섬의 존재를 인식했다는 논리대로라면 '이소타케시마'에서 '다케시마'가 된 역사성을 설명하기 어렵다. '죽도 고유명칭'설은 '이소타케시마'와 '큰섬─대섬' 호칭 사이의 괴리를 설명하고 있지 않다. 더구나 일본에서는 조선의 울릉도와 우산도를 竹島와 松島로 부르다가 이에 대한 서양 호칭이 유입되면서부터는 더 이상 竹島가 울릉도를, 松島가 우산도를 가리키지 않게 되었다. 메이지시대에 울릉도를 가리키던 '다케시마'는 서양 호칭인 '다줄레'로 불리거나 '마쓰시마' 혹은 '마쓰시마 · 다줄레'로 불려 독도를 가리키던 '마쓰시마'는 설자리를 잃었다. 그 자리를 서양 호칭 '리앙쿠르 락스'가 대체했다가 1905년 2월 '다케시마'는 독도 호칭으로 인위적으로 결정되었다. 이런 역사적 추이 또한 '대섬─竹島'로의 변전이라는 고유 명칭 사이의 변전과는 전혀 별개로 진행된 것이었다.

4. 죽도와 죽서

한국의 여러 지역에서 보이는 '죽도竹島'라는 지명은 우리나라 '대섬(댓섬)'에

---

27) 舩杉力修, 〈絵圖 · 地圖からみる竹島(II)〉《竹島問題に関する調査研究 最終報告書》, 竹島問題研究会, 2007, 143쪽.
28) 마쓰다이라 쓰나치카(綱近, 1659~1709). 마쓰에번 제3대 번주. 재임기간은 1674~1704년이다.

대한 훈차표기이다. 이 지명은 본디 '대섬'으로 불렸을 것이다. 그러나 문헌에는 우리말로 표기되어 있지 않으므로 문헌 표기만으로는 우리말 명칭을 알 수가 없다. 지명은 대부분 우리말의 뜻 혹은 음을 빌려 한자로 표기하게 마련이므로 대섬은 竹島로 표기되는 것이 자연스러웠다. 竹島가 처음 울릉도 관련 문헌에서 보인 것은 1794년 수토관搜討官[29] 한창국의 기록에서다.[30] 그는 "[울릉도] 그 앞에 세 개의 섬이 있는데, 북쪽의 것은 방패도防牌島, 가운데 것은 죽도竹島, 동쪽의 것은 옹도甕島이며, 세 섬 사이의 거리는 1백여 보步에 불과하고 섬의 둘레는 각각 수십 파把씩 되는데, 험한 바위들이 하도 쭈뼛쭈뼛해서 올라가 보기가 어려웠습니다"라고 보고했다. 여기서 말한 울릉도 앞의 세 개의 섬 가운데 하나인 竹島는 대나무섬에서 온 지명이다. 한창국이 죽도를 언급하기에 앞서 1694년에 장한상도 죽도에 비정할 만한 내용을 언급한 바 있다. 그는 울릉도에서 동쪽으로 5리쯤 떨어진 곳에 해장죽이 자라는 섬을 목격했다고 했는데 해장죽이 자라는 섬이 바로 죽도이다. 그러나 장한상은 이 섬을 죽도로 명명하지는 않았다. 그럼에도 이 섬의 이름이 '큰 섬'에서 유래했다고 볼 만한 정황은 없다.

'죽도 고유명칭'설에 따르면, '대섬'이나 '죽섬'이라는 이름은 작은 섬 가운데서도 비교적 큰 섬과 작은 섬[31]에 붙여지는 법―이는 기준이 없는 모호한 표현이다

---

29) 1차 사료에서는 보이지 않던 '수토사'라는 용어가 최근 빈번히 사용되고 있다(김명기·이동원, 《일본 외무성 다케시마문제의 개요 비판》, 책과 사람들, 2010, 72쪽, 81쪽 외; 영남대학교 독도연구소, 《울진 대풍헌과 조선시대 울릉도독도의 수토사》, 선인, 2015). 1711년 울릉도를 수토한 박석창이 〈울릉도 도형〉에 기입한 직함은 '수토관 절충장군 삼척영장 겸 수군 첨절제사 박석창'이다. 근대기 자료인 《강원도 관초》(1892년 7월 10일; 7월 14일)에 '수토사'가 보이지만 이때는 월송만호 겸 울릉도장이 수검하던 시기였고, 1893년에는 평해군수 조종성이 수토관의 임무를 수행하는 등 정례적인 수토제와 달라졌을 때였다. 그러므로 이때의 수토사는 잘못 말한 것으로 일시적인 오류라고 할 수 있다. 일제강점기에 언론(조선중앙일보, 1934. 2. 17.)이 '수토사(搜討使)'로 칭했다. 해방 뒤에는 이선근이 1964년 《대동문화연구》 1에 게재한 글(〈근세 울릉도 문제와 검찰사 이규원의 탐험성과: 그의 검찰일기를 중심으로 한 약간의 고찰〉)에서 搜討使로 일컬었다(《독도》, 1965, 77~148쪽에 수록). 그는 이규원의 《울릉도 검찰일기》를 최초로 학계에 소개했지만 이규원 기록에는 搜討官만 보일 뿐 搜討使는 보이지 않는다. 1990년대에 김병렬(《독도:독도자료총람》, 1998, 43쪽)이 '수토사'로 적었으나 전거는 밝히지 않았다. 2000년대에 심현용은 〈수토절목〉을 소개하면서 "수토사 등의 접대 등에 변통하라"고 번역했다. 하지만 원문에는 수토사라는 용어가 보이지 않는다(〈조선시대 울릉도·독도 搜討관련 '蔚珍 待風軒' 소장자료 考察〉 《江原文化史研究》 제13집, 2008, 87~89쪽). 일본에서는 이케우치 사토시가 수토사로 표현했다(《大君外交と〈武威〉》, 名古屋大學出版會, 2006, 82쪽). 여러 사료로 고증해 볼 때 搜討官이 바른 명칭이다.

30) 《정조실록》 18년(1794) 6월 3일.

31) '죽도 고유명칭'설은 '큰섬' '작은섬' 큰 섬, 작은 섬 두 가지 방식으로 표기했으나 혼용하고 있어 구분 기준이 모호하다. 이 글의 인용문은 원문을 따랐다.

–인데 울릉도처럼 큰 섬에 '대섬'이라는 이름이 붙여진 것은 공도정책으로 주민이 없는 상태가 오래 지속되다보니 낯선 섬이 되어 버린 결과라고 한다. 즉 잘 모르는 집의 딸을 지칭할 때 이름 대신 큰딸, 작은 딸이라고 부르듯이 고유명칭 대신 '큰섬' '작은섬'으로 부르게 되어 울릉도에 큰 섬이라는 뜻의 '대섬'을, 독도에 작은 섬이라는 뜻의 '솔섬'을 붙여 구분하게 되었다는 것이다.[32] 그러나 섬의 명칭이 공도정책[33]으로 혼동을 겪게 되었다는 것은 역사적인 사실과 맞지 않는다. 우선 울릉도를 유사한 이칭으로 부른 적은 있지만 '대섬'으로 불렸음을 기록한 것은 문헌에 보이지 않으며, 무엇보다 섬의 명칭 변화와 공도정책은 아무 연관성이 없다는 점을 지적하고 싶다. 조선 초기에 쇄환정책을 시행했을 때도 사람들의 입도는 단절되지 않았고, 수토정책을 시행하던 후기에도 입도는 단절되지 않아 '울릉도'라는 지명이 사람들의 뇌리에서 잊히거나 문헌에서 누락된 적은 없었기 때문이다. '대섬'을 의미하는 '竹島'가 문헌에 보인 것은 1794년이지만 이것이 1794년 이전에는 '대섬'으로 불린 적이 없었음을 의미하지 않는다. 오히려 이는 그 전부터 '대섬'으로 불렸음을 방증한다.

'죽도 고유명칭'설은 울릉도 주변의 자잘한 섬에 이름을 붙일 때 그 중 가장 큰 섬에 대섬[竹島]을 붙였으나 울릉도에 사람이 거의 살지 않게 되면서부터 울릉도 옆의 작은 섬에 붙여진 죽도라는 이름도 점점 잊혔고 그와 함께 울릉도와 독도에는 큰섬, 작은 섬이라는 뜻으로 대섬[竹島], 솔섬[松島]이라는 이름이 새로 생겨났다고 했다.[34] 그 뒤 18세기 쯤 공도정책이 느슨해진 틈을 타고 사람들이 몰려와 살게 되면서 1794년 한창국이 울릉도를 찾았을 때는 많은 주민들이 거주하고 있어 그저 대섬이라 부르던 울릉도는 옛 이름 울릉도를 회복했고, 그 옆의 작은 섬 대섬[竹島]도 옛 이름을 회복했을 것이라고 했다.[35]

위 논리는 울릉도를 큰섬이라고 했던 이전의 논리에다 울릉도 주변의 자잘한 섬 가운데 가장 큰 섬을 대섬이라고 한다는 논리를 새로 만들어 두 논리를 섞어

---

32) 정연식-a, 2019, 앞의 글, 176쪽.
33) 사료에는 "刷出居民 空其地, "空其地"로 되어 있는데, 기타자와 마사나리(1881)는 '공도제'라 불렀고, 최남선(1953)은 '공광책'으로, 다가와 고조(1953)는 '공도정책'으로 불렀다. 쇄환정책, 수토정책이 역사적 사실에 부합하는 용어이다.
34) 정연식-a, 2019, 앞의 글, 184~185쪽.
35) 앞의 글, 185쪽.

놓았기 때문에 여기서 말하는 '큰섬'의 의미가 혼란을 준다. 또한 위 논리대로라면, 한창국 이전에는 울릉도 옆의 섬을 죽도로 일컬었으나 무인도가 되면서 이 지명이 울릉도에 붙었고 다시 공도정책이 느슨해져 유인도가 되면서 울릉도는 '울릉도'로, 울릉도 옆의 섬은 대섬[竹島]으로 명칭을 회복했다는 것이다. 그렇다면 "울릉도에 사람이 살지 않게 되면서 그 옆의 작은 섬에 붙여진 죽도라는 이름이 점점 잊혀진" 시기는 언제라는 것인가? 이 점도 분명하지 않다. 그런데 울릉도는 무인도였던 사실과 관계없이 울릉도라는 지명이 소멸된 적이 없었고, 한창국 이전에는 울릉도 부속 도서를 일러 '죽도'라고 표기한 문헌도 없었다. '큰섬'을 '대섬[竹島]'으로 부른다고 기록한 문헌도 없었다. 울릉도가 '대섬' 또는 '죽도'로 불리다가 '울릉도'라는 이름과 '죽도'라는 이름을 회복했다고 볼 만한 정황을 기록한 문헌도 없다. 우리가 확인할 수 있는 것은 울릉도 옆 '대섬'으로서 '죽도'일 뿐이고, 그 시기도 울릉도라는 지명이 출현한 시기보다 훨씬 뒤이다. 게다가 울릉도라는 지명은 '대섬[竹島]' 지명이 등장한 이후에도 소멸하지 않고 지속적으로 등장했다.

　조선 후기 우리 문헌에서 竹島는 울릉도 옆 '대섬'을 가리킬 뿐이다. 그것이 울릉도를 가리키다가 다시 죽도를 가리키는 등의 혼란을 보인 적이 없다. 혼란을 보인 측은 도리어 일본이다. 근대기에 들어와 일본은 울릉도를 가리키던 '다케시마[竹島]'가 조선에서 '대섬'을 가리키는 竹島와 표기가 같다는 사실을 알게 되었다. 그런데 그 시기는 묘하게도 일본이 울릉도를 '마쓰시마'로 부르던 시기였다. 1878년 6월 해군성 아마기함의 조사 내용을 실은 《수로잡지》 제16호36)는 울릉도를 조사하고 '松嶋'라는 표제로 기술한 가운데 "동쪽으로 작은 섬 하나가 있다"고 했다. 여기서 말한 동쪽의 작은 섬은 '죽도竹島'의 존재를 의미하지만 '竹島'로 명기한 것은 아니었다. 《수로잡지》 제16호에서는 표제를 '松嶋'로 했었는데 《수로잡지》 제41호(1880년 편집, 1883년 발행)에서는 표제가 '鬱陵島(一名松嶋)'로 바뀌었다. '울릉도'를 주칭으로 바꾼 것이다. 그리고 본문에서는 "조선인은 이를 竹島라고 한다"37)는 분주分註를 넣었다. 竹島를 '죽도'로 음독하지는 않았지만

---

36) 간행 시기는 1883년 7월이지만, 1878년 6월 아마기함(소좌 松村安種, 대위 山澄直淸)의 조사에 근거하여 1879년 3월에 해군 수로국이 편집한 것에 기초하여 발간한 것이다.

울릉도 근해에서 가장 큰 섬이라고 했으므로 울릉도 옆의 '죽도'를 가리키는 것임을 알 수 있다. 또한 수로지는 지도를 첨부했는데 여기에 '鬱陵島'로 기재한 큰 섬을 그리고 그 북동쪽의 작은 섬을 '竹嶼'로 기재하되 'Boussole Rx'를 병기했다. 해군성은 울릉도에 대한 일본 호칭 '竹島'와 구분하기 위해 '죽도'를 '竹嶼'로 다르게 표기한 것이다.

이렇듯 일본은 우리나라 대섬을 죽도竹島와 죽서竹嶼 두 가지로 표기하다가 1902년에는 그것이 우리말 '댓섬'임을 밝혀주기에 이르렀다. 울릉도에 있던 경부 니시무라 게이조[西村銈象]는 "…댓섬島[テッセミ島]는 와달리 앞바다에 있는데, 본방인은 이를 竹島라고 속칭한다…"38)라고 상부에 보고했다. 여기서 말한 '댓섬島'는 '댓섬'에 '섬'의 의미를 중복되게 잘못 옮긴 것이지만 '댓섬'이라는 우리말을 나타낸 것이다. 니시무라는 "본방인은 이를 竹島라고 속칭한다"는 내용을 덧붙였지만 1883년 《수로잡지》 41호에서 "조선인은 이를 竹島라고 한다"고 한 바 있으므로 니시무라가 '본방인'이라고 한 것은 잘못 옮긴 것이다. 1909년 해군성 수로부는 '죽서(Tei Somn, Boussole Rk)'라고 표기했다. 죽서를 주칭으로, Tei Somn(대섬)과 Boussole Rk(부솔 락)을 이칭으로 표기했듯이, 우리말 '댓섬'에서 온 것임을 밝힌 것이다.

이와 같이 일본은 1883년에는 竹島로, 1902년에는 '댓섬島'로, 1909년에는 "일인은 죽서, 한인은 대섬, 서양은 부솔 락"이라고 적고 있으므로 대섬-죽도-다케시마의 차이를 분명히 인지하고 있었음을 알 수 있다. 그러다가 일본은 댓섬·죽도·부솔 락을 점차 '죽서'로 단일화했다. 이것만 보더라도 '죽도'는 우리말 '댓섬'에서 온 것이고, '다케시마[竹島]'는 일본이 울릉도를 지칭하기 위해 고안한 지명으로 처음부터 생성 유래가 다르다는 것을 알 수 있다. 따라서 竹島가 우리의 옛 호칭 '큰섬 → 대섬'에서 성립했다는 주장은 성립하기 어렵다. 숙종 연간의 '울릉도 쟁계'를 보면, 竹島가 우리의 고유 호칭에서 온 것이 아님은 더욱더 분명하다.

---

37) 《水路雜誌》 제41호(1883)
38) 《通商彙纂》 제234호(1902.10.16. 발행) 〈한국 울릉도 사정(韓國欝陵島事情)〉(1902.5.23.)

Ⅲ. 울릉도 쟁계와 竹島 호칭

1693년 안용복과 박어둔의 피랍으로 야기된 '울릉도 쟁계'는 호칭과 관련하여 중요한 의미를 내포하고 있다. 일본 측이 조선 측이 서계에 쓴 '울릉도'를 삭제하고 '다케시마' 호칭만 남길 것을 요청한 데서 분규가 시작되었기 때문이다. 1693년 5월 쓰시마번의 대차사 스기무라 우네메[杉村采女]는 안용복을 송환하기 전 왜관 통사 나카야마 가베[中山加兵衛]에게 섬의 호칭을 물은 적이 있다. 스기무라는 "일본에서는 울릉도를 이소타케[礒竹]라고 부른다. 울릉도와 부룬세미는 다른 섬인가. 부룬세미를 일본인이 다케시마[竹島]라고 부른다는 것은 누구의 말을 전해들은 것인가"[39]를 물었다. 이에 대하여 통사는 "부룬세미는 다른 섬입니다. 알아보니 우루친토라는 섬이 있는데 부룬세미는 우루친토보다 북동쪽으로 희미하게 보인다고 들었습니다"[40]라고 답했다. 여기서 '우루친토'는 울릉도를, '부룬세미'는 우산도를 가리킨다. '부룬세미'는 '무릉섬'의 발음을 잘못 옮긴 것이지만 울릉도와 다른 섬으로 울릉도의 북동쪽에 있는 섬이라고 했기 때문에 우산도를 가리킨다. 위의 대화로 쓰시마번이 두 섬의 이름을 울릉도와 부룬세미로 알고 있었으며 울릉도를 이소타케[礒竹]로 부르고 있었음을 알 수 있다.

1693년 겨울 안용복이 송환된 뒤 숙종은 역관을 조정에 불러들인 일이 있었다. 이때 역관들이 질문 받은 것은 "일본에서 竹島라고 부르는 섬은 어느 방향에 있는 섬인지? 조선에도 울릉도라는 섬이 있기 때문에 만약 이 섬이라면 분명히 조선 소속으로 《여지승람》에도 기재되어 있는 섬인데, 《여지승람》은 일본에도 전해져 있는 책인지?"[41]에 대해서였다. 숙종이 조선의 울릉도를 일본이 竹島라고 부른다는 사실의 진위를 물은 것이다. 그렇다면 이때 숙종은 竹島를 다케시마로 발음했어야 논리적으로 맞는다. 숙종이 '죽도'라고 발음했다면 "일본에서 죽도竹島라고 부르는 섬"이라고 했다는 것인데 이는 성립하지 않기 때문이다. 숙종이 죽도로 칭했다면 역관과의 대화도 성립하기 어려웠음은 물론 조선 정부가

---

39) 《竹嶋紀事》 1권, 1693년 5월 5일
40) 《竹嶋紀事》 1권, 1693년 6월 13일
41) 《竹嶋紀事》 1권, 1693년 12월 5일

호칭 문제로 일본 측과 분규를 겪을 일이 없었을 것이다.

1693년 안용복은 일본에서 조사받을 때 "이번에 우리들이 전복을 따러 간 섬은 조선에서는 무릉섬이라고 합니다. 일본에서 竹島라고 부른다는 것은 이번에 알았습니다"[42]라고 진술했다. 안용복이 일본에서 들은 호칭을 언급하되 일본어로 말했으므로 '다케시마'로 말했어야 논리적으로 맞는다. 이는 일본이 말하는 竹島가 조선의 고유 명칭에서 온 것이 아님을 의미한다. 일본이 말하는 '다케시마[竹島]'는 대나무섬에서 유래한 일본식 명칭이다. 이는 1696년 안용복의 진술로도 알 수 있다. 오키에서 안용복 일행을 조사한 기록 〈겐로쿠 9 병자년 조선배가 해안에 도착한 한권의 각서〉에는 다음과 같은 내용이 보인다.

> 안용복이 말하기를, '竹嶋를 대나무섬[원문은 竹の嶋]이라고 하며 조선국 강원도 동래부 안에 鬱陵島(울롱다우)라는 섬이 있는데, 이를 대나무섬이라고 부른다'고 합니다. 팔도지도에 쓰여 있는 것을 소지하고 있었습니다. 松嶋는 위의 같은 강원도 안의 子山(ソウサン)이라는 섬인데 이를 松嶋라고 한다는데, 이것도 팔도지도에 쓰여 있습니다.

위 내용은 안용복이 竹島가 대나무에서 성립한 일본의 호칭임을 알게 되었음을 진술한 것이다. 위 인용문에서 첫 번째 보인 竹嶋는 뒤에 보인 松嶋와 대가 되므로 일본이 말하는 다케시마를 의미한다. 안용복이 '竹の嶋'라고 한 것은 다케시마가 대나무에서 온 것임을 말한 것이다. 조선의 울릉도를 일본이 '대나무섬'이라는 의미로 竹嶋로 부른다는 것을 안용복이 일본에 와서 알게 되었음을 말한 것이다. 또한 안용복은 "조선국 강원도 동래부 안에 鬱陵島"를 운운했다. 동래부라고 한 것은 착오지만 '鬱陵島(울롱다우)'라고 적었으므로 '울릉도'로 발음했음을 알 수 있다. 괄호 안의 '울롱다우'는 오키 섬의 관리가 안용복의 말을 옮겨 적은 것이기 때문이다. 안용복이 발음한 것이 아니었다면 관리는 '우츠료토우'로 적었을 것이다.

---

42) 《竹嶋紀事》 1권, 1693년 7월 1일

한편 오키 관리는 松嶋를 강원도 안의 子山에 해당시켰다. 팔도지도를 보고 옮긴 것이므로 지도에 '子山'으로 기재되어 있었다는 말인데, 자산에는 子山 즉 '소우산'이 병기되어 있다. 안용복이 '子山'으로 말했다면 관리도 'ザサン'으로 표기했을 터인데 '소우산(ソウサン)'으로 병기되어 있음은 안용복이 '소우산' 또는 '우산'을 언급했음을 시사한다. 오키 섬의 관리가 '우산'을 알고 있었을 가능성은 낮다. 그렇다면 관리가 子山으로 적은 것은 안용복이 '우산도'를 언급했으므로 관리가 지도의 '子山島'를 '작은 우산'으로 푼 것인가? 그러나 이 또한 안용복이 한자를 해독할 능력이 있어야 가능한 일이다. 그러므로 의문은 여전히 풀리지 않는다. 다만 이로써 분명한 점은 안용복이 조선에서 우산도로 부르는 섬을 일본에서는 松島로 부른다는 사실을 일본에 와서 알게 되었다는 사실이다. 이는 松島가 우리말 '작은섬—솔섬'에서 나온 것이 아님을 방증한다. 1696년 안용복은 울릉도에서 만난 일본인들이 "본래 松島로 향해 가던 길이니 가겠다"고 하자, 그곳으로 따라가 꾸짖기를, "松島는 바로 우산도이다. 너희는 우산도도 우리 땅이란 말을 듣지 못했느냐?"고 따진 적이 있다.[43] 이 기록의 사실 여부에 대해서는 논란이 있지만, 기록대로라면, 안용복은 '우산도'를 알고 있었고 松島를 '마쓰시마'로 발음했다는 사실이 성립한다.

1696년 일본에서 돌아온 안용복의 처리를 논의하는 과정에서 남구만은 "대마도의 왜인이 울릉도를 竹島라 거짓으로 칭하고, 에도의 명이라 가탁하여 우리나라 사람들의 울릉도 왕래를 금지시키기 위해 중간에서 속이고 농간을 부린 정상이 이제 용복 때문에 죄다 드러났으니, 이 또한 하나의 쾌사快事이다"[44]고 말한 바 있다. 이 역시 竹島가 일본인이 붙인 호칭임을 의미한다. 조선 정부는 첫 번째 회답서계에서 '귀계貴界 竹島, 폐경 울릉도弊境鬱陵島'를 운운하여 울릉도는 조선 명칭이고 竹島는 일본 명칭임을 분명히 한 바가 있다. 조선 정부가 '울릉도 쟁계' 동안 이런 인식을 줄곧 유지했으므로 쓰시마번이 '울릉' 두 글자를 공문서에서 삭제하기 위해 온갖 책략을 구사했던 것이다.

이렇듯 조선과 일본은 각자의 고유호칭을 사용할 것을 고수했다. 일본이 '다케

---

43) 《숙종실록》 22년(1696) 9월 25일.
44) 《숙종실록》 22년(1696) 10월 13일.

시마'로 말한 섬을 조선은 '竹島'로 표기했다. 이는 '다케시마'로 알아서이지 '죽도'로 인지해서가 아니었다. 다케시마[竹島]와 죽도竹島는 서로 가리키는 대상이 다르다. 조선에서 죽도竹島는 울릉도 옆의 '대섬'을 가리키는 우리식 지명이고, '울릉도'보다 한참 뒤에 따로 성립한 지명이다. '울릉도'는 '큰섬─대섬─죽도'로의 변천을 겪지 않고 오랜 동안 '울릉도' 또는 비슷한 명칭으로만 불렸다. '죽도 고유명칭'설은 '큰섬(다이섬)'이 '대섬'으로 자리잡은 시기가 18세기경이라고 했다. 그러나 우리 문헌에는 17세기 이전은 물론 그 뒤에도 울릉도가 '울릉도' 또는 유사명칭으로만 보일 뿐 '큰섬'이나 '대섬' 같은 비슷한 이름으로 기록된 경우가 없다. 1794년 '댓섬'을 가리키는 '죽도'가 나타나기 전까지 조선은 일본의 '다케시마'를 제외하면 울릉도를 '竹島'라고 일컬은 적도 없다. '죽도 고유명칭'설의 논리대로 큰섬과 작은섬을 나타내는 우리말에서 '대섬'과 '솔섬'으로 바뀐 것이라면, 울릉도와 우산도라는 지명이 사라진 뒤에는 대섬과 솔섬 혹은 그 한자 표기인 竹島와 松島가 울릉도와 우산도라는 지명을 대체했을 것이다. 그리고 이런 사실은 기록에 보였어야 한다. 또한 '죽도 고유명칭'설의 논리대로 竹島와 松島라는 지명이 고유 호칭에서 유래한 것이라면 '죽도'라는 호칭만이라도 지속적으로 사용되었어야 한다. 그랬다면 울릉도 옆의 댓섬을 우리가 '죽도'로 명명하는 일은 없었을 것이다. '울릉도'를 대체하는 지명으로 '죽도'가 사용되고 있는데 울릉도 옆의 댓섬도 '죽도'라고 불러 혼란을 자초했을 리는 없기 때문이다.

결국 울릉도와 우산도, 죽도는 각각 다른 섬을 의미하는 것인 만큼 각각의 지명으로 따로 성립했다고 보아야 한다. 이들 호칭은 공도정책과 무관하게, 표기에서 차이는 약간 있었지만 크게 바뀌지 않고 지속되었다. 울릉도를 일러 댓섬─죽도로 부르는 일은 조선에서는 없었다. '죽도 고유명칭'설의 논리대로라면, 17세기에는 울릉도를 대신하여 '죽도'가 고유호칭으로 성립해 있었어야 하고, 그랬다면 조선 정부가 일본과 외교적 갈등을 겪을 때 '울릉도'가 아닌 '죽도'로 호칭했어야 한다. 그러나 조선 정부는 일관되게 '울릉도'로, 일본 측은 일관되게 '다케시마[竹島]'로 말했다. 조선 정부는 '所謂竹島'라고 하여 그것이 일본의 호칭임을 역설한 반면, 일본 측은 조선이 '울릉도'를 사용하는 것에 대하여 심하게 거부 반응을 보였다.

'죽도 고유명칭'설은 "예컨대 안용복의 도일활동을 논의하는 과정에서 영의정 남구만은 울릉도를 대나무가 나기에 竹島라고도 칭한다 하였고"[45]라고 했다. 하지만, 남구만이 "竹島라고도 칭한다"고 한 것은, 일본인의 호칭임을 말한 것이지 조선인의 호칭임을 말한 것이 아니다. 쓰시마번이 1693년 겨울에 보내온 서계에 대하여 조선 측이 회답서계를 보내며 '울릉도'를 운운하자, 쓰시마번은 "우리 서계에는 울릉도를 언급한 적이 없는데, 회답서에서 갑자기 '울릉' 두 글자를 거론했습니다. 이는 알기 어려운 바이니 삭제하기 바랍니다"[46]고 하며 '울릉' 두 글자의 삭제를 요청했다. 이로 말미암아 서계를 고치게 된 남구만은 "우리나라 백성이 어채하던 땅은 본래 울릉도입니다. 대나무가 나기 때문에 혹자는 竹島라고 하는데, 이는 하나의 섬을 두 가지 이름으로 부른 것입니다"[47]라고 했다. "혹자는 竹島라고 하는데"라고 했듯이 타인(타국)에게서 비롯된 호칭임을 시사하고 있다. 남구만은 1694년 안용복을 심문한 접위관 유집일을 통해 쓰시마번의 간계를 소상히 알고 있었으므로 '울릉도'의 삭제를 요구한 저의도 간파하고 있었다. 이를 뒷받침하는 사료가 있다(1694년 7월 23일). 숙종이 희정당에서 대신들을 인견했을 때, 박세채는 울릉도에 첨사를 파견하는 데 회의적이었고, 남구만은 긍정적이었다. 박세채는 첨사가 울릉도에서 일본인을 만나더라도 "소위 竹島는 우리는 원래 들어본 적이 없다"고 말하면 문제없다고 아뢰었다.[48] 여기서 말한 "소위 竹島"도 일본이 말하는 '다케시마'를 가리킨다는 것을 밝힌 것이다.

'죽도 고유명칭'설은 '크다'는 뜻이 대섬-竹島로 되거나, 大島로도 될 수 있음을 설명했다. 지명은 음차 혹은 훈차로 표기되거나 두 가지가 혼용되므로 울릉도 지명 안에서도 '크다(큰섬)'에서 '대(대섬)'를 거쳐 '竹(죽도)'으로 바뀌기 보다는 '대'가 大와 竹으로 나뉜 경우를 실제로도 볼 수 있다. '대'는 훈차인 '크다'와 음차인 '대나무' 두 가지가 가능하기 때문이다. 울릉도에는 '대암'을 大岩과 竹岩 두 가지로 표기한 경우가 있다. 大岩은 '대'를 '크다'로 해석한 것이고, 竹岩은 '대'를

---

45) 정연식-a, 2019, 앞의 글, 148쪽. 남구만의 언급은 《숙종실록》 20년(1694) 8월 14일 기사에서 보인다.
46) 《숙종실록》 20년(1694) 8월 14일.
47) 위의 문서.
48) 박세채, 《南溪集》〈南溪先生朴文純公文集 續集〉권5, '延中講啓', '七月二十三日 熙政堂引見'

'대나무'로 해석한 것이다. 근대기에 '대암'을 '竹岩'으로 표기한 자는 한인이고, '大岩'으로 표기한 자는 일인이다.[49] 이는 한인에게는 '대'가 '크다'는 의미보다 '대나무'란 뜻으로 받아들여지는 것이 자연스러운 것임을 의미한다. 또한 이는 '큰 섬'은 '大島'로, '대섬'은 '竹島'로 분리·인식하는 것이 가능했음을 의미한다. 그렇다면 큰섬은 大島로, 대섬은 竹島로 따로 존재할 수 있었으므로 '큰 섬-대섬 -죽도'로의 변전과정을 겪지 않을 수 있었다. '죽도 고유명칭'설대로라면, 19세 기에는 대암이 竹岩으로 바뀐 뒤이므로 대암에서 유래한 大岩은 소멸되었어야 한다. 하지만 19세기에도 大岩과 竹岩은 병존하고 있었다.

또한 '죽도 고유명칭'설대로라면, 竹島와 松島를 조선인이 '죽도'와 '송도'로 불 렀다는 것이므로 두 명칭은 오랜 세월 지속되었을 것이고, 그렇다면 그런 사실이 기록에 보였어야 한다. 그랬다면 죽도·송도가 우리말에서 유래한 것이라고 볼 수 있겠지만 지금까지 그렇게 볼 만한 기록은 없다. 지명의 변천과정을 고증하면 서 역사적 사실 및 문헌학적 검토를 무시하고 음운학으로만 고증하는 것은 무리 가 있다. 더구나 '죽도 고유명칭'설은 독도 주권과 직접적으로 관련되는 松島에 대한 설명은 음운학적 설명이 간단할 뿐만 아니라 명확하지도 않다.

Ⅳ. 울릉도 주변의 큰섬 죽도竹島와 가는섬 관음도觀音島

1. 관음도와 도항

'죽도 고유명칭'설은 지명이 고유 명칭에서 왔음을 입증하는 논리를 울릉도와 독도뿐만 아니라 죽도와 도항, 관음도에까지 확장시켜 적용했다. 논자는 "울릉도 의 옛 이름이 竹島인데 울릉도 가까이 동쪽에도 작은 竹島가 있다. 이 둘의 혼동 을 피하기 위해 작은 죽도는 죽서竹嶼로 표기하기도 했다"[50]라고 했다. 하지만

---

49) 1883년에 일본인 히가키 나오에(檜垣直枝)는 大巖이라고 했다(〈蔚陵島出張復命書〉 1883년 11월(《朝鮮國蔚陵島ヘ犯禁渡航ノ日本人ヲ引戻處分一件》).
50) 정연식-a, 2019, 앞의 글, 184쪽.

"울릉도의 옛 이름이 竹島"라고 한 것도 이해하기 어려우며 죽도와 작은 죽도를 혼동했다는 것도 이해하기 어렵다. 누가 죽도와 작은 죽도를 혼동했다는 것인가? 작은 죽도를 '죽서'로 표기했다는 문맥으로 보면, 혼동한 주체를 조선인으로 본 듯하지만, 조선인은 울릉도와 죽도를 혼동한 적이 없다. 이를 혼동해서 19세기 중반 다케시마[竹島]와 '죽도'의 한자가 같다는 사실을 알게 되자 '竹嶼' 표기를 고안한 자는 일본인이다.

논자는 "그 섬에 왜 울릉도와 혼동하기 쉬운 竹島라는 이름을 붙였는지 얼핏 보아서는 이해하기 어렵겠지만, 대섬·죽도가 큰 섬이라는 뜻의 이름이라는 관점에서 보면 전혀 어색하지 않다"[51]고 했다. 그 이유에 대해서는, 아주 오래 전에는 울릉도 거주민들이 주변 섬 가운데 가장 큰 섬에 대섬[竹島]라는 이름을 붙였으나 사람이 살지 않게 되면서 울릉도 옆의 작은 섬에 붙여진 죽도라는 이름도 점점 잊히고 그 대신 큰섬, 작은섬이라는 뜻으로 대섬[竹島], 솔섬[松島]이라는 이름이 새로 생겼기 때문임을 들었다.[52] 이후 공도정책이 느슨해져 사람들이 다시 살게 되면서 대섬이라 부르던 울릉도는 옛 이름 울릉도를 회복했고 그 옆의 작은 섬 대섬[죽도]도 옛 이름을 회복했다는 것이다.[53] 이 논리는 '큰 섬'에 죽도라는 명칭이 붙었는데 또다시 주변 섬 가운데 가장 큰 섬에 대해 대섬[竹島]이라는 이름이 붙었다가, 작은 죽도를 죽서로 표기하게 되었다는 것이다. 논자는 큰 섬과 죽도, 죽도 가운데 가장 큰 섬, 작은 죽도, 죽서 등을 거론하여 혼란을 야기하고 있을 뿐더러 음운학적으로 설명이 잘 되지 않는 부분에 대해서는 공도정책이나 시간적 단절을 내세워 보완하는 임기응변을 모색하고 있다.

대섬·죽도가 '큰 섬'에서 온 것이라는 논리를 펴다가, 울릉도 옆의 작은 섬에 대해서도 '큰 섬'의 의미를 지닌 '죽도'라는 명칭을 붙였다는 논리도 이상하다. 논자는 "울릉도 주변 섬 중에서 가장 큰 섬에 대섬[竹島]라는 이름을 붙였으나 사람이 살지 않게 되면서 울릉도 옆의 작은 섬에 붙여진 죽도라는 이름도 점점 잊혀졌"다고 하는데, 그렇다면 대섬[竹島]은 울릉도를 가리키기도 하고 울릉도

---

51) 위의 글.
52) 위의 글, 184~185쪽.
53) 위의 글, 185쪽.

옆의 작은 섬을 가리키기도 한다는 말인가? 그러다가 울릉도 옆의 작은 섬에
붙은 죽도가 잊혀지면서 다시 큰섬, 작은섬이라는 뜻으로 대섬[竹島], 솔섬[松島]
이라는 이름이 새로 생겼다는 것인가? 논자는 이때의 대섬[竹島], 솔섬[松島]은
울릉도와 독도를 의미한다고 하지만 이 역시 '큰섬-대섬-죽도'의 논리를 울릉도
와 죽도 설명에 편의적으로 끌어다 논증하는 방식인 동시에 '솔섬[松島]'까지를
포함해서 논증하는 방식이다. 울릉도라는 명칭이 사람들에게서 망각된 적이 없
었으며, 죽도라는 명칭도 생성된 이래 소멸된 적이 없는데 언제 잊었다가 언제
'울릉도'라는 옛 이름을 회복했다는 말인가? 또한 논자는 울릉도 옆의 '죽도'가
잊혔다가 다시 옛 이름 '죽도'를 회복했다고 하는데 그 시기는 언제라는 말인가?
이런 부분이 명확하지 않아 필자로서는 이해하기가 어렵다.

　　도항과 관음도에 대한 설명도 마찬가지다. 논자는 "우리나라에서 대섬, 솔섬
다음으로 많은 섬 이름이 목섬인데, 울릉도 주변에도 대섬 외에 목섬[項島]도 있
다. 그것이 관음도觀音島이다(〈그림 13·14〉)"라고 했다. 논자가 첨부한 〈그림
13〉에는 竹島 외에 觀音島와 島項嘴가 그려져 있고, 표기가 한자와 일본어 음독
두 가지로 보인다. 〈그림 14〉는 '울릉도와 부속 도서'를 나타냈는데 이 지도에는
울릉도의 여러 지명이 기재되어 있지만 이 글과 관계된 것은 竹島와 觀音島, 섬
목이라는 지명이다.[54] 논자는 목섬·항도項島는 섬의 크기가 아니라 위치와 관
련된 이름으로, "바다에서 큰 섬에 작은 섬이 아주 가까이 있어서 그 사이의 물길
이 좁아진 것을 목이라 하고, 목을 형성하는 작은 섬을 목섬·항도項島라 불렀
다"[55]라고 기술했다. 그러나 설명과 지도를 보면, 목섬[項島]과 항도項島, 島項
嘴, 섬목, 관음도 등 여러 가지 표기가 보이는데 이들은 현재 부르는 '섬목'이라는
명칭과도 맞지 않는다. 논자는 이런 명칭들이 생성된 시기도 밝히지 않았고, 〈그
림 13〉의 출전도 밝히지 않았다. 일제강점기의 지도인 듯하다. 그런데 일제강점
기에 만들어진 지도에 기재된 지명은 울릉도 안 대부분의 지명이 그러하듯이
일본인이 와전시킨 경우가 많다. '도항취'가 지도에 처음 보인 것도 1917년 〈조
선지형도〉(5만 분의 1 축척)에서지만, 우리 문헌에는 1882년에 島項으로 보인

---

54) 출전은 '국토지리정보원 5만 분의 1 온맵지형도 〈울릉군〉(2015)'이다.
55) 정연식-a, 2019, 앞의 글, 186쪽.

다. 도항島項은 '섬목'이라는 우리말 지명을 훈차 표기한 것이다. 논자가 왜 이를 '목섬[項島]'으로 표기했는지가 의아하다. '섬목[島項]'이 맞기 때문이다.

논자는 '목섬'을 관음도와 동일시했다. 하지만, '목섬'은 '섬목'과 다르며, 관음도와도 동일시될 수 없다. 논자는 "울릉도에서는 관음도 쪽 돌출부를 목을 형성하는 부리라서 섬목부리[島項嘴]로 불렀다(〈그림 – 13〉)"[56]고 했다. 하지만, '도항취'는 1909년에 일본 해군성이 붙인 것이고, 1917년의 〈조선지형도〉는 이를 답습하여 '島項嘴: 섬목치'로 기재한 것이다. 지도의 표기는 오히려 우리가 '도항'을 '섬목부리'의 의미로 불렀던 적이 없었음을 시사한다. 논자는 '섬목부리[島項嘴]'를 일러 "관음도 쪽 돌출부를 목을 형성하는 부리"라고 했지만 섬목은 오히려 울릉도 쪽에 가까운 돌출 지형이다. 다만 '섬목'의 '목'이 좁은 물길을 의미하는 것인지, 인체의 목과 같은 형상에서 온 것인지는 견해가 엇갈린다. 관음도와 울릉도 사이가 좁은 수로로 된 데서 기인하는, 즉 곶을 의미하는 것으로 보기도 하지만, 두 섬 사이에 좁은 수로가 있다고 보기는 어렵다. 사람의 목처럼 울릉도의 목 부분에 해당하므로 '섬목'이라 일컫게 되었다는 현지 주민의 설명도 있다.

논자는 이규원이 〈울릉도 외도鬱陵島外圖〉에서 '도항'을 표기한 것을 일러 그가 "현지 사정에 익숙하지 않아서 잘못 표기한 것"으로 단정했지만, 그렇게 보기 어렵다. 이규원은 "가운데 떠 있는 작은 섬 두개는 모양이 소가 누운 듯하고, 하나는 왼쪽으로 하나는 오른쪽으로 도는 모습이다. … 사람들은 도항島項 또는 죽도竹島라고 불렀으며, 둘레는 10리쯤 되었다"[57]라고 했다. 자신이 목격한 섬에 대한 현지인의 호칭을 적은 것인데, 島項과 竹島로 표기했음은 섬목과 댓섬으로 부르는 것을 한자표기한 것임을 의미한다. 이규원이 관음도는 언급하지 않고 島項과 竹島만 표기한 이유는 알 수 없지만 당시 관음도라는 지명은 조선인이 그다지 부르지 않던 지명이다.

관음기觀音崎와 관음도觀音島가 문헌에 처음 보인 것은 히가키 나오에[檜垣直枝]의 1883년 기록에서다. 히가키는 도항 옆의 섬을 觀音崎로, 사동 옆의 포구를 觀音島와 觀音浦 두 가지로 표기했다. 이로써 1882년에 이규원이 기록한 '도항'

---

56) 위의 글, 187쪽.
57) 《鬱陵島檢察日記 啓草本》

은 섬목과 관음도를 포함하는 것으로 볼 수 있다. 논자는 울릉도 돌출부를 '도항
島項'으로, 관음도를 '항도項島'로 표시해야 한다고 했지만, '관음도'를 '項島'로 표
기해야 할 근거가 무엇인지는 밝히지 않았다. 앞에서도 언급했듯이 島項과 項島
는 다르며, 울릉도 주민이 도항을 '목섬'으로 불렀던 적은 없다.

　또한 논자는 관음도가 '가는섬'에서 온 것이지만 "'가는섬[細島]'이라는 뜻의 이
름이 와전되었거나, 아니면 '가는섬'을 고아高雅해 보이게 '觀音島'로 변형해서
붙였을 수도 있다"고 했다. 관음도는 '가는섬'이고 '목섬'이며, 따라서 《韓國水産
誌》에서 관음도의 별칭으로 보인 '서항도鼠項島'는 "가는목섬 세항도細項島가 잘못
표기되었거나 변형된 이름으로 표기된 것"58)이라는 것이다. 이 역시 근거가 빈
약하다. 관음도'는 '가는섬'에서 온 것이 아니라 '관음'에서 온 것으로 보아야 할
것이다. '관음'은 순우리말이 아니다. '관음도' 이전에 보인 지명은 1786년에 김
창윤이 기록한 방패도防牌島였다. 1794년 한창국도 방패도로 기록했다. 방패도
역시 순우리말 지명으로 보기는 어려운데, 왜 방패도가 되었는지는 알 수 없다.

　1883년에 히가키 나오에가 방패도 대신 '觀音崎'로 표기했는데 이 지명은
1900년에도 보였다. 1902년에는 觀音崎, 觀音島, 觀音岬으로 보였다가 점차 '관
음도'로 정착했다. 그런데 '관음'과 관련지어 부른 자가 모두 일본인이라는 점이
주목할 만하다. 1902년 니시무라 게이조는 "본방인은 이를 觀音島라 칭하며 그
산허리를 관음갑(觀音岬 - 간논미사키)이라고 하며 그 사이를 관음의 세토[瀬戸]
라고 불렀다"59)라고 했다. 이는 '관음'이 일본식 명명임을 시사한다. 1906년에
시마네현 지사 마쓰나가 다케요시[松永武吉]는 독도의 동도와 서도 사이에 있는
삼형제바위굴을 관음도·관음암으로 명명했다. 일본에서 觀音岩[간논이와]과 觀
音島[간논지마]라는 지명은 현재도 시마네현과 홋카이도, 에히메현 등지의 무인
도에서 볼 수 있다. 관음 관련 지명이 일본에서는 흔한 것이다. 이에 견주어 보
면, 한국에서 '觀音巖'60)은 있지만, '觀音島'라는 지명은 울릉도 밖에서는 찾아보

58) 정연식-a, 2019, 앞의 글, 189~190쪽.
59) 《通商彙纂》 제234호(1902.10.16. 발행) 〈한국 울릉도 사정(韓國欝陵島事情)〉(1902.5.23.)
60) 《소재집》에 "《여지승람(輿地勝覽)》에 따르면, 통구현(通口縣)은 바로 강원도 금성현(金城縣)의
　　속현(屬縣)인데, 신녀의 잔도(棧道)에 관한 전설이나 관음암(觀音巖)의 소재는 상고할 길이 없
　　다"고 하여 관음암이 보인다.

기 힘들다. 문보근이 1970년대 후반에 집필한《동해의 수련화》에 '觀音窟'의 유래에 대하여 "防牌島에 있는 굴인데 石窟庵 비슷하다 해서 觀音굴이라 한 것이다"라고 했다. 이로써 '관음도'가 본디 '방패도'에서 왔음을 알 수 있다. 관음굴은 관음도에 있는 굴을 가리키기 때문이다. 한편 이 기록은 1970년대까지도 관음도가 '방패도'로도 전승되고 있었음을 시사한다.

1961년에 국토지리정보원이 지명 조사를 했는데, 울릉도 주변 도서를 '관음도(깍세섬)'로 병기하고 지방호칭을 '깍세섬'이라고 적었다. 이어 1968년[61]에는 '깍새섬'으로, 1979년《한국지명총람》에서는 '깍세섬[깍께섬, 관음굴]'로, 1983년에는 '깍새섬(觀音島)'로 보인다. 이후 깍세섬(관음도)(1989) → 깍새섬(관음도)(2000) → 깍깨섬·깍새섬·觀音島(2007) → 깍새섬(觀音島)(2011)을 지나 현재는 '觀音島(깍새섬); 깍새섬(관음도)'로 표기하고 있다. 관음도를 주칭, 깍새섬을 이칭으로 보고 있는 것이다. '깍새'는 1882년에 이명우가 학조鶴鳥로, 이규원이 곽조藿鳥로 적었듯이 새를 가리키므로 '깍세'나 '깍깨'는 바른 호칭이 아니다. 우리말 '깍새'가 처음 보인 것은《정처사 술회가》(1892)에서다. 이로써 보면, 관음도에 대한 최초의 우리말 호칭은 '깍새섬'이었을 가능성이 크지만 확실하지는 않다.

논자는《韓國水産誌》의 '서항도鼠項島'가 가는목섬 세항도細項島가 잘못 표기되었거나 변형된 이름일 것이라고 했다. 수로부 해도는 'Somoku Somu 鼠項島'라고 표기했다. '섬목(Somoku)'과 '섬(Somu)'으로 적었듯이 '섬목[島項]'을 나타내기 위해 '섬'을 음차하여 鼠로, '목'을 훈차하여 項으로 표기한 것인데 '섬'을 중복 표기하여 '鼠項島'로 표기한 것이다.《한국 수산지》도 鼠項島로 표기하여 답습하고 있다. 일본 영사관 보고서에는 '島牧'으로 보이는데, '섬'을 훈차하여 島로, '목'을 음차하여 '牧'으로 표기한 것이지만, 이 역시 '島項'을 잘못 쓴 것이다. 다만 이들 기록은 당시 이 섬이 '도항'으로 불리기보다는 '섬목'으로 불렸음을 보여준다.

---

61)《석포 개척지》

2. 가개섬[가지도]

논자는 가지도와 울릉도가 하나로 엮인다고 보고, 가지도의 우리말 소리와 뜻을 밝혀 보려 했다. 이에 1794년 6월 한창국의 보고[62]에서 언급한 可支島는 지금의 관음도로 보아야 한다고 주장했다.[63] 그리고 《한국지명총람 7》에 의거하여 관음도의 별명을 까깨섬/까께섬, 깍새섬/깍세섬으로 보았다. 이는 '깍새섬'의 유래에 대한 일설을 신뢰하지 않는 대신 '까깨섬'은 '까깨'라는 말뜻을 잊어버린 지 오래되어 음이 비슷한 깍새를 갖다 붙여 '깍새섬'이 된 것이라고 해석한 것이다. 즉 '가지도=관음도'의 별명은 '까깨섬'이었는데, 그 유래가 잊혀져 '깍새섬'이 되었다는 것이다. 한편 논자는 '까깨/까께'는 본래는 '가개/가게'였을 것이라고도 했다. 그러니 관음도의 별명 可支島를 고대 국어나 초기 중세국어로 읽는다면 '가개섬/가게섬'으로 읽어야 한다는 것이다.[64]

논자에 따르면, '가개/가게'를 可支로 표기하지만 可支(可支島)는 加支(加支島)로 써도 무방하다고 한다. 그런데 논자는 한편으로는 "可支/加支는 菁, 즉 울창하다, 무성하다의 뜻을 지니고 있고, 菁은 같은 뜻을 지닌 鬱, 蔚, 茂, 芋로 대체해도 무방하다. 결국 可支島는 숲이 무성한 섬이라는 뜻이고, 그것은 바로 鬱(陵)島라는 이름과 일치한다. 따라서 觀音島에 붙은 可支島라는 이름은 원래는 鬱陵島의 별칭이었을 것으로 추정된다. 즉 한자의 뜻을 빌려 표기한 이름은 鬱陵島이고, 우리말을 같거나 비슷한 음을 지닌 한자로 쓴 이름이 可支島였을 것이다"[65]라고 했다. 오랜 시기에 걸쳐 주민의 이주와 이동, 쇄환이 반복되면서 정보 전달이 단절되거나 재개되기를 반복하다가 잘못 전승되어 어느 시점에는 可支島가 울릉도와 별개의 섬으로 잘못 인식되었고, 그 이름이 결국 관음도에 옮겨졌다는 것이 논자가 말하려는 요지다.

결국 '가지도'가 본래는 울릉도의 별칭이었다가 '관음도'를 가리키는 지명으로

---

62) 《정조실록》 18년(1794) 6월 3일.
63) 정연식-c, 2019, 〈가개섬 鬱陵島의 여러 별칭과 于山島의 실체〉《大東文化硏究》 107, 대동문화연구원, 314쪽.
64) 위의 글, 314~316쪽.
65) 위의 글, 318쪽.

바뀌었다는 것인데, '어느 시점'이라고 한 것도 모호한 표현이다. 1794년 '가지도'를 처음 언급한 한창국은 같은 보고서에서 '방패도'를 따로 언급했으므로 '가지도'를 관음도로 보기는 어렵다. 한창국이 언급한 방패도가 관음도일 가능성이 크기 때문이다. '가지도'를 일러 한창국의 보고서에 기록된 일정이나 거리로 보아 현재의 와달리 일대를 가리킨다고 보는 학자도 있다.[66] 울릉도에서 와달리는 저동에서 섬목으로 가는 중간에 있고 그 동쪽에 관음도와 죽도가 있다. 1794년 가지도可支島가 보이기 전인 1786년에 가지구미可支仇味[67]가 먼저 보인다. 이는 '가지도'가 '섬목'을 가리킬 수 있음을 시사한다. '구미'는 바닷가에서 휘어진 곳을 이르는 우리말이므로 '가지구미'가 '섬목'의 지형에 해당하기 때문이다. 그러므로 이러한 지명의 생성과 변천과정에 의거한다면, '가지도'를 '울릉도'의 별칭으로 보는 한편 '관음도'로도 보는 논자의 논리는 억지스럽다.

논자는 '가지도'를 '가개섬/가게섬'과도 연결지었다. 그 논리는 "加支의 支로 표현하려 한 고대국어는 한편으로는 支의 중국어 *ke와 유사한 음이며, 또 한편으로는 한국의 중세국어 kaj/kai와 유사한 kɛ 언저리의 음이라는 결론에 이르게 되"므로 "결국 可支[*kake]로 표현하려 한 고대국어는 *kake(가게)일 수도 있고, *kakɛ(가개)일 수도 있다. 그리고 *kake로 보나 *kakɛ로 보나 큰 차이가 없다"[68]는 것이다. 논자는 울창한 섬을 가리키는 '가개섬/가게섬'에는 여러 방언이 있을 수 있으므로 관음도의 별명으로 까깨섬과 까께섬이 함께 전해지는 것이 당연하다고 한다. 이를 설명하기 위해 '죽도 고유명칭'설과 마찬가지로 음운학적 방법을 동원했다.[69]

한편 논자는 "鬱陵島의 별칭 蔚陵島는 蔚介山과 연결되고, 茂陵島는 茂山과 연결된다. 蔚介山, 茂山의 우리말 이름은 '가개산'이며, 鬱陵島, 茂陵島의 오래 전의 우리말 이름은 '가개섬'이었다"[70]고 한다. 이 논리에 근거는 없다. 이런 식의 논리대로라면, 울릉도·무릉도의 옛 우리말은 '가개섬'이 되고, 관음도의 별

---

66) 김기혁·윤용출, 〈조선-일제 강점기 울릉도 지명의 생성과 변화〉《문화역사지리》18권 1호, 한국문화역사지리학회, 2006.
67) 《일성록》 1786년(정조 10) 6월 4일.
68) 정연식-c, 2019, 앞의 글, 324~326쪽.
69) 위의 글, 326쪽.
70) 위의 글, 328쪽.

명인 '가지도' 역시 '가개섬' 또는 '가게섬'이 된다. 나아가 '가게섬'은 다시 울릉도
의 오래 전 이름이었다는 논리가 된다. 이는 가개섬/가게섬, 관음도, 가지도가
결국 울릉도에서 유래했다는 순환논리가 된다. 논자는 울릉도 주변의 도서명을
'울릉도'에서 유래하거나 파생한 지명으로 보기 위해 음운학과 시간적 단절이라
는 논리를 동원하여 설명하고 있지만, 고대국어와 중세국어, 타국의 언어를 함께
동원하고 있어 시계열적인 구분이 어렵다. 음운학에 의거하여 지명 변화를 설명
하는 방식은 울릉도라는 지역의 특수성과 역사성을 간과한 것이므로 지명변천의
근거로는 미약하다.

지금까지 통설은 '가지도'가 '가지어'에서 유래했고 '가지어'는 울릉도 방언 '가
제'에서 왔다는 것이었다. 그런데 논자는 可支島가 可支魚가 많이 잡히는 섬이라
는 데서 유래했다는 설에 이의를 제기하고, '가개섬[可支島]'으로 표기했다. 논자
에 따르면, 우리나라 섬 이름에 특정 동물이 많아 붙여진 경우는 거의 없으므로
'가지어'가 많아 '가지도'로 불렸을 가능성은 별로 없다는 것이다.[71] 그러니 "可
支島라는 이름이 먼저 있었고 可支魚라는 이름은 可支島에서 파생되었다고 보
는 것이 옳다"는 것이다.[72] 그러나 문헌에 '가지도'가 처음 보인 것은 1794년이
므로 울릉도의 별칭으로서 '가지도'가 보인 시기를 특정하지 않는 한, 이런 주장
에는 무리가 있다. 논자의 설명대로 '가지도'가 울릉도의 별칭이었다면 '울릉도'
와 '우릉도' '무릉도'가 함께 지속적으로 보였듯이, '가지도' 역시 '울릉도'라는 지
명과 함께 이어지거나 가끔이라도 문헌에 보였어야 한다. 그러나 '가지도'는
1794년에 한번 보였을 뿐이다. 반면에 '가지어'는 계속 문헌에 등장한다.

논자는 울릉도의 지명 변화를 설명함에 있어 논리가 궁할 때면 다른 지명 변화
의 설명에서 그랬듯이, 공도정책으로 말미암은 정보의 단절을 그 원인으로 제시
했다. 하지만, 수토정책이 실시되던 시기에도 사람들의 입도는 그치지 않았으므
로 정보의 단절은 크지 않았다. 수토관의 임무 가운데 하나가 주민 쇄환이었지만
수토관들은 섬에서 만난 채약 또는 인삼 채취자들에게서 섬 안 곳곳의 지명에
대하여 들었다. 지명은 수토정책 실시 초기인 18세기 초엽부터 문헌에 보이기

---

71) 위의 글, 329쪽.
72) 위의 글, 329쪽.

시작하는데 1882년에 입도한 이규원은 자연지명을 포함하여 40개가 넘는 지명을 기록했다. 개척 이전에 이렇듯 많은 지명이 보였다는 것은 해금정책에도 사람들이 지속적으로 왕래하고 거주했음을 의미한다.

논자는 "可支(魚)는 거의 전부가 울릉도와 관련된 기록에 남아 있다"[73]고 했지만, 반드시 그런 것은 아니다. 가지어는 조선시대에는 주로 울릉도에서 잡혔으나 1900년대에는 주로 독도에서 잡혔으므로 1900년대 초기에는 독도와 관련된 기록에서 보인다. 가지어 즉 강치는 번식기에만 동해로 오는데 1900년대가 되면 울릉도는 더 이상 생식하기에 좋은 조용한 섬이 아니었기 때문이다. 논자는 "可支魚에서 可支島라는 섬이름이 생겨난 것이 아니라, 可支島에서 可支魚라는 바다동물 이름 표기가 생겨났을 것으로 추정된다. 그리고 可支島는 본래 울창한 섬이라는 뜻의 우리말 '가개섬'을 한자음을 빌어 표기한 것으로서 鬱陵島의 별칭인데, 후대의 혼동으로 인해 관음도의 이름으로 바뀐 것이다"[74]라고 정리했다. 그러나 이 설대로 '가지도'가 울릉도의 별칭이었다가 관음도의 이름으로 바뀐 것이라면, '관음도'가 보이기 전에 '가지도'나 비슷한 지명이 문헌에 보였어야 한다. 그러나 '가지도'가 문헌에서 보인 것은 1794년이고, '관음도'가 문헌에서 보인 것은 1883년이다. 시간적인 격차가 너무 크다. '가지어可支魚'는 1694년에 처음 문헌에 보인 뒤 1808년 《만기요람》에 이르기까지 계속 보였다. 문헌에 따라 可支魚, 嘉支魚, 可之魚 등으로 표기는 다르긴 하지만 소멸되지 않았다. 그러나 '가지도'는 1794년 이후 소멸되었다. 논자의 설대로 '가지어'가 '가지도'에서 성립한 것이라면 '가지'의 표기가 그토록 다양하지도 않을 것이다. 논자의 설대로라면 '가지도'라는 지명도 '관음도'가 보이기 전까지는 문헌에 보였어야 하지만 1794년 기록에만 보인다. 그러므로 '가지도'에서 '가지어'가 성립했다는 주장은 성립하기 어렵다.

《태종실록》 17년(1417) 2월 5일자 기사에 김인우가 우산도에서 돌아와 우산도에 15호 86명이 살고 있다고 보고한 내용이 실린 것에 대하여, 논자는 여기서 말한 "芋山島(于山島)가 울릉도와 같은 뜻의 이름이고 또한 울릉도 가까이 있는

---

73) 위의 글, 329쪽.
74) 위의 글, 330쪽.

죽도나 관음도는 물론이고 독도도 86명이 거주할 수 있는 섬이 아니기 때문"에 우산도는 울릉도일 수밖에 없다고 한다.[75] 이는 우산도가 울릉도와 같은 뜻의 이름이라고 단정하여 논의를 단순화한 것이다. 그러나 이 기사는 《태종실록》 편찬자가 잘못 기록한 것에 지나지 않는다. 《세종실록》 7년(1425) 8월 8일자 기사가 이를 입증한다. 《세종실록》에 "당초 강원도 평해 사람 김을지·이만·김울금 등이 일찍이 무릉도에 도망가서 살고 있던 것을 병신년(1416)에 국가에서 김인우를 보내 데리고 나왔다"고 했다. 태종 연간 김인우가 1416년에 무릉도에 사는 사람들을 데리고 나온 사실을 세종 연간에 언급한 것이다. 《태종실록》에 '우산도'로 잘못 기술한 것을 《세종실록》에서 '무릉도'로 바로잡은 것이다. 그렇다면 위에서 말한 '우산도'는 '무릉도'를 잘못 기술한 것이 분명하다. 그런데 논자는 이런 사실을 몰랐으므로 실록의 기술을 우산도와 울릉도의 유래가 같다는 논거로 이용했다. 논자의 논리를 단순화하면, 문헌상의 우산도를 모두 울릉도로 보아야 한다는 것이 되는데, 이런 논리가 모든 경우에 적용되는 것이 아님은 문헌이 증명하고 있다.

학계에서는 그동안 칙령에 보인 '석도石島'가 독도임을 입증하기 위해 끊임없이 연구해 왔다. 石島는 본시 '독섬'에서 온 것이다. 돌섬의 방언인 독섬으로 불렸으나 문헌에 표기하기 위해 그 뜻을 따라 石島로 표기하게 되었다는 것이 통설이다. 학계에서는 이런 사실을 입증하고자 지명 용례를 제시했다. 그러나 이 용례를 제시하는 과정에서 잘못 인용한 예가 있는데, '독섬'을 '석도'로 잘못 이해한 경우가 그러하다. 이를테면 "1894년 8월 17일 인천주재 일본영사 노세 다쓰고로[能勢辰五郎]는 1894년 8월 10일 인천 거주 도쿠나가[德永正一]의 선박이 대동강 유역을 지나갈 때 발견한 '돌섬'을 "톳셈(トッセム) 또는 톳체무(トッチェム)(席島)"라고 주한 일본공사 오토리 게이스케[大鳥圭介]에게 보고하였다. 즉 돌섬을 일본어로 '톳셈' 또는 '톳체무', 한자로 '석도席島'라고 표기하였다. 이것은 돌섬을 한자 발음으로 '석도'라고 표기할 수 있으며, 일본어로 돌섬을 '톳셈'으로 가장 가깝게 표기했다는 사실을 알려준다"[76]고 해석한 경우가 있다. 또한 "근대

75) 위의 글, 331쪽.
76) 김영수, 〈대한제국 칙령 제41호 전후 석도와 독도 등의 명칭 관련 한국의 인식〉《역사학보》

한국과 일본 문헌에 따르면 '돌섬'은 한문으로 '석서石嶼', '석도席島', '석도石島' 등으로 표기하였고, '돌섬'은 일본어로 '톳셈(トッセム)'과 '톳체무(トッチェム)'로 표기하였다"라고 잘못 해석한 경우도 있다.[77] 그러나 위에서 말한 '톳셈(トッセム)' '톳체무(トッチェム)(席島)'를 '席島'로 표기한 것으로 알 수 있듯이, 이는 돗자리의 '자리'에서 온 지명이다. 논자가 주장하듯이 '돌[石]'에서 온 것이 아니다. 즉 '席島'는 석도席島로도 불렀듯이[78] '돗자리섬'이란 뜻에서 온 지명이다. 그러므로 '石島'와 '席島'는 그 의미가 전혀 다르다. 가리키는 지역도 당연히 달라 석도席島는 황해도 은율현 서쪽에 있는 섬을 가리킨다. '席島'라고 명기하고도 이를 '돌섬'과 동일시하는 오류를 범하고 있다.

V. 맺음말

竹島와 松島는 한국과 일본 양국에서 흔한 도서명으로 보통은 대나무, 소나무와 관련되어 생성된 지명이다. 그러나 이 글에서 논한 竹島·松島는 한국에서 흔한 지명을 가리키는 것이 아니라 울릉도·독도에 대해 일본이 붙인 특수한 경우의 지명을 가리킨다. 이를 두고 두 지명이 우리말 '큰섬'과 '작은섬'에서 성립한 것이므로 한국이 일본에 앞서 두 섬의 존재를 먼저 인식했다는 주장이 일각에서 제기되었다. 하지만 우리는 울릉도·독도를 일러 竹島·松島로 일컬은 적이 없으므로 두 지명이 우리말 큰섬·작은섬에서 유래했다고 볼 만한 근거도 없다. 竹島·松島가 우리말 '큰섬―대섬', '작은섬―솔섬'에서 유래한 것이라면, 적어도 우리 문헌에 이들 호칭과 관련된 내용이 보였어야 한다. 그런데 우리 문헌에는 '울릉도'와 '우산도' 그리고 그와 유사한 범주의 명칭을 벗어나 다른 형태로 보인 적이 없다. 우리말 '큰섬'에서 '대섬'으로 부르다가 '대'를 대나무로 인식하여 '죽

42, 역사학회, 2019, 115쪽.

77) 위의 글, 116쪽.

78) 《신증동국여지승람》(황해도―풍천도호부)에는 席島로, 《해동역사 속집》(13권 지리고 13 산수 1)에는 席島로 되어 있고, 주에는 "살펴보건대, 석도(席島)는 바로 석도(席島)인 듯하다"라고 되어 있다.

도'가 되었다는 논리대로라면, 울릉도를 '죽도'로 부르거나 유사 지명으로 부른 형적이 어떤 식으로든 기록에 보였어야 한다. 논자가 의거한 음운학적 연구라는 것도 문헌에 그 형적이 남아 있기에 논리를 개진할 수 있었을 것이다. 그런데 울릉도는 우릉도, 무릉도 또는 유사 지명으로 존속했을 뿐 큰섬, 대섬으로 불리거나 죽도로 표기된 적이 없다. 울릉도와 관련하여 우리 문헌에서 '竹島'로 표기된 경우는 두 가지다. 하나는 일본의 호칭 '다케시마'를 가리킬 때이고, 다른 하나는 울릉도 옆의 '댓섬'을 가리킬 때다. 그런데 후자는 '댓섬'에 대한 훈차표기이므로 거의 음운학적 변화가 없었다.

우리가 울릉도 옆의 섬을 竹島로 부른 흔적은 없는 대신 울릉도를 가리키는 지명으로 불렸던 흔적이 기록에 남아 있다면, 논자가 말하는 '울릉도−대섬−竹島−다케시마'설이 일정 부분 설득력을 얻을 수 있다. 그러나 조선시대에는 우리가 竹島를 울릉도의 명칭으로 사용한 적이 전혀 없다. 숙종 연간 竹島 호칭을 사용한 자는 일본인이었고, 그들은 우리에게 '울릉도' 호칭을 사용하지 말 것을 집요하게 요구했다. 그런데 이때의 竹島를 일러 우리말에서 유래한 명칭이라고 볼 수 있는가? 일본이 울릉도를 다케시마[竹島]라고 부른 것은 대나무섬의 의미에서이고, 독도를 마쓰시마[松島]라고 부른 것은 竹島에 호응하는 명칭으로서였다.

'울릉도'가 512년 기사에, '우산도'가 1425년 전후 기록에서 보인 뒤로 울릉도와 우산도라는 지명은 1900년대까지 지속되었다. 그러나 일본이 칭한 '다케시마[竹島]' '이소타케시마'에서 성립한 것이므로 '큰섬−대섬'의 의미와는 전혀 관계가 없다. 그러므로 '큰 섬−대섬−죽도'라는 우리말 지명이 먼저 생성되었으므로 일본보다 먼저 이 섬의 존재를 인식했다는 일각의 주장은 무리가 있어 보인다. 일본이 말하는 松島에 대응하는 우리나라 호칭은 전통적으로 '우산도'였다. 이를 '작은섬−솔섬'에 비정했다고 볼 만한 근거도 문헌에서 찾아보기 어렵다. 그러므로 우리가 '울릉도'와 '우산도'로 부르고 '竹島'와 '松島'로 쓰지 않은 이상, 竹島·松島의 유래와 그 생성 시기를 비교하여 독도 주권의 근거를 운운하는 것은 의미가 없다. 더구나 논자가 집중적으로 검토한 竹島의 유래는 조선시대에 울릉도와 관계될 뿐 현재의 독도 주권과는 아무 관계가 없다.

도항과 관음도, 가지도에 대한 이설異說도 적실성에 대해서는 의문이 남는다.

지명이란 일단 생성되고 나면 문헌이나 구전으로 전승되므로 어원을 추정할 수 있다. 울릉도는 1882년까지 공식적으로 입도가 금지된 섬이었지만 입도자가 그치지 않았고 일본인까지 들어갔으므로 지명이 계속 생성·변전했고, 지명의 숫자도 계속 증가했다. 그러므로 오랜 세월에 거쳐 전승되어 온 지명의 변전 관계를 알려면 가장 먼저 필요한 것이 문헌 검토이다. 더구나 조선 후기에 수토제가 정착한 뒤로는 수토관의 기록이 남아 있고, 개척되기 전부터 울릉도와 독도를 왕래하던 일본인들의 기록도 남아 있다. 기록자에 따라 상략詳略에 차이가 있긴 하지만, 최근에는 개척기 전후의 관련 기록과 지도가 많이 공개되고 있다. 이들 문헌에 대한 검토를 우선하지 않고 음운학에 치중하여 지명 유래를 추적하는 것은 역사성을 무시하고 자의적인 해석과 추정으로 기울 우려가 있다.

지금까지 통설은 일본이 쓴 다케시마[竹島]·마쓰시마[松島] 호칭이 우리나라 울릉도·우산도에 대한 일본식 호칭이라는 것이었다. 이에 대하여 이설이 제기된 적은 없었다. 오히려 일본 지명이 우리 지명에서 비롯되었다는 주장은 다른 방향에서 제기된 적이 있다. '弓嵩'을 일본식으로 읽은 것이 '이소타케'인데 이것이 '이소타케시마'로 바뀐 것이고, 다시 '다케시마'로 바뀐 것이라는 주장이 그것이다.[79] 다른 한편에서는 일본의 '다케'란 것이 우리 명칭 '독'과 음이 비슷한 데서 나온 것이 아닌가 의견을 개진한 경우도[80] 있다. 이는 竹島를 '다케시마'로 발음한다는 것을 전제한 추론이다. 논자의 경우처럼 竹島를 '죽도'로 읽은 데서 나온 추론이 아니다. 그러므로 필자는 왜 이런 상황이 빚어졌는지를 자문해 보았다. 그것은 한국에서 일부 연구자(기관)들이 竹島와 松島를 '죽도'와 '송도'로 칭하므로 두 지명이 마치 우리말에서 유래한 듯 오해할 소지를 남겨서가 아닐까 한다. 만일 일각의 주장이 이와 관련 있다면 이는 잘못된 것이다. 한국 연구자가 일본 문헌의 竹島·松島를 죽도와 송도로 부른다 하더라도 그것을 올바르다고 여겨서가 아닐 것이다. 일부에서 죽도·송도로 칭하는 것은 편의주의적 발상에서 그렇게 부르는 것이라고 생각된다. 지금도 우리는 한자 문화권의 인명이나

---

79) 이병도가 최초로 '弓嵩'과 '이소타케'를 연관시켰다.
80) 최남선이 1953년 서울신문에 발표한 글에서 피력했다. 서울신문(1953.8.10.~9.7)에 발표한 글은 고려대 아세아문제연구소 편, 《한국사 2》(《육당 최남선 전집》 2, 현암사, 1973)에 재수록되었고, 이상태의 《한국영토사론》(2013, 경인문화사)에도 실려 있다.

지명을 말할 때 음을 안다면 음독하거나 발음하기 쉬운 것을 따르는 경향이 있다. 일본 지명만 보더라도 읽는 법을 안다면 현지 발음대로 읽겠지만, 모른다면 한자의 음대로 읽을 수밖에 없다. 島根縣, 鳥取縣을 시마네현, 돗토리현으로 부르는 것은 전자와 관련되고, 도근현, 조취현으로 부르는 것은 후자와 관련된다. 竹島·松島도 마찬가지다. 다케시마·마쓰시마로 읽는다는 사실을 모르는 사람은 죽도·송도로 읽을 수밖에 없다. 竹島·松島가 우리말에서 유래했다는 주장이 이런 정황에서 기인한 것이라면 비학술적이다.

4부

사료 소개

1. 독도에 영토비 건립을 제안한 관리가 있었다

1. 사료 소개

조선 시대에는 오늘날의 독도를 주로 우산도로 불렀다. 그러다가 조선 후기에 울릉도 쟁계로 말미암아 일본의 호칭이 유입되어 松島라고 문헌에 기록되었다. 이에 18세기 중반에는, 울릉도와 우산도가 모두 우산국 땅이며, 일본이 松島라고 부르는 우산도 우산국 땅이라는 인식이 확립되었다. 그런데 '우산도'라는 호칭 외에 '울릉외도蔚陵外島'라 부르고 이곳에 영토비를 세워 우리 땅임을 증명하자고 정조에게 건의한 관료가 있었다는 사실이 새로 밝혀졌다. 그 관리는 예조정랑(정5품의 실무관리) 이복휴李福休(1729~1800)이다.

이복휴가 말한 '울릉외도'가 보이는 것은 《승정원일기》와 《일성록》의 정조 17년(1793) 10월 1일자 기사에서다.[1] 원문은 다음과 같다.

승정원일기	福休日 臣按本曹謄錄中蔚陵外島[2] 其名松島 卽古時于山國也 新羅智證王時 異斯夫 以木獅子 恐慊島人而受降 今若立碑於松島 而述異斯夫舊蹟 則其爲我國土地 可以驗矣
일성록	福休日 臣按本曹謄錄 蔚陵外島 其名松島 卽古于山國也 新羅智證王時 異斯夫 以木獅子 恐慖島人而受降 今若立碑於松島 述異斯夫舊蹟 則其爲我國土地 可以憑驗矣

두 사료가 약간의 차이는 있지만, 대체로 다음과 같이 번역할 수 있다.

---

1) '울릉외도' 관련 내용을 알게 된 것은 경상북도 독도사료연구회의 《독도 관계 한국사료 총서 1》(2019) 사업을 수행하는 과정에서다.

2) 한국고전번역원이 제공하는 한국고전종합 DB의 《일성록》 정조 17년 10월 1일 기사 번역문은 蔚陵外島에 대한 주에서 "원문은 '蔚陵外島'인데, 《승정원일기》이날 기사에는 '外'가 '列'로 되어 있다"라고 했다. 실제로 한국사데이터베이스가 제공하는 《승정원일기》 탈초문은 '蔚陵列島'로 되어 있다. 그러나 규장각이 제공하는 원문을 보면, '蔚陵外島'로 되어 있다. 따라서 '蔚陵列島'는 '蔚陵外島'를 잘못 옮겨 적은 것으로 보인다.

신이 본조[예조]의 등록을 살펴보니, 울릉외도(蔚陵外島)는 그 이름이 松島로 바로 옛날의 우산국(于山國)입니다. 신라 지증왕 때 이사부가 나무 사자로 섬사람들을 겁주어 항복을 받았습니다. 지금 松島에 비를 세워 이사부의 옛 자취를 기술한다면 그 섬이 우리나라 땅임을 증빙할 수 있을 것입니다.

1793년 10월 1일 이복휴[3]는 정조와 윤대하는 자리에서 연산군과 광해군의 제사를 사가私家에서 지내는 것이 올바르지 않다고 진달한 뒤 예조의 등록을 운운하는 가운데 '울릉외도'를 언급했다. 그의 제안에 대해 정조는 아무 말이 없었으나 '울릉외도'가 우산도를 가리킨다고 인식하고 있었음은 분명하다. 만일 정조가 이 섬의 존재를 몰랐다면 '울릉외도' 또는 '송도'가 어느 섬을 가리키는지를 물었을 것이다. 더구나 정조는 지리가 정치의 근본이라는 인식을 지니고 "울릉도와 손죽도損竹島가 오래도록 무인도로 버려진" 사안을 포함하여 지리를 바로잡아 정사를 구제하는 방책을 책문策問에 출제하여 친시親試하기도 했다.[4] 정조는 "동래수군 안용복이 왜정倭庭에 들어가 추장과 울릉도에 대한 시비곡직을 따진" 덕분에 일본인들이 울릉도를 넘보지 못하게 되었다는 사실[5]을 기록하고 그의 호걸스러움을 높이 평가한 바 있다.[6] 그런 임금이 울릉외도와 울릉도를 혼동했을 리는 없다. 이는 뒷날 고종이 "송죽도松竹島와 우산도芋山島는 울릉도의 곁에 있는데 서로 떨어져 있는 거리가 얼마나 되는지 또 무슨 물건이 나는지 자세히 알 수 없다"[7]고 한 것과는 상황이 다르다. 고종이 "우산도라고도 하고 송죽도라고도 하는데 다《동국여지승람》에 실려 있다. 혹은 송도·죽도라고도 하는데 우산도와 함께 이 세 섬을 통칭 울릉도라고 하였다"라고 한 것은 竹島로 불리던

---

3) 1752년에 진사가 되었고, 1762년에 문과에 급제하여 승정원 주서가 되었다가 이듬해 별검으로 임명되었다. 그뒤 여러 관직을 거쳤으나 10여 년 간 관직에서 물러났다가 1790년 별좌에 임명된 뒤 사헌부 감찰·병조전랑·예조정랑·첨지중추 부사 등을 역임하였다.

4)《홍재전서》제50권〈책문〉3, '지세(墬勢)'(1789).

5)《홍재전서》제13권〈서인(序引)〉'익정공주고군려류서(翼靖公奏藁軍旅類叙)'(1800).

6)《홍재전서》제173권〈일득록〉인물 3. 정조의 안용복에 대한 평가가 나온 것은 1792년 윤행임의 기록에 대해서이다. 이복휴의 '울릉외도' 언급은 그 이듬해에 있었다.

7)《고종실록》19년(1882) 4월 7일.

울릉도가 松島로 불려 혼동하고 있던 상황에 기인한다. 그러나 정조 시대는 이런 혼동이 없었으므로 '울릉외도'를 울릉도로 보았을 가능성은 거의 없으며, 따라서 우산도로 인식했음이 분명하다.

이복휴는 같은 자리에서 여러 소회所懷를 아뢰었는데,[8] 주로 제사와 서원, 예조의 문적 등에 관한 것이었다. 그는 예조의 문적에 관해 다음과 같이 아뢰었다.

> 예조에는 본디 문적(文蹟)이 없고 고(故) 정랑 이맹휴가 편찬한 《춘관지(春官誌)》 2권이 있을 뿐인데, 그가 지은 《접왜록(接委錄)》도 부록으로 덧붙이지 않은 상태입니다. 그가 편찬한 《춘관지》가 매우 소략하지만 신의 생각으로는 다시 수정하여 간행하고 예조에 두는 것이 좋을 듯합니다.[9]

이에 대하여 정조는 "예조판서로 하여금 내게 물어 처리하게 하겠다"라고 했을 뿐 울릉외도·松島에 영토비를 세울 것을 제안한 데 대해 의견을 내지 않았다. 당시 예조판서는 민종현이었는데 그가 어떻게 대응했는지도 기록에는 보이지 않는다.

이복휴가 '우산도'가 아닌 '울릉외도'로 일컫고 영토비 건립을 제안한 배경은 알 수 없지만, 《춘관지》(1745)의 수정·간행을 건의한 것으로 보건대,[10] 거기 실린 〈울릉도 쟁계〉를 숙지하고 있었음은 분명하다. 그렇다면 이복휴는 '우산도'에 대해서도 숙지하고 있었을 것이다. 그럼에도 그가 '울릉외도'라고 말한 것은 울릉도의 부속 섬임을 나타내고자 해서인 듯하다. 그는 예조의 등록을 보았다고 했으므로 《춘관지》 외에 예조에 소장되어 있던 등록을 통해 '울릉도 쟁계'는 물론

---

8) 《일성록》은 강(綱)은 "예조정랑 이복휴의 소회(所懷) 여러 조목을 내게 물어 처리하라고 명하였다(命禮曹正郎 李福休所懷諸條稟處)"를, 목(目)에서는 이복휴가 아뢴 소회를 적었다.

9) "福休曰 禮曹本無文蹟 只有故正郎李孟休所撰春官誌[春官志]二卷 而其所著接倭錄 則亦不附錄 其所撰之誌 雖極疎略 臣意則更爲修整刊行 置于本曹似好 故敢達矣"

10) 《춘관지》 수정은 정조가 1781년 이맹휴의 조카 이가환을 예조정랑에 임명하여 수정작업을 맡김으로써 시작되었는데 수정작업 중에 국가전례를 종합한 《국조오례통편》을 편찬하라는 방향으로 방침이 바뀌었다. 이 때문에 1793년에 이복휴가 《접왜록》을 첨부해서 《춘관지》를 간행하자고 제안한 듯하다. 1796년 정조는 호조판서 이시수에게 《춘관지》 완성을 명했으나 끝내 간행되지 못하고 필사본으로만 남았다(김문식, 〈《춘관지》 필사본의 원문 비교〉《성호학보》 4호, 성호학회, 2007, 292~293쪽).

'우산도'와 '松島'에 관해서도 파악하고 있었을 것이다. 《춘관지》에는 울릉도·우릉도·무릉도·우산도·三峯島·礒竹島·竹島·松島 등의 명칭은 보이지만, '울릉외도'는 보이지 않는다.

　그렇다면 그가 언급한 '울릉외도'가 혹여 울릉도를 가리킬 가능성은 없는가? '울릉도'는 예로부터 우릉도, 무릉도, 울도로 일컬어졌지만, '울릉외도'는 정조 연간에 처음 보였다. 조선지도에서 울릉도와 우산도는 기재되지 않은 적이 없으며, 특히 울릉도는 그 위치나 크기가 비교적 사실적으로 묘사되어 있다. 조선 정부가 '울릉도 쟁계'를 겪은 뒤에는 수토정책을 시행했으므로 울릉도에 대한 정보도 전보다 풍부해지고 빈번히 수집되었다. 영조와 정조 연간만 보더라도 10여 차례의 수토가 시행되었으므로[11] '울릉도'를 '울릉외도'로 써서 혼동을 드러낼 여지는 없었다. 이복휴의 발언이 있기 직전에 행해진 1786년 4월의 수토만 보더라도, 수토관 김창윤은 4척의 배와 80명을 이끌고 울릉도로 가서 수토했고, 그 안에서 15곳 이상의 지명을 확인했다. 그는 울릉도 동쪽에 방패도가 있다고 보고했다. 방패도는 오늘날의 관음도를 가리키는 듯하므로 그 옆의 댓섬인 죽도竹島도 인지했음을 알 수 있다. 다만 그는 댓섬을 '죽도'라고 명명하지는 않았다. 울릉도 옆의 섬이 '죽도'라는 명칭으로 문헌에 보인 것은 김창윤 다음 수토 차례인 1794년 한창국에 와서이다. 수토관이 울릉도 안의 지명을 많이 기록했다는 것은 그만큼 거주자가 많거나 사람들의 왕래가 잦아 지명이 증가했고 그것이 계속 구전으로 전래되고 있었음을 의미한다. 이렇듯 '울릉도'라는 지명이 고유지명으로 확고히 정착해 있었으므로 이복휴가 '울릉도'를 일러 '울릉외도'로 부를 이치는 없다.

　더구나 그가 말한 '울릉외도'가 울릉도가 아니라는 사실은 '松島'를 함께 거론한 것으로도 증명된다. 松島라는 호칭은 1696년에 안용복이 "우리들은 본디 松島에 사는데…"라고 말한 일본인의 말을 옮긴 것이므로 조선의 우산도를 가리키는 일본의 호칭임을 의미한다. 안용복은 일본어로 대화했으므로 그것이 '마쓰시마'로 발음된다는 사실을 알았다. 그리고 그는 일본에서의 행적을 1696년에 비변사에서 진술했다. 조선에 松島 호칭이 유입된 배경에는 안용복의 도일이 있고,

---

11) 《독도사전》(한국해양수산개발원, 2019), '울릉도 수토제' 항목 참조.

이렇게 해서 유입된 松島는 이맹휴의《춘관지》와 이익의《성호사설》로 전해졌으며, 신경준이《강계고》에서 "우산도는 일본이 말하는 松島"라고 기술할 정도가 되었다. 이로써 우산도를 일본인은 松島라고 부르지만 울릉도와 함께 우산국에 속한다는 인식이[12] 조선에서 확립되었다. 신경준의 인식은 관찬 문헌《동국문헌비고》(1770)에 그대로 반영되었다.

이복휴가 언급한 松島도 이런 인식의 연장선 위에 있다. 그는 "按本曹謄錄 蔚陵外島 其名松島 卽古于山國也"(번역은 위 참조)라고 했는데 여기서 '其名松島'는 "그 이름을 松島라고 한다"로 번역해도 되지만, "그들은 松島라고 부른다"라고 번역해도 무방하다. '其'는 상대를 나타내는 것인데 일본인들이 松島라고 부르고 있기 때문이다. 이복휴 당대에 편찬된《동국문헌비고》에는 "우산은 왜인들이 말하는 松島이다"라고 하여 松島가 일본인의 호칭임을 밝히고 있다. 다음에 표로 정리한 것은 일본인이 松島라고 하는 우산도 역시 우산국에 속한 땅이라고 기술한 문헌들이다.

춘관지	龍福追至松島 又罵曰 松島卽芋山島 爾不聞芋山亦我境乎 麾杖碎其釜 倭大驚走 (안용복은 또 뒤쫓아가 松島에 이르러 그들을 꾸짖기를, '松島는 바로 우산도인데, 너희는 우산도 우리나라 땅이라는 것을 듣지 못했느냐?'고 하며 막대기를 휘둘러 솥을 부수자, 왜인들이 크게 놀라 달아났다.)
강계고	欝一作蕙 一作芋 一作羽 一作武 二島 一卽于山… 島本于山國 新羅取之 後恐遷倭爲寇 刷出居民 空其地… 按輿地志云 一說于山欝陵本一島 而考諸圖志二島也 一則其所謂松島 而盖二島俱是于山國也 (〈전략〉 여지지를 살펴보니, '일설에 우산과 울릉은 본래 한 섬이라고 하나 여러 도지를 살펴보면 두 섬이다. 하나는 그들이 말하는 松島지만 대체로 두 섬은 모두 우산국이다'고 하였다.)
동국문헌비고	[輿地志云 鬱陵于山皆于山國地 于山則倭所謂松島也] ([여지지에 이르기를, '울릉과 우산은 모두 우산국 땅인데, 우산은 왜인들이 말하는 松島이다'고 하였다.])

---

12) "按輿地志云 一說于山欝陵本一島 而考諸圖志二島也 一則其所謂松島 而盖二島俱是于山國也"《여지지》인용문이 어디까지인가에 대해서는 설이 엇갈린다.

위의 문헌으로 보건대, 우산도를 일본인들이 松島로 불렀으며, 우산도를 울릉도와 함께 우산국에 속한다고 인식하고 있었음을 알 수 있다. 이복휴도 이런 인식을 공유하고 있었으므로 '其名松島'라고 한 것이다.

나아가 그는 '울릉외도=松島'를 "古于山國"이라고 하여 '울릉외도'를 우산국의 범주에 넣고 있다. 그는 지증왕 연간의 일을 인용했지만《삼국사기》[13]는 '우산국'만 언급하고 '우산도'는 언급하고 있지 않다. '우산도'라는 명칭은《고려사》에서 언급되기 시작하여 18세기에는 "울릉도와 우산도 두 섬은 모두 우산국이다"[14]라고 기술했듯이 우산도를 함께 인지하고 있었다. 이복휴는《삼국사기》에서《동국문헌비고》에로 이어진, 우산국(울릉도) → 우산국(울릉도+우산도)로의 인식 변화를 반영하여, 이사부가 정복한 우산국에 '울릉도'와 '울릉외도'가 포함된다고 인식하고 있었던 것이다. 그러므로 그가 말한 '울릉외도'는 울릉도가 아니라 우산도를 가리키며, 우산도는 일본이 말하는 松島라고도 했으므로 '울릉외도'는 독도를 가리킨다. 즉 '우산도=松島=울릉외도'를 우산국의 범주 안에서 인식했으므로 '울릉도'와 '울릉외도'를 모두 우리나라 땅으로 인지한 것이다.

2. 사료의 의미

이복휴가 '울릉외도'로 부른 섬은 오늘날 독도를 가리킨다. 그는 이 섬에 신라 군주軍主 이사부의 행적을 기술한 비석을 세울 것을 건의했다. 뒷날 우리 땅임을 증빙해 주는 증거로 삼기 위해 영토비를 세우자고 건의했던 것이다. 앞서 숙종 연간에 일본 정부는 울릉도가 조선의 영유임을 인정한 바 있고, 조선 정부도 3년마다 수토관을 파견하여 관리하고 있었다. 그러므로 울릉도에 새삼 비석을 세워 우리 땅임을 증명할 필요가 없었고, 그러니 이는 영토비를 세우자고 한 섬이 울릉도가 아님을 의미한다. 그렇다면 이복휴는 왜 이런 제안을 했을까?

---

13) "13年 夏六月 于山國歸服 歲以土宜爲貢 于山國在溟州正東海島 或名鬱陵島 地方一百里 恃嶮不服 伊湌異斯夫 爲何瑟羅州軍主 謂于山人愚悍 難以威來 可以計服 乃多造木偶獅子 分載戰船 抵其國海岸 誑告曰 汝若不服 則放此猛獸 踏殺之 國人恐懼則降"
14) "盖二島俱是于山國也"

정조 연간이 되면, 수토에 드는 비용이 적지 않아 흉년을 핑계로 수토를 정지하거나 험지인 관계로 수토관들이 형식적으로 수토하는 일이 있었다. 이에 울릉도만 겨우 수토하고 그 주변도서에까지 세밀히 조사하지 않을 때가 있었다. 그렇게 되면 일본인의 침탈이 있더라도 중앙 정부로서는 알 수가 없다. 이복휴가 '울릉외도'에 영토비 건립을 제안한 데는 이런 위기의식이 작용했던 것은 아닐까?

두 관찬 문헌의 기록은 예조의 실무관료가 '울릉외도'(우산도)에 대한 일본의 침탈 가능성을 예상하고 그 대응책을 미리 강구하고 있었음을 보여준다. 이복휴는 '우산도'라 말하지 않고 '울릉외도'라 부르며 일본 호칭 松島도 함께 일컬어 이 섬이 울릉도에 딸린 섬임을 분명히 했다. 그러나 이 제안은 국왕 정조에 의해 받아들여지지 않았다. 정조가 이복휴의 제안을 수용하지 않은 이유가 이미 수토제가 정착하여 울릉도와 주변 도서에 대한 영유권을 확립하고 있다는 인식이 저변에 있어서인지는 알 수 없다. 영토비 건립이 무산된 것은 아쉬운 일이지만, 이복휴의 '울릉외도' 운운은 독도가 울릉도에 딸린 섬임을 분명히 나타낸 것이라는 점에서, 그리고 비석 건립 제안은 일본의 독도 침탈을 일찍 예견한 데서 비롯된 것이라는 점에서 의미가 있다.

2. 고종, 밀명을 내려 울릉도를 조사하게 하다

1. 사료 소개

1882년 고종이 밀지를 내려 울릉도를 몰래 조사시킨 일이 있었음을 밝혀주는 기록이 있다. 묵오 이명우李明宇(1836~1904)가 남긴 《울릉도기鬱陵島記》가 그것이다. 1882년은 고종이 무신 이규원을 울릉도검찰사에 임명하여 울릉도와 그 주변 도서를 조사하게 한 해이다. 울릉도에 파견된 이규원은 조사 행적을 《울릉도 검찰일기》로 작성했고, 일기에 의거하여 고종에게 제출할 《계초본》1)도 따로 작성했다. 그런데 고종이 같은 해에 같은 장소를 두 사람에게 따로 조사시키되 한 사람에게는 밀명을 내려 몰래 조사시킨 것이다.

고종이 이명우에게 명을 내린 시기는 1882년 3월인데, 울릉도로 길을 떠난 시기는 3월 16일이다. 이규원이 고종에게 하직인사를 한 시기는 4월 7일이고, 울릉도로 길을 떠난 시기는 4월 10일이다. 두 사람이 울릉도를 향해 길을 떠난 시간차가 한 달이 채 안 된다. 고종은 왜 비슷한 시기에 두 사람을 각각 따로 파견했을까? 고종은 왜 이규원의 조사는 공개하고 이명우의 조사는 비밀에 부쳤을까?

이규원의 《울릉도 검찰일기》가 많이 알려져 있는 데 비해 이명우의 《울릉도기》는 거의 알려져 있지 않다. 사료를 간단히 소개하면, 《울릉도기》는 이명우의 문집 《묵오유고墨吾遺稿》2)에 실려 있는 여러 기문記文 가운데 하나이다. 규장각한 국학연구원이 작성한 《묵오유고》 해제에 따르면, 《울릉도기》를 일러 울릉도의

---

1) 이규원의 행적에 대해서는 이혜은 · 이형근, 《만은 이규원의 〈울릉도 검찰일기〉》(한국해양수산 개발원, 2006)를 참고했다. 다만 《계초본》이 고종에게 복명할 보고서의 초본이라면 고종과의 만남 이전에 대해서만 기록되어야 한다. 그런데 현전하는 《계초본》은 이규원이 고종을 만나 대화한 내용까지 기록하고 있다.
2) 규장각(古3428-207)과 국립중앙도서관(BC 古朝46-가1991), 한국학중앙연구원 도서관 등에 소장되어 있다. 본 해제는 국립중앙도서관 소장본을 저본으로 했다.

내력을 소개한 글이라고 소개하고 있다.[3] 그러나 1882년 조사에 대해서는 전혀 언급하지 않고 있다.

《울릉도기》는 1882년 5월 이후 작성된 듯한데 당시 관직이 무엇인지는 나와 있지 않다. 《승정원일기》에 1882년 9월 전 별선 군관, 1885년 4월에 한성부 주부主簿에 임명된 기사가 실려 있으므로 1882년 4월에는 군관이었을 가능성이 크다. 1887년부터는 다른 임지인 안산, 덕산, 단양, 청풍, 영월, 은진 등지로 부임했다. 1894년 동학란이 일어나자 동생 시우(時宇)와 함께 벼슬을 그만두고 가야산에 들어가 귀래정歸來亭을 짓고 저술에 전념했다. 1904년 2월 69세로 졸했다. 저술로는 《묵오유고》[4] 외에 《경구수록警瞿收錄》, 《역학제요易學提要》, 《임사편고臨事便考》 등이 있다.

2. 구성과 내용

1882년 조선 정부가 울릉도 조사를 명하게 되는 배경에는 이전부터 행해지고 있던 일본인의 무단 침입과 벌목이 있다. 1881년 5월 강원감사 임한수는 울릉도에 일본인의 무단 침입을 상부에 보고했고, 정부는 일본 외무성에 서계를 보내 항의했다. 한편 고종은 더 이상 울릉도를 방치해서는 안 되겠다고 인식하여 이규원을 울릉도검찰사에 임명하여 개척 가능성을 알아보게 했다. 이규원이 고종에게서 임무를 부여받은 시기는 1881년 5월 23일이지만 울릉도로 떠난 시기는 이듬해인 1882년 4월 초순이다. 이규원은 서울을 출발하여 원주목−평해를 거쳐 구산포에서 발선, 4월 30일 오후 울릉도 서쪽의 소황토구미에 도착했다. 이규원이 서울에 돌아와 고종에게 복명한 시기는 6월 5일이다. 《울릉도 검찰일기》에는 약 두 달 간의 여정이 상세히 기록되어 있다.

이에 비해 이명우의 《울릉도기》는 매우 소략하다. 인원, 노정, 비용, 기타 상황

---

3) 규장각한국학연구원 홈페이지에 《묵오유고》에 대한 간단 해제(오세현 작성)가 나와 있다.
4) 《묵오유고》는 이명우의 아들 혁의(赫儀)가 1917년에 편집, 목활자본으로 간행한 것으로 김윤식의 서문(1915), 조카 풍의와 아들 혁의의 발문이 수록되어 있다.

등에 대한 기록도 거의 없다. 《울릉도기》는 크게 두 부분으로 구성되어 있다. 하나는 울릉도의 연혁에 대한 것이고, 다른 하나는 울릉도 현지를 조사한 내용이다. 《울릉도기》는 "동해가에 나라가 하나 있으니…"로 시작한 뒤 우산국 시대부터 숙종 연간 수토관 파견까지를 다루었다. 다른 기록과 마찬가지로 《삼국사기》와 《동국여지승람》 등의 울릉도 관련 내용을 적고 있는데, 이사부를 '이사보貳師輔'로, 울진 만호 남호를 '박호朴顥'로 적고 있어 전사轉寫하는 과정에서 잘못 적은 듯하다. "여지지에서 말하기를, '울릉과 우산은 모두 우산국인데, 우산은 바로 일본이 말하는 松島이다'고 하였다(輿地云欝陵于山皆于山國 而于山則日本所謂松島也)"는 내용도 기술했다. 이어 안용복이 일본에 가서 울릉도가 "우리나라에서는 하루 여정이고, 일본에서는 5일 여정이다"고 말한 사실을 소개했고, '울릉도 쟁계'에 대해서는 "竹島·欝陵을 가지고 다툰 바가 많다"고 기술했다. 뒷부분은 그가 울릉도로 떠나게 된 배경을 소개하는 것으로 시작한다.

이명우는 임오년 모춘暮春 중순 즉 1882년 늦봄에 왕명을 받았다. 3월 16일 이명우는 동영東營 즉 강원 감영에 이르러 "동백 임한수에게서 밀지密旨를 받았다"고 했다. 고종의 밀지를 강원감사를 통해 받은 것이다. 이명우는 감영에서 며칠 머물다가 제천, 단양을 거쳐 3월 27일 평해에 이르렀다. (평해의) 구산 후풍소에서 4월 9일 발선했다. 그가 일행과 함께 울릉도에 도착한 날은 4월 15일이다. 다음 날부터 4월 22일까지 조사했다고 했으므로 실제로 섬을 조사한 기간은 대략 7일이다.

그가 섬에 도착하기까지 많은 시일이 소요된 것은 치성을 드리는 일 때문이었다. 이명우는 울릉도가 영험한 섬인지라 정성을 드리지 않으면 무사히 갔다 올 수 없다는 말을 듣고 4월 9일 구산 후풍소를 떠나 여러 곳으로 가서 치성문致誠文과 성황문城隍文을 올렸다. 치성에 여러 날이 소요되고 바람을 기다리느라 시간이 지체되었다. 그가 바람을 얻어 울릉도로 향하는 배에 오른 날은 4월 14일이다. 파도가 크게 일어 구토를 하고 정신을 잃을 정도였지만 4월 15일 밤에 울릉도의 흑작지黑作地(현재의 현포)에 도착했다. 이명우는 추봉錐峯(현재의 추산)과 천년포千年浦를 거쳐 구선창舊船倉(현재의 천부)5)에 이르렀고 그곳 초막에서 숙박했다. 다음날(16일)에는 황토구黃土口(현재의 태하)의 신당에 치성을 드렸다.

《울릉도기》는 신당이 생겨난 유래6)도 소개했다.

이명우는 4월 16일부터 울릉도를 집중적으로 조사한 듯하다. 그는 홍문령紅門嶺을 넘어 산으로 들어갔는데 홍문령 고개에서 아래로 10리가 넘어 보이는 평지를 발견했고 이곳을 국동國洞이라고 불렀다. 이곳은 나리동을 가리킨다. '나리'를 '나라'로 잘못 듣고 국동으로 훈차 표기한 듯하다. 이명우는 물길이 모두 이곳으로 모여 드는데 물이 들어오는 흔적이나 입구가 보이지 않는 것을 이상히 여겨 약상藥商들에게 그 이유를 물어보니, 사방이 막힌 고산지대라 밖으로 열린 입구가 없어 자연스레 천년포 쪽으로 물이 흘러가기 때문이라는 것이었다. 이명우는 이곳이야말로 섬의 도원桃源격이니 개간하면 물 걱정을 하지 않아도 될 곳이라고 여겼다. 그는 이 밖에도 황토구, 흑작지, 저포苧浦, 장작지長作地, 곡포谷浦 등지가 모두 밭농사나 논농사에 마땅한 비옥한 곳이라는 사실을 알아냈다. 이명우는 골짜기마다 거주할 만한 곳이 있어 이루 다 기록할 수 없다고 했다. 이런 내용으로 보건대 그의 임무가 울릉도를 개척할 경우 경작지와 주거지역으로 적당한 지역이 어디인지를 집중적으로 조사하는 것이었음을 짐작할 수 있다.

그는 울릉도의 지형적 특성에 대해서도 기술했다. 섬의 바깥은 돌로 되어 있고 안은 흙으로 되어 있으며, 밖으로 12포구가 있다고 했다. 밖에서 안으로 통하는 길을 네 군데로 보고 각각 섬 안과 통로 간의 거리를 적어 놓았다. 천년포와 곡포, 황토구 세 길은 약상이 혼자 몸으로만 겨우 통행할 정도로 길이 매우 좁고 험하다고 했다. 그는 섬의 사방 거리를 포구를 기준으로 계산했다. 저포를 동쪽으로, 황토구를 서쪽으로 하여 50리라고 했으니, 동서 거리를 50리로 본 셈이다. 구선창을 북쪽으로, 곡포谷浦를 남쪽으로 하여 50리라고 했으니, 남북 거리를 50리로 본 셈이다. 섬의 둘레를 140~150리로 보았다. 이규원도 약 140~150리로 보았다. 1694년에 섬을 조사했던 장한상은 섬의 둘레를 150~160리로 보았다.

이명우는 울릉도의 수목, 약초, 조류와 짐승의 종류에 대해서도 언급했다. 학

---

5) 왜선창(倭船艙)을 '예선창'으로 잘못 듣고 훈차 표기한 듯하다. 이규원의 기록에는 '왜선창'으로 되어 있다.

6) 삼척영장이 수토 때 통인(通引)과 기생을 데리고 들어갔는데 돌아올 때 배가 뜨기 전에 풍랑이 크게 일어나 어쩔 수 없이 통기들을 울릉도에 두고 와 이 섬의 혼이 되었다. 그 뒤에 수토관들이 공무로 섬에 들어갈 때마다 남녀 의상을 만들어 치성을 드린 뒤에야 무사했다는 고사이다.

조(鸜鳥)7)가 가장 많다는 사실도 적었는데 깍새를 말한다. 이 새는 낮에 나왔다가 밤에 동굴로 들어가는데 까마귀를 보면 날지 못하고 먹이가 되며, 빛을 보면 모여 들기 때문에 뱃사람들이 밤에 횃불을 들고 잡아먹는다는 사실을 밝혔다. 해산물로는 미역과 전복이 가장 많다고 했다. 가지어可支魚에 대해서는, 귀는 작고 눈은 빨간데, 큰 것은 소만 하다고 적었다. 뱃사람들이 가지어를 만나면 죽여서 고기는 먹고 가죽은 이용한다는 사실도 적었다. 이명우가 보기에 울릉도는 모든 산물이 보배로우며 잘 보존되어 있는 섬이었다. 또한 섬 자체가 영명靈明하여 사람들이 한번 울릉도에 들어오면 악한 마음이 없어지는 영험한 신선구역이라고 했다. 섬을 두루 살펴본 이명우는 다시 홍문령에서 구선창으로 와서 뱃사람들의 초막에서 묵었다.

다음 날에는 저포 등지로 향했는데 파도 때문에 어쩔 수 없이 돌아올 수밖에 없었다. 구선창에서 대풍구待風口에 이르는 동안 풍랑을 만나 일행이 혼이 나갈 지경이었으므로 향목동이라는 곳에 내렸다고 했다. 이명우와 그 일행은 석벽 위에서 쉬며 풍랑이 가라앉기를 기다렸다가 소황토구에 이르렀다. 그곳에서 투숙하면서 비가 그치기를 기다렸다.

4월 20일 오후 이명우는 천대天臺에 기도하면서 소황토구의 남쪽 석벽 아래서 치성을 드렸다. 다음 날(21일) 배가 곡포(현재의 남양)로 와서 통구미通口尾8) 해안에 이르렀는데 일본인이 나무패에 '大日本松島槻谷'9)이라고 써 놓은 것을 보았다. 이명우는 방향을 바꿔 장작지로 향했는데 그곳 해변에서 큰 나무로 판목을 만들고 있는 일본인들을 목격했다. 이에 그들의 막幕으로 들어가 문답을 한 뒤에 통구미로 돌아온 것으로 되어 있으나 문답 내용은 나와 있지 않다.

4월 22일 오후에 바람을 얻어 배에 올라 23일 사시巳時10)에 삼척 장호포莊湖浦11)에 도착했다. 이명우는 (4월) 29일 원주에 이르러 문서와 도본圖本을 수정했다. 다시 5월 3일 길을 떠나, 5일에 도성 밖에 이르렀고 8일 고종에게 복명한

---

7) 이규원은 곽조(藿鳥)로 기록했다.
8) 이규원은 桶邱尾라고 적었다.
9) 이규원은 《울릉도 검찰일기》에는 '大日本帝國松島槻谷'으로, 《계초본》에는 '大日本國松島槻谷 明治二年二月十三日 岩崎忠照建之'로 적었다.
10) 오전 9시에서 11시 사이를 말한다.
11) 1694년에 장한상이 '삼척부 남면(南面) 장오리진(莊五里津)'으로 기록한 곳을 이르는 듯하다.

것으로 되어 있다. 고종에게 복명한 내용 역시 《실록》이나 《승정원일기》에는 보이지 않는다. 은밀히 조사하게 했으므로 공식적인 기록을 남기지 않은 듯하다. 이명우가 울릉도를 조사하고 내린 결론은 울릉도에 축실築室과 거민居民은 없고 곽선藿船과 약상藥商만 잠시 결막結幕하고 있다는 것이었다. 또한 배를 정박하기에 좋은 포구도 없는 지역으로 보았다. 다만 땅이 좁은 우리나라로서는 백성을 이롭게 하기 위해 한 조각 땅이라도 아껴야 하는데 울릉도처럼 물산이 풍부하고 비옥한 땅을 그대로 두는 것은 백성을 이롭게 하는 것이 아니라고 인식했다. 그럼에도 그는 울릉도가 수목이 빽빽하고 물길이 멀기 때문에 개척 방도는 조정의 심산深算에 달려 있어 가벼이 의논할 수 없다고 판단했다. 이런 그의 결론은 고종에게도 보고되었을 것이고, 고종은 이규원의 보고를 함께 참조하여 울릉도 개척을 명했을 것이다.

3. 사료의 의의

앞에서 언급했듯이, 고종이 왜 동일한 지역에 두 사람을 다른 방식으로 파견했는지에 대해 이명우의 기록만으로는 알기 어렵다. 이규원도 이명우가 먼저 파견되었다는 사실을 몰랐을 것이므로 당연히 아무 언급이 없다. 고종이 이명우에게는 잠행하도록 밀지를 내렸고, 이규원에게는 공개 조사를 명했으므로 이규원의 행적은 《승정원일기》에 남아 있지만, 이명우의 행적은 공식 기록에 남아 있지 않다. 그의 묘갈墓碣에도 없다. 이규원은 울릉도검찰사라는 직함을 띠고 100명이 넘는 대규모 조사단을 이끌고 들어갔으므로 가는 지역마다 관리들의 환대를 받았다. 이와는 달리 이명우는 비밀리에 파견되었던 만큼 일행의 수도 이규원에 비하면 훨씬 적다. 이명우가 접촉한 관리로서 기록에 보이는 사람은 강원감사 임한수 한 사람뿐이다. 임한수가 이와 관련하여 기록을 남겼을 가능성이 있지만 현재까지 밝혀진 것은 없다.

고종이 두 사람을 따로 보내고 다른 방식으로 조사시킨 점으로 미루어 보건대, 울릉도 문제가 당시 고종에게는 중요한 현안으로 인식되고 있었음을 알 수 있다.

고종이 이명우를 몰래 따로 파견한 이유는 이규원의 보고서와 교차검토를 하고
자 해서가 아니었을까? 이명우의 조사를 이규원 조사에 앞선 사전 답사로 볼
수도 있겠지만 그렇지는 않은 듯하다. 보통 사전답사를 할 때는 상관이 일행 가
운데 일부를 답사자로 먼저 보내고 그 보고를 부하로부터 직접 받기 때문이다.
그래야만 뒤에 들어간 조사자가 먼저 조사한 자로부터 건네받은 정보에 대해
보완조사를 할 수 있다. 장한상도 1694년에 부하 군관을 먼저 사전 답사자로
들여보내 조사시킨 뒤에 들어갔다. 그런데 이규원의 기록에는 그런 흔적이 없을
뿐만 아니라 이명우에 대한 언급도 없다. 또한 이명우가 복명할 시점에 이규원은
울릉도에 있었기 때문에 시기도 서로 중복되지 않는다.

 이명우는 이규원보다 한 달 앞서 울릉도에 들어갔지만 조사 기간은 이규원보
다 짧다. 이규원은 4월 7일 명을 받은 뒤 4월 29일 구산포를 발선하여 30일에
울릉도에 도착했다. 이명우가 구산포에서 치성을 드리느라 시일을 지체한 것과
는 달리 이규원은 하루 만에 울릉도에 도착한 셈이다. 이규원은 5월 2일부터
본격적인 육로 검찰을 시작하여[12] 5월 13일까지 울릉도와 주변도서를 조사했
다. 따라서 그의 조사 기간은 열흘이 넘는다. 이명우는 3월 16일 고종의 밀지를
받은 뒤 4월 9일 후풍소에 있다가 발선하여 4월 15일에 울릉도에 도착했고 다음
날부터 22일까지 조사했으므로 이규원에 비해 조사 기간이 훨씬 더 짧고 그런
만큼 기록도 소략하다.

 그럼에도 두 사람의 기록에는 공통 사항이 있다. 섬 안에서 조사한 장소가
비슷하다. 또한 두 사람 모두 뱃사람과 약상을 목격한 일, 일본이 세운 표목,
나리동의 크기와 개간지 등을 기록했다. 다만 이규원은 일본인과 문답한 내용이
나 이름, 뱃사람과 약상의 출신지까지 자세히 기술했지만, 이명우는 그렇지 않
다. 이규원의 기록은 일기 형식과 보고서 형식 두 가지인데, 이명우의 기록은
기記 형식이다. 이명우도 고종에게 보고서를 제출했을 것으로 보이지만 발견된
것은 없다.

 고종은 이규원에게 송죽도, 죽도, 우산도 등을 언급하면서 주변 도서에 대해

---

12) 이규원은 5월 7일까지 육로를 검찰한 뒤 학포에서 하루 쉬고 9일과 10일에 해로로 섬을 돌았다.

자세히 파악해올 것을 주문했다. 그런데 이명우의 기록에는 고종이 지시한 사항이 없다. 그러므로 이명우의 기록으로는 고종의 의도를 파악할 수 없다. 이명우는 울릉도 조사 내용을 적기에 앞서 울릉도의 연혁을 기술했는데 그 내용에는 이사부, 여지지에 "우산은 바로 일본이 말하는 松島다"라고 한 내용, 안용복의 행적과 울릉도 쟁계가 포함되어 있다. 오히려 이규원의 기록에는 이런 내용이 없다. 이는 이명우가 조사에 앞서 사전 지식을 지니고 갔음을 시사한다. 그의 기록에 따르면, 우산도를 인식하고 있었던 것으로 보이는데, 그러한데도 울릉도에 관한 조사 내용만 있는 것은 입도 목적이 울릉도 개척 여부의 조사에 있었음을 시사한다. 실제로 이명우가 집중적으로 조사한 것도 나리동을 중심으로 한 개간지였다. 그도 일본인을 목격하고 그들과 문답한 사실을 적었지만 자세하지는 않다. 이명우의 기록으로 고종의 의도를 전부 파악하기는 쉽지 않다. 다만 고종이 이명우와 이규원 두 사람을 파견한 것으로 보건대 일본의 침탈을 저지하기 위한 방법을 다각도로 모색하고 있었으며 그 중 하나가 울릉도 개척이었음을 알 수 있다.

이명우와 이규원의 기록은 일종의 수토기이다. 수토기는 18세기 후반 즉 1786년 김창윤, 1794년 한창국이 기록을 남긴 이후 한동안 기록이 부진했다. 수토제도는 지속되었지만 자세한 기록을 남긴 자는 소수이다. 그러다가 19세기 후반 이규원의 조사기록이 있다는 사실을 1960년대 초반에 이선근[13]이 처음 알렸고, 2006년에 이규원의 후손에 의해 자세한 내용이 밝혀졌다. 여기에 필자가 새로이 이명우의 기록을 소개함으로써 이규원과 비슷한 시기에 동일한 장소를 조사하여 기록한 일이 있었다는 사실을 밝힐 수 있었다. 두 사람의 기록은 울릉도 연구의 지평을 넓히는 데 일조할 것이다. 특히 지명 연구에 기여할 수 있다. 지명을 기록한 자들은 많았지만 기록자에 따라 다르므로 17~18세기의 수토기와 이규원·이명우의 기록에 보인 지명을 비교·검토하면 현전하는 지명의 유래를 파악하는 데 도움이 될 것이다. 이명우도 고종에게 울릉도 도본圖本을 바친 것으로 나와 있지만 현전하지 않는다. 비슷한 시기에 그려진, 규장각에 소

---

13) 이선근, 〈근세 울릉도 문제와 검찰사 이규원의 탐험성과: 그의 검찰일기를 중심한 약간의 고찰〉《大東文化硏究》제1집, 성균관대학교 대동문화연구원, 1964.

장된 울릉도 도형 가운데 연대와 제작자가 밝혀져 있지 않은 것을 이명우의 기록과 대조해본다면 연대와 제작자를 파악하는 데 단서가 되지 않을까 한다.

順流行至十餘里谷谷成澤無非奇絕書不可盡矣

余曾見前人之記願一見者久矣今乃得之固非

聖恩也其可報乎嗚呼杜子美平生一飲一飯未嘗

忩若恩以至于王定國蘇東坡而亦然詩人本色原

來如此矣但此去玉筍不滿一舍而王事靡醯今不

可得姑付後緣而記之時壬午暮春下旬也

鬱陵島記

東海之濱有一孤焉曰朝鮮上自檀箕新羅高麗至

于聖朝禮樂文物素稱小中華天下萬國之所仰

者也自疆域之東徂水更千里有小島曰鬱陵也謹

101

〈울릉도기鬱陵島記〉《묵오유고墨吾遺稿》(1917) (출처: 국립중앙도서관)

稽此島古于山國地方百里有欝島將軍恃險不服

新羅貳師輔將軍者以水獅子分載而入誘之曰若

不服卽放此獸踏殺之國人懼而降其後刷出居民

空其地高麗太祖庚寅土頭貢獻仁宗已卯以其土肥可以

入島取異常所產貢獻毅宗已卯未李貝實

遣金柔立往視之有石佛石塔鐵鍾等地多巖石人

不可居遂寢其議其後以土沃多產珍木海錯移民

實之後屢爲風濤所盪人多物故因還其民至本朝

太宗朝聞流民多逃入命三陟金麟雨爲按撫使刷

出·世宗二十年遣萬戶朴顥率數百人徃搜遣民

3. 1898년 울릉도감 배계주, 일본인을 고발하다

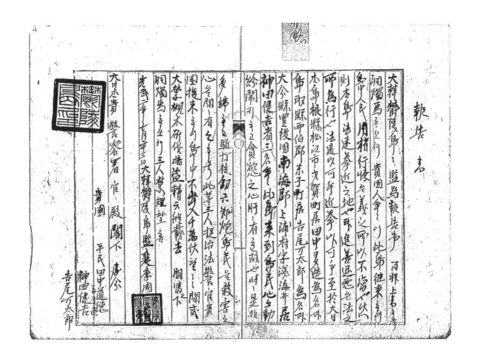

배계주 고발장(출처: 일본, 아시아역사자료센터〈https://www.jacar.go.jp〉)

〈번각문〉

報告 書

大韓 欝陵島 島監 裵季周 報告事

百拜上書ᄒᆞ움[1] 洞燭焉ᄒᆞ소셔 貴國人 年年이 此島 往來ᄒᆞ여 島中人
民 用權行悖은 義之所以不當也 然則 本島 法遠擧近之地也라 進善退惡
은 法文 所爲行也 法遠以可乎 近拳以可乎 至於大日本 島根縣 松江市
茂賀町居 田中多造 爲名과 鳥取縣 西伯郡 米子町居 吉尾万太郎 爲名과
大分縣 豊後國 南海郡 上浦村 字淺海井居 神田健吉者 三名 年年 此島
來到島 民心□[2]動紛鬧케 ᄒᆞ고 貪慾之心肝 有ᄒᆞ 故也 時時 是非多端ᄒᆞ
고 馭打[3]拔釰 六郎炮島民을 殺害之心을 間間有之ᄒᆞ움 此等三人 捉治
法 警官貴國捉來ᄒᆞ여 島中不出入 千萬 伏望伏望 間或大禁槻木 斫伐 暗
盜轉六船載去 明情之下洞燭焉ᄒᆞ소셔 三人 禁短[4] 望홈

光武二年七月二十三日 大韓 欝陵島監 裵季周

大日本貴 警察署 官 殿 閣下 處分
　　　　貴國 平民 田中道德(一名多造)
　　　　神田健吉
　　　　吉尾万太郎

---

1) '움'인지 '울'인지가 명확하지 않다. 아래 "間間有之ᄒᆞ움"의 '움'자도 마찬가지다.
2) □는 미상.
3) '毆打'를 잘못 쓴 것으로 보인다.
4) '斷'을 잘못 쓴 것으로 보인다.

〈번역문〉

대한의 울릉도 도감 배계주는 보고함

백번 절하고 상서(上書)함을 통촉하소서. 귀국 사람이 해마다 이 섬에 왕래하며 섬 안의 인민에게 권력을 써서 행패를 부리는 것은 부당합니다.

본도(本島)는 법은 멀고 행동하기는 가까운 곳입니다. 선을 장려하고 악을 물리치는 것은 법문(法文)이 행하는 바입니다. 법을 멀리하는 것이 가하겠습니까. 주먹을 가까이하는 것이 가하겠습니까.5)

심지어는 대일본 시마네현 마쓰에시 가모쵸[茂賀町]에 사는 다나카 다조[田中多造]6)라는 자와 돗토리현 사이하쿠군[西伯郡] 요나고쵸에 사는 요시오 만타로[吉尾万太郎]라는 자와 오이타현 분고노구니[豊後國] 난카이군[南海郡] 가미우라촌[上浦村] 아자아사미[字淺海井]에 사는 간다 겐키치[神田健吉]라는 자 3명이 해마다 이 섬에 와서 민심을 동요시키고7) 어지럽게까지 하니, 이는 탐욕스런 마음이 있기 때문입니다. 때때로 시비가 많이 일어나고, 구타하고 칼을 빼서 六郎이8) 도민을 살해할 마음을 간간이 품고 있으니, 이들 세 사람을 붙잡아 법으로 다스리고, 경관이 귀국으로 잡아가서 섬 안을 출입하지 않기를 간절히 바라고 바랍니다.

간혹 크게 금하는 규목槻木을 몰래 벌목하여 밤에 6척의 선박에 싣고 가버린 일도 있으니, 사정을 밝게 통촉하소서. 세 사람을 금단禁斷해 주시기를 바랍니다.

1898년(광무 2) 7월 23일   대한 울릉도감 배계주

대일본 귀 경찰서 관전(官殿) 각하.   [아래 세 사람을] 처분해 주십시오.
                              귀국   평민 다나카 미치노리(일명 다조)
                                〃   간다 겐키치
                                〃   요시오 만타로

---

5) 원문은 "法遠以可乎 近拳以可乎"로 되어 있지만, "法可以遠乎 拳可以近乎"가 되어야 의미가 통한다.
6) 《欝陵島における伐木關係雜件(明治16-32)》(受丙官 第87號) (1898.12.25.)에는 '多藏'으로 되어 있다.
7) 원문이 분명하지 않아, 문맥상 이렇게 번역했다.
8) 원문의 의미가 통하지 않는다.

〈해설〉

위 문서는 배계주가 1898년 9월 12일, 울릉도 목재를 밀반출한 세 사람에 대한 처분을 요구하기 위해 일본 사카이경찰서장을 만날 때 제출한9) 일종의 고발장이다. 문서에는 〈보고 서〉라고 되어 있지만, 수신자는 사카이경찰서 관리로 되어 있어 고발장의 성격을 띤다. 작성일이 1898년 7월 23일로 되어 있고 울릉도감의 직인이 찍혀 있으므로 일본으로 떠나기 전 지참하고 간 듯하다.

배계주는 일본인들이 불법 벌목과 행패를 부리고 있는 정황을 기술하고 특히 처분 받아야 할 세 사람을 적시했다. 배계주에게서 3명의 범법행위를 들은 사카이경찰서장은 향후 사실을 조사하여 보고할 것임을 내무 및 외무대신에게도 보고했다. 사카이경찰서는 요시오 만타로를 소환하여 취조했는데 요시오는 도감의 보고가 근거 없는 날조라고 진술했다.10) 이에 대하여 돗토리현 지사는 "요시오는 지난날 돗토리현 사이하쿠군[西伯郡] 사카이 상인과 배계주 사이에 매매된 목재를 울릉도 해안에서 몰래 오키국에 은닉한 사실이 있어 마쓰에지방재판소에서 취조한 바가 있으므로 도감의 보고는 사실인 듯 생각되지만…"11)이라고 했다. 배계주가 고발한 이 사건은 마쓰에지방재판소 사이고지청[西鄕支廳]으로 송치되었다.

그런데 배계주가 고발하러 일본에 체재하고 있는 사이에 또 다시 목재 절취 사건이 일어나 배계주는 우라고경찰분서에도 고소장을 제출했다. 목재를 절취한 자는 요시오지만 목재를 적재한 선박 주인은 다마가와 기요와카[玉川淸若]였다. 시마네현 오키 섬 지부군에 목재가 적재되어 있음을 확인한 마쓰에지방재판소 사이고지청 검사는 목재를 영치했지만, 사건은 '증거 불충분'을 이유로 면소免訴 결정을 내렸다. 다마가와를 피고로 해서 요시오 등을 고발한 이 사건은 형사사건으로는 받아들여지지 않았으나 민사소송으로는 성립해서 민사소송법 제246조 및 248조에 의거,12) 배계주가 승소했다. 판결은 "피고는 원고가 청구한 규목

9)《欝陵島における伐木關係雜件(明治16-32)》(秘第228號) (1898.9.16.)
10)《欝陵島における伐木關係雜件(明治16-32)》(秘第261號) (1898.10.16.)
11) 위의 글.
12)《欝陵島における伐木關係雜件(明治16-32)》(1899.2.13.). 자세한 내용은 이 책의 1부 1편

판재 32매를 원고에게 반환할 것, 소송 비용은 피고가 부담할 것"이었다. 이 사실은 당시 《산인신문》에도 보도되었다.

이 고발장은 배계주가 울릉도 재류 일본인의 불법 행위를 일본 정부에 고발하고자 직접 작성한 문서라는 데 의의가 있다. 필자는 배계주의 행적을 조사하기 위해 일본 외무성 문서를 조사하다가 2017년에 이 문서를 발견했다. 배계주의 행적을 기록한 문서는 많지만 그의 친필 문서가 발견된 것은 처음이다. 그는 대부분을 한문투로 썼고 조사 부분에만 언문을 썼다. 한문이라고는 하지만 우리말 어순대로 쓰고 있고 문법도 맞지 않아 엄밀한 의미의 한문으로 보기 어렵고 문장 수준도 그리 높지 않다. 그런 점에서 「울도군 절목」(1902)과도 다르다. 「울도군 절목」은 순한문인데다 공문서 서식을 갖추고 있는데, 배계주의 문서는 그렇지 않다. 따라서 일각에서 「울도군 절목」(1902)의 작성자를 배계주로 보기도 하지만, 그 점에서 타당하지 않음이 배계주의 문서로도 드러난다.

참조.

참고문헌

〈국내자료〉

《各部請議書存案》(규장각 소장)

〈光緒 9年4月 鬱陵島開拓時船格粮米雜物容入假量成册〉(규장각 소장)

《各國約章合編》

《各部請議書存案》(규장각 소장)

《各司謄錄》 14 경상도편(규장각 소장)

《各司謄錄-總關去函》

《江原道關草》(규장각 소장)

《官報》(규장각 소장)

《개벽》 41호(1923.11.)

《開拓百年 鬱陵島》(울릉군, 1983)

《高麗史》

《南溪集》(박세채)

《內部來去案》(규장각 소장)

《黙吾遺稿》(이명우)

《島誌: 울릉도사》(손순섭, 1950) (유미림 번역, 울릉문화원, 2016)

《東海의 수련화》(문보근, 1981, 필사본)

《邊例集要》

《司法稟報》(乙)(규장각 소장)

《석포 개척지》(1968, 1973, 필사본)

《星湖僿說》(이익)

《肅宗實錄》

《承政院日記》

《新舊對照朝鮮全道府郡面里洞名稱一覽》(1917, 1924)

《新增東國輿地勝覽》(1531)

《藥泉集》(남구만)

《鬱島記》(우용정, 1900)

《鬱陵郡誌》(1989, 2007)

《鬱陵島鄕土誌》(1963)

《鬱陵島檢察日記》(이규원)

《鬱陵島檢察日記 啓草本》(이규원)

《鬱陵島植物調査書》(中井猛之進, 1919)

《日省錄》

《日案》

《正祖實錄》

〈朝鮮말地名〉(조선어학회, 1940.7.)

《朝鮮語辭典》(조선총독부, 1937)

《朝鮮地誌資料』(1906~1914년 추정)

《奏本》(규장각 소장)

《駐韓日本公使館記錄》 제14권(국사편찬위원회)

《駐韓日本公使館記錄》 제16권(국사편찬위원회)

《增正交隣志》(1802)

《芝峰類說》(이수광, 1614)

《通文館志》(1720)

《韓國近代史資料集成》 1권

《韓國水産誌》 2집

《한국지명 유래집》(국토지리정보원, 2011)

《한국지명총람》(한글학회, 1979)

《韓國漢字語辭典》(1993~1997, 단국대학교 동양학연구소)

《和国志》(원중거)

《海東地圖》(18세기 중반 추정)

〈鬱陵島圖〉(연도, 제작자 미상)

〈朝鮮地形圖〉(조선총독부, 1917)

《南鮮經濟新聞》

《大邱時報》

《독립신문》

《동아일보》

《새韓民報》

《朝鮮中央日報》

《中外日報》

《漢城日報》

《漢城週報》

《皇城新聞》

〈일본 자료〉

《甲子夜話》

《權記》

《公文備考》

《極秘 明治三十七年海戰史》

《對馬藩宗家記錄》(문서번호 4013)

《大日本史》권234

《大漢和辭典》(諸橋轍次)

《東涯隨筆》(《日本儒林叢書》第 1 卷)

《伯耆志》(1861)

《濱田町史》(1935)

《山陰新聞》

《昭和26年度 涉外關係綴》(시마네현)

《水路雜誌》(1883)

《水路雜誌》제41호(1883)

《鬱陵島における伐木關係雜件(明治16−32)》

《輶軒小錄》(伊藤東涯, 1736)

《隱岐古記集》(1823)

《隱州視聽合紀》(1667)

《礒竹島覺書》(1875)

《因幡志》(1795)

《因府歷年大雜集》

《日本書紀》

《日本水路誌》(1911, 1920)

《日本外交文書》15권; 16권

《長生竹島記》(1801)

《朝鮮竹島渡航始末記》(1836)

《朝鮮通交大紀》(1725)

《帝國行政區劃便覽》(1901, 1929)

《竹島考》(1828)

《竹島考證》(1881)

《竹島及鬱陵島》(奧原碧雲, 1907)

《竹嶋紀事》(2013, 경상북도 독도사료연구회)

《竹島圖說》(1849−1862 사이 추정)

《竹島渡海由来記抜書控》(1868)

《竹島渡海一件記》(1836)

《竹嶋之書附》(1724)

《竹島雜誌》(松浦武四郎, 1871)

《竹島版圖所屬考》(1881)

《增補珍事錄》(1831년 이후)

《天保雜記》

『村川家文書》

《通商彙纂》제234호(1902)

《通商彙纂》제50호(1905.9.3.)

《通商彙纂》제2호(1906.1.23.)

《通航一覽續編》

《寰瀛水路誌》제2권 2판(1886)

〈저서〉

경상북도 독도사료연구회,『연구보고서 1: 竹嶋紀事』Ⅰ, 경상북도 독도사료연구회,
　　　2013.

436

경상북도 독도사료연구회, 『연구보고서 2: 竹嶋紀事』Ⅱ, 경상북도 독도사료연구회, 2013.

경상북도 독도사료연구회, 《독도 관계 일본 고문서 1》, 경상북도 독도사료연구회, 2014.

경상북도 독도사료연구회, 《〈竹島問題 100問100答〉에 대한 비판》, 경상북도 독도사료연구회, 2014.

경상북도 독도사료연구회, 《독도 관계 일본 고문서 2》, 경상북도 독도사료연구회, 2015.

경상북도 독도사료연구회-a, 《독도 관계 일본 고문서 3》, 경상북도 독도사료연구회, 2016.

경상북도 독도사료연구회-b, 《竹島問題100問100答 비판 2》, 경상북도 독도사료연구회, 2016.

경상북도 독도사료연구회, 《독도 관계 일본 고문서 4》, 경상북도 독도사료연구회, 2017.

경상북도 독도사료연구회, 《독도 관계 일본 고문서 5》, 경상북도 독도사료연구회, 2018.

국회도서관 입법조사국 발행, 《舊韓末條約彙纂》(1876~1945) (상권) 〈입법참고자료 제18호〉, 1964.

국회도서관 입법조사국 발행, 《舊韓末條約彙纂》(1876~1945) (중권) 〈입법참고자료 제26호〉, 1964.

권오엽·오니시 토시테루(大西俊輝) 역주, 《元祿覺書》, 제이앤씨, 2009.

권오엽 편주, 《岡嶋正義古文書》, 선인, 2011.

김규승, 《東夷古史研究의 焦點》, 범한서적, 1974.

김대순, 《국제법론》, 삼영사, 2009.

김병렬, 《독도에 대한 일본 사람들의 주장》, 다다미디어, 2001.

다보하시 기요시(田保橋潔) 저, 김종학 옮김, 《근대 일선관계의 연구》(상), 일조각, 2013.

대한공론사, 《獨島》, 1965.

독도사전편찬위원회 편, 《독도 사전》, 한국해양수산개발원, 2019.

모리스 가즈오(森須和男) 저, 김수희 역, 《하치에몽과 죽도도해금지령》, 지성인, 2016.

박병섭, 《한말 울릉도 독도어업》, 한국해양수산개발원, 2009.

손순섭 저. 유미림 번역, 《島誌》. 울릉문화원, 2016.

송규진, 《日帝下의 朝鮮貿易研究》, 高麗大學校 民族文化研究院, 2001.

송병기, 《울릉도와 독도, 그 역사적 검증》, 역사공간, 2010.

송휘영 편역, 《일본 향토사료 속의 독도》, 선인, 2014.

신용하, 《독도 보배로운 한국영토》, 지식산업사, 1996

신용하, 《독도 영유권 자료의 탐구 제2권》, 독도연구보전협회, 1999.

신용하, 《독도의 민족영토사 연구》, 지식산업사, 1996.

신용하, 《일본의 한국 침략과 주권침탈》, 경인문화사, 2005.

신종원 외 7인, 《필사본 조선지지자료 강원도편 연구》, 경인문화사, 2010.

오윤경 외 20인, 《(21세기)현대국제법 질서》, 박영사, 2001.

외교통상부, 《독도문제개론》, 외교통상부, 2012

외무부, 《독도관계자료집(1)-왕복외교문서》(1952~1973), 1977.

외무부, 《독도문제개론》, 외무부, 1955.

유미림, 《우리 사료 속의 독도와 울릉도》, 지식산업사, 2013.

유미림, 《일본 사료 속의 독도와 울릉도》, 지식산업사, 2015.

유미림, 《일제 강점기 〈조선사〉에 기술된 울릉도 · 우산도》, 한국해양수산개발원, 2016.

유미림, 《팩트체크 독도》, 역사공간, 2018.

유미림 · 조은희, 《개화기 울릉도 · 독도 관련사료 연구》, 한국해양수산개발원, 2008.

윤광운 · 김재승, 《근대 조선 해관연구》, 부경대 출판부, 2007.

윤유숙, 《근세 조일(朝日)관계와 울릉도》, 혜안, 2016.

이한기, 《한국의 영토》, 서울대학교출판부, 1969.

이혜은 · 이형근, 《만은 이규원의 〈울릉도 검찰일기〉》, 한국해양수산개발원, 2006.

이훈, 《외교문서로 본 조선과 일본의 의사소통》, 경인문화사, 2011.

정병준, 《독도 1947》, 돌베개, 2010,

정영미 역, 《독도자료집 2-〈竹島考證〉》, 동북아의평화를위한바른역사정립기획단, 2006.

정영미, 《일본은 어떻게 독도를 인식해왔는가》, 한국학술정보, 2015.

정원훈 등, 《(최신)貿易外換辭典》, 삼익문화사, 1966.

438

정인섭, 《신국제법 강의》, 박영사, 2017.

최덕수 외, 《조약으로 본 한국근대사》, 열린책들, 2011.

최태호, 《근대한국경제사 연구서설: 개항기의 한국관세제도와 민족경제》, 국민대학 교출판부, 1991.

한국사학회, 《울릉도독도 학술조사연구》, 한국사학회, 1978.

한국해양수산개발원 편, 《독도 사전》, 한국해양수산개발원, 2011.

현대송 편, 《한국과 일본의 역사인식》, 나남, 2008.

홍정원, 《조선의 울릉도독도 인식과 관할》, 한국학중앙연구원 박사학위논문, 2017.

内藤正中, 《竹島(鬱陵島)をめぐる日朝關係史》, 多賀出版, 2005.

内藤正中·金柄烈, 《史的檢證 竹島·獨島》, 岩波書店, 2007.

《〈秘〉竹島(明治 38-41)》, 島根縣.

森須和男, 《八右衛門とその時代 – 今津屋八右衛門の竹嶋一件と近世海運》, 濱田市 教育委員会, 2002; 김수희 역, 《하치에몽(八右衛門)과 죽도도해금지령: 이마즈야 하치에몽의 죽도사건과 근세해운》, 지성인, 2016.

《昭和26年度 涉外關係綴》, 島根縣, 1951.

《昭和28年度 涉外關係綴》(竹島關係綴), 島根縣, 1953.

小倉進平, 《朝鮮語方言の研究》(上), 岩波書店, 1944.

《日韓漁業交涉資料》 3, 島根縣.

田村淸三郎, 《竹島問題の研究》, 島根縣, 1955.

《竹島貸下·海驢漁業書類》(明治 38-41年), 島根縣.

竹島問題研究會, 《竹島問題100問100答》, ワック出版 (《WILL》 3월 증간호), 2014.

池內敏, 《大君外交と〈武威〉》, 名古屋大學出版會, 2006

池內敏, 《竹島問題とは何か》, 名古屋大學出版會, 2012.

川上健三, 《竹島の領有》, 外務省條約局, 1953.

川上健三, 《竹島の歷史地理学的研究》, 古今書院, 1966.

〈논문〉

권오엽, 〈「元祿九年丙子年朝鮮舟着岸一卷之覺書」과 안용복〉 《日本語文學》 제39집,

한국일본어문학회, 2008.

권오엽-a, 〈안용복의 호패〉《日本文化學報》64집, 한국일본문화학회, 2015.

권오엽-b, 〈남구만의 밀사 안용복〉《日本語文學》제65집, 한국일본어문학회, 2015.

권정-a, 〈독도에 관한 일본 고문서 연구-《竹島渡海由來記拔書控》(죽도도해유래기발서공)을 중심으로-〉《일본문화연구》38, 동아시아일본학회, 2011.

권정-b, 〈《숙종실록》기록으로 본 안용복 -안용복 진술의 타당성에 관해-〉《일본언어문화》19, 한국일본언어문화학회, 2011.

권정-c, 〈안용복의 울릉도 도해의 배후 -동래부사와 부산첨사〉《日本語文學》제55집, 한국일본어문학회, 2011.

권정, 〈18세기 말 오키도의 죽도 전승: 《장생죽도기》의 오키 전문(傳聞)을 중심으로〉《일본학연구》39, 단국대학교 일본연구소, 2013.

권혁성, 〈순천승 雷憲의 일본도해: 호국승으로서의 뇌현〉《일어일문학》55, 대한일어일문학회, 2012.

권혁성·권오엽, 〈花田 李進士와 獨島〉《한국일본어문학회 학술발표대회논문집》, 한국일본어문학회, 45회 국제학술대회, 2015.

김경록, 〈조선시대 대중국 외교문서와 외교정보의 수집·보존체계〉《동북아역사논총》25, 동북아역사재단, 2009.

김경태-a, 〈開港直後의 關稅權 回復問題〉《韓國史研究》8, 한국사연구회, 1972.

김경태-b, 〈對日不平等條約 改正問題發生의 一前提 -開港前期의 米穀問題에서 본 外壓의 實態〉《梨大史苑》10집, 이화여자대학교 사학회, 1972.

김경태, 〈丙子開港과 不平等條約關係의 構造〉《梨大史苑》제11집, 이화여자대학교 사학회, 1973.

김기혁·윤용출, 〈조선-일제 강점기 울릉도 지명의 생성과 변화〉《문화역사지리》18권 1호, 한국문화역사지리학회, 2006.

김기혁, 〈조선 후기 울릉도의 수토기록에서 나타난 부속 도서 지명 연구〉《문화역사지리》23권 2호, 한국문화역사지리학회, 2011.

김명기, 〈국제법상 '기죽도약도'의 법적 효력〉《영토해양연구》12호, 동북아역사재단, 2016.

김순덕, 〈1876~1905년 관세정책과 관세의 운용〉《韓國史論》15, 서울대학교인문대학 국사학과, 1986.

김영수, 〈대한제국 칙령 제41호 전후 석도와 독도 등의 명칭 관련 한국의 인식〉
《역사학보》 242, 역사학회, 2019.

김찬·김범준, 〈개항기 세관제도에 관한 연구: 중국 하문(厦門)의 경우를 중심으로〉《인천학연구》 제10호, 인천대학교 인천학연구원, 2009.

김태명, 〈開港期 朝日·朝淸通商條約에 관한 比較硏究〉《韓國傳統商學硏究》 제14집 제1호, 한국전통상학회, 2000.

김호동, 《《죽도고》 분석〉《인문연구》 63, 영남대학교 인문과학연구소, 2011.

김호동, 〈「울도군 절목」을 통해 본 1902년대의 울릉도 사회상〉《장서각》 30, 한국학중앙연구원, 2013.

김호동, 〈개항기 울도군수의 행적〉《獨島硏究》 제19호, 영남대학교 독도연구소, 2015.

남경란, 〈경북 동해안 방언의 어휘적 특징-울릉군 지역의 방언 어휘를 중심으로〉《민족문화연구총서》 28, 영남대학교, 2003.

남경란, 〈울릉군 지명 연구〉《獨島硏究》 제4호, 영남대학교 독도연구소, 2008.

남영우, 〈하야시 시헤이의 생애와 업적〉《영토해양연구》 제11호, 동북아역사재단, 2016.

도시환, 〈독도 관련 일본 태정관 사료 속 교환공문의 조약성 인식〉《근대 관찬사료 속의 울릉도·독도 인식》, 영남대학교 독도연구소 춘계학술대회자료집, 2018.2.

박병섭, 〈日本의 獨島 領有權 主張에 대한 觀点〉, 김병우 외, 《한일 양국의 관점에서 본 울릉도 독도》, 지성人, 2012.

박병섭-b, 〈샌프란시스코 강화조약 전후 일본의 독도 정책〉《獨島硏究》 제19호, 영남대학교 독도연구소, 2015.

박병섭, 〈池內敏의 《竹島-또하나의 일·한관계사》〉《獨島硏究》 제20호, 영남대학교 독도연구소, 2016.

박현진-a, 〈영토·해양경계 분쟁과 '약식조약'의 구속력·증거력:의사록·합의의사록과 교환각서/공문 해석관련 ICJ의 '사법적 적극주의'(1951-2005)를 중심으로〉《國際法學會論叢》 58권 2호, 대한국제법학회, 2013.

박현진-b, 〈17세기 말 울릉도쟁계 관련 한·일 '교환공문'의 증명력: 거리관습에 따른 조약상 울릉도 독도 권원 확립·해상국경 묵시 합의〉《國際法學會論叢》 58권 3호, 대한국제법학회, 2013.

방종현, 〈독도의 하루〉《경성대학 예과신문》제13호(1947.8);《一簑國語學論集》, 1963.

서원섭, 〈울릉도의 지명유래〉《地理敎育》3권 1호, 경북대학교 사범대학 지리교육과, 1969.

서원섭, 〈鄭處士述懷歌 攷〉《語文論叢》4-1, 경북어문학회, 1970.

서인원, 〈1930년대 일본의 영토 편입 정책 연구에 있어 독도 무주지 선점론의 모순점〉《영토해양연구》11, 동북아역사재단, 2016.

송규진, 〈1910년대 관세정책과 수이출입구조〉《역사문제연구》2, 역사문제연구소, 1997.

송규진, 〈일제하 '일본관세법'의 조선적용과 변용〉《한국사학보》32, 고려사학회, 2008.

송규진, 〈조선의 '관세문제'와 식민지관세법의 형성〉《사학연구》99호, 한국사학회, 2010.

송병기, 〈고종조의 울릉도독도 경영〉《독도연구》, 한국근대사자료연구협의회, 1985.

송병기·백충현·신용하 좌담보고서, 〈독도문제 재조명〉《한국학보》24, 일지사, 1982.

송석하, 〈古色蒼然한 歷史的 遺跡 鬱陵島를 찾어서〉《국제보도》1948.8, 국제보도연맹.

송휘영, 〈태정관지령 부속문서 분석〉, 동북아시아문화학회 국제학술대회 발표자료집, 2015.

송휘영, 〈《天保竹島一件》을 통해 본 일본의 울릉도·독도 인식〉《日本文化學報》제68집, 韓國日本文化學會, 2016.

송휘영, 〈울릉도·독도 명칭고(考)〉《일본문화학보》75, 한국일본문화학회, 2017.

신석호, 〈獨島 所屬에 對하여〉《史海》창간호, 1948.

신석호, 〈독도의 내력〉《사상계》8, 1960.8. (《獨島》, 1965에 수록)

유교성, 〈對日外交의 史的 考察: 獨島 및 鬱陵島問題를 中心으로〉《新生公論》2권 2호, 신생공론사, 1952.

유미림, 〈차자(借字)표기 방식에 의한 '석도=독도'설 입증〉《한국정치외교사논총》34집 1호, 한국정치외교사학회, 2012.

유미림, 〈1882년 고종의 밀지와 울릉도 잠행 −이명우의 〈爵陵島記〉에 대한 해제−〉

《영토해양연구》 제6호, 동북아역사재단, 2013.

유미림, 〈1900년 칙령 제41호의 제정 전후 울릉도 '수출세'의 성격〉《영토해양연구》 제7호, 동북아역사재단, 2014.

유미림, 〈가제냐, 강치냐: 호칭의 유래와 변천에 관한 소고〉《영토해양연구》 제9호, 동북아역사재단, 2015.

유미림, 〈공문서 작성 절차로 본 독도 관련 법령의 의미〉《영토해양연구》 제11호, 동북아역사재단, 2016.

유미림, 〈'이소타케시마' 어원에 관한 일고(一考)〉《영토해양연구》 제12호, 동북아역사재단, 2016.

유미림, 〈'덴포 다케시마일건' 연구와 쟁점에 대한 검토.〉《동북아역사논총》 58, 동북아역사재단, 2017.

유미림, 〈울릉도 마을지명의 형성과 고착과정〉《영토해양연구》 제18호, 동북아역사재단, 2018.

유미림, 〈현지조사로 밝혀진 대한제국기 울릉도 현황과 일본의 자원 침탈〉《해양정책연구》 33권 1호, 한국해양수산개발원, 2018.

유미영, 〈19세기 말《各國約章合編》의 간행과 지방반포에 대한 고찰〉《서지학연구》 제66집, 한국서지학회, 2016.

윤유숙, 〈18~19세기 전반 朝日 양국의 울릉도 도해 양상〉《동양사학연구》 제118집, 동양사학회, 2012.

윤재환, 〈약천 남구만이 바라본 안용복의 의미〉《동방한문학》 제69집, 동방한문학회, 2016.

이계황, 〈일본의 울릉도·독도 인식과 이마즈야 하치에몽(今津屋八右衛門)의 울릉도·독도 도해사건〉《學林》 제39집, 인하대학교, 2017.

이기봉, 〈순한국말 지명과 한자 표기의 관계를 통해 본 石島·獨島 고찰〉, 정영미 외 지음,《근대 이행기의 한일 경계와 인식에 대한 연구》, 동북아역사재단, 2012.

이병도, 〈독도의 명칭에 대한 사적 고찰〉《獨島》, 대한공론사, 1965.

이상태, 〈울도군 초대 군수 배계주에 관한 연구〉《영토해양연구》 제11호, 동북아역사재단, 2016.

이선근, 〈근세 울릉도 문제와 검찰사 이규원의 탐험성과: 그의 검찰일기를 중심한 약간의 고찰〉《大東文化硏究》 제1집, 성균관대학교 대동문화연구원, 1964.

이성환-a, 〈일본의 태정관지령과 독도편입에 대한 법제사적 검토〉《국제법학회논총》62권 3호, 대한국제법학회, 2017.

이성환-b, 〈朝日/韓日국경조약체제와 독도〉《獨島研究》제23호, 영남대학교 독도연구소, 2017.

이원택, 〈19세기 울릉도 수토 사료 해제 및 번역〉《영토해양연구》제15호, 동북아역사재단, 2018.

이한기, 〈國際紛爭과 裁判-獨島問題의 裁判付託性에 關聯하여-〉《法學》10권 1호, 서울대학교, 1968.

장순순, 〈17세기 조일관계와 '울릉도쟁계'〉《역사와 경계》84, 부산경남사학회, 2012.

장순순, 〈17세기 후반 '鬱陵島爭界'의 종결과 對馬島〉《한일관계사연구》45, 한일관계사학회, 2013.

정병준, 〈1953~1954년 독도에서의 한일충돌과 한국의 독도수호정책〉《한국독립운동사연구》41, 독립기념관 한국독립운동사연구소, 2012.

정연식-a, 〈울릉도, 독도의 옛 이름 대섬[竹島], 솔섬[松島]의 뜻〉《歷史學報》제241집, 역사학회, 2019.

정연식-b, 〈'독섬[獨島]'의 뜻과 유래〉《영토해양연구》제17호, 동북아역사재단, 2019.

정연식-c, 〈가개섬 鬱陵島의 여러 별칭과 于山島의 실체〉《大東文化硏究》107, 대동문화연구원, 2019.

최남선, 〈독도는 엄연한 한국 영토〉(1961년 12월 28일 작성) (《獨島》, 1965에 수록)

최남선, 〈鬱陵島와 獨島〉《육당 최남선 전집 2》, 현암사, 1973.

최동희, 〈조·일 수호조약의 외교사적 의의〉《사회과학연구》42, 강원대학교 사회과학연구원, 2003.

최영성, 〈安龍福 제2차 渡日의 성격에 관한 고찰 -'조선의 密使' 안용복-〉《獨島研究》26, 영남대학교 독도연구소, 2019.

최장근, 〈막부의 울릉도 도해금지에 따른 민간의 대응과 독도 영유권-《다케시마잡지》를 중심으로〉《한일군사문화연구》20, 한일군사문화학회, 2015.

최장근-a, 〈19세기 중엽 《죽도잡지》로 보는 일본인의 울릉도독도 인식〉《일본문화학보》68, 일본문화학회, 2016.

최장근-b, 〈《다케시마잡지》 속의 울릉도와 독도 인식과 영유권 문제〉《일본문화연구》 57, 동아시아일본학회, 2016.

최철영, 〈《원록각서》《죽도기사》《죽도고》의 국제법적 해석〉《獨島研究》 제22호, 영남대학교 독도연구소, 2017.

최태호, 〈개항 이후 해관지배를 둘러싼 열강의 각축〉《東洋學》 9, 단국대학교 부설 동양학연구소, 1979.

한철호, 〈明治時期 일본의 독도정책과 인식에 대한 연구쟁점과 과제〉《韓國史學報》 제28호, 한국사학회, 2007.

허영란, 〈明治期 일본의 영토 경계 확정과 독도〉《서울국제법연구》 10권 1호, 서울국제법연구원, 2003.

현대송, 〈일본 고지도로 본 일본의 독도인식〉《지해해양학술상 논문수상집》, 한국해양수산개발원, 2010.

홍이섭, 〈鬱陵島와 獨島〉《新天地》 9-7, 서울신문사, 1954년 7월호(《홍이섭 전집》 9에 수록)

홍종인, 〈독도를 생각한다〉《주간조선》 427호, 1977.3.20.

위키피디아(https://ja.wikipedia.org/wiki)

한겨레신문, 2016년 8월 28일자 기사

朴炳涉, 〈明治政府の竹島＝独島認識〉《北東アジア文化研究》 第28号, 鳥取短期大學, 2008.

朴炳涉-a, 〈元禄・天保竹島一件と竹島＝独島の領有権問題〉《北東アジア文化研究》 第40号, 鳥取短期大学, 2015.

森須和男, 〈竹島一件について〉, 《亀山》 第14号, 濱田市文化財愛護會, 1987.

森須和男, 〈竹嶋一件考－今津屋八右衛門〉《亀山》 第23号, 濱田市文化財愛護會, 1996.

森原隆, 〈八右衛門・金森建築・松浦武四郎の〈竹嶋之圖〉について〉, 웹 다케시마문제연구소, 2007.

舩杉力修, 〈絵圖・地圖からみる竹島(II)〉《竹島問題に関する調査研究最終報告書》, 竹島問題研究会, 2007.

小藤文次郎・金澤庄三郎, 〈朝鮮地名字彙: 羅馬字 索引〉, 1903(《朝鮮地名研究集

成》, 1994 수록).

兒島俊平, 〈會津屋八右衛門 竹島密貿易事件の眞相〉《龜山》第13号, 濱田市文化財
愛護會, 1986.

岩谷十郎, 〈明治太政官期 法令の世界〉《日本法令索引[明治前期編]解說》, 國立國會
圖書館, 2007.

田保橋潔-a, 〈鬱陵島その發見と領有〉《靑丘學叢》第3號, 靑丘學會, 1931.

田保橋潔-b, 〈鬱陵島の名稱に就て(補) -坪井博士の示教に答ふ〉《靑丘學叢》第4號,
靑丘學會, 1931.

中村栄孝, 〈〈磯竹島〉(欝陵島)についての覚書〉《日本歴史》第158号, 日本歴史學會,
1961.

池內敏, 〈《竹島考》ノート〉, 《江戸の思想》9, ペリカン, 1998.

池內敏, 〈近世から近代に至る竹島(鬱陵島)認識について〉《日本海域歴史大系》4, 清
文堂出版, 2005.

池內敏, 〈近世日本の西北境界〉《史林》90卷 1号, 京都 : 史学研究会, 2007.

池內敏, 「国境」未満」, 《日本史研究》630号, 日本史研究會, 2015.

秋岡武次郎, 〈松島と竹島〉《社會地理》第27號, 日本社会地理協会, 1950.

樋畑雪湖, 〈日本海に於ける竹島の日鮮關係に就いて〉《歷史地理》第55卷 第6號, 日
本歷史地理学会, 1930.

坪井九馬三, 〈鬱陵島〉《歷史地理》第38卷 第3號, 日本歷史地理学会, 1921.

河田竹夫, 〈竹島事件の受難者 橋本三平と今津屋八右衛門〉《龜山》第14号, 濱田市
文化財愛護會, 1987.

출전

1부. 근대기 일본의 울릉도 · 독도 침탈과 한국의 독도 실효지배

1. 초대 울도군수 배계주의 행적

출전: 〈초대 울도 군수 배계주의 행적에 대한 고찰: 일본에서의 소송을 중심으로〉《한국 · 동양정치사상사》 17-2, 한국동양정치사상사학회, 2018.

2. 울도군수의 과세권 행사와 독도 실효지배

출전: 〈대한제국기 관세제도와 「울도군 절목」의 세금, 그리고 독도 실효지배〉《영토해양연구》 제13호, 동북아역사재단, 2017.

3. 1900년 칙령 제41호의 발굴 계보와 '石島=獨島'설

출전: 〈1900년 칙령 제41호의 발굴 계보와 '石島=獨島'설〉《한국독립운동사연구》 제72호, 독립기념관 한국독립운동사연구소, 2020.

4. 공문서 작성 절차로 본 독도 관련 법령의 의미

출전: 〈공문서 작성 절차로 본 독도 관련 법령의 의미〉《영토해양연구》 제11호, 동북아역사재단, 2016.

5. 울릉도 마을 지명의 형성 및 정착에 일본인이 미친 영향

출전: 〈울릉도 마을지명의 형성과 고착과정〉《영토해양연구》 제18호, 동북아역사재단, 2019.

2부. 근대기 일본의 다케시마 · 마쓰시마 인식과 울릉도 · 독도

1. '이소타케시마'의 어원

출전: 〈'이소타케시마' 어원에 관한 일고(一考)〉《영토해양연구》 제12호, 동북아역사재단, 2016.

2. 19세기 '덴포 다케시마 일건[天保竹島一件]'을 둘러싼 쟁점

출전: 〈'덴포 다케시마일건' 연구와 쟁점에 대한 검토〉《동북아역사논총》 제58호, 동북아역사재단, 2017.

3. 1877년 태정관 지령에 대한 역사적 · 국제법적 쟁점

　　출전: 최철영 · 유미림, 〈1877년 태정관 지령의 역사적 · 국제법적 쟁점 검토: 울릉도쟁계 관련 문서와의 연관성을 중심으로〉《국제법학회논총》제63권 제4호, 대한국제법학회, 2018.

4. 18～19세기 일본의 '마쓰시마[松島]' 인식

　　출전: 〈18～19세기 일본의 '마쓰시마' 인식의 추이〉《한국정치외교사논총》40집 1호, 한국정치외교사학회, 2018.

3부. 사료 해석의 문제

1. '안용복 밀사'설은 성립하는가?

　　출전: 〈'안용복 밀사'설에 관한 비판적 고찰〉《독도연구》제27호, 영남대학교 독도연구소, 2019.

2. '죽도 고유명칭'설은 성립하는가?

　　출전: 〈'죽도 고유명칭'설에 대한 비판적 검토〉《한국정치외교사논총》제42집 1호, 한국정치외교사학회, 2020.

4부. 사료 소개

1. 독도에 영토비 건립을 제안한 관리가 있었다

　　출전: 〈정조 때 독도에 영토비를 세우려 한 신하가 있었다〉《독도 관계 한국 사료 총서 1》, 경상북도 독도사료연구회, 2019.

2. 고종, 밀명을 내려 울릉도를 조사하게 하다

　　출전: 〈1882년 고종의 밀지와 울릉도 잠행〉《영토해양연구》제6호, 동북아역사재단, 2013.

3. 1898년 울릉도감 배계주, 일본인을 고발하다

　　출전: 〈1898년 울릉도감 배계주의 친필 고발장〉《독도연구》제24호, 영남대학교 독도연구소, 2018.

찾아보기

ㄱ

452

ㄹ

ㅁ

ㅅ

462

464